Québec

Christine Coste
Alain Lamour
Zahia Hafs
Mark Lightbody

LONELY PLANET PUBLICATIONS
Melbourne • Oakland • London • Paris

ALTITUDE
1000 m
400 m
200 m
0
0
75
150 km
OCÉAN ATLANTIQUE
LABRADOR
DÉTROIT D'HUDSON
Baie d'Hudson
60 W
70 W
80 W
60 N
PARC DE LA GASPÉSIE
Promenade dans le parc et observation de l'orignal et du caribou avec un guide naturaliste
BAIE JAMES
Le gigantesque barrage hydroélectrique LG2 et la forêt boréale de la baie James
Killiniq
Kangiqsualujjuaq
Kuujjuaq
Quaqtaq
Kangirsuk
Kangiqsujuaq
Salluit
Ivujivik
Inukjuak
Whapmagoostui
Chisasibi
Île Coats
Île Mansel
Îles Ottawa
Îles Belcher

CÔTE NORD
Observation des cétacés et des phoques dans l'estuaire du Saint-Laurent
ÎLES DE LA MADELEINE
Ses maisons colorées, ses plages et son homard
PERCÉ
Son célèbre Rocher et l'île Bonaventure, refuge de 700 000 fous de Bassan
PARC DU BIC
(Bas-Saint-Laurent)
La côte escarpée et les vues sur le Saint-Laurent
QUÉBEC
L'atmosphère conviviale et l'architecture étonnante de la vieille ville
CANTONS DE L'EST
La Route des vins et les demeures raffinées de North Hatley
MONTRÉAL
Ses cafés-restaurants, sa vie nocturne et ses musées
NIAGARA FALLS
Les impressionnantes chutes du Niagara, un site grandiose et étonnant
OTTAWA
La capitale du Canada, étape culturelle sur les rives de l'Outaouais
HULL
Musée des Civilisations et parc de la Gatineau
VAL-D'OR
La Cité de l'or et le village minier de Bourlamaque
CHARLEVOIX
Région classée Réserve mondiale de la biosphère par l'Unesco en 1989
North Twin
Wemindji
Baie James
Île Charlton
Waskaganish
Lac Mistassini
Lac Evans
Tadoussac
Réservoir Manicouagan
Chibougamau
Matagami
Rouyn-Noranda
Amos
Val-d'Or
Lac Saint-Jean
Roberval
Chicoutimi
Réservoir de Gouin
La Tuque
La Malbaie
1190 m
Québec
Mont-Laurier
Trois-Rivières
Joliette
Montréal
Hull
OTTAWA
Granby
Sherbrooke
ONTARIO
Ottawa
ÉTATS-UNIS
NOUVEAU-BRUNSWICK
Rivière-du-Loup
Rimouski
Matane
Betsiamites
Baie-Comeau
Saint-Laurent
Mont Jacques-Cartier
1268 m
Gaspé
Percé
Carleton
Port-Cartier
Sept-Îles
Havre-Saint-Pierre
Natashquan
Île d'Anticosti
Port-Menier
Îles de la Madeleine
TERRE-NEUVE
OCÉAN ATLANTIQUE
Niagara Falls
138
132
155
20
117
17
7

Québec
2e édition française – Mars 2000
Traduite partiellement (Ottawa et les chutes du Niagara) de l'ouvrage *Canada* (7th edition)

Publié par
Lonely Planet Publications 1, rue du Dahomey, 75011 Paris

Autres bureaux Lonely Planet
Australie PO Box 617, Hawthorn, Victoria 3122
États-Unis 150 Linden St, Oakland, CA 94607
Grande-Bretagne 10a Spring Place, London NW5 3BH

Photographies
Toutes les photos publiées dans ce guide sont disponibles auprès de notre agence photographique Lonely Planet Images
Web site : www.lonelyplanetimages.com

Photo de couverture
Village de Percé en Gaspésie (Christine Coste)

Dépôt légal
Mars 2000

Traduction de
Cécile Bousquet

ISBN 2-84070-162-6
ISSN 1242-9244

Imprimé par Colorcraft Ltd, Hong Kong
Imprimé en Chine

Table des matières

Table des matières – Cartes

Les auteurs

Christine Coste

Après un diplôme d'économie internationale et de développement, Christine se lance dans le journalisme, au *Matin de Paris* et à *Jeune Afrique*. Toujours en quête d'un ailleurs, elle sillonne l'Afrique et l'Asie centrale, où elle a effectué divers reportages. Elle n'en oublie pas pour autant l'Ardèche, région chère à son cœur où elle conserve de multiples attaches. Aujourd'hui, elle collabore à diverses publications en tant que journaliste indépendante. Son père et son fils ajoutent une note familiale à ses multiples pérégrinations. Co-auteur de la première édition de ce livre, Christine a également participé aux guides *Jordanie et Syrie* et *Athènes et les îles grecques*.

Alain Lamour

Alain Lamour est né en 1961. Il se lance dans le journalisme en 1987, travaille pour un nouveau quotidien français, puis devient pigiste pour diverses publications. Il réalise notamment une série de reportages au Brésil. Cette brillante carrière de grand reporter s'interrompt brusquement lorsqu'il décide d'intégrer une agence de presse d'entreprise. Journaliste indépendant depuis 1992, il continue à travailler pour des entreprises, sillonnant la planète de Nanterre à Charenton, tout en s'accordant quelques bouffées d'air frais quand il collabore pour Lonely Planet.

Zahia Hafs

Plus préoccupée par le déséquilibre Nord-Sud que par les modèles économétriques, Zahia opte pour le journalisme en 1980, après un diplôme de sciences économiques. Cap ensuite sur New York où elle se met au service des Nations unies. De retour à Paris en 1987, elle exerce comme journaliste indépendante puis rejoint une agence de presse d'entreprise. En 1993, Zahia intègre le bureau parisien de Lonely Planet, alors à ses débuts, et contribue activement à son développement en tant que manager. Sans jamais faire l'impasse sur sa passion première : les voyages. De l'Asie à l'Amérique centrale, de Paris, sa ville natale, à New York, son second port d'attache, elle multiplie les échappées belles à la moindre occasion.

Mark Lightbody

Mark est né et a grandi à Montréal. Armé d'un diplôme en journalisme, il a effectué divers métiers, des chroniques radio à l'industrie graphique. Mark a voyagé dans près de 50 pays, et visité tous les continents excepté l'Antarctique. Sa première traversée du Canada date de ses 4 ans. Depuis, il a utilisé tous les modes de transports, l'avion' le train, la voiture et... le pouce. Co-auteur de la 7e édition anglaise du guide *Canada*, il a collaboré aux guides *USA*, *Papoa*

New Guinea, Australia, Malaysia, Singapore et Brunei, et *South-East Asia.* Il vit à Toronto avec sa femme et ses deux enfants.

UN MOT DES AUTEURS

Christine. Mille mercis à Anne Pélouas et à Aurélie, mes éternels repères affectifs montréalais, toujours de très bon conseil ainsi qu'à Sophie. Merci pour votre accueil et toutes vos petites et délicates attentions.

Mille mercis à Camille Malouin du Parc Forillon pour la balade et la discussion. Mille mercis à Benoît Gélineau de Glen Sutton pour son accueil. Mille mercis à Marie Leblanc de Percé, à Brigitte Lambert des Cantons de l'Est, à Brigitte Merchand du parc du Mont Orford, au personnel du Mont Mégantic, à Patrice Corbeil de Tadoussac, à Christian de Baie-Comeau, Jonathan de Sept-Îles, au conservateur du musée montagnais de Sept-Îles et à Claude Richard des Îles de la Madeleine de m'avoir fait partager leur connaissance et leur amour de leur région.

Mille mercis à Judith de Bic pour ta présence discrète et ton regard sur la vie. Mille mercis à André des Îles de la Madeleine : ta maison est un rêve, une douceur de vivre inoubliable. Merci à Robert, pour le café pris sur la terrasse et à Yolande Painchaud pour la visite du Centre culturel. Mille mercis à Éric et Lucie de Godbout, mon port d'attache éphémère sur la Côte Nord. Mille mercis à Franck et Valérie de Val David, le dîner et nos multiples petites discussions furent un bonheur. Merci à Benoît de Sainte-Agathe-des-Monts pour la roue et désolée pour mon petit mensonge…

Mille mercis à Yvonne Simard de Destination Québec, au personnel de la Délégation du Québec et à Militza Matijevitch de l'Ambassade du Canada pour m'avoir consacrée du temps sans compter.

Mille mercis à Yolande, Pierrette et Jean-Baptiste Rouleau, Isabelle d'Amos ainsi qu'à Richard et Renée de Victoriaville, à Johanne Leduc et Charles Roberge, à Donald et Christian de Jonquière, à Jeannine Lamontagne et Edwige Leblanc de Carleton, à Yvette La Liberté de Sainte Méthode, à la petite famille du Vieux Manoir… et à tous ceux qui furent, lors de mon précédent voyage au Québec, des rencontres précieuses. Mille mercis à Daniel de m'avoir fait rencontrer Anne.

Mille mercis à mon fils Léo, à Hugo et à Salomé, globe-trotters en culotte courte, déjà prêts à affronter tous les imprévus d'un voyage, et pêcheurs de morue. Merci à Michel, globe-trotter dans l'âme depuis toujours, et à la conduite (sur la route) parfaite !

Mille mercis à Mark Lightbody et à toute l'équipe du guide *Canada*, 7e édition. Mille mercis, enfin, à Jean-Bernard, Michel, Bénédicte et Karine qui ont accompagné cet ouvrage délicatement et de mains de capitaine. Mille mercis à toute l'équipe de Lonely Planet sans qui ce livre n'existerait pas. Mille mercis à Caroline et Zahia pour leur écoute attentive, leurs mots et leurs rires.

Pour finir, pensées à Mona, la petite féline blanche de Léo trop intrépide et insouciante pour mourir de vieillesse.

Alain. Merci à Normand pour une grande séance de rigolade un après-midi orageux à Québec.

A Rejean pour son accueil et sa gentillesse, sans qui l'île d'Orléans resterait pour moi un mystère.

A Jean-François pour son soutien logistique montréalais, à Véronique pour sa visite guidée de Montréal.

A toute l'équipe de Lonely Planet pour sa gentillesse et son soutien, et en particulier à Christine, qui m'a éclairé de sa connaissance de Québec et des Québecois, et à Zahia, pour sa confiance et son amitié.

Mark. Le Canada force le respect et l'admiration des voyageurs. Pour moi, son immensité signifie rencontrer de nombreuses personnes, visiter des endroits multiples, pratiquer une palette étendue d'activités. Appréhender ce pays est un défi permanent. Que tous ceux croisés au cours de ce périple soient remerciés, ainsi que les nombreux lecteurs qui m'ont fait part d'une somme incroyable d'informations et de leur propre expérience. Au prochain voyage…

A propos de cet ouvrage

Déjà en 1997, Christine Coste avait parcouru le Québec en tous sens. En 1999, elle s'est donnée de tout son cœur à ce nouveau voyage et a rédigé les chapitres introductifs et ceux traitant des régions québécoises, à l'exception de Montréal et de Québec. C'est pour ces villes qu'Alain Lamour s'est passionné pour cette deuxième édition. Zahia Hafs avait, pour sa part, sillonné la ville de Québec et l'île d'Orléans pour la première édition. Enfin, Mark Lightbody a couvert l'Ontario pour le guide *Canada*, d'où sont tirés les chapitres consacrés à Ottawa et à Niagara Falls.

Un mot de l'éditeur

Karine Ioannou-Sophoclis a réalisé la mise en page de cet ouvrage. Jean-Bernard Carillet et Bénédicte Houdré en ont assuré la coordination éditoriale. Les illustrations sont le fruit du talent de Cyril Anguelidis. Rini Keagy a créé la couverture.

Tout d'abord, un immense merci à l'équipe des cartographes du bureau Lonely Planet de Londres, en particulier à Ed Pickard, qui a réactualisé les cartes de cette édition, à Adam McCrow et à Marcel Gaston. Merci aussi à Caroline Sahanouk pour ses précieux conseils et sa disponibilité.

Grand et chaleureux merci à Michel MacLeod, Andrée Barthès et Régis Couturier pour leur collaboration au texte et à Rodolphe Gerwig pour son aide de dernière minute !

Enfin, et comme toujours, merci à Andy Neilson, Barbara Aitken et Graham Imeson, de Melbourne, pour leur constante collaboration avec le bureau français, à Annalisa Giudici pour la préparation du manuscrit anglais, et à toute l'équipe de Lonely Planet Images.

Remerciements

Merci à tous les voyageurs qui ont pris le temps et la peine de nous écrire pour nous faire part de leurs expériences au Québec.

Guy et Françoise Bertucci, Françoise Bourdin, Claire Champert, René Deschenaux, François Duffaut, Chris Frossard-Loiseau, Karine Laloze et Jouan Jocelyn, Éric Lechevalier, Marianne Lecomte, Pierre Levasseur, Pierre et Édith Lotte, Agnès Martin, Joëlle Ribollet, J. et P. Schlosser.

Avant-propos

LES GUIDES LONELY PLANET

Tout commence par un long voyage : en 1972, Tony et Maureen Wheeler rallient l'Australie après avoir traversé l'Europe et l'Asie. A cette époque, on ne disposait d'aucune information pratique pour mener à bien ce type d'aventure. Pour répondre à une demande croissante, ils rédigent le premier guide Lonely Planet, un fascicule écrit sur le coin d'une table.

Depuis, Lonely Planet est devenu le plus grand éditeur indépendant de guides de voyage dans le monde, et dispose de bureaux à Melbourne (Australie), Oakland (États-Unis), Londres (Royaume-Uni) et Paris (France).

La collection couvre désormais le monde entier, et ne cesse de s'étoffer. L'information est aujourd'hui présentée sur différents supports, mais notre objectif reste constant : donner des clés au voyageur pour qu'il comprenne mieux les pays qu'il visite.

L'équipe de Lonely Planet est convaincue que les voyageurs peuvent avoir un impact positif sur les pays qu'ils visitent, pour peu qu'ils fassent preuve d'une attitude responsable. Depuis 1986, nous reversons un pourcentage de nos bénéfices à des actions humanitaires.

Remises à jour. Lonely Planet remet régulièrement à jour ses guides, dans leur totalité. Il s'écoule généralement deux ans entre deux éditions, parfois plus pour certaines destinations moins sujettes au changement. Pour connaître l'année de publication, reportez-vous à la page qui suit la carte couleur, au début du livre.

Entre deux éditions, consultez notre journal gratuit d'informations trimestrielles *Le Journal de Lonely Planet* ou le Minitel 3615 lonelyplanet (1,29 F/mn), où vous trouverez des informations de dernière minute sur le monde entier. Sur notre nouveau site Internet www.lonelyplanet.fr, vous aurez accès à des fiches pays régulièrement remises à jour. D'autres informations (en anglais) sont disponibles sur notre site anglais www.lonelyplanet.com.

Courrier des lecteurs. La réalisation d'un livre commence avec le courrier que nous recevons de nos lecteurs. Nous traitons chaque semaine des centaines de lettres, de cartes postales et d'e-mails, qui sont ajoutés à notre base de données, publiés dans notre journal d'information ou intégrés à notre site Internet. Aucune information n'est publiée dans un guide sans avoir été scrupuleusement vérifiée sur place par nos auteurs.

Recherches sur le terrain. Nos auteurs recueillent des informations pratiques et donnent des éclairages historiques et culturels pour mieux appréhender le contexte culturel ou écologique d'un pays.

Lonely Planet s'adresse en priorité aux voyageurs indépendants qui font la démarche de partir à la découverte d'un pays. Nous disposons de multiples outils pour aider tous ceux qui adhèrent à cet esprit : guides de voyage, guides de conversation, guides thématiques, cartes, littérature de voyage, journaux d'information, banque d'images, séries télévisées et site Internet

Les auteurs ne séjournent pas dans chaque hôtel mentionné. Il leur faudrait en effet passer plusieurs mois chacune des villes ; ils ne déjeunent pas non plus dans tous les restaurants. En revanche, ils inspectent systématiquement ces établissements pour s'assurer de la qualité de leurs prestations et de leurs tarifs. Nous lisons également avec grand intérêt les commentaires des lecteurs.

La plupart de nos auteurs travaillent sous le sceau du secret, bien que certains déclinent leur identité. Tous s'engagent formellement à ne percevoir aucune gratification, sous quelque forme que ce soit, en échange de leurs commentaires. Par ailleurs, aucun de nos ouvrages ne contient de publicité, pour préserver notre indépendance.

Production. Les auteurs soumettent leur texte et leurs cartes à l'un de nos bureaux en Australie, aux États-Unis, au Royaume-Uni ou en France. Les secrétaires d'édition et les cartographes, eux-mêmes voyageurs expérimentés, traitent alors le manuscrit. Trois à six mois plus tard, celui-ci est envoyé à l'imprimeur. Lorsque le livre sort en librairie, certaines informations sont déjà caduques et le processus se remet en marche…

ATTENTION !

Un guide de voyage ressemble un peu à un instantané. A peine a-t-on imprimé le livre que la situation a déjà évolué. Les prix augmentent, les horaires changent, les bonnes adresses se déprécient et les mauvaises font faillite. Gardez toujours à l'esprit que cet ouvrage n'a d'autre ambition que celle d'être un guide, pas un bréviaire. Il a pour but de vous faciliter la tâche le plus souvent possible au cours de votre voyage.

N'hésitez pas à prendre la plume pour nous faire part de vos expériences.

Toutes les personnes qui nous écrivent sont gratuitement abonnées à notre revue d'information trimestrielle le *Journal de Lonely Planet*. Des extraits de votre courrier pourront y être publiés. Les auteurs de ces lettres sélectionnées recevront un guide Lonely Planet de leur choix. Si vous ne souhaitez pas que votre courrier soit repris dans le Journal ou que votre nom apparaisse, merci de nous le préciser.

Envoyez vos courriers à Lonely Planet, 1 rue du Dahomey, Paris 75011

ou vos e-mails à : bip@lonelyplanet.fr

Informations de dernières minutes :
www.lonelyplanet.fr et www.lonelyplanet.com

COMMENT UTILISER VOTRE GUIDE LONELY PLANET

Les guides de voyage Lonely Planet n'ont pour seule ambition que d'être des guides, pas des bibles synonymes d'infaillibilité. Nos ouvrages visent à donner des clés au voyageur afin qu'il s'épargne d'inutiles contraintes et qu'il tire le meilleur parti de son périple.

Contenu des ouvrages. La conception des guides Lonely Planet est identique, quelle que soit la destination. Le chapitre *Présentation du pays* met en lumière les divers facettes de la culture du pays, qu'il s'agisse de l'histoire, du climat ou des institutions politiques. Le chapitre *Renseignements pratiques* comporte des informations plus spécifiques pour préparer son voyage, telles que les formalités d'obtention des visas ou les précautions sanitaires. Le chapitre *Comment s'y rendre* détaille toutes les possibilités pour se rendre dans le pays. Le chapitre *Comment circuler* porte sur les moyens de transport sur place.

Le découpage du reste du guide est organisé selon les caractéristiques géographiques de la destination. Vous retrouverez toutefois systématiquement la même trame, à savoir : centres d'intérêt, possibilités d'hébergement et de restauration, où sortir, comment s'y rendre, comment circuler.

Présentation des rubriques. Une rigoureuse structure hiérarchique régit la présentation de l'information. Chaque chapitre est respectivement découpé en sections, rubriques et paragraphes.

Accès à l'information. Pour faciliter vos recherches, consultez le sommaire en début d'ouvrage et l'index détaillé à la fin de celui-ci. Une liste des cartes et une "carte des cartes" constituent également des clés pour se repérer plus facilement dans l'ouvrage.

L'ouvrage comporte également une carte en couleur, sur laquelle nous faisons ressortir les centres d'intérêt incontournables. Ceux-ci sont décrits plus en détails dans le chapitre *Renseignements pratiques*, où nous indiquons les meilleures périodes pour les visiter et où nous suggérons des itinéraires. Les chapitres régionaux ouvrent sur une carte de situation, accompagnée d'une liste de sites ou d'activités à ne pas manquer. Consultez ensuite l'index, qui vous renverra aux pages *ad hoc*.

Cartes. Les cartes recèlent une quantité impressionnante d'informations. La légende des symboles employés figure en fin d'ouvrage. Nous avons le souci constant d'assurer la cohérence entre le texte et les cartes, en mentionnant sur la carte chaque donnée importante présente dans le texte. Les numéros désignant un établissement ou un site se lisent de haut en bas et de gauche à droite.

Remerciements
Nous exprimons toute notre gratitude aux lecteurs qui nous ont fait part de leurs remarques, expériences et anecdotes. Leurs noms apparaissent à la fin de l'ouvrage

Introduction

Le Québec est un monde à part en Amérique, et à plus forte raison au Canada, où il forme un univers en soi. Sa taille gigantesque – trois fois la France – est à elle seule évocatrice. Le réduire à une seule entité, n'y voir que deux villes, Montréal et Québec, une langue, le français, c'est oublier toute sa dimension géographique et humaine ; il constitue une fascinante mosaïque, dont le voyageur prendra la mesure en le sillonnant du Sud au Nord et d'Ouest en Est. C'est occulter aussi sa riche histoire, à commencer par celle des Amérindiens et des Inuit, mais également celle des immigrants de tous horizons venus recommencer une vie meilleure.

Au sein de l'ensemble nord-américain, le Québec cultive sa différence, plus que jamais constitutive de son identité. Ses mots, sa façon d'être et de penser portent toujours en eux une dose de passion, de poésie et d'humour. Ses habitants entretiennent une convivialité, un sens de l'accueil et de la fête empreints d'une spontanéité qu'apprécieront les visiteurs.

Les grands espaces et les paysages naturels inviolés font également partie du patrimoine du Québec, caractéristiques dont il n'est d'ailleurs pas l'unique dépositaire au Canada. La Belle Province compte de multiples parcs, réserves et lacs où il fait bon s'adonner, selon la saison, au canoë, à la randonnée, au ski, au kayak, à la motoneige ou au rafting. Quant au fleuve Saint-Laurent, trait d'union naturel, il constitue l'un des centres mondiaux pour l'observation des baleines.

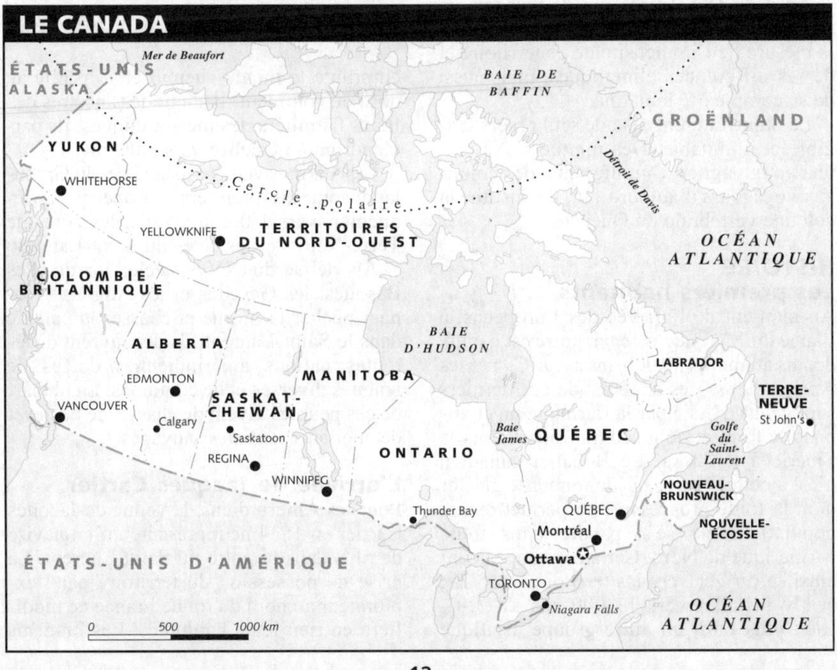

Présentation du Québec

Le Québec est la province canadienne la plus vaste. Sa population, largement francophone, la différencie des autres régions d'Amérique du Nord. Cette spécificité se reflète dans tous les domaines : architecture, musique, littérature, cinéma, cuisine et religion (environ 90% de la population est catholique).

L'Abitibi-Témiscamingue n'est pas la Gaspésie, et la région du lac Saint-Jean n'a rien de commun avec celle de l'Outaouais. Chacun possède sa propre nature, sa colonisation, son économie et sa structure sociale. Les paysages et les villages soignés et très propres des Cantons de l'Est paraissent bien étrangers et éloignés de ceux encore vierges de la Côte Nord ou de l'Abitibi-Témiscamingue, où souffle encore un parfum d'aventure.

Au-delà de Montréal ou de Québec, en s'enfonçant dans les terres, on prend toute la mesure de l'immensité de ce territoire et de ses différences climatiques, mais aussi de sa complexité humaine.

Le Saint-Laurent reste le seul repère tangible et immuable. Des premiers explorateurs aux vagues d'immigrants, des colons aux voyageurs d'aujourd'hui, il constitue la colonne vertébrale du Québec.

En bref

- **Entrée dans la Confédération :** 01/07/1867
- **Superficie :** 1 667 926 km²
- **Population :** 7 400 000 habitants
- **Capitale de la province :** Québec

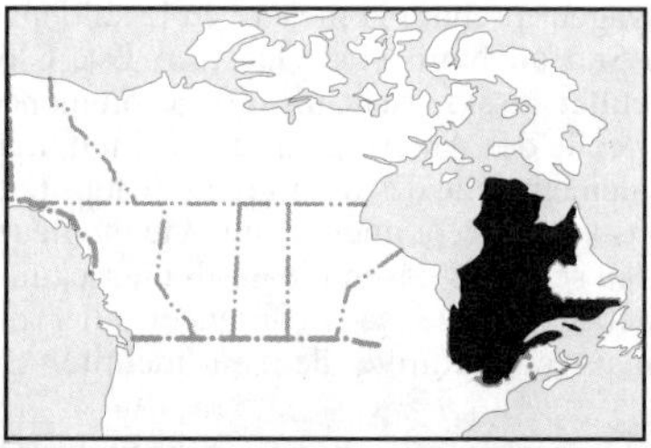

HISTOIRE

Les premiers habitants

Au moment de l'arrivée des Européens, à l'aube du XVe siècle, le territoire est habité, depuis au moins 30 000 ans av. J.-C., par les Amérindiens. Les ancêtres de ces derniers sont venus d'Asie par la Béringie, un continent de terre et de glace qui reliait alors la Sibérie à l'Alaska. Le Bouclier canadien n'est à cette époque qu'un immense glacier dont la fonte progressive va permettre aux populations de se répandre dans toute l'Amérique de Nord. Certains groupes vont ainsi se diriger vers les territoires de l'Est et s'y installer vers 11 000 ans av. J.-C. Bien plus tard, un autre groupe asiatique emprunte le même chemin et s'installe au nord du continent. Il s'agit des ancêtres des Inuit. Familiers des mers arctiques, ils parviendront au Québec vers 3 000 av. J.-C.

Les Vikings venus d'Islande et du Groënland sont les premiers Européens à fréquenter, vers 1 000 av. J.-C., les côtes de Terre-Neuve et les rives du Saint-Laurent.

Au début du XVIe siècle, lorsque les Basques, les Gascons et les Anglais viennent pêcher la morue et chasser la baleine dans le Saint-Laurent, ils découvrent différentes nations amérindiennes dotées de langues diverses et de coutumes. La plupart de ces peuples vivent de chasse, de pêche et de cueillette de baies sauvages.

L'arrivée de Jacques Cartier

Pour les Amérindiens, la venue de Jacques Cartier en 1534 ne représente qu'un navire de plus dans le golfe du Saint-Laurent. La prise de possession du territoire par l'explorateur au nom du roi de France ne modifiera en rien leurs habitudes. Les Français ne se préoccuperont guère, en effet, de leur colonie.

Au début du XVIIe siècle, Samuel de Champlain engage néanmoins des explorations plus poussées vers l'intérieur des terres, cartographiant le territoire et forgeant des alliances avec diverses nations amérindiennes, Montagnais et Hurons notamment. En 1608, il fonde la ville de Québec. Un an plus tard, le territoire prend le nom de Nouvelle-France.

En 1627, Richelieu prend conscience du potentiel économique de ce gigantesque territoire. La Compagnie des Cent-Associés est créée et ses membres se voient confier le territoire de la Nouvelle-France en seigneurie et le monopole du commerce. Parallèlement, l'Église catholique commence à jouer un rôle important et entreprend de convertir les Amérindiens. Les premiers jésuites arrivent et construisent des avant-postes missionnaires. Ville-Marie (future Montréal) est fondée en 1642.

Pendant tout le XVIIe siècle, le commerce des fourrures va dominer le Nouveau Monde, non sans créer de multiples conflits meurtriers. La lutte entre les Hurons, alliés des Français, et les Iroquois pour le contrôle de ce marché sera sanglante. Pendant ce temps, en France, le roi Louis XIV soucieux de son propre rayonnement dissout la Compagnie des Cent-Associés. Il entend désormais administrer lui-même la Nouvelle-France, qui devient une colonie en 1663.

La lutte pour le pouvoir

Il s'agit d'accélérer le processus d'implantation. La Nouvelle-France compte alors moins de 3 000 colons. La France stimule l'immigration en finançant la venue de plusieurs centaines de femmes célibataires ("les Filles du Roy") qui, dotées, trouvent rapidement à se marier.

En 1670, la création à Londres de la Compagnie de la Baie d'Hudson marque le début de la guerre commerciale entre Français et Anglais. Cette course pour le monopole du commerce de la fourrure s'achèvera en 1713, sans que, sur le terrain, aucun des deux n'ait remporté une victoire. En Europe, un autre conflit (la succession d'Espagne) préoccupe davantage les pouvoirs en place. La signature du traité d'Utrecht y mettra un terme, non sans conséquence pour le Québec puisqu'il donnera à l'Angleterre Terre-Neuve, l'Acadie et la Baie d'Hudson. Le territoire de la Nouvelle-France devra se contenter des rives du Saint-Laurent.

La colonie française se voit ainsi amputée, malgré elle, d'une grande partie de son revenu (la fourrure) et de ses positions militaires. La rivalité entre francophones et anglophones s'accentue alors. En 1745, la lutte pour le contrôle du territoire s'engage entre les deux factions. La guerre de Sept Ans (1756-1763) ou guerre de la conquête est enclenchée.

La blessure

La défaite des Français dans la célèbre bataille des Plaines d'Abraham, en 1759, marque un tournant dans la guerre. La ville de Québec se rend. En 1760, c'est au tour de Montréal. La colonie française devient britannique. Le 10 février 1763, la France signe le traité de Paris par lequel elle cède le Canada à l'Angleterre. C'est la fin du système seigneurial. Le clergé, de son côté, voit son rôle balayé d'un seul coup. Les Canadiens français perdent peu à peu le contrôle du système économique de la région.

En 1774, les Anglais, soucieux de ne pas trop favoriser la poussée indépendantiste, octroient aux Canadiens français le droit de conserver leur religion catholique et de participer à la fonction publique. Le traité agrandit également le territoire de la province qui s'étend alors des Grands Lacs au Labrador. Mais les Anglais continuent à exercer leur contrôle sur la vie économique et politique.

La division

La guerre d'Indépendance (1775-1783) livrée par l'Amérique contre l'Angleterre conduit environ 50 000 colons – appelés Loyalistes en raison de leur loyauté à l'An-

Trois destins pour le Québec

Jacques Cartier – le découvreur

Le découvreur du fleuve Saint-Laurent serait né entre juin et décembre 1491 à Saint-Malo. Il reste de nombreuses zones d'ombre sur les traits physiques, la personnalité et la vie privée de ce personnage historique. Ses exploits, en revanche, sont bien connus.

Le 20 avril 1534, il part avec deux navires et 61 hommes pour sa première traversée de l'Atlantique. Deux mois plus tard, les bateaux atteignent Terre-Neuve, les îles de la Madeleine et l'île d'Anticosti. Cartier passe alors à côté du chemin qui pourrait le mener à l'intérieur des terres. Il rentre en France en septembre de cette même année. C'est seulement lors de sa deuxième expédition que l'infatigable Malouin découvrira le chemin magique : le Saint-Laurent. En effet, le 19 mai 1535, il quitte à nouveau Saint-Malo à bord de la *Grande Hermine*. Trois navires et quelque 110 hommes lui sont confiés par François 1er. L'équipage mettra 50 jours pour atteindre le Nouveau Monde. En longeant la rive nord du golfe et grâce aux indications de ses deux guides amérindiens, les navires remontent le fleuve jusqu'à Hochelaga (Montréal). Au cours d'un arrêt dans une petite baie, celle-ci est baptisée Saint-Laurent en l'honneur de la fête patronne du jour. Ce nom s'étendra au golfe puis au fleuve. Passé de l'eau salée à l'eau douce, Cartier venait enfin de trouver la route tant recherchée vers l'intérieur des terres, à l'ouest. Une découverte qui mène aux Indiens de la région et aux ressources naturelles. En octobre, l'explorateur revient à Stadacone (Québec). Après un terrible hiver et une épidémie ravageuse, l'équipage rejoint les côtes bretonnes au printemps 1536. Le voyage aura duré 14 mois. On ne sait pas vraiment ce que Cartier devient jusqu'en octobre 1540, lorsque François 1er le commissionne pour un troisième voyage, dont l'organisation ne se fait pas sans mal. Deux ans plus tard, son retour au pays marquera la fin de ses grandes épopées. Outre sa découverte de l'un des plus grands fleuve au monde, Cartier aura été le premier à décrire la vie des Indiens du Nord-Est de l'Amérique du Nord. Devenu, semble-t-il, un bon bourgeois, il meurt le 1er septembre 1557.

Samuel de Champlain – le fondateur

Le fondateur de Québec est un personnage énigmatique à bien des égards. Il serait né à Brouage en Charente-Maritime en 1567 ou en 1570, voire plus tard. Est-il fils de pêcheurs pauvres ou roturier ? Né protestant puis converti au catholicisme ? D'où vient sa noblesse ? Autant de questions restées sans réponse. Une chose est sûre : Champlain est un géographe de grande compétence. Il proclame avoir été attiré par l'aventure maritime dès son plus jeune âge et prétend avoir rallié les Indes occidentales à deux reprises. Mars 1603 marquera son premier voyage, depuis Honfleur, sur la *Bonne-Renommée.* Direction la Nouvelle-France. Sa première rencontre avec la ville de Québec le laisse plutôt indifférent. L'Acadie l'intéresse avant tout. Il croit y trouver

Trois destins pour le Québec

le chemin vers l'Asie, un rêve caressé par tous les explorateurs venus dans cette région. Ce n'est qu'au cours de son troisième voyage, en 1608, que Champlain remonta le fleuve pour créer une habitation à la pointe de Québec. Il éprouve la terre en démarrant quelques cultures et s'attèle à établir une carte de la Nouvelle-France la plus précise qui soit. Pour la première fois, le géographe prend aussi part à des opérations militaires contre les Iroquois.

Québec n'est qu'un entrepôt pour les fourrures lorsque Champlain reprend la mer vers Honfleur. Au même moment lui parvient la nouvelle de l'assassinat du roi Henri IV. En 1610, il signe un contrat de mariage avec une jeune fille de 12 ans. Contrat qui ne sera effectif que deux ans plus tard. Dès lors, ses allers-retours entre la Nouvelle-France et le vieux continent ne cesseront plus. Il faut explorer le pays des Hurons, agrandir l'habitation, créer des fortifications, développer la colonie… Un travail consigné dans de nombreux écrits. Champlain n'a jamais reçu de commission de gouverneur et pourtant c'est bien la fonction qu'il exerce. Contraint de livrer Québec aux Anglais au cours de l'été 1629, il rentre en France une fois de plus et bataille pendant plus de trois ans pour que le roi demande la restitution de la colonie. Son dernier voyage date de 1633. Pris de paralysie, deux ans plus tard, il meurt au Canada en décembre 1635. La colonie restituée compte alors 150 habitants.

Le marquis de Montcalm – le combattant

Né au château de Candiac, près de Nîmes, le 28 février 1712, Louis-Joseph de Montcalm commence sa carrière militaire à l'âge de 20 ans. Blessé à cinq reprises au cours des nombreuses campagnes auxquelles il participe activement, le marquis reprend sa vie de gentilhomme de province à la fin de la guerre de la succession d'Autriche en 1748. Père de cinq enfants, il jouit alors d'une confortable pension militaire.

Au printemps 1756, en posant le pied sur le sol de la Nouvelle-France menacée par les Anglais, Montcalm fait son entrée dans l'Histoire. Son passage est marqué entre autres par ses fortes divergences avec le marquis de Vaudreuil, le gouverneur général, et ses critiques à l'égard des Canadiens. Vif, très vaniteux et d'un esprit caustique, Montcalm est un grand adepte de l'intrigue. Il n'a de cesse d'envoyer des rapports aux ministres de la Guerre et de la Marine en France, persuadé que seules les tactiques pratiquées en Europe ont du mérite. En 1758 et 1759, les attaques entre Français et Anglais provoquent de violentes polémiques entre Vaudreuil et Montcalm. Mais la terrible bataille du 13 septembre 1759 dans les plaines d'Abraham sera le point final pour le marquis, chef des armées. Gravement touché lors des combats, Montcalm succombera à ses blessures au petit matin, son armée vaincue. L'heure de la capitulation de la ville de Québec venait de sonner.

gleterre – à venir se réfugier au Canada. Ils s'installent principalement dans les Provinces atlantiques (Nouvelle-Écosse), en Ontario et dans les Cantons de l'Est.

Les nouveaux arrivants ne veulent pas être soumis au droit civil français qui prévaut dans la colonie. Ils exigent la création d'institutions parlementaires semblables à celles qu'ils avaient quittées. Ce sera l'Acte constitutionnel de 1791, à la suite duquel le territoire de la province de Québec est divisé en deux colonies : le Haut-Canada, peuplé d'Anglo-Saxons, au sud de l'Ontario, et le Bas-Canada, massivement francophone. Les provinces du Québec et de l'Ontario se voient alors dotées de leur propre système représentatif.

La période des dominions britanniques

Au début du XIXe siècle, des voix s'élèvent à l'intérieur du Québec et de l'Ontario contre le gouvernement britannique et réclament l'indépendance. Des révoltes éclatent. La Loi de l'Union établie par Londres, en 1840, réunit les deux Canada (désormais le Canada Uni) et les place sous la responsabilité d'un seul gouvernement. Les finances publiques sont unifiées ; l'anglais devient la seule langue officielle de cette nouvelle union et il faut attendre 1848 pour que le français soit reconnu au même titre que l'anglais au Parlement du Canada.

Mais l'Angleterre ne souhaite pas voir le Canada lui échapper et renouveler sa désastreuse expérience américaine. Aussi choisit-elle peu à peu la prudence et opte pour une confédération qui répartit le pouvoir politique entre le gouvernement central (Ottawa) et des autorités provinciales. C'est l'adoption, en 1867, de l'Acte de l'Amérique du Nord britannique (British North America Act, connu aussi sous le signe BNA Act), qui réunit au sein d'une même confédération l'Ontario, le Québec, la Nouvelle-Écosse et le Nouveau-Brunswick. Chaque province possède sa propre assemblée législative et son gouvernement. L'Acte prévoit également que d'autres régions adhèrent à la Confédération dès que possible. De fait, l'Acte vise à l'unité politique du continent "d'un Océan à l'autre" (la devise du Canada), dans le cadre du dominion.

L'époque moderne

Le début du XXe siècle voit affluer au Québec de nombreux immigrants, principalement d'Europe de l'Est. Le Québec connaît un développement économique important. Mais l'entrée en guerre du Canada aux côtés de la Grande-Bretagne en 1914 provoque de nouveaux conflits entre francophones et anglophones. Les Québécois affichent ouvertement leurs réticences. Les liens avec la France ont un parfum d'amertume et l'Angleterre fait figure de pays colonisateur. En 1917, malgré l'opposition du Québec, le gouvernement fédéral se prononce pour la conscription obligatoire. Des émeutes éclatent à Québec en avril 1918.

L'entre-deux-guerres sera marqué par la crise économique de 1929, qui n'épargnera pas le Québec. Lors de la Seconde Guerre mondiale, la deuxième conscription montre un nouvelle fois la division profonde entre anglophones et francophones. Le travail des femmes à l'usine et l'effort de guerre amène la société québécoise à évoluer. Mais cette évolution se heurte à l'homme fort de la Belle Province, Maurice Duplessis, qui régnera en maître sur le Québec jusqu'en 1959. L'idéologie du Premier ministre peut se résumer comme un libéralisme débridé, combiné à un nationalisme conservateur (religion, ruralité et gouvernement musclé). Entre temps, une opposition émerge. En 1948, des artistes s'élèvent contre le conformisme et la morale de la société québécoise et publient un texte de protestation intitulé *Le Refus Global*.

La Révolution tranquille

En 1959, la mort de Maurice Duplessis et l'arrivée au pouvoir du Parti Libéral de Jean Lesage annonce le début de la Révolution tranquille. D'importantes réformes sociales sont mises en œuvre : l'enseignement mixte, gratuit, laïc et obligatoire jusqu'à 16 ans est institué, et la protection sociale, mise en place ; le syndicalisme prend de l'ampleur ; la culture devint un axe majeur de développement du Québec (aujourd'hui encore, le Québec se distingue à l'étranger au sein des ambassades canadiennes par une délégation québécoise).

L'Église perd de son autorité et la province, avec la nationalisation de la production et de la distribution de l'électricité, montre la volonté du gouvernement québécois d'initier lui même son propre développement économique.

Symboles de ce dynamisme : l'Exposition universelle de 1967 et les Jeux olympiques de 1976. Prenant conscience de ses potentiels, le Québec s'affirme et tend à se donner les moyens de sa propre indépendance. Lors de l'Exposition universelle de 1967, le général de Gaulle, s'écriera d'ailleurs "Vive le Québec libre !", petite phrase devenue célèbre qui consternera la classe politique fédéraliste mais réjouira les tenants de l'indépendantisme.

Néanmoins, une rupture se fait entre une grand nombre d'indépendantistes et le projet de Révolution tranquille mené par le gouvernement Lesage.

Depuis 1963, le Front de libération du Québec a commencé des actions terroristes contre les symboles de la Couronne britannique. Elles dureront sept ans. L'enlèvement de l'attaché commercial britannique, James Richard Cross, et du ministre du Travail et de l'immigration, Pierre Laporte, puis l'assassinat de ce dernier conduiront, en 1970, aux "événements d'octobre" marqués par des milliers de perquisitions et des centaines d'arrestations.

L'affirmation souverainiste

Durant les années 70-80, la volonté de changement ne cesse de s'affirmer, sous la houlette de René Lévesque, du Parti Québécois. En 1976, sa victoire aux élections marque le début d'une campagne indépendantiste. La Loi 101, qui fait du français la seule langue officielle, sera l'un des symboles de cette revendication. Mais en 1980, le référendum sur la souveraineté du Québec montre la division profonde au sein de la société entre indépendantistes et fédéralistes. Le "Non" l'emporte avec près de 60% des voix.

Cependant, lorsqu'en 1982, Pierre Elliot Trudeau, Premier ministre du Canada, signe à Ottawa avec la reine Elisabeth II l'Acte de l'Amérique du Nord (qui tient lieu de Constitution pour le pays), ce vote de ratification de la nouvelle entente avec la Grande-Bretagne se fait sans le Québec. Le message est clair : le Québec doit être reconnu comme une "société distincte" et bénéficier de droits spécifiques. L'Accord du lac Meech, signé en 1987 entre les dix Premiers ministres des provinces du Canada, est un pas important dans ce sens. Il reconnaît la spécificité du Québec. Mais la mort de cet accord, en 1990, mettra un terme à cette perspective. A Ottawa, suite à cette décision, quatre députés québécois démissionnent de leur parti et fondent le Bloc Québécois, partisan de l'indépendance.

Aux élections fédérales d'octobre 1993, ce nouveau mouvement crée la surprise en remportant 54 sièges. Il devient le parti d'opposition officiel à Ottawa. Les souverainistes font leur entrée en masse dans le parlement fédéral. En septembre 1994, au Québec, c'est le Parti Québécois qui remporte les élections législatives avec une nette victoire en nombre de sièges. Les souverainistes gagnent du terrain.

Toutefois, au second référendum sur la souveraineté organisé en octobre 1995, les fédéralistes l'emportent de justesse avec 50,6%. Il aurait suffi de 28 000 votes favorables à la souveraineté pour changer le destin du Québec et celui du Canada. Le référendum, qui devait trancher la question, n'a fait cependant que cristalliser les oppositions même si, aux dernières élections fédérales de juin 1997, le Bloc Québécois, avec 44 députés, n'a pas réussi à améliorer son essai de 1993.

Aujourd'hui, le projet souverainiste de la Belle Province reste toujours d'actualité. Lors des élections générales d'octobre 1998, les électeurs québécois ont ainsi redonné leur confiance au Parti Québécois et à son leader, Lucien Bouchard.

Même si le Premier ministre prédisait, voici quelques années, que le Québec serait indépendant au seuil du troisième millénaire, la question d'un troisième référendum reste en suspens. Résolu néanmoins à situer le Québec par rapport au reste du monde plutôt que par rapport au reste du Canada, le gouvernement de Lucien Bouchard cherche à montrer que le Québec, grâce à ses spécificités, peut profiter de l'internationalisation.

Chronologie

35 000 av J.-C.
Arrivée des premiers Asiatiques par la Béringie, un continent de terre et de glace qui reliait la Sibérie et l'Alaska.

Vers 11 000 av J.-C.
Les premiers Amérindiens s'installent alors que la fonte progressive des glaces libère le territoire.

Vers 5 500 av J.-C.
Un autre groupe asiatique, les ancêtres des Inuit actuels, arrivent de Sibérie et occupent l'Arctique canadien.

Vers 1 000 av J.-C.
Les Vikings venus d'Islande et du Groenland débarquent à Terre-Neuve et sur les rives du Saint-Laurent.

1497
Le navigateur italien Giovanni Caboto s'embarque sur un navire britannique et explore la côte de Terre-Neuve et probablement celle du Saint-Laurent.

1534
Jacques Cartier arrive dans le golfe du Saint-Laurent et prend possession du territoire au nom du roi de France.

1608
Le 3 juillet, Samuel de Champlain fonde Québec.

1609
Le territoire prend le nom de Nouvelle-France.

1642
Le 17 mai, fondation de Ville-Marie, future Montréal.

1663
La Nouvelle-France passe sous la direction du roi de France et devient une colonie française.

1713
Le traité d'Utrecht réduit le territoire de la Nouvelle-France aux rives du Saint-Laurent.

1759
Défaite des français dans la bataille des Plaines d'Abraham et reddition de la ville de Québec.

1760
Le 8 septembre, capitulation de Montréal. La colonie française devient britannique.

1763
Le 10 février, par le traité de Paris, la France cède à l'Angleterre le Canada, l'Acadie et le Mississippi.

1774
L'Acte du Québec reconnaît la religion catholique et permet aux Canadiens d'origine française de participer à la vie politique et au gouvernement.

1867
Le 1er juillet, l'Acte de l'Amérique du Nord britannique réunit le Québec, l'Ontario, le Nouveau-Brunswick et la Nouvelle-Écosse. Le Canada est créé.

1876
Le gouvernement fédéral adopte la loi sur les Indiens et crée des réserves.

1936
Arrivée au pouvoir de Maurice Duplessis.

1939
En septembre, le Canada entre en guerre contre l'Allemagne aux côtés des Français et des Anglais.

1940
Les femmes obtiennent le droit de vote.

Chronologie

1948
Le drapeau fleurdelisé devient le drapeau officiel du Québec.

Les Amérindiens et les Inuit obtiennent le droit de vote pour les élections fédérales.

1960
Aux élections législatives, le Parti Libéral conduit par Jean Lesage a la majorité. C'est le début de la Révolution tranquille.

1963
Début des actions terroristes du Front de libération du Québec.

1966
Daniel Johnson devient Premier ministre du Québec.

1967
Exposition universelle de Montréal. En juillet, le général de Gaulle prononce, du balcon de l'hôtel de ville de Montréal, la phrase "Vive le Québec libre".

1970
Le Parti Libéral dirigé par Robert Bourassa remporte les élections. Début de la Crise d'octobre, qui éclate après l'enlèvement et l'assassinat de Pierre Laporte, ministre du Travail.

1974
La Loi 22 proclame le français comme langue officielle du Québec.

1976
Le Parti Québécois dirigé par René Lévesque remporte la victoire aux élections.

1977
Adoption de la Loi 101 qui affirme la primauté du français. Jeux olympiques à Montréal.

1980
Premier référendum sur la souveraineté ; 60% des Québécois disent "non".

1986
La ville de Québec est inscrite sur la liste du patrimoine mondial de l'Unesco.

1987
Le 3 juin, Accord du lac Meech.

1990
Fin de l'Accord du lac Meech.
Crise d'Oka ; les Mohawks de Kahnawake bloquent le pont Mercier à Montréal.

1995
Second référendum sur la souveraineté, 50,6% des Québécois disent "non".

1998
Aux élections législatives, les Québécois redonnent leur confiance au Parti Québécois. Lucien Bourchard est reconduit à son poste de Premier ministre.

GÉOGRAPHIE

Selon le tracé non définitif de 1927, le Québec s'étend sur 1 667 926 km^2 (16,72% du Canada). A lui seul, il représente 3 fois la superficie de la France et 54 fois celle de la Belgique.

A l'ouest s'étend la province de l'Ontario et la baie d'Hudson. A l'est, la province de Terre-Neuve et le golfe du Saint-Laurent. Au nord, le Québec est bordé par le détroit d'Hudson, au sud par les États-Unis et la province du Nouveau-Brunswick.

Le fleuve Saint-Laurent, le plus important cours d'eau d'Amérique du Nord, se jetant dans l'Atlantique, scinde la province en deux. Sur la rive nord, les Laurentides forment le sud du Bouclier canadien, également appelé Bouclier précambrien, une formation vieille de plus de trois milliards d'années. Au sud du Saint-Laurent, la chaîne des Appa-

Le temps des sucres

L'eau d'érable fut de tout temps recherchée et récoltée par les Amérindiens, comme l'attestent les témoignages des premiers Européens au début du XVIIe siècle. Selon la légende amérindienne de Nokomis ("la terre"), notre planète eut la première l'idée de percer des trous dans le tronc des érables pour y recueillir la sève.

C'est l'équinoxe de printemps qui annonce le temps des sucres. La sève monte en général vers la fin mars, pendant une période de cinq à six semaines. Pour que ce processus fonctionne, il faut qu'il gèle la nuit et que la journée soit ensoleillée. A chaque arbre, son entaille, sa goutterelle et son seau pour recueillir la sève. La neige recouvre encore le sol et la cueillette se fait chaque jour en raquettes ou à l'aide d'un traîneau tiré par un cheval.

Selon la teneur en sucre de l'érable, il faut entre 30 et 40 litres de sève pour produire un litre de sirop. Les techniques de cuisson ont évolué au cours des siècles et l'évaporation est aujourd'hui le procédé le plus communément adopté. Le sirop d'érable est à point lorsqu'il ne contient pas plus de 34% d'eau (contre 97,5% au moment de la récolte). Cette densité ne s'obtient qu'après plusieurs heures de cuisson, lorsque la température atteint les 104°C, obligeant les producteurs à veiller souvent la nuit.

Chaque produit de l'érable a son degré de cuisson. Le beurre d'érable s'obtient ainsi à 112°C, la tire d'érable sur neige que vous dégusterez en avril à 113,8°C et le sucre granulé à 123,3°C.

La saveur du sirop d'érable se développe durant l'évaporation, même si la sève contient déjà certains arômes qui changent au cours de la saison. Les experts distinguent ainsi neuf types de sirops correspondant chacun à un temps de récolte précis. Ainsi, le sirop boisé a un goût légèrement caramélisé. Pour la vente, la réglementation du Québec prévoit deux catégories de sirops : le N°1 et le N°2, et cinq classes de couleurs (extra-clair, clair, médium, ambré et foncé).

On dénombre environ 400 cabanes à sucre qui, situées dans une érablière, permettent de déguster les produits issus de la récolte. Vous en trouverez dans les Laurentides, la Lanaudière, l'Outaouais, la Mauricie-Bois-Francs, dans la région de Québec, dans les Cantons de l'Est, en Montérégie ou dans la région Chaudière-Appalaches.

Le sirop d'érable accompagne poulet ou porc, omelettes, oreilles de crisse (grillades de lard salé rôties), gaufres ou pudding ; il nappe les crèmes glacées, yaourts et gâteaux. Le repas (entre 13 et 16 $) se fait souvent en musique. Quelques pas de danse sont toujours esquissés entre les plats. L'ambiance est bon enfant et le repas dure au minimum deux heures.

Certaines cabanes à sucre se visitent (comptez 5 $ par personne) et permettent de se *sucrer le bec* en dégustant une tire d'érable sur neige pour un dollar.

laches s'étend de la Gaspésie aux Cantons de l'Est. L'autre versant des Appalaches jouxte les États-Unis. Les plus hauts pics du Québec ne dépassent jamais les 2 000 m. Les terres bordant le fleuve, les Basses-Terres, sont les plus fertiles et concentrent l'essentiel de l'activité agricole du pays.

Le Saint-Laurent se forme dans les Grands Lacs en Ontario. Du lac Ontario à l'extrémité de la péninsule de Gaspé, il s'étend sur 1 167 km et atteint quelque 64 km dans sa plus grande largeur. Ses principaux affluents sont les rivières de l'Outaouais, Richelieu, Saguenay et Manicouagan.

La majorité des 7 millions de Québécois se concentrent sur ses deux rives ; Montréal, Québec et Trois-Rivières absorbent la plupart d'entre eux.

Le Québec compte un million de lacs et des milliers de rivières (12% du territoire), qui, avec les eaux du Saint-Laurent, couvrent près de 25% de sa superficie. Riche de ses 200 099 km^2 d'eau douce, le pays possède 16% des ressources en eau douce du monde.

La forêt recouvre plus de la moitié de son territoire. La forêt dite commerciale ou exploitable est composée aux trois quarts de résineux. Elle couvre près de 765 000 km^2, soit 20% du domaine forestier du Canada et 2% des forêts mondiales. A elle seule, elle représente une fois et demie la France.

La végétation s'étend sur 5 degrés de latitude et 23 de longitude. Du sud au nord, trois grandes zones de végétation sont représentées. D'abord la forêt, à savoir la forêt feuillue, la forêt mélangée (sapinière à bouleaux jaunes) et la forêt boréale (sapins, épinettes et bouleaux blancs). Ensuite, dans la zone médiane comprise entre le 52e et le 55e parallèles, vient la taïga, forêt peu boisée où dominent épinettes noires et tapis de lichen. La dernière zone, la toundra, occupe 24% du territoire québécois. On distingue la toundra forestière, caractérisée par des arbres rabougris, et la toundra arctique, dépourvue d'arbres ; riche en tourbières, mousses, lichens, plantes herbacées, marais et affleurements rocheux, la toundra arctique s'étend au nord du 58e parallèle.

Le rang, du fleuve aux champs

Le système seigneurial de la Nouvelle-France a divisé les terres, à partir du fleuve Saint-Laurent, en de longs rectangles relativement étroits. Lorsque les terres furent toutes octroyées, le gouvernement fut obligé d'attribuer aux nouveaux immigrants des terres plus éloignées de la rive. Des chemins appelés alors "rangs" furent tracés parallèlement au fleuve et constituèrent des repères pour la détermination de nouveaux lopins. Ce quadrillage demeure encore aujourd'hui, et les rangs font autant partie du vocabulaire que les chemins, les routes et les rues.

Le Québec est divisé en 19 régions touristiques. On distingue du nord au sud et d'ouest en est : le Nouveau-Québec, l'Abitibi-Témiscamingue, l'Outaouais, les Laurentides, Montréal, Laval, Lanaudière, la Montérégie, les Cantons de l'Est, la Mauricie-Bois-Francs, le Saguenay-Lac-Saint-Jean, Chaudière-Appalaches, Québec, Charlevoix, Manicouagan, Duplessis et l'île d'Anticosti sur la Côte Nord, le Bas-Saint-Laurent, la Gaspésie et les îles de la Madeleine.

CLIMAT

Une grande partie du territoire est soumise aux rigueurs du Grand Nord où les températures moyennes en janvier atteignent -22°C contre -10°C dans la vallée du Saint-Laurent. Le différentiel reste tout aussi important en été avec 12°C pour la région dite du Nouveau-Québec et 21,6°C pour les régions en bordure du fleuve. La zone du fleuve Saint-Laurent jouit d'un climat tempéré de type continental. Au Québec, la latitude joue un rôle déterminant sur le climat. En raison de l'étendue du territoire, on trouve trois types de climat en remontant du sud au nord : continental dans la zone méridionale, subarctique dans la taïga et arctique dans l'extrême Nord.

Un voyage de quelques heures entre Montréal et Amos en Abitibi-Témiscamingue, ou à

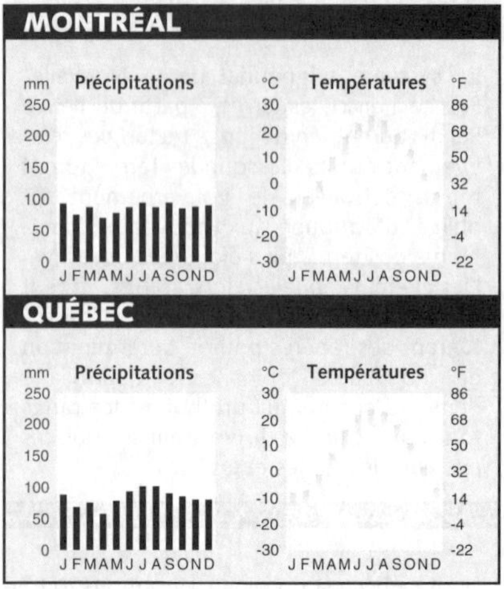

Péribonka en bordure du lac Saint-Jean, permet de mesurer des différences considérables entre les régions, notamment en hiver, une saison marquée dans ces deux régions du nord du Québec par une neige plus persistante et d'importantes chutes de température qui maintiennent les lacs gelés jusqu'à début mai. Un voyage en avril-mai au Québec vous rappellera la phrase d'une chanson de Gilles Vigneault "Mon pays ce n'est pas mon pays, c'est l'hiver".

En réalité, si on distingue quatre saisons au Québec, l'hiver et l'été sont néanmoins les deux saisons les plus marquées. Le printemps est court. Le 20 mars, les arbres à Montréal ont encore leur allure spectrale et ce n'est que vers la fin avril que les premiers bourgeons apparaissent pour s'épanouir presque d'un seul coup durant les deux premières semaines de mai. En Gaspésie, comme sur la Côte Nord, les lacs sont ainsi encore gelés et il n'est pas rare de subir une tempête de neige début mai.

Les températures ne sont vraiment douces qu'à partir de fin mai-début juin. Mais les différentiels de température d'une journée à l'autre durant cette période peuvent être importants (de 10°C souvent). Les nuits restent fraîches.

L'été arrive souvent brutalement. Juillet et août sont des mois très chauds et généralement plutôt secs, avec des températures dépassant souvent les 30°C. La côte demeure généralement plus fraîche.

L'automne distille pour sa part ses premières fraîcheurs dès la mi-août et en septembre dans les régions riveraines du Saint-Laurent. Dans la région du lac Saint-Jean, les températures nocturnes peuvent frôler 5°C. La flambée automnale s'achève généralement à la mi-octobre. Commence alors l'hiver dont la durée oscille selon les années entre cinq et six mois. Les chutes de neige sont importantes durant cette période.

A Montréal, la moyenne des températures minimales, en janvier, s'établit à -18°C (-6°C pour les maximales). Québec et Hull sont des villes où il fait toujours plus froid (-17°C/-8°C). Le froid à Montréal et Québec est souvent chargé d'humidité.

INSTITUTIONS POLITIQUES

Pour comprendre les institutions politiques du Québec, il s'agit d'abord de les replacer dans un contexte général.

Le Canada est une monarchie constitutionnelle dont le pouvoir exécutif revient à la reine d'Angleterre. Celle-ci nomme d'ailleurs un représentant sur le sol canadien, le gouverneur général.

Le Premier ministre, issu du parti politique majoritaire au sortir des élections législatives fédérales, nomme ses ministres et détient le droit de dissolution du Parlement. Le Parlement est composé du Sénat et de la Chambre des communes. Si les sénateurs sont nommés par le gouverneur général, les députés sont élus au scrutin majoritaire uninominal à un tour.

Les élections fédérales ont lieu tous les cinq ans. Le Premier ministre se voit donc confier un mandat de cinq ans. Il est cependant d'usage de provoquer bien avant l'échéance des élections anticipées.

Les dernières élections fédérales ont eu lieu en juin 1997, le Premier ministre canadien J. Chrétien ayant décidé de dissoudre la Chambre des communes au bout de trois ans et demi de mandat. Chaque province

Le feuilleton du temps

La météo est le bulletin d'information certainement le plus écouté mais aussi le plus regardé (il existe un canal météo). A la maison, ou en voiture, il fait partie du quotidien sonore indispensable pour organiser sa journée. Chaque région et chaque localité d'une certaine importance ont leur fréquence. Le taux de probabilité de chute de neige, le facteur vent et la température sont donnés avec précision et sérieux, cartes et commentaires de spécialistes à l'appui.

Dès septembre s'égrènent les visites chez le garagiste. Il s'agit de "changer le tailleur de son char", autrement dit de parer sa voiture de quatre solides pneus d'hiver. Fin septembre, les arbustes commencent dans certaines région à être protégés et enveloppés dans de grands sacs de jute. Les fenêtres sont calfeutrées. Les habits d'hiver ont été sortis dès la mi-août. Dans les écoles, des échanges de vêtements s'organisent. Dans le coffre de la voiture, le kit de survie est révisé. Pelle, câble pour la batterie, grattoir et petite balayette, gants, sac de couchage ou couverture, bougies, allumettes et tracks (au cas où les roues patineraient), tout y est. Au bureau, une paire de chaussures de ville est rangée dans l'armoire.

Octobre annonce souvent les premiers flocons. Le quotidien se concentre alors sur le froid et les intempéries. De la neige et une température en forte baisse annoncées dans la nuit supposent que l'on prenne quelques précautions, à savoir s'occuper de sa voiture afin qu'elle démarre sans problème le lendemain matin et se lever une heure plus tôt pour déblayer devant sa porte. Car si tous les grands axes routiers sont en permanence dégagés, il faut tout de même se munir de sa pelle pour combattre les bancs de neige (congères) formés par les chasse-neige. Si une école ferme à cause d'un car scolaire ne pouvant assurer le service en raison d'une "bordée de neige" (une tempête), les familles doivent trouver des solutions pour garder les enfants dans la journée.

L'été, la météo est également très écoutée. Une randonnée ou une sortie en canoë en perspective, et l'on colle l'oreille au transistor ou l'on zappe un autre bulletin d'information. Au Québec, la météo est une sorte de feuilleton à l'infini.

dispose de son lot de sièges. Le Québec en possède 75 sur les 301 que compte la Chambre des communes.

Le Québec est l'une des dix provinces de l'État fédéral canadien. L'Acte constitutionnel de 1867 qui a donné naissance au Canada a ainsi créé deux niveaux de gouvernement : l'un fédéral ou central, l'autre provincial. Chacune des provinces a son Parlement et adopte ses propres lois dans les domaines de sa compétence. Le Parlement canadien a compétence sur l'ensemble du pays dans des domaines précis comme les Affaires étrangères, la Défense et la Monnaie. A noter toutefois que le Québec possède, dans certains pays comme la France, une Délégation générale distincte de l'ambassade du Canada, qui fait office de représentation.

Le Parlement du Québec créé en 1791 est l'un des plus vieux parlements du monde en dehors de la Grande-Bretagne. Depuis l'Acte constitutionnel de 1867, le Québec remet en question son appartenance à la Confédération canadienne.

Le Québec se caractérise donc par un régime parlementaire. Le pouvoir législatif est exercé par le Parlement, appelé Assemblée nationale. Le Parlement est installé dans la ville de Québec, la capitale de la région. Ses 125 députés sont élus au suffrage universel au scrutin uninominal majoritaire à un tour. L'électeur doit choisir un seul nom parmi les candidats en lice dans sa circonscription. Le candidat qui reçoit le plus de voix est élu. Le droit de vote est accordé à tout Québécois de 18 ans. Les députés sont chargés de voter les lois propres et applicables au Québec.

Le leader du parti politique ayant le plus grand nombre de députés élus devient Premier ministre. Il forme son gouvernement et demeure en fonction pour une période de cinq ans, au terme de laquelle ont lieu de nouvelles élections législatives. Le Premier ministre peut être élu autant de fois qu'il se porte candidat. En réalité, la dissolution de l'assemblée intervient généralement bien avant la date butoir. Les dernières élections législatives au Québec se sont déroulées en 1998.

Le pouvoir exécutif est exercé par le Premier ministre et son Conseil des ministres. Ils ont pour mission de définir les orientations de l'action gouvernementale.

Le Québec compte enfin quelque 1 400 municipalités administrées chacune par un maire et des conseillers élus au scrutin uninominal majoritaire à un tour. Les municipalités d'une même région sont regroupées au sein d'une MRC (municipalité régionale de comté).

Partis politiques

Le Québec compte une quinzaine de partis. Trois seulement sont représentés à l'Assemblée nationale.

Le Parti Québécois, fondé en 1968 par René Lévesque et dirigé par Lucien Bouchard, l'actuel Premier ministre, est le parti qui revendique la souveraineté du Québec. Il dispose actuellement de 77 sièges.

Le Parti Libéral du Québec, dirigé par Daniel Johnson, est pour sa part fédéraliste. Il compte 47 sièges à l'Assemblée.

Le Parti de l'Action démocratique du Québec dispose d'un seul représentant, Mario Dumont, ancien jeune libéral. Il s'affiche souverainiste (autrement dit indépendantiste) mais aussi très conservateur.

Aux élections fédérales, les hommes politiques québécois s'engagent dans d'autres formations politiques. Le Bloc Québécois, parti fédéral qui n'agit que sur la scène fédérale, a été fondé en 1991 par Lucien Bouchard. Il est souverainiste. En 1991, ce parti a remporté 54 sièges à la Chambre des communes, à la grande surprise de nombreux observateurs. Lors des dernières élections en juin 1997, il a obtenu 44 sièges sur les 75 octroyés aux Québécois ; les autres sièges se sont répartis entre le Parti Libéral du Canada (25) et le Parti conservateur de Jean Charest, le député de Sherbrooke, la capitale des Cantons de l'Est.

Le parent pauvre ?

Le Québec arrive au premier rang des provinces les plus touchées par la pauvreté. En 1995, 23,4% des familles québécoises se rangeaient dans la catégorie familles à faible revenu (contre 19,6% en Colombie-Britannique, 18,4% en Alberta et 17,7% en Ontario). Selon les derniers chiffres officiels, un Québécois sur cinq vit dans la pauvreté. Quant à la rémunération hebdomadaire moyenne des Québécois, elle s'élevait, en 1999, à 566 $, contre 645 $, par exemple, en Ontario.

ÉCONOMIE

Avec un produit intérieur brut de 185,4 milliards de dollars canadien pour une population de 7,4 millions d'habitants, le Québec se situe au 16e rang des pays industrialisés juste derrière l'Australie, la France se situant au 12e rang. La province compte pour 21,5% dans la production canadienne mais 50% dans sa production de technologie de l'information, 50% également dans sa production aérospatiale et 45% dans son industrie pharmaceutique.

Le Québec exporte près de 54% de sa production, principalement à destination des États-Unis. Le Québec est le sixième partenaire commercial des États-Unis devant le Royaume-Uni et la France. L'économie québécoise est en effet très imbriquée dans celle de son voisin américain, qui représente près de 83% de ses débouchés extérieurs. La société Bombardier (connue pour ses motoneiges) a ainsi remporté l'appel d'offres lancé pour le renouvellement de tous les wagons du métro de New York.

Depuis l'entrée en vigueur de l'Alena en 1994, autrement dit depuis la suppression des barrières douanières entre le Canada, les États-Unis et le Mexique, les flux nord-sud se sont accélérés. Aujourd'hui, le Québec intensifie ses échanges avec le Mexique et l'Amérique du Sud. Quant aux relations avec l'Europe, et notamment la France, elles se maintiennent. Les ventes avec les autres provinces du Canada ont pour leur part enregistré une croissance de 16% entre 1990 et 1998. Durant la même période, les exportations avec les États-Unis ont connu une hausse de près 155%.

L'aluminium, l'amiante et le papier journal constituent les trois principaux produits à l'exportation. Le Québec est ainsi le premier fournisseur d'aluminium et d'amiante au monde, la province se classant au second rang pour le papier journal.

Mais si l'exploitation des ressources naturelles et des matières premières (bois, énergie hydroélectrique, cuivre, fer, zinc et or) reste au cœur de l'économie québécoise, les secteurs de pointe, tels les technologies de l'information, l'aérospatiale, l'industrie pharmaceutique et les biotechnologies connaissent un développement rapide. La moitié de la recherche pharmaceutique au Canada se fait au Québec.

Montréal fut, jusqu'à ces dernières années, la première ville industrielle du Canada ; elle le demeure dans certains secteurs mais voit l'Ontario (grande place financière) s'affirmer chaque année davantage sur l'échiquier économique du pays et devenir le siège de multiples sociétés.

En région, le tableau économique est sombre. La pêche est moribonde et nombre de mines ont fermé. Seule l'aide de l'État permet à certaines régions comme la Gaspésie, la Côte Nord, les Cantons de l'Est et l'Abitibi de ne pas connaître un exode massif de leur population. L'agriculture (3,23% du PIB) n'emploie que 2,6% de la population active. Les principaux employeurs au Québec sont les Caisses Populaires Desjardins, devant l'entreprise publique Hydro-Québec. Le Québec enregistre l'un des plus forts taux de chômage du Canada (10,4% en 1998), même si ce taux baisse depuis deux ans. En août 1999, il était de 9,9%.

La protection sociale, appelée le Bien être social, a longtemps fait du Québec un chef de file en la matière et a permis de contrebalancer les effets néfastes du chômage. Mais elle revient coûteuse et fait l'objet, depuis quelques années, de révisions et de débats houleux. La santé est l'autre sujet de préoccupation – nombre de cancers sont aujourd'hui soignés aux États-Unis, faute de structures suffisantes sur place. De fait, le Québec dépense moins en matière de santé que les autres provinces canadiennes.

Le déficit budgétaire a été épongé en 1998, mais au prix d'une pression fiscale de plus en plus lourde. Avec un taux d'imposition de 52% sur les revenus des particuliers, le Québec affiche un écart de 7 points avec l'Ontario, ce qui pourrait en inciter certains à émigrer ailleurs.

POPULATION ET ETHNIES

La population globale du pays est évaluée à 30 301 000 habitants. Avec 7 400 000 habitants, le Québec est la deuxième province du Canada derrière l'Ontario. La part du Québec dans la population canadienne avec (24,4%) est toutefois passée en 1995 en dessous le seuil des 25%.

Environ 83% de la population québécoise est francophone, 9% anglophone, 7% allophone (Italiens, Grecs, Portugais, Vietnamiens, Haïtiens…), 0,88% Amérindiens, et 0,11% Inuit.

Avec une croissance démographique de 3,5%, le Québec se situe dans la moyenne nationale. La progression sur la période 1991-1996 marque néanmoins encore un net ralentissement, comparativement à la période 1986-1991, où le taux était de 5,6%.

Pour l'Agence Fédérale des Statistiques, l'accroissement de la population au Québec est davantage imputable à son accroissement naturel qu'à la migration internationale. En effet, sur les 210 000 immigrants qui arrivent chaque année au Canada depuis 10 ans, le Québec n'absorbe que 15% d'entre eux, l'Ontario accueillant environ 55% des nouveaux arrivants et la Colombie Britannique, 20%.

Reste que le taux de natalité du Québec est l'un des plus bas au monde (1,5).

Les Amérindiens

Au Québec, la communauté amérindienne compte 58 640 personnes. Elle se compose de dix nations distinctes : les Abénakis, les Algonquins, les Attikameks, les Cris, les Montagnais, les Malécites, les Micmacs, les Naskapis, les Hurons-Wendats et les Mohawks.

Les deux communautés abénakies du Québec (Odanaks et Wôlinaks regroupent 1 843 personnes) se concentrent en face de Trois-Rivières, sur la rive sud du Saint-Laurent. La communauté algonquine (7 747 personnes) vit pour sa part en Outaouais et en Abitibi-Témiscamingue. Les Attikameks (4 779) vivent en Haute-Mauricie et dans la région du lac Saint-Jean. La baie James et la baie d'Hudson constituent le territoire des Inuit mais aussi des Cris. Avec 12 142 personnes, la nation crie forme la deuxième communauté amérindienne au Québec.

Le territoire des Montagnais, première nation du Québec (13 505 personnes) se situe sur la Côte Nord et au lac Saint-Jean. Les Malécites sont dispersés sur l'ensemble du territoire. Les Micmacs (4 306 personnes) vivent en Gaspésie, dans la région de la baie des Chaleurs. Les Naskapis habitent dans un village à la frontière du Québec et du Labrador, les Hurons-Wendats dans la région de la ville de Québec, les Mohawks se concentrant pour la plupart dans la banlieue de Montréal.

Dès l'arrivée des premiers pionniers, les Amérindiens connurent un destin tragique. D'abord décimés par les maladies transmises par les colons, ils perdirent leur liberté, leurs traditions, leur dignité, et furent dépossédés de leurs terres. Plusieurs dizaines de réserves sont disséminées sur tout le territoire. La plupart vivent pauvrement et reçoivent une allocation du gouvernement. Dans les villes, leur faible degré d'instruction et de qualification professionnelle les marginalise. Les taux de mortalité infantile, d'instruction, de chômage ou d'incarcération sont supérieurs au reste de la population québécoise. La drogue sévit et les suicides sont élevés.

Le réveil des Amérindiens

La crise d'Oka, en 1990, née de la construction d'un terrain de golf sur les terres des Mohawks de Kahnawake est restée, au Québec, le symbole de la révolte des Amérindiens. Le vent d'autonomie a commencé à souffler sur les nations amérindiennes dans les années 60. Parquées dans des réserves exiguës, elles ont dû faire face, et doivent faire face encore aujourd'hui, à un chômage important (25%) et à l'absence de ressources. De nombreuses initiatives de prise en charge de l'économie visant à faire naître un dynamisme propre ont vu le jour. Le tourisme et la pêche au saumon sont ainsi devenus deux secteurs sur lesquels certaines nations amérindiennes comme les Montagnais entendent bien se positionner afin de bénéficier, elles aussi, des retombées financières que ces activités génèrent.

Depuis le début des années 80, leurs leaders s'efforcent de politiser leurs revendications, qu'il s'agisse d'invoquer la Constitution, de réclamer des terres ou de défendre leurs droits. Plusieurs organisations nationales, telles que l'Assemblée des Premières Nations, s'activent à défendre les Amérindiens. Nombre d'entre eux participent de plus en plus à divers mouvements qui cherchent à encourager le respect de la religion, de la culture, de la langue et de l'histoire de leur peuple.

Quoi qu'il en soit, les Amérindiens attendent toujours que des mesures concrètes améliorent véritablement leur situation.

LANGUE

Le français et l'anglais sont les deux langues officielles du Canada. En 1977, l'adoption de la Loi 101 affirme la primauté du français et en fait la langue officielle du Québec. Dans la province toutefois, les panneaux de signalisation, du moins dans les grandes villes et dans certaines régions (Outaouais et Cantons de l'Est notamment), sont en fran-

LES INUIT ET LES AMÉRINDIENS

1	Inuit	5	Algonquins	9	Mohawks
2	Cris	6	Micmacs	10	Naskapis
3	Montagnais	7	Malécites	11	Hurons
4	Attikameks	8	Abénakis		

LES INUIT ET LES AMÉRINDIENS

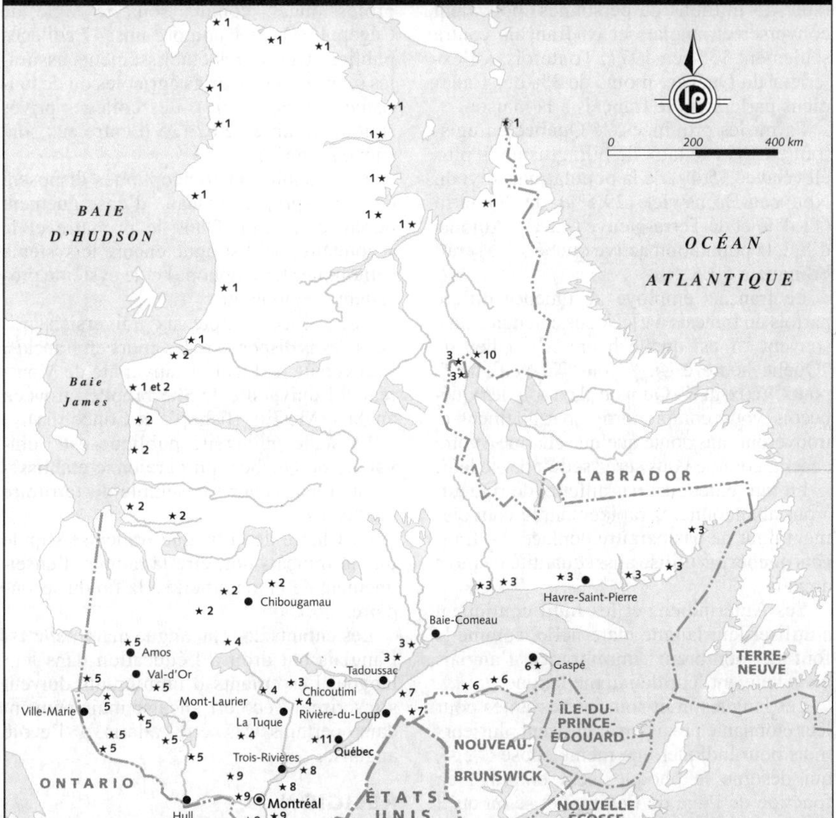

çais et en anglais. Les brochures explicatives ou touristiques sont également dans les deux langues. La préservation de la langue française reste toutefois un souci majeur pour les Québécois et constitue l'une des revendications du mouvement séparatiste. La baisse constante du poids relatifs des francophones dans la région de Montréal fait ainsi souvent la une des journaux. En cinq ans, la proportion de Québécois dont la langue maternelle est le français est ainsi passée de 55 à 52% dans l'île de Montréal. Le nombre de personnes se déclarant d'une langue maternelle autre que le français ou l'anglais augmentait au même moment de 21% à près de 27%.

Quant au bilinguisme, d'après le recensement de la population de 1991 (le dernier en date), un peu plus de 16,3% des Canadiens (soit 4,5 millions de personnes) pouvaient converser en anglais et en français contre seulement 13% en 1971. Toutefois, à l'extérieur du Québec, moins de 3% des Canadiens parleraient le français à la maison.

Parmi les provinces, le Québec enregistrait en 1991 le taux de bilinguisme le plus élevé avec 35,4% de la population, suivi du Nouveau-Brunswick (29,5%), de l'Ontario (11,4%) et de Terre-Neuve (3,3%). Aujourd'hui, la population active québécoise serait bilingue à 50%.

Le français employé au Québec diffère parfois du français parlé. Vous entendrez plus souvent "Y'est quelle heure ?" au lieu de "Quelle heure est-il ?" ou "Tu veux-tu ?" pour "Veux-tu ?". Quoi qu'il en soit, les Québécois vous comprendront parfaitement et trouveront sans doute quelque charme à votre accent, comme vous serez séduit par le leur.

Le tutoiement est par ailleurs de rigueur. Vous abandonnerez rapidement le vouvoiement pour ne pas paraître déplacé. Le français québécois utilise aussi quantité de mots anglais.

Les Amérindiens et les Inuit continuent à utiliser leur langue maternelle, comme le font de nombreux immigrants, l'anglais étant souvent leur deuxième langue.

Les langues inuit sont intéressantes pour leur étonnante précision et utilisent plusieurs mots pour indiquer une même chose : "eg", qui désigne le phoque, sera employé en fonction de l'âge de l'animal et selon qu'il est dans ou hors de l'eau. De même qu'il existe une vingtaine de mots qui signifient "neige", selon sa consistance et sa texture.

SYSTÈME ÉDUCATIF

La Constitution canadienne confie à chaque province la responsabilité exclusive de l'éducation. Il n'existe donc pas de système d'enseignement fédéral au Canada. Autrement dit, chaque province élabore sa politique éducative.

L'école au Québec est obligatoire de 6 à 16 ans. L'enseignement est gratuit pendant tout le primaire mais aussi (à la différence des autres provinces du Canada) dans les collèges dits d'enseignement général et professionnel, connus sous le sigle de Cégep. Le Québec compte ainsi 47 collèges publics et 11 autres établissements assimilés (comme les instituts agricoles ou de tourisme et d'hôtellerie). Les collèges privés sont au nombre de 62 (25 d'entre eux sont subventionnés).

Anglophones et francophones disposent de leur propre réseau d'enseignement public et gratuit. Dans le primaire et le secondaire, on distingue encore le système catholique (francophone) et le système protestant (anglophone).

Le Québec compte six universités privées : trois dispensent des cours en français, l'université de Laval, l'université de Montréal et l'université de Sherbrooke ; trois en anglais (McGill, Bishop's et Concordia).

La seule université publique est l'université de Québec qui gère onze établissements répartis sur l'ensemble du territoire québécois.

La Charte de la langue française stipule que le français doit être la langue d'enseignement de la maternelle à la fin du secondaire.

Les enfants dont la langue maternelle est l'anglais ont droit à l'éducation dans leur langue. Les enfants d'immigrants doivent s'inscrire à l'école française mais peuvent dans certains cas être admis à l'école anglaise.

RELIGION

Durant la colonisation, l'impact de la religion fut important. Soutenant les catholiques français et irlandais, les jésuites furent en perpétuel conflit avec les protestants anglais et hollandais.

Sujet d'étude et d'évangélisation, les Amérindiens devinrent, au XVIIe siècle,

Le Nunavut

Depuis le 1er avril 1999, les Inuit possèdent leur propre terre, le Nunavut (ou Nunavik, "notre terre"), un territoire de 350 000 km² de toundra et de glace, quatre fois grand comme la France. Leur capitale s'appelle Iqaluit et leur langue officielle est l'inuktitut. Après vingt ans de négociations pacifiques avec le gouvernement canadien et celui des Territoires du Nord-Ouest, l'accord passé en 1993 est donc entré dans sa phase de concrétisation.

Au Nunavut de prendre désormais son destin en main. Il a désormais la responsabilité de l'éducation, de la santé et de l'emploi de ses concitoyens. Il doit également gérer ses ressources naturelles. Mais la souveraineté du Canada n'est pas pour autant remise en cause. Dans le cadre de cet accord, le Nunavut est en effet devenu le tout nouveau "territoire" canadien, troisième entité politique nordique, après le Yukon et les Territoires du Nord-Ouest.

Aussi, comme toute province fédérale canadienne, le Nunavut possède-t-il un Parlement autonome élu par ses 22 000 habitants (dont 85% sont des Inuit) et dispose d'un Premier ministre, en la personne de Paul Okalik, jeune avocat de profession. Pour permettre au Nunavik de financer ses nouvelles entreprises et les études supérieures de ses jeunes, le gouvernement canadien lui a octroyé une dotation de 1,1 milliard de dollars canadiens.

En échange de cet accord passé en 1993, les Inuit ont accepté de renoncer à toute autre revendication territoriale sur la partie du Nunavut restant propriété du gouvernement canadien. L'extrême nord du Québec, le Nunavut, n'est donc pas englobé dans le nouveau territoire. Dispersés dans une quinzaine de villages bordant la baie d'Hudson et la mer du Labrador, les quelque 8 600 Inuit que compte le Grand Nord québécois (sur les 125 000 vivant au Canada) envisagent plus que jamais de se séparer du Québec pour se joindre au Nunavut. Lors du premier référendum, 84% d'entre eux avaient d'ailleurs voté contre la souveraineté du Québec. En 1995, la proportion a atteint 95%.

Depuis 1960, le Québec assiste en effet à la volonté des Premières Nations de voir leurs droits et leur spécificité culturelle reconnus. Lorsque Hydro-Québec a décidé ainsi de construire des barrages hydroélectriques dans la région de la baie James, il a dû pour la première fois composer et négocier avec la population locale constituée de Cris et d'Inuit. En 1975, la signature de la *Convention de la Baie James et du Nord Québécois*, entre le gouvernement québécois et les représentants cris et inuit, a constitué la première entente de ce genre au Québec et au Canada. En 1978, les Naskapis signaient la *Convention du Nord-Est Québécois*, une entente similaire.

La *Convention de la Baie James et du Nord Québécois* a également donné un coup de fouet au développement du Nunavut. La Société de développement Makivit, chargée de gérer et d'administrer les indemnités versées aux Inuit (90 millions de dollars canadiens), a su faire fructifier l'argent, notamment en créant deux compagnies aériennes, First Air et Air Inuit.

Pour tout renseignement sur le Nunavut, consultez le site www.nunavut.com, certainement le site le plus exhaustif sur le Nunavut. Le site www.tunngavik.com donne toutes les informations sur l'Accord de 1993.

l'instrument d'une guerre de pouvoir entre catholiques et protestants, souvent meurtrière.

Le rôle de l'église est fondamentale dans l'histoire du Québec, l'exploration du territoire et son organisation sociale. Le catholicisme a toujours été la première communauté religieuse de la province, une prééminence renforcée par l'immigration italienne, grecque et polonaise, entre autres.

Au sein de la communauté protestante, les anglicans représentent le principal groupe. A Montréal, la communauté juive est également très importante, et les immi-

Lexique québécois

A c't'heure : à présent
Accommoder : rendre service à
Achaler : contrarier, ennuyer
Achalandé : lieu où il y a beaucoup de clients
Atriquer (s') : s'habiller de manière ridicule
Appointement : rendez-vous
Aubaine : rabais

Batterie : pile
Bec : petit baiser
Becosses (les) : les toilettes
Bicycle à gaz : moto
Bienvenue : il n'y pas de quoi, à votre service
Bleus (avoir les) : avoir le cafard
Blonde (ma) : ma petite amie
Boucane : fumée
Bras (ça coûte un) : ça coûte une fortune
Bûcher : couper du bois

Caler : perdre ses cheveux
Canot : canoë
Capoter : paniquer, perdre l'esprit
Cégep : lycée
Char : voiture
Check tes claques : remue toi
Chicane : querelle, dispute
Chrisser (dehors) : mettre à la porte
Chrisser (son camp) : déguerpir
Chum (mon) : mon petit ami ou mon ami
Colleux : affectueux
Comique : bandes dessinées
Condo : appartement acquis en copropriété
Coquerelle : cafard
Coupe (une) : quelques
Croche (être) : malhonnête
Cruiser : draguer
Cute : mignon(ne)

Degré : diplôme
Dépanneur : épicerie ouverte tard le soir
Déjeuner : petit déjeuner
Dîner : déjeuner
Dispendieux : cher
Doux (mon) : mon dieu

Effoirer (s') : s'écrouler, se vautrer
En amour (tomber ou être en amour avec) : être amoureux, être séduit
Enfirouaper : duper, rouler
Épais : lourd, niais, imbécile

Fâche (ça m') : ça me contrarie
Faire du pouce : faire de l'auto-stop
Fin : aimable, gentil
Foirer : faire la fête

grés venus d'Asie et des pays du Maghreb (principalement l'Algérie) ont introduit respectivement l'hindouisme et l'islam au Québec.

La province abrite aussi quelques sectes religieuses, telles les témoins de Jéhovah et le Temple solaire qui a défrayé la chronique en 1997.

La religion joue un rôle de moins en moins déterminant dans la vie québécoise. La fréquentation des églises ne cesse de diminuer depuis la Seconde Guerre mondiale dans les grandes villes mais reste encore néanmoins importante en région.

Lors du dernier recensement de 1991, 86% de la population du Québec s'est déclarée catholique, 6% protestante.

ARTS ET CULTURE

Littérature

Romans et théâtre. La littérature québécoise est née véritablement au XIXe siècle. La conquête anglaise a provoqué en effet chez certains auteurs le désir de créer une littérature nationale empreinte de valeurs traditionnelles et conservatrices où domine l'attachement à la terre et à la religion. A ce titre, le roman de terroir *Maria Chapdelaine*, de Louis Hémon (publié en poche chez B.Q) compte parmi les classiques.

Les années 40 et 50 ont marqué un tournant. Le *Refus global* (manifeste d'écrivains et de peintres signé en 1948 en protestation contre la société) engage, en effet, le roman et le théâtre vers une autre

Lexique québécois

Foufounes : fesses
Frette : froid, glacial
Fun (*c'est le*) : agréable, plaisant

Garrocher : lancer, tirer
Gasoline : essence
Gomme : chewing-gum
Griller : bronzer

Jasette : bavardage
Jaser : discuter, parler
Joke (*une*) : une blague
Joual : parler populaire québécois

Licencié : autorisé
Lousse : libre, détaché, ample, dépensier

Magasinage : shopping, lèche-vitrines
Magasiner : faire ses courses
Maringouin : moustique
Minoucher : caresser, cajoler
Minoune : une très belle fille
Misère (*avoir de la*) : éprouver de la difficulté, de la peine

Niaiser : berner, embêter
Niaiseux, niochon : imbécile
Nono : niais

Patenteux : bricoleur
Pantoute : nullement
Pâté chinois : hachis parmentier
Pas pire : pas mal
Piasse (*une*) : un dollar
Placoter : discuter
Platte (*c'est*) : ennuyeux
Poqué : fatigué

Quétaine : ringard, de peu d'intérêt

Ski-doo (*faire du*) : faire de la motoneige
Souffleuse : chasse-neige
Souper : dîner
Spécial (*en*) : en solde

Tabagie : tabac
Tannant : embêtant
Tantôt : il y a peu de temps ou bientôt.
Taponner : tripoter, manipuler, chipoter
Tarlat : idiot
Toffe : difficile à faire
Toune : air de musique, chanson populaire
Track : voie ferrée
Trouble : souci, ennui
Tuque : bonnet

Vues (*aller aux*) : aller au cinéma

voie. Le terme québécois s'affirme, le qualificatif "canadien français", jugé trop marqué par l'influence catholique et hexagonale, est balayé. Avec la Révolution Tranquille, durant les années 60, la littérature québécoise entre véritablement dans la modernité.

Parmi les romanciers incontournables, citons le romancier de l'indépendance, Hubert Aquin, et ses romans *Prochain Épisode* et *Journal*, chez B.Q. La pièce *Les Belles-Sœurs* de Michel Tremblay, disponible chez Leméac, est tout aussi centrale dans la littérature québécoise. Témoin attentif de sa ville, Montréal, l'auteur s'est également imposé dans le paysage littéraire avec la série "Chronique du Plateau Mont-Royal". *La Grosse Femme d'à côté est enceinte,* publié chez B.Q, est certainement l'ouvrage de la série à ne pas manquer.

Également un grand succès, *Le Matou*, d'Yves Beauchemin (éd. Québec/Amérique), dont l'histoire se passe à Montréal et qui reprend le thème de prédilection québécois de la vie urbaine.

A lire aussi chez le caustique Réjean Ducharme *L'Avalée des Avalées* (Folio), *Le Nez qui voque*, *L'Évadé* ou encore *Va savoir* (ces deux derniers titres sont publiés chez Gallimard, coll. Blanche). Avec *Le Vieux Chagrin* et *La Tournée d'automne* (chez Babel), Jacques Poulin arrime ses histoires au bord du Saint-Laurent. Le récit est simple comme chez Gaétan Soucy, dont le roman *La Petite Fille qui aimait trop les allumettes* (Boréal) fut un des livres remarqués de l'année 1998.

Les femmes sont par ailleurs très présentes dans la littérature québécoise. Les œuvres de Gabrielle Roy sont incontournables. Sur la ville de Québec, mentionnons ainsi *Bonheur d'occasion* de Gabrielle Roy, prix Fémina 1947 (Boréal Compact) et *La Petite Boule d'eau*… Anne Hébert est une autre grande figure. Le Seuil (Coll. Points) édite nombre de ses romans. Parmi les plus célèbres : *Les Fous de Bassan*, prix Fémina 1982, drame qui se passe à Griffin Creek, lieu perdu au bout des terres face au ciel et au vent, *Kamouraska*, une histoire du XIXe siècle, dans la ville de Québec, *Les Enfants de sabbat*, et *Le Premier Jardin*…

Citons également *L'Obéissance* de Suzanne Jacon et *Une saison dans la vie d'Emmanuelle* (Boréal), le roman le plus célèbre de Marie-Claire Blais, prix Médicis 1965.

Parmi les nouveaux auteurs figure l'écrivain d'origine haïtienne Dany Laferrière. Son livre *Comment faire l'amour à un nègre sans se fatiguer* (coll. J'ai lu), publié en 1985, l'a rendu célèbre et a été adapté au cinéma. Romancier d'origine brésilienne, Sergio Kokis fait également partie de la nouvelle génération des auteurs québécois. *Le Pavillon des miroirs* (Éd. XYZ) est son premier roman sorti en 1994. Avec *La Mémoire de l'eau* (Actes Sud, collection Babel) et l'*Ingratitude* (Leméac/Actes Sud), Ying Chen, jeune romancière née à Shanghai, est considérée comme l'une des représentantes les plus prometteuses de la littérature québécoise.

Le *Guide de la Littérature québécoise* est publié par Boréal.

Contes et textes d'auteurs québécois. Le conte est à l'origine de la littérature québécoise ; c'est aussi un genre très apprécié de nos jours. Jacques Ferron est l'auteur imaginatif de *Contes* (B.Q.). Pierre Morency, conteur attaché à la nature, a écrit *La Lumière des oiseaux* et une histoire naturelle du Nouveau Monde avec *L'Œil américain* (Boréal).

Le chanteur à texte Félix Leclerc est aussi un écrivain à succès, avec *100 Chaussures ou Moi, mes souliers* (B.Q.), comme son alter ego Gilles Vigneault qui est l'auteur du *Grand Cerf-volant* (Seuil, coll. Point).

Poésie québécoise. La poésie tient une grande place dans la littérature et nombre de romanciers québécois comme Anne Hébert ont publié des poèmes. *Les Poésies complètes* d'Émile Nelligan sont publiées par B.Q et *L'Homme rapaillé* de Gaston Miron est édité par Gallimard.

Biographies. Jacques Bertin a écrit *Félix Leclerc*. Pierre Godin a rédigé *René Lévesque, héros malgré lui* (éd. Boréal). Chez le même éditeur, mentionnons *Gabrielle Roy*, de François Ricard mais surtout *La Détresse et l'enchantement*, l'autobiographie rédigée par l'écrivain elle même et éditée chez Arléa.

Musique

Les Québécois aiment les mots et la poésie. La chanson au Québec tient une place importante, non seulement comme champ d'expression mais aussi comme porte-parole d'une identité culturelle et nationale. Au folklore québécois succède, au début des années 60, une génération de chanteurs qui vont construire et forger une chanson typiquement québécoise luttant contre vents et marées pour résister à l'assimilation anglo-saxonne. Les boîtes à chanson serviront de cadre à cette vague d'artistes chantant l'amour et la liberté.

Au milieu des années 70, Gilles Vigneault dresse ainsi un portrait émouvant du Québec dans sa chanson restée célèbre, "Il me reste un pays à te dire, un pays à nommer, un pays à prédire". Une centaine de chansons enregistrées entre 1960 et 1990 de Gilles Vigneault ont été regroupées dans un coffret de six CD intitulé *Chemin faisant* (Auvidis). Le dernier album *C'est ainsi que j'arrive à toi* (Auvidis) est sorti en 1996.

Gilles Vigneault représente, avec Félix Leclerc, Raymond Lévesque et Laude

Léveillé, cette génération d'auteurs-compositeurs-interprètes profondément engagés pour la souveraineté du Québec. Sa chanson "Gens du pays" accompagne les anniversaires.

Le concert du 13 août 1974 restera à cet égard un moment historique. Sur scène, trois générations de chanteurs étaient côte à côte : Félix Leclerc, Gilles Vigneault et Robert Charlebois. Ils ont interprété une chanson signée Raymond Lévesque, *Quand les hommes vivront d'amour*. Le disque *J'ai vu le loup, le renard, le lion* (Phonogram) est un classique au même titre que les *tounes* de Félix Leclerc, le *P'titi Bonheur* et *La Prière bohémienne* (Phonogram).

Dans les années 70/80 émerge une nouvelle génération de chanteurs mariant l'élégance de la langue française et l'énergie du rock. Robert Charleboix, Diane Dufresne, Fabienne Thibault, Luc de Larochellière, Raoul Dugay, Claude Dubois, Alain Lamontagne, Carole Laure, Louis Furey, Lucien Francœur, Paul Piché, Daniel Lavoie, Diane Tell, Jean Leloup, Plume Latraverse, Richard Seguin, Laurence Jalbert, les groupes Beau Dommage, Harmonium ou Offenbach en sont les principaux représentants, sans oublier le coauteur de la comédie musicale *Starmania* de Luc Plamondon. Les Félix Leclerc, Gilles Vigneault et Raymond Lévesque restent néanmoins leurs classiques. Michel Rivard (qui fit partie du groupe Beau Dommage) est dans la lignée de ses prédécesseurs avec *La Complainte du phoque en Alaska*.

Si Céline Dion et Roch Voisine sont devenus des stars internationales, Richard Desjardins, Éric Lareine, Dan Bigras, Daniel Bélanger et Kevin Parent constituent la nouvelle vague, aussi soucieuse de ses textes que de la musique.

Le pianiste montréalais Oscar Peterson est, quant à lui, une légende vivante du jazz.

Peinture

De styles très divers, les peintres québécois se sont toujours nourris de leur environnement. Clarence Gagnon (1881-1942) est certainement l'un des paysagistes les plus célèbres avec Jean-Paul Lemieux (1904-1990) aux œuvres plus dépouillées. Au début du siècle, Horatorio Walker (1858-1938) témoigne dans ses œuvres d'une époque vouée à disparaître. Marc-Aurèle de Foy Suzor-Coté (1869-1937) donne à ses toiles une touche impressionniste et Zacharie Vincent (1812-1886) joue de la couleur.

Le ville inspire également des artistes comme Adrien Hébert (1890-1967) et Robert Pilot (1897-1967). Ils donnent à voir Québec et Montréal sous la neige. Leurs scènes de rue sont vivantes et loin du classicisme de la fin du XIXe siècle marqué notamment par les œuvres de William Brymmer (1855-1925) ou Antoine Plamondon (1804-1895).

Paul-Émile Borduas (1905-1960) et Jean-Paul Riopelle (1923) vont encore plus loin. Dans un manifeste, le "Refus Global", qu'ils rédigent et cosignent en 1948, avec des écrivains, ils s'élèvent contre la peinture académique et s'engagent résolument dans l'abstraction.

Cinéma

La production du cinéma québécois est impressionnante au regard de sa population très réduite. La création cinématographique est subventionnée par l'Office national du film (reportez-vous à l'encadré qui lui est consacré dans le chapitre *Montréal*).

Au Québec, les curés de campagne ont été les premiers cinéastes. Leur sujet de prédilection est le documentaire. Des prêtres comme Maurice Proulx vont ainsi filmer la colonisation de l'Abitibi dans les années 30. Ce sera notamment *En pays neufs* filmé en 1937 et *Hommage à notre paysannerie* d'Albert Tessier, autre prêtre cinéaste. Vient ensuite, dans les années 40 et 50, l'adaptation de radio romans comme *Un homme et son péché* tiré de l'œuvre de Claude-Henri Grignon (reportez-vous à l'encadré *L'homme et son péché* dans le chapitre *Les Laurentides*).

Il faut attendre les années 60 pour qu'apparaisse la première grande génération du septième art au Québec. C'est l'époque du cinéma direct. Le style est inédit (on tourne beaucoup), le propos est libre, la parole au centre du cadrage ; la vision se veut résolument réaliste et se place dans un contexte politique d'affirmation nationale. Dans *Les filles du Roy*, *Mourir à tue-tête* d'Anne-Claire Poirier, le discours est féministe. Il en est de même avec *Anne Trister* et *la Femme de l'Hôtel*, de Léa Pool. *Sonatine*, de l'actrice Micheline Lanctôt, parle du suicide et de la difficulté de communication des jeunes. Le film obtiendra le Lion d'argent à Venise.

La femme est un thème parmi d'autres. L'opposition ville/campagne est aussi abordée dans des œuvres comme celle de Paul Almond, *Isabel*, où l'on suit une jeune fille de retour dans sa région, la Gaspésie. On pense aussi à *La vraie nature de Bernadette* de Gilles Carle.

Les adolescents sont aussi présents, notamment dans *l'Eau chaude l'eau frette* d'André Forcier ou dans *Mon oncle d'Amérique* de Claude Jutra, considéré comme l'un des meilleurs films produits au Québec et qui relate les premières désillusions d'un jeune garçon. Les deux vieillards des *Dernières fiançailles* de Jean-Pierre Lefebvre rencontreront également un grand succès comme *Les ordres* de Michel Brault.

Dans les années 80, le cinéma québécois s'impose sur le marché international avec notamment *Le Déclin de l'Empire Américain* de Denys Arcand. Le ton est léger, tonique et ironique, les relations hommes-femmes abordées au vitriol. *Léolo* de Jean-Claude Lauzon impose un style nouveau. Le film qui relate les conditions de vie difficiles d'un jeune garçon dans un taudis et sa fuite grâce à l'écriture (seul moyen de sauvegarde qui l'aide à distinguer le vrai du faux) connaît un succès international. Avant lui, il y eut *Thirty two short film about Glenn Gould* de François Girard, *Seductio* de Bachar Chbib, *Pouvoir intime* d'Yves Simoneau, *Octobre* de Pierre Falardeau et *Requiem pour un beau sans-cœur* de Robert Morin.

L'imagination tourne le dos à la tradition réaliste. La nouvelle génération québécoise se démarque de ses aînées par une ouverture vers d'autres champs que celui de l'ethno-réalisme. Son inspiration, fortifiée sur les bancs des écoles de cinéma, s'imprègne de fiction, d'imaginaire et d'ouverture sur le monde. Elle n'en oublie pas pour autant le désespoir si cher aux créateurs québécois. *Seul avec Claude* de Jean Beaudin relate ainsi les raisons d'un crime commis par un homosexuel envers son amant et la dure vie menée par les marginaux.

Le cinéma d'animation est par ailleurs très important et a pu s'épanouir au Québec plus qu'ailleurs grâce à l'Office national du film, à la société Radio Canada et aux artistes même non soumis aux impératifs du marché. Les œuvres de Frédéric Bach (*L'homme qui plantait les arbres*) et celles de Jacques Drouin, mais aussi de Caroline Leaf et Norman McLaren, sont les plus représentatives.

Art inuit et des nations amérindiennes

Les Inuit se sont rendus maîtres de la sculpture sur bois, sur pierre et sur os. Leurs œuvres restent souvent d'un prix accessible, à l'exception bien entendu de celles signées par des artistes jouissant d'une certaine notoriété.

Les matériaux utilisés par les Inuit sont l'os, l'ivoire, l'andouiller de cervidés, et parfois la corne ou le bois. Autrefois, les sculpteurs travaillaient surtout l'ivoire ; aujourd'hui, ils utilisent principalement des roches qui répondent au terme générique de pierre savonneuse : la stéatite et la serpentine, l'argilite, la dolomite, le quartz entre autres.

Extraites dans le Grand Nord, ces pierres savonneuses sont noires, grises ou vertes, brutes ou polies. Ce changement leur a permis non seulement de multiplier les couleurs et les formes de l'œuvre mais aussi de se lancer dans la création de plus grosses pièces. Les vieux ossements de baleine exposés aux intempéries sont également recherchés mais les sculpteurs limitent leur usage pour respecter la réglementation internationale sur l'ivoire. Des bois de caribous sont également utilisés. Les matériaux étant rares sur place, les artistes doivent souvent parcourir de longues distances sur terre ou par bateau pour trouver la pierre qui leur convient. La plupart des sculptures vendues dans les galeries de références sont encore exécutées à l'aide d'outils manuels mais un nombre croissant d'artistes utilisent des outils électriques.

Les styles de sculpture varient d'une nation à l'autre sur tout le territoire du Grand Nord, et certains sont plus connus que d'autres. Au nord du Québec, la tendance est à l'inspiration réaliste, narrative et naturaliste. Chaque objet raconte une scène de chasse ou se réfère à une légende. La pierre grise souvent utilisée est habituellement noircie et polie, puis gravée.

La période contemporaine de l'art inuit remonte aux années 40. Sous l'impulsion d'un jeune artiste québécois, James Houstin, furent créées, dans les années 50, des coopératives destinées à promouvoir et à commercialiser l'artisanat du Grand Nord. Elles alimentent aujourd'hui la plupart des galeries. Elles ont permis, grâce aux flux commerciaux qu'elles engendrèrent, de contrebalancer la baisse des cours des fourrures.

Chaque village a sa tradition. A Kuujjuaraapik (anciennement Poste à la Baleine), les œuvres représentent la faune environnante ou des scènes de la vie familiale. La sculpture d'Inukjuak (Port Harrison) privilégie les scènes de chasse et de la vie familiale (mère avec son enfant, oiseaux, ours sont des sujets de prédilection). Les œuvres anciennes ont été réalisées dans une pierre verte marbrée. Les pièces récentes sont produites à partir de pierre grise souvent noircie et gravée. A Povungnituk, le réalisme est également de rigueur. Les scènes de chasse et les animaux sont des thèmes récurrents et leur interprétation plus en volume. A Salluit et à Ivujivik, ce sont les êtres humains qui sont représentés.

L'ours blanc, élément de la thématique inuit

L'intérêt croissant pour la sculpture inuit a malheureusement entraîné la production massive d'imitations, exposées et vendues un peu partout. Les œuvres véritables portent toujours une étiquette, ainsi qu'un symbole représentatif de l'igloo. Beaucoup sont également signées par l'artiste. Mieux vaut s'adresser à une boutique dont la respectabilité est établie qu'à une boutique de souvenirs. Pour certaines contrefaçons, il arrive même que l'on utilise n'importe quel matériau, jamais employé par les Inuit.

Les artistes inuit produisent aussi des estampes très appréciées. D'inspiration surtout mythologique, elles s'attachent à dépeindre diverses activités quotidiennes.

Bien que célèbres pour leurs sculptures ou leurs vanneries, les Amérindiens s'illustrent surtout aujourd'hui dans l'art de l'estampe et de la gravure.

PARCS QUÉBÉCOIS

C'est en 1895 que le gouvernement québécois décida de créer les parcs du Mont-Tremblant et des Laurentides, les premiers parcs provinciaux au Québec. La décision fut à l'époque une petite révolution. En effet, la forêt québécoise échappait alors dans sa grande majorité au contrôle de l'État ; les marchands de bois puis les industriels de la pâte à papier et des mines régnaient alors en maîtres absolus. Il fallut ainsi attendre près d'un demi-siècle avant que le parc de la Gaspésie ne voit le jour en 1937 et rejoigne ses deux compères. L'année suivante, le parc du Mont-Orford dans les Cantons de l'Est intègre à son tour la liste des parcs de la province.

Il faut toutefois attendre 1977 pour que le Québec engage réellement une politique

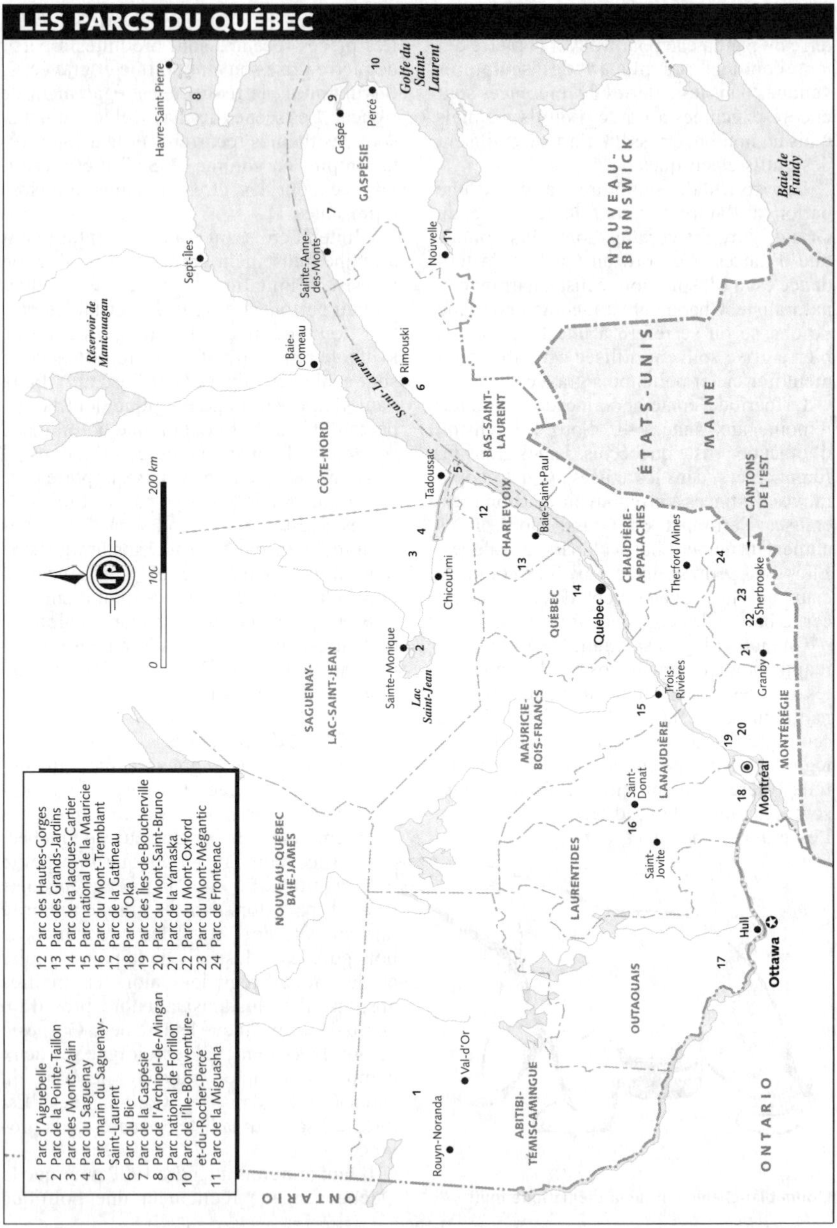
LES PARCS DU QUÉBEC
1 Parc d'Aiguebelle
2 Parc de la Pointe-Taillon
3 Parc des Monts-Valin
4 Parc du Saguenay
5 Parc marin du Saguenay-Saint-Laurent
6 Parc du Bic
7 Parc de la Gaspésie
8 Parc de l'Archipel-de-Mingan
9 Parc national de Forillon
10 Parc de l'Île-Bonaventure-et-du-Rocher-Percé
11 Parc de la Miguasha
12 Parc des Hautes-Gorges
13 Parc des Grands-Jardins
14 Parc de la Jacques-Cartier
15 Parc national de la Mauricie
16 Parc du Mont-Tremblant
17 Parc de la Gatineau
18 Parc d'Oka
19 Parc des Îles-de-Boucherville
20 Parc du Mont-Saint-Bruno
21 Parc de la Yamaska
22 Parc du Mont-Oxford
23 Parc du Mont-Mégantic
24 Parc de Frontenac
0
100
200 km
Réservoir de Manicouagan
Golfe du Saint-Laurent
Baie de Fundy
Saint-Laurent
Lac Saint-Jean
NOUVEAU-QUÉBEC BAIE-JAMES
SAGUENAY-LAC-SAINT-JEAN
CÔTE-NORD
GASPÉSIE
BAS-SAINT-LAURENT
CHARLEVOIX
QUÉBEC
CHAUDIÈRE-APPALACHES
MAURICIE-BOIS-FRANCS
LANAUDIÈRE
LAURENTIDES
OUTAOUAIS
ABITIBI-TÉMISCAMINGUE
MONTÉRÉGIE
CANTONS DE L'EST
NOUVEAU-BRUNSWICK
ÉTATS-UNIS
MAINE
ONTARIO
Havre-Saint-Pierre
Sept-Îles
Gaspé
Percé
Sainte-Anne-des-Monts
Nouvelle
Baie-Comeau
Rimouski
Tadoussac
Baie-Saint-Paul
Chicoutimi
Sainte-Monique
Québec
Thetford Mines
Sherbrooke
Granby
Trois-Rivières
Saint-Donat
Saint-Jovite
Montréal
Hull
Ottawa
Val-d'Or
Rouyn-Noranda

visant à devenir maître et responsable de son patrimoine forestier que se partageaient encore industriels et richissimes propriétaires américains ou canadiens, amateurs de pêche et de chasse. A cet égard, la Loi sur les parcs marque un tournant. Des parcs de conservation et de récréation sont créés. Depuis, la loi a été maintes fois revue et corrigée, avec pour objectif à chaque fois de contrôler au mieux ce fabuleux domaine à fort potentiel, menacé par une exploitation intensive. Aujourd'hui, 9,5% des forêts échappent encore au contrôle de l'État québécois.

Mais la création de parcs régionaux, comme celui du Mont-Tremblant, n'a pas été sans conséquence pour les Amérindiens, qui ont été une nouvelle fois chassés de leurs terres.

A ce jour, le Québec comprend 19 parcs régis par un règlement précis. Leur nombre pourrait passer à 20 avec la création d'un parc national sur l'île d'Anticosti. Depuis 1980, la chasse est interdite dans ces parcs. La pêche est en revanche autorisée. Leur superficie représente à peine 0,7% du patrimoine forestier du Québec. Le reste se partage entre réserves, zones d'exploitations contrôlées, pourvoiries... Chacun possède ses prérogatives et ses objectifs.

Les réserves peuvent être aquatiques, minières, forestières, fauniques ou écologiques. Principalement exploitées par les compagnies forestières, elles sont aussi le domaine des pêcheurs, chasseurs et trappeurs.

Les Zones d'exploitation contrôlées (ZEC) et les pourvoiries ne font pas mystère de leur vocation commerciale. Elles sont des parties de forêts, de rivières et de lacs loués à l'État par des particuliers ou des sociétés. Les pourvoiries (on en dénombre environ 600) sont une spécificité québécoise. A la différence des ZEC, elles offrent un hébergement à ceux qui viennent sur leur terres, chasseurs et pêcheurs principalement. A la recherche de nouveaux clients, elles offrent également aujourd'hui des excursions allant de l'observation de l'ours à celui du loup ou de l'orignal.

Renseignements pratiques

SUGGESTIONS D'ITINÉRAIRES

Voyager au Québec suppose la prise en compte de données fondamentales, notamment les distances à parcourir (le territoire est gigantesque) et les saisons.

Une semaine. En une semaine, vous vous limiterez à Montréal et/ou à Québec et vous consacrerez deux jours à l'une des deux régions jouxtant ces deux grandes villes. Si Québec s'impose par son histoire et l'architecture de sa vieille ville, Montréal est passionnante pour son environnement urbain (qui joue les mélange des genres) et le foisonnement d'activités qu'elle propose (allant du musée à la promenade dans le parc du Mont-Royal et sur le Vieux-Port). La visite de Montréal peut parfaitement se combiner avec une incursion dans la Montérégie et les Cantons de l'Est au sud ou, au nord, avec une tournée dans les Laurentides ou dans la Lanaudière. Ces deux zones distinctes offrent autant d'activités de plein air l'une que l'autre mais présentent un paysage totalement différent : celui des Cantons de l'Est a l'élégance des jardins anglais, celui du Nord des Laurentides a la dimension des grands espaces canadiens encore vierges. De même, la visite de la ville de Québec et de l'île d'Orléans peut se combiner avec deux jours dans la région de Charlevoix (à une heure et demie de route), dotée de paysages vallonnés grandioses et de maisons superbes dominant le fleuve.

Deux semaines. Ce laps de temps permet de pousser plus loin l'exploration et de gagner des régions plus éloignées. Vous pouvez ainsi partir de Montréal pour l'Outaouais, poursuivre vers les Laurentides et la Lanaudière, emprunter ensuite la rive nord du Saint-Laurent, passer à Trois-Rivières avant d'atteindre Québec ; de là, mettre le cap sur la région de Charlevoix et la ville de Tadoussac avant d'emprunter à Saint-Siméon, le bateau pour la rive sud du fleuve, puis redescendre vers Montréal, via le Bas-Saint-Laurent et les Cantons de l'Est.

Si vous décidez d'aller directement à Québec depuis Montréal, vous pouvez rejoindre la région de Charlevoix (deux jours), gagner Tadoussac et ses environs (deux à trois jours), emprunter la rive nord et la rive sud de la rivière Saguenay (deux jours) ; prendre ensuite à Saint-Siméon, le bateau pour atteindre la rive sud du fleuve, afin de redescendre vers Montréal, via le Bas-Saint-Laurent et les Cantons de l'Est.

Depuis Québec, un autre circuit permet également de découvrir la Gaspésie via le Bas-Saint-Laurent. Comptez au moins dix jours pour ces deux régions (c'est le strict minimum). Avant de revenir sur Québec, vous pouvez prendre le traversier à Matane et rejoindre Tadoussac et Charlevoix (trois jours entre les deux).

Trois semaines. Accordez-vous plus de temps dans la région Bas-Saint-Laurent-Gaspésie, ou dans la région Côte Nord (qui à elle seule demande au moins dix jours, surtout si vous voulez vous rendre jusqu'à Natashquan). Autre option : vous rejoignez, depuis Montréal, l'Abitibi-Témiscamingue avant de poursuivre sur la Baie-James. De là, continuez la route pour le lac Saint-Jean puis la rive sud du Saguenay, la région de Charlevoix et Québec. Dans ce dernier parcours qui forme une grande boucle, vous pouvez aussi, depuis le lac Saint-Jean, descendre directement sur Trois-Rivières puis rejoindre les Cantons de l'Est et Montréal.

Quatre à cinq semaines. Les îles de la Madeleine peuvent s'ajouter au programme, surtout si vous faites un voyage en Gaspésie. Depuis Gaspé, elles ne sont qu'à 40 minutes de vol. Sur place, comptez quatre jours minimum de visite. De même, vous pouvez prendre le Nordik Express depuis Rimouski pour la Côte Nord et l'île d'Anticosti est envisageable (prévoyez alors deux semaines).

VISAS ET AMBASSADES

Les Français, les Suisses, les Belges et les Luxembourgeois n'ont pas besoin de visa pour un séjour de moins de trois mois. Les ressortissants des pays d'Afrique, du Maghreb et de l'ex-bloc de l'Est devront en revanche en faire la demande.

Les visas de tourisme ou d'affaires sont payants (75 $ pour une entrée, 150 $ pour des entrées multiples). Ils sont valables trois mois et peuvent être prorogés moyennant finances.

La demande de prorogation se fait auprès du Service d'immigration de l'ambassade du Canada du pays d'origine. Les conditions d'obtention des visas changent selon les pays. Renseignez-vous avant votre départ.

Tout étranger se rendant au Québec pour y étudier doit obligatoirement avoir en sa possession à l'arrivée, un permis de séjour pour étudiants. De la même façon, toute demande d'autorisation de travail doit être déposée au Service d'immigration de l'ambassade du Canada de votre pays d'origine (reportez-vous à la rubrique *Immigration*).

La possession d'un passeport et/ou d'un visa ne garantit pas votre entrée dans le pays. L'admission des touristes reste toujours à la discrétion du Bureau de l'immigration à la frontière. Un billet de retour (quel que soit le mode de transport) ou l'attestation de l'agence de voyages et des fonds suffisants pour subvenir à vos besoins pendant votre séjour sont requis. Nous vous conseillons donc d'emporter une somme d'argent raisonnable et/ou une carte bancaire internationale.

Ambassades du Canada

Voici les adresses de quelques ambassades et consulats du Canada à l'étranger :

Belgique
2 avenue de Tervuren, 1040 Bruxelles
(☎ (02) 741-0611, bru@dfait-maeci.gc.ca)
Délégation générale du Québec,
46 avenue des Arts, 7e ét., B-1000 Bruxelles
(☎ 512-0036, qc.bruxelles@mri.gou.qc.ca)

Espagne
Édifice Goya, Calle Nunez de Balboa,
28001 Madrid (☎ 91-423-3250,
www.canada-es.org)

États-Unis
501 Avenue Pennsylvania, Nord-Ouest,
Washington D.C. 20001 (☎ (202) 682-1740,
wshdc@dfait-maeci.gc.ca)
Consulat général, 1251 Avenue of the
Americas, 16e étage, New York City,
New York 10020-1175 (☎ (212) 596-1683,
www.canada-ny.org)

France
35-37 avenue Montaigne, 75008 Paris
(☎ 01 44 43 29 00, paris@dfait-maeci.gc.ca)
Délégation générale du Québec à Paris,
66 rue Pergolèse, 75116 Paris
(☎ 01 40 67 85 00, qc.paris@mri.gouv.qc.ca)
Consulat, 21 rue Bourgelat, 69002 Lyon
(☎ 04 72 77 64 07,
consulatcanadalyon@wanadoo.fr)
Consulat, a/s French Med Tours,
64 Avenue Jean-Médecin, 06000 Nice
(☎ 04 93 92 93 22)
Consulat, 30 bd de Strasbourg,
31014 Toulouse (☎ 05 61 99 30 16,
consulatcanadatoulouse@wanadoo.fr)
Consulat, B.P. 4370 Saint-Pierre,
Saint-Pierre-et-Miquelon (☎ (508) 41 55 10)

Italie
Ambassade, Via G. B. de Rossi 27,
Rome 00161 (☎ (3906) 44 59 81,
rome@dfait-maeci.gc.ca)

Luxembourg
Consulat du Canada, a/s Price Waterhouse
S.A., 16, rue Eugène Ruppert, B.P. 1443,
L-1014 Luxembourg (☎ (352) 494-8481)

Suisse
Kirchenfeldstrasse 88, CH-3005 Berne
(☎ (31) 357 32 00,
bern@berne01.x400.gc.ca)

Prorogation de visas

Aucune prorogation ne se fait sur place. Il faut refaire une demande auprès de l'ambassade du Canada de votre pays, accomplir les mêmes formalités et verser la même somme que lors de la première demande.

Consulats étrangers au Québec

Belgique
Consulat, 999 bd de Maisonneuve Ouest,
Bureau 850, Montréal H3A 3L4
(☎ (514) 849-7394)

États-Unis
Consulat, 455 bd René-Lévesque,
succursale Desjardins, Montréal HéZ 1Z2
(☎ (514) 398-9695)

Consulat, 2 place Terrasse Dufferin, Québec G1R 4T9 (☎ (418) 692-2095)

France

Consulat, 1 place Ville-Marie, 26e étage, Bureau 2601, Montréal, Québec, H3B 4S3 (☎ (514) 878-4385, www.consulfrancemontreal.org)

Consulat, Maison Kent, 25 rue Saint-Louis, Québec, Québec G1R 3Y8 (☎ (418) 694-2294, www.consulat-france-qc.org/Accueil.htm)

Italie

Consulat, 3489 avenue Drummond, Montréal H3G 1X6 (☎ (514) 849-8351)

Luxembourg

Consulat, 3877 avenue Draper, Montréal H4A 2N9 (☎ (514) 489-6052)

Suisse

Consulat, 1572 avenue Dr Penfield, Montréal, P.Q. H3G 1C4 (☎ (514) 932-7181)

DOUANE

La fouille à laquelle vous serez soumis en arrivant au Canada dépendra de certains critères, tels que votre point d'embarquement et votre nationalité.

Si vous êtes âgé d'au moins 18 ans, vous avez le droit, lors de votre arrivée, d'importer les produits suivants au Québec : un litre d'alcool ou de vin ou 24 canettes de bière de 350 ml, 200 cigarettes, 50 cigares ou cigarillos, 200 g de tabac. Vous pouvez également importer des cadeaux dont la valeur ne dépasse pas 60 $.

Les articles de sport, les appareils photo ou les pellicules ne posent aucun problème. Il vous faudra néanmoins déclarer votre matériel de sport aux agents des Douanes.

Les denrées alimentaires périssables (fromages, viandes, légumes…) sont interdites. Ne sont autorisés que les conserves industrielles sous boîtes métalliques et un seul fromage hermétiquement emballé.

Si vous voyagez avec votre animal familier, vous devez posséder un certificat établi par un vétérinaire, signé et daté, attestant que l'animal a bien été vacciné contre la rage depuis plus d'un mois et moins d'un an.

Pour information, sachez que le téléphone des Douanes Canadiennes à Bruxelles est le ☎ 00 322 741 0670.

QUESTIONS D'ARGENT

Monnaie nationale

Il existe des pièces de 1, 5, 10, 25 cents, et de 1 $. Les billets en circulation sont de 2, 5, 10 et 20 $. Les grosses coupures au-delà de 50 $ sont moins fréquentes et peuvent être difficiles à écouler dans les petites agglomérations ou le soir. Ainsi, les stations-service les acceptent rarement. Les billets sont tous de la même taille mais leur couleur et leur effigie diffèrent. Sauf exception, tous les prix mentionnés dans cet ouvrage sont en dollars canadiens.

Taux de change

France	1 FF	=	0,23 C$
Belgique	100 FB	=	0,04 C$
Suisse	1 FS	=	0,96 C$
États-Unis	1 $US	=	1,46 C$

Pour changer votre argent, adressez-vous de préférence à des agences spécialisées dans les transactions internationales, telles que Thomas Cook. Les bureaux et les comptoirs de change sont aisément repérables dans les rues principales des grandes villes. Sinon, optez pour les banques, les caisses d'épargne ou, en dernier recours, les hôtels (quand les agences et les banques sont fermées).

En dollars canadiens ou américains, American Express et Thomas Cook commercialisent les chèques de voyage les plus avantageux. Certaines banques prélèvent désormais une petite commission forfaitaire pour encaisser les chèques de voyage. En dépit de cette commission, les banques proposent généralement des taux de change plus intéressants que les hôtels.

Banques françaises au Canada

Certaines banques françaises possèdent des agences au Canada. Parmi elles :

BNP

1981 avenue Mc Gill Collège, Montréal, Québec (☎ (514) 285-6000)

925 chemin Saint-Louis, Québec, Québec (☎ (418) 684-7575)

Crédit Lyonnais

2000 avenue Mansfield, Montréal, Québec (☎ (514) 288-4848)

Des prix affichés hors taxes

Que ce soit au restaurant ou pour un hébergement, les prix que vous lirez ou que l'on vous indiquera verbalement s'entendent toujours hors taxes. Il en va de même pour l'achat d'un livre, d'un CD, d'un billet de bus, d'avion, de train, de la location d'une voiture, d'une paire de skis ou d'un canoë.

Au Québec, majorez le tarif brut de 14,5% pour tenir compte de la taxe de vente provinciale et de la taxe sur les produits et services. Aussi n'oubliez pas de faire vos calculs avant de vous présenter aux caisses. Dans tous les cas, il est préférable de demander si les tarifs incluent ou non les taxes.

Société Générale
1501 avenue McGill, Bureau 1800, Montréal, Québec (☎ (514) 841-6000)

Cartes de crédit

Posséder une carte de crédit quand on se rend au Québec se révèle utile en maintes circonstances. Si elle peut tenir lieu de pièce d'identité, elle s'avère avant tout précieuse au moment de réserver une chambre, de louer une voiture ou une bicyclette (elle sert alors de caution). Dans les auberges de la chaîne Fédération Unie des Auberges de Jeunesse (FUAJ), sa présentation remplace le versement d'un acompte et elle sera acceptée comme moyen de paiement.

Vous pouvez aussi utiliser votre carte de crédit pour réserver et acheter des billets de ferry, d'avion ou des places de théâtre. Enfin, vous l'utiliserez dans les banques pour retirer des espèces.

Les cartes de crédit Visa, MasterCard et American Express sont largement acceptées dans la plupart des grandes agglomérations comme dans les lieux de villégiature, les auberges de jeunesse, les gîtes et B&B. Mais renseignez-vous avant de partir sur la commission prélevée par votre banque pour chaque règlement par carte de crédit.

Distributeurs automatiques

Ils sont très répandus au Québec, que ce soit dans les grandes villes ou dans certains villages. Au Québec, la carte Visa est acceptée dans tous les guichets automatiques de l'enseigne Caisse Populaire Desjardins. Ceux de la Banque Nationale ne prennent que les MasterCard et l'American Express. Vous trouverez également souvent des distributeurs automatiques dans les stations-service, centres commerciaux ou gares routières et ferroviaires. Ils fonctionnent 24h/24.

Coût de la vie

Pour la plupart des voyageurs, l'hébergement constituera la majeure partie des frais. Les régions très touristiques, telles que la ville de Québec, ne pratiquent néanmoins pas des prix excessifs, car les multiples possibilités pour se loger entraînent une certaine concurrence, surtout hors saison.

C'est une règle courante, les prix des chambres et des appartements sont plus élevés pendant les mois d'été. Une augmentation de 25% en général, mais il peut arriver que certains prix doublent.

La nourriture est plus abordable au Québec que dans la plupart des pays d'Europe de l'Ouest, tout en étant plus chère qu'aux États-Unis. Il en va de même pour les restaurants. A Montréal comme à Québec, le prix d'un repas complet s'élève en moyenne entre 15 et 20 $, taxes comprises.

L'essence est également bien moins chère que dans la plupart des pays d'Europe. En revanche, si vous souhaitez louer une voiture, mieux vaut organiser la location depuis l'Europe... Vous obtiendrez des prix beaucoup plus compétitifs que sur place.

Les autobus restent le moyen de transport le moins coûteux, contrairement aux trains, assez onéreux, excepté en cas de tarifs spéciaux.

Les vols intérieurs sont très onéreux. N'omettez jamais de vous renseigner sur les offres avantageuses, soumises à des conditions particulières, comme le tarif "excursion".

Pourboires

Il convient de laisser entre 10 et 15% du prix hors taxes. En règle générale, on donne un pourboire aux chauffeurs de taxi, aux serveurs, aux coiffeurs et au personnel hôtelier. Certains restaurants et hôtels incluent parfois le service dans leur prix.

Taxes

Taxe de vente provinciale. Au Québec, une taxe de vente de 7,5% doit être acquittée pour tous les articles achetés en magasin, ainsi que sur la nourriture dans les restaurants et les cafés.

Taxe sur les produits et services. La TPS est un impôt de 7% grévant pratiquement tous les produits, services et transactions. Sont exemptés de taxes les produits alimentaires et les gîtes ou B&B qui n'ont pas plus de trois chambres.

Les touristes ont la possibilité d'obtenir un remboursement sur les articles non comestibles qu'ils veulent rapporter, pourvu que ceux-ci soient expédiés hors du pays dans un délai de 60 jours. Le remboursement de la taxe vaut également pour tous les modes de logement.

En revanche, la taxe sur les services et les transports n'est pas remboursée. De manière générale, il faut que les produits taxés dépassent 200 $ et que vous possédiez l'original des factures. Un ticket de carte de crédit ou une photocopie ne suffisent pas. La plupart des boutiques "touristiques", des magasins en duty free et les grands magasins tiennent à la disposition des clients une brochure concernant les remboursements de la TPS. Des formulaires sont également disponibles dans les offices du tourisme, dans certains hôtels et dans les aéroports. Depuis février 1999, à votre demande de remboursement et à vos reçus originaux, vous devez joindre l'original de vos billets de transport (avion, train ou bateau) ou cartes d'embarquement.

Le demande de remboursement des taxes doit parvenir au service canadien concerné dans un délai d'un an maximum après votre départ du territoire québécois. Le traitement de votre demande prendra environ quatre à six semaines.

Pour toute information, appelez le ☎ (902) 432-5608 ou 1 800 668-4748, www.rc.gc.ca. Vous pouvez également écrire au Centre fiscal de Summerside, Revenu Canada, 275 rue Pope, pièce 104, Summerside PE C1N 6C6, Canada.

QUAND PARTIR

Vous pouvez voyager en toute saison, à l'exception de deux périodes allant d'avril à mi-mai pour la première, et de fin octobre à début décembre, pour la seconde. En effet, nombre d'activités s'arrêtent et les hébergements, les restaurants et les musées (en dehors des grandes villes) sont pour la plupart fermés. Cependant, chaque saison possède ses propres plaisirs.

L'hiver, les activités comme le ski, la randonnée et la motoneige durent de décembre à mars, voire avril-mai pour le ski. Les routes sont dégagées mais il est toujours prudent de se renseigner sur les conditions météorologiques.

Le printemps avec ses bourgeons et ses premières douces chaleurs ne commence jamais avant mai, parfois fin mai pour des régions comme la Gaspésie, la Côte Nord, le lac Saint-Jean, les îles de la Madeleine et l'Abitibi. Les lacs de la Côte Nord sont encore gelés à la mi-mai et il n'est pas rare, en Gaspésie, d'essuyer une tempête de neige, toujours au mois de mai.

L'été arrive généralement brutalement ; chaleur (plus de 30°C) et humidité peuvent s'abattre sur Montréal dès la mi-juin. Seuls véritables désagréments durant cette période estivale : les moustiques et les mouches noires.

Juin, juillet, août et septembre sont les mois phares pour entreprendre un voyage au Québec. Mais, dès juin, toutes les conditions sont réunies pour un séjour des plus agréables. Les températures sont idéales, les activités battent leur plein, les hébergements ne pratiquent pas encore les prix de haute saison. Quant aux indésirables maringouins (moustiques et insectes piqueurs), ils n'ont pas encore fait leur apparition. Fin juin-début juillet, surtout dans les parcs et près des lacs, ils deviennent des compagnons de voyage tenaces.

L'automne magnifie idéalement les paysages, particulièrement en septembre et en octobre. La flambée des couleurs s'estompe ensuite rapidement. Pour les campeurs, la meilleure période court de la mi-juin à début septembre. Dès la mi-août, il n'est pas rare que certaines températures descendent en dessous de 0°C, notamment au lac Saint-Jean.

QUE PRENDRE AVEC SOI

Il est indispensable d'emporter, en toute saison, des lunettes de soleil, des jumelles (précieuses pour l'observation des baleines ou des oiseaux par exemple), un coupe-vent, une bonne paire de chaussures de marche et un maillot de bain.

Outre les baignades dans les rivières et les lacs en été, vous pourriez être tenté par quelques longueurs de piscine, ou encore par les bienfaits d'un sauna après une journée de ski.

Pour les personnes envisageant de voyager en dehors de la saison estivale, pensez à vous protéger du froid, sans vous charger toutefois de manière excessive. Vous trouverez sur place tout ce qui est nécessaire pour résister aux frimas. Le choix est large et les prix très abordables. Pour affronter -40°C, par exemple, il sera judicieux de vous équiper d'une paire de bottes adéquate.

Les personnes projetant de s'adonner au ski ou à la motoneige, s'aviseront bien d'acheter ou de louer sur place une combinaison qui les protégera efficacement du froid.

Pour les enfants et les bébés, les vêtements achetés sur place sont adaptés au climat et bon marché.

L'été, inutile d'encombrer vos bagages d'anti-moustiques. Au Québec, des rayons spécialisés dans les boutiques de sports ou dans les pharmacies fournissent un choix impressionnant de produits.

OFFICES DU TOURISME

Sur place

Au Québec, le réseau d'informations touristiques couvre tout le territoire, et le personnel se montre disponible et efficace. Les grandes villes disposent d'un bureau permanent, et quelquefois, de plusieurs en saison. Les petites et moyennes localités disposent en général d'un office du tourisme saisonnier.

Chaque région s'appuie sur un département du tourisme, responsable en particulier de l'édition d'un guide riche en informations pratiques (hébergements, restaurants, transports…) et culturelles (événements, descriptif des villes, musées, parcs et principaux centres d'intérêt). Gratuit et disponible en français ou en anglais, ce guide, pourvu de bonnes cartes de la région est réactualisé chaque année.

Les offices du tourisme fournissent par ailleurs gratuitement un plan de ville et vous aideront dans vos recherches d'hébergement, d'excursions, de fêtes, d'activités sportives ou culturelles.

A Montréal, le Centre Infotouriste rassemble non seulement l'ensemble des renseignements ayant trait à la ville mais aussi tout ce qui concerne les régions de la Province (hébergement, transport, activités culturelles ou de plein air).

Des offices du tourisme indépendants sont également disséminés dans la Province.

Pour Ottawa et les chutes du Niagara, adressez-vous à l'office du tourisme de l'Ontario (☎ 1 800 668 2746 ou ☎ 1 800 268 3736 en français, numéros gratuits depuis le Canada, www.travelinx.com), 9th Floor, 1 Concorde Gate, Don Mills, Ontario M3C 3N6.

Offices du tourisme à l'étranger

Pour obtenir les premiers renseignements utiles à la planification d'un voyage au Québec, contactez Tourisme Québec. Cet organisme vous enverra une documentation moyennant 21 FF, que vous soyez en France ou en Belgique.

Écrivez à Tourisme Québec, Mercure Prest Service, Boîte Postale 90, 67162 Wissembourg cedex, ou téléphonez directement au Québec entre 15h et 23h au ☎ 0 800 90 77 77. L'appel est gratuit et le service fonctionne 7 jours sur 7. Le mercredi, Tourisme Québec est joignable à partir de 16h. Vous pouvez aussi taper 3615 Québec sur Minitel (2,23 FF la minute) ou visiter le site (http:/www.tourisme.gouv.qc.ca.).

ORGANISMES A CONNAÎTRE

Associations culturelles en France

Plusieurs associations franco-canadiennes vous aideront à obtenir des renseignements ou vous accueilleront à l'occasion de manifestations culturelles.

Amitiés acadiennes
2 rue Ferdinand Fabre, 75015 Paris
(☎ 01 48 56 16 16,
amities.acadiennes@wanadoo.fr)
Très active, cette association propose, entre autres, des échanges culturels et scolaires

Association nationale France-Canada
5 rue de Constantine, 75007 Paris
(☎ 01 45 55 83 65)

Association des femmes canadiennes
5 rue de Constantine, 75007 Paris
(☎ 01 44 43 21 03)

Association France-Québec
24 rue Modigliani, 75015 Paris
(☎ 01 45 54 35 37,
www.france-quebec.asso.fr/). Cette association comporte de nombreuses ramifications en province et propose des échanges de jeunes (reportez-vous à la rubrique *Étudier et travailler au Québec*)

Association France-Terre-Neuve
16 rue du Manège, 33000 Bordeaux
(☎ 05 56 98 04 99)

Maison des étudiants canadiens
31 bd Jourdan, 75014 Paris
(☎ 01 40 78 67 00,
pdbmec@compuserve.com)

Centre de Coopération Inter-Universitaire Franco-Québécoise, C.C.I.F.Q.
96 bd Raspail, 75006 Paris
(☎ 01 42 84 50 80,
tourade@paris7.jussieu.fr,
www.sigu7.jussieu.fr/comm/queec.htm)

Franceworld
Pour la recherche de correspondants et d'échanges culturels
45, rue Kléber, B.P. 42, 10002 Troyes
(☎ 01 42 24 40 07, www.franceworld.com)

Cinéma du Québec
Chaque année, ce festival consacré au cinéma québécois se déroule début novembre et présente une production cinématographique très souvent inédite en France. Il se déroule désormais à Paris, au Cinéma des cinéastes (☎ 01 53 42 40 20), 7 avenue de Clichy, 75017 Paris. Pour tout renseignement, contactez les Services culturels du Québec, 66 rue Pergolèse, 75116 Paris
(☎ 01 40 67 85 72)

Institut France-Canada
9-11 avenue Franklin-D. Roosevelt, 75008 Paris (☎ 01 43 59 51 00)

Chambre de commerce France-Canada
9-11 avenue Franklin-D. Roosevelt,
75008 Paris (☎ 01 43 59 32 38,
ccfc@ccfc-france-canada.com,
www.ccfc-france-canada.com)

HEURES D'OUVERTURE

Banques

Les banques ont étendu et assoupli leurs horaires. La plupart ouvrent en semaine de 10h à 16h. Parfois, la fermeture est repoussée à 18h les jeudi et vendredi. Certains guichets organisent l'accueil pendant quelques heures le samedi. Toutes les banques sont fermées les dimanche et jours fériés.

La plupart des banques disposent d'un vaste réseau de distributeurs automatiques de billets, accessibles 24h/24.

Postes

Les bureaux sont ouverts du lundi au vendredi, en général de 9h à 17h30, mais les horaires peuvent varier d'un bureau à un autre. Certains ferment durant l'heure du déjeuner. Quoi qu'il en soit, tous sont fermés le week-end et les jours fériés.

Magasins

Les magasins ouvrent en principeà 9h ou 10h et baissent le rideau à 18h dans les grandes agglomérations. Le vendredi, et parfois le jeudi, les magasins et les centres commerciaux prolongent l'ouverture jusqu'à 21h. Ils sont par ailleurs de plus en plus nombreux à accueillir le public le dimanche à partir de 10h ou 12h, jusqu'à 17h ou 18h.

Les grandes agglomérations et les villes comptent souvent des boutiques accessibles 24h/24. Au Québec, on les appelle les "dépanneurs". Certains d'entre eux accueillent des clients jusqu'à minuit, voire 1h, quand d'autres ouvrent effectivement toute la nuit. Un précieux recours pour des denrées de première nécessité, les cigarettes, les boissons et les journaux. Sur les principaux axes routiers, vous trouverez des stations-service (essence, boissons non alcoolisées et nourriture) fonctionnant également sans interruption.

Restaurants

Le service du déjeuner débute en général à 11h30 et se prolonge jusqu'à 13h, et il est possible de dîner de 17h30 à 20h. Dans les grandes villes, on sert rarement après 22h.

Bars

Au Québec, la loi en ce qui concerne la fermeture des bars est plus souple que dans les autres provinces du Canada. En général, surtout dans les grandes villes, les bars restent ouverts jusqu'à 3h.

De nombreux bars proposent un "happy hours" (de 17h à 19h), autrement dit, servent des consommations à moitié prix ou à prix réduit.

FÊTES ET JOURS FÉRIÉS

La fête du Travail, le premier lundi de septembre, est une date charnière au Québec puisque ce long week-end marque la fin de l'été. De nombreux commerces et attractions du pays ferment et c'est aussi le signal d'un changement dans les horaires de travail pour de nombreux emplois.

Bien que n'étant pas officiellement un jour férié, Halloween, le 31 octobre, est largement célébré.

Jours fériés nationaux

Janvier
- Nouvel an (1er janvier)

Avril – mai
- Pâques (Vendredi saint et lundi de Pâques)
- Fête du Dollar appelée aussi Fête de la Reine (le troisième lundi de mai)

Juillet
- Fête du Canada (1er juillet)

Septembre – octobre
- Fête du Travail (premier lundi de septembre)
- Action de Grâces (deuxième lundi d'octobre)

Novembre – décembre
- 11 novembre : jour du Souvenir (fermeture des banques et des établissements publics)
- Jour de Noël (25 décembre)
- Boxing Day (26 décembre – fermeture des commerces, hormis de nombreux petits détaillants)

Jour férié au Québec

Juin
- Fête nationale du Québec, autrefois connue sous le nom de "fête de saint Jean-Baptiste" (24 juin)

MANIFESTATIONS CULTURELLES

Vous trouverez la liste des principales manifestations culturelles au début de chacun des chapitres consacrés aux différentes régions du Québec et dans le chapitre consacré à Ottawa.

Chaque département du tourisme fait état, dans son guide touristique, des manifestations culturelles et sportives. Certaines provinces publient même des brochures séparées pour les manifestations estivales et hivernales. Il existe un bottin des festivals, événements et autres attractions touristiques au Québec, édité chaque année par la Société des fêtes et festivals du Québec. Écrivez ou téléphonez à la Société des attractions touristiques du Québec, 4545 avenue Pierre-de-Coubertin, C.P.1000 Succursale M Montréal (☎ (514) 252-3037 ou 1 800 361-7688).

POSTE ET COMMUNICATIONS

Poste

Le service postal est rapide, fiable et relativement économique. Les bureaux de poste assurent uniquement l'envoi du courrier et la vente de timbres. Ils ne gèrent aucun service de téléphone. Le poids d'une lettre par avion 1re classe normale est limité à 50 g pour le nord des États-Unis et à 200 g pour les autres destinations internationales.

Les colis jusqu'à 2 kg peuvent être acheminés par avion partout dans le monde. Audessus de 2 kg, ils sont pris en charge par les services de colis postaux, et les tarifs sont différents. Pour obtenir tous les détails, adressez-vous à un bureau de poste.

Pour plus de sécurité, les paquets peuvent être envoyés en recommandé et livrés dans des conditions spéciales. Les postes canadiennes proposent en outre un service postal international. Certains pays demandent une déclaration en douane des colis importés. Renseignez-vous à la poste.

La vente des timbres et autres services postaux sont souvent assurés dans les établissements hôteliers et par certains dépanneurs.

Tarifs postaux

L'envoi d'une lettre ou d'une carte postale au Québec coûte 46 cents (jusqu'à 30 g ; TPS incluse). A destination de l'Europe, l'achat d'un timbre revient à 95 cents (jusqu'à 20 g) et 55 cents pour les États-Unis. Pour expédier vers l'Europe un paquet de 1 kg par Exprès International Skypak (☎ 1 888 550-6333) il vous en coûtera 70,35 $.

Téléphone

Le système téléphonique, régi par quelques petites règles qu'il importe de connaître, fonctionne à merveille. Sachez, par exemple, que les communications intramuros sont absolument gratuites, ce qui n'empêche pas les hôtels de facturer parfois jusqu'à 1 $ la minute. Depuis une cabine, il vous en coûtera 25 cents, quelle que soit la durée de l'appel.

En revanche, le tarif des appels interurbains est plus élevé. Une minute entre Val-David et Montréal (distants seulement de 80 km), revient à 1,25 $; entre Montréal et Québec, 3 $. Les communications interurbaines sont moins chères entre 23h et 8h. Une deuxième plage horaire à un tarif intermédiaire se situe entre 18h et 23h (sauf le dimanche, où cette tarification intervient entre 8h et 23h).

Gymnastique téléphonique

Téléphoner au Québec est simple, pour peu que l'on connaisse le protocole d'utilisation d'un combiné, que l'on possède de la monnaie ou une carte de téléphone.

Formés de sept chiffres, les numéros de téléphone sont toujours précédés de l'indicatif régional. N'oubliez pas de le composer lorsque vous passez un appel pour Québec depuis Montréal, sinon l'appel n'aboutira pas et une charmante opératrice vous signalera votre erreur. De même, si votre appel concerne les environs de Montréal, il vous faudra faire l'indicatif de la région.

En revanche, tapez directement le numéro de votre interlocuteur (sans l'indicatif) dans le cas d'une communication pour le centre-ville de Montréal, passée depuis le centre-ville même. Sachez qu'en cas de défaillance de votre part, une bonne fée vous viendra immédiatement en aide, pourra même composer le numéro et vous annoncera la somme à payer pour la première minute de communication.

L'appel par opératrice (composez le 0) est gratuit où que vous soyez. Il en va de même pour le 411, numéro des renseignements, ou le 911, le numéro des urgences.

Les numéros 1 800 ou 1 888 qu'utilisent nombre de sociétés, de ferries, d'hôtels, de restaurants et d'offices du tourisme sont gratuits mais ne peuvent être composés en dehors du Québec, de l'Ontario ou du Canada.

Vous trouverez facilement une cabine téléphonique. Prévoyez des pièces ou une carte téléphonique.

La société Bell Canada commercialise des cartes prépayées pour les communications interurbaines ou bien internationales, utilisables dans les cabines publiques. Les cartes LaPuce, à 10, 20 et 50 $, fonctionnent uniquement avec les téléphones publics. Les Cartes ALLÔ! de 10, 20, 50 et 100 $ s'utilisent depuis les appareils publics ou privés (celui de votre chambre d'hôtel, par exemple). Ces cartes sont disponibles dans des machines situées dans les aéroports, les gares routières et ferroviaires, voire dans certains offices du tourisme. Les commerçants et les marchands de journaux en vendent également.

Vous serez informé au téléphone du solde de votre carte, jusqu'à épuisement du crédit.

Vous pouvez également utiliser votre carte de crédit pour téléphoner. Les communications sont alors légèrement plus onéreuses.

Indicatifs régionaux

L'indicatif téléphonique de Montréal est le 514. Celui du sud des Laurentides, du sud de la Launaudière, de la Montérégie et des Cantons de l'Est est le 450.

Le Québec, les régions Mauricie-Bois-Francs, Saguenay-Lac Saint-Jean, Charlevoix, Côte Nord, Chaudière-Appalaches, Bas-Saint-Laurent, Gaspésie, îles de la Madeleine utilisent le 418.

L'Outaouais, l'Abitibi-Témiscamingue, le nord des Laurentides et de la Lanaudière, comme la région Est des Cantons de l'Est, répondent au 819.

Appels internationaux

Vous pouvez passer des appels internationaux depuis n'importe quelle cabine. Les tarifs sont modulables en fonction du lieu et de l'heure d'appel. Une opération sans l'intermédiaire d'une opératrice est économique et plus rapide. Il vous suffit de connaître l'indicatif de la région ainsi que le numéro de votre correspondant. La marche à suivre est inscrite sur chaque appareil, en français et en anglais. Pour un appel en PCV (à charge du correspondant), la médiation d'une opératrice est obligatoire.

Tous les tarifs internationaux et les indicatifs des pays figurent dans les premières pages de l'annuaire téléphonique.

Les possesseurs de la carte Telecom International comme ceux qui désirent appeler en PCV ont la possibilité de passer des appels interurbains et d'en faire transférer les frais sur leur ligne téléphonique personnelle en France. Pour téléphoner de cette manière, les numéros d'appel France Direct depuis le Québec sont les suivants : 1 800 363-4033 (par opérateur) et 1 800 463-6226 (automatique).

Pour téléphoner de France vers le Québec, composez le 00 1 + l'indicatif régional suivi du numéro à sept chiffres de votre correspondant. Pour téléphoner du Québec à l'étranger, faites le 00 + l'indicatif du pays + le numéro de votre correspondant. Pour la France, faites le 011 + 33.

Fax, télex et télégramme

Le service d'un fax est mis à la disposition du public dans les grands hôtels, les commerces des villes principales, voire dans certaines gares routières, mais plus difficilement dans les bureaux de poste. Consultez les rubriques "Fax", ou "Papeteries" dans les pages jaunes de l'annuaire. En revanche, les télex ne sont pas aussi accessibles, si ce n'est dans certaines entreprises privées.

Pour envoyer un télégramme à l'étranger, contactez les CN-CP Telecommunications, dont les coordonnées se trouvent dans l'annuaire téléphonique, ou ATT Communication Inc (☎ (514) 861-7311).

HEURE LOCALE

Le Québec est à l'heure dite de l'Est. Le décalage horaire entre Paris, Bruxelles et Montréal est de 6 heures. Ainsi, lorsqu'il est 12h à Paris, il n'est que 6h à Montréal. Les îles de la Madeleine sont à l'heure maritime et ont ainsi une heure de décalage avec Montréal. Lorsqu'il est 9h à Québec, il est 10h à Cap-aux-Meules. Du dernier dimanche d'avril au dernier dimanche d'octobre, le Québec adopte l'heure d'été.

ÉLECTRICITÉ

Au Québec, comme dans toute l'Amérique du Nord, le courant est en 110 volts alternatif. Apportez un adaptateur-transformateur si vous souhaitez utiliser des appareils électriques personnels, tels que rasoirs, sèche-cheveux ou ordinateurs. Les prises des appareils électriques ont deux, parfois trois dents.

BLANCHISSAGE/NETTOYAGE

Dans la plupart des grandes villes, vous trouverez des laveries automatiques dotées de machines à laver et de sécheuses fonctionnant avec des jetons. En général, elles sont ouvertes toute la journée jusqu'à 22h ou 23h. Certaines laveries fournissent monnaie et lessive. Le lavage coûte 2 $, le séchage 2 $ (20 minutes). Vous paierez la plupart du temps en pièces de 1 $ ou de 25 cents. De nombreux campings, auberges de jeunesse et certains gîtes mettent une machine à laver et une sécheuse à la disposition de leurs clients.

POIDS ET MESURES

Dans les années 70, le Canada a officiellement abandonné le système de mesure de l'Empire britannique et opté pour le système métrique. Un changement accepté lentement par les citoyens qui restent, en maintes circonstances de la vie quotidienne, attachés à leurs anciennes habitudes. Sur les routes, tous les panneaux de signalisation se réfèrent au système métrique. L'essence est vendue au litre, mais viande et pommes de terre sont encore fréquemment pesées à la livre. Les températures sont annoncées en degrés Celsius et en Fahrenheit (reportez-vous au tableau figurant en troisième page de couverture).

LIVRES ET CARTES

Il existe de très nombreux ouvrages en français sur le Québec. La liste ci-dessous n'est donc pas exhaustive et ne saurait remplacer un choix personnel (voir la rubrique *Littérature* dans le chapitre *Présentation du pays*).

Cartes

De bonnes cartes du Québec sont disponibles dans les offices du tourisme de chaque province. Les stations-service proposent en général un petit stock d'atlas routiers de la région.

La *Carte Routière du Québec*, éditée par les Publications du Québec et diffusée par les offices du tourisme, peut suffire largement. Le volume à spirale du *Grand Atlas routier du Québec* édité par La Cartothèque, apporte davantage de précisions. Mentionnons également *Province de Québec* (Rand McNally), avec 6 plans de villes et une table des distances, et *Canada East* (Hildebrand's Travel Map), au 1/500 000. Une carte des sentiers de motoneige au Québec est par ailleurs disponible dans les offices du tourisme.

Ouvrages généraux

Fortement documenté et riche en détails, l'ouvrage de Jacques Portes, *Le Canada et le Québec au XXe siècle*, est publié par Armand Colin, coll. U. Si vous manquez de temps, *L'Histoire du Canada*, de Paul-André Linteau (PUF, coll. "Que sais-je ?") est l'ouvrage le plus utile pour appréhender tout le Canada. *Le Canada*, sous la direction de P.-M. Duhet (Éd. Presses Universitaires de Nancy), présente un état sérieux de la situation du pays. *L'Histoire générale du Canada de MM. Brown et Linteau* (Éd. Boréal) est une mine d'informations. *Les Missions jésuites* est un ouvrage de base pour comprendre l'influence des missionnaires en terre d'Amérique (Gallimard, coll. "Découvertes"). Pour un survol rapide et synthétique de l'histoire du Québec et du Canada, consultez *Chronologie du Québec, 1534-1995* de Jean Provencher (BQ), petit volume utile et pratique.

Aventures au Nord de l'hiver de Jean-Louis Sers (Éd. Arthaud) décrit la vie des Indiens, trappeurs, bûcherons et meneurs de chiens qui ont choisi la forêt.

Sur la production et l'industrie cinématographiques francophones et anglophones du Canada, les éditions du Centre Beaubourg donnent d'excellents détails avec *Les Cinémas du Canada*. Le *Cinéma québécois*, de Marcel Jean est également passionnant.

Histoire et culture du Québec

L'Histoire du Québec contemporain, 1867 à 1929, est l'œuvre de MM. Linteau, Durocher et Robert, professeurs à l'université de Montréal et de Québec (Éd. Boréal compact). *Le Québec de 1944 à nos jours* de Y. H. Nouailhat propose une vision globale de la province (Éd. Imprimerie nationale).

Brève Histoire du Québec de J. Hamelin et J. Provencher, et *Brève Histoire de Montréal* de P. A. Linteau sont publiés chez Boréal. Ces deux ouvrages présentent l'avantage de se lire facilement. Nous recommandons également l'excellent *Ville de Québec* (Éd. La Société historique de Québec), d'Yves Tessier, qui traite cette ville si particulière sous l'angle historique et touristique.

Le deuxième tome de la série Québec 1945-2000, *Les Intellectuels et le temps de Duplessis (1944-1960)* de L. Dion, explique la théorie du Refus global de la période de Grande Noirceur (Éd. Presses universitaires de Laval, Québec, 1993).

Genèse de la Société Québécoise de Fernand Dumont (Éd. Boréal) et *Du Canada au Québec, généalogie d'une histoire* de Wenmann Heinz (Éd. Hexagone) sont des ouvrages de référence avant tout voyage dans la Belle Province.

Le Québec : un pays, une culture de F. Têtu de Labsade (Éd. Boréal) vous renseignera utilement sur les us et coutumes de la province. *Québec sauvage* de Marc Poirel et Catherine Raoult (Anako) est le témoignage de deux auteurs qui plaident pour la sauvegarde du Grand Nord québécois et amérindien, avec ses phoques, ses rorquals, ses fous de Bassan, ses bélugas… *La France et nous, journal d'une querelle* de Robert Charbonneau (B.Q.) fait le point sur la relation très forte entre la France et le Québec. *L'obsession ethnique* de Guy Bouthillier (Lanctôt éditeur, 1997) analyse la politique d'immigration du Canada et ses répercussions sur le Québec. A lire aussi sur cette question : *The Ghettoization of Quebec : Interprovincial Migration and Its Demographics Effects*, de Bruce Newbold, Canadian Studies in Population, vol. 23, N°1, 1996.

Guide culturel, *Montréal, oasis du Nord* (Éd. Autrement, 1992) vous fera aborder la capitale de la province québécoise par un autre angle. Dans le domaine de l'écologie, Les Publications du Québec proposent divers ouvrages dont *Le Québec au naturel*, qui fait découvrir 27 régions, la *Petite flore forestière du Québec* ou la *Faune menacée du Québec*. Ce dernier guide pédagogique, porte un regard sur 20 espèces, dont la baleine noire, le béluga, le caribou, etc. *L'Encyclopédie des oiseaux du Québec* de W. Earl-Godfrey vous donnera toutes les précisions sur l'avifaune (Éd. de l'Homme).

Pour l'histoire de chaque région du Québec, référez-vous aux ouvrages de L'Institut québécois de recherche sur la culture, riches d'enseignement et d'une lecture facile. Déjà parus : *Histoire de la Gaspésie*, *Histoire du Saguenay-Lac Saint-Jean*, *Histoire des Laurentides*, *Histoire du Bas-Saint-Laurent*, *Histoire de l'Outaouais* et *Histoire de la Côte Nord*.

Les nations amérindiennes

Le Grand Voyage au pays des Hurons est le récit du voyage de G. Sagard, en 1623, retraçant les premiers contacts entre les Hurons et les Français (BQ). Écrit par Champlain au temps de la Conquête, *Des Sauvages* est réédité par Typo.

Pour en savoir plus sur la question amérindienne, plongez-vous dans *Canada, derrière l'épopée, les autochtones* de R. Savard et J.-R. Proulx (Éd. L'Hexagone), ainsi que dans *L'Indien généreux, ce que le monde doit aux Amériques* de Denis Vaugeois (Éd. Boréal).

L'Histoire des Indiens de Bernard Assiniwi est disponible chez Leméac. *Mœurs et histoire des Indiens d'Amérique du Nord* (Éd. Payot, coll. "Documents") de René Thévin et Paul Cozel est consacré à la vie quotidienne des premiers habitants. *Les Indiens d'Amérique du Nord* (Éd. Armand Colin, coll. "Civilisations"), est un manuel très documenté et une source particulièrement sérieuse. *La Question indienne au Canada* de Renée Dupuis (Éd. Boréal, La petite collection Express) dresse le portrait socio-économique de la communauté contemporaine en faisant le point sur les revendications et les statuts actuels.

Les éditions du Rocher ont également une collection, "Nuage Rouge", largement ouverte sur les Amérindiens, dont le superbe ouvrage, *Les Indiens d'Amérique*.

Le Québec autochtone, publié par les Éditions La Griffe de l'Aigle, fournit d'amples informations sur les nations amérindiennes et les Inuit. On lira également avec intérêt *Nègres blancs d'Amérique* (Éd. Parti Pris), de Pierre Vallières et les quatre tomes passionnants de *Iroquoisie* écrits par Léo-Paul Desrosiers et édité chez Septentrion.

Dictionnaires

Peuvent vous être utiles, pour apprécier les subtilités du québécois, *La Parlure québécoise* (Les Éditions des Amitiés franco-québécoises), de Lorenzo Proteau ; le *Dictionnaire des expressions québécoises* (éd. B.Q.), de Pierre Desruisseaux et le *Dictionnaire de la langue québécoise*, de L. Bergeron (VLB éditeur).

Librairies

Au Québec. Les grandes villes comportent des librairies où vous trouverez livres, magazines et journaux. A Québec, mentionnons *Ulysse*, 4176 rue Saint-Denis (☎ (514) 843-9447) et le réseau de librairies *Champigny* à Montréal ou Québec.

A l'étranger. En France, pour vous procurer les ouvrages conseillés, vous pouvez vous adresser à la *Librairie du Québec*, 30 rue Gay-Lussac, 75005 Paris (☎ 01 43 54 49 02) ou à la *Librairie canadienne*, 29 rue de la Parcheminerie, 75005 Paris (☎ 01 46 33 16 24, ourworl.compuserve.com/homepags/A).

La galerie *Urubamba*, 4 rue de la Bûcherie, 75005 Paris (☎ 01 43 54 08 24) est spécialisée dans les nations indiennes du continent américain.

Vous trouverez également un vaste de choix de cartes et de documentation aux librairies suivantes :

Ulysse, 26 rue Saint-Louis-en-l'Île, 75004 Paris, ☎ 01 43 25 17 35 (fonds de cartes exceptionnel)
L'Astrolabe, 46 rue de Provence, 75009 Paris, ☎ 01 42 85 42 95 et 73 rue Vergniaud, 75013 Paris, ☎ 01 45 81 13 27 ou 01 45 89 52 00
Au vieux Campeur, 2 rue de Latran, 75005 Paris, ☎ 01 53 10 48 48
Itinéraires, 60 rue Saint-Honoré, 75001 Paris, ☎ 01 42 36 12 63, minitel 3615 Itinéraires (2,23 FF/minute)
Planète Havas Librairie, 26 avenue de l'Opéra, 75001 Paris, ☎ 01 53 29 40 00
Voyageurs du monde, 55 rue Sainte-Anne, 75002 Paris, ☎ 01 42 86 17 38
Hémisphères, 15 rue des Croisiers, 14000 Caen, ☎ 02 31 86 67 26
L'Atlantide, 56 rue St-Dizier, 54000 Nancy, ☎ 03 83 37 52 36
Les cinq continents, 20 rue Jacques-Cœur, 34000 Montpellier, ☎ 04 67 66 46 70
Magellan, 3 rue d'Italie, 06000 Nice, ☎ 04 93 82 31 81
Ombres blanches, 50 rue Gambetta, 31000 Toulouse, ☎ 05 61 21 44 94

MÉDIAS

Journaux et magazines

Au Québec, cinq quotidiens francophones se disputent le marché : *La Presse* (grand quotidien), *Le Devoir* (plus intellectuel), *Le Journal de Montréal* (plus populaire), *Le journal de Québec* et *Le Soleil* (plus centrés sur l'actualité de la ville de Québec). *The Gazette* est le grand quotidien anglophone. Le *Globe and Mail* représente la presse nationale. Vous trouverez toute la vie culturelle de la semaine à Montréal et à Québec dans les deux hebdomadaires *Voir* (en français) et *Mirror* (en anglais). Ils sont distribués gratuitement. *L'Actualité* est une revue d'information générale. Dans certaines librairies de Montréal et de Québec, mais surtout dans la région du Bas-Saint-Laurent/Gaspésie, vous pourrez acheter *Le Mouton Noir*, un journal d'opinion plein d'humour et de mordant. Il est gratuit dans la région.

A Ottawa, vous trouverez bien évidemment la presse nationale, ainsi qu'un quotidien régional, *Ottawa Citizen*.

Radio et télévision

La Canadian Broadcasting Corporation (CBC) propose des émissions nationales et régionales radiophoniques (fréquences AM et FM) et télévisées, diffusées dans tout le Québec. CBC possède également un réseau radiophonique et un réseau télévisé francophone, tous deux réunis sous le nom de Radio-Canada, que l'on peut capter partout.

Autre grand réseau national de télévision, le CTV Television Network (CTV), une chaîne commerciale, diffuse des programmes régionaux, nationaux et américains.

INTERNET

Au Québec, vous trouverez des cafés Internet dans les villes de Montréal et de Québec. Ils ne sont pas très nombreux, les ordinateurs personnels étant très répandus. L'accès revient en moyenne à 5 $ l'heure. Parmi les adresses électroniques intéressantes, mentionnons celle du Gouvernement québécois (www.gouv.qc.ca), Alpha, le cybermagazine des maîtres du Web (http://alpha.inventionmedia.com), Chroniques de Cybérie (www.Cybérie.qc.ca) et celle du journal *Voir* (www.Voir.qc.ca).

FILMS ET PHOTOS

Vous pouvez vous procurer toutes les marques de pellicules dans les magasins de photos des villes principales. Vérifiez toujours la date de péremption. Autrefois très faciles à se procurer, les films diapo sont aujourd'hui souvent introuvables en dehors des magasins spécialisés. Chez les droguistes, dans les grands magasins et à l'épicerie du coin, vous ne trouverez que les pellicules standard Kodak et Fuji.

Au Québec, le développement est rarement compris dans le prix d'achat de la pellicule, excepté (avec parfois un supplément) pour les films Kodachrome.

Les quatre standards de bandes Caméscope coexistent dans les deux provinces : VHS, VHS C, Beta et 8 mm. Rendez-vous dans un magasin spécialisé.

Radio Shack est un détaillant de matériel électronique possédant des points de vente dans toutes les grandes villes.

SANTÉ

Le Québec est un pays dans lequel vous ne courez aucun risque et peu de précautions sont nécessaires en matière de santé. La santé en voyage dépend du soin avec lequel on prépare le départ et, sur place, de l'observance d'un minimum de règles fondamentales.

Guides de la santé en voyage

Un guide sur la santé peut néanmoins s'avérer utile. *Voyages internationaux et santé* de l'Organisation mondiale de la santé (OMS), *Les Maladies en voyage* du Dr Éric Caumes (Points Planète), *Saisons et climats* de Jean-Noël Darde (Balland) sont également d'excellentes références.

En France, le serveur Minitel 3615 Visa Santé fournit des conseils pratiques, des informations sanitaires et des adresses utiles sur plus de 150 pays.

Ceux qui pratiquent l'anglais pourront se procurer *Travel with Children* de Maureen Wheeler (Lonely Planet Publications) qui donne des conseils judicieux pour voyager à l'étranger avec des enfants en bas âge.

Avant le départ

Assurances. Il est conseillé de souscrire une police d'assurance qui couvrira les frais en cas d'annulation de votre voyage, de vol, de perte de vos affaires, de maladie ou encore d'accident. Les assurances internationales pour étudiants sont en général d'un bon rapport qualité/prix. Lisez avec la plus grande attention les clauses en petits caractères : c'est là que se cachent les restrictions.

Vérifiez que les "sports dangereux" – la plongée, la moto ou même la randonnée – ne sont pas exclus de votre contrat, et que le rapatriement médical d'urgence, en ambulance ou en avion, est couvert. De même, le fait d'acquérir un véhicule dans un autre pays ne signifie pas nécessairement que vous serez couvert par votre propre assurance.

Vous pouvez contracter une assurance qui réglera directement les hôpitaux et les médecins, vous évitant ainsi d'avancer des sommes qui ne vous seront remboursées qu'à votre retour. Dans ce cas, gardez bien tous les documents nécessaires.

Attention ! avant de souscrire une police d'assurance, vérifiez bien que vous ne bénéficiez pas déjà d'une assistance par votre carte de crédit, votre mutuelle ou votre assurance automobile.

Au Québec, les soins médicaux, hospitaliers et dentaires sont excellents mais onéreux. Le prix standard d'une chambre dans un hôpital urbain s'élève, pour les étrangers, entre 500 et 2 000 $ par jour !

Trousse à pharmacie. Veillez à emporter avec vous une petite trousse à pharmacie contenant quelques médicaments indispensables. Prenez des médicaments de base :

- de l'aspirine ou du paracétamol (douleurs, fièvre),
- un antihistaminique (en cas de rhumes, allergies, démangeaisons dues aux piqûres d'insectes, mal des transports – évitez l'alcool),
- un antidiarrhéique,
- un réhydratant, en cas de forte diarrhée, surtout si vous voyagez avec des enfants,
- un antiseptique, une poudre ou un spray désinfectants pour les coupures et les égratignures superficielles, des pansements pour les petites blessures,
- une petite trousse de matériel stérile comprenant une seringue, des aiguilles, du fil à suture, une lame de scalpel. N'oubliez pas le thermomètre (ceux à mercure sont interdits par certaines compagnies aériennes), les comprimés pour stériliser l'eau et des antibiotiques à demander à votre médecin.

Ne prenez des antibiotiques que sous contrôle médical. Utilisez-les aux doses prescrites et pendant toute la période également prescrite, même si vous avez l'impression d'être guéri avant. Chaque antibiotique soigne une affection précise : ne les utilisez pas au hasard. Cessez immédiatement le traitement en cas de réactions graves.

Quelques conseils. Assurez-vous que vous êtes en bonne santé avant de partir. Pour un long voyage, faites contrôler l'état de vos dents. Si vous portez des lunettes ou des lentilles de contact, emportez une paire de secours et la copie de votre ordonnance : ne plus avoir de lunettes peut être source de réels problèmes. Sachez toutefois qu'en de nombreux endroits au Canada, on peut se faire faire de nouveaux verres rapidement et à un prix raisonnable, à condition bien sûr de connaître sa correction.

Si vous suivez un traitement de façon régulière, n'oubliez pas votre ordonnance (avec le nom du principe actif plutôt que la marque du médicament, afin de pouvoir trouver un équivalent local, le cas échéant). De plus, l'ordonnance vous permettra de prouver que vos médicaments vous sont légalement prescrits, des médicaments en vente libre dans certains pays étant interdits dans d'autres.

Vaccins. Aucune vaccination n'est obligatoire pour se rendre au Québec mais soyez à jour concernant vos vaccinations inscrites dans votre carnet de santé. Les vaccins ont des durées d'efficacité très variables ; certains sont contre-indiqués pour les femmes enceintes. Voici les coordonnées de quelques centres de vaccination à Paris : Hôtel-Dieu, centre gratuit de l'Assistance Publique (☎ 01 42 34 84 84), 1, Parvis Notre-Dame, 75004 Paris ; l'Assistance Publique Voyages, service payant de l'Hôpital de la Pitié-Salpêtrière (☎ 01 45 85 90 21, le matin), 47, bd de l'Hôpital, 75013 Paris ; ou l'Institut Pasteur (☎ 01 45 68 81 98) 209, bd de Vaugirard, 75015 Paris. Il existe de nombreux centres en province, en général liés à un hôpital ou un service de santé municipal.

Précautions élémentaires

Faire attention aux aliments et à la boisson est la première des précautions à prendre. Les troubles gastriques et intestinaux sont fréquents même s'ils restent bénins la plupart du temps.

Stérilisation de l'eau. Au Québec, l'eau du robinet est potable partout. Les informations suivantes s'adressent aux voyageurs qui, ayant l'intention de séjourner dans les forêts ou de partir en excursion en pleine nature, devront donc boire l'eau des lacs et des rivières.

Comme les expéditions les plus longues se font dans les parcs nationaux, renseignez-vous auprès des gardes forestiers sur la qualité de l'eau.

Pour stériliser l'eau, le plus simple est de bien la faire bouillir. Même à haute altitude, cette précaution devrait suffire. Toutefois, n'oubliez pas que, à haute altitude, elle bout à une température plus basse et que les germes ont plus de chance de survivre. Un simple filtrage peut être très efficace mais n'éliminera pas tous les micro-organismes dangereux. Par conséquent, si vous ne pouvez pas faire bouillir l'eau, il faut la traiter chimiquement. Le Micropur tuera la plupart des germes pathogènes.

Nutrition. Si votre alimentation est quantitativement et qualitativement pauvre, votre santé risque très vite de s'en ressentir.

Assurez-vous que votre régime est équilibré. Œufs, tofu, légumes secs, lentilles et noix variées vous fourniront des protéines. Les fruits que l'on peut éplucher (bananes, oranges et mandarines par exemple) apportent des vitamines. Essayez de manger des céréales et du pain en abondance. Si la nourriture présente moins de risques quand elle est bien cuite, n'oubliez pas que les plats trop cuits perdent leur valeur nutritionnelle. Si votre régime est mal équilibré ou insuffisant, prenez des vitamines et des comprimés à base de fer. Pour de longues randonnées, munissez-vous toujours d'une gourde d'eau.

Une transpiration excessive fait perdre des sels minéraux et peut provoquer des crampes musculaires. Il est déconseillé de prendre des pastilles de sel de façon préventive mais, dans les régions où la nourriture est peu salée, il n'est pas inutile de rajouter du sel dans son plat.

Santé au jour le jour. La température normale du corps est de 37°C ; deux degrés de plus représentent une forte fièvre. Le pouls normal d'un adulte est de 60 à 80 pulsations par minute (celui d'un enfant est de 80 à 100 pulsations ; celui d'un bébé de 100 à 140 pulsations). Il est important de savoir prendre la température par le pouls. Celui-ci augmente d'environ 20 pulsations à la minute avec chaque degré de fièvre.

La respiration est aussi un bon indicateur en cas de maladie. Comptez le nombre d'inspirations par minute : entre 12 et 20 chez un adulte, jusqu'à 30 pour un jeune enfant et jusqu'à 40 pour un bébé, elle est normale. Les personnes atteintes de forte fièvre ou d'une maladie respiratoire grave (pneumonie par exemple) respirent plus rapidement (plus de 40 respirations/minute en cas de pneumonie).

Problèmes de santé et traitement

Les éventuels problèmes de santé sont répartis en plusieurs catégories. Tout d'abord les problèmes liés au climat et à la géographie, dus aux températures extrêmes, à l'altitude ou aux transports. Puis les maladies dues au manque d'hygiène ; celles transmises par les animaux ou les hommes ; et les maladies transmises par les insectes. Enfin, de simples coupures, morsures ou égratignures peuvent aussi être source de problèmes. L'autodiagnostic et l'autotraitement sont risqués ; aussi, chaque fois que cela est possible, adressez-vous à un médecin. On peut trouver de l'aide dans n'importe quel service d'urgence des hôpitaux.

Affections liées au climat

Coups de soleil. Les coups de soleil s'attrapent étonnamment vite, même par temps couvert. Utilisez un écran solaire et pensez à couvrir les endroits qui sont inhabituellement exposés, les pieds par exemple. Si les chapeaux fournissent une bonne protection, n'hésitez pas à appliquer également un écran total sur le nez et les lèvres. Les lunettes de soleil s'avèrent souvent indispensables.

Froid. Très peu de gens risquent d'être victimes de problèmes de santé relevant du froid extrême. Les jours d'hiver où la morsure du gel risque de se faire sentir (causée presque toujours par un abaissement de la température dû au vent), vous en serez averti. Tout le monde en parlera, la radio diffusera des informations sur le nombre de minutes pendant lesquelles il est raisonnable d'exposer sa peau au froid, et surtout… l'atmosphère sera effectivement glaciale.

Si vous effectuez une randonnée, ou, plus simplement, un trajet de nuit en bus ou en voiture, prenez vos précautions. Au Québec, il faut toujours être équipé contre le froid, le vent et la pluie, même si vous ne faites qu'une promenade.

L'hypothermie a lieu lorsque le corps perd de la chaleur plus vite qu'il n'en produit et que sa température baisse. Le passage d'une sensation de grand froid à un état dangereusement froid est étonnamment rapide quand vent, vêtements humides, fatigue et faim combinent leurs effets, et cela, même si la température extérieure est supérieure à 0°C. Il est préférable de s'habiller en superposant les couches : soie, laine et certaines fibres synthétiques nouvelles sont toutes de bons isolants. Un chapeau est important, car on perd beaucoup de chaleur par la tête. La couche supérieure des vêtements doit être solide et imperméable, car il est vital de rester au sec. Emportez du ravitaillement de base comprenant des sucres rapides, qui génèrent immédiatement des calories, et des boissons en abondance. N'oubliez ni une bougie, ni un briquet, ni un bon duvet ou une couverture.

Symptômes : fatigue, engourdissement, en particulier des extrémités (doigts et orteils), grelottements, élocution bredouillante, comportement incohérent ou violent, léthargie, démarche trébuchante, vertiges, crampes musculaires, et explosions soudaines d'énergie. La personne atteinte d'hypothermie peut déraisonner au point de prétendre qu'elle a chaud et de se dévêtir.

Pour soigner l'hypothermie, protégez le malade du vent et de la pluie, enlevez-lui ses vêtements s'ils sont humides et habillez-le chaudement. Donnez-lui une boisson chaude (pas d'alcool) et de la nourriture très calorique, facile à digérer. Cela devrait suffire pour les premiers stades de l'hypothermie. Néanmoins, si son état est plus grave, couchez-le dans un sac de couchage chaud. Il ne faut pas le frictionner, le placer près d'un feu, ni lui changer ses vêtements dans le vent. Si possible, faites-lui prendre un bain chaud (pas brûlant).

Mal des transports. Pour réduire les risques d'avoir le mal des transports, mangez légèrement avant et pendant le voyage. Si vous êtes sujet à ces malaises, essayez de trouver un siège dans une partie du véhicule où les oscillations sont moindres : près de l'aile dans un avion, au centre sur un bateau et dans un bus. Si, en général, l'air frais requinque, il faut éviter de lire et de fumer. Tout médicament doit être pris avant le départ ; une fois que vous vous sentez mal, il est trop tard.

Affections liées aux conditions sanitaires

Giardiase. Si vous faites beaucoup de camping, spécialement dans l'arrière-pays, méfiez-vous de ce parasite intestinal, présent dans l'eau souillée ou dans des aliments souillés par l'eau. Symptômes : crampes d'estomac, nausées, estomac ballonné, selles très liquides et nauséabondes, et gaz fréquents. La giardiase peut n'apparaître que plusieurs semaines après la contamination. Les symptômes peuvent disparaître pendant quelques jours puis réapparaître et cela pendant plusieurs semaines.

Rage. Peu répandue au Québec, la rage doit néanmoins être envisagée par les voyageurs qui séjournent un certain temps dans les forêts ou les régions très peu développées. Les principaux vecteurs en sont les écureuils, les moufettes, les ratons laveurs et surtout les renards. Paradoxalement, ces animaux ont appris à s'adapter aux régions peuplées, si bien qu'on peut en voir dans les parcs des villes, dans les aires de divertissement, les zones boisées qui entourent les cours d'eau, et même sur les trottoirs des quartiers résidentiels après la tombée de la nuit. Surtout si ceux-ci sont encombrés d'ordures !

La rage est transmise par une morsure ou une griffure faite par un animal contaminé. Morsures, griffures ou même simples coups de langue d'un mammifère doivent être nettoyés immédiatement. Frottez avec du savon et de l'eau courante, puis nettoyez avec de l'alcool. S'il y a le moindre risque que l'animal soit contaminé, consultez sur-le-champ un médecin. Même si l'animal n'est pas enragé, toutes les morsures doivent être surveillées de près pour éviter les risques d'infection et de tétanos. Un vaccin antirabique est désormais disponible. Songez-y si vous pensez prendre certains risques, comme explorer des grottes (les morsures de chauves-souris peuvent être dangereuses) ou travailler avec des animaux. Sachez cependant que la vaccination préventive ne dispense pas de la nécessité de se faire administrer le plus vite possible un traitement antirabique après contact avec un animal enragé ou dont le comportement peut paraître suspect.

Maladies sexuellement transmissibles (MST). A l'instar des autres pays occidentaux, le Québec n'échappe pas aux maladies sexuellement transmissibles.

La blennorragie, l'herpès et la syphilis sont les maladies les plus répandues. Plaies, cloques ou éruptions autour des parties génitales, suppurations ou douleurs lors de la miction en sont les symptômes habituels ; ils peuvent être moins forts ou inexistants chez les femmes. Les symptômes de la syphilis finissent par disparaître complètement, mais la maladie continue à se développer et elle provoque de graves problèmes par la suite. On traite la blennorragie et la syphilis par les antibiotiques.

Les maladies sexuellement transmissibles (MST) sont nombreuses mais on dispose d'un traitement efficace pour la plupart d'entre elles. Il n'existe pas de remède contre l'herpès pour le moment. Le slogan de la campagne publicitaire anti-sida lancée un moment par le gouvernement canadien fut : "Pas d'amour sans protection" (No glove, no love).

VIH/sida. L'infection à VIH (virus de l'immunodéficience humaine), agent causal du sida (Syndrome d'immunodéficience acquise) est présente dans pratiquement tous les pays et épidémique dans nombre d'entre eux. La transmission de cette infection se fait : par rapport sexuel (hétérosexuel ou homosexuel – anal, vaginal ou oral), d'où l'impérieuse nécessité d'utiliser des préservatifs à titre préventif ; par le sang, les produits sanguins et les aiguilles contaminées. Il est impossible de détecter la présence du VIH chez un individu apparemment en parfaite santé sans procéder à un examen sanguin.

Il faut éviter tout échange d'aiguilles. S'ils ne sont pas stérilisés, tous les instruments de chirurgie, les aiguilles d'acupuncture et de tatouages, les instruments utilisés pour percer les oreilles ou le nez peuvent transmettre l'infection. Il est fortement conseillé d'emporter seringues et aiguilles, car celles que l'on vend en pharmacie ne sont pas toujours fiables.

Toute demande de certificat attestant la séronégativité pour le VIH (certificat d'absence de sida) est contraire au Règlement sanitaire international (article 81).

A Montréal, la ligne Info Sida est le ☎ (514) 521-7432.

Coupures, piqûres et morsures

Maladie de Lyme. Bien qu'elle constitue une menace moins importante, la maladie de Lyme, découverte récemment, ne doit pas être ignorée. Depuis la fin des années 80, on enregistre chaque été davantage de personnes atteintes, même si la grande majorité des cas concernant le Nord de l'Amérique ont été répertoriés aux États-Unis. La maladie est transmise par une espèce particulière de tiques de cerfs, semblables, en plus petit, aux tiques de chien. La tique infecte la peau avec une bactérie appelée spirochète, qui inocule la maladie. C'est en 1975, dans le Connecticut, qu'elle a été identifiée pour la première fois, par un certain M. Lyme, qui lui a donné son nom. Aujourd'hui encore, elle n'est pas toujours, ou mal, diagnostiquée. La maladie de Lyme est en effet difficile à détecter, car elle peut présenter des symptômes très divers. Consultez un médecin si, dans les trente jours qui suivent la piqûre, vous observez une petite bosse rouge entourée d'une zone enflammée ; elle ne s'accompagne pas systématiquement de symptômes comparables à ceux d'une grippe.

A condition de prendre la maladie à ce stade, les antibiotiques constitueront un traitement simple et efficace. Certains symptômes ultérieurs peuvent s'avérer bien plus graves, comme par exemple une sorte d'arthrite aux genoux.

Le meilleur moyen d'éviter ce type de complications est de prendre ses précautions lorsqu'on traverse des régions où l'on connaît des cas de maladie de Lyme. Jusqu'à présent, quelques cas ont été repérés aux extrémités occidentale et orientale du Canada. Si vous entendez parler de quelque risque que ce soit alors que vous traversez des zones forestières, emmitouflez-vous le plus possible dans vos vêtements, utilisez un produit répulsif contenant un diethylmetatoluamide, ou un substitut plus léger pour vos enfants.

A la fin de chaque journée, vérifiez que ni vous, ni vos enfants, ni votre animal familier n'avez attrapé de tiques. Bien sûr, toutes les tiques ne sont pas susceptibles de transmettre cette indésirable bactérie.

Morsures de serpent. Portez toujours des chaussures de marche, des chaussettes et des pantalons pour marcher dans la végétation. Ne hasardez pas la main dans les trous et les anfractuosités et faites attention lorsque vous ramassez du bois pour faire du feu. Les morsures de serpent ne provoquent pas instantanément la mort et il existe généralement des anti-venins. Il faut calmer la victime, lui interdire de bouger, bander étroitement le membre comme pour une foulure et l'immobiliser avec une attelle. Trouvez ensuite un médecin et apportez-lui si possible le serpent mort. N'essayez en aucun cas d'attraper le serpent s'il y a le moindre risque qu'il pique à nouveau. On sait désormais qu'il ne faut absolument pas sucer le venin ou poser un garrot.

Punaises et poux. Les punaises affectionnent la literie douteuse. Si vous repérez de petites taches de sang sur les draps ou sur les murs autour du lit, cherchez un autre hôtel. Les piqûres de punaises forment des alignements réguliers ; une pommade calmante apaisera la démangeaison. Les poux provoquent aussi des démangeaisons. Ils élisent domicile dans les cheveux, les vêtements ou les poils pubiens. On en attrape par contact direct avec des personnes infestées ou en utilisant leur peigne, leurs vêtements, etc. Poudres et shampooings détruisent poux et lentes ; il faut également laver les vêtements à l'eau très chaude. Les moustiques posent également problème ; reportez-vous à l'encadré *Nos amies les bêtes* dans la rubrique *Désagréments et dangers*.

Santé au féminin

Problèmes gynécologiques. Une nourriture pauvre, une résistance amoindrie par l'utilisation d'antibiotiques contre des problèmes intestinaux, voire la pilule contraceptive, peuvent favoriser les infections vaginales lorsqu'on voyage en été, pendant la saison chaude. Respectez une hygiène intime scrupuleuse et portez jupes ou pantalons amples et sous-vêtements en coton. Les champignons, caractérisés par une éruption cutanée, des démangeaisons et des pertes, peuvent se soigner facilement. En revanche, les trichonomas sont plus graves ; pertes blanches et sensation de brûlure lors de la miction en sont les symptômes. Le partenaire masculin doit également être soigné. Sachez encore qu'il n'est pas rare que le cycle menstruel soit perturbé lors d'un voyage.

Grossesse. La plupart des fausses couches ont lieu pendant les trois premiers mois de la grossesse, c'est donc la période la plus risquée pour voyager. Pendant les trois derniers mois, il vaut mieux rester à proximité de bonnes infrastructures médicales. Les femmes enceintes doivent éviter de prendre inutilement des médicaments. Mieux vaut consulter un médecin avant d'absorber quoi que ce soit.

SEULE EN VOYAGE

Il n'existe pas de différence majeure entre un homme et une femme voyageant seul(e) au Québec. Aucun piège culturel ou "classique" n'est réellement à signaler aux personnes de sexe féminin, si ce n'est les recommandations classiques de tout périple en solitaire.

Essayez toujours d'arriver à destination avant la tombée de la nuit. Si vous débarquez dans une gare (bus ou train), prenez un taxi pour rejoindre le lieu où vous devez passer la nuit. A Montréal, les gares routières ou ferroviaires donnent directement accès au métro, propre et sûr. Il est recommandé d'éviter certains quartiers des villes principales le soir, surtout les vendredi et samedi.

En voiture, veillez au bon état général de votre véhicule et évitez la panne d'essence.

Faites bien attention si vous voyagez en stop, surtout si vous êtes seule. Nous vous le déconseillons de manière générale. Sinon, faites preuve de bon sens. Être accompagnée d'une ou de plusieurs personnes de l'autre sexe est le moyen le plus sûr pour une femme de voyager en stop.

Les auberges de jeunesse et les gîtes sont des lieux sûrs, comme la plupart des hébergements au Québec. De manière générale, demandez à voir votre chambre et évitez les hôtels urbains très bon marché.

Sachez enfin que le parfum des eaux de toilette et d'autres cosmétiques attire les ours et les moustiques. A utiliser donc avec modération.

VOYAGEURS HANDICAPÉS

Le Québec fait tout pour faciliter la vie quotidienne des handicapés moteurs, principalement ceux qui circulent en fauteuil roulant. Dans l'ensemble, le Québec, à cet égard, a dépassé la majorité des pays dans le monde et cette évolution se poursuit encore. La plupart des immeubles publics, dont les principaux offices du tourisme et nombre d'hôtels, sont accessibles aux chaises roulantes, de même que les principaux musées, les galeries d'art, les restaurants, les hôtels et les lieux de spectacles.

Dans la plupart des parcs provinciaux et nationaux, les centres d'information sont également facilement accessibles. Certains petits chemins de randonnée et/ou des passages en bois ont été conçus pour les handicapés ou selon des critères de transports autopropulsés.

Le système ferroviaire VIA dispose de structures pour les handicapés moteurs mais il faut prévenir 48 heures à l'avance. Toutes les compagnies de bus assurent une assistance aux passagers à mobilité réduite ; sièges spéciaux et autres équipements sont admis, à condition d'être pliables et de pouvoir s'insérer dans les espaces réservés aux bagages. Quant aux compagnies aériennes, elles ont l'habitude d'accueillir des passagers handicapés moteurs et ont instauré à leur intention un système d'embarquement et de débarquement.

Dans les grandes villes, les parkings possèdent tous des aires réservées, généralement signalées par le dessin d'une chaise roulante. Situées à proximité des portes ou des points d'accès de l'endroit visité, elles ne peuvent être utilisées par les personnes valides sous peine d'amende. Les agences de location de voitures peuvent fournir des accessoires spéciaux, tels que commandes à main, mais là encore il faut en faire la demande à l'avance.

A Montréal, l'Association Kéroul (☎ (514) 252-3104, www.keroul.qc.ca, info@keroul.qc.ca), 4545 avenue Pierre-de-Coubertin, C.P. 1000, Succursale M, pourra vous fournir la listes des endroits accessibles et des associations proposant des activités sportives ou culturelles.

VOYAGEURS SENIORS

Les plus de 60 ans sont appelés "seniors" au Québec et font partie de la catégorie "âge d'or". Les réductions prévues à leur intention sont multiples : transports, musées, sites historiques, cinémas, théâtres, activités sportives… Elles avoisinent en général 30%.

Dans le cadre de la Fédération de l'âge d'or du Québec, Voyage Québec propose des circuits organisés. Cette société est installée à Montréal, 4545 avenue Pierre-de-Coubertin, C.P. 1000, HIV 352 (☎ (514) 252-3017). La Fédération de l'âge d'or du Québec se situe à la même adresse et répond au même numéro.

COMMUNAUTÉ HOMOSEXUELLE

La communauté homosexuelle de Montréal compte parmi les plus importantes au

Nos amies les bêtes

Si vous campez ou pique-niquez, mettez la nourriture à l'abri dans le coffre de la voiture ou dans des sacs en nylon que vous placerez ensuite loin de votre tente, en les attachant avec une corde à une branche élevée et sans qu'ils touchent le tronc, car les ours grimpent aux arbres. Ne jetez pas votre graisse de cuisson ou vos restes dans le trou que vous aurez creusé pour faire un feu. De même, ne laissez pas de restes.

Si vous apercevez un ours, ne l'approchez surtout pas, essayez de vous mettre contre le vent de façon à ce qu'il ne puisse pas vous sentir et prévenez un employé du parc.

Si vous voyez des oursons, disparaissez aussi discrètement et rapidement que possible. Le bruit les effraie, ne vous privez pas de parler, de chanter, de siffler, voire d'emporter avec vous une clochette. Ne donnez jamais à manger à des ours, car ce sont de grands paresseux qui risqueraient de prendre de très mauvaises habitudes, obligeant les responsables du parc à les déplacer voire à les abattre.

Les mois de juin et juillet sont les mois de prédilection des moustiques et des mouches noires. Dans certaines régions (les Laurentides, par exemple), ils peuvent se révéler redoutables. Cependant en août, l'atmosphère s'assèche et les insectes disparaissent. Ils sévissent au cœur des forêts et au bord des cours d'eau. Dans les clairières ou sur le littoral, vous ne risquez rien.

Les attaques de moustiques, de maringouins et de mouches noires sont à redouter surtout pour les enfants et les peaux sensibles. Certaines personnes sont allergiques aux piqûres et la plaie risque une inflammation.

En règle générale, les vêtements sombres attirent davantage les insectes que les vêtements de couleur claire. De même, évitez les parfums ou crèmes parfumées qui attirent surtout les moustiques. Achetez sur place des lotions anti-insectes ou des vaporisateurs répulsifs, disponibles dans toutes les pharmacies (ou chez les droguistes). Nous vous recommandons les marques "Muskoil" et "Off" ; pour ce dernier produit, il existe également un modèle plus puissant, "Deep Woods Off". N'employez pas sur des enfants les répulsifs de la marque "Deet". Dans tous les cas, essayez de réduire au minimum la surface de peau susceptible d'être piquée – en portant une chemise à manches longues, un pantalon, et un chapeau ou une casquette.

Les moustiques sortent au crépuscule. Un feu les éloignera. Pour les campeurs, une tente avec fermeture Éclair est absolument indispensable !

monde. Le système législatif est très sévère en matière de discrimination sexuelle. A Montréal, les communautés gay et lesbienne se concentrent essentiellement dans le quartier dit Le Village (reportez-vous au chapitre *Montréal*).

La revue *Fugues* s'adresse surtout aux hommes. Distribuée gratuitement, elle indique les rendez-vous du mois, des adresses de bars, de discothèques, de restaurants, voire des hôtels à Montréal mais aussi en région. A Ottawa, le magazine bi-hebdomadaire *Capitol Xtra* recense les mêmes informations.

L'*Androgyne* (☎ (514) 842 4765), 3636 bd Saint-Laurent (à l'angle de la rue Prince-Arthur), à Montréal, est la grande librairie gay et lesbienne.

A Montréal, les associations sont multiples. Citons le Centre communautaire des gays et lesbiennes (☎ (514) 528-8424), 2075 Plessis, HEL 2Y4. Le jour de la Gay Pride fait toujours l'objet d'un grand défilé et d'une fête le soir.

VOYAGER AVEC DES ENFANTS

Le Québec est un pays de rêve pour les enfants. Outre les multiples activités de plein air et d'observation (baleines, cerfs de Virginie et migration des oies des neiges), les musées constituent également de merveilleux endroits pour les enfants de tous âges. Le musée des Civilisations à Hull compte ainsi une partie spécialement conçue à leur intention, et le Biodôme de Montréal se visite comme un lieu magique.

Dans les villes et les villages, vous trouverez toujours une vaste aire de jeux, toujours bien placée. Les parcs prévoient également des programmes et des activités spécialement conçus pour eux.

Dans les musées, des poussettes et des tables à langer (avec couches) sont mises à disposition gratuitement. Les enfants bénéficient par ailleurs de nombreuses réductions, que ce soit dans les musées, les transports, ou pour les activités de plein air et d'observation. Ils paient en général demi-tarif. Les moins de 6 ou 5 ans (selon le cas) sont accueillis gracieusement. Pour les hébergements, la gratuité s'applique aux enfants de moins de 5 ans, voire 18 ans, dans certains hôtels de Trois-Rivières.

Seul véritable inconvénient : les moustiques et les mouches noires de la fin juin à juillet. Acheter le nécessaire sur place.

DÉSAGRÉMENTS ET DANGERS

Consultez la rubrique *Santé* pour connaître les risques éventuels, ainsi que la rubrique *Code de la route et mesures de sécurité préventives* du chapitre *Comment circuler*.

Incendies

Si vous choisissez de dormir à l'extérieur des campings officiels, veillez à ne pas provoquer d'incendie. Les conséquences peuvent être dramatiques et les dégâts, considérables, particulièrement pendant les mois chauds d'été. Si vous séjournez dans un camping officiel, vérifiez avec soin que tout ce qui est susceptible de brûler, y compris les cigarettes, soit bien éteint après usage.

Insectes

Consultez l'encadré *Nos amies les bêtes*.

Animaux spécifiques aux lieux de camping

Les écureuils, les ratons laveurs et les souris sont des rencontres courantes. Ils passent beaucoup de temps à fourrager dans les sacs de nourriture ou les ordures abandonnées alentour. La meilleure parade consiste à mettre vos aliments à l'abri.

Immigration, terres d'origines

Sur la période 1994-1998, 138 902 immigrants ont choisi le Québec ; 8,4% étaient des Français, 6,1% venaient de Chine, 5,8% de Haïti, 5,5% de l'ex-Yougoslavie et 5,4% de l'ex Union Soviétique, pour ne citer que les principaux pays d'origine.

Si, en 1998, les Français ont constitué une nouvelle fois le principal flux migratoire avec 2556 immigrants, les Algériens poursuivent leur récent afflux au Québec avec 1876 immigrants, un phénomène qui ne devrait pas connaître de fléchissement compte tenu de la situation en Algérie.

Les autres immigrants viennent de la Chine (1831), de l'ex-Union Soviétique (1802), de l'ex-Yougoslavie (1418), de Haïti (1142), du Maroc (981) et de l'Inde (940).

EN CAS D'URGENCE

En cas d'urgence (police, médecin, pompiers), composez le 0, excepté dans les zones urbaines où vous devez composer le 911. Pour les affaires non urgentes, consultez l'annuaire local pour trouver les numéros d'appel des postes de police.

En cas de perte ou de vol de votre passeport, contactez le consulat le plus proche. Il vous fournira temporairement une pièce de remplacement. En cas de perte ou de vol de vos chèques de voyage, contactez la banque émettrice ou son représentant. A l'achat de vos chèques, on vous remet une liste des numéros de téléphone que vous pourrez appeler en cas de perte. Notez scrupuleusement les chèques que vous encaissez. Ainsi, en fournissant la liste précise des chèques volés, le remboursement en sera facilité.

Pour tout vol pour lequel vous aurez à remplir une déclaration d'assurance, appelez la police afin de lui signaler les objets

La terre promise

Sur 220 000 immigrants qui ont choisi ces dernières années le Canada comme nouvelle terre promise (hormis les demandeurs d'asile et les hommes d'affaires), près de 3 000 sont Français. Le Québec en absorbe les trois quarts (2 752 en 1998), a priori avec succès : les statistiques révèlent qu'ils ont été 16% à repartir vers d'autres horizons, sur la période 1996-1998. La proportion d'échecs pour le Canada dans son ensemble est de 19%.

Montréal concentre la plupart des arrivées (75,5% entre 1996 et 1998), Québec n'en absorbant que près de 4,9%. Les régions n'en bénéficient que très partiellement, excepté la Montérégie (3,5%) au sud de Montréal, et l'Outaouais (2,6%), dans la région de Hull. Le nord du Québec et la Gaspésie n'enregistrent pour leur part aucune installation. On note également une très faible implantation de Français sur la Côte Nord, en Abitibi-Témiscamingue et dans le Bas-Saint-Laurent (0,1%).

Les Laurentides, au nord de Montréal, affichent un timide 0,8%. Cette région très touristique a toujours été un terrain d'exploration pour les Français en quête d'une nouvelle orientation personnelle et professionnelle. Nombre de gîtes et de restaurants ont ainsi ouvert mais ont dû cesser leur activité, en raison d'investissements trop rapides et d'une mauvaise estimation du marché, petit au final et réduit à quelques mois de l'année.

dérobés. Faites-vous préciser le numéro de référence de votre déposition – il pourra vous être demandé.

ÉTUDIER OU TRAVAILLER AU QUÉBEC

Permis de séjour pour étudiants

Pour venir étudier au Québec, tout étudiant étranger doit avoir en sa possession, à l'arrivée sur le territoire, un "permis de séjour pour étudiants".

Si vous êtes français, vous devez vous adresser, six mois avant votre départ, au Service d'immigration de la Délégation générale du Québec (☎ 01 53 93 45 45, delegationquebec.fr, immigra@worldnet.net) pour obtenir un Certificat d'acceptation du Québec (CAQ). Vous devez être en possession de l'inscription définitive dans une université ou une école. Une fois ce certificat obtenu et payé (100 $), demandez à l'Ambassade du Canada le permis d'étude dont le coût s'élève à 125 $. Autrement dit, les frais pour un permis de séjour pour étudiants s'élèvent à 225 $. Attention ! Vous aurez également à apporter la preuve que vous possédez assez d'argent pour couvrir vos frais sur place (comptez entre 36 000 et 48 000 FF par an) et un billet de retour.

Si vous n'êtes pas de nationalité française, le certificat d'acceptation doit être demandé au Ministère des relations avec les citoyens et de l'immigration du Québec. Le certificat qu'il vous délivrera vous permettra alors de vous rendre à l'Ambassade su Canada pour obtenir un permis d'étude.

Les études dans une école du Québec pour une durée de moins de trois mois ne nécessitent pas un CAQ.

L'office des Migrations internationales (☎ 01 41 17 73 62, omi.quebec@wanadoo.fr), 221 avenue Pierre-Brossolette, 92120 Montrouge, fournit la liste des Universités et des Cégep et toutes les informations voulues en ce qui concerne le permis de séjour pour étudiants.

L'Office franco-québécois pour la jeunesse (☎ 01 49 33 28 50), 11 passage de l'aqueduc, 93 200 Saint-Denis, propose des stages pour étudiants ou jeunes diplômés. La liste des stages est disponible sur le site www.integra.fr/ofqj. L'office peut vous aider aussi dans votre recherche d'emploi. Il possède à cet effet un centre de documentation.

Vous pouvez également vous renseigner auprès du Centre d'information et de documentation Jeunesse (CIDJ), 101 quai branly, 75005 Paris, ou du Centre de Coopération Inter-Universitaire Franco-Québécoise (☎ 01 42 84 50 80, touroude@paris7.jussieu.fr), 96 bd Raspail, 75006 Paris.

Permis de travail temporaire ou à durée déterminée

Le permis est délivré par l'Ambassade du Canada si, et seulement si, l'entreprise pour laquelle vous devez travailler, vous a fait une offre d'emploi et que cette offre a été validée par le Centre d'Emploi du Canada. Vous aurez au préalable rempli un dossier et fourni tous les justificatifs demandés (notamment une copie de l'offre d'emploi de votre futur employeur). Il vous en coûtera 155 $. Comptez environ un délai de six mois au total (démarches, attente et obtention du permis). Attention ! l'acceptation d'un emploi ne peut se faire lors de votre voyage. Vous devrez obligatoirement revenir dans votre pays et déposer la demande auprès du Service d'immigration.

Le travail bénévole est également ouvert aux étrangers, surtout dans les associations caritatives d'aide aux communautés indiennes. Si vous souhaitez participer à un chantier, contactez Concordia-Solidarité Jeunesse (☎ 01 45 23 00 23), 1 rue de Metz, 75010 Paris.

Permis d'immigration

Émigrer au Québec suppose de répondre à un questionnaire préliminaire qui vous sera remis par le Service d'immigration de la Délégation générale du Québec (☎ 01 53 93 45 45, immigra@worldnet.net), 87-89 rue de la Boétie, 75008 Paris. Si vous n'avez obtenu aucune réponse au bout de trois mois, c'est que votre candidature n'a pas été retenue.

En revanche, si vous êtes admissible, vous recevrez un dossier d'immigration dont le prix varie en fonction de votre statut (300 $ pour un célibataire, 400 $ pour un couple marié, 100 $ pour chaque enfant à charge). Une entrevue avec un représentant du Service de l'immigration complétera votre dossier. La réponse définitive et officielle interviendra quatre à cinq mois plus tard sous la forme d'un certificat de sélection, tandis que votre dossier sera envoyé à l'ambassade du Canada pour l'obtention du visa.

L'ambassade vous demandera alors de lui fournir un extrait de casier judiciaire et de vous soumettre à un examen médical auprès d'un médecin accrédité par ses services.

La procédure d'émigration demande au total entre 9 et 12 mois. La profession exercée joue un rôle important dans la sélection. Les profils recherchés changent d'une année sur l'autre. L'Office des Migrations internationales (☎ 01 41 17 73 62), 221 avenue Pierre-Brossolette, 92120 Montrouge, vous fournira la liste des métiers demandés.

Depuis la France, les services culturels de l'ambassade du Canada, la Délégation générale du Québec ainsi que l'Office des Migrations internationales organisent régulièrement des réunions d'information en banlieue parisienne et en province. Pour connaître les dates de ces réunions d'informations, vous pouvez consulter le 3615 Québec (1,29 F la minute) ou le site *delegationquebec.fr*. Vous pouvez aussi vous reporter au hors-série de la revue *Rebondir* réactualisé chaque année et intitulé "S'installer au Canada".

ACTIVITÉS

De par son environnement naturel, unique et féerique, le principal intérêt du Québec réside dans les multiples activités sportives qu'on peut y pratiquer : randonnée, promenades en canoë ou en raquettes, pêche, ski, observation de la faune et de la flore…

Les offices du tourisme vous fourniront de multiples détails concernant les organisations et les agences proposant des "circuits aventure" et autres excursions. Ils vous renseigneront utilement sur les parcs nationaux et provinciaux.

A chaque région, ses spécificités en matière d'activités sportives (aussi pour chaque région, reportez-vous à la rubrique *Activités)*.

A noter que les animaux domestiques ne sont pas admis dans les parcs québécois.

Seul les chiens-guides accompagnant une personne non-voyante sont acceptés.

Randonnée

Le Québec offre un réseau dense et extrêmement varié de sentiers, systématiquement répertoriés en fonction de leur difficulté et du temps nécessaire pour les parcourir. Certains sont conçus pour les handicapés. Les plus intéressants sont implantés en général dans les parcs nationaux ou provinciaux. Le centre d'accueil vous fournira une carte très bien conçue et des guides naturalistes pourront vous aider dans le choix de votre parcours. Vous pouvez également vous joindre à une sortie collective organisée par l'un d'entre eux. Les thèmes abordés sont divers et peuvent notamment proposer l'observation de l'orignal, du loup ou même de l'ours.

Les chemins ne sont accessibles qu'à la fonte complète des neiges, autrement dit à partir de la mi-mai. En novembre-décembre, dès les premiers flocons, les sentiers se transforment en pistes pour ski de fond ou randonnée en raquettes. Partir en promenade suppose de passer à un centre d'accueil pour s'inscrire sur le registre des visiteurs par mesure de prudence. Autre bonne précaution, se munir de victuailles et de vêtements de protection contre la pluie et le vent.

Les sentiers nécessitant plus d'une journée de marche sont en général équipés d'abris. Vous trouverez également toujours de quoi camper (les sites autorisés et leur type de confort sont précisés sur les plans).

Les villes comportent aussi des sentiers de randonnée intra-muros. C'est notamment le cas de Montréal, Québec, Trois-Rivières ou Tadoussac.

Reportez-vous aux chapitres régionaux, pour de plus amples détails en ce qui concerne les randonnées propres à chaque région, notamment en ce qui concerne le chemin des Appalaches.

Canoë, kayak et rafting

Les possibilités de promenades en canoë-kayak sont presque illimitées, quel que soit votre niveau. Les parcs nationaux et provinciaux ainsi que les réserves fauniques peuvent servir de points de départ, et la plupart sont tout à fait accessibles. Dans les villes, à proximité des parcs, voire dans les parcs eux-mêmes, vous trouverez des dépositaires d'articles de sport louant l'équipement complet. Comptez entre 30 et 38 $ pour la location journalière d'une embarcation. Certains lacs ou rivières, telles la rivière du Saguenay, nécessitent une panoplie appropriée contre le froid, car l'eau ne dépasse pas les 5°C. Le service d'un guide est conseillé. La Fédération québécoise du canot et du kayak (☎ (514) 252-3001, www.canot-kayak.qc.ca) conseille et donne toutes les informations voulues. Pour le kayak de mer et les grandes randonnées maritimes, consultez le site www.cam.or/~cyrd/kayak/index.html.

Vous pourrez acheter de bons guides de canoë dans des librairies, comme *Les Parcours canotables du Québec*, publié par la Fédération québécoise du canoë-camping.

Au Québec, vous trouverez toute une série de circuits de canoë-kayak, notamment dans le parc national de la Mauricie, la réserve de la Vérendrye, et un circuit côtier destiné soit au canoë, soit au kayak, dans le parc national de l'archipel de Mingan.

Le rafting réserve aussi son lot d'émotions. Il se pratique dans certains sites bien précis du Québec, notamment sur la rivière Mattawin dans la région de la Mauricie-Bois-Francs et sur la rivière Rouge dans les environs de Montréal. La descente de la rivière Shipshaw dans la région du Saguenay-Lac-Saint-Jean est également une base très réputée. L'activité se pratique de la fin avril à la mi-octobre. Trois à quatre heures de rafting coûtent entre 55 et 65 $, équipement compris.

Bicyclette

En ville, à la campagne ou dans les parcs et réserves, la bicyclette est vraiment la petite reine au Québec. Les pistes aménagées sont nombreuses et garantissent un maximum de sécurité. Les loueurs proposent souvent des

(Suite du texte en page 68)

LES BALEINES DU SAINT-LAURENT

En 1971, la Société zoologique de Montréal offrait à ses membres les premières croisières d'observation des cétacés dans l'estuaire du Saint-Laurent. En 1983, huit bateaux étaient affrétés pour transporter quelques milliers de visiteurs. Une véritable industrie venait de naître. Depuis, les bateaux se sont multipliés. En 1998, on en dénombrait une soixantaine. L'observation des baleines est devenue de fait, une affaire florissante qui génère annuellement plus de 40 millions de dollars.

Cette situation n'est pas sans inquiéter les scientifiques et les responsables du Parc marin de Saguenay-Saint-Laurent notamment. Un tel engouement n'est pas sans revers, même s'il existe un code éthique auquel les bateaux doivent se conformer. Les précautions d'approche que doivent respecter les bateaux ne règlent pas en effet le problème de la nuisance sonore qui menace désormais les cétacés. L'intensité et la persistance des bruits des bateaux de croisière auraient ainsi des conséquences sur les habitudes de plongée des rorquals communs. Ce qui modifierait l'accumulation de leurs réserves énergétiques. Un nouveau plan de gestion de l'industrie d'observation des baleines dans l'estuaire du fleuve Saint-Laurent devrait entrer en vigueur dans un avenir proche.

"Aujourd'hui, l'observation des baleines, devenue une véritable industrie, soulève de nombreuses questions éthiques et sert de plateforme de recherche scientifique et d'outil d'éducation à la conservation", souligne Christiane Foley, rédactrice en chef du magazine *Québec Science*. Depuis quelques années déjà, la recherche sur les cétacés dans le Saint-Laurent ne cesse en effet de se développer. Depuis 20 ans, le béluga du Saint-Laurent fait ainsi l'objet d'une véritable enquête scientifique. Le rétablissement de sa population (estimée actuellement à 1000) demeure une incertitude. La crainte que les effets de la pollution ralentissent ou empêchent le rétablissement d'une population que les activités humaines avaient déjà fortement éprouvées dans le passé, semble se confirmer. Des travaux laissent penser que la pollution du fleuve affecte les systèmes immunitaire et reproducteur du béluga. Les scientifiques estiment cependant qu'il faudra attendre 2004, voire 2016 avant de savoir si la population diminue, augmente ou reste stable.

Où voir des baleines ?

Domicile à l'année du béluga – espèce menacée –, le Saint-Laurent est aussi celui du petit rorqual, du rorqual commun, du rorqual à bosse, du cachalot macrocéphale, du marsouin commun et de la baleine bleue, le plus grand animal vivant au monde. C'est la fosse laurentienne où circule le fameux courant du Labrador qui est responsable dans l'estuaire de la prolifération du krill, nourriture préférée des baleines. Les voir, suppose de descendre le Saint-Laurent au moins jusqu'à Tadoussac ou de se rendre au moins jusqu'à Trois-Pistoles, sur la rive sud du fleuve.

La Gaspésie et la Côte Nord constituent toutefois, les régions phares pour l'observation des cétacés. Mais, le Bas-Saint-Laurent et le nord du Charlevoix disposent également de lieux privilégiés.

A chaque région, son environnement propre et son contingent d'espèces. Le béluga se trouve ainsi essentiellement entre Baie-Sainte-Catherine et Tadoussac. Dans le secteur de Bergeronnes, à 22 km de Tadoussac, la fosse marine fait de son côté le bonheur de la baleine bleue qui peut s'approcher près du rivage (les bateaux partant de Baie-Sainte-Catherine ou de Tadoussac y vont toujours). Le paysage de l'Archipel-de-Mingan, avec ses monolithes et ses macareux moines, et le Parc Forillon en Gaspésie constituent des cadres tout aussi féeriques pour l'observation des baleines mais aussi d'une très grande variété de cétacés.

La période la plus propice pour les observer et les entendre s'étend de juin à octobre. Toutefois, on peut affiner les périodes selon les espèces et leur migration, ainsi la baleine bleue peut être aperçue vers Longue-Pointe-Mingan dès avril-mai.

Le Centre d'Interprétation des Mammifères Marins à Tadoussac comme le Centre de Recherche et d'Interprétation de la Minganie à Longue-Pointe-de-Mingan, constituent quant à eux, un passage obligé avant toute sortie en mer. Ils permettent de s'initier à cet univers riche, complexe et fragile. L'observation des cétacés est en effet soumise à une réglementation stricte. Tout mouvement ou son brusque peut provoquer un stress chez l'animal et modifier ses comportements. L'approche des bélugas hors excursion est interdite.

Quant à la sortie en mer elle-même, si elle constitue le moyen le plus rapide pour apercevoir un dos de baleine, elle prend aussi souvent des allures de safari photo assez regrettables, notamment lorsque cinq ou six bateaux se concentrent au même endroit après avoir repéré un bout d'aileron. Aussi serait-il dommage de négliger dans votre voyage au Québec, l'observation terrestre. Cette approche est tout aussi chargée d'émotions et elle a pour avantage de ne pas être minutée. Il suffit seulement d'être patient et attentif. Plusieurs sites ont été aménagés à cet effet, notamment sur la rive nord du Saint-Laurent, à Baie-Sainte-Catherine, Tadoussac, Bergeronnes, Les Escoumins et Pointe-des-Monts. Des guides naturalistes sont parfois présents. A 6 km de Bergeronnes, le Cap-de-Bon-Désir, avec ses roches roses dominant le fleuve, comme le Phare de Pointe-des-Monts au nord de Godbout sont deux points de vue que l'on peut recommander. Mais une simple promenade sur la plage en fin de soirée peut également parfois suffire pour apercevoir le bout d'un aileron puis le dos d'un rorqual.

Car c'est une réalité qu'il ne faut jamais perdre de vue : les baleines ne programment pas leur apparition. Le spectacle se fait au hasard et au rythme des rencontres, comme les grands instants d'une vie.

Le choix du bateau

Les sorties en bateau ou en pneumatique sont les plus communément choisies. Le bateau est la solution la plus confortable. La taille des embarcations, qui diffère d'une compagnie à une autre, permet d'embarquer d'une douzaine de passagers à plus de trois cents.

Plus le navire est gros, plus il comporte de services (bar, salles d'observation couvertes) mais, revers de la médaille, la vision ne s'accompagne pas du frisson que l'on éprouve sur de petites embarcations. Les excursions sont la plupart du temps commentées en français et en anglais (pour les sociétés importantes).

Le pneumatique (qui peut accueillir jusqu'à 12 passagers) est certainement le meilleur moyen pour s'approcher au plus près des mammifères, qui semblent parfois à portée de main. L'accès est par ailleurs plus rapide. La démarche se veut davantage sportive : les participants sont toujours habillés d'une combinaison de survie, dont la location est comprise dans le prix. Il est toujours recommandé de porter des vêtement chauds, une bonne paire de chaussettes et un bonnet même en juillet et août. Il est aussi conseillé d'avoir à portée de main une crème solaire et des lunettes de soleil, sans oublier un appareil photo et pourquoi pas, une paire de jumelles. La plupart des compagnies disposent toutefois de chaussettes, de bonnet, de gants et de pulls qu'elles distribuent gratuitement.

La durée des excursions varie entre 2 heures 30 et 6 heures selon la compagnie et le type d'expédition choisi. Le temps moyen est de 3 heures pour un prix de 35 $ environ (25 $ à 20 $ pour les enfants, gratuité pour les moins de 5 ans). En s'éloignant de Tadoussac, les prix ont tendance à diminuer.

Le kayak de mer est une autre option. Ce type d'excursion est pratiqué notamment à Bergeronnes, aux Escoumins sur la Côte Nord et au Parc Florillon en Gaspésie. Toute sortie se fait avec un guide. Toutefois, les courants, notamment ceux de la rivière Saguenay aux abords de Tadoussac sont forts et demandent de l'expérience.

Quoi qu'il en soit, les excursions en mer ne commencent jamais avant la mi-mai. De Baie-Sainte-Catherine à Natashquan sur la rive Nord du Saint Laurent, comme de Trois-Pistoles au Parc Florillon en Gaspésie, plusieurs possibilités sont offertes. Si Tadoussac concentre le plus grand nombre de compagnies, il serait dommage de négliger les autres emplacements parfois aussi bien situés et aux prix plus avantageux. Sur la Côte Nord, certaines compagnies proposent par exemple des sorties à thème. A Longue-Pointe-de-Mingan, vous pouvez embarquer pour la journée sur le bateau de la Station de Recherche des Îles Mingan et participer au travail des biologistes. La sortie dure toute la journée. La station propose également des stages d'observation et de travail de plusieurs jours dans le décor grandiose de l'Archipel.

(Suite du texte de la page 64)

vélos de montagne correspondant aux VTT européens. Comptez entre 20 et 30 $ la location. Le vélo s'avère un très bon moyen pour visiter Montréal comme pour découvrir les régions.

Inspirée des grands itinéraires cyclables du monde, la Route Verte compte plus de 1 300 km d'itinéraires balisés sur piste et sur route, que ce soit dans les Laurentides, l'Outaouais, les Cantons de l'Est, la Montérégie, le Bas-Saint-Laurent ou au Lac Saint-Jean. Vélo Québec (☎ (514) 521-8356 ou 1 800567-8356, route_verte@velo.qc.ca, www.velo.qc.ca), 1251 rue Rachel Est, à Montréal, édite un bulletin et vous aidera à faire un choix.

Le *Répertoire des voies cyclables* (Éditions tricycle Inc.) fournit l'ensemble des pistes aménagées au Québec.

Pêche

La pêche en eau douce (notamment au saumon) est très prisée. L'hiver est la saison de la pêche blanche. Sur les cours d'eau gelés, chacun installe sa petite cabane de bois. A l'intérieur : un banc, parfois un radiateur et un trou pratiqué dans la glace.

Chaque type de pêche requiert un permis dont la durée de validité et le prix sont variables. Les offices du tourisme vous renseigneront. N'oubliez pas de vous procurer un guide concernant les différentes périodes d'ouverture de la pêche suivant les espèces. Renseignez-vous également sur les quantités maximales de prises autorisées par jour et sur l'interdiction éventuelle relative à l'utilisation de certains hameçons.

Baignade et plages

Vous n'aurez que l'embarras du choix, entre le fleuve Saint-Laurent et les innombrables lacs et rivières du Québec. Encore s'agit-il d'aimer l'eau fraîche (en moyenne l'eau ne dépasse guère les 17°C). Dans les parcs et les réserves, les plages sont aménagées et surveillées. A de très rares exceptions, on ne pratique ni le nudisme ni même le monokini.

La plage du parc d'Oka dans les environs de Montréal et la plage des Îles dans l'île Notre-Dame à Montréal sont toujours très fréquentées. Celles du lac Monroe, dans le parc du Mont-Tremblant, et des lacs Meech, Philippe et La Pêche dans le parc de la Gatineau sont superbes.

Les plages des îles de la Madeleine et celle de la Penouille dans le parc national de Forillon laissent un souvenir inoubliable.

Plongée

La plongée se pratique de manière très courante dans le Saint-Laurent, notamment dans le Bas-Saint-Laurent, la Gaspésie, les îles de la Madeleine et la Côte Nord. Les fonds du Saint-Laurent sont, aux dires des plongeurs venus du monde entier mais surtout des États-Unis, aussi beaux que ceux des Caraïbes.

La Fédération Québécoise des Activités Subaquatiques regroupe tous les intervenants du monde de la plongée au Québec. Installée à Montréal, au n°4545 avenue Pierre-de-Coubertin, la FQS (☎ (514) 252-3009, plongee@fqas.qc.ca, www.fqas.qc.ca), édite notamment, chaque année, un annuaire de plongée recensant tous les centres de plongée de la province.

Ski de piste

Le Québec compte plus de 150 stations de ski. Les pistes sont situées à une heure à peine de Montréal et à une demi-heure de Québec. Certaines sont éclairées le soir jusqu'à 22h30. La saison commence généralement en décembre pour se terminer en mai (voire début juin).

Sur place, vous trouverez tout l'équipement nécessaire en location et une garderie pour les enfants. Les stations sont proches des villes et il est facile de s'y rendre pour la journée, voire la demi-journée ou la soirée, si l'on dispose d'un véhicule. Le forfait à la journée varie entre 25 et 46 $ selon la station, la station Mont-Tremblant dans les Laurentides étant la plus onéreuse.

Le forfait du ski de soirée débute à 15h et revient en moyenne à 22 $. Reportez-vous à nos chapitres régionaux pour plus de détails.

LES DOMAINES SKIABLES

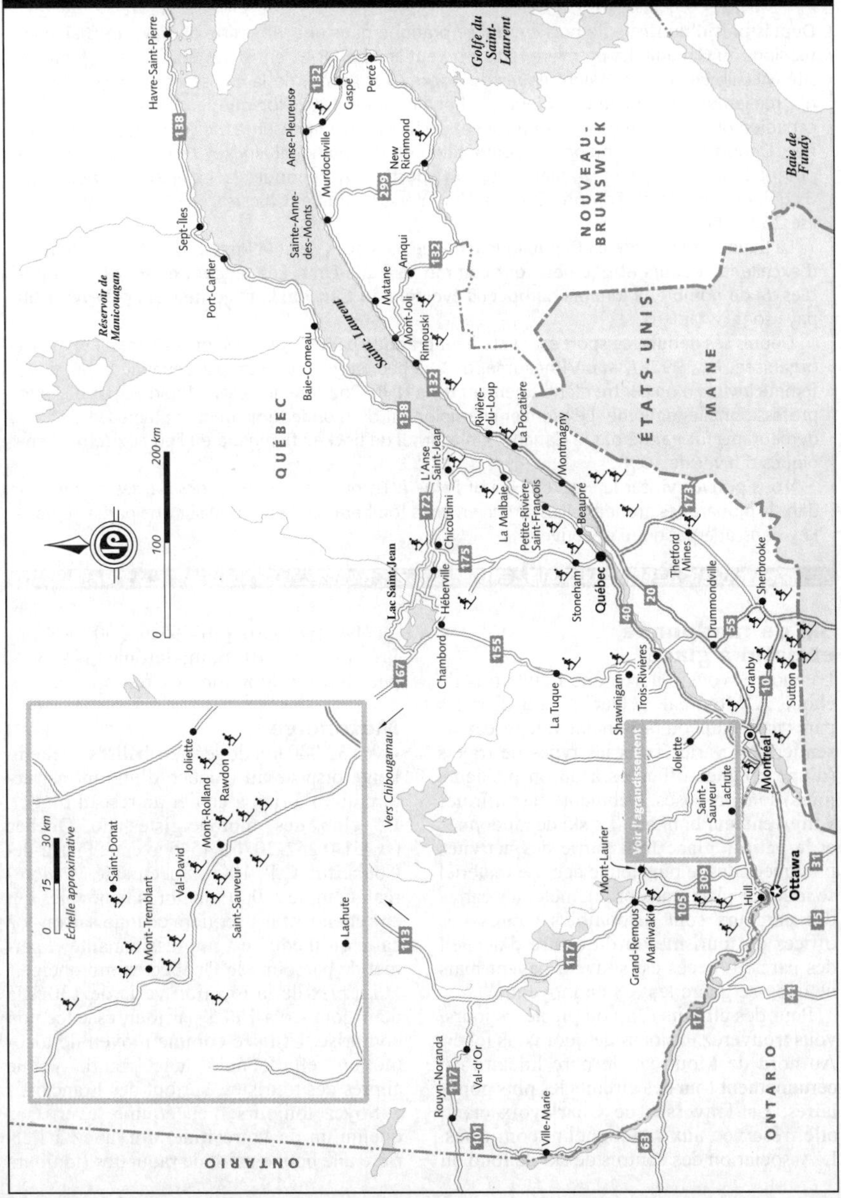

Le hockey : un sport emblématique

Depuis près d'un siècle, le hockey, qui se pratique dans une vingtaine de pays, déchaîne les passions au Canada. La première rencontre eut lieu en 1879, entre des étudiants de l'université McGill. Les règles étaient issues du hockey sur gazon, de la crosse et du rugby. Le jeu n'a réellement atteint une audience nationale qu'en 1892, lorsque le gouverneur général canadien effectua la remise d'un trophée, destiné à récompenser la meilleure équipe de l'année. Depuis 1917, les équipes en compétition dans la National Hockey League (NHL) se disputent la coupe Stanley à chaque saison sportive. A l'époque, la ligue se composait de 6 équipes : Montréal, Toronto, Boston, New York, Detroit et Chicago. Aujourd'hui, elle totalise 26 membres.

La Suède, la Finlande, la République tchèque, la Slovaquie et la Russie comptent également d'excellents joueurs et équipes, tout comme les États-Unis. Les rencontres sont très disputées. Si de nombreux joueurs européens évoluent au Canada, la majorité des hockeyeurs du pays sont canadiens.

Depuis ses débuts, ce sport est également pratiqué par des femmes, mais de manière moins organisée. En 1992, Manon Rhéaume, de Québec, gardien de but, est devenue la première femme invitée à un centre d'entraînement de la NHL. Pourtant, il n'existe toujours pas de ligue professionnelle féminine. Le premier championnat du monde féminin eut lieu en 1990 et, au demeurant, fut gagné par le Canada. Un tournoi de hockey féminin a eu lieu aux Jeux olympiques d'hiver de 1998.

Vous pouvez visiter le Hockey Hall of Fame à Toronto et assister à des parties de hockey dans la plupart des grandes villes. En hiver, vous tomberez certainement sur une partie de hockey dans une patinoire découverte.

Ski de randonnée et patin à glace

Là encore, vous n'aurez que l'embarras du choix. A Montréal, à Québec, ou dans les parcs nationaux ou provinciaux, le réseau de sentiers est varié. Tous les types de trajets (d'une poignée d'heures à un ou plusieurs jours) sont proposés. Débutants et confirmés y trouvent leur bonheur. Le ski de randonnée et le patin à glace font partie des activités pratiquées dès le plus jeune âge. Le matériel se loue sur place sans problème et les cartes des parcours sont disponibles auprès des offices du tourisme ou du centre d'accueil des parcs. L'accès est souvent payant mais ne dépasse guère les 8 $ en moyenne.

Pour des circuits d'un ou plusieurs jours, vous trouverez toujours de quoi vous loger. Au nord de Montréal, le parc linéaire est certainement l'un des circuits les plus populaires, La Traversée de Charlevoix étant, elle, réservée aux randonneurs confirmés. L'Association des centres de ski de fond du Québec (☎ (450) 436-4051), 300 rue Long Pré, Bureau 110, Saint-Jérôme, J7Y 3B9, peut fournir de nombreux renseignements.

Motoneige

Avec 32 000 km de sentiers balisés, la motoneige dispose au Québec d'une infrastructure qui n'a rien à envier au réseau routier. Le club des motoneigistes du Québec (☎ (514) 252-3076), 4545 avenue Pierre-de-Coubertin, C.P. 1000, Succursale M Montréal, compte 5 000 membres bénévoles qui entretiennent les sentiers chaque saison. La carte qu'il édite est impressionnante et permet de parcourir le Québec en motoneige.

Le prix de la location varie de 130 $ la demi-journée à 190 $ par jour, essence non comprise. Utilisée comme moyen de locomotion, elle connaît une grande vogue auprès des touristes, surtout des Français.

Soyez toujours bien équipé, avertissez quelqu'un de votre itinéraire, ayez à l'arrière une bonne paire de raquettes (toujours utile en cas de panne d'essence) et ne dépassez pas les 60 km/h.

Traîneau à chiens

Les balades en traîneau à chiens sont très en vogue depuis quelques années. Les attelages se composent de 4, 6 ou 12 chiens (tout dépend de la race ; les Malamutes sont bien plus gros que les Huskies). Vous pouvez mener votre attelage ou vous laisser conduire ; dans ce cas, c'est le maître chien (*musher*) qui dirigera la meute. La conduite, apparemment facile, demande en fait une grande maîtrise et une bonne endurance. Les prix varient selon le temps passé (d'un après-midi à plusieurs jours) ; comptez de 35 à 120 $ par jour, ce dernier tarif comprend les repas et l'hébergement.

Pensez à vous couvrir même si, sur place, vous devrez obligatoirement revêtir une panoplie adaptée à ce type de balade.

Entrelacs (☎ (450) 228-8944) 790 bd Montcalm, au nord de Montréal, est le premier Centre d'Interprétation du chien de traîneau du Québec et propose des excursions notamment une expédition au Nunavik. Aventure Nord-Bec (☎ (418) 889-8001), 665 rue Saint-Aimé, Saint-Lambert, au sud de Québec, offre également différents forfaits.

Dans tout le Québec, les offices du tourisme sauront toujours vous renseigner.

Écotourisme

Bien avant l'apparition du mouvement écologique, le Québec s'est préoccupé du "tourisme écologique". Les lieux de séjour en plein air et les endroits reculés comptent depuis longtemps parmi les options proposées par les voyagistes. La faune et la flore exceptionnelles de cette province se prêtent en effet à de multiples excursions, l'observation des baleines étant certainement la plus prisée. Le passage des oies des neiges est également, en avril-mai et en septembre-octobre, le prétexte à des sorties en famille. De multiples aires ont été aménagées au bord des routes pour contempler à loisir leur passage. De nombreux parcs, tels celui de Cap-Tourmente aux environs de Québec, fournissent tous les renseignements voulus sur la migration des oiseaux et proposent des circuits.

Les parcs nationaux et provinciaux ont mis en place des excursions thématiques d'une journée ou plus, accompagnées par un guide naturaliste. Dans les réserves fauniques, des pourvoiries (sociétés privées, à l'origine spécialisées dans la chasse et la pêche) proposent des séjours d'observation de la faune (de l'ours à l'orignal).

Dans les îles de la Madeleine, des excursions sont organisées pour voir les bébés phoques, en mars. Pour plus de détails, voir les chapitres régionaux concernés.

HÉBERGEMENT

Campings

Il existe des terrains de camping dans tout le Québec – nationaux, provinciaux ou privés. Les campings des parcs nationaux et provinciaux, comme ceux des réserves fauniques, sont situés pour la plupart dans des cadres superbes, calmes et soigneusement entretenus. Leur emplacement permet de profiter de l'environnement, d'une rivière ou d'un lac. Le canoë-camping est une pratique courante : il consiste à descendre les rivières en canoë et à passer la nuit dans des sites aménagés.

Trois catégories de camping sont généralement répertoriés dans les parcs. Les campings "rustiques" ne possèdent ni eau, ni électricité (le prix de l'emplacement varie entre 11 et 13 $). Leur accès est limité aux randonneurs et aux amateurs de canoë-camping. Les campings "semi-rustiques" sont équipés d'eau et d'électricité (le tarif s'échelonne entre 15 et 17 $). La troisième catégorie offre tout le confort souhaité, à des tarifs oscillant entre 18 et 22 $.

Les campings privés proposent en général moins de sites aux campeurs mais un vaste choix d'emplacements pour ceux qui voyagent en caravane ou mobile home. Ils sont souvent très confortables et offrent davantage de services (buanderie, épicerie, aire de jeux pour enfants, piscines etc.). Les tarifs des campings privés sont supérieurs de deux ou trois dollars à ceux des campings des parcs provinciaux ou nationaux.

Vous aurez le choix entre un emplacement avec service (eau et électricité) ou un site sans service.

Les dates d'ouverture et de fermeture des campings varient en fonction de leur situation géographique. En général, la saison s'échelonne de la mi-mai à début septembre, voire fin septembre. Certains restent accessibles l'hiver. Dès le 15 août, les nuits sont fraîches. Pensez à vous munir d'un bon duvet. Pour ceux qui se déplacent en voiture ou en caravane, il est conseillé d'utiliser les aires de repos et de pique-nique qui bordent les routes. Le *Guide du Camping*, édité chaque année et diffusé gratuitement, recense la plupart des campings de la province. Il est disponible dans les offices du tourisme de Montréal et de Québec. La revue *Géo Plein Air* sélectionne des campings chaque année en mai ou en juin. Elle est disponible chez tous les marchands de journaux.

Chalets et refuges

Les parcs nationaux, provinciaux et les réserves fauniques disposent en toute saison de chalets pouvant loger 2, 4, 6 ou 8 personnes. Certains, dits rustiques, ne sont que de simples refuges (leur coût par personne est en moyenne de 14 $). L'hiver, ils possèdent des réserves de bois. Les chalets aménagés, très convenables, disposent d'un coin cuisine, de toilettes et d'une salle de douche. Bien situés, ils sont parfois accessibles en voiture mais le plus généralement à pied ou en ski de fond l'hiver. Le tarif varie de 35 à 65 $.

Auberges de jeunesse

Le réseau dense des Auberges de jeunesse du Québec (☎ (514) 252-3117 de Montréal ou 1 800 461-8585, info@tourismej.qc.ca, www.TourismeJ.qc.ca) appartient à celui de l'Hostelling International, HI. Il couvre l'ensemble de la région. Les auberges sont bien tenues, confortables, dotées souvent des literies de qualité et réservent un excellent accueil. Elles sont ouvertes à tous, jeunes, seniors et familles, et constituent l'hébergement le moins onéreux.

Le prix d'une nuit en dortoir (de 4, 6 ou 8 lits) varie de 15 à 17 $ pour les membres. Les non-membres sont également admis moyennant un supplément de 2 à 3 $. Les draps et les serviettes de toilette sont fournis pour 2 à 3 $. Nombre d'auberges proposent des chambres individuelles pour 35/45 $ (toutes taxes comprises). Mais à ce prix-là, il est préférable lorsque l'on est deux, d'opter pour les gîtes bien meilleur marché puisque certains, pour le même prix, incluent taxes et petit déjeuner, ainsi qu'une literie de qualité.

Les auberges proposent cuisine et salles de bains communes. La plupart servent des petits déjeuners pour 3 $, quelquefois un dîner pour 7 $ environ. Seul problème : les places sont rares de juin à septembre et pendant les périodes de vacances d'hiver, tout particulièrement à Montréal, Québec, en Gaspésie, à Val David et à Mont Tremblant Village dans les Laurentides, à Jonquière ou à Rivière-du-Loup. Téléphonez plusieurs jours à l'avance.

Certaines auberges organisent des activités sportives de plein air (canoë, escalade ou randonnée en ski de fond ou en raquettes). D'autres proposent des excursions guidées dans la ville. La carte de membre (25 $ pour un adulte) est valable un an dans le monde entier. Vous pouvez aussi vous procurer, pour moins cher, des cartes familiales ou des cartes du troisième âge. La carte vous sera remise accompagnée d'un petit guide contenant la liste des auberges, leurs périodes d'ouverture, le sigle de l'auberge, les procédures de réservation, etc. Néanmoins, ne vous fiez pas uniquement à ce guide, certains points de détail évoluent très rapidement.

Au Québec, les offices du tourisme distribuent gratuitement une carte générale mentionnant toutes les auberges de jeunesse, avec leurs coordonnées et tarifs.

Auberges backpackers. Un second groupe d'auberges est lié à Backpackers'International et se nomme Backpackers'Hostels Canada. Le symbole de ces auberges est un rond où s'inscrivent une carte du Canada et un loup hurlant au premier plan. Pour plus d'informations sur ce groupe et ses membres au Canada, contactez le Longhouse Village Hostel (☎ (807) 983-2042 ou 1 800 705-3666), RR 13, Thunder Bay, Ontario, Canada, P7B 5E4. Aucune adhésion n'est requise pour descendre dans ces auberges installées au Québec, uniquement à Montréal et Québec.

YMCA/YWCA. Situées dans les grandes villes comme Montréal, ces organisations proposent des chambres tout à fait correctes, à mi-chemin entre l'auberge et l'hôtel, mais leurs prix ont augmenté. Dans les YMCA complètement rénovées, les tarifs peuvent être aussi élevés que dans un hôtel. Si vous partagez une chambre double avec un ami ou quelqu'un d'inconnu, la facture est beaucoup plus raisonnable. D'autres endroits admettent les couples et, dans ce cas, les chambres doubles sont également louées à un prix raisonnable.

Propres et calmes, les YMCA sont souvent équipées de cafétérias bon marché. En règle générale, elles sont situées dans le centre-ville, atout non négligeable. De surcroît, elles sont ouvertes toute l'année et certaines proposent des dortoirs comparables à ceux des auberges de jeunesse. Les prix s'échelonnent entre 24 et 36 $ pour une chambre simple. Comptez généralement un peu plus pour les femmes (YWCA). Pour de plus amples informations, vous pouvez joindre YMCA Canada (☎ (416) 485-9447), 2160 Yonge Street, Toronto, Ontario M4S 2A9.

Universités et collèges

Nombre d'universités ou de Cégep (nom des collèges au Québec) louent des lits, des chambres, voire des appartements allant du studio au quatre pièces pendant les mois d'été. La saison estivale court de juin à août. Les prix moyens s'élèvent à 19 $ pour un lit et 40 $ par jour pour une chambre. Ces chambres sont ouvertes à tous, mais une réduction est souvent accordée aux étudiants.

Il est préférable de réserver. Parfois, le petit déjeuner est compris ; si tel n'est pas le cas, une cafétéria suppléera à vos besoins. L'accès aux autres équipements des campus, tels que piscine, terrains de tennis, golf, est souvent autorisé aux invités.

Chambres d'hôte

Les chambres d'hôte constituent au Québec une excellente formule. Il s'agit de chambres chez des particuliers, dans des maisons de caractère, où sont privilégiés cadre de vie et réel confort. Les déceptions sont rares, en raison des prix pratiqués (de 35/50 $ à 55/75 $ en moyenne pour une simple/double). Ces chambres bénéficient parfois d'une salle de bains privée et d'une cuisine collective.

La plupart des chambres sont non fumeurs. Des tarifs préférentiels sont généralement consentis pour des séjours de plus de trois jours. Le prix comprend souvent les taxes et inclut le petit déjeuner. Les cartes de crédit sont acceptées.

Leur situation centrale et la gentillesse des propriétaires les mettent au rang des bonnes adresses. Comme les Gîtes du passant et les B&B, elles affichent complet pour les week-ends pendant la période estivale et ferment souvent de novembre à la mi-mai. De manière générale, demandez à voir la chambre avant de vous engager.

Gîte du passant

Typique du Québec, la formule du Gîte du passant est une autre appellation de la chambre d'hôte ou du B&B. "Labelisés" par l'organisme du même nom selon des critères précis, ces gîtes proposent les mêmes services que les B&B en offrant l'avantage de gérer les réservations grâce à une unité centrale et en garantissant confort et qualité de l'accueil. Le réseau couvre l'ensemble de la province, jusqu'aux les zones les plus reculées.

Le prix inclut toujours le petit déjeuner, mais pas les taxes. Les cartes de crédit sont acceptées. La salle de bains est souvent commune mais possède toujours une baignoire. Les gîtes sont généralement situés en centre-ville. Certains proposent des excursions et préparent des repas copieux et savoureux.

Un sirop qui s'exporte

Le sirop d'érable constitue la seule denrée dont le prix mondial soit déterminé au Québec. Au cours des cinq dernières années, la Belle Province a fourni plus de 86% de la production canadienne de sirop d'érable et près de 70% de la production mondiale. Sur les 70 millions de livres recueillies, plus de 50 millions proviennent du Québec, 17 millions des États-Unis, 4,6 millions de l'Ontario et le reste du Nouveau-Brunswick. Les plus gros consommateurs de sirop québécois sont les Américains (81% du marché des exportations), suivis par les Européens (12%). Le chiffre d'affaires de l'industrie aéricole au Québec s'élève en moyenne chaque année à 100 millions de dollars, ce qui place cette denrée dans les trois premiers produits agro-alimentaires exportés par la Province.

Il est souvent interdit de fumer dans les gîtes. En général, la simple/double se loue 35/50 $ pour la catégorie la moins chère, 45/65 $ pour la catégorie intermédiaire, 70/100 $ pour la catégorie luxe. Les prix hors saison (de septembre à la mi-juin) sont souvent plus avantageux, mais de nombreux gîtes ferment en dehors de la période estivale.

Bed and breakfast (B&B)

Ils sont essentiellement situés dans les grandes villes et gérés par des associations. Comme pour les chambres d'hôtes ou les Gîtes du passant, le rapport qualité/prix est excellent. Les tarifs s'échelonnent de 45/55 $ à 65/85 $, voire 95$ pour les plus élevés. Dans les Cantons de l'Est, notamment à North Hatley et dans le Charlevoix comme à Pointe-au-pic, certains comptent parmi les établissements de luxe du Québec. Ils possèdent un véritable cachet et sont idéalement situés. Pour ceux-là, les tarifs flirtent autour de 115/135 $ la chambre. Le prix comprend toujours le petit déjeuner, jamais les taxes. Les fumeurs ne sont pas les bienvenus. Nombre d'établissements ferment en dehors de la saison touristique et exigent une réservation en période estivale.

Hôtels

Les établissements peu onéreux ne sont pas légion au Québec. Bien qu'il existe une grande variété d'hôtels, la plupart font partie de chaînes internationales conçues pour une clientèle d'hommes d'affaires, surtout lorsqu'on s'écarte des grandes villes. A l'exception de certaines adresses à Montréal et à Québec, ils manquent souvent de charme. Certains hôtels de luxe déçoivent par leur décoration trop standardisée.

Les prix varient en fonction du standing et vont de 45/55 $ à 75/95 $ pour une simple/double, sans les taxes et le petit déjeuner.

Motels

Omniprésents, ils fleurissent essentiellement le long des sorties d'autoroute ou sur les grandes artères qui mènent au cœur des grandes villes. A défaut d'avoir du caractère, la plupart sont simples et propres. Leurs prix varient de 55 à 85 $ la chambre, que l'on soit seul ou à deux.

Dans certaines régions, telles l'Abitibi-Témiscamingue ou le Bas-Saint-Laurent, ils offrent parfois un bon rapport qualité/prix. En été, la plupart augmentent leurs tarifs. En dehors de cette période, il vous sera parfois possible de négocier. Les régions les moins visitées ne sont pas forcément celles qui pratiquent les tarifs les plus modestes. En raison d'une importante clientèle de représentants de commerce, certains motels affichent complet en semaine et pratiquent alors des prix plus élevés que le week-end. Certains proposent des suites, avec un coin salon, voire un coin cuisine. Le petit déjeuner et les taxes ne sont jamais compris.

ALIMENTATION

Elle est variée, riche et abordable, bien que la différence de prix avec l'Europe ne soit pas si importante et bien moins intéressante qu'avec les États-Unis. Dans les grandes ou moyennes surfaces, vous trouverez de tout. Les petits commerçants sont une exception, hormis les dépanneurs, les épiciers du Québec.

Toutes les cuisines du monde (française, grecque, italienne, indienne, chinoise…) sont représentées, ainsi que la cuisine végétarienne. Les viandes fumées sont une grande spécialité à Montréal. Le plaisir culinaire de tout voyage au Québec proviendra des boucaneries spécialisées dans les poissons séchés (saumons, harengs, truites, esturgeons…). Leurs préparations, souvent un vrai régal, bénéficient de prix très abordables.

L'autre grande satisfaction gustative réside dans les poissonneries que vous trouverez surtout dans le Bas-Saint-Laurent, la Gaspésie, la Côte Nord et les îles de la Madeleine. Le homard (la pêche commence à la mi-mai pour se terminer mi-juillet), le crabe des neiges et les crevettes font d'excellents pique-nique. Certaines poissonneries proposent même des plats à emporter.

Dès les beaux jours, sur les bords des routes, dans les villes et dans villages, les casse-croûte fleurissent. Sorte de petit mobile home blancs avec des tables et des bancs à l'extérieur, ces fast-foods façon québécoise sont plutôt agréables à fréquenter. La carte se limite aux sandwiches, hamburgers, frites et hot dogs : une nourriture sans prétention qui, parfois, réserve d'heureuses surprises ; elle se consomme sur place ou s'emporte.

Les fruits sont très goûteux et abondent sur les étals dès le mois de juin. Les pommes, les cerises, les pêches, les fraises et les bleuets (sorte de myrtilles) laissent des souvenirs délicieux.

Le Québec produit quelques bons fromages, en particulier du cheddar.

Cuisine québécoise

Les spécialités québécoises ont la particularité d'être consistantes. Bien préparées, elles vous régaleront.

Spécialité du lac Saint-Jean, la tourtière est un plat typiquement québécois. A base de viande, de pommes de terre, d'oignons, de persil, de sarriette et de céleri hachés et mélangés, cette tarte est recouverte de pâte avant d'être cuite. Elle se déguste chaude.

Les fèves au lard accompagnent aussi bien un petit déjeuner qu'un déjeuner ou un dîner. La soupe aux pois, le pâté chinois (de la famille des pâtés de viande servis en tranche), les cretons, la poutine (frites en sauce), les rôties (tranches de pain grillées et légèrement beurrées) et le ragoût de pattes de cochon sont les autres grands classiques d'une cuisine débordante de calories, que les restaurants ne manqueront pas de vous proposer.

Les tartes aux bleuets, aux pacanes (noix de Pécan) et au sucre complètent un repas où le sucré domine souvent le salé.

Cuisine amérindienne

Les principaux ingrédients de la cuisine amérindienne sont le poisson, le gibier, le maïs, la courge, le haricot et les fruits sauvages. Le saumon est le poisson le plus cuisiné. Les Cris et les Inuit accompagnent souvent la viande de caribou de jus de citron et de vodka. Chez les Montagnais, le gibier séché et fumé au-dessus d'un feu d'épinette est parfois accommodé de bleuets.

La technique du fumage est en effet très répandue chez les Amérindiens. Les Amérindiens du Saint-Laurent offraient à leurs hôtes, en cadeau de bienvenue, du poisson fumé (principalement de l'anguille ou du saumon). A l'origine méthode de conservation des aliments, elle est aujourd'hui à la base de nombreux plats.

Le "banique" (ou bannock pour les Amérindiens qui utilisent l'anglais) est le pain traditionnel fabriqué à partir de plusieurs céréales ou seulement de farine de maïs. La recette varie d'une nation à une autre. Le banique est agrémenté de raisins secs, de noisettes, d'amandes, de dattes, ou de pruneaux.

La "sagamité" (du mot algonquin *sagamité*, qui signifie toute forme liquide) est le potage le plus communément servi. Ce plat de tous les jours est à base de farine de maïs diluée dans de l'eau, à laquelle on rajoute du poisson (frais ou fumé), du gibier et des herbes (feuilles de laurier par exemple). Le potage en langue montagnaise se dit *nashup*.

Si le *makushan* est un plat spécifique de pommes de terre et de poisson ou de viande (d'orignal en général), il représente le festin des jours de fêtes. Son nom, tiré d'un mot algonquin, traduit le rituel accompagnant chaque retour de chasse.

Prix

Les denrées alimentaires sont plus chères ici qu'aux États-Unis. Mais si l'on vient d'Europe, les prix paraissent relativement raisonnables. Le beurre, les fromages, le café et le lait sont aussi onéreux qu'en France.

Au restaurant, les prix mentionnés ne comprennent jamais les taxes. Un petit déjeuner copieux et complet à base de bacon et d'œufs s'élève en moyenne de 4 à 7 $. On peut évaluer le tarif d'un déjeuner à 8 ou 11 $ si vous optez pour la formule sandwich-frites, à 10 $ pour un plat du jour (du type tourtière). Au Québec, la formule table d'hôte est l'équivalent d'un menu comprenant une entrée, un plat et un dessert à choisir parmi la liste proposée. Au déjeuner, la table d'hôte prend aussi le nom de "Spéciaux du jour". Comptez entre 9 et 15 $, quelquefois davantage. En soirée, les tables d'hôte se situent souvent dans une fourchette de prix comprise entre 18 et 35 $ au maximum.

BOISSONS

Alcool

Des lois et réglementations régissent la consommation d'alcool. En règle générale, les boissons alcoolisées doivent être achetées dans les régies d'alcools, ouvertes en principe jusqu'à 19h, fermées les dimanche et jours fériés. Au Québec, on peut se procurer de la bière et du vin chez les dépanneurs. Les restaurants possédant une licence servent de l'alcool mais doivent se conformer aux mêmes heures de consommation que les bars.

On peut emporter sa bouteille de vin dans certains restaurants, qui le précisent toujours par l'écriteau "Apportez votre vin". La pratique est courante en Amérique du Nord. La consommation d'alcool est autorisée à partir de 18 ans au Québec.

Bière. Elle est plus forte et d'un goût plus prononcé que la bière américaine ou européenne. Les bières blondes sont de loin les bières les plus réputées, mais les bières légères, les bières brunes et les bières épaisses sont aussi en vente. Les deux principales brasseries sont Molson et Labatts. Les bières les plus prisées sont les suivantes : Molson Export Ale et Canadian Lager, ou Labatts 50 Ale et Blue Lager.

Au Québec, de nombreuses petites brasseries produisent des bières artisanales et naturelles et des bars brassent eux-mêmes leurs bières. Cette tendance, en rupture avec la production traditionnelle, connaît actuellement un essor rapide, surtout dans les grandes agglomérations.

Au Québec, le chanteur Robert Charlebois et son associé André Dion ont ainsi créé la brasserie Unibroue, où l'on produit La Blanche de Chambly (légèrement acidulée), La Maudite, La Fin du Monde (deux bières fortes), la Raftman (bière au malt de whisky dédiée au draver), La Gaillarde, La Quelque Chose et L'Eau Bénite. A noter aussi La Folie Douce, une bière au bleuet produite à l'Anse Saint-Jean dans le Saguenay. Dans un bar, une pinte de bière (340 ml) s'élève entre 2,50 et 5,50 $. La bière à la pression, que l'on ne trouve que dans les bars, est la moins chère ; le verre de 170 ml ne coûte que 3 $. La bière en bouteille ou en canette vous reviendra à 2 $ environ.

Vin. Les propriétés vinicoles au Québec se localisent au sud de Montréal, en Montérégie et dans les Cantons de l'Est. La qualité des vins s'améliore d'année en année.

Les vins de glace (produits avec les derniers raisins de vendange tardive) représentent les productions les plus savoureuses mais les plus chères : comptez au moins 55 $ la bouteille. Le prix d'une bouteille de vin blanc ou rouge oscille entre 11 et 18 $. Les vins étrangers comme tout autre alcool sont distribués par des régies d'alcool. Les premiers prix commencent à 11 $. Les dépanneurs vendent des vins souvent très onéreux et de médiocre qualité.

Vous trouverez rarement un vin local dans la carte des vins des restaurants.

Boissons non alcoolisées

Les régions arboricoles du Québec produisent d'excellents cidres de pomme et de cerise, dont certains peuvent être alcoolisés. Au Québec, vous pourrez goûter à de la bière d'épicéa (*spruce beer*). Produite en petits lots par des particuliers, elle n'est pas vraiment en vente sur le marché, mais on la trouve quand même dans certaines petites boutiques locales.

Les eaux minérales et eaux de source sont largement représentées. On peut également se procurer des bouteilles d'eau venant d'Europe, en particulier de France.

Le café ne vous laissera pas un souvenir impérissable et les restaurants servent presque toujours du café filtre. Dans les grandes villes, les cafés et les restaurants proposent souvent des expresso, cappuccino, etc. Les cafés spécialisés, tels ceux appartenant au réseau "Les brûleries" et "The Second Cup", commercialisent une sélection de cafés d'excellente qualité, à consommer sur place ou à emporter.

DISTRACTIONS

Dans les principales villes du Québec, les distractions sont de qualité. On peut assister toute l'année à des concerts, des pièces de théâtre, des ballets et des opéras. Montréal est ainsi réputée dans le monde pour ses troupes de danse. Au Québec, de manière générale, les boîtes à chansons où se produisent des chanteurs-compositeurs sont des lieux très intéressants pour s'immerger dans l'univers québécois. Comme partout ailleurs, vous trouverez dans les grandes villes –et en province – des night-clubs et des bars proposant des spectacles de jazz, de blues et de rock. La plupart des villes possèdent leur salle de spectacles, d'une infrastructure avant-gardiste, comme à Rouyn-Noranda ou à Amos en Abitibi-Témiscamingue.

Durant l'été se déroulent de nombreux concerts de musique classique, des festivals de jazz ou de la chanson, et des spectacles son et lumière retraçant souvent un fait historique. A noter, pour la musique classique : le Festival de Joliette (à une heure à peine au nord-est de Montréal), le Festival d'Orford dans les Cantons de l'Est et les concerts du Domaine Forget dans le Charlevoix. La chanson québécoise s'affiche de son côté à Granby, Tadoussac et Jonquière.

Le sport est également toujours prétexte à une fête. Les traversées du lac Saint-Jean ou du lac Memphrémagog donnent toujours lieu à de grandes réjouissances.

En juillet et en août, les nations amérindiennes organisent des pow wow et des festivals. Le Festival Innu Nikami dans la réserve de Maliotenam sur la Côte Nord compte parmi les plus grands rassemblements de Montagnais de la région. La fête des Abénakis à Odanak, sur la rive sud du Saint-Laurent, réunit de son côté toute la nation abénakie d'Amérique du Nord.

L'hiver a aussi dans chaque région ses temps forts. Si le Carnaval de Québec est célèbre, le Bal des Neiges à Hull, couplé avec celui d'Ottawa, aussi coloré et joyeux, attirent des foules nombreuses.

Longtemps illégaux, les casinos ont fait leur apparition dans les villes de Hull, Montréal et Pointe-au-Pic dans la région de Charlevoix. Dans la plupart des grandes villes, on peut assister à des matchs professionnels de sports "grand public" : hockey, base-ball et football.

ACHATS

Les adeptes des sports ou du camping pourront s'équiper de vêtements de plein air. Parmi les marques, demandez Tilley ; pour les bottes, choisissez des Sorel. Les fameuses chemises canadiennes à carreaux traversent les modes sans perdre de leur charme.

Vous trouverez du sirop et du sucre d'érable et du vin dans toutes les régions. Vous pouvez vous laisser tenter par les vins de la région des Cantons de l'Est.

L'art inuit produit de superbes sculptures en pierre de savon. Il convient, si possible de ne les acheter que dans des galeries spécialisées. Les reproductions d'ours, en particulier, sont de véritables chefs-d'œuvre. A Montréal, certains galeristes commercialisent des couvertures très colorées. L'art amérindien est tout aussi intéressant, notamment pour ses objets en écorce de bouleau et ses tissages.

Les draps et les manteaux 100% pure laine de la baie d'Hudson peuvent être achetés dans les grands magasins de la Baie, dirigés par la plus ancienne société commerciale du Canada. Pour ces articles, repérez les bandes de couleur verte, rouge, jaune et noire sur fond blanc, qui caractérisent la fabrication.

FLORE ET FAUNE

FLORE

La végétation canadienne est relativement jeune. A l'exception de la côte ouest, le pays était recouvert par les glaces il y a encore quinze mille ans, et les vastes forêts qui dominent le paysage canadien sont de formation récente. On compte, au Canada, huit zones de végétation différentes.

Dans le Grand Nord s'étend la toundra. Cette végétation, caractérisée par une absence d'arbres ou d'arbustes, est constituée par une alternance de lichens, de mousses et de plaques de roche nue. Ce paysage plat se parsème pendant une brève période de multiples plantes.

Vient ensuite la forêt boréale, la formation végétale la plus vaste et peut-être la plus représentative du paysage canadien. Largement dominée par les épinettes blanches et noires, elle s'étend sur tout le pays. A l'est, le sapin baumier et le pin commun prennent le dessus, tandis qu'à l'ouest, on rencontre plus fréquemment des formations de pins des Alpes et de pins à feuilles tordues (*Pinus contorta*).

A l'est, dans la région des Grands Lacs, la forêt laurentienne s'étend au sud de la forêt boréale. C'est une forêt mixte, composée plus au nord de conifères (feuilles persistantes, bois tendre) et d'arbres à feuilles caduques (larges feuilles, bois dur) dans les régions méridionales. S'y mêlent plusieurs variétés de pins, dont le majestueux pin blanc et divers types d'épinettes, mais aussi des érables, des chênes, des bouleaux et plusieurs autres espèces, aux feuillages éblouissants, caractéristiques des automnes canadiens.

L'érable à sucre est une des ressources symbole la plus célèbre du Canada ; la feuille de cet arbre est représentée sur le drapeau national. L'érable sert notamment à la fabrication d'un délicieux sirop, une spécialité à laquelle vous devez absolument goûter (reportez-vous à la rubrique *Alimentation* dans le chapitre *Renseignements pratiques*). Au sud, on retrouve des hêtres, des noyers d'Amérique et divers arbres fruitiers.

La région des parcs, située entre les forêts de l'Est et les prairies de l'Ouest, est couverte principalement de peupliers trembles.

Concernant les nombreuses fleurs sauvages qui couvrent le pays, nous nous contenterons de citer les espèces les plus communes.

A l'est, les amateurs de canoë apprécieront tout particulièrement le parfum des nénuphars, une grande fleur blanche à cœur jaune et à feuilles rondes et plates qui reposent sur l'eau.

Le trille (*trillium*), l'emblème floral de l'Ontario, est l'une des fleurs les plus populaires du Canada. Il fleurit au printemps dans les zones ombragées des forêts québécoises. Leurs fleurs roses et blanches recouvrent parfois des pans entiers de sol forestier. Elles peuvent atteindre jusqu'à 20 cm de hauteur et sont formées de trois pétales.

La sarracénie (*sarrasacenia*), qui pousse sur le territoire s'étendant de la Saskatchewan à Terre-Neuve et au Labrador, dans les tourbières, est une plante carnivore. Elle se nourrit d'insectes attirés par leur couleur pourpre et leur odeur. Ces derniers tombent dans les feuilles glissantes dans lesquelles la sarracénie recueille l'eau de pluie, s'y noient et les plantes n'ont plus qu'à les avaler. Mais malgré cet apport en protéines, la hauteur de la sarracénie ne dépasse jamais une dizaine de centimètres.

La salicaire commune rose-pourpre est une plante qui croît le long des routes, dans les fossés et au bord des marécages, sur le sol canadien. Elle est considérée comme nuisible, car elle devient très vite envahissante, au détriment d'autres espèces aquatiques. Sur le littoral, enfin, vous découvrirez sûrement des lupins de loup (bleus, roses, etc.), aux fleurs disposées en grappes, qui se dressent comme des flèches et poussent à l'état sauvage dans les champs ou au bord des routes.

Les voyageurs, dotés d'une bonne vue et qui apprécient les promenades en dehors des sentiers battus, apercevront sans doute le suce-pin à une fleur (ou *monotropa*). Rare, cette plante évanescente, blanc argenté, sans feuilles vertes ou fleurs de couleur pousse dans les débris du sol forestier, en zones humides et ombragées. Elle avoisine la longueur d'un doigt et, au moment de la floraison, la partie supérieure se courbe en forme de pipe.

On trouve des baies sauvages un peu partout sur le territoire canadien. Les myrtilles, ou bleuets du Canada, sont les plus courantes et particulièrement abondantes. Avec quelque chance, vous pouvez également tomber sur un parterre de framboisiers sauvages, qui restera un des grands moments de votre existence.

Les forêts, tourbières et marécages abondent en plantes et en champignons comestibles ou vénéneux. Même après des années d'expérience et l'aide d'ouvrages spécialisés, il est malaisé de faire la différence. Si vous avez le moindre doute, ne tentez pas le diable. En effet, certaines espèces sont mortelles.

Méfiez-vous aussi du sumac vénéneux, moins dangereux, mais très irritant pour l'épiderme, et difficile à identifier, qui sévit dans les régions boisées du Sud. Si vous vous frottez malencontreusement contre cet arbuste, votre peau se couvrira immédiatement de petites boursouflures, et la démangeaison sera infernale !

FAUNE

Doté de territoires vastes parfois très reculés, le Canada abrite une vie sauvage importante et la préservation des espèces demeure une nécessité. Il arrive souvent aux campeurs et aux randonneurs d'apercevoir des bêtes sauvages lors de leurs déplacements.

Vous trouverez ci-dessous une description des espèces les plus fréquemment rencontrées.

Ours

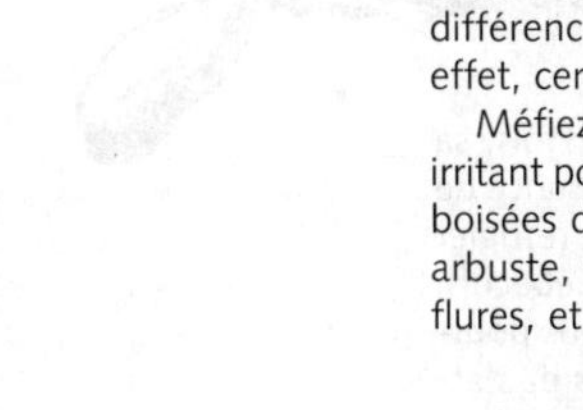

Ce sont les animaux les plus largement représentés et les plus dangereux du Canada. Il en existe 4 espèces disséminées sur tout le territoire. Pour connaître les dangers que peut entraîner leur rencontre, consultez la rubrique *Désagréments et dangers* dans *Renseignements pratiques*.

Ours noir. Il parcourt tout le territoire canadien et rôde souvent près des terrains de camping, des fermes et des dépôts d'ordures. En général, sa taille ne dépasse pas 1,50 m et son poids, 90 kg. Très actif pendant la journée, il sait même monter aux arbres.

Ours polaire. Cet animal impressionnant – il pèse jusqu'à 680 kg – à la fourrure épaisse et blanche, et capable de nager avec grâce malgré sa taille, ne vit que dans le Grand Nord. C'est une bête majestueuse, aujourd'hui protégée.

Bison

On n'en rencontre plus aujourd'hui que dans les parcs protégés. Cet animal énorme, d'aspect impressionnant, est en réalité à peine plus dangereux qu'une vache. L'extinction des bisons est devenue le symbole des conséquences de l'incursion européenne sur les Indiens d'Amérique du Nord et sur leur environnement. En réalité, le buffle canadien est un bison. Depuis quelque temps, l'élevage du bison pour sa viande fait l'objet de tentatives sporadiques et il est parfois proposé sur certains menus.

Castor

Autre symbole du Canada, le castor est connu pour son activité intense. On le rencontre souvent tôt le matin ou à la tombée de la nuit, occupé à patauger dans une rivière ou un lac, la tête émergée. Il ronge les arbres dont il tire nourriture et matériaux. Sa tanière ressemble à un tas arrondi fait de boue et de branches (faisant office de barrage), qu'il installe sur les cours d'eau et les étangs.

Loup

Il ressemble à un grand chien au pelage gris argenté. Toutefois, sa réputation de bête féroce est davantage liée à une méconnaissance de l'espèce qu'à la réalité. Une chasse intensive l'a poussé à se réfugier dans les territoires du Grand Nord et dans certains parcs québécois, comme celui du Mont-Tremblant dans les Laurentides, où vous pourrez encore l'entendre hurler la nuit. Il se déplace en meutes et s'attaque rarement aux humains.

Coyote

Plus répandu que le loup, il est aussi plus petit et plus farouche. Il émet un hurlement étrange et des jappements qui lui servent à communiquer. Plus intéressé par la fouille des décharges d'ordures que par la chasse, il est souvent victime d'appâts empoisonnés, posés par les fermiers et les propriétaires de ranches.

Cerf de Virginie

Plusieurs variétés de cerfs vivent dans les forêts canadiennes. C'est un animal tranquille et timide, victime d'une chasse intensive.

Orignal

L orignal est un animal de taille impressionnante, qu'accentue encore la taille de ses bois. Il est l'une des cibles favorites des chasseurs. On le rencontre dans toutes les forêts du Canada, en particulier autour des marécages. En règle générale, il vit plus au nord que le cerf.

L'orignal est un animal solitaire. Pour échapper aux piqûres des insectes, il peut rester des heures dans les eaux d'un lac. A la saison des amours, en octobre ou en novembre, le mâle part à la recherche d'une femelle. Durant cette période, son comportement devient parfois étrange, et cet animal plutôt timide peut se montrer extrêmement agressif. Vous pourrez apercevoir des cerfs et des orignaux sur les routes, en particulier la nuit. Leur présence dans la région est toujours indiquée par des panneaux.

Élan

Cousin de l'orignal, il appartient lui aussi à la famille des cervidés. Il est également appelé wapiti. Vous pourrez notamment en rencontrer dans des parcs. Animal étrange, il se laisse parfois caresser lorsque les visiteurs cherchent à l'approcher pour le prendre en photo. Mais attention, il peut se montrer agressif pendant la saison des amours.

Lynx

Autre animal presque exclusivement canadien, le lynx a des allures de gros chat gris et mesure 90 cm de long. On le rencontre dans les forêts peu exploitées. Il est facilement reconnaissable à ses oreilles très pointues et à la fourrure particulièrement fournie qui entoure son museau. Animal nocturne, il se nourrit de petites proies. L'homme est son principal ennemi, car il détruit son habitat. Plus rare, et plus difficile à apercevoir, le couguar est un chat d'une taille beaucoup plus impressionnante !

Sconse

Il ressemble à un gros chat noir mais sa fourrure dorsale est ornée d'une langue bande blanche. Il est aussi doté d'une belle queue touffue. Le sconse déambule partout : dans les bois, dans les parcs des grandes villes, et même dans les quartiers résidentiels où il fréquente assidûment les poubelles. Il n'est pas dangereux, mais dégage pour se défendre la puanteur la plus insoutenable que l'on puisse imaginer…

Porc-épic

Ce curieux animal de 90 cm de long, et hérissé de piquants, pèse jusqu'à 18 kg. De couleur grise, il vit dans les forêts et se nourrit principalement d'écorce et de bourgeons. Pour se protéger des intrus, il se roule en boule.

Caribou

Il vit en troupeau dans le Grand Nord. Quelques groupes sont disséminés dans le parc de la Gaspésie et le parc des Grands-Jardins dans le Charlevoix comme dans la région des Grands Lacs. Sa chair et sa peau sont très appréciées par les Inuit. Leur nombre est aujourd'hui soigneusement recensé, car les caribous ont été progressivement décimés par la chasse et la pollution nucléaire.

Le spectacle d'un troupeau en période de migration est étonnant. Un des cousins du caribou est le renne, présent en Europe et en Asie.

Baleines et phoques

Dans le golfe et l'estuaire du Saint-Laurent, vous pourrez observer le rorqual commun, le petit rorqual, la baleine à bosse, le marsouin commun (le plus petit des cétacés), le dauphin à flancs blancs, le béluga (tout blanc) et la baleine bleue (le plus gros mammifère au monde). Reportez-vous aux encadrés *Points de vue de baleines* dans le chapitre *La Côte Nord* et *Observation des baleines* dans le chapitre *Présentation du Québec.*

Les phoques communs et les phoques gris se prélassent sur tout le littoral. En 1983, les bélugas du Saint-Laurent ont été désignés comme "population en danger de disparition" par le Comité sur le statut des espèces menacées de disparition au Canada. La chasse au XVIIIe siècle puis la pollution des eaux ont décimé une population. Connu pour son impressionnante variété de cliquetis et de sifflements qu'il utilise pour communiquer, naviguer et détecter ses proies, il est aussi appelé le canari des mers – un canari de deux tonnes. Le Fonds mondial pour la nature-Canada (WWF) et le ministère fédéral des Pêches et Océans ont adopté en février 1996 un plan de rétablissement du béluga du Saint-Laurent. Il existe encore de nombreuses zones d'ombre, notamment en ce qui concerne sa fréquentation de certains sites.

Dans les provinces atlantiques, l'interdiction des importations de fourrures (destinées à la confection de chaussures, de manteaux, etc.) a réussi à restreindre la chasse aux phoques.

En revanche, les touristes pourront s'aventurer sur la banquise de la côte est, sous la surveillance d'un guide, pour observer, caresser ou photographier les bébés phoques.

Oiseaux

On a dénombré cinq cents espèces d'oiseaux, dont certaines sont très rares. L'un des plus célèbres "résidents à plumes" du Canada est le grand plongeon, dont le cri, triste mais superbe, trouble la quiétude des lacs à l'aube ou au crépuscule. Il sévit surtout dans le nord de l'Ontario. L'envol du grand héron bleu, l'un des grands oiseaux du Canada, est tout particulièrement impressionnant. Très timide, il se cache près des marécages et s'envole au moindre bruit suspect.

Durant les migrations du printemps et de l'automne, on peut apercevoir les formations en V des oies des neiges et des bernaches sillonner le ciel. Grosses, noires et grises, celles que l'on surnomme familièrement les "couin-couin" se montrent souvent agressives. Il existe de nombreuses variétés de canards, le mulard étant le plus répandu, le canard huppé le plus pittoresque. L'aigle à tête blanche et l'aigle pêcheur comptent parmi les oiseaux de proie les plus impressionnants. Dans les bois et les forêts, vous pourrez entendre le hululement des hiboux, et les moineaux ont envahi les parcs et les jardins. Vous pourrez aussi apercevoir et entendre des fringilles, des geais bleus, des mésanges et des cardinaux. Sur les côtes, résident des espèces très diverses, dont le macareux moine (voir encadré). Sur le Saint-Laurent, l'eider à duvet, le canard noir, le guillemot (petit pingouin), le grand héron et le troglodyte des marais. Le harfang des neiges, appelé aussi grand duc, espèce menacée, est l'emblème aviaire du Québec depuis 1987. Cette grande chouette au plumage blanc strié de noir durant ces jeunes années, puis à la robe d'un blanc immaculé en vieillissant, niche dans la toundra du Nord de la province pour partir l'hiver dans la vallée du Saint-Laurent.

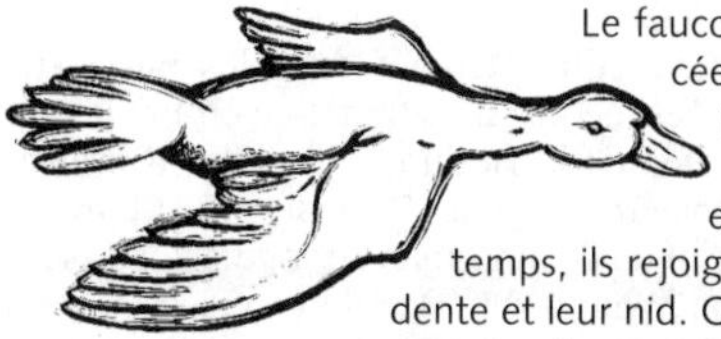

Le faucon pèlerin est considéré comme une espèce menacée au Québec. Les fous de Bassan, très friands de harengs, remontent en nombre l'estuaire du Saint-Laurent. Ils se dirigent ensuite vers l'île d'Anticosti et l'île Bonaventure où ils vont nicher. Chaque printemps, ils rejoignent ainsi la place qu'ils occupaient l'année précédente et leur nid. Généralement, le nid ne contient qu'un œuf que les parents, chacun son tour, couveront pendant 45 jours. Il est le champion incontesté des plongeons. Il peut piquer, les ailes repliées, d'une hauteur de plus de cent mètres.

Poissons

Le brochet, la perche et la truite (plusieurs espèces) sont les poissons de rivière les plus répandus. Des dizaines de milliers de saumons de l'Atlantique remontent les rivières de la Côte Nord, de la Gaspésie et du Bas-Saint-Laurent. Le saumon passe une partie de sa vie en mer, se nourrit de crevettes, morues et de harengs avant de revenir frayer dans sa rivière natale pour s'y reproduire. Les amateurs classent celui du Québec et des côtes atlantiques en seconde position après la variété d'eau douce. L'omble chevalier, que l'on trouve uniquement dans le Grand Nord, est également très apprécié pour la finesse de sa chair.

Le macareux moine

A l'archipel de Mingan, de la mi-avril, mois de leur arrivée, à la fin août, le macareux moine dispute souvent la vedette aux monolithes de calcaire. On le reconnaît à son dos noir, son ventre blanc, ses pattes palmées d'un orange vif et son énorme bec rouge, jaune et gris.

Avec sa démarche un peu gauche et ses yeux au regard crédule, le perroquet des mers, comme on le surnomme, est irrésistible. Il lui faut ruser pour pouvoir prendre son envol, car ses ailes trop petites le condamnent à prendre son élan en bordure des falaises avant de se jeter dans le vide, une habitude prise dès son plus jeune âge.

Après avoir passé l'hiver au large de Terre-Neuve, dans les Grands Bancs, le macareux moine vient nicher dans l'archipel de Mingan, notamment sur les îles de la Maison, du Sanctuaire, des Perroquets et sur l'île à Calculot des Betchouanes. Certains s'envolent pour les îles de la Madeleine ou l'île d'Anticosti.

Menacée de disparition dans les années 70, sa population est en nette augmentation. Les couples se forment à vie et restent fidèles au terrier où la femelle pond son œuf qu'elle couvera en alternance avec le mâle.

Comment s'y rendre

VOIE AÉRIENNE

Il existe de nombreux vols directs et quotidiens de Paris vers Montréal. En revanche, pour Québec, seule la compagnie Air Transat assure, selon les périodes de l'année, des vols directs. La haute saison correspond en principe aux vacances scolaires françaises. Les prix les plus élevés se situent autour de Noël, les plus bas en novembre, avril et mai. En été, les prix se situent entre les deux extrêmes, hormis de la mi-juin à la mi-août où ils connaissent une hausse sensible.

Préparation au voyage

Depuis la France, vous trouverez des adresses, des témoignages de voyageurs, des informations pratiques et de dernière minute dans Lonely Planet, notre trimestriel gratuit (écrivez-nous pour être abonné), ainsi que dans le magazine Globe-Trotters, publié par l'association Aventure du Bout du Monde (ABM, 11 rue de Coulmiers, 75014 Paris, France, ☎ 01 45 45 29 29, adhabm@abm.fr). Le Guide du voyage en avion de Michel Puysségur (48 FF, éd. Michel Puysségur) vous donnera toutes les informations possibles sur la destination et le parcours de votre choix. Le Centre d'information et de documentation pour la jeunesse (CIDJ, 101 quai Branly, 75015 Paris, France, ☎ 01 44 49 12 00) édite des fiches très bien conçues : "Réduction de transports pour les jeunes" n°7.72, "Vols réguliers et vols charters" n°7.74, "Voyages et séjours organisés à l'étranger" n°7.51. Il est possible d'obtenir ces fiches par correspondance. Chacune est vendue 10 FF sur place, 20 FF par courrier et en envoyant un chèque au service Correspondance. Renseignements complémentaires sur 3615 CIDJ (1,29 FF la minute).

Le magazine *Travels*, publié par Dakota Éditions, est une autre source d'informations sur les réductions accordées aux jeunes dans le secteur des transports, notamment les promotions sur les vols. On peut le trouver gratuitement dans les universités, lycées, écoles de commerce en France.

Depuis la Belgique, la lettre d'information *Farang* (La Rue 8a, 4261 Braives) traite de destinations étrangères. L'association Wegwyzer (Beenhouwersstraat 24, B-8000 Bruges, ☎ (50) 332 178) dispose d'un impressionnant centre de documentation réservé à ses adhérents et publie un magazine en flamand, *Reiskrand*, que l'on peut se procurer à l'adresse ci-dessus.

En Suisse, Artou (Agence en recherches touristiques et librairie), 8, rue de Rive, 1204 Genève, ☎ (022) 818 02 40 (librairie du voyageur) et 18 rue de la Madeleine, 1003 Lausanne, ☎ (021) 323 65 54, fournit des informations sur tous les aspects du voyage. A Zurich, vous pourrez vous abonner au *Globetrotter Magazin* (Rennweg 35, PO Box, CH-8023 Zurich, ☎ (01) 211 77 80) qui, au travers d'expériences vécues, renseigne sur les transports et fournit des informations pratiques.

Depuis/vers l'Europe francophone

La période que vous choisissez pour voyager est l'élément clef des vols transatlantiques. Dans un sens comme dans l'autre, la saison fait le prix. Toutefois, la façon dont les hautes et basses saisons sont définies dépend de la compagnie aérienne, du jour de la semaine, de la durée du séjour....

Généralement, le tarif aller-simple n'est pas négociable et à peine inférieur à l'aller-retour. Aussi, de nombreuses personnes revendent l'autre moitié de leur aller-retour si elles souhaitent rester au-delà de la date de validité du billet ou repartir pour une autre destination. Ces billets sont donc parfois vendus à un prix inférieur à leur valeur nominale. Les transactions se font *via* les journaux et leurs suppléments d'annonces, les bulletins des universités ou des hôtels. Le billet aller-retour revient à 2 200 FF environ en basse saison, à 4 500 FF en haute saison, toutes taxes comprises. De Belgique, vous débourserez entre 14 000 et 22 400 FB ; de Suisse, entre 680 et 1 200 FS.

Les principales compagnies canadiennes desservant Montréal sont Air Canada (☎ 01 44 50 20 20, www.aircanada.ca), Canadian Airlines (☎ 01 42 99 99 30, www.cadnair.ca) et Air Transat (☎ 01 53 02 23 00, www.transat.com). Air France, British Airways, Swissair et KLM assurent elles aussi des liaisons régulières et quotidiennes avec Montréal. A titre indicatif, voici une liste de voyagistes spécialisés offrant des prestations sur le Québec :

Havas Voyages
26, avenue de l'Opéra, 75001 Paris (☎ 01 53 29 40 00 et 3615 Havas Voyages sur Minitel). Autres adresses à Paris et en province

Jet-Tours/Jumbo
62, rue Monsieur-le-Prince, 75006 Paris (☎ 01 46 34 19 79). Autres agences en France

Maison des Amériques
4, rue Chapon, 75003 Paris (☎ 01 42 77 50 50 ; fax 01 42 77 50 60)

OTU
L'Organisation du tourisme universitaire propose des réductions pour les étudiants et les (jeunes) enseignants sur de nombreux vols. Se renseigner au 39, av. Georges-Bernanos, 75005 Paris (☎ 01 40 29 12 12) et dans les CROUS de province

Pacific Holidays
34, av. du Général-Leclerc, 75014 Paris (☎ 01 45 41 52 58)

Usit Voyages
85, bd Saint-Michel, 75005 Paris (☎ 01 43 29 69 50). De nombreuses agences en France

Voyageurs Associés
34, rue René Coti, 75014 Paris (☎ 01 40 47 82 83). A Marseille et à Strasbourg également

Voyageurs du monde
55, rue Sainte-Anne, 75002 Paris (☎ 01 42 86 17 20)

Wasteels
11, rue Dupuytren, 75006 Paris (☎ 08 03 88 70 04). De nombreuses agences en France
Place de la Gare, BP 2774, Luxembourg (☎ (352) 48 63 63)

En Suisse :

SSR
Coopérative de voyages. Propose des vols à prix négociés pour les étudiants jusqu'à 26 ans et des vols charters pour tous : 20, bd de Grancy, 1006 Lausanne (☎ 21 617 56 27). 3, rue Vignier, 1205 Genève (☎ 22 329 97 33)

Jerrycan
11, rue Sauter, 1205 Genève (☎ 22 346 92 82)

En Belgique :

Connections
Le spécialiste belge du voyage pour les jeunes et les étudiants. Plusieurs agences en Belgique :
Rue du Midi, 19-21, 1000 Bruxelles (☎ 2 550 01 00) ; Av. Adolphe-Buyl 78, 1050 Bruxelles (☎ 2 647 06 05). Nederkouter, 120, 9000 Gand (☎ 9 223 90 20).
Rue Sœurs-de-Hasque 7, 4000 Liège (☎ 04 223 03 75)

Éole
Chaussée de Haecht 43, 1210 Bruxelles (☎ 2 218 55 62)

Air Stop
28, rue Fossé-aux-Loups, 1000 Bruxelles (☎ 2 223 31 88)

Acotra World
110, rue du Grasmarkt, 1000 Bruxelles (☎ 2 512 86 07)

Depuis/vers le Royaume-Uni et le reste de l'Europe

Air Canada et Canadian Airlines proposent également des vols vers Montréal depuis Londres ou Francfort. Les tarifs varient en fonction de la date, l'été et Noël correspondant aux périodes les plus chères. Dans tous les cas, une réservation 21 jours à l'avance est indispensable pour profiter des meilleurs prix. Depuis Londres, les prix d'un aller-retour débutent à 330 £ en basse saison.

Depuis/vers les États-Unis

Les vols directs entre les grandes villes des États-Unis et Montréal sont nombreux et fréquents. Air Canada et Canadian Airlines relient New York à Montréal. Un aller-simple revient à 185 $US.

Le *New York Times,* le *Chicago Tribune,* le *San Francisco Chronicle Examiner* et le *Los Angeles Times* publient chaque semaine les tarifs en vigueur dans leurs rubriques

Voyage. Vous pouvez également vous adresser à STA Travel qui possède des bureaux dans toutes les grandes villes, ou à son équivalent canadien, Travel CUTS.

VOIE TERRESTRE

Bus

Le réseau de bus Greyhound relie la plupart des villes américaines à Montréal, avec toutefois un changement de bus à la frontière ou dans la ville la plus proche. Notez cependant que le forfait (pass) valable aux États-Unis ne peut être utilisé au Canada.

Train

Amtrak assure des liaisons entre les États-Unis et Montréal. Pour plus d'information, contactez Amtrak (☎ 1-800-872-7245), 60 Massachusetts Ave NE, Washington, DC 20002, États-Unis.

Voiture

Le réseau autoroutier des États-Unis est relié tout le long de la frontière au réseau canadien qui, à son tour, rejoint la Transcanadienne plus au nord. Pendant les mois d'été, les principaux points de passage de la frontière sont très fréquentés les vendredi et dimanche, lorsque les amateurs de shopping, les vacanciers et les visiteurs convergent à la même période. Les retours peuvent être difficiles lors des longs week-ends de vacances estivales. Les points de passage secondaires sont toujours tranquilles.

VOYAGES ORGANISÉS

Au départ de la France, de nombreuses agences de voyages proposent des circuits sportifs de qualité à pied, en VTT, en kayak, en raquettes et ski, en traîneau, en hydravion, en bateau ou en motoneige.

La découverte des populations du Grand Nord et de leur mode de vie est souvent au cœur des randonnées. La liste qui suit n'a aucune prétention d'exhaustivité.

- *La Commission du tourisme de l'Ambassade du Canada*, 35 avenue Montaigne, 75008 Paris (☎ 01 44 43 29 00 ou 01 44 43 25 07 24h/24 ; fax 01 44 43 29 94 ; 3615 Canada, 1,29 FF la minute) édite des brochures qui dressent un panorama complet des activités sportives au Québec et une liste complète des voyagistes. Brochures à demander par téléphone ou par fax (21 FF de port) ou à retirer auprès de l'ambassade du Canada à Paris.
Tourisme Québec, Mercure Prest Service, BP 90 - 67 162 Wissembourg Cedex, France (☎ 0 800 90 77 77, www.tourisme.gouv.qc.ca) communique la liste des voyagistes programmant le Québec.
- *Atalante* 36-37 quai Arloing, 69009 Lyon Cedex 09 (☎ 04 72 53 24 80, atalante@.fr) et (chez Artou) 8 rue Rive, Ch 1204, Genève, Suisse (☎ 22 818 02 20 ; fax 22 818 02 29). Sorties en canoë-kayak.
- *Allibert,* Route de Grenoble, 38530 Chapareillan (☎ 04 76 45 22 26).
15 jours découverte (dont 7 jours de marche) à travers les sentiers du Saguenay, du Bas-Saint-Laurent et de la Gaspésie.
- *Argane* 204 rue du Château-des-Rentiers, 75013 Paris (☎ 01 53 82 01 01, argane@argane.com, www.argane.com).
8 jours en kayak de mer dans le fjord du Saguenay et la baie de Tadoussac.
- *Aventuria* 42 rue de l'Université, 69007 Lyon (☎ 04 78 69 35 06 ; fax 04 78 69 32 83, canada@aventuria.com,www.aventuria.com) Circuits initiation et découverte en motoneige et en traîneaux à chiens et raquettes, raids vers le Grand Nord.
- *Comptoir des États-Unis et du Canada*, 23 rue du Pont-Neuf, 75001 Paris (☎ 01 40 26 20 71 ; fax 01 42 21 46 88, ameriques@comptoir.fr). Itinéraire individuel (voiture et B&B) pour sillonner la Gaspésie, 7 jours en canoë et campement indien au pays des Algonquins ou encore 11 jours pour explorer le Québec avec un guide.
- *Club Aventure* 18 rue Séguier, 75006 Paris (☎ 01 44 32 09 30 ; fax 01 44 32 09 59, www.club-aventure.com). Neuf jours en traîneau à chiens dans le Grand Nord.
- *Terres d'aventure* 6 rue Saint-Victor, 75005 Paris (☎ 01 53 73 77 77 ; fax 01 43 29 96 31, www.terdav.com). 9, rue des Remparts-d'Ainay, 69002 Lyon (☎ 04 78 42 99 94).
Traîneaux à chiens et conduite d'attelage au Québec. Également 9 jours dans les Laurentides, dont 5 pour s'initier au ski de fond.
- *Grand Nord* 5 rue du Cardinal-Lemoine, 75005 Paris (☎ 01 40 46 05 14 ; fax 01 43 26 73 20, www.gngl.com).
Spécialiste des voyages polaires et des séjours naturaliste et animalier en Gaspésie ou dans les îles de la Madeleine.

Comment circuler

Compte tenu de l'immensité du Québec, il faut procéder à des choix afin de fixer un itinéraire et les moyens de transport qui en dépendent. Sachez que la voiture, le bus ou le train vous reviendront beaucoup moins cher que l'avion.

Si votre budget ne vous permet pas de louer une voiture, le réseau de bus couvre correctement la Province. Le bus coûte en général moins cher que le train qui, en dehors des grands axes, n'assure pas, ou mal, le transport des passagers dans des régions reculées. Si, dans bien des pays d'Europe, on peut sauter dans un bus ou un train sur un simple coup de tête, au Québec, ce n'est possible qu'à Montréal ou à Québec.

AVION

Les vols intérieurs sont généralement onéreux. Néanmoins, cette solution peut être choisie par ceux qui ont davantage de moyens que de temps. Les tarifs sont fluctuants. Adressez-vous directement à la compagnie ou passez par l'intermédiaire d'une agence de voyages. Les différences de prix entre compagnies sont faibles, chacune se tenant informée des prix pratiqués par la concurrence. Air Alliance (☎ 1 800 361-8620), Inter Canadien (☎ 1 800 363-7530) ou Air Montréal (☎ 1 888 631-2111) proposent ainsi, un aller-retour Montréal-Québec pour environ 400 $.

Au Québec, les tarifs aériens sont toujours annoncés avant le calcul des taxes.

Pensez à planifier vos déplacements à l'avance, car les meilleures affaires se réalisent en optant pour les tarifs excursions ou les vols aller-retour à durée déterminée. Les vols réservés au moins 14 jours avant le départ reviennent moins chers que ceux achetés au dernier moment. Les prix sont ainsi réduits de 30 à 40% comparés au tarif normal.

Sur toutes les compagnies, les moins de 25 ans bénéficient d'une réduction d'environ 30%, parfois plus.

Canadian Airlines (☎ (514) 847-2211, www.cdnair.ca) propose des *pass* pour voyager au Québec.

Deux compagnies assurent par ailleurs des vols réguliers pour le Grand Nord. Air Creebec (☎ 1 800 567-6567) dessert notamment Chibougamau et Wemindji. Air Inuit (☎ (514) 633-5858 ou 1 800 661-5850) relie tous les villages inuit du Grand Nord. First Air (☎ 1 800 267-1247) se limite à la desserte de Kuujjuaq.

VOITURE

La voiture, à bien des égards, se révèle le moyen de transport le plus commode et le moins onéreux. Les routes sont entretenues et bien signalisées. Dans les offices de tourisme provinciaux, vous pourrez vous procurer, en général gratuitement, les cartes routières de chaque province. Vous en trouverez également dans les stations-service, les librairies et les grandes surfaces.

Pas de péage autoroutier au Québec, mais pour traverser les ponts, vous serez parfois tenu de verser une somme modique.

Dans les grandes villes, la circulation aux heures de pointe – surtout vers 17h et le vendredi – peut être particulièrement difficile. Le tarif des aires de stationnement est élevé.

Code de la route et mesures de sécurité préventives

Les Québécois roulent sur le côté droit de la route (comme en France) et utilisent le système métrique pour mesurer les distances. La ceinture de sécurité est obligatoire pour tous les passagers. Sur les autoroutes, la vitesse est limitée à 100 km/h, sur les routes à 60, 70, 80 ou 90 km/h, dans les villes à 50 ou 30 km/h. Les amendes pour non respect des limitations de vitesse sont lourdes et les contrôles, très fréquents. Avant de partir, vérifiez que votre assurance vous couvre à l'étranger.

Quelle que soit votre position sur la chaussée, vous devez vous arrêter lorsque les cars de ramassage scolaire ont leurs clignotants allumés : cela indique en effet que les enfants sont en train de monter dans le car ou d'en descendre. Par ailleurs, en ville, les feux de signalisation sont installés au-delà du carrefour que votre véhicule s'apprête à franchir. Restez donc vigilant lorsque vous abordez un croisement et soyez attentif à la signalisation.

Par temps de neige, assurez-vous d'avoir les pneus adéquats. Les clous sont conseillés au Québec du 15 octobre au 1er mai. Pendant les froids, ayez toujours dans votre voiture une bougie, un briquet ou des allumettes, une couverture, une lampe de poche, une pelle et une raclette pour dégager les vitres de votre véhicule. Une simple bougie allumée dans l'habitacle suffira à maintenir une certaine température.

Prenez le réflexe de faire le plein avant même que votre réservoir soit à moitié vide et dès que vous projetez de traverser certains parcs ou réserves, exempts de postes à essence. Emportez toujours un bidon d'essence de dépannage si vous envisagez de faire un long trajet dans une région éloignée. En outre, assurez-vous que le véhicule que vous conduisez est en bon état et prenez quelques outils et pièces de rechange, ainsi que de l'eau et des vivres.

Sur les routes recouvertes de gravillons, les problèmes les plus ennuyeux sont la poussière et les projections de petits cailloux : gardez donc vos distances par rapport au véhicule qui vous précède. Si une voiture s'avance vers vous, ralentissez et serrez votre droite (ce conseil vaut aussi si une voiture vous double).

Les animaux sauvages, tels que les cerfs de Virginie et les orignaux, représentent un danger potentiel sur les routes, surtout à la tombée du jour, la nuit et au petit matin. Dans les régions où vous rencontrerez des panneaux mettant en garde les automobilistes contre l'éventuelle présence de ces animaux, restez vigilant, ne conduisez pas trop vite et tenez-vous prêt à freiner. Souvent, les phares des voitures semblent les hypnotiser, et ils restent debout au milieu de la route. Essayez de faire des appels de phares tout en klaxonnant.

Pour connaître l'état des routes, hiver comme été, le ministère des Transports au Québec met à disposition un numéro de téléphone (☎ (514) 873-4121 pour Montréal, (418) 648-7766 pour Québec, www.mtq.gouv.qc.ca/etat_route). Durant la période estivale, les routes endommagées par le dégel font l'objet de travaux et sont parfois interdites à la circulation. L'hiver, il est toujours recommandé de s'informer de la météo en écoutant régulièrement la radio ou en téléphonant au service compétent (☎ (514) 283-3010 pour Montréal ou (418) 648-7766 pour Québec, www.qc.doe.ca/meteo).

Lorsque vous vous garez, faites très attention : le stationnement est parfois interdit la nuit dans certaines rues. Regardez toujours attentivement les panneaux qui indiquent les côtés et les temps autorisés. Les contrôles sont fréquents, même en pleine nuit, et les contraventions ne font jamais trêve.

Location

Les agences de location de voitures sont présentes dans tout le pays. Les principales sont Hertz, Avis, Budget et National Tilden, mais il en existe bien d'autres. Les plus importantes pourront vous réserver une voiture dans n'importe quel point de location de la province. Elles sont aussi représentées dans presque tous les aéroports. Vous aurez besoin d'une carte de crédit pour louer une voiture. Tous les véhicules loués possèdent une conduite automatique.

Certaines agences ne louent qu'aux personnes âgées de plus de 21 ans, ou même de plus de 26 ans. Suivant votre âge, on peut vous demander de contracter une assurance supplémentaire, mais les primes requises ne sont pas très élevées.

En ce qui concerne les prix de location, vous avez intérêt à mener votre propre enquête. Pour une même société, les tarifs (donnés toujours hors taxes et hors assurances) varient non seulement d'une agence à une autre mais aussi d'une saison à une autre. Attention ! Sur place, la location en kilométrage illimité est impossible à obtenir, à moins d'avoir une grande force de persuasion.

Quoi qu'il en soit, il est préférable de louer depuis votre pays, surtout si vous comptez faire des kilomètres, et de coupler votre location à un billet d'avion. Cette formule est, de loin, la plus intéressante.

Une journée de location revient sur place en moyenne entre 50 et 60 $ avec un kilométrage gratuit limité (variant entre 200 et 300 km), et 15 à 25 cents par kilomètre supplémentaire. Tarif auquel vous devrez ajouter les taxes et les assurances. N'hésitez pas à demander le prix net pour vous épargner de mauvaises surprises.

Le tarif de la semaine de location est généralement 10% moins élevé que le tarif à la journée, et nombre de compagnies proposent un tarif spécial week-end encore plus avantageux. Dans tous les cas, réservez en demandant la voiture la plus économique.

Les frais d'essence ne grèveront pas votre budget : à 0,69 cent le litre en moyenne, vous ne dépenserez jamais plus de 20 $ pour un plein. Les stations d'essence acceptent les cartes de crédit ; nombre d'entre elles sont maintenant des self-services, ouverts 24h/24.

Certaines agences se sont spécialisées dans la location de camping-cars et d'autres variantes de caravanes, très utilisées au Québec, par les familles notamment. Comptez au minimum 3 500 FF la semaine sans les taxes.

Les enfants de moins de 18 kg doivent occuper un siège de sécurité dans les voitures et porter une ceinture. Les plus grandes agences de location pourront vous fournir ces sièges moyennant une somme calculée à la journée.

Club automobile du Québec (Canadian Automobile Association)

Connu sous le nom de CAA, ce club s'occupe de l'assistance aux personnes motorisées. Il existe différents niveaux d'assistance, dont celle en urgence lors d'un incident au bord de la route. Quels que soient l'endroit et l'heure, si votre voiture tombe en panne, appeler CAA signifie que vous serez très vite tiré d'affaire. Néanmoins, vous devrez rémunérer la personne qui volera à votre secours. En fait, l'assistance CAA se limite essentiellement à relancer la batterie, à réparer les pneus crevés, etc. Ce service est opérationnel 24h/24.

Le deuxième service proposé par CAA est l'organisation et le conseil pour les excursions. Le personnel de l'agence locale vous aidera à tirer le meilleur parti de votre parcours et vous proposera des cartes et des guides de qualité variable. Enfin, les agences CAA peuvent vous fournir des chèques de voyage.

En principe, si vous possédez une voiture en bon état, vous n'aurez pas besoin de faire appel à CAA. Inversement, les frais de dépannage étant élevés, deux pannes (que l'on ne vous souhaite pas !) suffisent à rentabiliser votre adhésion.

Pour tout renseignement, appelez le ☎ (514) 861-7111 à Montréal ou consultez le site www.caa-quebec.qc.ca.

Achat d'un véhicule

Il est possible de se procurer des voitures d'occasion à très bon marché. Consultez les journaux locaux ou, dans les agglomérations plus importantes, un hebdomadaire spécialisé uniquement dans la vente de voitures d'occasion.

A ceux qui préfèrent une démarche moins risquée, nous recommandons la lecture de l'excellent *Lemon-Aid* de Phil Edmunston, ouvrage publié annuellement par le Club automobile du Québec (CAA). En vente dans les librairies et disponible dans les bibliothèques, il donne le détail de toutes les voitures d'occasion sur le marché, leur attribue une note et indique un ordre de prix général. Que vous vous adressiez à un détaillant ou à un particulier, la règle du jeu est de marchander les prix lorsque vous achetez une voiture.

Si vous devez conduire pendant quelques mois, une voiture d'occasion constitue un excellent investissement, surtout si vous voyagez à deux. En général, vous pouvez quasiment revendre la voiture au prix où vous l'avez payée. Une bonne vieille voiture en état de marche vous coûtera moins de 4 000 $.

Un problème éventuel auquel vous pouvez vous trouver confrontés : la souscription à un prix raisonnable d'une assurance. La plupart des agences vous proposeront une police valable six mois mais les prix varient considérablement d'une province à l'autre. Les assurances au Québec semblent moins élevées que dans les autres provinces.

Indépendamment de l'endroit où vous contractez une assurance, il sera utile de démontrer que vous êtes assurés dans le pays dont vous êtes ressortissant. Cela facilitera la transaction, et pourra, de surcroît, vous valoir une réduction, car vous deviendrez un risque potentiel moindre. En règle générale, les femmes paient sensiblement moins cher que les hommes du même âge et dotés de la même expérience au volant. Si vous projetez de faire une petite escapade aux États-Unis, vérifiez que l'assurance à laquelle vous souscrivez est valable de l'autre côté de la frontière. Souvenez-vous également que les tarifs sont liés à l'âge du conducteur et au type de voiture.

Partager une voiture

Née au Québec, Allô Stop est une société qui s'occupe de trouver des voitures à partager entre plusieurs voyageurs. Elle met en contact passagers éventuels et propriétaires de véhicules. Les frais d'essence sont partagés. Comptez 15 $ pour le trajet Montréal-Québec et 30 $ pour Rimouski. Pour les autres villes, comme Chicoutimi, Rivière-du-Loup ou Percé, tout dépend de la ville de départ. Pour ces villes, il est plus difficile de trouver une voiture.

Allô Stop possède aujourd'hui des succursales à Montréal, à Québec, à Toronto, à Ottawa et dans beaucoup d'autres petites villes à la périphérie de la province du Québec. Vous trouverez les coordonnées de chaque bureau dans les rubriques *Comment s'y rendre* de ce guide.

Téléphonez si possible un jour ou deux avant la date à laquelle vous comptez partir.

BUS

Les bus vous conduiront presque partout où vous désirez vous rendre, à moindre coût que les trains. Ils sont propres et confortables, et vous y serez en sécurité. En outre, ils respectent à la minute près leurs horaires. Chaque région a sa compagnie de bus. Sachez toutefois que les fréquences restent limitées à une, deux ou trois liaisons par jour.

Dans toutes les villes du Québec, les compagnies d'autobus (à de rares exceptions près) empruntent les mêmes gares routières, si bien que l'on peut y prendre une correspondance, même en changeant de compagnie. La possibilité de s'asseoir à une place donnée repose sur la règle “les premiers arrivés sont les premiers servis”. Il est interdit de fumer.

Arrivez toujours à la gare environ une demi-heure avant le départ pour acheter votre billet. Si cela est plus pratique pour vous, vous pouvez également vous le procurer longtemps à l'avance. Le fait d'acheter tôt son billet ne dispense pas de faire la queue.

Les week-ends fériés, le vendredi soir ou pendant les périodes de vacances, les gares d'autobus peuvent être vraiment bondées. Ces jours-là, les guichets sont particulièrement encombrés, et nous vous recommandons encore une fois d'arriver tôt ou d'acheter votre billet à l'avance.

Pour les trajets plus longs, demandez toujours s'il y a un bus direct ou express. En effet, sur certains trajets, les bus sont directs, tandis que sur d'autres, ils s'arrêtent plusieurs fois. Le prix est généralement le même sur les express.

Dans la majorité des grandes gares routières, vous trouverez des consignes automatiques fonctionnant avec des pièces de monnaie (25 cents et un dollar), ainsi que des cafétérias ou restaurants où vous pourrez prendre, à un prix très raisonnable, un petit déjeuner ou une collation.

Les grandes compagnies d'autobus au Québec sont Voyageur Colonial Ltd, Orleans Express et Intercar. Il existe en outre d'autres lignes provinciales, régionales et locales. Les services sont indiqués dans ce guide.

Les étudiants et les seniors bénéficient de tarifs préférentiels. Les compagnies de bus leur accordent en général un rabais de 25% sur le prix courant. Un aller Montréal-Gaspé coûte en moyenne 85 $ au lieu de 110 $. Les enfants entre 5 à 11 ans bénéficient d'une réduction de 50%. Les moins de cinq ans voyagent toujours gratuitement.

Voyageur Colonial propose le Tour Pass Voyageur, qui permet de parcourir le Québec, pendant 14 jours consécutifs entre le mois de mai et le mois de septembre, et sans limitation du kilométrage. Son coût est de 270 $, taxes incluses. Nombre d'autres compagnies d'autobus au Québec acceptent ce pass qu'on ne vous délivrera qu'à Montréal ou à Québec.

Il existe aussi un Family Pass avec lequel les adultes paient plein tarif, tandis que les enfants paient demi-tarif. Pour l'un des enfants, le voyage est gratuit.

TRAIN

Le voyage par train revient plus cher qu'un voyage en bus et n'est pas plus rapide. VIA Rail gère tous les trains de voyageurs au Canada. Le terme VIA est devenu synonyme de voyages en train, et c'est lui qui figure sur les panneaux, en ville, pour indiquer la direction des gares.

Pour avoir connaissance des horaires et des trajets, demandez la brochure l'Indicateur national (National Timetable) dans n'importe quelle gare VIA Rail ou téléphonez au ☎ 1 800 361 5390 (pour toutes les destinations concernant le Québec) ou au ☎ 01 44 77 87 94 à Paris ou encore consultez le site www.ecltd.com.

Pour les personnes ayant des problèmes d'audition ou d'élocution, un numéro spécial, le ☎ 1 800 268 9503, est mis à leur disposition. VIA par ailleurs vient d'ouvrir un site sur Internet permettant de se renseigner et de réserver (http://www.viarail.ca).

C'est dans la région formée par Québec et Montréal, où la population est particulièrement dense, que les fréquences des trains sont les plus importantes, de trois à cinq par jour. Pour rejoindre d'autres destinations comme Gaspé, elles se réduisent à deux, voire trois, par semaine, selon la saison. Dans les petites et moyennes localités, les gares ne sont ainsi accessibles qu'aux heures de départ et d'arrivée des trains, et donc pas systématiquement tous les jours.

Pour les longs parcours, VIA Rail propose différents types de compartiments et de couchages, depuis l'installation la plus simple jusqu'aux compartiments privés. Tout système de couchage d'un niveau de confort un peu supérieur au simple siège dans une voiture coach vient en sus du prix du trajet ou du pass multi-usages.

A la base, la politique des prix pratiqués par VIA Rail est la suivante : tout trajet est considéré comme un aller simple. Autrement dit, il n'existe pas de billets aller-retour, ni de billets excursion. Néanmoins, de nombreuses réductions sont proposées. Un rabais de 40% est offert tous les jours (excepté le vendredi et le dimanche) sur la ligne Québec-Windsor reliant notamment Montréal. Cette ligne, surnommée le corridor de l'Ontario, comprend un service de luxe. Le nombre de places en classe économique est limité, et le billet doit être acheté au moins cinq jours à l'avance.

De la même façon, si vous achetez votre billet au moins sept jours à l'avance pour Gaspé, vous bénéficierez d'une réduction de 40%.

Pour l'ensemble du réseau, des rabais allant de 10 à 50% sont accordés sur toutes les classes pour les plus de 60 ans et les étudiants munis d'une carte Isic (carte internationale étudiante), et ce, sous certaines conditions : achat du billet à l'avance et nombre limité de places. Ces réductions ne sont pas accordées sur certaines périodes de l'année. En été, elles sont très limitées. Les enfants de moins de 11 ans peuvent également obtenir un rabais de 50% en classe économique et de 25% en première classe.

La carte Canrailpass permet de voyager dans tout le réseau VIA en classe économique. Le pass est accessible à tous et permet de voyager pendant 12 jours sur une période de 30 jours consécutifs à partir du premier jour du voyage.

Le Canrailpass est valable pour un nombre illimité de voyages. Il est néanmoins conseillé de réserver votre billet à

Tableau des distances kilométriques

	Val-d'Or	Trois-Rivières	Sherbrooke	Sept-Îles	Rouyn-Noranda	Rivière-du-Loup	Rimouski	Québec	Montréal	Matane	Hull	Havre-Aubert	Gaspé	Chicoutimi
Baie-Comeau	1183	545	662	232	1304	237	*93	422	676	*	869	*669	*337	316
Chicoutimi	747	338	451	543	831	*157	*264	211	464	*354	562	*994	*649	
Gaspé	1446	808	915	*567	1559	*538	382	700	930	337	1124	*839		
Havre-Aubert	*1804	*1173	*1257	*871	*1901	*837	*709	*1042	*1272	*669	*1465			
Hull	429	331	347	1096	536	628	736	451	207	828				
Matane	1153	522	620	*232	1265	200	93	406	636					
Montréal	531	142	147	904	638	436	539	253						
Québec	771	130	240	652	877	206	312							
Rimouski	1060	427	527	*325	1167	107								
Rivière-du-Loup	958	320	420	*466	1065									
Rouyn-Noranda	107	747	782	1532										
Sept-Îles	1302	774	886											
Sherbrooke	677	158												
Trois-Rivières	638													

* Par traversier

l'avance, car le nombre de sièges est limité pour les détenteurs de pass. Celui-ci peut être acheté au Canada ou en Europe (renseignez-vous auprès d'une agence de voyages), sans aucune différence de prix.

Le Canrailpass est édité en deux versions : une version basse saison qui va du 15 octobre au 14 avril. Son prix toutes taxes comprises s'établit à 369 $ pour les étudiants et les seniors, sinon à 405 $. La version haute saison court, quant à elle, du 15 avril au 14 octobre. Pendant cette période, le Canrailpass coûte 566 $ pour les étudiants et les seniors, et 630 $ pour les autres. Le pass ouvre aussi le droit à des réductions chez Hertz.

Autres compagnies ferroviaires

Au Québec, la seule compagnie locale susceptible d'intéresser les voyageurs, est la Quebec North Shore & Labrador Railway qui part de Sept-Îles, au Québec pour rejoindre le Labrador.

Amtrak

Amtrak est l'équivalent américain de VIA Rail. Vous trouverez dans la plupart des gares ferroviaires canadiennes des cartes d'abonnement à des prix intéressants et de nombreuses informations sur les services proposés par Amtrak (☎ 1 800 872-7245).

BICYCLETTE

Ce moyen de transport est très populaire en ville comme à la campagne. De nombreuses voies sont aménagées dans la plupart des agglomérations et dans les parcs. Elles permettent de circuler en toute sécurité. Montréal peut se visiter entièrement à vélo.

Dans chaque région, les offices de tourisme pourront vous renseigner et vous conseiller (reportez-vous aux chapitres régionaux). Ils vous fourniront également de bonnes cartes. La longueur des trajets varie ainsi que les difficultés. Dans les parcs nationaux comme provinciaux, vous pouvez partir plusieurs jours et réserver votre hébergement dans des chalets. Parfois vous pourrez faire suivre vos bagages.

Les magasins de cycles sont également de bonnes sources d'information et vous y découvrirez toutes sortes d'accessoires et d'équipements. Comptez en moyenne 30 à 34 $ pour une location à la journée. Le port du casque est obligatoire.

VIA Rail autorise, pour 18 $ (taxes en sus), le transport de votre bicyclette à bord des trains dotés de wagons réservés aux bagages.

EN STOP

Ce type de moyen de transport n'étant jamais totalement sûr dans aucun pays du monde, nous ne le recommandons pas.

Les touristes qui le choisissent doivent savoir qu'ils courent un risque minime, mais potentiellement très sérieux. Faire du stop à deux, un homme et une femme, est préférable. Aux environs des moyennes et grandes villes, choisissez soigneusement l'endroit où vous allez vous installer pour "faire le pouce" comme on dit au Québec. Faites en sorte d'être visible, et de vous placer à un endroit où les automobilistes peuvent facilement s'arrêter. Ne vous placez pas au bord des voies express à plusieurs files. (Consultez également dans ce chapitre le paragraphe *Partager une voiture.*)

BATEAU

Le fleuve Saint-Laurent, les innombrables rivières et les lacs combleront vos envies de navigation et d'exploration. Des excursions le long du fjord du Saguenay aux croisières autour des îles du Bas-Saint-Laurent ou de l'île d'Orléans, les propositions sont nombreuses.

La Côte Nord peut ainsi se découvrir entièrement en bateau en empruntant depuis Rimouski celui de la compagnie Relais Nordik Inc. De même, vous pourrez vous rendre depuis le port de Montréal aux îles de la Madeleine. Toutefois, ce voyage n'est pas bon marché (reportez-vous aux chapitres régionaux correspondants).

Le canoë ou le kayak suppose une démarche plus sportive. Le Québec se prête merveilleusement à ce type de sortie d'une journée voire de plusieurs jours. Mais assurez-vous le service d'un guide, par prudence. Dans les parcs comme dans les réserves, le canoë-camping est une pratique courante. Louer une embarcation ne pose aucun problème et revient en moyenne à 34 $ la journée.

Le long du Saint-Laurent, vous trouverez des traversiers pour passer d'une rive à l'autre. En voici la liste : Saint-Siméon (Charlevoix)-Rivière-du-Loup (Bas-Saint-Laurent) ; Les Escoumins (Côte Nord)-Trois-Pistoles (Bas-Saint-Laurent) ; Forestville (Côte Nord)-Rimouski (Bas-Saint-Laurent) ; Baie-Comeau (Côte Nord)-Matane (Gaspésie) et Godbout (Côte Nord)-Matane (Gaspésie).

Certains fonctionnent à l'année, d'autres sont saisonniers (pour de plus amples détails, reportez-vous à nos chapitres régionaux). Les réservations, lorsqu'elles sont possibles, sont toujours plus raisonnables, surtout pour des liaisons très fréquentées, telles la traversée Rivière-du-Loup-Saint-Siméon.

Les parcours sont parfois gratuits comme celui entre Tadoussac et Baie-Sainte-Catherine ou entre Saint-Joseph-de-la Rive et l'île aux Coudres.

EXCURSIONS ORGANISÉES

C'est par l'intermédiaire des compagnies d'autobus, des agences de voyages ou des offices de tourisme que vous trouverez les meilleurs voyages organisés. Nombre de compagnies touristiques privées figurent dans leurs brochures.

Les auberges de jeunesse organisent également des excursions spéciales comportant des randonnées en ski de fond ou en raquettes, des excursions en canoë, etc.

Guide Aventure (☎ (418) 549-7512 ou 1 800-465-7512, guideaventure.com, informations@guideaventure.com-), 250 Racine Est, Chicoutimi, Québec, G7H 1R9, propose notamment des sorties en kayak de mer sur le fjord du Saguenay et du ski hors-piste dans les Monts Groulx situés dans l'arrière pays de la Côte Nord.

Voyages Ricard (☎ (819) 762-0922, voy.ricard@sympatico.ca, www.espace-web.com/aventure), 100 avenue Principale, Rouyn-Noranda, J9X 4P2, offre un circuit d'une semaine en motoneige à travers le Québec.

Croissance Plein Air (☎ (819) 428-1898 ou 1 877 983-1717) organise des sorties en vélo, en ski ou en kayak dans les régions de l'Outaouais, de l'Abitibi-Témiscamingue et de la Baie-James.

Voyages-Découvertes (☎ (418) 674-1044 ou 1 800 441-483), 97 boulevard Tadoussac, Saint-Fulgence, Québec, G0V 1S0, organise des circuits autour du lac Saint-Jean, dans l'île d'Anticosti, en Gaspésie, dans le Charlevoix, dans le Grand Nord et dans la baie d'Hudson. Ils se déroulent en canoë, à pied ou en motoneige et sont parfois accompagnés de guides naturalistes.

Globe Aventure (☎ (777-5991), 14 rue du Mica, Hull, Québec J8Z 2P4, permet aux 10-17 ans de faire du canoë camping pendant des séjours de 7 à 11 jours.

Wawaté (☎ (819) 824-7652), C.P. 118, Val-d'Or, Québec J9P 4N9, propose en Abitibi et dans la réserve de la Vérendrye des descentes de rivières et des balades sur les lacs en canoë. L'hiver, elle programme des séjours en forêt en traîneau à chiens et une visite de l'Abitibi en motoneige. La Corporation du Lac Abitibi (☎ (819) 339-3300), 350 rue Principale, La Sarre, Québec, J9Z 1Z5, effectue chaque hiver la traversée du lac Abitibi en ski de fond.

En Gaspésie, Absolu Aventure (☎ (418) 562-8112 ou 1 888 740-8112), 176 rue Saint-Jean, G4W 2G7, organise, été comme hiver, de multiples séjours sportifs dans le parc de la Gaspésie. Des randonnées guidées sont également proposées par Destinations Chics-Chocs (☎ 763-9020).

Dans nos chapitre consacrés à chaque région, vous trouverez également des noms de sociétés proposant, été comme hiver, différents types de sorties et d'excursions.

CHRISTINE COSTE

MARK LIGHTBODY

CHRISTINE COSTE

NICHOLAS REUSS

En haut : biches dans l'Abitibi enneigée. **Au milieu et en bas à gauche :** ours noir et orignal.
En bas à droite : cerf de Virginie.

ZAHIA HAFS

ZAHIA HAFS

ZAHIA HAFS

ZAHIA HAFS

ZAHIA HAFS

ZAHIA HAFS

Façades et devantures à Québec et sur l'île d'Orléans.

Montréal

Indicatif ☎ 514

Montréal est une ville de l'entre-deux. De par sa situation géographique, d'abord. A l'ouest, à 190 km, Ottawa, la capitale fédérale, l'orgueilleuse, la première de la classe. A l'est, à 270 km, Québec, la capitale de la province, la rivale, la politique, la francophone, le cœur historique. Entre les deux, Montréal est le poumon économique, la capitale culturelle du Québec et la deuxième ville francophone au monde après Paris.

Montréal est avant tout une île, ourlée au sud par le fleuve Saint-Laurent et au nord, par la rivière des Prairies. Ainsi, à la force et l'impétuosité d'un fleuve répond la finesse d'un cours d'eau qui cisaille une bande de terre, où la modernité urbaine s'est enracinée souvent sans égards pour un patrimoine vieux de plus de trois siècles et demi.

A Montréal, passé et présent se jouxtent en effet murs contre murs, sans artifices : des églises sont encadrées par de puissants gratte-ciel ; de vieilles demeures victoriennes campent à l'ombre d'imposants bâtiments en béton. Pourtant, le charme joue. Montréal est un fascinant mélange des genres, une multitude de quartiers composites au patrimoine pluriel où domine l'influence anglo-saxonne. Montréal a toujours été une ville d'immigrants, un carrefour, un point d'ancrage et de transit.

Avec près de 3,4 millions d'habitants (un million pour la seule agglomération de Montréal), l'île absorbe environ 46% de la population québécoise. Les francophones y sont largement majoritaires depuis 1866. Le partage linguistique est la préoccupation de toujours. Il suffit qu'un recensement fédéral fasse état d'une hausse notable de la population anglophone dans l'ouest de l'île pour que Montréal la francophone s'inquiète.

L'entre-deux, Montréal en a fait sa manière d'être et de vivre. Sa cohérence tient justement dans cette union passionnelle dans laquelle elle se cherche et se nourrit bien souvent. Malgré son expansion, la métropole du Québec a toujours su garder un pied à la campagne, un penchant pour les activités de plein air (l'été, la bicyclette est reine en ville). Accueillante, chaleureuse, elle conserve une dimension humaine. Ses nuits sont agitées et joyeuses. Ses journées, affairées, sont celles d'une grande citadine.

En matière de climat, Montréal, une fois encore, affiche une dualité. Hiver rigoureux et été chaud (très chaud) se superposent, sans saison intermédiaire. Mais si, de décembre à avril, le froid (jusqu'à -40°C en janvier) et les chutes de neige, parfois abondantes, sont de rigueur, jamais la vie quotidienne ne s'arrête. Au contraire, l'hiver est source de plaisirs : patin à glace, glisse, lèche-vitrines dans le Montréal souterrain... Les joies sont simples. Et lorsque mai donne à Montréal ses premiers bourgeons, il suffit de quelques jours à la ville pour se mettre, sans transition, en tenue d'été.

A ne pas manquer

- La rue Saint-Paul et ses demeures anciennes, dans le Vieux-Montréal
- Les cafés de la rue Saint-Denis et du boulevard Saint-Laurent
- L'atmosphère des quartiers du Plateau Mont-Royal et la vue sur la ville
- La salle consacrée aux Inuit dans le musée MacCord
- Le complexe cinématographique Excentris, aux allures futuristes
- Le pavillon Jean-Noël Desmarais au musée des Beaux-Arts
- Les pingouins du Biodôme, pour le plus grand bonheur des enfants
- Un match de hockey au centre Molson

L'ÎLE DE MONTRÉAL

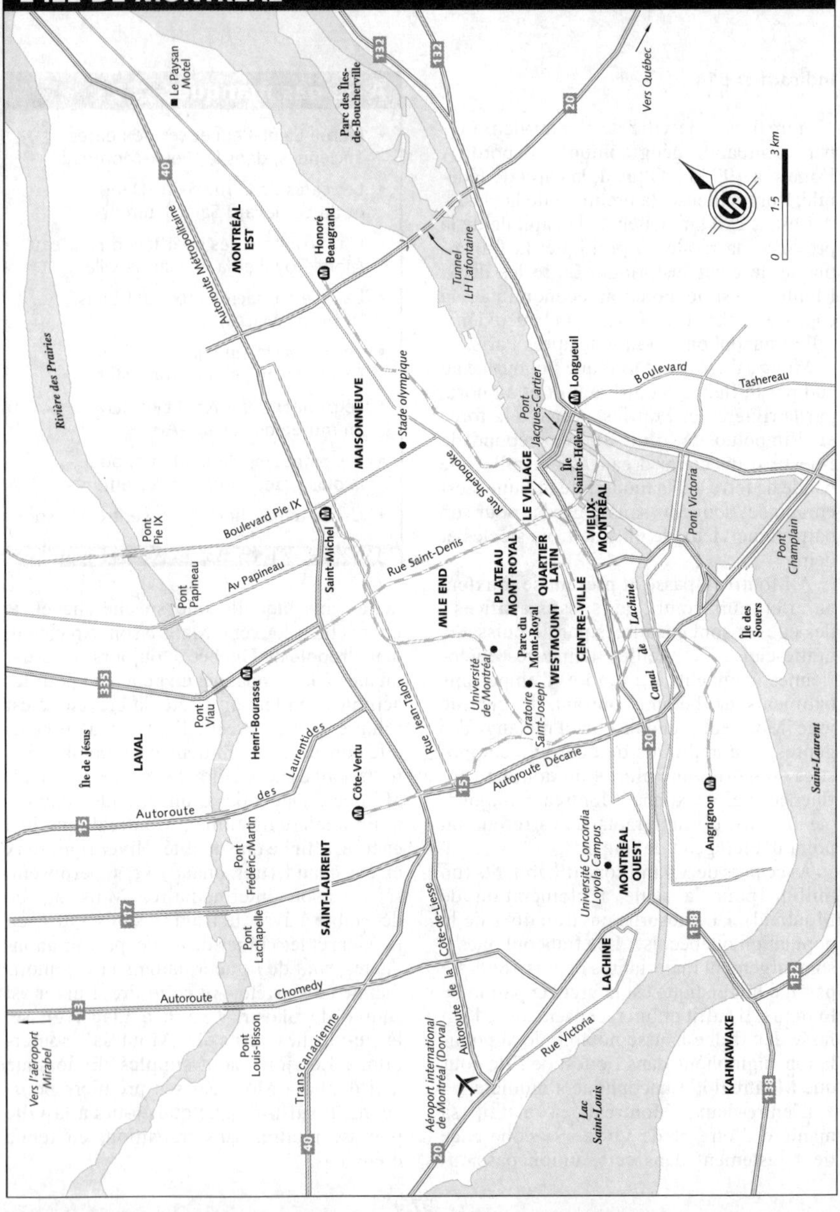

En somme, une ville dotée des meilleures facultés d'adaptation.

HISTOIRE

La naissance de Montréal

On connaît peu de choses de l'occupation de l'île avant l'arrivée de l'explorateur Jacques Cartier. Lorsque ce dernier débarque en 1535, il trouve une population sédentaire habitant un grand village, Hochelaga, construit au pied d'une montagne. Ces Amérindiens font partie du groupe des Iroquoiens du Saint-Laurent et vivent principalement d'agriculture et de pêche. Le séjour est éclair, une journée, mais il entre dans l'histoire.

Avec Samuel de Champlain, l'île revêt un intérêt plus économique. L'homme étudie ses potentiels et envisage, en 1611, d'y installer un poste de traite pour les fourrures. Sur une carte, il dessine l'île et emploie pour la première fois le toponyme de Montréal pour la désigner. Mais faute d'hommes et face à la guerre farouche entre Agniers (Mohawks), d'un côté, et Hurons et Algonquins, de l'autre, pour le contrôle du commerce des fourrures, Champlain renonce à son projet.

Lorsque le 17 mai 1642, Paul de Chomedey (sieur de Maisonneuve) et Jeanne Mance débarquent avec une quarantaine de personnes à Montréal, leur projet est bien éloigné de celui de Samuel de Champlain. Leur préoccupation est avant tout religieuse : propager la foi catholique. A cette fin, ils implantent une mission du nom de Ville-Marie. Montréal s'efface, Ville-Marie fait ses premiers pas, non sans mal. Les rigueurs de l'hiver et les attaques répétées des Iroquois ne lui mènent guère la vie tendre.

En 1657, l'arrivée des prêtres du séminaire de Saint-Sulpice de Paris étoffe la petite communauté. Au fil des ans, la bourgade conforte son assise économique, avec le commerce comme activité principale. La menace des raids iroquois après les interventions militaires de 1665 et 1666 n'est plus qu'un mauvais souvenir.

La ville devient aussi une base centrale d'exploration du pays. Elle compte alors environ 600 habitants. Le nom de Ville-Marie tombe rapidement en désuétude, celui de Montréal réapparaît. Au cours de la fin du XVIIe et du début du XVIIIe siècles, les institutions religieuses se renforcent, omniprésentes dans l'organisation sociale. Montréal l'indépendante est désormais soumise à l'autorité du gouverneur de la Nouvelle-France.

La Conquête

La Conquête britannique, en 1760, marque un nouveau chapitre dans l'évolution de la ville. Des marchands anglais, écossais et américains prennent en main l'économie et le commerce de la fourrure. Pendant la première moitié du XIXe siècle, Montréal va connaître des transformations considérables. Le flux d'immigrants devient très important. Loyalistes, Irlandais, Écossais et Anglais viennent gonfler la population canadienne française, elle aussi en nette augmentation. En 1852, Montréal compte 58 000 habitants. Elle est majoritairement anglophone, et le restera jusqu'en 1866. Que ce soit dans son architecture, ses institutions ou son mode de vie, la ville affiche des allures anglo-saxonnes. Progressivement, elle se coupe en deux : à l'est, les francophones ; à l'ouest, les anglophones.

Le XIXe siècle est pour Montréal un siècle d'expansion. La construction de deux grands réseaux de chemin de fer a un impact foudroyant sur son économie. Son port devient le plus actif du Canada. La ville s'industrialise. La construction du canal de Lachine accélère le processus. La bourgeoisie anglophone domine l'économie et donne à la ville sa première université, McGill. Au pied du mont Royal, les Anglo-Écossais s'installent dans ce qui deviendra le *Golden Square Mile*. La bourgeoisie française, pour sa part, s'active en politique, dans le commerce de gros et dans certaines industries manufacturières. Elle dote à son tour la ville d'une université de langue française, Laval, future université de Montréal.

Les années 1880 voient l'arrivée massive de nouveaux groupes d'immigrants en provenance d'Italie, de Russie mais surtout d'Europe de l'Est, notamment des juifs fuyant les pogroms. Montréal se transforme et s'organise en quartiers ethniques et sociaux. Le développement de l'agriculture dans l'Ouest canadien dynamise encore davantage ses activités portuaires. La ville est prospère.

L'entre-deux-guerres

La Première Guerre mondiale marque une première grande rupture dans le développement de la ville, qui compte alors près d'un million d'habitants. Au début des années 20, l'inflation apparaît et le chômage sévit parmi les plus pauvres. Les années suivantes sont chaotiques. La crise de 1929 n'épargne pas Montréal. Lorsque la Seconde Guerre mondiale éclate, la misère, l'insécurité et la prohibition dominent. Parallèlement, une classe moyenne s'est formée. Le monde de la finance prend le pas sur le secteur manufacturier. Montréal l'industrielle s'est parée de gratte-ciel à la mode new yorkaise, qui viennent border les places de son centre-ville. L'influence est désormais américaine et l'époque se caractérise par la spéculation, l'argent facile et la corruption.

L'ère de la modernité

La fin de la Seconde Guerre mondiale ouvre une autre ère. De nouveaux immigrants arrivent d'Europe. La barre des deux millions d'habitants est franchie au début des années 60. Le paysage urbain se modifie. La période des grands travaux commence avec la création progressive d'un réseau autoroutier, dont l'autoroute Métropolitaine. Le Vieux-Montréal perd sa fonction de quartier d'affaires. Le cœur de la cité s'est déplacé à quelques centaines de mètres au nord, autour de la place Ville-Marie, du square Dorchester et du square Victoria. L'aménagement de la ville souterraine, dans le centre-ville, est une première au monde. En 1966, le métro voit le jour ; la course à la modernité a des allures frénétiques. Les banlieues débordent sur la rive sud du Saint-Laurent et sur l'île Jésus au nord.

Les années 50 et 60 sont également marquées par d'importants changements politiques. L'emprise de la pègre sur la ville est telle qu'une poignée d'hommes (dont Jean Drapeau) décide de dénoncer la corruption. Les affaires éclatent au grand jour, entraînant la démission de toute l'élite politique en place. En 1954, Jean Drapeau devient maire et le restera jusque dans les années 80 (à l'exception d'une période de cinq ans au début des années 60). Il assainit la ville, encourage son développement, organise l'Exposition universelle de 1967 et les Jeux olympiques de 1976. Celui que l'on surnomme l'"Empereur" n'est pas pour autant épargné par les scandales.

Des lendemains difficiles

A l'aube des années 80, Montréal a changé de visage. L'Exposition universelle et les Jeux olympiques de 1976 ont accéléré les transformations urbaines et architecturales de la ville. La prospérité de la période 1960-1990 a donné des allures de puzzle désordonné à la ville. Des comités de défense du patrimoine font entendre aujourd'hui leur voix.

Des changements profonds se sont également opérés dans la structure économique. Les industries manufacturières sont en déclin et le port de Montréal n'est plus le pivot central des flux commerciaux du pays. Vancouver, sur la côte ouest, impose sa suprématie. Depuis 1960, Montréal a perdu son rôle de métropole du Canada au profit de Toronto, pour devenir à la fois une ville de services, à la vie culturelle riche et intense, et une agglomération où les industries de pointe (aéronautique, produits pharmaceutiques, informatique) prédominent.

Au centre de ses préoccupations actuelles : le taux de chômage (plus élevé que dans le reste de la province), la fuite vers Toronto des sièges sociaux de grandes entreprises et la paupérisation grandissante d'une partie de la population.

Quant à la question linguistique, elle reste un sujet sensible avec l'arrivée de nouveaux immigrants, notamment asiatiques, qui choisissent souvent l'anglais comme langue d'intégration.

ORIENTATION

Montréal se profile sur une île d'environ 40 km de long et 15 km de large. Elle est séparée au nord-ouest de l'île Jésus par la rivière des Prairies. Elle est délimitée au sud-est par le fleuve Saint-Laurent.

Au cœur d'un archipel, elle compte 22 ponts routiers et ferroviaires. Les ponts Louis-Bisson, Frédéric-Martin, Viau, Papineau et Pie-IX la relient notamment à Laval, sur l'île Jésus. Au sud, les ponts Champlain, Victoria et Jacques-Cartier permettent l'accès à la rive sud du Saint-Laurent.

Au milieu de l'île de Montréal se dresse le mont Royal (232 m), formé de trois sommets. Le premier, à l'ouest, est occupé par la municipalité résidentielle et anglophone de Westmount. Le deuxième est investi sur son flanc nord par la municipalité d'Outremont, deux cimetières et l'université de Montréal. Enfin, sur les hauteurs du troisième s'est établi le parc du Mont-Royal.

Le centre-ville s'étire juste en dessous, au sud. Limité par la rue Sherbrooke au nord, l'avenue Atwater à l'ouest, la rue Saint-Antoine au sud et la rue Amherst à l'est, il est de taille réduite. C'est un quartier de gratte-ciel, de boutiques, de restaurants, de bureaux et d'hôtels luxueux, très animé. Le square Dorchester en marque le centre.

Le boulevard Saint-Laurent, appelé aussi le Main, est la principale artère nord-sud. Il partage les rues de la ville d'est en ouest (les numéros des rues partent de là, dans chaque direction). Il délimite également les quartiers anglophones (à l'ouest) et les quartiers francophones (à l'est).

La rue Sainte-Catherine, de son côté, est la principale artère est-ouest. Cette rue essentiellement commerçante est en sens unique, vers l'est. Au nord de la rue Sainte-Catherine courent parallèlement le bd de Maisonneuve, puis la rue Sherbrooke, les deux autres principales rues est-ouest de la ville. Au sud, parallèle à la rue Sainte-Catherine, s'étire le boulevard René-Lévesque.

Dans le centre-ville, la rue Crescent et les rues avoisinantes (Stanley, Drummond, de la Montagne et Bishop) regroupent des galeries d'art renommées et des boutiques de luxe.

A l'est du parc du Mont-Royal, le quartier Plateau Mont-Royal, délimité au sud par la rue Sherbrooke et au nord par l'avenue du Mont-Royal, est traversé par le bd Saint-Laurent et la rue Saint-Denis, la rue des cafés.

La Petite Italie, le quartier de la plus grande communauté ethnique de Montréal, se situe juste au nord de l'avenue du Mont-Royal.

En descendant la rue Saint-Denis, en direction du Vieux-Port, la rue Sherbrooke Est, parallèle, délimite au nord le Quartier latin, quartier de la vie étudiante et des cafés. Principale gare routière, la Station Centrale d'autobus Montréal est au centre, à l'angle de la rue de Berri et du bd de Maisonneuve Est. La station de métro Berri-UQAM se tient dans le même bâtiment.

Le Vieux-Montréal, en bordure du Vieux-Port et du fleuve Saint-Laurent, est au sud-est du centre-ville. Il est délimité par la rue Notre-Dame au nord, la rue de Berri à l'est et la rue McGill.

Le boulevard Saint-Laurent et la rue Saint-Denis à l'est y conduisent, comme la rue Peel en centre-ville.

Au nord du Vieux-Montréal, le quartier chinois, autour de la rue de La Gauchetière Ouest, entre la rue Saint-Urbain et le bd Saint-Laurent, est peu étendu.

FÊTES ET MANIFESTATIONS ANNUELLES

Le temps fort des festivités commence en juin et se termine à la fin du mois d'août. Pendant cette période, culture et sport font bon ménage.

Janvier-février

Fête des Neiges – Le parc des Îles célèbre, pendant deux semaines, les plaisirs de la neige.

Juin

Le Tour de l'Île – Il est le grand rendez-vous des cyclistes de la province. Plus de 50 000 concurrents sur la ligne de départ et 65 km environ à parcourir dans une ambiance chaleureuse.

Grand Prix Player's du Canada – Organisée sur le circuit Gilles-Villeneuve dans l'île Notre-Dame, cette course de Formule 1 est la seule du genre au Canada.

Juin-juillet

L'International Benson & Hedges – Au bord du fleuve, à la Ronde, des spectacles de feux d'artifice sont donnés chaque week-end. *Festival international de jazz de Montréal* – Cet événement majeur réunit des artistes locaux et internationaux. Les concerts (plus de 400) se déroulent en salle et en plein air dans différents endroits de la ville. Beaucoup sont gratuits. Quelques-uns ont habituellement lieu dans le quartier de la rue Saint-Denis. Durant cette période, les hébergements se font rares. Pour connaître la programmation et réserver, téléphonez au ☎ 871-1881.

Juillet

Festival Juste pour rire – Festival franco-anglais. Certains spectacles sont gratuits. Plus d'un million de personnes assistent aux prestations de quelque 500 artistes du monde entier (☎ 845-3155).

Les Nuits d'Afrique font danser la ville sur des rythmes africains.

Juillet-août

Les Francofolies de Montréal – Plus de 200 spectacles à l'affiche de cette grande fête de la chanson francophone (☎ 876-8989). *L'Omnium du Maurier* – Tournoi de tennis opposant les meilleurs tennismen du monde, au stade du Maurier.

Août-septembre

Festival des Films du monde – Projections et débats sont organisés dans plusieurs cinémas de la ville pendant une vingtaine de jours (☎ 848-3883).

Septembre

Marathon de Montréal – Plusieurs courses au programme, dont celles des jeunes et des personnes en fauteuil roulant.

RENSEIGNEMENTS

Offices du tourisme

Le principal office du tourisme de Montréal, le Centre Infotouriste (☎ 873-2015 ou 1 800 363-7777), est installé 1001 rue Square-Dorchester, au nord du square Dorchester (métro Peel). Efficace et accueillant, le personnel vous fournira tous les rensei-

LE CENTRE DE MONTRÉAL

OÙ SE LOGER
- 3 Hôtel de Paris
- 4 Le Gîte du Parc Lafontaine
- 5 Hôtel de l'Institut
- 11 Hôtel Manoir Sherbrooke
- 15 Les Jardins d'Antoine
- 16 Hôtel Manoir Saint-Denis
- 17 Castel Saint-Denis
- 31 YMCA
- 34 L'Hébergement l'Abri du Voyageur
- 35 La Villa de France
- 40 Comfort Suites
- 41 YWCA
- 49 Hôtel Saint-Denis
- 51 Hôtel Montréal Crescent
- 53 Hôtel La Tour Centre Ville
- 57 Hôtel Travelodge
- 58 HI Auberge de Montréal
- 63 Hôtel l'Américain
- 64 Maison Brunet
- 65 Hôtel Viger Centre Ville

OÙ SE RESTAURER
- 2 Sushi et Boulettes
- 7 Le Sapporo
- 8 La Casa Grecque
- 10 Bueno Notte
- 23 Zyng
- 24 Café Croissant de Lune
- 25 Maison de Cari
- 30 Egg Spectation
- 32 Ben's
- 36 Bar B Barn
- 37 Reuben's
- 39 Chez la Mère Michel
- 42 Joe's
- 43 McLean's Pub
- 50 Da Giovanni
- 56 Chinatown

DIVERS
- 1 Observatoire du Chalet du Mont-Royal
- 6 Square Saint-Louis
- 9 Ex-Centris et Café Meliès
- 12 Musée des Beaux-Arts (Pavillon Benaiah Gibb)
- 13 Université McGill
- 14 Musée Juste pour rire
- 18 Bar Les Conneries
- 19 Musée des Beaux-Arts (Pavillon Jean-Noël Desmarais)
- 20 Jello Bar
- 21 Theleme
- 22 Jazzons
- 26 Musée McCord
- 27 Le Saint-Sulpice
- 28 Le Bistrot à Jojo
- 29 Gare routière Terminus (métro Berri-UQAM)
- 33 Musée d'Art contemporain de Montréal, place des Arts
- 38 Centre canadien d'architecture
- 44 Centre Infotouriste
- 45 Square Dorchester
- 46 Place Ville-Marie
- 47 Square Phillips
- 48 Poste principale
- 52 Place du Canada
- 53 Cathédrale Marie-Reine-du-Monde
- 54 Gare centrale (CN-VIA)
- 59 Centre Molson
- 60 Gare Windsor
- 61 Amphithéâtre Bell (patinoire)
- 62 Place Bonaventure
- 66 Planétarium

LE CENTRE DE MONTRÉAL

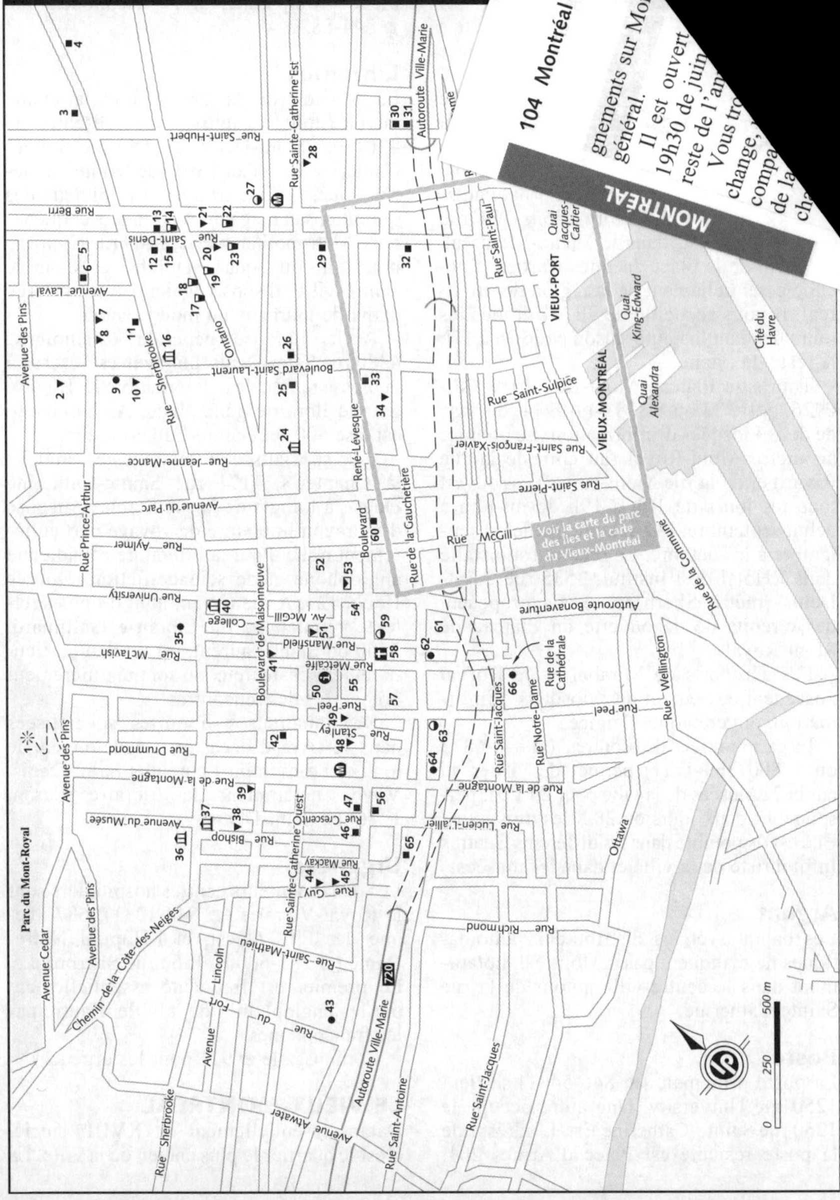

éal et sur le Québec en tous les jours de 8h30 à à septembre, de 9h à 18h le née.

uverez une librairie, un bureau de n bureau de poste et un fax. Deux gnies organisent des visites guidées ville. On peut également réserver une mbre dans un hôtel ou chez l'habitant.

L'autre Centre d'information, 174 rue Notre-Dame Est, dans le Vieux-Montréal, non loin de la place Jacques-Cartier, s'occupe essentiellement de la région de Montréal. Il vous accueille de 9h à 19h tous les jours pendant la haute saison et de 9h à 17h le reste de l'année.

Tourisme Plateau Mont-Royal (☎ 840-0926, poste 33 ou 1 888 449-9944) dispose de deux kiosques d'information. Le premier au métro Mont-Royal (au coin de la rue Rivard et de la rue Mont-Royal) est ouvert tous les jours de 10h à 19h de mi-juin à début septembre, le week-end de début septembre à mi-octobre. Le second est installé dans l'Hôtel de l'Institut, 3535 rue Saint-Denis (métro Sherbrooke). Ils proposent des circuits de découverte du Plateau de Mont-Royal.

Les aéroports de Mirabel et de Dorval possèdent également des kiosques d'information, ouverts toute l'année.

La carte-musées de Montréal (☎ 845-6873 ou 1 800 363-7777) permet de visiter au choix 21 musées de la ville pour 20 $ par personne les deux jours ou 28 $ les trois jours. Elle est disponible dans les différents Centres Infotouriste de la ville et dans les musées.

Argent

Les banques et les distributeurs automatiques ne manquent pas à Montréal, notamment dans le centre-ville autour de la rue Sainte-Catherine.

Poste

La poste principale (☎ 846-5401) se tient 1250 rue University. Une autre occupe le 1250 rue Sainte-Catherine Est. L'adresse de la poste restante est Place d'Armes 201, Montréal, H2Z 1HO. Pour tout renseignement complémentaire, téléphonez au ☎ 344-8822.

Librairies

La Maison de la Presse Internationale, ouverte tous les jours, est représentée au 4261 rue Saint-Denis, au 550 rue Sainte-Catherine Est et au 1393 rue Sainte-Catherine Ouest. Vous trouverez la plupart des quotidiens et magazines étrangers et québécois. Metropolitan News, 1109 rue Cypress, non loin du square Dorchester dans le centre-ville, dispose également d'un large choix de journaux du monde entier.

A la librairie générale Champigny, 4380 rue Saint-Denis, un rayon est réservé à la presse nationale et internationale. L'autre grande librairie généraliste, Archambault, est sise 500 rue Sainte-Catherine Est.

Plus spécialisée en ouvrages en anglais, la Chapter's, 1171 rue Sainte-Catherine Ouest, à l'angle de la rue Stanley, dispose d'un rayon littérature de voyage particulièrement riche. Pour la littérature canadienne anglophone et de science-fiction, Double Hook, 1235A rue Green, jouit d'une excellente réputation. La Librairie Gallimard, 3700 bd Saint-Laurent, est un lieu particulièrement chaleureux où sont régulièrement organisées des rencontres.

De nombreuses librairies spécialisées dans le livre d'occasion s'échelonnent le long des rues Saint-Laurent et Saint-Denis. Voyez notamment le Libraire Caron, 1246 rue Saint-Denis.

Urgences

Les deux meilleurs centres hospitaliers sont le Royal-Victoria (☎ 842-1231), 687 avenue des Pins Ouest, et l'Hôpital Notre-Dame (☎ 281-6000), 1560 rue Sherbrooke. Le premier est fréquenté essentiellement par les anglophones de la ville, l'autre par les francophones.

Composez le ☎ 911 pour les urgences.

LE VIEUX-MONTRÉAL

Datant essentiellement du XVIIIe siècle, c'est le quartier le plus ancien de la ville. La

place Royale occupe l'emplacement de Ville-Marie, la première petite ville fortifiée, construite par le sieur de Maisonneuve.

Des rues étroites et pavées séparent de vieux bâtiments de pierre, dont beaucoup abritent aujourd'hui des restaurants et des clubs. Le quartier, à proximité du front de mer, est émaillé de squares et d'églises. Le Vieux-Montréal est l'endroit idéal pour flâner, malgré l'affluence des touristes durant l'été. En revanche, évitez de vous y rendre en voiture durant la haute saison, vous ne trouverez jamais de place pour vous garer.

Les principales artères sont les rues Notre-Dame et Saint-Paul. Le quartier est délimité par la rue McGill à l'ouest, la rue Berri à l'est, la rue Saint-Antoine au nord, et le fleuve au sud, tandis que le bd Saint-Laurent divise le quartier d'est en ouest.

A proximité de l'hôtel de ville et de l'office du tourisme de la rue Notre-Dame se trouve la place Jacques-Cartier, le cœur du quartier. En été, elle se remplit de touristes, de calèches, de vendeurs de rues et de musiciens. L'office du tourisme met à votre disposition une brochure gratuite, intitulée *Le vieux Montréal, circuit de visite*, qui décrit en détail les sites les plus intéressants.

Place d'Armes

Située au pied de la basilique Notre-Dame et bordée par les rues Notre-Dame et Saint-Jacques, elle constitue un point de départ privilégié pour visiter la Vieille Ville. Sa source d'eau potable fit d'elle un carrefour important dès le XVIIe siècle. C'est en 1725 que lui fut donné son nom en raison des cérémonies militaires qui s'y déroulaient.

Au milieu de la place se dresse le monument érigé en 1985 à la mémoire du fondateur de Montréal, Paul de Chomedey, sieur de Maisonneuve. A ses pieds, se tiennent un guerrier iroquois ; Jeanne Mance, fondatrice de l'Hôtel Dieu ; Charles Le Moyne, chef de file d'une famille d'explorateurs qui fonda la Louisiane ; Lambert Closse et sa chienne Pilote qui défendirent la ville en 1644.

Au n°511, l'**édifice New York Life**, construit en 1888, ne compte que huit étages, mais fut le premier gratte-ciel de Montréal. Au n°507, l'édifice **Alfred**, de style Art déco, s'est hissé encore plus haut, en 1929, après que l'administration municipale eût donné son feu vert pour la construction de plusieurs étages.

Basilique Notre-Dame

Cette masse architecturale imposante aux allures néo-gothiques domine la place d'Armes. En 1823, les fondations de l'église actuelle furent jetées, à la demande des Messieurs de Saint-Sulpice soucieux d'assurer leur suprématie sur l'évêché catholique et sur les anglicans. Ils passèrent donc commande à l'architecte new-yorkais d'origine irlandaise, James O'Donnell (1774-1830), un protestant qui se convertit au catholicisme avant de mourir. Une plaque de marbre dans la basilique marque l'emplacement de sa tombe.

La construction de la basilique fut terminée en 1829 et les deux tours, érigées en 1841. Dans la tour de la Persévérance, à l'ouest, se trouve l'une des cloches les plus lourdes du monde – 10 900 kg –, surnommée le "gros bourdon". A l'est se dresse la tour de la Tempérance.

L'intérieur est magnifiquement décoré, voire digne d'un spectacle féerique avec son maître-autel imposant installé sous une voûte en cèdre, bleue, constellée d'étoiles dorées et, au milieu de la nef, la chaire en noyer noir et tilleul sculpté à la main. Les vitraux, exécutés en 1929 par Francis Chigot, un maître verrier du Limousin, racontent l'histoire religieuse de Montréal. A noter également, les trois rosaces hexagonales qui ornent le plafond.

A droite du chœur, on accède à la chapelle du Sacré-Cœur, surnommée la "chapelle des mariages" en raison des nombreuses cérémonies qui s'y déroulent. Dans le cœur, on peut admirer l'*Arbre de vie*, une sculpture en bronze de Charles Daudelin, l'une des plus imposantes du monde (20 t, 17 m de haut). L'entrée dans la basilique coûte 2 $. Pour des concerts d'orgue, téléphonez au ☎ 842-2925.

A cent mètres de la basilique et sur le même trottoir, 116 rue Notre-Dame, le

LE VIEUX-MONTRÉAL

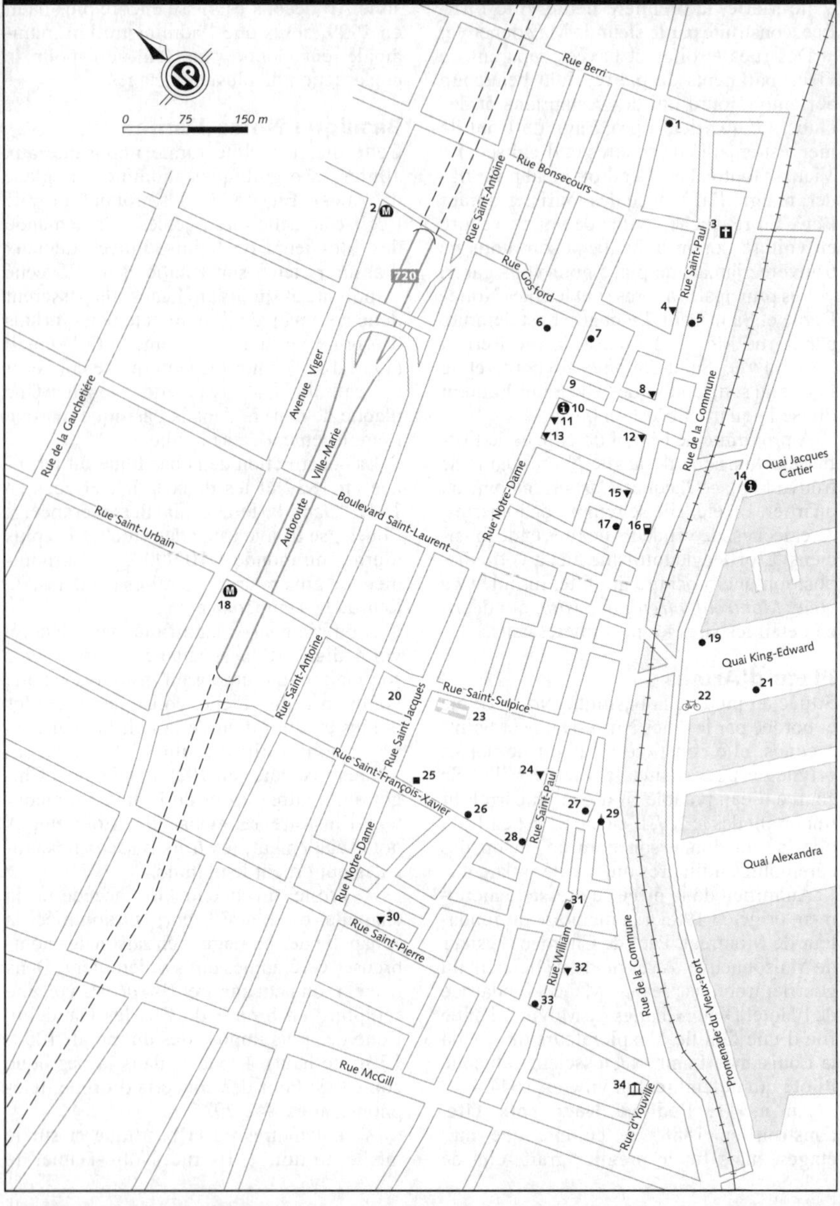

LE VIEUX-MONTRÉAL

OÙ SE LOGER
25 Hôtel Bonaparte

OÙ SE RESTAURER
4 Chez Mozart
8 Usine de Spaghetti Parisienne
11 Chez Better
12 Les Jardins Nelson
13 Le Claude Postel
15 La Sauvagine
24 Café Saint-Paul
30 Titanic
31 Gibby's

DIVERS
1 Maison historique nationale de Sir Georges-Étienne Cartier
3 Chapelle Notre-Dame-de-Bonsecours
2 Station de métro Champs-de-Mars
5 Marché Bonsecours
6 Hôtel de ville
7 Château Ramezay
9 Centre d'information
10 Place Jacques-Cartier
14 Centre d'information
16 Pub Saint-Paul
17 Les Deux-Pierrots
18 Station de métro Place-d'Armes
19 Marché aux puces
20 Place d'Armes
21 Cinéma Imax
22 Loueur de bicyclettes (Vélo Aventure)
23 Basilique Notre-Dame
26 Théâtre Centaur
27 Place Royale
28 L'Air du Temps
29 Pointe-à-Callière, musée d'Archéologie et d'Histoire
31 Place d'Youville
33 Centre d'histoire de Montréal
34 Musée Marc-Aurèle-Forti

Vieux Séminaire est toujours occupé par la Compagnie des prêtres de Saint-Sulpice. Construit en 1685, ce manoir est le bâtiment le plus ancien de Montréal.

Château Ramezay

Du nom du gouverneur de Montréal qui l'occupa, Claude de Ramezay, le Château Ramezay (☎ 861-3708), 280 rue Notre-Dame Est, a été bâti en 1705. Vendu en 1745 à la Compagnie des Indes, il a rempli diverses fonctions, de l'entrepôt de fourrures et d'épices à celui de refuge pour les indépendantistes américains.

Transformé depuis 1895 en musée, il présente une collection de mobilier, de costumes et d'objets usuels des XVIIIe et XIXe siècles. Dans la salle de Nantes, il faut s'attarder devant les boiseries d'acajou provenant du siège nantais de la Compagnie des Indes.

De septembre à juin, des concerts sont organisés dans l'après-midi, le dernier dimanche de chaque mois.

De juin à fin septembre, le château vous accueille tous les jours de 10h à 18h. En dehors de cette période, il ferme à 16h30 et n'est ouvert que du mardi au dimanche. L'entrée est de 6 $ (5 $ pour les seniors, 4 $ pour les étudiants, 3 $ pour les moins de 18 ans et 12 $ pour les familles).

Maison historique nationale de Sir Georges-Étienne Cartier

Deux maisons jumelées construites vers 1837 s'élèvent 458 rue Notre-Dame Est. Toutes deux ont été habitées à des époques différentes par Georges-Étienne Cartier (1814-1873), l'un des pères de la Confédération canadienne en 1867.

Restaurée par le Service canadien des parcs, elle abrite un musée (☎ 283-5560) consacré à la vie de l'éminent politicien et homme de loi. L'autre partie de la maison donne un aperçu d'une demeure bourgeoise à l'époque victorienne. En été, des animations costumées sur le mode de vie bourgeois sont présentées.

Ouverte tous les jours du 1er juin au 3 août, elle n'est accessible que du mercredi au dimanche, d'avril à fin mai et de septembre à décembre. Elle reste fermée de janvier à avril. Le tarif est de 4,25 $.

Rue Saint-Paul

Cette rue, tracée dès 1672, fut pendant longtemps la principale artère commerciale de Montréal. Jalonnée de maisons historiques, de boutiques, d'hôtels, de restaurants, de galeries d'art et de magasins de souvenirs, elle est un axe naturel à emprunter d'est en ouest.

Chapelle Notre-Dame-de-Bonsecours

La chapelle dite "des Marins" (☎ 282-8670), 400 rue Saint-Paul Est, est décorée de nombreux ex-voto offerts par des marins, certains sous forme de très belles maquettes de navires suspendues au plafond. Sur cet emplacement se dressait, en 1657, une chapelle érigée par Marguerite Bourgeoys, première institutrice de Montréal et fondatrice de la congrégation des religieuses de Notre-Dame. Un petit musée à l'intérieur lui est consacré.

En face de la chapelle, 405 rue Bonsecours, la **maison Pierre-du-Calvet** (☎ 282-1725) est l'un des plus beaux exemples de l'architecture montréalaise du XVIIIe siècle : murs massifs en pierres brutes, cheminées et toit en pente raide. Elle date de 1725 selon certains, de 1771 pour d'autres. Elle servit surtout de résidence à Pierre du Calvet, marchand huguenot, célèbre pour ses sympathies à l'égard des Américains. Elle abrite aujourd'hui un café-restaurant, une épicerie fine et une auberge.

Marché Bonsecours

Construit sur les plans de l'architecte William Footner et inauguré en 1847, le marché Bonsecours (☎ 872-7730), 330 rue Saint-Paul, est un vaste édifice de pierre grise à vocation multiple. Il servait autrefois de grande halle pour les maraîchers. Au premier étage se trouvaient les étals des bouchers ; au second, les services municipaux, qui déménagèrent en 1878.

En 1849, la halle a abrité le siège du Parlement canadien suite à l'incendie du bâtiment initial situé sur la place d'Youville. Elle a aussi accueilli la première exposition de l'histoire du Canada en 1850.

Les opérations de marchés publics ont cessé en 1963. En 1992, la halle a repris ses activités d'exposition.

Poupées et Merveilles

Des Corolles aux Barbies, en porcelaine, en chiffon, en biscuit ou en céramique, le musée Poupées et Merveilles (☎ 866-0110) a rassemblé quelque 500 poupées de 1880 à nos jours, au 105 rue Saint-Paul Est. Elles sont présentées dans une cinquantaine de vitrines qui évoquent la vie quotidienne au cours du XXe siècle. Les pièces proviennent de la collection de Nicole Ecuyer, une artiste qui détient plus de 3 600 poupées et 15 000 accessoires.

Du 1er avril au 31 octobre, Poupées et Merveilles est ouvert tous les jours, sauf le mardi, de 11h à 20h, jusqu'à 21h les vendredi, samedi et dimanche. Le reste de l'année, le musée ouvre du jeudi au dimanche de 11h à 18h. Il est fermé en janvier. Le prix d'entrée est fixé à 5 $ (4,5 $ pour les seniors et les étudiants, 2,5 $ pour les enfants, 11 $ pour les familles).

Pointe-à-Callière, musée d'Archéologie et d'Histoire de Montréal

Sur la place Royale, au n°350, construit à l'emplacement où le sieur de Maisonneuve et Jeanne Mance fondèrent en 1642 la première ville québécoise, ce musée présente un panorama archéologique et historique de la ville de Montréal.

La plupart des salles du musée occupent, en sous-sol, les ruines des bâtiments et de l'ancien système de vidanges. Vous pourrez également voir le premier cimetière catholique de Montréal.

Les objets découverts sur le site sont exposés selon un ordre volontairement chronologique. Les vestiges préhistoriques se trouvent au sous-sol. Sont également organisées des expositions utilisant des médias interactifs, dont une vidéo permettant de "converser" avec quelques-uns des premiers habitants du site, *via* une silhouette fantôme.

Au dernier étage du bâtiment, le café-restaurant offre une vue superbe sur le Vieux-Port (accès indépendant du musée).

Il ouvre en semaine du mardi au vendredi à partir de 10h, à partir de 11h les samedi et dimanche ; la fermeture est prévue à 18h en été, à 17h le reste de l'année. L'entrée est de 8,50 $ (6 $ pour les seniors, 5,50 $ pour les étudiants, 3 $ pour les 6-12 ans).

Centre d'histoire de Montréal

Ce centre (☎ 872-3207) est installé dans l'ancienne caserne centrale des pompiers,

PARC DES ÎLES ET VIEUX-PORT

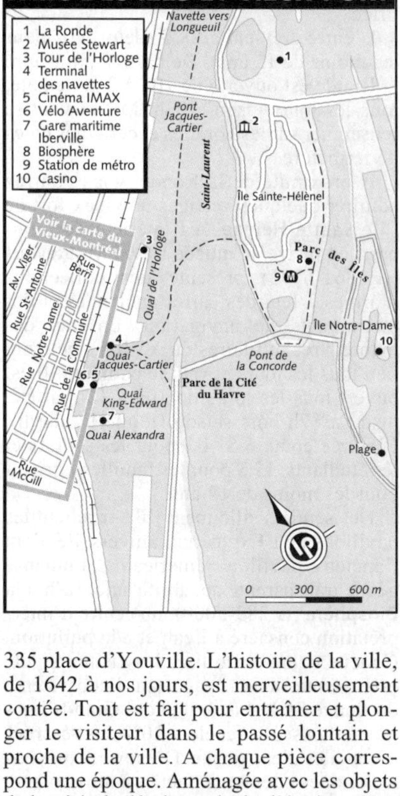

335 place d'Youville. L'histoire de la ville, de 1642 à nos jours, est merveilleusement contée. Tout est fait pour entraîner et plonger le visiteur dans le passé lointain et proche de la ville. A chaque pièce correspond une époque. Aménagée avec les objets de la période décrite et dotée d'équipements audiovisuels interactifs, chacune dispose de panneaux explicatifs.

Ouvert tous les jours de 10h à 17h de mai à début septembre, il est fermé le lundi en dehors de cette période. Métro : Square-Victoria. L'entrée s'élève à 4,5 $ (3 $ pour les étudiants et les plus de 55 ans, gratuit pour les moins de 6 ans).

Musée Marc-Aurèle-Fortin

A proximité, 118 rue Saint-Pierre, se profile le musée Marc-Aurèle-Fortin (☎ 845-6108), consacré au peintre paysagiste du même nom (1888-1970). Les œuvres d'autres peintres sont présentées lors d'expositions temporaires. Il est ouvert tous les jours sauf le lundi de 11h à 17h. L'accès est de 4 $ et de 3 $ pour les étudiants et les seniors ; gratuit pour les moins de 12 ans.

LE VIEUX-PORT

Le front de mer du vieux port est un quartier riverain en perpétuelle transformation, au sud de la place Jacques-Cartier. Il couvre 2,5 km de front de mer et englobe quatre quais. La **promenade du Vieux-Port** est parallèle au fleuve, de la rue Berri à l'est à la rue McGill à l'ouest. Créée en 1983 par l'architecte Peter Rose, à l'emplacement des voies ferrées qui longeaient les quais, l'**Esplanade** est devenue l'un des lieux de promenade favoris des Montréalais.

Devant le marché Bonsecours se trouvent les vestiges d'un silo à grain en béton armé, érigé au début du XXe siècle pour recevoir le blé de l'Ouest canadien. Il a inspiré Le Corbusier et Walter Gropius dans leurs recherches d'une architecture nouvelle et moderne, et a été repensé par l'architecte Aurèle Cardinal lors du prolongement de l'Esplanade en 1991.

Un bureau d'information (☎ 496-PORT ou 1 800 971-PORT) est installé à l'entrée du quai King-Edward, de mai à octobre. Chaque année, notamment en été, le port est le théâtre de diverses expositions, spectacles et activités temporaires.

A l'extrémité est du Vieux-Port se trouve le **quai de l'Horloge** avec, au bout, la **tour de l'Horloge** dédiée aux marins et aujourd'hui utilisée comme tour d'observation (de mai à octobre).

Le **quai Jacques-Cartier** regroupe un centre d'information touristique, une boutique et un café. Une navette assure la liaison avec le parc des Îles (consultez la rubrique suivante). Un bateau-mouche, des promenades sur le fleuve et un ferry permettent de rejoindre Longueuil sur la rive sud.

Le **quai King-Edward** a conservé ses anciens hangars transformés en halles d'exposition et en marché aux puces. Un cinéma IMAX (☎ 496-IMAX ou 1 800 349-IMAX) et un loueur de bicyclettes, Vélo Aventure, sont également installés à cet endroit. Le **Centre interactif des sciences de Montréal**, dédié à la culture scientifique, technologique et industrielle, devrait ouvrir ses portes dans le courant de l'année 2000.

La gare maritime du **quai Alexandra**, face à la Pointe-à-Callière, accueille des navires de croisières qui remontent le Saint-Laurent jusqu'aux îles de la Madeleine. Des milliers d'immigrants ont débarqué à cet endroit depuis le XXe siècle.

A la Pointe-du-Havre, la bande de terre en saillie entre le Vieux-Montréal et l'île Sainte-Hélène, reliée à l'île de Montréal par le pont de la Concorde, constitue un complexe résidentiel nommé **Habitat 67**. Il fut conçu par l'architecte Moshe Safdie, dans le cadre de l'Exposition universelle, afin de servir de modèle d'habitation futuriste. Il vieillit relativement bien et son aspect modulaire reste séduisant. Il est devenu un lieu de résidence très apprécié.

LE PARC DES ÎLES

Au sud de la ville, sur le fleuve Saint-Laurent, entre les ponts Jacques-Cartier et Victoria, le parc des Îles (☎ 872-4537 ou 1 800 797-4537) englobe les îles Sainte-Hélène et Notre-Dame. Elles furent le site de l'Exposition universelle de 1967 ("L'Homme et son monde"). Pour l'événement, l'île Sainte-Hélène fut considérablement agrandie, et l'île Notre-Dame, artificielle, aménagée de toutes pièces au milieu du fleuve. Aujourd'hui, elles abritent un vaste parc et de nombreux équipements sportifs, tels le circuit Gilles-Villeneuve.

Île Sainte-Hélène

A l'extrémité septentrionale de l'île Sainte-Hélène se profile **la Ronde** (☎ 872-4537 ou 1 800 797-4537), le plus grand parc d'attractions de la Province, avec des restaurants, des bars et une grande variété de jeux et d'activités. Les montagnes russes, le "Monstre", sont considérées comme l'une des plus impressionnantes au monde. Le petit train offre de belles vues sur le fleuve et la ville. Divers concerts et spectacles se déroulent pendant l'été, dont des spectacles de cirque et d'époustouflants feux d'artifice.

L'entrée revient à 28 $ (demi-tarif pour les moins de 12 ans). De fin mai à mi-juin, la Ronde est ouverte de 10h à 21h ; en été, tous les jours jusqu'à 23h. Mieux vaut se renseigner sur les horaires et certaines dates de fermeture.

A proximité de la Ronde, vous pourrez admirer quelques vestiges du vieux fort de l'**île Sainte-Hélène**. A l'intérieur des remparts en pierre, le **musée David M. Stewart** (☎ 861-6701) présente des collections d'armes à feu, des cartes anciennes et des instruments de navigation. En été, des manœuvres militaires du XVIIIe siècle ont lieu tous les jours devant le bâtiment. Il est ouvert tous les jours de 10h à 18h en été, jusqu'à 17h hors saison (fermé le mardi). L'entrée coûte 6 $, 4 $ pour les seniors et les étudiants, 12 $ pour les familles ; gratuit pour les moins de 12 ans.

Des sentiers sillonnent l'île et relient les pavillons de l'Exposition universelle, dont l'ancien pavillon américain, immense géode transparente qui abrite aujourd'hui la **Biosphère** (☎ 283-5000), un centre d'interprétation consacré à l'eau et à la pollution. Conçue pour sensibiliser les visiteurs, elle est un fantastique voyage dans l'écosystème du fleuve Saint-Laurent et des Grands Lacs qui, à eux seuls, recèlent 20% des réserves mondiales d'eau douce. D'énormes moyens techniques interactifs, faciles à utiliser, sont mis à la disposition du public. La visite de ce centre permet de prendre conscience de l'enjeu du fleuve et de sa place dans l'histoire du Québec. Il est accessible du mardi au dimanche de 10h à 17h et revient à 6,50 $ par adulte, 5 $ pour les étudiants et les seniors, 7 $ pour les familles et 4 $ de 7 à 17 ans.

Sur la rive nord s'élève une sculpture d'Alexandre Calder, **L'Homme**, qui fait face au centre de Montréal ; c'est un très beau point de vue.

Île Notre-Dame

Créée avec les millions de tonnes de terre et de roches déblayées lors de la construc-

Histoires de quartiers

A Montréal, chacun a ses quartiers et ses rues préférés. Petite sélection toute subjective :

- **La rue Saint-Denis**, entre le bd de Maisonneuve et la rue Sherbrooke, est le quartier des cafés, des bistros et des bars, où l'on se donne rendez-vous pour discuter et écouter de la musique jusqu'à une heure avancée de la soirée. Des hôtels sans prétention abritent les nuits des voyageurs. Prendre la direction du Vieux-Port, au sud, c'est découvrir, entre autres, des librairies d'occasion et un petit square, le square Saint-Louis, datant de 1876, entouré de belles demeures victoriennes. Juste à l'ouest se niche la rue Prince-Arthur, avec quelques bons restaurants aux cuisines du monde entier.
- **Le Quartier latin** est le quartier universitaire. L'université du Québec à Montréal (UQAM) en est le cœur.
- **Le boulevard Saint-Laurent**, également appelé St Lawrence ou le Main. Colonne vertébrale de la ville, il court du sud au nord et sépare l'est francophone de l'ouest anglophone. C'est un couloir de quartiers prometteurs où les immigrants s'enracinent, une artère commerciale, animée et passionnante.
- **Le Plateau Mont-Royal** est un petit coin de paradis où la ville prend des allures de bohème. Délimité par le mont Royal et la rue Sherbrooke, il n'est qu'une suite de maisons en briques ou de couleurs, à un ou deux étages, aux balcons en bois ou de fer à l'élégance recherchée ou des plus dépouillées. Avec 90 000 habitants sur un territoire de 7,6 km², il serait la 6e ville du Québec, s'il constituait une municipalité à part entière. Quartier cher au cœur des intellectuels et des artistes, il conjugue l'art de vivre avec l'art des petits riens si bien racontés par Michel Tremblay dans ses *Chroniques du Plateau*.
- **Mile-End** est un quartier multiculturel où francophones, Italiens, juifs, Grecs, Portugais puis Latino-Américains se sont installés. Entre la rue Laurier au sud, la rue Bernard au nord, l'avenue du Parc à l'est et Saint-Laurent à l'ouest, chacun y a son périmètre, ses lieux de culte, ses cafés, ses restaurants et ses commerces. A l'est du parc du Mont-Royal, le quartier d'Outremont est le quartier huppé des francophones.
- **Le Village** désigne un secteur bien délimité, entre les rues Sainte-Catherine Est, Saint-Hubert et Papineau qu'aime fréquenter, surtout la nuit, une certaine partie de la communauté homosexuelle de la ville. Bars, discothèques, hôtels et boutiques se succèdent sans véritable recherche d'harmonie. Peu importe : le Village, c'est avant tout une vie que l'on découvre en poussant les portes. Mieux vaut ne pas s'aventurer seul dans le secteur passé minuit.
- **La ville souterraine** de Montréal est unique en son genre. Imaginez 29 km de couloirs construits à quelques mètres sous terre, reliant dix stations de métro, deux gares ferroviaires, deux mille boutiques environ, des parkings, des hôtels, des bureaux, des cinémas, des salles de congrès, des centres d'exposition. Imaginez encore une journée dans ce dédale de passages piétonniers où l'on peut dormir, se restaurer, circuler et se divertir sans mettre le nez dehors : le seul endroit de la ville où, hiver comme été, le climat est tempéré. Rejoindre à pied la place Ville-Marie depuis la place Bonaventure ou la place du Canada, sans avoir à affronter les automobilistes ou les rigueurs de l'hiver, quoi de plus simple. La construction de ce site démarra à la fin des années 50, lors de l'aménagement du sous-sol de la place Ville-Marie. L'office du tourisme dispose d'une bonne carte de l'ensemble.

tion du métro de Montréal, cette île artificielle possède de nombreux canaux que l'on peut sillonner en bateau. Aménagé dans l'ancien pavillon de la France, le **casino de Montréal** (☎ 392-2746 ou 1 800 665-2274) a des allures de blockhaus. Après son

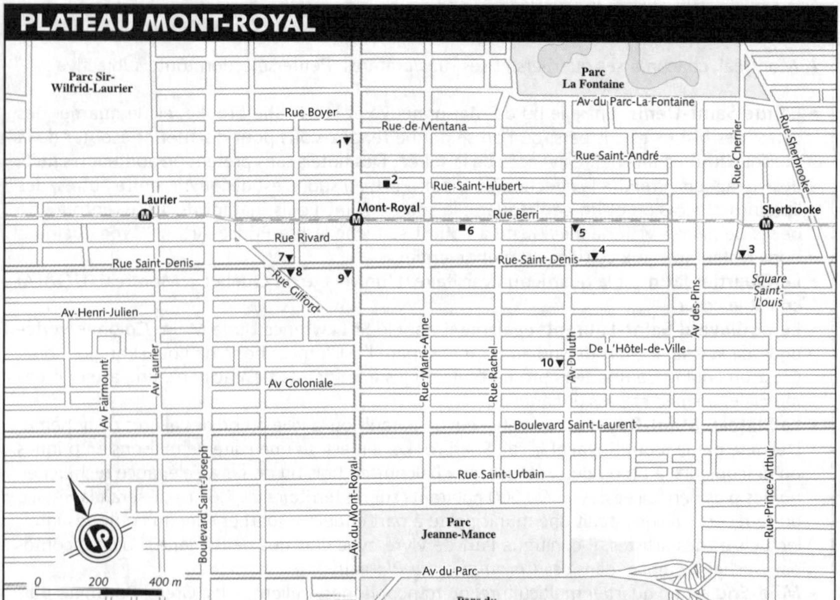

PLATEAU MONT-ROYAL

OÙ SE LOGER

5 A la Dormance
6 Shézelle

OÙ SE RESTAURER

1 Ouzeri
2 Le Persil Fou
3 La Binerie Mont-Royal
4 Porté Disparu
7 Bistro Duluth
8 La Maison Grecque
9 La Brûlerie Saint-Denis
10 Café Cherrier

ouverture, fin 1993, il connut une telle popularité (et surtout gagna tellement d'argent) qu'on l'agrandit, lui donnant une structure massive, néo-moderne, à la physionomie déjà démodée. Il est ouvert tous les jours de 9h à 17h. Le week-end, de longues files d'attente ne sont pas rares. L'alcool est servi aux tarifs du bar, et un restaurant haut de gamme est également en service. Les jeans sont interdits et, en soirée, la tenue est plutôt stricte. Le casino est entouré d'un parc (gratuit) où l'on peut se promener.

Ne tentez pas de vous y rendre en voiture, le parking gratuit est saturé. Prenez le métro jusqu'à la station Île-Sainte-Hélène, puis la navette gratuite (opérationnelle de mai à octobre).

A proximité, vous déboucherez sur la très courtisée **plage des Îles** de sable artificielle qui peut accueillir 5 000 personnes. L'eau est filtrée et traitée chimiquement. La plage dispose d'aires de pique-nique et de snack-bars et elle est accessible tous les jours entre le 24 juin et la fête du Travail (début septembre) de 10h à 19h, selon les conditions atmosphériques. Vérifiez si elle est ouverte au ☎ 872-4537 ou 1 800 797-4537. Comptez 7,50 $ (3,75 $ de 6 à 11 ans). Pour y parvenir, prenez le métro jusqu'à la station Île-Sainte-Hélène, puis un bus jusqu'à la plage.

Toujours sur l'île Notre-Dame, le **Centre nautique et de plein air** est installé sur l'ancien bassin olympique d'aviron. En été, vous pouvez louer des planches de surf et des canoës, et assister fin juillet aux courses de bateaux-dragons. L'endroit est encore plus attrayant l'hiver, lorsqu'il se transforme en gigantesque patinoire. Des vestiaires avec casiers sont disponibles. Un snack-bar est ouvert en permanence. On peut également louer l'équipement adéquat pour pratiquer le ski nordique. Le centre est ouvert tous les jours jusqu'à 21h.

Comment s'y rendre

Tous les accès passent par l'île Sainte-Hélène. Si vous êtes motorisé, deux ponts la relient à l'île de Montréal : le pont Jacques-Cartier et le pont de la Concorde, accessible par l'avenue Pierre-Dupuy.

Mieux vaut prendre le métro et descendre à la station Île-Sainte-Hélène, car les parkings sont généralement complets et les prix exorbitants, à l'exception de ceux du Biodôme et du musée Stewart (gratuits). De la station de métro, dotée d'un guichet d'information, partent des circuits en bus faisant le tour des diverses attractions de l'île.

Bien plus agréable, la navette sur le fleuve embarque au Vieux-Port (☎ 281-8000), quai Jacques-Cartier. La liaison est assurée de mi-mai à mi-octobre et dure une dizaine de minutes. Les départs s'effectuent tous les jours et toutes les heures du 20 juin au 1er septembre ; en dehors de cette période, de 10h35 à 19h10 le week-end. L'aller simple coûte 3 $ et le transport des bicyclettes est gratuit. Les enfants de moins de 5 ans ne paient pas.

LE CENTRE-VILLE

Le centre de Montréal fourmille de musées, de galeries d'art, d'édifices religieux, de boutiques et d'immeubles de bureaux aux tours post-modernes, construits les uns à côté des autres, sans véritable recherche d'harmonie, au rythme quelque peu syncopé des démolitions et des reconstructions. S'étendant au pied du mont Royal, il forme un rectangle aux allures faussement nord-américaines. Entre les rues Sherbrooke et Saint-Jacques du nord au sud, et les rues Guy et Berri d'ouest en est, se trouvent des centres d'intérêt majeurs.

Musée des Beaux-Arts

On ne peut ignorer ses fabuleuses collections et son architecture. Au cœur du quartier appelé Mille carré (Golden Square Mile), le musée des Beaux-Arts (☎ 285-2000) se partage en deux pavillons distincts construits de part et d'autre de la rue Sherbrooke Ouest. D'un côté, au n°1379, le pavillon Benaiah Gibb (du nom du premier grand mécène du musée), de l'autre, au n°1380, le pavillon Jean-Noël Desmarais conçu par l'architecte Moshe Safdie et inauguré en 1991. Entre les expositions permanentes ou temporaires, le temps passé dans ce lieu unique ne se compte pas.

Le pavillon Benaiah Gibb est essentiellement réservé à l'art inuit et amérindien.

Le pavillon Jean-Noël Desmarais est surtout consacré à l'art européen et américain. Toutes les périodes, de l'art médiéval à l'art contemporain, sont représentées. Sont ainsi exposés des grands noms de la peinture (Rembrandt, Matisse, Picasso, Max Ernst) et de la sculpture (Henry Moore, Alberto Giacometti, Aristide Maillol, Alexandre Calder).

Le pavillon regroupe également une section dédiée aux arts décoratifs. Au quatrième étage se trouve notamment une impressionnante collection de verres des XVIIIe et XIXe siècles. Ne manquez pas non plus la collection de tissus coptes et les 3 000 boîtes à encens japonaises de Georges Clémenceau (la plus grande du genre au monde) ainsi que la collection d'art asiatique (textiles, jades, céramiques, bronzes...) et d'objets d'art anciens.

Le musée est ouvert du mardi au dimanche et les lundi fériés de 11h à 18h (21h le mercredi). L'accès à la collection est gratuite, seules les expositions temporaires sont payantes : 12 $ (6 $ pour les étudiants et les seniors, 3 $ pour les moins de 12 ans, demi-tarif le mercredi soir). Métro : Guy-Concordia.

Musée des Arts décoratifs

Installé depuis mai 1997 dans un nouveau bâtiment construit par Franck O. Gehry (☎ 284-1252), 2200 rue Crescent, juste en contrebas du musée des Beaux-Arts, il est consacré essentiellement aux différents mouvements de design du XXe siècle. Il est ouvert de 11h à 18h du mardi au dimanche (21h le mercredi). Métro : Guy-Concordia.

Musée des Sœurs grises

Accessible par le 1185 rue Saint-Mathieu et aménagé dans un couvent qui date de 1850, ce musée (☎ 937-9501) sert surtout de prétexte pour visiter le bâtiment lui-même, bel exemple d'architecture québécoise, représentative des nombreux couvents disséminés dans la province. Communauté active depuis l'ère coloniale, les Sœurs grises se rendirent en canoë dans la région qui allait devenir le Manitoba et fondèrent la mission de Saint-Boniface. Deux visites seulement sont organisées du mercredi au dimanche, à 13h30 et à 16h. Il renferme de beaux objets religieux. Métro : Guy-Concordia.

Centre canadien d'architecture (CCA)

Sis 1920 rue Baile (à l'angle du bd René-Lévesque et de la rue du Fort), le centre (☎ 939-7026), de renommée internationale, fait à la fois office de musée et de centre d'études destiné à promouvoir la compréhension de l'architecture, son histoire et son avenir. Les expositions permanentes et temporaires évoquent l'architecture locale et internationale, l'urbanisation et le dessin paysager. Le lieu à lui seul mérite que l'on s'y attarde.

Une partie du centre enserre la maison Shaughnessy, édifiée à l'intention d'un très riche homme d'affaires, en 1874. Sa façade de calcaire gris est représentative de l'architecture de la ville. Une visite au premier étage s'impose, qui donne un bon aperçu de ses caractéristiques architecturales. Ne manquez pas le jardin solarium et le salon de thé à la merveilleuse ornementation (boiseries et cheminée). Le centre dispose d'une bonne librairie.

Enfin, n'oubliez pas le jardin qui fait face au Centre canadien d'architecture, bd René-Lévesque. Environ 15 sculptures de styles et de dimensions variés sont disséminées sur une terrasse qui domine le sud de Montréal.

De juin à septembre, le Centre est ouvert tous les jours de 11h à 18h (21h le jeudi), sauf le lundi. En dehors de cette période, il ferme à 18h les mercredi et vendredi, 20h le jeudi et 17h les samedi et dimanche. L'entrée s'élève à 6 $ (4 $ pour les seniors, 3 $ pour les étudiants ; gratuit pour les moins de 12 ans). L'entrée est libre le jeudi à partir de 17h30. Le week-end des visites guidées sont organisées. Un parking aux places limitées est disponible. Métro : Atwater ou Guy-Concordia.

Bourse de Montréal

Des visites de la Bourse (☎ 871-2424) sont organisées du lundi au vendredi de 8h30 à 16h30, sauf les jours fériés. D'une part, vous pouvez observer les cambistes, d'autre part, des postes multimédias et des vidéos vous initient aux mécanismes boursiers. La Bourse est située au 4e étage du 800 place Victoria. Métro : Square-Victoria.

Planétarium

Le planétarium se trouve 1000 rue Saint-Jacques Ouest, non loin de la gare Windsor. Il propose des spectacles et des programmes concernant le système astral et solaire, souvent passionnants, et adaptés aux différents âges. Téléphonez au ☎ 872-4530 pour connaître l'horaire des spectacles. L'entrée est de 6 $, 4,5 $ pour les étudiants et les seniors, 3 $ pour les 6-17 ans ; gratuit pour les moins de 6 ans. Métro : Bonaventure, sortie la Cathédrale.

Cathédrale Marie-Reine-du-Monde

Cette version réduite (un quart) de la basilique Saint-Pierre du Vatican est le siège de l'archevêché de Montréal. Elle fut construite entre 1870 et 1894. Elle se dresse sur le bd René-Lévesque, non loin de l'hôtel Queen Elizabeth, à deux pas du square Dorchester. Elle est ouverte du lundi au vendredi de 7h à 19h30, le samedi de 7h30 à 20h30, le dimanche de 8h30 à 19h30. Métro : Peel.

Amphithéâtre Bell

Installé dans l'un des plus beaux gratte-ciel du centre-ville (51 étages, 205 m de haut), 1000 rue de la Gauchetière Ouest, l'amphithéâtre Bell (☎ 395-0555) est une patinoire ouverte tous les jours de 11h30 à 18h, jusqu'à 24h le samedi (la soirée est réservée aux plus de 16 ans) et jusqu'à 21h le dimanche. L'entrée se monte à 5 $ (3 $ pour les moins de 16 ans et les plus de 65 ans). Vous débourserez 4 $ pour la location des patins, 1,5 $ pour le casque, 1 $ pour le casier et 4 $ pour l'affûtage des patins. Métro : Bonaventure.

Université McGill

Nichée sur le flanc du mont Royal, à l'angle des rues Sherbrooke et de la Montagne, cette université (☎ 398-6555) compte parmi les plus prestigieuses du Canada. Fondée en 1821, elle est formée de deux campus : le campus Macdonald situé à Sainte-Anne-de-Bellevue, à l'ouest de Montréal, et le campus du centre-ville qui offre un agréable lieu de promenade, jalonné de magnifiques hôtels particuliers légués à l'université par de généreux donateurs. Parmi eux, le riche négociant James McGill offrit les terrains à la ville et les fonds nécessaires à la construction de l'université qui comprend 70 bâtiments. Métro : McGill.

Le **musée Redpath** (☎ 398-4086 ; 859 rue Sherbrooke Ouest) abrite la collection d'histoire naturelle de McGill. Il est ouvert du lundi au vendredi de 9h à 17h (de 13h à 17h le dimanche). L'entrée est gratuite.

Musée McCord

La visite du Musée McCord d'Histoire canadienne (☎ 398-7100), 690 rue Sherbrooke Ouest, est essentielle à tout voyage entrepris au Québec et dans les autres provinces du Canada.

Construit sur deux niveaux, il propose des expositions permanentes et temporaires axées, d'une part, sur l'histoire des Inuit et des Amérindiens du Québec et, d'autre part, sur l'arrivée et la vie quotidienne des premiers Européens dans l'Est du Canada.

Fondée par David Ross McCord (1844-1930), descendant d'une famille d'avocats et de juristes célèbres au Canada, le musée met en valeur les remarquables collections d'objets amérindiens et inuit ainsi que les costumes et textiles des premiers Canadiens, légués par ce passionné d'art populaire. La collection de photographies (700 000 images) est des plus instructives. Elle comprend entre autres les œuvres de William Notman qui, avec ses fils, photographia, de 1850 à 1930, les habitants, les lieux et les activités.

Du mardi au vendredi, le musée ouvre tous les jours de 10h à 18h (17h le week-end ; fermé le lundi en dehors de l'été). L'entrée est de 7 $, 14 $ pour les familles, 4 $ pour les étudiants, 5 $ pour les seniors, 1,5 $ de 7 à 12 ans ; gratuit pour les moins de 6 ans. L'entrée est libre le samedi entre 10h et 12h. Métro : McGill.

Musée d'Art contemporain

Depuis son transfert dans le centre-ville, à proximité de la place des Arts, 185 rue Sainte-Catherine, cet établissement (☎ 847-6226) présente des expositions permanentes et temporaires d'œuvres postérieures à 1939. Il est le seul musée public exclusivement consacré à l'art contemporain, canadien et international.

Ouvert de 11h à 18h du mardi au dimanche, il ne ferme ses portes qu'à 21h le mercredi. Fermé le lundi. L'entrée est de 6 $; gratuit pour les moins de 12 ans, ainsi que le mercredi à partir de 18h. Métro : Place-des-Arts.

Église Saint James United

Cette ancienne église méthodiste (☎ 288-9245) aux clochers néo-gothiques est une curiosité. Vous la remarquerez au détour d'une promenade dans la rue Sainte-Catherine Ouest. L'entrée, au n°463, est condam-

Le parc du Mont-Royal

De son passé, une seule chose est à retenir. Le parc a été conçu entre 1873 et 1881 par le paysagiste de Central Park, à New York, Frederick Law Olmsted (1822-1903) à la suite d'une levée de boucliers des bourgeois du Golden Square Mile, inquiets de son déboisement par les forestiers. Grâce à eux, l'un des trois sommets du mont Royal échappa aux appétits urbains.

Aujourd'hui, quatre évidences s'imposent. Premièrement, il est le plus beau et le plus vaste de la ville : 100 hectares, 60 000 arbres et une ribambelle d'écureuils, toujours curieux à la perspective de grignoter une friandise (normalement interdit).

Deuxièmement, il est l'aire de détente favorite des citadins. L'hiver, enfants et adultes patinent sur le lac des Castors, un plan d'eau aménagé en 1958 sur d'anciens marécages, et font du ski de fond sur les sentiers. De mai aux premiers frimas, changement de décor. On vient se promener à bicyclette, monter à cheval, pique-niquer, musarder, écouter de la musique et observer les oiseaux. La société de Biologie de Montréal (☎ 255-2833) et l'Association québécoise des groupes d'ornithologues (☎ 252-3190) organisent des sorties.

Troisièmement, il est le meilleur observatoire de la ville. Du belvédère Camillien-Houde, le regard embrasse tout l'est de Montréal. Au loin, les quartiers du Plateau, de Rosemont et de Maisonneuve ; en premier plan, le cimetière du Mont-Royal et le cimetière Notre-Dame-des-Neiges, le protestant jouxtant le catholique, aussi élégants l'un que l'autre dans leur manteau de verdure. De là, le Chalet du Mont-Royal n'est qu'à une trentaine de minutes. Le sentier qui y mène constitue une jolie balade. A mi-parcours se dresse, sur la droite, la Croix édifiée en 1924 en souvenir de la première croix élevée au même endroit en 1643 par le fondateur de Montréal, le sieur de Maisonneuve. Elle domine la ville et son éclairage nocturne en fait une masse quelque peu inquiétante. Le Chalet du Mont-Royal n'est plus qu'à un kilomètre. Construite en 1932, cette grande bâtisse blanche aux larges baies vitrées, dont l'intérieur est décoré de toiles marouflées racontant l'histoire du Canada, accueille encore aujourd'hui des concerts, comme dans les années 30. Certes, les *bigs bands* d'autrefois se font rares. L'immense parvis et sa balustrade appellent à la contemplation. La perspective a changé, le Montréal des affaires se dessine. En contrebas, on devine l'agitation du centre-ville.

Quatrième et dernière évidence : il est très facile de s'y rendre. Les utilisateurs des transports publics prendront le bus n°11 (à partir de la station de métro Mont-Royal), qui circule toute l'année à l'intérieur du parc. A pied, les principaux accès se font au nord de la rue Peel et au monument sir Georges-Étienne Cartier, à l'extrémité ouest de la rue Rachel. On peut aussi louer des calèches pour grimper jusqu'au chalet ou parcourir les sentiers. En voiture, depuis le centre-ville, il faut prendre la rue Guy jusqu'au chemin de la Côte-des-Neiges qui rejoint le chemin Remembrance du parc. L'autre accès se fait par l'avenue Mont-Royal dans le quartier du Plateau. De là, on accède à la deuxième grande route du parc, la voie Camillien-Houde. Trois aires de stationnement permettent de se garer. Prévoir des pièces de 1 $ et de 25 c.

née par un ensemble de boutiques et de bureaux construits après la vente par la communauté de son jardin, pour récolter des fonds. Une seule règle était fixée : l'église devait rester visible de partout. La façade du gratte-ciel situé juste à côté est donc entièrement en verre, dans lequel l'église se reflète. Cet coexistence entre modernité et patrimoine est à ranger parmi les absurdités urbaines de notre siècle. Des concerts d'orgue gratuits ont lieu l'été les mardi à 12h30.

Cathédrale Christ Church

Bâtie entre 1857 et 1859, cette cathédrale (☎ 843-6577) d'architecture néogothique

LE PARC DU MONT-ROYAL

repose sur une galerie marchande, 635 rue Sainte-Catherine Ouest. Le plafond, avec des poutres en chêne, est magnifique. L'édifice est ouvert de 8h à 18h.

Musée Juste pour rire

Aménagé dans une ancienne brasserie, 2111 bd Saint-Laurent, ce musée, créé au début des années 90, a pour vocation première de monter des expositions sur le thème de l'humour, du mardi au dimanche de 10h à 17h, la plupart du temps en faisant participer les visiteurs. L'espace gigantesque et d'importantes difficultés financières ont conduit à accueillir de grandes expositions consacrées à des sujets aussi divers que le cinéma ou la chanson. L'humour reste néanmoins son principal champ d'intérêt et de nombreux spectacles s'y déroulent. Pour connaître la programmation, téléphonez au ☎ 845-4000. Métro : Saint-Laurent.

Écomusée du Fier Monde

Installé dans un ancien bain public des années 20, au 2050 rue Amherst, l'écomusée du Fier Monde retrace l'histoire du quartier populaire "centre sud", au travers de photos, de vêtements ou d'outils de travail. De 1850 à nos jours, l'histoire ouvrière et industrielle de Montréal se reflète dans cette exposition de la vie quotidienne du quartier. Les fondations de l'ancienne piscine accueillent des expositions temporaires. L'écomusée est ouvert toute l'année le mercredi de 11h à 20h et du jeudi au dimanche de 10h30 à 17h. Les horaires pouvant changer, mieux vaut téléphoner au ☎ 528-8444. Le prix d'entrée est de 5 $ (4 $ pour les seniors, les étudiants et les enfants de plus de 6 ans, 12 $ pour les familles).

EN BORDURE DU PARC DU MONT-ROYAL

Centre Saidye-Bronfman

La collection d'art contemporain présentée par cette galerie (☎ 739-2301), ouverte du dimanche au jeudi, 5170 chemin de la Côte-Sainte-Catherine, à l'est du mont Royal, est de qualité exceptionnelle.

Oratoire Saint-Joseph

Situé 3800 chemin Queen-Mary, sur la pente ouest du mont Royal, et au nord-ouest du centre-ville, l'oratoire (☎ 733-8211) est un impressionnant édifice modern-style. Il fut achevé en 1960 et érigé sur une église datant de 1916, en l'honneur de Saint-Joseph, patron des guérisseurs et saint patron du Canada, et de frère André, un moine qui avait le pouvoir, dit-on, de guérir toutes les maladies. Les béquilles entassées témoignent assez de cette croyance. Le cœur de frère André, exposé dans l'oratoire, fut volé voici quelques années puis retrouvé intact. Plus de deux millions de pèlerins font le voyage chaque année : ils montent à genoux les 99 marches qui mènent à l'Oratoire, en récitant une prière sur chacune des marches.

Vous pourrez apercevoir le dôme de l'oratoire – presque aussi grand que celui de Saint-Pierre de Rome – depuis n'importe quel endroit au sud-ouest de Montréal. Ne manquez pas la vue sur la ville. Le site est ouvert tous les jours (entrée gratuite). Un petit musée est consacré au frère André. Le dimanche, des concerts d'orgue gratuits ont lieu l'après-midi. Métro : Côte-des-Neiges.

Il est possible de séjourner à l'oratoire (voir la rubrique *Où se loger*).

L'EST DE MONTRÉAL

Hier ville industrielle, Maisonneuve, à l'est de Montréal, est aujourd'hui un quartier où se côtoient, avec plus ou moins de bonheur, anciens vestiges de la période ouvrière et gigantesques infrastructures aux allures futuristes, construites pour les Jeux olympiques et reconverties depuis en centres d'interprétation de la nature.

La visite du Parc olympique, du Biodôme, du Jardin botanique et de l'Insectarium absorbe une bonne journée. Une navette relie gratuitement les quatre sites.

Un forfait "Plein la Vue" de 22,50 $ inclut la visite du Jardin botanique, de l'Insectarium, du Biodôme et de la Tour du Stade olympique. L'autre formule à 14,75 $ exclut la Tour de Montréal. Des tarifs spéciaux existent pour les étudiants, les seniors (15,75 $) et les 5-18 ans (12 $).

Parc olympique

Le complexe olympique de Montréal ne semble pas faire l'unanimité auprès des Montréalais, qui font état de scandales, de corruption et d'incompétence gouvernementale. Quoi qu'il en soit, créé pour les Jeux olympiques d'été de 1976, il présente une architecture qui ne peut laisser indifférent.

La pièce maîtresse en est le **Stade olympique** omnisports, qui peut accueillir jusqu'à 80 000 spectateurs. Cette structure gigantesque fut achevée seulement en 1990. Le toit rétractable arriva finalement de Paris, cinq ans après les Jeux olympiques, et ne fut installé que plusieurs années plus tard, faute d'argent. En 1991, une partie du système de soutènement du toit s'effondra, et il fallut remettre le complexe en état.

En été, la principale ligue professionnelle de base-ball (les Expos de la National League) y dispute ses matchs. Le stade est aussi utilisé pour des concerts et des salons.

Un funiculaire relie la Tour inclinée qui domine le stade. Vous pourrez profiter de vues magnifiques sur la ville et les environs, jusqu'à 80 km à la ronde. Comptez 9 $; 5,50 $ pour les étudiants, les seniors, et les enfants.

Au bas de la Tour se trouve le Biodôme, ancien stade d'une conception audacieuse, qui servit de vélodrome.

Le complexe nautique, également impressionnant, comprend sept piscines. Il est ouvert tous les jours jusqu'à 21h (19h le vendredi). L'entrée de la piscine publique est de 3,80 $ (3,25 $ pour les étudiants, 2,65 $ pour les seniors et les moins de 18 ans).

Des visites guidées en français et en anglais (☎ 252-8687) sont organisées tous les jours. Elles intéresseront les passionnés d'architecture ou de sport.

Le Parc olympique est implanté dans le parc Maisonneuve, à l'extrémité est de la ville, à l'angle du bd Pie-IX à quelques mètres de la rue Sherbrooke. Métro : Viau.

Biodôme

Inauguré en 1992, le Biodôme (☎ 868-3000), 4777 avenue Pierre-de-Coubertin, est un musée passionnant, axé sur l'environnement. Il présente quatre écosystèmes différents, composés de 4 000 animaux et de 5 000 plantes environ.

Le secteur consacré à la forêt tropicale humide est particulièrement intéressant. Autres attractions : les vues sous l'eau des rivières, le microcosme océanique et les reconstitutions de marées en bassins. La forêt laurentienne, le Saint-Laurent marin et le monde polaire sont tout aussi impressionnants.

Comptez au moins deux heures pour une visite complète. C'est un endroit très fréquenté, idéal pour les enfants et les adultes. Mieux vaut s'y rendre en semaine, de préférence en matinée.

Il est ouvert tous les jours de 9h à 17h (19h en été). L'entrée est de 9,50 $, 7 $ pour les seniors et les étudiants, 4,75 $ pour les 6-17 ans ; gratuit pour les moins de 6 ans.

Jardin botanique et Insectarium

Avec ses 75 hectares, le Jardin botanique (☎ 872-1400) est le troisième au monde, après ceux de Londres et de Berlin.

Quelque 26 000 espèces de plantes s'épanouissent dans une trentaine de jardins et 10 serres. La collection d'orchidées rassemble 700 variétés. Le jardin japonais, où l'on peut prendre le thé, et le jardin chinois de style Ming valent le détour.

A l'est des serres, l'**Insectarium** est un lieu fascinant. Près de 130 000 spécimens du monde entier ont été réunis.

L'accès au Jardin et à l'Insectarium se fait par le 4101 rue Sherbrooke Est. Ils sont ouverts tous les jours de 9h à 17h (hors saison à partir de 10h pour l'Insectarium) et ne ferment qu'à 19h en été. L'entrée coûte 9,5 $ en été (6,75 $ hors saison), 4,75 $ pour les 6-17 ans, 7 $ pour les seniors et les étudiants. Elle comprend la visite du Jardin, des serres et de l'Insectarium. Le jardin jouxte les bâtiments olympiques, dans le parc Maisonneuve. Une navette permet de rejoindre le Parc olympique. Métro : Pie-IX.

Château Dufresne

Propriété des frères Dufresne, au 2929 rue Jeanne-d'Arc (☎ 259-9201), ce bel édifice construit selon leurs plans entre 1916 et 1918, s'inspire du Petit Trianon de Versailles. Ses intérieurs grandioses, meublés avec art et raffinement, accueillent des expositions. Il est ouvert du jeudi au dimanche 10h à 17h (5 $). Métro : Pie-IX.

LE CANAL DE LACHINE

Creusé à partir de 1821 et achevé en 1825, le canal de Lachine, à l'ouest de Montréal, en bordure du Vieux-Port, a permis aux bateaux de contourner les rapides de Lachine sur le Saint-Laurent. Fermé définitivement depuis 1970, il a été transformé en parc linéaire et offre une très agréable promenade pédestre ou cyclotouristique de 14 km environ.

Pour descendre les rapides, contactez **Saute-Mouton sur les Rapides de Lachine** (☎ 284-9607), qui organise des excursions quotidiennes de mai à octobre. Comptez 49 $ (44 $ pour les seniors, 39 $ pour les 13-18 ans, 29 $ de 6 à 12 ans). Les départs s'effectuent du Vieux-Port, quai de l'Horloge. Munissez-vous de vêtements de rechange (imperméable et bottes sont fournis).

Montréal Rafting offre différentes formules de 34 à 56 $. Un autobus mauve gratuit vous conduira du 1001 square Dochester aux rapides. Pour connaître les horaires et réserver, téléphonez au ☎ 767-2230.

A Lachine même, à dix minutes à peine du centre-ville de Montréal, le **Lieu historique national du commerce de la fourrure** (☎ 637-7433 ou 283-6054), 1255 bd Saint-Joseph, à l'angle de la 12ᵉ avenue, retrace l'histoire du commerce de la fourrure au Canada, activité qui joua un rôle décisif dans le développement du pays. Il est ouvert d'avril à octobre tous les jours sauf le lundi matin de 10h à 12h30 et de 13h à 18h (2,5 $), du mercredi au dimanche, de 9h30 à 12h30 et de 13h à 17h, de fin octobre à fin novembre.

A proximité, le **Centre d'interprétation du canal de Lachine** (☎ 637-7433 ou 283-6054), à l'angle de la 7ᵉ avenue et du bd Saint-Joseph, relate l'histoire du canal. Fermé de septembre à la mi-mai, il est ouvert le reste de l'année tous les jours sauf le lundi matin de 10h à 12h et de 13h à 18h. L'entrée est gratuite.

Sur le boulevard Saint-Joseph, mais plus près de la 7ᵉ avenue, vous pourrez profiter de visites guidées, à pied et gratuites, le long du canal de Lachine (du mercredi au dimanche seulement).

On se rend à Lachine à bicyclette depuis le Vieux-Montréal ou en métro. Descendre à la station Lionel-Groulx et prendre ensuite le bus n°191. Autre possibilité : station Angrignon puis bus n°195.

MARCHÉS

Les produits frais, et notamment les produits biologiques, sont très appréciés des Montréalais. Deux marchés à Montréal sont ouverts toute l'année. Fruits, légumes, viandes, poissons, charcuteries, fromages et pain frais se disputent les étals.

Au bord du canal de Lachine, au sud de l'avenue Atwater, juste en-dessous de la rue Notre-Dame Ouest, le **marché Atwater** allie une élégante architecture Art déco à une ambiance particulièrement animée le samedi. Vous pourrez acheter du sirop d'érable produit par les fermiers de la région. Métro : Lionel-Groulx.

Dans le quartier de la Petite Italie, le **marché Jean-Talon**, également très animé, dispose d'un nombre impressionnant de produits. Il se tient entre l'avenue Henri-Julien et l'avenue Casgrain, au nord du quartier du Plateau. Métro : Jean-Talon ou Beaubien.

OÙ SE LOGER

Montréal propose tous les types d'hébergement possibles. Pour chacun d'entre eux, le choix reste cependant souvent limité, surtout en matière de prix.

Montréal, comme Québec, est une ville très appréciée des touristes en été : pensez à réserver longtemps à l'avance. Les fêtes de fin d'année sont elles aussi chargées. Pendant ces deux périodes, les prix des chambres sont au plus haut ; ce sont ceux que nous indiquons. Hors saison, les tarifs peuvent baisser de 20%. Si le marchandage ne se pratique pas au Québec, il est possible de négocier les séjours de longue durée.

Camping

Les terrains de camping sont rares à proximité de la ville. Ils ferment en général à la fin du mois de septembre pour ne rouvrir que début mai.

A l'ouest de l'île de Montréal, à Coteaux-du-Lac, la ***Seigneurie de Soulanges*** (☎ *763-5344 ou 1 800 263-5344 ; 195 route 338*) présente un bon rapport qualité/prix : 22 $ le site (une journée gratuite après la 7e nuit). Prendre l'autoroute 20 vers Toronto ; à la sortie 17, faire un kilomètre sur la 201 Sud avant de rejoindre la 338 Ouest. Le camping n'est plus qu'à un kilomètre.

A Coteaux-du-Lac se trouve également un ***KOA***, Kampground of America (☎ *763-5625 ou 1 800 562-9395 ; 185 route 338*). L'emplacement revient à 25 $ la journée. Pour vous y rendre, sur l'autoroute 20, empruntez la sortie 14 qui rejoint la route 210 Sud jusqu'à la 338 Est.

A 45 minutes du centre-ville, à l'ouest, le camping ***Daoust*** (☎ *458-7301 ; 3844 route Harwood, Hudson*) présente des aspects plus bucoliques. On peut partir en randonnée depuis le site où une petite ferme est implantée. La nuit revient à 21 $. De Montréal, suivez l'autoroute 40 Ouest. A la sortie 26, roulez 3 km environ sur la route 342 qui devient, à Hudson, la route d'Harwood.

Auberges de jeunesse

Vous avez l'embarras du choix. Elles sont très fréquentées par les jeunes et, de plus en plus, par des couples et des familles. Économiques, elles sont aussi souvent très bien situées. Certaines proposent des chambres individuelles.

Au sud du bd René-Lévesque (métro : Lucien-L'Allier), l'***Auberge de Montréal HI*** (☎ *843-3317, info@hostellingmontreal.com ; 1030 rue Mackay*) offre d'excellentes conditions d'hébergement. Elle est ouverte toute l'année de 9h30 à 2h. Bien que possédant 250 lits, il vaut mieux réserver entre juin et septembre. La nuit en dortoir coûte 22,65 $, la chambre individuelle 61 $. L'auberge dispose de quelques places de parking et prépare des petits déjeuners pour 2 ou 4 $.

L'***Auberge de jeunesse de l'Hôtel de Paris*** (☎ *522-6861 ou 1 800 567-7217, fax 522-1387, hdeparis@microtec.net ; 901 rue Sherbrooke Est*) est affiliée aux Backpackers. C'est un hôtel agréable qui se donne des allures de pension de famille. Il est équipé de lave-linge, d'une cuisine collective, d'un café et d'une terrasse. Une partie de l'établissement a été rénovée. La nuit en dortoir revient à 18 $.

Le Gîte du Parc Lafontaine (☎ *522-3910 ; 1250 rue Sherbrooke Est*) est une charmante maison de l'époque victorienne donnant sur le parc ; elle est ouverte toute l'année. Vous débourserez 19 $ pour un lit en dortoir (de 45 à 65 $ pour une chambre particulière), petit déjeuner continental compris.

L'Auberge chez Jean (☎ *843-8279 ; 4136 rue Henri-Julien*), elle aussi rattachée au Backpackers, est à mi-chemin entre le B&B et l'auberge de jeunesse. Cherchez le nom de "Jean" sur la boîte aux lettres. Descendez à la station Mont-Royal ou téléphonez pour que l'on vienne vous chercher à la station Berri-UQAM. Comptez 17 $ la nuit, taxes et petit déjeuner compris. Selon la disponibilité, les visiteurs pourront obtenir une chambre individuelle. L'accueil est des plus agréables.

La ***YMCA*** (☎ *849-8393, fax 849-7821, www3.sympatico.ca/ymcacved ; 1450 rue Stanley*), mixte, est on ne peut plus centrale et dispose de 350 lits. La simple/double revient à 40/56 $. Très bon marché, la cafétéria est ouverte du lundi au vendredi de 8h à 20h (jusqu'à 2h le samedi). Les abonnés bénéficient de la piscine, des salles de remise en forme, etc.

La ***YWCA*** (☎ *866-9941, fax 866-4866, info@ywca-mtl.qc.ca ; 1355 bd René-Lévesque Ouest*) est réservée aux femmes. Descendez à la station Lucien-L'Allier. La chambre avec s.d.b. (et cuisine à disposition à l'étage coûte de 46 à 56 $, taxes incluses. La cafétéria et la piscine sont accessibles aux invités des pensionnaires.

Ouvert toute l'année et d'un bon rapport qualité/prix, le ***Collège Français*** (☎ *270-4459, fax 278-7508 ; 5155 av de Gaspé*) offre toute une gamme de lits bon marché. En dortoir, vous ne paierez que 11,50 $. Les chambres de 4 lits, confortables, équipées de toilettes, douche et évier, sont louées 12,50 $ par personne. Pour les doubles, comptez 16,50 $ par personne. La cafétéria du restaurant, à proximité, propose des petits déjeuners bon marché. Un parking facilite le stationnement. Le collège se trouve non loin du croisement des rues Laurier et Saint-Denis. Métro : Laurier et il possède une autre résidence à Longueuil, ouverte seulement en été.

L'***Université McGill*** (☎ *398-6367, fax 398-6770, reserve@residences.lan-mcgill.ca ; 3935 rue University*) à l'angle des rues Sherbrooke et University, ouvre ses résidences du 15 mai au 15 août. Les simples (seule formule proposée) coûtent 39,10 $ (38,20 $ pour les étudiants). Elle dispose de cafétérias et de laveries. Dans certaines résidences, plus chères, le petit déjeuner est inclus. Les tarifs sont dégressifs si l'on séjourne plus d'une nuit.

Installées dans la partie ouest de Montréal, les résidences du ***Campus Loyola*** (☎ *848-4756 ; 7141 rue Sherbrooke Ouest*), de l'université Concordia, sont encore meilleur marché. Vous débourserez 32 $ (24 $ pour les étudiants) pour des chambres entièrement rénovées.

Les prix de l'***Université de Montréal*** (☎ *343-6531, fax 343-2353, résidence@sea.umontreal.ca ; 2350 bd Édouard-Montpetit*), au nord du centre-ville, s'élèvent à 27/37 $ les simples/doubles, quelque peu spartiates. Les tarifs à la semaine sont intéressants. Métro : Université de Montréal ou Édouard-Montpetit.

Des chambres à prix vraiment compétitif sont également disponibles à l'***Oratoire Saint-Joseph*** (☎ *733-8211, poste 2640 ; 3800 chemin Queen-Mary, pavillon Jean-XXIII*). Les simples/doubles coûtent 35/55 $. Treize chambres seulement sont disponibles à l'année. Aussi, mieux vaut réserver. On peut se rendre à pied au parc du Mont-Royal. Métro : Côte-des-Neiges.

Tourist homes et petits hôtels

La plupart des hôtels sont concentrés à l'est du centre-ville, dans des maisons anciennes au nombre de chambres limité (entre 10 et 20).

Occupant une maison bleue à deux pas de la gare routière, l'***Hôtel Louisbourg*** (☎ *598-8544, fax 524-8796 ; 1649 rue Saint-Hubert*) affiche un prix à couper le souffle : 25 $ pour une chambre parfaitement correcte. En réalité, les tarifs s'échelonnent de 40/45 $ pour une simple/double à 59/64 $, mais la profusion d'établissements dans le quartier incite à la surenchère à la baisse : profitez-en. Plus bas dans la même rue, l'***Hôtel Viger Centre Ville*** (☎ *845-6058 ou 1-800-845-6058, fax 844-6068, viger@axess.com ; 1001 rue Saint-Hubert)* propose la simple/double climatisée avec s.d.b. à partir de 45/49 $. Décoration, mobilier et petit déjeuner continental sont réduits au strict minimum, mais l'hôtel est bien tenu et l'accueil apparemment réservé est trompeur : les patrons sont très sympathiques et prêts à rendre service. Évitez les chambres très bruyantes du sous-sol. L'été, le patron de la ***Maison Brunet*** (☎ *845-6351 ; 1009 rue Saint-Hubert*) est souvent devant son établissement, en train de discuter avec ses hôtes. D'une décoration désuète, avec des touches rococo, les chambres, de 64 $ avec s.d.b. à 54 $ avec s.d.b. commune, séduisent par leur espace. Le petit déjeuner peut être dégusté dans un jardin doté d'une petite fontaine. Les clients semblent enchantés par leur séjour et par l'accueil.

Le Castel Saint-Denis (☎ *842-9719, fax 843-8492 ; 2099 rue Saint-Denis*) est idéalement placé en plein cœur du quartier latin. Ses prix sont raisonnables – 50/55 $ pour une simple/double – et l'accueil est très sympathique. Seule ombre au tableau : la décoration tout à fait quelconque, voire un peu défraîchie. Tout aussi bien placé, l'***Hôtel du Manoir Saint-Denis*** (☎ *843-3670 ou 7 888 567-7654, fax 844-2188 ; 2006 rue Saint-Denis*) présente un rapport qualité/prix difficile à égaler. La simple/double, entièrement lambrissée, avec s.d.b., se monnaie à 59/69 $. On se croirait dans un chalet. Il s'agit d'une excellente adresse.

Au sud de la rue Saint-Denis, l'***Hôtel à l'Américaine*** (☎ *849-0616 ; 1042 rue Saint-Denis*), propose des simples/doubles à 54/60 $. Le mobilier date des années 60 et le décor est simple. Une petite touche particulière donne à chaque chambre une certaine personnalité. Les chambres du dernier étage ressemblent à des petits "nids d'amour". Le quartier homosexuel de Montréal se trouve à proximité, et cette adresse est prisée des voyageurs qui souhaitent se rendre au Village.

Plusieurs hôtels bon marché sont regroupés le long de la rue Sainte-Catherine, à proximité du bd Saint-Laurent, le quartier de la prostitution qui n'a rien de très dangereux. ***La Villa de France*** (☎ *849-5043, fax 849 5803 ; 57 rue Sainte-Catherine Est*) est bien tenue et accueillante. Les tarifs s'échelonnent de 35 à 45 $ la chambre, taxes incluses, avec une belle s.d.b. commune. Pour 22 $, vous pouvez vous offrir une sieste d'une heure. A côté, l'***Hôtel L'Abri du Voyageur*** (☎ *849-2922, fax 499-0151, info@abri-voyageur.ca ; 9 rue Sainte-Catherine Ouest*) dispose de 30 chambres avec s.d.b. commune valant de 45 à 60 $. Elles sont très claires, simples et propres, avec un zeste de décoration appréciable. Pour le prix, la prestation est bonne.

A l'***Hôtel Saint-Denis*** (☎ *849-4526, fax 849-4529 ; 1254 rue Saint-Denis*), on a choisi la simplicité dans la décoration : la dominante rose se révèle très apaisante et les s.d.b. sont très coquettes. Les prix vont de 100 à 110 $.

L'***Auberge le jardin d'Antoine*** (☎ *843-4506, 1 800 361-4506, fax 281-1491, auberge@odyssee.net ; 2024 rue Saint-Denis*) tranche par son aspect romantique. Vous débourserez entre 90 et 135 $ (bains à tourbillon), pour des chambres à la décoration victorienne, pas trop chargée. Les suites vous coûteront 175 $.

De la rue Sherbrooke Est à l'avenue de l'Hôtel-de-Ville, entre le bd Saint-Laurent et la rue Saint-Denis, trois hôtels, installés dans de vieilles demeures, sont attenants. L'***Hôtel Pierre*** (☎ *288-8519 ; 169 rue Sherbrooke Est*) comporte des chambres petites et un peu sombres (65 à 85 $) mais d'autres, louées de 75 à 85 $, mélangent savamment couleurs originales et mobilier classique. L'hôtel compte également une très belle chambre en lambris avec deux lits doubles séparés par une petite cloison et une kitchenette (125 $). Juste à côté, l'***Armor Manoir Sherbrooke*** (☎ *845-0915, fax 284-1126 ; 157 rue Sherbroocke Est)* offre une large gamme de prix, allant de 58 à 109 $ pour une simple/double avec s.d.b. Les prix varient de 42 à 65 $ pour des chambres avec s.d.b. commune. L'hôtel est composé d'une partie ancienne, abritant les chambres les moins chères, avec de magnifiques portes en bois massif et des boiseries, et d'une partie rénovée dans le style victorien. L'***Hôtel de Paris*** (☎ *522-6861 ou 1 800 567-7217, fax 522-1387, hdeparis@microtec.net ; 901 rue Sherbrooke Est*) satisfait bien des budgets : de 60 à 75 $ pour des chambres, dont certaines sous les toits très "douillettes", de 95 à 140 $ pour des suites victoriennes avec kitchenette.

Hôtels standard

Dans l'avenue René-Lévesque ou à proximité, on trouve des hôtels standard, aux chambres modernes, confortables, mais souvent impersonnelles. Ainsi, l'***Hôtel Travelodge*** (☎ *874-9090 ou 1 800 578-7878, fax 874-0907, travelodge-mtl@videotron.net ; 50 bd René-Lévesque Ouest*), qui compte 242 chambres climatisées à 89/99 $ la simple/double, ne réserve aucune surprise. Plus à l'ouest, le **Comfort Suites** (☎ *878-2711, fax 878-0030, www.confortinn.com ; 1214 rue Crescent*) possède de vastes chambres, aux tons mauve et bleuté, louées de 150 à 165 $. Les balcons orientés vers l'est offrent une jolie vue sur le centre-ville. L'***Hôtel Montréal Crescent*** (☎ *938-9797 ou 1 800 361-5064, fax 938-9797 ; 1366 bd René-Lévesque Ouest*) est également installé dans un petit immeuble. Pour 85 $, vous bénéficierez d'une chambre confortable avec un mobilier moderne, à l'exception de la télévision qui semble dater. L'accueil est sympathique.

Hôtels de luxe

Comme toutes les grandes villes, Montréal ne manque pas d'hôtels de luxe. Les trois cités se démarquent par leur caractère ou leur prix, à l'image de l'***Hôtel de l'Institut*** (☎ *282-5120, fax 873-9893, www.ithq.qc.ca ; 3535 rue Saint-Denis*). L'accueil et le service sont assurés par les élèves de l'Institut de tourisme et d'hôtellerie du Québec, d'où les prix tout à fait étonnants. Les simples/doubles vont de 80/115 à 88/135 $. Dans les tons vert ou orangé, elles sont modernes, spacieuses et confortables. Les deux suites coûtent de 140 à 187 $, prix raisonnable pour un salon avec sa grande table de bois et une immense chambre, dotée d'un grand lit. L'une des suites s'enorgueillit d'une vue imprenable sur la ville. Seul défaut : les salles de bains sont exiguës.

Dans le Vieux-Montréal, l'***Auberge Bonaparte*** (☎ *844-1448, fax 844-0272, bonaparte@securenet.net ; 447 rue Saint-François-Xavier*) associe fort bien luxe et convivialité, grâce à un accueil très chaleureux et une atmosphère détendue. Les lits en fer forgé ou de type Louis-Philippe personnalisent les chambres, facturées de 135 à 165 $, petit déjeuner compris. Les suites, à partir de 325 $, sont dans la même veine. Le restaurant français attenant passe pour l'un des meilleurs de la ville.

L'***Hôtel Le Germain*** (☎ *849-2050 ou 1 877 333-2050, fax 849-1437, www.hotelgermain.com ; 2050 rue Mansfield*) surprend par son style très épuré qui conjugue luxe et sérénité. Le mobilier en acajou tranche avec la blancheur des murs, ornés de quelques photos d'art. Vous trouverez tout le confort et l'équipement propres à ce genre d'établissement, jusqu'au modem. Les salles de bains sont spacieuses et claires. Le prix des chambres varie de 210 à 230 $, celui des appartements en duplex de 400 à 550 $.

Bed & Breakfasts et Gîtes du Passant

Dans la rue Saint-Hubert, près de la gare routière, ***La Maison Jaune*** (☎ *524-8851, fax 529-1471, www.cam.org/~frednet/mais2.html ; 2017 rue Saint-Hubert*) offre cinq chambres de couleur différente, avec s.d.b. commune, dans une belle bâtisse victorienne, jaune comme son nom l'indique. La plus calme donne sur le jardin et dispose d'un balcon. Il faut compter 45/65 $ pour une simple/double.

Un peu à l'écart du centre, mais proche de la station de métro Mont-Royal, le gîte ***À La Dormance*** (☎ *529-0179, fax 529-1079, dormance@microtec.net ; 4425 rue Saint-Hubert*) loue cinq chambres spacieuses, simples et agréables, avec s.d.b. commune, de 50 à 85 $, taxes incluses. Le rapport qualité/prix se révèle excellent, tout comme l'accueil de Chantal et d'Eddy, plein d'humour.

Près du métro Mont-Royal, chez ***Shézelles*** (☎ *849-8694, fax 528-8290, shez.masq@sympatico.ca ; 4272 rue de Berri*), l'accueil tout en gentillesse ne manque pas, lui non plus, d'humour. Un vaste studio, superbe, occupe tout le rez-de-chaussée. Les murs recouverts de bois et la cheminée rendent l'espace très chaleureux. Au milieu, trône un lit spacieux. Quelques marches mènent à une baignoire à remous. Le prix de 100 $ pour deux n'est pas usurpé. A l'étage se trouvent deux chambres à 75 $, et un petit nid d'amour fermé par une porte coulissante à la japonaise (65 $) ; le lit est placé sous un puits de lumière.

Le ***Gîte touristique du centre ville*** (☎ *845-0431, fax 845-0262, app@sympatico.ca ; 3523 rue Jeanne Mance*), proche du métro Place-des-Arts, comprend trois chambres avec s.d.b. commune de 60 à 75 $, copieux petit déjeuner compris. Le salon, avec piano et cheminée, est accueillant, tout comme Bruno Bernard, le propriétaire. Ce dernier loue également des appartements dans un immeuble situé 3463 rue Sainte-Famille, tous orientés au sud-ouest et bénéficiant d'une belle vue sur la ville. Très bien équipés, ils donnent droit à une piscine couverte et à un sauna, installés au rez-de-chaussée.

A Montréal, différentes compagnies, pour la plupart créées par des particuliers, proposent des chambres chez l'habitant. Chacune a ses critères de sélection.

B&B Downtown Network (☎ *289-9749 ou 1 800 267-5180 ; 3458 avenue Laval, H2X 3C8*) fonctionne avec succès depuis des années. Les responsables de cette agence ont vérifié le confort, l'hospitalité et le caractère exceptionnel de plus de 50 chambres. Les prix pratiqués sont raisonnables : de 40 à 55 $ la simple et de 55 à 65 $ la double.

B&B à Montréal (☎ *738-9410*), tenu par Marion Kahn, est une organisation similaire dont les tarifs sont légèrement plus élevés. Elle dispose aussi de quelques adresses à Québec, que l'on peut réserver de Montréal.

Une troisième agence, ***Montreal Oasis*** (☎ *935-2312 ; 3000 chemin de Breslay*), est tenue par Lena Blondel. Depuis son propre B&B, à deux pas de l'avenue Atwater, au nord de la rue Sherbrooke, elle prend les réservations. Toutes les adresses correspondent à d'anciennes maisons, au cœur de la ville. Les prix des simples/doubles varient de 45/55 $ à 90/100 $. Les enfants sont les bienvenus dans la plupart des B&B.

Welcome B&B (☎ *844-5897 ou 1 800 227-5897, fax 844-5894 ; 3950 avenue Laval, Montréal, H2W 2J2*) est une agence plus petite et moins chère, spécialisée dans les demeures du début du siècle, sises dans le quartier francophone de la rue Saint-Denis (métro : Sherbrooke). Les propriétaires gèrent eux-mêmes un B&B à l'adresse indiquée ci-dessus, tout proche du quartier des restaurants de la rue Prince-Arthur.

Il existe d'autres organisations de ce type, dont vous pourrez vous procurer la liste à l'office du tourisme du square Dorchester.

Appartements

Pour 750 $ par mois, vous pouvez loger dans un appartement très agréable, d'une pièce, avec alcôve, situé dans la ***Tour Trylon*** (☎ *843-3971, fax 848-9580 ; 3463 rue Sainte Famille*). Au rez-de-chaussée, la piscine et le sauna vous sont réservés.

La Tour Centre Ville (☎ *866-8861 ou 1 800 361-2790, fax 866-7257 ; 400 bd René-Lévesque Ouest*) loue des chambres/appartements, depuis le studio (82 $) jusqu'aux petites et grandes suites (92 et 102 $). Studios et suites sont équipés d'une kitchenette, et certains se prévalent d'une belle vue sur Montréal. L'hôtel dispose également d'une piscine intérieure, d'un sauna et d'une salle de gymnastique avec vue panoramique.

Motels

Les motels se concentrent dans deux quartiers de la ville. Le premier se situe à l'ouest, à dix minutes du centre-ville. Les motels bordent la rue Saint-Jacques, l'artère parallèle à la rue Sherbrooke juste au nord. En venant de l'ouest (de l'aéroport de Dorval, par exemple), l'autoroute 20 dispose d'une sortie donnant dans la rue Saint-Jacques.

Le ***Colibri*** (☎ *486-1167 ; 6960 rue Saint-Jacques Ouest*), sans prétention, loue des simples/doubles pour 54/65 $, taxes incluses. Plus récent, le ***Motel Sunrise*** (☎ *484-0048 ; 6120 rue Saint-Jacques Ouest*), à l'ouest du bd Decarie, est plus avenant. La simple/double revient à 55/75 $, taxes comprises.

Le ***Motel Raphaël*** (☎ *485-3344 ; 7455 bd Sainte-Anne*) présente un bon rapport qualité/prix avec des chambres à partir de 48,50 $ (accès à la piscine inclus). Il dispose également d'une salle de restaurant.

Le second quartier des motels est situé sur la rive sud, de l'autre côté du fleuve, sur la route 134 qui prend, sur ce tronçon, le nom de bd Taschereau. Prenez le pont Jacques-Cartier ou Champlain.

Le ***Motel Falcon*** (☎ *676-0215 ; 6225 bd Taschereau*) propose des simples/doubles à partir de 45/57 $, taxes incluses. Les chambres dans la partie neuve sont plus onéreuses mais incomparablement plus agréables. D'autres motels sont concentrés autour du n°7000, tels ***Le Paysan*** (☎ *640-1415 ; 12400 rue Sherbrooke Est*) avec des simples entre 54 et 65 $, taxes incluses. Les autres motels environnants sont plus onéreux.

A l'opposé, dans le nord de l'île de Montréal, le ***Motel Métro*** (☎ *382-9780 ;*

9925 rue Lajeunesse) bénéficie d'un excellent rapport qualité/prix avec des simples/doubles à 47/87 $, taxes incluses. La station de métro Sauvé est à proximité. En voiture, sur l'autoroute Métropolitaine, prendre la sortie 73 (rue Saint-Hubert) ; de là, poursuivre jusqu'à la rue Sauvé d'où vous apercevrez la rue Lajeunesse.

OÙ SE RESTAURER

Les Français sont largement à l'origine de l'excellente réputation de Montréal en matière de restauration. Des immigrants de diverses origines ont également apporté leur contribution. Chaque quartier a ses tendances.

Centre-ville

Le quartier des affaires est le domaine de la grande restauration, des bars, des pubs et des snacks très cotés. Montréal est notamment réputée pour la viande fumée. Dans cette spécialité, ***Ben's Delicatessen*** (☎ *844-1000 ; 990 bd de Maisonneuve Est*) est célèbre dans tout le pays. A l'angle du bd de Maisonneuve et de la rue Metcalfe, cette institution familiale à l'ambiance décontractée et à la décoration années 50 est très fréquentée par des employés de bureau à l'heure du déjeuner. Comptez de 4 à 7 $ pour un sandwich accompagné de frites, de *pickles* et d'un café. Dans la même veine, commandez chez ***Reuben's*** (☎ *866-1029 ; 1116 rue Sainte-Catherine ou* ☎ *861-1255 ; 888 rue Sainte-Catherine*) un excellent sandwich viande fumée, choucroute, fromage fondu pour 7 $.

Le ***Bar B Barn*** (☎ *931-3811 ; 1201 rue Guy*) sert les meilleures côtes de porc de la ville, dans un décor très américain. Les repas sont compris entre 9 et 20 $, soit un excellent rapport qualité/prix.

A la célèbre steakhouse ***Joe's*** (*1430 rue Stanley*), comptez de 10 à 17 $ pour un dîner composé d'un steak, d'une pomme de terre à l'eau ou de frites et d'une délicieuse salade.

Le ***Phaya Tai*** (☎ *933-9949 ; 1235 rue Guy*) sert de la cuisine thaïlandaise. Les principaux plats végétariens coûtent 7 $; les plats à base de poisson et de viande 9 à 15 $. La chaleureuse ***Maison de Cari*** (☎ *845-0326 ; 1433 rue Bishop)* propose des mets succulents et l'addition ne dépasse pas les 15 $ par personne. Le ***Pique-Assiette*** (☎ *932-7141 ; 2051 rue Sainte-Catherine Ouest)* compte parmi les plus anciens restaurants indiens de la ville, et propose un buffet à 8 $ le midi. Un dîner pour deux revient à environ 25 $.

Chez la Mère Michel (☎ *934-0473 ; 1209 rue Guy*) est une véritable institution pour les Montréalais. On y sert une savoureuse cuisine française. L'addition est plus difficile à digérer. Un dîner pour deux coûte environ 120 $ (vin, taxes et pourboire compris). Le service, la nourriture, le décor – tout est de grande classe. A noter : il est fermé le dimanche et ne sert pas de déjeuner le samedi et le lundi.

Les tavernes sont également d'excellentes adresses pour se restaurer. Joyau du genre, remarquable pour ses boiseries, le ***McLean's Pub*** (☎ *393-3132 ; 1210 rue Peel*) est l'une des plus anciennes. Vous trouverez des plats à partir de 5,50 $, dont une excellente viande fumée sur choucroute (7 $) qui suffit pour se rassasier. Des musiciens se produisent parfois en soirée.

Les cafés ne manquent pas dans le quartier de la rue Crescent et de la rue de la Montagne. Le ***Egg Spectation*** (☎ *842-3447 ; 1313 bd de Maisonneuve*) est recommandé pour son atmosphère agréable (assez branchée), ses excellents cafés, ses petits déjeuners et ses brunchs copieux pour environ 8 $.

Vieux-Montréal

Le charme des établissements du quartier tient souvent davantage à leur décor et à leur emplacement qu'à leur valeur gastronomique. Le secteur étant très touristique, les prix ont tendance à grimper.

Gibby's (☎ *282-1837 ; 298 place d'Youville*) très fréquenté, est installé dans une ancienne étable vieille de deux siècles. L'atmosphère est particulièrement agréable. Spécialité de la maison, le steak est succulent. Comptez 30 $ par personne pour le dîner. Mieux vaut réserver pour dîner, surtout le week-end.

La cuisine française de ***La Sauvagine*** (*115 rue Saint-Paul*), à l'angle de la rue Saint-Vincent, attire Québécois et étrangers. Au déjeuner, les prix varient de 5 à 10 $, au dîner de 15 à 23 $. Au menu "prix fixe", citons la bisque de homard, les escargots et la sole Dover. Seule ombre au tableau : le prix exorbitant du vin.

Dans la catégorie haut de gamme, mentionnons ***Le Claude Postel*** (☎ *875-5067 ; 443 rue Saint-Vincent*), avec des prix compris entre 26 et 60 $.

L'Usine de Spaghetti Parisienne (*273 rue Saint-Paul Est*) prépare des plats de 7 à 16 $, avec pain et salade à volonté.

Loin de la foule, le petit ***Café St Paul*** (*143 rue Saint-Paul Ouest*) pratique des tarifs très abordables, avec des déjeuners légers à 5 $. Il sert aussi des croissants et des expresso. Encore mieux, le ***Titanic*** (☎ *849-0894 ; 445 rue Saint-Pierre*) fait salle comble à l'heure du déjeuner. Salades, pâtes, sandwiches figurent au menu (possibilité d'emporter son repas). Il est ouvert du lundi au vendredi de 7h à 16h.

A l'écart de la zone touristique, ***Chez Delmo*** (☎ *849-4061 ; 211 rue Notre-Dame Ouest*) est prisé des Montréalais depuis de nombreuses années. Il est très animé à l'heure du déjeuner et sert des spécialités de fruits de mer servies à un prix modique. Vous débourserez environ 10 $ pour un déjeuner (jusqu'à 15h), que l'on déguste sur de longs comptoirs. Les dîners sont plus chers (16 $ le plat principal), mais excellents. Il est fermé le dimanche, mais ouvert le samedi soir de 18h à 23h.

L'été, ***Les Jardins Nelson*** (☎ *861-5731 ; 407 place Jacques-Cartier*) sont particulièrement agréables avec des jardins étagés. Les crêpes et les omelettes, spécialités de la maison, se dégustent au son d'un orchestre classique le midi, d'un groupe de jazz le soir. L'addition est un peu sévère.

Quartier latin

Le quartier est idéal pour ses cafés et ses repas express. ***Le Café Croissant de Lune***, juste en bas des marches du 176 rue Saint-Denis, est l'endroit idéal pour prendre un petit déjeuner.

Le Commensal (☎ *845-2627 ; 1720 rue Saint-Denis*) est ouvert tous les jours de 11h à 24h. Ce self-service propose plats végétariens, salades et desserts. Les prix sont au poids. La nourriture est bonne, variée, et l'addition modérée. Autres succursales : *1204 rue McGill-College*, *3715 rue Queen-Mary* et *5043 rue Saint-Denis*.

Les éloges ne manquent pas au sujet de ***Zyng*** (☎ *284-2016 ; 1748 rue Saint-Denis*). Dans un décor aux tons vifs (vert et orangé), cet établissement mélange tous les types de cuisines asiatiques. On peut composer soi-même son bol de soupe pour 5 $ en choisissant les ingrédients. Un repas complet coûte de 10 à 15 $. Il est ouvert tous les jours de 10h30 à 22h du lundi au vendredi, jusqu'à 1h l'été et le week-end.

Bon marché, et tout aussi apprécié, le ***Da Giovanni*** (*572 rue Sainte-Catherine Est*) propose un repas complet pour moins de 7 $. Arrivez avant 17h30 pour éviter de faire la queue. L'établissement ferme à 23h et ouvre à 7h pour le petit déjeuner.

Dans le Village, ***Biju*** (☎ *522-8219 ; 1257 rue Amherst*) mitonne des repas brésiliens à partir de 8 $ au déjeuner et entre 12 et 20 $ le soir. Comptez 13 $ pour une feijoada.

Le Main

Le bd Saint-Laurent (le Main) est réputé pour son atmosphère multiethnique, ses commerces et ses restaurants.

Le ***Bueno Notte*** (☎ *848-0644 ; 3518 bd Saint-Laurent*), très coté dans les carnets mondains, est fréquenté par une clientèle huppée qui déguste des spécialités italiennes.

Les habitués de l'ancien ***Café Méliès*** (☎ *847-9218 ; 3530 bd Saint-Laurent*) ne reconnaîtront pas leur endroit favori, qui a déménagé au sein du complexe cinématographique ***Ex-Centris*** (consultez la rubrique *Cinéma*). Dans un décor ultra-moderne, très métallisé, les menus (de 19 à 28 $) se caractérisent par une dominante française mâtinée d'influence californienne (sauces fruitées) et changent tous les jours. La carte des vins est fournie, mais les prix sont assez élevés.

Sushi et Boulettes (☎ *848-9474 ; 3681 bd Saint-Laurent*) est un petit restaurant japonais sans prétention où l'on se régale de sushis à des prix raisonnables (environ 10 $).

Plus au nord, rendez-vous impérativement chez ***Schwartz's*** (☎ *842-4813 ; 3895 bd Saint-Laurent*). Ce petit délicatessen familial et convivial, toujours bondé, ne ferme pratiquement jamais et sert incontestablement la meilleure viande fumée de la ville. Les menus sont facturés de 7,50 à 12 $.

L'avenue Duluth, qui s'étend d'est en ouest, coupe le bd Saint-Laurent à la hauteur du pâté de maisons numéro 4000. Cet ancien quartier chaud est devenu un secteur calme et agréable occupé par de nombreux restaurants. Du bd Saint-Laurent jusqu'à la rue Saint-Denis, de nombreux établissements grecs, italiens et vietnamiens bordent la rue.

Les couleurs vives du ***Bistro Duluth*** (☎ *287-9096 ; 121 av Duluth Est*) attirent l'œil. La cuisine portugaise est excellente, notamment le poulet (de 7 à 16,45 $ pour un poulet entier). Vous trouverez également un bon choix de portos et de whiskeys.

La Maison Grecque (*450 av. Duluth*) est très fréquentée. Vaste, elle dispose d'un patio en plein air. Vous paierez de 7 à 16 $ pour un menu. Si vous souhaitez acheter une bouteille de vin, sachez qu'un dépanneur est installé à deux pas.

Le Plateau

La rue Saint-Denis, vers l'avenue des Pins, regorge de cafés-restaurants. Chaque année apporte son lot de nouveautés. Parmi les classiques, mentionnons ***La Brûlerie Saint-Denis*** (☎ *286-9158 ; 3967 et 1587 rue Saint-Denis*) prépare d'excellents cafés et chocolats. Les gâteaux sont délicieux et appétissants. Le ***Café Cherrier*** (☎ *843-4308 ; 3635 rue Saint-Denis*) est fréquenté par une clientèle hétéroclite. Le repas complet coûte de 25 à 30 $. La cuisine grecque de l'***Ouzeri*** (☎ *845-1336 ; 4690 rue Saint-Denis*) est traditionnelle, avec un bon choix de vins français, chiliens, italiens, etc. Le prix est très raisonnable (35 $ pour deux). Quant au ***Persil Fou*** (*4669 rue Saint-Denis*), installé dans une cave, il s'est fait un nom en matière de cuisine française. Le prix des menus s'échelonne entre 14 et 24 $. Un menu théâtre (12,50 $) est servi à partir de 17h. Le restaurant est fermé le lundi.

Pour savourer l'authentique cuisine québécoise et l'ambiance d'un restaurant typiquement montréalais, allez à ***La Binerie Mont-Royal*** (☎ *285-9078 ; 367 rue Mont-Royal Est*). Les fèves au lard et le pouding chômeur sont la grande spécialité de la maison. Un repas complet ne dépasse pas 7 $. La formule plats à emporter est également possible. Le restaurant est fermé le dimanche et une partie des vacances d'été.

Au ***Porté Disparu*** (☎ *524-0271 ; 957 rue Mont-Royal Est*), les livres courent sur une étagère le long d'un mur de brique. On joue aux échecs ou au scrabble sur fond de musique québécoise et les soirées poésie ou philosophiques (hors saison) s'apprécient devant une salade ou une tarte salée maison.

Rue Prince-Arthur

Située entre le Quartier latin et le Plateau, la rue Prince-Arthur est une ancienne rue résidentielle dont la portion piétonnière s'est transformée en zone de restaurants très bon marché. Les enseignes grecques et vietnamiennes dominent. ***La Casa Grecque*** (☎ *842-6098 ; 200 rue Prince-Arthur Est*) jouit d'une excellente renommée. La cuisine est succulente et l'addition modérée : les menus coûtent de 14 à 20 $.

Autre très bonne adresse, japonaise cette fois, ***Le Sapporo*** (☎ *499-8412 ; 166 rue Prince-Arthur Est*) est considéré comme l'un des meilleurs de Montréal. Comptez 20 $ par personne. Les amoureux peuvent dîner dans des salons privés, fermés par des cloisons japonaises.

Mile End

Le long des rues Bernard et Saint-Laurent s'égrènent de bons restaurants et des cafés

MARK LIGHTBODY

GEORGI SHABLOVSKY

GEORGI SHABLOVSKY

GEORGI SHABLOVSKY

MARK LIGHTBODY

En haut : canotage sur le Saint-Laurent. **Au milieu :** le marché Bonsecours et un gratte-ciel à Montréal. **En bas à gauche :** l'entrée de Chinatown à Montréal. **En bas à droite :** promenade en calèche à Québec.

CHRISTINE COSTE

MARK LIGHTBODY

Atmosphères contrastées à Montréal. **En haut :** vue du centre-ville depuis le parc du Mont-Royal. **En bas :** artistes de rue dans le Vieux-Montréal.

douillets. ***La Moulinière*** *(☎ 273-8132 ; 1249 rue Bernard)* s'est spécialisée dans les préparations de moule. Au menu, on en trouve une douzaine, dont une au cognac et au poivre vert. A l'arrière se trouve une agréable terrasse. L'addition se monte en moyenne à 15 $. La gastronomie japonaise est à l'honneur au ***Maïko Sushi*** *(☎ 490-1225 ; 387 rue Bernard)*, spécialisé, entre autres, dans les bouillabaisses (45 $ pour deux) et les fondues japonaises (37 $ pour deux).

L'avenue du Parc, qui se poursuit au-delà du mont Royal au nord, regroupe surtout des restaurants grecs plus traditionnels, spécialisés pour la plupart dans les plats de poisson. Le meilleur est le ***Milos*** *(☎ 245-7400 ; 5357 avenue du Parc)*. Dans un décor maritime (bleu), il accueille une clientèle très bourgeoise attirée par le grand choix de poissons, ainsi qu'une carte des vins en provenance de Grèce et de France. Vin compris, un repas complet oscille entre 80 et 100 $.

Chinatown

La cuisine est essentiellement cantonaise, avec quelques plats épicés sichuanais. Des menus spéciaux du jour, à partir de 6 $, thé compris, sont souvent proposés. Des établissements plus ou moins bon marché jalonnent la rue de La Gauchetière.

Le Cristal de Saigon *(☎ 875-4275 ; 1068 bd Saint-Laurent)* est un restaurant vietnamien réputé pour ses excellentes soupes, qui suffisent pour se rassasier (5-6 $).

Le Jardin de Jade *(☎ 866-3127 ; 67 rue de La Gauchetière Ouest)*, avec son immense buffet, ses nombreuses salles de tailles différentes, propose plusieurs formules. En milieu d'après-midi, le premier prix est à 5,50 $ (7,50 $ après 21h). Comptez 11 $ pour un dîner. Le dimanche, les chariots chargés de mets circulent autour des tables.

Sing Ping *(☎ 397-9598 ; 74 rue La Gauchetière Ouest)* jouit d'une excellente réputation. Les grandes tables rondes favorisent les bons repas entre amis.

OÙ SORTIR

A Montréal, la vie nocturne, particulièrement riche et variée, se déroule aussi bien en français qu'en anglais. Comme dans toute la province, la plupart des discothèques n'exigent aucun droit d'entrée et le prix des consommations est très raisonnable. La frontière entre discothèques et bars est parfois ténue. L'alcool est servi jusqu'à 3h – les heures d'ouverture les plus tardives du Canada. Si vous souhaitez dîner dans un bar, arrivez de préférence après 22h ou 23h et ne faites pas trop preuve d'impatience devant la queue.

Voir (en français) et son pendant anglais *Mirror*, deux hebdomadaires distribués gratuitement dans les lieux publics, fournissent la liste des distractions montréalaises, enrichie de nombreux articles culturels souvent fort instructifs. Dans *La Presse* et *Le Devoir* du vendredi, on trouve toutes les manifestations de la fin de semaine.

Pour le théâtre et sa programmation, un service téléphonique (☎ 790-2787) donne les informations souhaitées.

Discothèques

Les rues Crescent, de la Montagne et Bishop connaissent une animation fiévreuse la nuit, avec des clubs de type discothèques et des endroits plus décontractés. C'est le quartier pour passer une nuit à l'anglaise. Les francophones se regroupent dans la rue Saint-Denis.

Le ***Sir Winston Churchill Pub*** *(☎ 288-3814 ; 1455 rue Crescent)* est l'endroit populaire où l'on va danser. La clientèle est aussi variée que la musique.

Le service d'ordre et le tapis rouge à l'entrée de l'***Electric Avenue*** *(☎ 285-8885 ; 1469 rue Crescent)* ne doivent pas impressionner. Les tubes des années 80 se succèdent, pour le plus grand bonheur de quadragénaires qui chantent et dansent sur leurs souvenirs de jeunesse. Certains soirs, l'endroit est archi-comble. Le club est ouvert les jeudi, vendredi et samedi (5 $).

Des orchestres latino-américains se produisent à ***La Salsathèque*** *(☎ 875-0016 ; 1220 rue Peel)*, un endroit élégant et animé.

Le Metropolis (*59 rue Sainte-Catherine Est*) dispose de bars répartis sur trois étages. Musique assourdissante et système d'éclairage dernier cri sont garantis. Elle est ouverte seulement le week-end. Juste à côté, autre institution de la vie nocturne montréalaise, les ***Foufounes Électriques*** (☎ *844-5539 ; 87 rue Sainte-Catherine Est*) distille de la musique new wave ou punk.

Le ***Pub Saint-Paul*** (☎ *874-0485 ; 124 rue Saint-Paul Est*) offre une belle vue sur le port. On peut écouter des groupes de rock, tout en jouant au billard, ou en dansant. Le prix d'entrée est fixé à 5 $.

Pubs

Les pubs sont légion à Montréal. Ils disposent d'un large choix de bières (pintes, girafes, etc.) à des prix abordables. La pinte de Guiness avoisine les 6 $. Ils accueillent souvent de très bons groupes.

Le ***Hurley's Irish Pub*** (☎ *861-4111 ; 1125 rue Crescent*) est une étape obligée. Concerts, danses irlandaises, matchs de rugby retransmis sur grand écran, petit coin feutré pour causeries, faites votre choix. L'espace est vaste et chaleureux. Le ***Pub Mckibbins*** (☎ *288-1580 ; 1426 rue Bishop*) fait également très typique, avec des groupes écossais ou irlandais. ***Le Vieux Dublin*** (*1219 rue University*), installé au fond d'un parc de stationnement dans le centre-ville, est le doyen des pubs irlandais de la ville. Quant au ***Fûtembulle*** (☎ *276-0473 ; 273 rue Bernard Ouest*), il offre un grand choix de bières écossaises et irlandaises et l'on peut s'y restaurer. Le ***Pub Sainte-Elizabeth*** (☎ *286-4302 ; 1412 rue Sainte-Elizabeth*) dispose également d'un vaste choix de bières que l'on peut savourer dans un très agréable jardin en été.

Bars

La bière coule souvent à flots, dans une ambiance généralement bon enfant. Les bars accueillent souvent des groupes et il est fréquent que l'on y danse.

Au ***Bistrot à Jojo*** (☎ *843-5015 ; 1627 rue Saint-Denis*) se produisent d'excellents groupes de blues. L'entrée coûte 2 $. Non loin de là, le ***Bar Les Conneries*** (*2033 rue Saint-Denis*), en sous-sol, est réputé pour sa soirée du mercredi, au cours de laquelle des jeunes dansent sur de la musique de leurs parents. On se croirait dans une soirée entre amis. ***Le Saint-Sulpice*** (☎ *844-9458 ; 1680 rue Saint-Denis*), qui s'étend sur quatre étages, est doté d'un magnifique jardin. C'est une institution qui attire une clientèle variée. Le gigantisme des lieux et la foule qui s'y presse peut effrayer, mais l'ambiance est malgré tout agréable. Au sous-sol, on s'en donne à cœur joie sur la piste de danse.

Dans un tout autre genre et un autre quartier (Vieux-Montréal), ***Les Deux Pierrots*** (☎ *861-1270 ; 104 et 114 rue Saint-Paul Est*) occupe deux étages, avec des chanteurs francophones et une atmosphère chaleureuse, parfois déchaînée lorsque le public chante en cœur des chansons populaires. L'entrée est de 3 $.

Sur les hauteurs du Plateau Mont-Royal, le ***Café Campus*** (☎ *844-1010 ; 57 rue Prince-Arthur Est*) reste un des hauts lieux estudiantins, où l'on peut danser sans bourse délier. Le dimanche est réservé aux soirées francophones.

Il existe plusieurs bons endroits pour écouter du jazz. Mentionnons ***L'Air du Temps*** (☎ *842-2003 ; 191 rue Saint-Paul Ouest*), dans le Vieux-Montréal. Si les musiciens sont essentiellement locaux, les genres sont très variés. L'atmosphère et le décor sont agréables. Le ***Biddles*** (☎ *842-8656 ; 2060 rue Aylmer*) tient son nom du contrebassiste Charlie Biddle's, qui se produit quasiment tous les soirs et assure la programmation. Dans un décor début de siècle, vous pouvez également vous restaurer, en compagnie d'un public d'amateurs de jazz avertis. Découvrez également le ***Thélème*** (☎ *845-7932 ; 311 rue Ontario Est*), qui propose du bon jazz pendant l'hiver. Presque en face, des groupes se produisent au ***Jazzons*** (☎ *843-9818 ; 300 rue Ontario Est*) dans un endroit exigu mais chaleureux. Ce bar ferme le mardi.

La vague "Lounge" – ces bars décontractés à l'atmosphère langoureuse et feutrée, avec pièce "cigare" attenante – est quelque peu retombée, mais les Montréalais apprécient toujours ces endroits où flotte un air de jazz ou de blues. Ouvert à partir de 22h30, ***L'Allegra*** (☎ *845-4337 ; 3523A bd Saint-Laurent*) joue la carte baroque jusqu'à la caricature. Ici, le rouge est omniprésent, depuis l'éclairage tamisé jusqu'aux lourds rideaux qui cachent des alcôves, et un téléphone permet de joindre la serveuse. Plus fraternel, le ***Mondexo*** (☎ *273-5015 ; 400 avenue Laurier Ouest*) propose, du jeudi au samedi, du jazz que l'on écoute affalé dans l'un des canapés. Dans le registre tables de billards et bar aux lumières bleutées, le ***Swimming*** (☎ *282-7665 ; 3643 bd Saint-Laurent*) accueille des groupes de funk, de swing et de jazz le week-end (5 $). Enfin, le ***Jello Bar*** (☎ *285-2621 ; 151 rue Ontario Est*) demeure une référence. Du jazz à la techno, des groupes très variés animent les soirées, pour lesquelles il faut débourser 4 $.

Pour jouir d'un superbe panorama sur la ville, rendez-vous sur la ***Magestic Terrasse*** de l'***Hôtel de la Montagne*** (☎ *288-5656 ; 1430 rue de la Montagne*), où vous aurez également l'occasion de profiter de la piscine en mezzanine.

La scène gay

La vie nocturne se déroule pour l'essentiel dans les bars et les cabarets du Village, ouverts jusqu'à 3h. Les discothèques sont peu nombreuses. *Fugues*, un mensuel gratuit, informe sur les adresses et l'actualité de la communauté gay montréalaise.

Le ***Sky Club*** (☎ *529-6969 ; 1474 rue Sainte-Catherine Ouest*), avec un pub au premier niveau, est la boîte fréquentée par l'ensemble de la communauté homosexuelle. Une piste est consacrée au disco, une autre à la house. Pour danser sur des sonorités latino-américaines, l'***Exotica*** (☎ *281-1773 ; 417 rue Saint-Pierre*), ouvert du jeudi au dimanche, est tout indiqué.

La Track (☎ *521-1419 ; 1584 rue Sainte-Catherine Est*) est une discothèque sur trois niveaux diffusant de la musique disco et du rock alternatif. Quant à ***L'Aigle Noir*** (☎ *529-0040 ; 1315 rue Sainte-Catherine*), il s'agit d'un bar cuir. Tous deux sont essentiellement réservés aux hommes.

Accessible aux femmes uniquement, le ***Sister's*** (☎ *522-4717 ; 1333 rue Sainte-Catherine*) fait bar bar et discothèque.

De nombreux spectacles en tout genre (musiciens, travestis, etc.) sont à l'affiche du ***Club Mississippi*** (☎ *521-1419 ; 1584 rue Sainte-Catherine Est*).

Cinéma

Le septième art occupe une place vraiment importante à Montréal (consultez l'encadré *Le septième art en bonne place*) : la ville accueille de nombreux festivals, dont le Festival des Films du monde fin août, le Festival international Nouveau Cinéma et Nouveaux Médias début octobre, celui du Cinéma fantastique fin juillet-début août.

Un détour s'impose pour admirer ***L'Impérial*** (☎ *843-0300 ; 1430 rue de Bleury*). Ouvert en 1916, il demeure le fleuron architectural des cinémas québécois, avec sa décoration baroque tout de velours rouge. La programmation est de qualité.

Tout aussi impliquée dans la promotion de cinéma de qualité, ***La Cinémathèque québécoise*** (☎ *842-9763 ; 335 bd de Maisonneuve Est*) est un autre lieu incontournable (fermé le lundi). L'***Office national du film*** (☎ *496-6887, www.onf.ca ; 1564 rue Saint-Denis*) dispose d'une salle de cinéma, d'une vidéothèque et d'une cinérobothèque unique en son genre qui permet de visionner un film de son choix sélectionné parmi 6 000 films couvrant 60 années de production. Ces services sont accessibles de 12h à 21h du mardi au dimanche (3 $ l'heure).

Aujourd'hui, les grands complexes fleurissent. ***Les cinémas Famous Players*** (☎ *866-0111 ; 977 rue Sainte-Catherine Ouest*) s'étalent sur cinq étages avec cafés, restaurant, billetterie automatique et douze salles, dont deux avec un écran géant, sans oublier une salle IMAX. Au cœur du quartier latin, le ***Cineplex-Odéon*** (☎ *849-3456 ; 350 rue Emery*) peut accueillir plus de 3 000 personnes dans ses 17 salles ultramodernes, avec écrans incurvés pour une meilleure visibilité. La plus grande dispose

Le septième art en bonne place

Montréal est devenu un lieu privilégié de tournages, qui rapportent chaque année près d'un milliard de dollars à la ville. A tel point que les riverains, notamment dans le Vieux-Québec, commencent à se plaindre de la gêne occasionnée. Les Américains profitent d'un coût de la vie plus avantageux que chez eux. Surtout, les techniciens canadiens jouissent d'une excellente réputation, notamment pour leur maîtrise des effets spéciaux. Ceux de *Titanic*, de *Jurassic Park* ou de *La Cité des Enfants Perdus* ont été réalisés grâce à la technologie développée par Softimage Inc, une société canadienne aujourd'hui rachetée par Microsoft. Quant au procédé IMAX, il a été inventé au Canada, n'en déplaise au Futuroscope de Poitiers.

Dernier attrait de Montréal pour les réalisateurs, la ville offre tous les types de décor, depuis la cité européenne jusqu'aux gratte-ciel d'une métropole américaine en passant par le Saint-Laurent. Montréal compte des studios regroupés au sein de la cité du cinéma à Saint-Hubert, dans la banlieue sud de Montréal. D'autres studios devraient voir prochainement le jour du côté du Vieux-Port.

A Montréal, on a toujours fait la part belle au cinéma indépendant. ***Le Cinéma Parallèle*** a rejoint ***Ex-Centris*** (☎ *847-3536 ; 3530 bd Saint-Laurent*), créé par Daniel Langlois, après qu'il ait vendu sa société Softimage Inc. Dans des conditions techniques et de confort égales à celles que proposent les meilleurs complexes, Ex-Centris diffuse des films du monde entier qui n'ont pas trouvé de distributeurs canadiens, des œuvres d'avant-garde et expérimentales et des vidéos numériques. Dans un même lieu sont regroupées la créativité propre au cinéma et les technologies de pointe des nouveaux médias. Outre les quatre salles de projection (dont une privée), équipées de tous les appareils de projection possibles (y compris 3 D) et du dernier cri de la technique en matière de son, l'immeuble accueille des studios de production et de post-production numérique ainsi que des organismes non commerciaux à vocation cinématographique. L'architecture et le design sont tout à fait étonnants. Les objets du cinéma servent à la décoration. Ainsi, des bobines de film marquent le départ des escaliers et les caissières apparaissent sur un écran ovale.

de 354 sièges. Un nouveau complexe de 20 salles devrait voir le jour près du parc olympique.

Logé dans les anciens hangars du quai King-Edward, le cinéma ***IMAX Vieux Port*** (☎ *496-4629 ou 1 800 349-4629*) présente sur un écran géant des films tournés en trois dimensions (12,50 $, 10,50 $ pour les plus de 60 ans et les 13-17 ans, 8,50 $ pour les 4-12 ans).

Théâtre et danse

Les ***Ballets Jazz de Montréal***, une troupe de danse moderne, jouissent d'une réputation mondiale et se produisent fréquemment à Montréal. Le complexe de La Place des Arts, à l'angle des rues Sainte-Catherine Ouest et Jeanne-Mance, vit au rythme des festivals et des manifestations culturelles. Dans la salle Wilfrid-Pelletier (2 982 places) se tiennent les concerts de l'***Orchestre Symphonique de Montréal*** (☎ *842-9951*). L'***Opéra de Montréal*** (☎ *985-2258*) s'y produit également. Les trois autres salles de spectacles sont réservées au théâtre.

Le ***Théâtre Centaur*** (☎ *288-3161 ; 453 rue Saint-François-Xavier*) est spécialisé dans les représentations théâtrales en anglais.

Manifestations sportives

Voir un match de hockey est une autre façon de s'imprégner de la culture montréalaise et de participer à l'un des loisirs préférés des Québécois. L'équipe *Le Canadien de Montréal*, gagnant de la coupe Stanley à 24 reprises, dispute ses matchs dans le splendide *Centre Molson* (☎ *932-CLUB ;*

1260 rue de la Gauchetière Ouest). La saison va d'octobre à mai.

Le base-ball se pratique d'avril à septembre. Les *Expos de Montréal* rencontrent leurs rivaux de la *Ligue Nationale* au Stade olympique (☎ *790-1245 ; 4549 avenue Pierre-de-Coubertin*). Métro : Pie-IX.

La saison du club de football *Les Alouettes de Montréal* commence en juin et se termine en novembre, au *Stade de l'Université McGill* (☎ *254-2400*).

Les courses hippiques se déroulent à l'*Hippodrome de Montréal* (☎ *739-2741 ; 7440 bd Décarie*). Il est préférable de téléphoner pour connaître les heures d'ouverture.

Autres distractions

Implanté à Montréal, le ***Cirque du Soleil*** (☎ *722-2324*) qui connaît aujourd'hui une renommée internationale, crée des spectacles essentiellement fondés sur des acrobaties et d'étonnants tours d'adresse, mêlant arts du cirque et arts de la rue. Inauguré en février 1997, son siège social emploie 500 personnes et comprend deux salles d'entraînement.

Le ***casino de Montréal*** (☎ *1 800 665-2274 ou 392-2746*) est l'un des dix plus grands du monde (reportez-vous au paragraphe *Île Notre-Dame*.)

ACHATS

Les boutiques des musées de Montréal, notamment celle du Musée McCord, proposent des ouvrages et de très beaux objets (des sculptures en bois, par exemple), des jouets pour enfants ainsi que des plaids aux couleurs vives.

La galerie d'art inuit ***Elca London*** (☎ *282-1173 ; 1196 Sherbrooke Ouest*) possède une belle collection de sculptures, à voir absolument. Certaines pièces restent relativement abordables.

Le long de la rue Amherst, entre les rues Ontario et de Maisonneuve, brocanteurs et antiquaires font le bonheur des chineurs.

Pour les équipements de survie et de sport, de détente ou de camping, ***Le Baron*** (☎ *866-8848 ; 932 rue Notre-Dame Ouest*) est la meilleure adresse. Le choix est important et la qualité des produits, sans égal. ***J.Schreter*** (☎ *845-4231 ; 4350 bd Saint-Laurent)* affiche sur certains produits des prix plus intéressants, mais le choix est plus limité.

La ville souterraine offre un large choix de boutiques de fourrure – l'une des spécialités de la ville – et de chaussures, dont Montréal a longtemps été la capitale. Profitez des soldes de fin juillet.

COMMENT S'Y RENDRE

Avion

Montréal dispose de deux aéroports internationaux. Situé à 20 km du centre-ville, à l'ouest, l'aéroport de Dorval (☎ 633-3105) est utilisé pour les vols intérieurs et les liaisons avec les autres provinces du Québec et les États-Unis. L'aéroport de Mirabel (☎ 476-3010), à 6 km au nord, accueille tous les vols internationaux.

Les deux aéroports sont dotés d'un numéro gratuit, le ☎ 1 800 465-1213. Par Air Canada (☎ 393-3333), l'aller Halifax-Montréal revient à 547 $, Toronto à 308 $ et Winnipeg à 830 $. Les tarifs aller-retour sont bien plus avantageux, pourvu que l'on réserve une semaine à l'avance.

Canadien International (☎ 847-2111) pratique des prix identiques.

Bus

La Station Centrale d'autobus Montréal (☎ 843-4231 ; 505 bd de Maisonneuve), à côté de la station de métro Berri-UQAM, regroupe toutes la compagnies qui desservent les grandes villes canadiennes et certaines villes américaines (New York, Boston). Pour les États-Unis, vérifiez si le prix du billet est en dollars américains ou canadiens.

De manière générale, il est recommandé de se présenter au guichet 45 minutes avant le départ. Dans le hall, non loin du comptoir des renseignements, un libre-service délivre également les billets (cartes de crédit acceptées). Des tarifs préférentiels sont accordés aux étudiants, aux seniors et aux enfants.

Toutes les heures de 6h à 22h, un bus part pour Québec. Le trajet dure 3 heures et revient à 37,40 $, toutes taxes comprises.

Ottawa est à 2 heures 30 (départs toutes les heures de 6h à 22h ; 28,30 $). Le dernier bus est à 23h30. Celui de 6h ne fonctionne pas les samedi et dimanche. Pour la liaison Montréal-Toronto (77,70 $), il existe sept départs par jour (6 heures 45 de trajet).

Train

Les deux gares sont en centre-ville. Vous pourrez vous rendre de l'une à l'autre en 10 minutes par le passage souterrain.

La gare VIA Rail Canada INC (☎ 989-2626), 895 rue de la Gauchetière Ouest, également appelée gare centrale, sous l'hôtel de la Reine Elizabeth, à l'angle du bd René-Lévesque et de la rue Mansfield, reçoit la plupart des passagers de VIA Rail. Métro : Bonaventure.

En semaine, cinq services de train sont assurés quotidiennement pour Ottawa (premier départ à 6h45, dernier à 17h45) ; six pour Toronto (premier départ à 7h15, dernier à 18h30) et quatre pour Québec (à 6h50 pour le premier et 18h pour le dernier). Pour Ottawa/Toronto/Québec, vous débourserez 57/138/73 $. Vous bénéficierez de tarifs réduits si vous réservez une semaine à l'avance. Le samedi et le dimanche, les fréquences sont plus limitées.

Pour toute information sur les destinations aux États-Unis, contactez Amtrak (☎ 1 800 872-7245). Par Amtrak, comptez entre 58 $US l'aller simple pour New York en semaine (les réductions sont avantageuses sur l'aller-retour). Les tarifs varient en fonction de la période de l'année. Vérifiez bien que la somme vous est communiquée en dollars américains.

La gare Windsor fait l'angle de la rue Peel et de la rue de La Gauchetière, à quelques pâtés de maisons de la gare CN-VIA Rail. Descendez à la même station de métro. Ce sont surtout des trains de banlieue qui utilisent aujourd'hui cette vieille gare.

Voiture

La Transcanadienne (40) relie Ottawa à Montréal. Elle devient alors l'autoroute Métropolitaine avant de continuer sur Québec (côté rive nord du Saint-Laurent). Pour vous rendre à Québec par la rive sud, empruntez l'autoroute 20. La 20 rejoint Toronto. Pour les États-Unis, prenez l'autoroute 10 (celle des Cantons de l'Est) ou l'autoroute 15, qui se rejoignent au pont Champlain. Pour les Laurentides, choisissez l'autoroute 15 en direction de l'aéroport de Mirabel.

Covoiturage

Allô Stop (☎ 985-3032 ; 4317 rue Saint-Denis) met en contact automobilistes et passagers (consultez le chapitre *Comment Circuler*). Comptez 15 $ pour Québec. Allô Stop dessert également Toronto (28 $), Ottawa (12 $), New York et plusieurs autres villes.

COMMENT CIRCULER

Desserte de l'aéroport

Pour les deux aéroports (Dorval et Mirabel), le plus simple consiste à utiliser la compagnie Connaisseur (☎ 934-1222), qui propose deux arrêts dans Montréal, l'un à la gare routière, l'autre à l'angle de la rue de l'Université et de la rue de la Gauchetière (métro : Bonaventure). Pour Dorval, à partir de la gare routière, il existe un départ toutes les demi-heures de 5h à 6h30, puis toutes les vingt minutes jusqu'à 23h. Le week-end, les départs s'échelonnent toutes les demi-heures de 5h à 22h ; le dernier est à 23h.

En sens inverse, les bus s'espacent toutes les 20 mn de 7h00 à 23h, puis toutes les demi-heures jusqu'au dernier départ à 1h. Le week-end, les départs ont lieu toutes les demi-heures de 7h à 1h. Comptez 30 minutes de trajet. Les tarifs se montent à 9,75 $ (8,50 $ pour les plus de 65 ans).

La desserte de Mirabel est plus longue : 45 minutes pour les express, 1 heure 15 pour les bus qui passent par Dorval. Le premier départ est à 1h, le dernier à 22h15. Téléphonez au ☎ 934-1222 pour connaître les horaires exacts. Le coût du transport est de 8 $.

Les autocars Connaisseurs assurent une liaison entre les aéroports de Dorval et de

LE MÉTRO DE MONTRÉAL

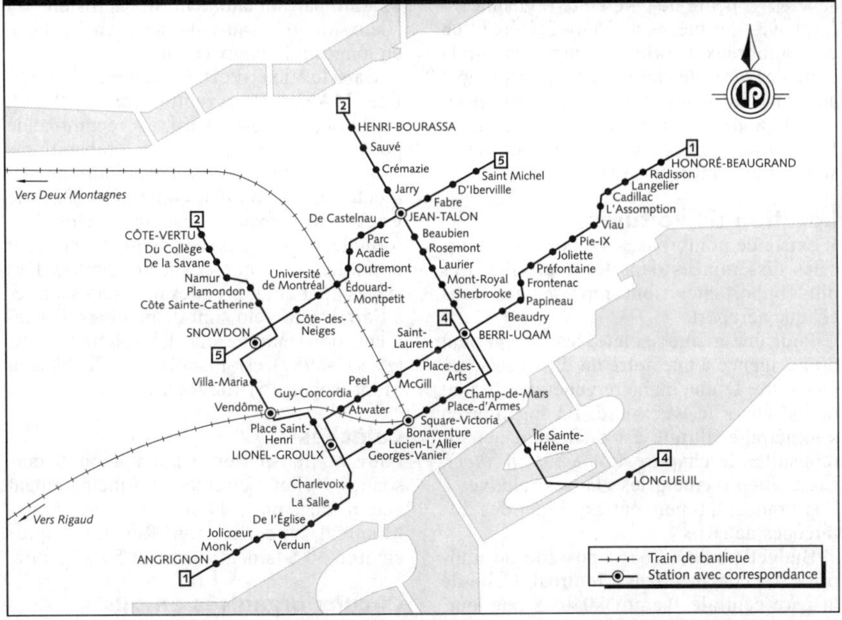

Mirabel (12,75 $). Les horaires varient selon les départs et les arrivées des vols. Renseignez-vous au ☎ 934-1222.

La course en taxi du centre-ville à l'aéroport de Dorval est forfaitaire (25 $). Pour Mirabel, il faut compter environ 55 $.

Bus et métro

Montréal dispose d'un système de métro/bus (☎ 288-6287) très étendu et extrêmement pratique. Le métro fonctionne jusqu'à 1h pour la ligne la plus tardive, et certains bus encore plus tard.

Un ticket à l'unité coûte 1,86 $ (8,25 $ le carnet de 6). Il existe une carte de touriste pour trois jours consécutifs (12,25 $), valable sur le réseau de métro comme de bus. Un ticket vous donne droit à une correspondance avec le bus ou le métro. Dans les bus, adressez-vous au conducteur pour obtenir un ticket de correspondance. Dans le métro, approvisionnez-vous auprès des distributeurs prévus à cet effet, après les tourniquets. Les bus acceptent les tickets simples, les tickets de correspondance et l'appoint.

Les stations sont signalées par de grands panneaux bleus dotés d'une croix blanche pointée vers le bas. Le réseau est essentiellement orienté Est-Ouest, avec une ligne Nord-Sud qui marque une intersection à Berri-UQAM.

La partie ouest de la ville est desservie par un train de banlieue dont les départs se font des stations Bonaventure et Vendôme.

Voiture

En ville, la plupart des rues sont à sens unique. La circulation, dense, est cependant tranquille : le klaxon n'est quasiment jamais utilisé. Il est également relativement facile de se repérer dans le centre-ville. Attention aux feux, placés après les carrefours.

Pour le stationnement, tenez compte des panneaux limitant les périodes et les temps autorisés ; les contrôles sont fréquents et sévères. L'heure de parcmètre revient à 1 $ (prévoyez des pièces de 25 c). Préférez l'un des nombreux parkings répertoriés sur la carte des aires de stationnement disponible au Centre Infotouriste du square Dorchester.

Évitez de circuler en voiture dans le Vieux-Montréal – les rues sont étroites et souvent encombrées en été.

Location de voitures

Il existe de nombreuses agences et succursales disséminées dans toute la ville. Les plus importantes sont représentées dans chaque aéroport.

Pour une même société, les prix varient d'une agence à une autre ou d'une saison à une autre. D'une manière générale, ils sont moins chers le week-end. La location en kilométrage illimité est difficile à obtenir (consultez le chapitre *Comment circuler*). Lisez attentivement les clauses relatives à l'assurance, qui peuvent expliquer des différences de tarifs.

Budget (☎ 866-7675) possède de multiples succursales dans Montréal. Celle de la gare centrale facture 80,40 $ par jour, taxes et assurances comprises.

Hertz (☎ 842-8537), 1475 rue Aylmer, et Avis (☎ 288-9934), 505 bd de Maisonneuve Est, pratiquent les mêmes tarifs, autour de 85 $ la journée. Avis consent des rabais intéressants aux étudiants si la location dépasse la semaine. L'agence Hertz, à l'aéroport de Mirabel, peut accorder un prix avantageux à la semaine en kilométrage illimité si vous vous montrez persuasif.

La compagnie National Tilden (☎ 878-2771), 1200 rue Stanley, facture 66,29 $ par jour en semaine (kilométrage illimité).

Chez Via Route (☎ 871-1166), 1255 rue Mackay, assurances et taxes sont incluses dans le prix. La journée revient à 57 $ (300 km gratuits, 12 c par kilomètre supplémentaire). Ce dernier loue aussi des camping-cars et des minibus.

Bicyclette

Les offices du tourisme et les loueurs de bicyclettes fournissent de très bonnes cartes des voies et pistes cyclables. Un circuit de 12 km part notamment de la lisière du Vieux-Montréal, au sud-ouest, vers Lachine, en longeant le vieux canal.

Dans le Vieux-Port, à proximité de l'édifice IMAX, Vélo Aventure (☎ 847-0666), sur le quai King-Edward, est recommandé pour les locations et les réparations. L'agence est ouverte tous les jours de mai à octobre. La journée coûte 20 $ (22 $ le week-end), casque et cadenas inclus. Des formules à l'heure ou à la demi-journée sont possibles, ainsi que des tarifs famille. Des sièges pour enfants et des poussettes à fixer à l'arrière du vélo sont disponibles. Également bon marché, la Bicycletterie J.R. (☎ 843-6989) est installée sur le Plateau Mont-Royal, 151 rue Rachel Est.

Calèches

Pouvant transporter jusqu'à 4 ou 5 personnes, elles circulent principalement autour du square Dorchester, du Vieux-Montréal, ou sur le mont Royal. Comptez environ 30 $ la demi-heure et 50 $ l'heure.

Circuits organisés en bus

Au Centre Infotouriste du square Dorchester, Gray Line (☎ 934-1222) organise différents circuits touristiques. Le tour du cœur de la ville dure une heure et demie et coûte 16,50 $ (8,25 $ pour les 5-12 ans). L'excursion "de luxe" est plus intéressante. Elle dure 6 heures et coûte 42,75 $ (24,75 $ pour les enfants), un tarif qui inclut l'entrée à certaines attractions, telles le Biodôme.

La compagnie Tours (☎ 871-4733) est également représentée 1001 rue du Square-Dorchester, dans le Centre Infotouriste. De là partent des promenades en pseudo-trolleybus. Les options offertes sont très diverses et les prix équivalents à ceux de Gray Line. Vous pouvez monter dans le bus et descendre aux différents monuments.

Amphi Bus (☎ 849-5181) joue l'originalité. Vous sillonnez d'abord en bus le quartier du Vieux-Port pendant une trentaine de minutes, puis le voilà qui avance dans le fleuve et vous offre une croisière d'une

La petite reine de Montréal

La Revue américaine *Bicycling* de mars 1999 a élu Montréal meilleure ville cyclable d'Amérique du Nord. Certes, le titre n'est pas bien difficile à décrocher sur ce continent où l'automobile est reine, mais Montréal laisse véritablement une large place au vélo. Selon une étude datant de 1997 de l'association Vélo Québec, 150 000 personnes, à Montréal et son agglomération, utiliseraient la bicyclette comme moyen de transport principal.

Chaque premier dimanche du mois de juin, le "Tour de l'île" rassemble 45 000 cyclistes qui sillonnent 65 km de pistes cyclables. Le dimanche précédent, ce sont près de 10 000 enfants qui participent, sans leurs parents, au "Tour des enfants".

L'île de Montréal compte plus 350 km de pistes cyclables, la région 1 000 km. Le réseau devrait encore s'étendre, grâce à Vélo Québec, forte de 5 000 adhérents. L'association et la Communauté urbaine de Montréal travaillent en effet ensemble au développement d'un réseau vélo métropolitain destiné à relier les différentes pistes cyclables de la région. L'objectif est d'assurer une complémentarité entre le vélo et les transports publics. D'ici 2005, ce réseau totaliserait 1 600 km. A Montréal, la bicyclette est désormais considérée comme un véritable moyen de transport, et non comme une anecdote écologique pour grande métropole.

Cet attrait pour la petite reine semble d'ailleurs toucher toute la province. Témoin, la Route verte avance à grand pas. Ce projet vise à raccorder les différents réseaux afin que les cyclistes puissent parcourir l'ensemble du Québec à vélo. Près de 4 000 km de pistes cyclables sont ainsi prévus.

Pour tout renseignement, adressez-vous à Vélo Québec (☎ 521-8356 ou 1 800 567-8356, fax 521-5711, metropol136e@velo.qc.ca, www.velo.qc.ca ; 1251 rue Rachel Est).

autre demi-heure ! Il fonctionne tous les jours de mai à la fin octobre de 10h à 24h. Pour un montant de 18 $ (15 $ pour les seniors et les 4-12 ans), le tour part du quai King-Edward, à l'angle des rues de la Commune et de Saint-Laurent. Il est indispensable de réserver.

Croisières fluviales

De nombreuses agences proposent des croisières en bateau. Les navires de Montréal Harbour Cruises Ltd (☎ 842-3871 ou 1 800 667-3131) partent du quai de l'Horloge ou du quai Jacques-Cartier, dans le Vieux-Montréal. Le circuit de base (deux heures) fait le tour du port, de l'île Sainte-Hélène et des îles de Boucherville pour 20 $. Des croisières plus longues, au coucher du soleil, ou des soirées dansantes (le week-end) sont également au programme. Le *Nouvelle-Orléans*, un bateau à aubes (quai Jacques-Cartier), offre un autre cadre de navigation, accompagné de musique du même nom.

Les circuits à bord du confortable *Bateau Mouche* (☎ 849-9952 ou 1 800 361-9952), péniche de style parisien, plus luxueuse, ne manquent pas de charme. Ils partent du quai Jacques-Cartier et durent une heure et demie, à des tarifs similaires aux autres sociétés. Appelez pour réserver.

LES ENVIRONS DE MONTRÉAL

Oka

Cette petite ville est située à 50 km environ à l'ouest de Montréal, au confluent de la rivière des Outaouais et du Saint-Laurent, en bordure du lac des Deux Montagnes.

L'endroit est célèbre pour son **monastère** dont la construction remonte à 1880. Il est ouvert au public, malgré la présence de 70 moines. Vous pourrez admirer de belles œuvres d'art, plusieurs bâtiments anciens en pierre et un chemin de croix. La chapelle, les jardins et la boutique sont fermés le dimanche.

En 1990, Oka devint le théatre d'un affrontement durable entre les Mohawks et les autorités provinciales et fédérales. Motivée tout d'abord par des questions foncières locales, cette crise symbolisa bientôt tous les problèmes nationaux que les Amérindiens souhaitaient voir résolus au plus vite, notamment les questions relatives à leurs droits territoriaux et à leur indépendance.

En bordure du lac des Deux Montagnes, le **parc d'Oka** propose une multitude d'activités. L'hiver, vous vous adonnerez au ski de randonnée (70 km de pistes) et aux raquettes. L'été, baignade (plage surveillée), planche à voile, canoë, kayak et promenade pédestre ou cyclotouristique composent les attractions. Sur place, on peut louer l'ensemble de l'équipement. Comptez 15 $ la location du matériel de ski de randonnée. Pour camper, munissez-vous de votre équipement.

A trente minutes de Montréal, le parc est accessible soit par la route 344, soit par l'autoroute 15 ou par la 13, puis par l'autoroute 640 direction Ouest.

Rivière Rouge

Au nord-ouest de Montréal, non loin de l'Ontario, les rapides de la rivière Rouge, accessibles par Calumet, sont considérés par les passionnés de rafting comme l'un des meilleurs endroits du Québec.

De mai à octobre, plusieurs agences organisent à partir de Montréal des descentes d'une journée ou d'un week-end. Mentionnons, entre autres, New World River Expeditions (☎ 242-7238 ou 1 800 361-5033). Les 4 ou 5 heures de rafting avec dîner reviennent à 82 $ hors taxes.

Sucrerie de la Montagne

Au cœur d'une forêt d'érables, les Montréalais aiment venir déjeuner ou dîner en fin de semaine à la Sucrerie (☎ 451-5204). L'établissement joue la carte de la tradition. La récolte et la fabrication du sirop font l'objet d'une visite dans l'érablière et dans le local de transformation de la sève. La formule déjeuner-visite commentée coûte 30 $ (40 $ pour le repas du soir). Il est impératif de réserver.

Pour s'y rendre, prendre l'autoroute 40 direction Ottawa puis la sortie 17. La cabane à sucre est alors à 60 km, 300 chemin Saint-Georges, à Rigaud.

Réserve indienne de Kahnawake

Au sud de Lachine, au point de rencontre entre le pont Honoré-Mercier et la rive sud, s'étend la réserve indienne de Kahnawake où vivent quelque 5 000 Mohawks. Située à environ 18 km du centre de Montréal, cette réserve (☎ 638-9699) fut le théâtre d'un affrontement qui dura plusieurs mois entre les Mohawks, le Québec et le gouvernement fédéral durant l'été 1990. Les revendications territoriales des Mohawks se transformèrent en opposition symbolique contre le traitement infligé aux Amérindiens dans tout le pays.

Dans le centre, l'**église Saint-François-Xavier** (☎ 632-6031) possède un petit **musée**. L'entrée est gratuite (ouvert tous les jours de 10h à 12h et de 13h à 17h). La messe dominicale de 11h est chantée en mohawk.

Vous pourrez visiter les bâtiments de la **mission** datant du XVIIe siècle, dotée de quelques boutiques de souvenirs et d'artisanat. Un **circuit pédestre** (☎ 635-7289) a été aménagé et s'effectue en compagnie d'un guide uniquement les vendredi, samedi et dimanche de 10h à 12h. Le prix est de 16 $. Appelez et l'on viendra vous chercher (10 $ l'aller-retour).

Toujours sur le site, le **Centre culturel** (☎ 638-0880) possède une importante bibliothèque consacrée aux six nations de la Confédération iroquoise et présente des expositions principalement axées sur la réserve et son histoire (3 $). Des spectacles de danses traditionnelles sont organisés. Renseignez-vous auprès du musée. Pour y accéder de Montréal, rejoignez l'autoroute 138 Ouest et traversez le pont Honoré-Mercier. Kahnawake est sur la droite, en contrebas, sur la rive sud du Saint-Laurent. Puis prenez la 132 et la rue principale Old Malone. L'église et le Centre culturel se trouvent sur la première route qui part à droite, une fois passé le tunnel.

Musée ferroviaire canadien

Ce musée se trouve 122A rue Saint-Pierre, à Saint-Constant, un quartier de la rive sud du

Saint-Laurent, non loin de Châteauguay. Il possède notamment des spécimens des premières locomotives à vapeur et des wagons de voyageurs. L'entrée est de 6 $, 3,5 $ de 12 à 18 ans et 3 $ pour les moins de 12 ans. Il est ouvert tous les jours de mai à mi-octobre. Pour les horaires, téléphonez au ☎ 632-2410. En dehors de cette saison, on ne peut le visiter que le week-end ou les jours fériés.

Empruntez le pont Champlain, vers la route 132 direction La Prairie, puis prenez la sortie 42 ; au cinquième feu de signalisation, tournez à gauche.

Parc des îles-de-Boucherville

Aux portes de Montréal, accessible par la rive sud du Saint-Laurent, ce parc est une oasis récréative, en particulier pour les amateurs de canoë. En mai et juin, canards, busards et pluviers viennent y nidifier. Sur terre, 22 km de pistes cyclables et de sentiers sillonnent les îles reliées par des ponts.

On peut louer des bicyclettes sur place, mais le dépôt est éloigné du terminal du ferry. Mieux vaut louer un deux-roues en ville, sur le Vieux-Port par exemple. Il est prévu de rendre payant l'accès au parc (5 $ par véhicule).

L'été, des randonnées en canoë sont organisées en fin de semaine par le parc. L'Aventurier de Montréal (☎ 849-4100) et Détour Nature (☎ 271-6046) proposent des soirées d'initiation au kayak de mer pour environ 40 $. La journée coûte 70 $.

Le parc est ouvert de 8h au coucher du soleil. Il est accessible soit par l'autoroute 20, sortie 1, soit par la navette fluviale que l'on prend au Vieux-Port de Montréal. Le coût de la traversée s'élève à 2,50 $. Pour les horaires, renseignez-vous à Infonavettes (☎ 281-8000).

Cosmodome et camp spatial Canada

Installé dans la périphérie nord de Montréal en bordure de l'autoroute 15 nord, le Cosmodome (☎ 978-3600) est un centre de sciences interactif consacré à l'espace et aux nouvelles technologies. Il est aussi un centre d'entraînement pour les cosmonautes amateurs. Les simulateurs et les ateliers attenants ne sont accessibles que sur réservation (☎ 1 800 565-2267). Ouvert de 10h à 18h du mardi au dimanche, le Cosmodome organise des conférences et des spectacles. L'entrée est de 8,75 $ (6,50 $ pour les seniors, 5,50 $ pour les étudiants et à partir de 7 ans).

Pour y accéder, prendre l'autoroute 15 nord, en direction de l'aéroport de Mirabel. La sortie est clairement mentionnée. Il suffit de se diriger vers la gigantesque fusée blanche du Cosmodome, repérable de loin, et de suivre les panneaux.

Les Laurentides

De prime abord, les Laurentides ressemblent à une grande banlieue au nord de Montréal. Les Basses-Laurentides s'annoncent en effet comme un paysage composite, mélange de plaines fertiles et d'îlots pavillonnaires, commerciaux et industriels.

Après la ville de Saint-Jérôme, la plaine du Saint-Laurent laisse place au massif du Bouclier canadien qui couvre 75% des Laurentides. Le paysage se vallonne. Les montagnes aux pentes douces succèdent aux sommets arrondis. La forêt est omniprésente et les lacs se comptent par milliers.

A une heure de route de Montréal et à deux heures d'Ottawa, les Laurentides représentent depuis les années 30 un espace de villégiature très fréquenté, une région de proximité idéale pour se détendre le week-end et s'adonner au ski.

Les Laurentides possèdent en effet la plus importante concentration de domaines skiables d'Amérique du Nord. Les deux stations phares, Mont-Saint-Sauveur et Tremblant, attirent ainsi chaque année des centaines de milliers de personnes. D'autres villes plus petites et plus typiques, comme Morin Heights, Val-David ou Val-Morin reçoivent aussi beaucoup de visiteurs.

Les hébergements foisonnent et la gastronomie est à l'honneur. Certains restaurants de la région comptent même parmi les plus appréciés du Québec.

Le nord des Laurentides, le "Pays d'en haut" comme on le surnomme, sauvage et très peu peuplé, est le domaine des *pourvoiries* et des grands espaces.

A ne pas manquer

- Les cafés de Morin Heights
- Le tronçon pittoresque du parc linéaire entre Val-David et Val-Morin
- Les panoramas depuis la route 329 entre Morin Heights et Saint-Adolphe-d'Howard
- Une promenade autour du lac des Sables à Sainte-Agathe-des-Monts
- Le ski de soirée à Saint-Sauveur
- Une randonnée avec un guide naturaliste dans le parc du Mont-Tremblant

HISTOIRE

A l'arrivée des Français, la région est le terrain de chasse privilégié des nations amérindiennes, notamment algonquines. La fondation de Ville-Marie annonce le début de la colonisation dans cette partie du Québec. En 1673, le gouverneur de Frontenac décide en effet de créer quatre seigneuries le long de la rivière des Mille-Îles qui borde Montréal au nord. Il s'agit de développer la présence française dans ce bout de territoire. Pourtant, pendant plus d'un siècle, il n'intéressera personne.

L'exploitation forestière, qui débute dans les années 1835, marque un premier tournant. Des centres d'hébergement et de ravitaillement pour les travailleurs sont construits par les grandes compagnies forestières. Parallèlement, dans l'Outaouais, région située à l'ouest des Laurentides, la remontée vers le nord de l'immigration anglophone inquiète la France, qui encourage ses compatriotes à s'installer dans les Laurentides. L'offensive est d'autant plus urgente que la misère grandissante dans la région conduit, à partir de 1840, à un exode massif des Canadiens français vers les filatures de la Nouvelle-Angleterre.

Antoine Labelle, curé du petit village de Saint-Jérôme, se charge de mener bataille et d'enraciner les catholiques dans les Laurentides. En quelques années, il devient l'homme de la colonisation, le "roi du Nord".

Son projet consiste à essaimer des paroisses dans les Laurentides afin d'y ins-

LES LAURENTIDES

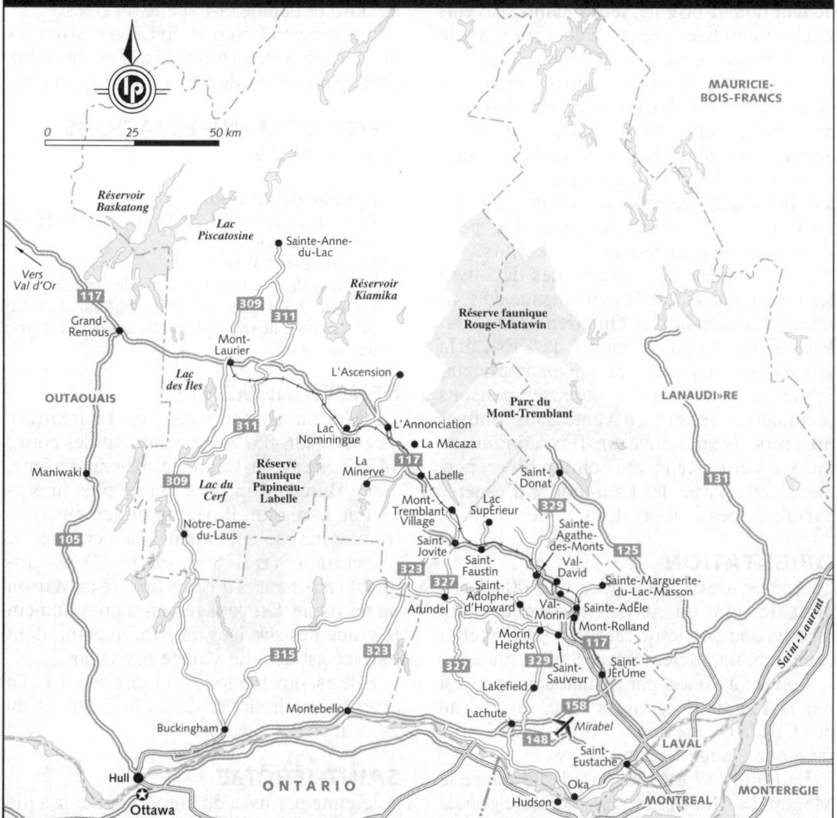

taller des familles qui défricheront et feront de cette terre promise un immense jardin agricole. La Conception, l'Annonciation, Sainte-Véronique… sont créées. Mais la terre n'est pas aussi fertile que prévu et la période de hors gel, trop courte pour cultiver quoi que ce soit. La misère sévit. De leur côté, les anglophones continuent de remonter le long de la rivière Rouge. Pour le curé Labelle, la solution, pour contrer l'avancée des protestants, réside dans une politique nataliste.

Parallèlement, il ambitionne de construire une ligne de chemin de fer afin de désenclaver la région. Ce sera le P'tit Train du Nord, véritable moteur du développement des Laurentides. En 1888, Antoine Labelle est nommé ministre d'État et de la Colonisation du Québec. Il sera le seul homme d'église à siéger au Parlement dans l'histoire du Québec.

En 1920, le tourisme se développe ; le ski devient une activité à la mode. Des résidences secondaires sont construites et les villes s'étoffent. Certaines se débarrassent de leur nom d'origine, telles Saint-Sauveur, initialement baptisée la Circoncision par le curé Labelle. A nouvelle vie, nouvelle identité. Les années noires appartiennent au passé. Le destin des Laurentides est désormais tracé : elles fourniront un espace de détente privilégié aux Montréalais, Canadiens et Américains, tandis que le nord restera la terre des compagnies forestières et le territoire d'une clientèle composée pour l'essentiel de pêcheurs et de chasseurs.

Mais le cœur des Laurentides découvre les inconvénients de la dépendance au tourisme. Montréalais et Ontariens ont élargi leurs horizons aux Cantons de l'Est, à la Lanaudière mais aussi au voisin américain. Signe des temps, de nombreuses maisons secondaires restent en vente sans trouver preneurs. Néanmoins, un flux continu de touristes européens, été comme hiver, permet à cette partie des Laurentides d'espérer encore de beaux jours devant elle.

ORIENTATION

La région des Laurentides (22 000 km^2) porte le nom du massif montagneux qui recouvre la partie québécoise du Bouclier canadien, parallèlement au Saint-Laurent.

Longée à l'ouest par l'Outaouais et à l'est par la Lanaudière, elle s'étire, du sud au nord, de la rivière des Mille-Îles à la réserve faunique Rouge-Matawin.

La route 117 est l'axe nord-sud qui relie Montréal à Mont-Laurier, la dernière grande ville des Laurentides avant la traversée de la gigantesque réserve faunique de la Vérendrye. Parallèle au tracé de la route 117, l'autoroute 15, appelée autoroute Laurentienne, est la voie rapide au nord de Montréal. Elle prend fin à Sainte-Agathe-des-Monts.

De Saint-Jérôme à Mont-Tremblant s'étend le cœur des Laurentides, où se concentrent les principaux lieux de villégiature de la région, accessibles directement d'Ottawa et de Hull par la route 148 Est puis la route 329 qui mène à Saint-Sauveur.

Au village de La Conception, à 100 km environ de Montréal, commence la région des Hautes-Laurentides, connue pour ses deux réserves fauniques, Rouge-Matawin au nord et Papineau-Labelle à l'ouest.

Les rivières Rouge et du Lièvre, affluents de la rivière des Outaouais, sont les deux principales voies de pénétration sud-nord.

FÊTES ET MANIFESTATIONS ANNUELLES

Fin juillet-début août

Festival Internation de Blues – à la station Mont-Tremblant.

Septembre-octobre

Festival des Couleurs – toutes les stations des Laurentides organisent, principalement en fin de semaine, de multiples activités sur le thème de l'automne.

RENSEIGNEMENTS

La Maison du tourisme des Laurentides (☎ (450) 436-8532, www.laurentides.com), 14142 rue de la Chapelle à Saint-Jérôme, est le Bureau d'information le plus important de la région. Il peut gratuitement vous trouver un hébergement. La centrale de réservations (☎ 1 800 561-6673) est joignable aux heures d'ouverture de la Maison du tourisme. On vous remettra gratuitement le guide des services du parc linéaire, dont le tracé est détaillé village par village.

Elle est ouverte tous les jours de 9h à 17h (19h le vendredi) et de 8h30 à 20h30 du 24 juin au 3 septembre.

SAINT-JÉRÔME

Ancienne paroisse du curé Labelle, la ville n'a guère d'intérêt, si ce n'est d'abriter la Maison du tourisme des Laurentides et d'être le point de départ du **Parc linéaire du P'tit Train du Nord**.

Elle est devenue le grand centre des Laurentides, avec son lot de services, de commerces, d'entreprises et d'industries.

Comment s'y rendre

Voiture. De Montréal, suivre l'autoroute Laurentienne et prendre la sortie 39.

Bus. La compagnie Limocar Basse-Laurentides (☎ (450) 435-8899) assure plusieurs liaisons quotidiennes Montréal-

Le P'tit Train du Nord

Lorsque le curé Labelle propose aux autorités de Montréal de construire une ligne de chemin de fer reliant la ville aux Laurentides, le projet n'est pas jugé prioritaire. L'hiver très rigoureux de 1872 et la pénurie du bois de chauffe relancent néanmoins l'idée.

En 1876, la ligne Montréal-Saint-Jérôme est inaugurée. Le curé rêve de prolonger la voie encore plus au nord, mais l'argent manque. En 1882, la Canadian Pacific achète l'entreprise et décide de continuer la ligne jusqu'à Sainte-Agathe.

En 1892, un an après la mort du curé, le tronçon Saint-Jérôme-Sainte-Agathe est ouvert. En 1909, le P'tit Train du Nord arrive à Mont-Laurier. Il devient si populaire que la Canadian Pacific met en place des trains de neige qui, chaque fin de semaine, transportent des centaines de Montréalais en quête de nature et de sport.

L'hiver, les citadins montent jusqu'à Saint-Sauveur ou Sainte-Agathe-des-Monts puis redescendent à ski et par étapes jusqu'à Saint-Jérôme. L'été, ils partent en randonnée. La belle époque du P'tit Train du Nord ne fait que commencer. Les années 30/40 seront certainement ses plus belles années.

Mais, à la fin de la Seconde Guerre mondiale, le développement du réseau routier et ferroviaire dans tout le Québec lui enlève progressivement sa clientèle. Les Cantons de l'Est, la Lanaudière voisine et les États-Unis proches sont des terrains de loisir tout aussi agréables. En 1969, le service passagers, non rentable, est interrompu. Sa réouverture huit ans plus tard ne durera que quatre hivers. En 1981, la ligne est définitivement fermée. Dix ans après, les rails sont démontés.

Dans les années 90 germe toutefois l'idée de faire de la voie la colonne vertébrale d'un parc protégé. Elle se concrétise en 1996 avec l'ouverture du parc linéaire du P'tit Train du Nord. Il s'agit d'une piste de 200 km de long qui relie Saint-Jérôme à Mont-Laurier et que l'on emprunte à pied ou à vélo en été, à ski de fond ou en motoneige en hiver.

Comme autrefois le P'tit Train du Nord, la ligne traverse les villages de Prévost, Piedmont, Mont-Rolland, Sainte-Adèle, Val-Morin et Val-David. A partir de Sainte-Agathe-Sud, soit à 49 km au nord de Saint-Jérôme, la piste est réservée aux motoneigistes du 1er décembre au 14 avril. Quant aux anciennes gares, transformées en café-restaurant, elles servent de relais et d'étapes. La ligne du P'tit Train du Nord n'a pas perdu de sa magie. Son accès est payant (10 $, gratuit pour les moins de 17 ans).

Saint-Jérôme à partir du terminus situé à la station de métro Henri-Bourassa.

SAINT-SAUVEUR

Construite en 1854, Saint-Sauveur, à 60 km au nord de Montréal, est le Saint-Tropez des Laurentides. La ville est une destination de week-end, fréquentée notamment le dimanche après-midi. La rue Principale draine toujours une foule importante qui passe et repasse devant l'imposante mais gracieuse église Saint-Sauveur.

Juste en face, de l'autre côté de la route 364, se trouve la station **Mont Saint-Sauveur**, l'un des plus importants centres de ski alpin du Québec, qui se transforme l'été en un vaste parc aquatique. La première remontée mécanique de l'histoire de l'Amérique du Nord fut construite ici en 1934.

La petite église anglicane, l'**église épiscopale Saint-François d'Assise**, rue Saint-Denis, est construite en rondins de bois. Ses vitraux représentent des oiseaux.

Orientation

Saint-Sauveur est traversée d'est en ouest par la rue Principale, à laquelle on accède par la route 117.

Au centre du village, la rue de la Gare et la petite rue Saint-Denis coupent l'avenue

Jean-Adam (route 364) et permettent de rejoindre la station Mont Saint-Sauveur.

L'autoroute 15 passe à l'est du village. La route 364, qui sépare la partie village de la station, mène à Morin Heights, à l'ouest.

La rue de l'Église, au niveau de l'église Saint-Sauveur, rejoint une très jolie petite route, dite de La Rivière à Saumon, qui mène par un chemin détourné à la ville de Sainte-Adèle.

Renseignements

A Saint-Sauveur, le Bureau touristique des Pays-d'en-Haut (☎ (450) 229-3729 ou 1 800 898-2127, www.sdeph.org, info@sdeph.org), 605 chemin des Frênes, est le bureau central des communes de cette région. Il est ouvert tous les jours de 9h à 17h (18h en été). Sur l'autoroute 15 Nord, prendre la sortie 60, le bâtiment est alors très bien indiqué.

La Maison de la Presse, 195 rue Principale, vend les principaux journaux et périodiques étrangers. Les deux librairies de livres d'occasion de la rue Principale proposent un large choix d'ouvrages sur la région.

La pharmacie et la clinique médicale (☎ (450) 227-2227), 70 rue Principale, sont installées dans le même bâtiment. La pharmacie est ouverte tous les jours de 9h à 21h (fermeture à 16h le week-end).

Les banques les plus importantes sont représentées dans la rue Principale. Elles sont dotées de guichets automatiques accessibles 24h/24. La Caisse Populaire Desjardins (☎ (450) 227-1868) se tient 218 rue Principale. Ses guichets sont ouverts de 9h30 à 15h les lundi, mardi, et mercredi (jusqu'à 18h les jeudi et vendredi). La Banque Royale (☎ (450) 227-4683), 75 rue de la Gare, pratique les mêmes horaires.

Activités

La vallée de Saint-Sauveur compte cinq grandes stations : **Mont Saint-Sauveur**, la plus importante ; **Ski Morin Heights**, à Morin Heights ; **Mont Avila** et **Mont Olympia**, à Piedmont, et **Ski Mont-Gabriel**, à Sainte-Adèle, soit une centaine de pistes.

La saison de ski débute en novembre pour se terminer en mai. Le pavillon central de la station de ski de Mont Saint-Sauveur (☎ (450) 227-4671), 350 rue Saint-Denis, a été construit par Peter Rose, l'architecte du Centre canadien d'architecture de Montréal. A l'intérieur, vous pourrez louer un équipement complet (comptez au moins 25 $). A proximité, la halte-garderie, réservée aux enfants de 2 à 5 ans, fonctionne tous les jours de 9h à 17h (23 $ la journée, prévoir le repas de l'enfant).

Le tarif journée à la station Mont Saint-Sauveur revient à 32 $ en semaine et à 38 $ le week-end (réduction pour les étudiants, les seniors et les enfants). Pour les moins de 5 ans, prix unique à 8 $. Vous pouvez prendre un forfait pour les six stations.

Les stations assurent du ski de soirée jusqu'à 22h30 au tarif de 22 $ (27 $ à la station Mont Saint-Sauveur).

Une navette gratuite assure une liaison régulière entre les stations. Elle part du Manoir-de-Saint-Sauveur, passe dans le village de Saint-Sauveur et va jusqu'à la station Ski Mont-Gabriel.

L'été, le Mont Saint-Sauveur se transforme en un immense parc aquatique, avec toboggans et piscines.

Où se loger

Dans le village même de Saint-Sauveur, les possibilités d'hébergement se limitent essentiellement aux gîtes. ***L'Auberge victorienne*** (☎ *(450) 227-2328 ; 119 rue Principale*) est meublée en style victorien du rez-de-chaussée jusque dans la s.d.b commune. Du grand style. C'est une adresse chaleureuse à recommander. La simple/double varie de 65/70 $ à 77/80 $. Le gîte ***Aux Petits Oiseaux*** (☎ *(450) 227-6116 ou 1 877 227-6116, auxpetitsoiseaux@sympatico.ca ; 342 rue Principale*) allie charme, sérénité et chaleur dans une maison décorée avec goût et dont la vue est en prise directe avec les montagnes, superbes. Dès l'entrée, la séduction des lieux opère. La simple/double coûte 75/85 $. La maison dispose d'une piscine.

Tout aussi élégante mais plus éloignée du centre-ville, l'***Auberge Sous l'Édredon***

(☎ *(450) 227-3131 ; 777 rue Principale*) réduit les prix en basse saison. Vous trouverez une chambre à partir de 70 $ (75 $ en haute saison), prix maximum 95 $.

Située, en centre-ville, L'***Auberge de la place*** (☎ *(450) 227-6661 ; 49 avenue de la Gare*) ne communique ses prix que par Interphone (65 $ pour deux).

A mi-chemin entre le village et la station, ***Le Manoir Saint-Sauveur*** (☎ *(514) 227-0505 ou 1 800 361-0505, www.manoir-saint-sauveur.com ; 246 chemin du Lac Millette*) est un complexe hôtelier de catégorie supérieure. Agréablement conçu, il dispose de deux piscines, d'une salle de gymnastique et de courts de tennis. Il est par ailleurs d'un bon rapport qualité/prix (à partir de 60 $ la chambre). Dans la même catégorie, ***Le Relais Saint-Denis*** (☎ *(450) 227-4766 ou 1 888 997-4766*), 61 rue Saint-Denis, joue dans un registre intimiste. A l'écart de la circulation, c'est une adresse de choix pour les budgets confortables. Le forfait à 94 $ par personne comprend le dîner et le petit déjeuner et bien sûr la chambre, de style victorien, spacieuse et claire.

Accroché à une colline boisée, ***Le Petit Clocher*** (☎ *(450) 227-7576*), 216 chemin de l'Église offre le cadre d'une magnifique demeure et des chambres d'un style aimablement campagnard, avec boiseries, mobilier réduit à l'essentiel et tissus à fleurs.

Où se restaurer

Saint-Sauveur vous soumettra le choix impressionnant d'une cinquantaine de restaurants. La rue Principale n'en compte pas moins d'une vingtaine.

La Brûlerie des Monts (☎ *(450) 227-6157 ; 197 rue Principale*) est l'endroit à la mode pour prendre un café, un petit déjeuner, une salade ou un brunch dominical. Comptez entre 8 et 12 $. Du premier étage, vous vous rassasierez aussi d'une belle vue sur l'église.

Dans la série des restaurants recommandables, ***Papa Luigi*** (☎ *(450) 227-5311*), au n°155, mitonne une honnête cuisine italienne pour 15 $ en moyenne. Ouvert jusqu'à 23h, le ***Restaurant des Oliviers*** (☎ *(450) 227-2110*), au n°239, doit sa réputation à la cuisine française, largement déclinée au menu. Pour une table d'hôte, comptez entre 10 $ et 26 $. ***L'Alsace à table*** (☎ *(450) 227-6811 ; 259 rue Principale*) se voit régulièrement récompensée pour sa cuisine. Au n°314, ***La Marmite*** (☎ *(450) 227-1554*), est également couverte d'éloges. Grillade, gibier et fruits de mer composent la carte. Service uniquement le soir.

Le ***Harvey's*** (☎ *(450) 227-9279 ; 200 chemin de la Gare*), le ***Maestro*** (☎ *(450) 227-2999 ; 339 rue Principale*) et le ***Bentley's*** (☎*(450) 227-1851*), au n° 235, sont tous les trois assidûment fréquentés par les jeunes à la recherche d'une cuisine sans prétention mais copieuse, où le hamburger (à partir de 10 $) tient la vedette. Le dimanche, une formule buffet rompt les habitudes.

Comment s'y rendre

Voiture. De Montréal, rejoindre l'autoroute 15 Nord et prendre la sortie 60. Les stationnements dans le village sont nombreux et souvent gratuits. Préférez celui, très central, situé juste derrière l'église.

Bus. La compagnie Limocar Laurentides (☎ (514) 842-2281) assure trois à quatre fois par jour la liaison Montréal-Saint-Sauveur à partir du terminus installé 505 bd de Maisonneuve Est (métro : Berri-UQAM).

MORIN HEIGHTS

Longé par la route 364, Morin Heights tranche avec Saint-Sauveur, la station voisine, à 7 km à l'est. Ce village de poupée que se partagent anglophones et francophones comprend cinq églises, trois cimetières et toujours sur l'artère principale, un chapelet de cafés-restaurants très accueillants.

A l'intérieur du magasin Mickeys (☎ (450) 226-2401), vous trouverez des vêtements de sport, des chaussures, une buanderie mais surtout un comptoir datant des années 50 où les gens du village viennent prendre un café et discuter (fermé le dimanche).

Le Bureau d'information est ouvert du lundi au vendredi de 8h30 à 12h30 et de 13h à 16h30.

Activités

Morin Heights offre aux amateurs de ski de fond l'un des plus beaux réseaux des Laurentides avec 175 km environ de sentiers. La station de ski alpin (☎ (450) 227-2020), chemin Bennett, est à quelques kilomètres du village. Le forfait en jour de semaine revient à 22 $ (31 $ le week end). Le vendredi et le samedi, les pistes sont ouvertes jusqu'à 22h30. Comptez alors 22 $ pour la soirée. Le village possède également une patinoire.

La petite plage en bordure de rivière est un lieu très agréable aux beaux jours. Vous y accéderez par la rue du Village, après avoir laissé votre véhicule, le cas échéant, au parking à la sortie du village.

Où se loger et se restaurer

Dans le village, l'hôtel-restaurant ***L'Héritage*** (☎ *(450) 226-2218, www.lheritage.com ; 11 rue Baker*) propose trois chambres à 50/65 $ la simple/double avec s.d.b. commune. Son restaurant est l'orgueil de Morin-Heights. Les spécialités suisses (fondues, raclettes…) côtoient le filet de bœuf en croûte. Vous débourserez au minimum 24 $ pour un repas.

Le Café (☎ *(450) 226 1204 ; 879 rue du Village*) est un bistrot-restaurant décontracté et chaleureux. Sa cuisine se décline à la carte en plats québécois généreux, salades, viandes et desserts. Comptez entre 10 et 20 $. De juin à septembre, il est ouvert tous les jours et vous apprécierez l'agréable terrasse. Le reste de l'année, poussez la porte du jeudi au lundi soir uniquement.

MONT-ROLLAND

Traversée par le parc linéaire du P'tit Train du Nord, l'ancienne gare de Mont-Rolland a été transformée en un agréable relais-étape où l'on peut prendre une collation. A une quinzaine de kilomètres du village, le **parc de la rivière Doncaster** (☎ (450) 229-2200) offre de très belles promenades pédestres et cyclotouristiques. Pour vous y rendre, vous passerez par la **station de Ski Mont-Gabriel** (☎ (450) 227-1100 ou 1 800 363-2426).

SAINTE-ADÈLE

Dans ce joli petit village, les belles maisons du centre-ville, vestiges des années au cours desquelles Sainte-Adèle fut la coqueluche de la grande bourgeoisie québécoise, sertissent les rives du lac Sainte-Adèle. Ce village est surtout connu pour avoir vu naître et mourir Claude-Henri Grignon, auteur du roman *L'Homme et son péché*, livre maintes fois réédité au Québec (voir l'encadré de même intitulé).

Où se loger

En bordure du lac Sainte-Adèle et dans la catégorie des établissements de luxe, ***Le Chantecler*** (☎ *(450) 229-3555 ou 1 800 363-2420, www.lechantecler.com ; 1474 chemin Chantecler*) est un hôtel-club doté de 260 chambres personnalisées. Les tarifs s'échelonnent de 95 à 130 $. L'hôtel loue également des chalets. Il dispose d'un centre sportif, très fréquenté en fin de semaine.

Rendez-vous dans les années 30 de la bourgeoisie nord-américaine, ***Le Manoir Alpine*** (☎ *(450) 229-7777, www.manoiralpine.com, alpine@microtec.net ; 1455 chemin Sainte-Marguerite*) a conservé son architecture en rondins d'autrefois. Construit par Victor Nymark (architecte du superbe Château Montebello situé dans la région de l'Outaouais), il a été entièrement réaménagé. Les rondins, comme le mobilier et les tissus aux couleurs chaudes contribuent à la douceur ambiante. La chambre en basse/haute saison coûte 94/104 $. Pour se rendre au manoir, il suffit de prendre depuis la route 117, la direction de Sainte-Marguerite-du-Lac-Masson (route 370).

De nombreuses autres auberges attendent votre visite, de part et d'autre du bd Sainte-Adèle (route 117). ***L'Eau à la Bouche*** (☎ *(450) 229-2991 ou 1 888 828-2991 ; 3003 bd Sainte-Adèle – route 117*) est un établissement de luxe, surtout connu pour sa table souvent primée. Les chambres (à

LAURENTIDES

L'Homme et son péché

Écrivain, conférencier et pamphlétaire, Claude-Henri Grignon (1894-1976) est une grande figure des Laurentides. Son roman, *L'Homme et son péché, les belles histoires des Pays d'en Haut*, a certainement marqué l'histoire de la radio et de la télévision québécoises.

Réécrites pour Radio Canada puis pour la télévision sous le nom *Les belles histoires des Pays d'en Haut*, le roman est une peinture féroce des mœurs paysannes dans les Laurentides au début du siècle. Son héros, Séraphin Poudrier, est un homme cupide. Il passera d'ailleurs rapidement dans l'expression populaire "Ne fait pas ton séraphin", autrement dit ton avare.

Lorsque le 7 septembre 1939, le premier épisode est diffusé à 19h à la radio, le succès est immédiat. Tous les soirs à la même heure, ils sont des milliers à écouter les turpitudes infligées par Séraphin à sa pauvre jeune femme. Pendant plus de dix ans, le feuilleton a ses fidèles, au Québec comme en Ontario. Lorsqu'il devient une série télévisée en 1953, les épisodes accumulent des audiences record. Adaptée également pour le théâtre, l'histoire n'en finit pas de mobiliser les foules, à tel point que l'on vient à Sainte-Adèle chercher la maison de Séraphin pour l'injurier.

En 1997, la série a été rediffusée à l'heure du déjeuner, non sans rencontrer encore quelques succès d'audience. Comme quoi l'avarice est un thème fédérateur.

partir de 145 $), spacieuses et climatisées, disposent de cheminées et de tout le confort souhaité. La décoration personnalisée sait rester sobre et chaleureuse. Différentes formules avec dîner vous seront proposées.

Au n°3655, l'***Hôtel L'Excelsior*** (☎ *(450) 229-7676 ou 1 800 363-2483, hotel@spaexcelsior.com*), est un complexe moderne avec chambres climatisées. L'établissement dispose d'une piscine et d'un centre de soin. La simple/double est affichée à 55/75 $. Vous aurez le choix entre différents forfaits.

Pour les budgets plus serrés, ***Au Florissant*** (☎ *(450) 229-8029 ; 486 chemin Sainte-Marguerite – à la jonction de la route 117*) propose les services d'un gîte simple, agrémentés d'un excellent accueil. La simple/double revient à 35/50 $ taxes incluses. Le petit déjeuner est copieux. Les enfants de 6 à 12 ans paient 10 $.

Où se restaurer

Au petit chaudron (☎ *(450) 229-2709 ; 1110 bd Sainte-Adèle*), sur la route 117, propose de la cuisine québécoise (dont la fameuse tourte) pour 8 $, à consommer de préférence au comptoir. Une clientèle d'habitués a transformé ce petit restaurant, le plus ancien de la ville, en sympathique point de ralliement. La table d'hôte ***L'Eau à la Bouche*** (☎ *(450) 229-2991 ; 3003 bd Sainte-Adèle – route 117*) est l'un des meilleurs restaurants du Québec. Comptez au moins 30 $.

SAINTE-MARGUERITE-DU-LAC-MASSON

A l'écart de la route 117 et de son chapelet de villages, Sainte-Marguerite-du-Lac-Masson est d'abord un prétexte à des balades dans l'arrière-pays des Laurentides. Situé en bordure du très beau lac Masson, ce lieu de villégiature conjugue forêts, lac et maisons victoriennes dans un cadre somptueux. Les raisons d'y faire halte sont multiples.

L'été, vous aurez le choix entre la baignade, la planche à voile et la voile ; l'hiver, entre le patin à glace, le ski de randonnée et la promenade en traîneau à chiens.

Pour vous rendre au village, sur l'autoroute 15, prendre la sortie 69. Emprunter ensuite la route 370.

Où se loger

Le Gîte touristique (☎ *(450) 228-2076 ; 54 Domaine Dancoste – accessible depuis la route 370*) constitue un endroit de rêve.

Sa situation, entre forêt et rivière, communique au lieu un charme propice à la détente. Quant à la maison au vaste salon vitré, elle offre deux chambres spacieuses, claires et décorées d'un élégant mobilier. La s.d.b. est aussi vaste que les chambres. La simple/double revient à 50/59 $. Enfin, les propriétaires, Micheline et Richard, vous feront partager l'amour de leur région.

A une dizaine de kilomètres au nord, l'***Hôtel Estérel*** (☎ *(450) 228-2571, www.esterel.ca*), en bordure du lac Dupuis, se profile dans un environnement tout aussi exceptionnel. Si l'hôtel, un grand complexe inspiré des années 60 n'a guère d'intérêt, les multiples activités qu'il propose hiver comme été (ski de fond, patinage, traîneau à chiens, golf, baignade, tennis...) se pratiquent dans une nature exubérante. Plusieurs forfaits existent, notamment celui du week-end à 115 $ la chambre. Ses sorties en traîneaux à chiens sont réputées. Compter 24 $ pour un tour du lac, 85 $ pour une demi-journée.

LAURENTIDES

Où se restaurer

Sainte-Marguerite-du-Lac-Masson doit sa réputation à la savoureuse cuisine du ***Bistro à Champlain*** (☎ *(450) 228-4988 ; 75 chemin Masson*). Son propriétaire a été consacré, à Paris et à Tokyo, meilleur sommelier du monde. La cave du restaurant se visite sur réservation. Le foie gras est la spécialité de la maison. Comptez entre 30 et 40 $ le repas. Il est ouvert du mardi au samedi à partir de 18h (à 17h, le dimanche).

Comment s'y rendre

Sur l'autoroute 15, prendre la sortie 69. Emprunter ensuite la route 370, qui traverse le village, puis celui d'Estérel.

VAL-MORIN

Éloigné de la route 117, Val-Morin est un petit village dont le centre-ville se limite à quelques demeures. Son charme réside surtout dans ses hébergements dispersés le long du parc linéaire, au cœur d'une nature somptueuse invitant à de belles échappées. La gare ferroviaire (☎ (819) 322-7329), 1170 chemin de la Gare, a été transformée en un café-restaurant dont la cuisine est à savourer sur la terrasse.

Val-Morin est surtout réputé auprès des randonneurs. Le centre de ski Far Hills (☎ (514) 990-4409 ou 1 800 567-6636, www.farhillsinn.com), chemin du Lac la Salle, avec 130 km de sentiers balisés, constitue le plus beau réseau de pistes de ski de fond des Laurentides. L'accès revient à 10 $. Un circuit permet de rejoindre les pistes de Val-David, le village voisin.

Où se loger

Les Florettes (☎ *(819) 322-7614 ; 1803 rue de la Gare*) est une jolie demeure, à l'extérieur et à l'intérieur (maison non fumeur). La simple/double coûte 45/65 $ avec s.d.b. commune. En hiver, les propriétaires organisent des sorties de ski de fond la nuit.

Construite en face du lac à la fin du siècle dernier, ***L'Auberge Les jardins de la Gare*** (☎ *(819) 322-5559, pages.infinit.net/racetr/jardin.htlm ; 1790 7e avenue*) garde le charme de ces vieilles demeures dont les propriétaires ont su préserver le style. L'ancien magasin général a été aménagé en auberge. La simple/double revient à 55/75 $, la chambre avec s.d.b coûte 95 $. L'auberge fait partie de l'association Vélo-culture qui propose aux amateurs de vélo un forfait hébergement-transport des bagages de 4 jours/trois nuits, sur une portion du P'tit train du Nord.

Bâti dans les années 40 par un milliardaire au bord d'un lac et d'une magnifique forêt, le ***Far Hills Inn*** (☎ *(819) 322-2014 ou (514) 990-4409 ou 1 800 567-6636, www.farhillsinn.com*) reçoit toujours une clientèle fortunée d'Américains et d'Ontariens. Le complexe est élégant, sans ostentation avec ses chalets en pierre et en bois peint en blanc. La palette des activités possibles est large : plage privée, sports nautiques, terrains de tennis et golf. Un premier prix concerne la chambre à 59 $, petit déjeuner compris.

VAL-DAVID

Au nord de Saint-Sauveur, Val-David est le village des artistes et des artisans. A l'écart de la route 117, c'est un havre de paix où la vie semble se dérouler sans état d'âme, loin de la foule. Dans les années 30, son hôtel-restaurant La Sapinière fut une grande table du Québec – elle l'est toujours – et abrita pendant plus de vingt ans la nuit de noces de nombreux jeunes mariés de la province. La tradition s'est perdue mais la nostalgie demeure.

La Caisse Populaire Desjardins est la seule banque du village. Installée 2462 rue de l'Église, elle est ouverte du lundi au vendredi de 9h30 à 15h (18h le jeudi et vendredi). Un guichet automatique permet de retirer de l'argent hors de ces horaires.

Le village dispose également d'une grande surface Métro ouverte tous les jours. Le bureau de poste est à l'intérieur. On y trouve également le service d'une buanderie, ouverte tous les jours de 8h30 à 22h.

Activités

Val-David fait souvent office d'étape pour les randonneurs (à pied ou à ski) parcourant le parc linéaire. Au n°2444 rue de l'Église, il est possible de louer des bicyclettes (24 $ la journée), des raquettes (8 $) et des patins à glace (5 $).

Le village fait figure de berceau de l'escalade au Québec. D'avril à fin octobre, différentes formules sont proposées par l'association Passe Montagne (☎ (819) 322-2123 ou 1 800 465-2123), 1760 montée 2e Rang.

Renseignements

Le Bureau touristique (☎ (819) 322-2900 poste 235 ou 1 888 322-7030), 2501 rue de l'Église, est ouvert tous les jours de 9h30 à 18h (du vendredi au dimanche, ouverture dès 9h).

Où se loger

Le Chalet Beaumont (☎ *(819) 322-1972 ; 1451 rue Beaumont*) est une adresse des Laurentides recommandée à ceux dont le budget ne permet pas d'écart. A 1 km du centre-ville, cette auberge de jeunesse, installée dans un chalet en pleine nature, ouvre sur le panorama grandiose des montagnes. Les propriétaires peuvent venir vous chercher à l'arrêt du bus moyennant quelques dollars. L'hiver, on peut chausser directement ses skis de randonnée sur le pas de la porte et partir sur les sentiers balisés. En dortoir, comptez 18 $; pour une chambre 35 $ (taxe en sus) par personne. Il existe par ailleurs un forfait demi-pension qui revient individuellement à 41 $. Avec les taxes, toutefois, il est préférable, à deux, d'opter pour un gîte.

Au cœur du village et en bordure de la piste du parc linéaire, ***Le Temps des cerises*** (☎ *(819) 322-1751 ; 1347 chemin de la Sapinière*) dégage la chaleur des maisons harmonieusement décorées. Les chambres sont louées 60 $ (70 $ avec s.d.b.). Enlevez 15 $ au prix si vous êtes seul. Les pensionnaires peuvent dîner le soir. Au déjeuner, Valérie et Franck préparent des repas légers (tartes et salades) et peuvent organiser en hiver des randonnées en ski de fond.

La Sapinière (☎ *(819) 322-2020 ou 1 800 567-6635 ; 1244 chemin de la Sapinière*) reste le grand hôtel de Val-David. En bordure d'un petit lac et de la forêt, il jouit du confort et des prestations de sa catégorie (piscine, tennis...). Le premier prix, en hiver, est de 105 $ (115 $ durant la haute saison). Les tarifs sont dégressifs à partir de la deuxième nuit. Différentes formules combinant repas et activités de plein air sont aussi proposées.

A l'écart du village, l'***Auberge Edelweiss*** (☎ *(819) 322-7800, ar-edelweiss.com, info@ar-edelweiss.com ; 3050 chemin Doncaster*) joue la carte de l'intimité romantique. En bordure de forêt et sur les hauteurs, le rapport qualité-prix est excellent (chambre à partir de 80 $).

L'***Auberge Le Rouet*** (☎ *(819) 322-3221 ou 1 800 537-6838 ; 1288 rue Lavoie*) vous transporte dans un chalet tyrolien. La pension complète est obligatoire. Une musique bavaroise annonce l'heure des repas. Les prix variant selon la saison, la chambre revient à 90 $ minimum.

Où se restaurer

La Sapinière (☎ *(819) 322-2020 ou 1 800 567-6635 ; 1244 chemin de La Sapinière*)

LAURENTIDES

est une table très réputée au Québec et possède l'une des plus belles caves à vins de la province (près de 20 000 bouteilles). L'***Auberge Edelweiss*** (☎ *(819) 322-7800 ; 3050 chemin Doncaster*) est un restaurant de plus en plus prisé des amateurs de grande cuisine. Comptez entre 20 et 35 $.

L'***Auberge du Vieux Foyer*** (☎ *(819) 322-2686 ou 1 800 567-8327 ; 3167 1er rang Doncaster*) sert une cuisine québécoise de qualité et abordable (à partir de 12 $). En revanche, les chambres de la partie hôtel sont surévaluées.

Dans le village, ***Le grand Pas*** (☎ *(819) 322-3104 ; 2481 rue de l'Église*) est un établissement convivial où l'on prépare une cuisine honorable (repas à partir de 12 $). Il est fermé en avril. A quelques mètres, ***La Toupie Toulousaine*** (☎ *(819) 322-7833 ; 2347 rue de l'Église*) est un spécialiste du gibier.

Au Petit Poucet (☎ *(819) 322-2246 ; 1030 route 117*) est réputé pour ses petits déjeuners servis à partir de 8h. La formule buffet (samedi et dimanche) est proposée à partir de 17h (18 $). Spécialité de la maison : le jambon, qui se décline fumé, à l'érable, en tourtière ou accompagné de fèves.

Comment s'y rendre

Voiture. Prendre la sortie 76 sur l'autoroute 15 des Laurentides, puis suivre la route 117 Nord. A Val-David, aux feux de signalisation, tournez à droite. La rue de l'Église est l'artère principale du village.

Bus. L'arrêt se trouve devant le dépanneur installé dans la station-service située en face de l'intersection de la route 117 et de rue de l'Église.

SAINTE-AGATHE-DES-MONTS

Municipalité la plus haute des Laurentides (400 m d'altitude environ), Sainte-Agathe-des-Monts connut sa période de gloire avant que Saint-Sauveur ne vienne la supplanter. La reine Élisabeth d'Angleterre y trouva refuge durant la Seconde Guerre mondiale et Jacqueline Bouvier, l'épouse de J.F. Kennedy, y séjourna également.

Sainte-Agathe-des-Monts pose à la grande dame qui n'a pas besoin d'artifices pour plaire. Les abords du gigantesque lac des Sables sont magiques et romantiques. L'hiver, le lac se transforme en patinoire et l'été ses trois plages forment un cadre idyllique. Dommage que les moustiques soient de la partie. L'accès aux plages est payant (4 $). Les tickets s'achètent chez les commerçants ou auprès des hôteliers.

La ville est par ailleurs le point de rencontre de nombreux motoneigistes. Le premier sentier de motoneige du Québec y fut tracé en 1962. Plusieurs sentiers ont été aménagés dans la ville et ses environs. La partie du parc linéaire réservée aux bolides des neiges commence d'ailleurs à Sainte-Agathe-des-Monts.

L'été, des croisières sur le lac sont organisées par les Bateaux Alouettes (☎ (819) 326-3656).

Dans les environs, le village de **Saint-Adolphe-d'Howard**, à une vingtaine de kilomètres, mérite un détour. La routc 329 qui permet de s'y rendre est superbe. Elle se poursuit jusqu'à Morin Heigths.

Orientation

La rue Principale est la grande artère est-ouest de la ville, accessible directement par la route 117. Elle débouche sur le lac des Sables. A gauche, se trouve l'avenue Nantel, et à droite, le chemin Tour-du-Lac qui contourne le lac des Sables pour finir sa course dans la rue Saint-Venant (route 329).

La rue Saint-Venant est le grand axe nord-sud. Elle coupe la rue Principale à gauche et devient la route 329 qui mène à Saint-Adolphe-d'Howard.

Renseignements

Le Bureau touristique de Sainte-Agathe-des-Monts (☎ (819) 326-0457 ou 1 800 326-0457), 24 rue Saint-Paul, est ouvert tous les jours de 9h à 17h (fermeture à 20h de juin à septembre). Il fournit un excellent plan de la ville.

L'hôpital de Sainte-Agathe-des-Monts (☎ (819) 324-4000), 234 rue Saint-Vincent, a bonne réputation.

La rue Principale comprend deux pharmacies, dont l'une est située à l'angle de la rue Saint-Vincent.

Dans la rue Principale, vous trouverez la Caisse Desjardins et la Banque Nationale, équipées de guichets automatiques.

Où se loger

En centre-ville et en bordure du lac, ***Chez Girard*** (☎ *(819) 326-5228 ; 10 chemin Tour-du-Lac*) est une demeure élégante que l'on remarque immédiatement. La chambre spacieuse avec vue sur le lac est louée 40 $ par personne (55 $ avec cheminée).

A 200 mètres en continuant sur le chemin Tour-du-Lac, au n°173, l'***Auberge de la Tour du Lac*** (☎ *(819) 326-4202 ou 1 800 622-1735, www.delatour.qc.ca*) est une belle et grande maison victorienne qui sent bon la cire. Décorée avec des objets de la Belle Époque, elle offre une agréable vue sur le lac. A l'arrière, une maison de construction récente fait également office d'hôtel. Les prix démarrent à 90 $ la chambre en haute saison, petit déjeuner compris (75 $ le reste de l'année).

Célèbre notamment pour sa table, l'Auberge ***La Sauvagine*** (☎ *(819) 326-7673 ou 1 800 787-7172, www.polyinter.com/sauvagine ; 1592 route 329 nord*) propose des chambres de style rustique et loue également un chalet. Une piscine complète les lieux qui dominent une rivière. La simple/double revient à 55/80 $, deux chambres sont à 45/55 $

Au-dessus du lac, ***L'Auberge Saint-Venant*** (☎ *(819) 326-7937 ou 1 800 697-7937 ; 234 rue Saint-Venant*) est certainement l'un des hébergements les plus séduisants des Laurentides, grâce en partie à ses aménagements et à sa décoration raffinée. Les chambres spacieuses traitées en tons doux ouvrent de larges baies sur le lac. Un vrai bonheur. Il est dommage que la formule buffet du petit déjeuner ne soit pas au diapason. Le prix des chambres oscille entre 86 et 106 $ en basse saison ; entre 106 et 130 $ en période d'affluence.

A proximité, au n°246, ***La Villa Verra*** (☎ *(819) 326-0513, www.polyinter/villaverra/html*) comporte des chambres correctes, sans charme particulier, mais à prix sages : 49,50 $ par personne, déjeuner et dîner compris. ***L'Auberge Blanche*** (☎ *(819) 326-5935 ; 147 rue Saint-Venant*) est une superbe maison à l'abri des regards, dotée d'un vaste salon et de chambres très convenables (entre 75 et 130 $).

Pour les budgets modestes, ***Aux Berges des Rapides*** (☎ *(819) 326-0915 ou (514) 924-4780 ; 60 rue Legault*) propose des lits en dortoir à 20 $ et des chambres avec s.d.b. à 25 $ par personne. Tranquille et donnant sur une petite rivière, l'auberge (qui peut être louée entièrement) dispose d'une grande salle de séjour.

Où se restaurer

Le Havre des Poètes (☎ *(819) 326-8731 ; 55 rue Saint-Vincent*) mérite un arrêt-dîner, notamment les vendredi et samedi, jours où se produisent des chansonniers. Comptez 18 $.

Kamenbert & Poivre Noir (☎ *(819) 326-7968 ; 133 rue Principale*) ouvert de 8h à 18h (fermé le lundi), fait office de fromager et de charcutier mais aussi de restaurant. Le choix des plats est limité, mais le contenu de l'assiette est généreux. A midi, le menu est fixé à 7 $. Au n°15, ***La Chaumière du Village*** (☎ *(819) 326-3174*) est un restaurant de qualité installé dans une belle maison en bois peint. Salade du marché, soupe du jour, filet de porc, saumon fumé… le choix est large, la cuisine fine et l'atmosphère intime. Le restaurant n'est ouvert que le soir (fermé le lundi et mardi). Comptez entre 20 et 30 $.

Installé dans l'ancienne gare ferroviaire de Sainte-Agathe-des-Monts sur le parcours du P'tit Train du Nord, ***Le Bistro de la Gare*** (☎ *321-0582 ; 24 rue Saint-Paul*) sert midi et soir des plats sages à petits prix.

Chez Girard (☎ *(819) 326-0922 ou 1 800 663-0922 ; 18 rue Principale Ouest*) est l'une des grandes tables de la ville. Les crevettes au gingembre (30 $) et le tournedos de caribou aux pleurotes (35 $) laissent difficilement indifférents. Un brunch (15 $) est servi tous les dimanche. La raclette (18 $) figure au menu en hiver.

Le restaurant de ***La Sauvagine*** (☎ *(819) 326-7673 ; 1589 route 329 nord*) est une autre grande table plusieurs fois récompensées mais elle est chère, entre 40 et 50 $.

Comment s'y rendre

Voiture. Sur l'autoroute 15 Nord, prendre la sortie 86 Sainte-Agathe-Sud. L'autre solution consiste à suivre la route 117 Nord (qui devient la rue Principale) et à tourner à gauche en direction du centre-ville.

Bus. Limocar Laurentides (☎ (514) 842-2281), 505 bd de Maisonneuve Est, assure tous les jours des liaisons Montréal-Sainte-Agathe-des-Monts. Le terminus se situe au niveau du dépanneur Provi-Soir ouvert toute la nuit, installé face à l'intersection de la rue Principale et de la route 117.

SAINT-FAUSTIN-LAC-CARRÉ

Ce village de quelque 1 400 habitants, est doté d'un important Centre d'interprétation de la nature spécialisé dans la pisciculture, la **Pisciculture de Saint-Faustin** (☎ (819) 688-2076), 747 chemin de la Pisciculture.

La cabane à sucre Millette (☎ (819) 688-2101), 1357 rue Faustin, est l'une des cabanes à sucre les plus cotées de la région. Tenue depuis plus de 40 ans par la famille Faustin, elle perpétue une tradition ancestrale. L'établissement a certes été agrandi mais le cadre reste préservé. L'érablière reçoit les visites (5 $).

En avril-mai, vous pouvez assister à la fabrication du sirop d'érable. La cabane est ouverte tous les jours, de 11h30 à 20h en mars et en avril (en dehors de cette période, il faut réserver). Comptez entre 13 et 16 $ le repas. Si vous continuez la rue Faustin, vous croiserez une grande route à droite. Elle mène au très beau **lac Supérieur**, l'une des voies d'accès pour le parc du Mont-Tremblant. Le trajet est jalonné de beaux paysages mais la route n'est pas toujours en très bon état.

MONT-TREMBLANT VILLAGE

A Mont-Tremblant, il faut faire une distinction entre le village – Mont-Tremblant Village –, la station Tremblant et le massif montagneux du parc du Mont-Tremblant.

Le mont Tremblant (968 m) est une montagne sacrée, le Manitou Ewitchi Saga, la "montagne du Manitou redoutable" comme la désignaient autrefois Iroquois et Algonquins. Quiconque profanait ses hauteurs, devait en effet redouter l'esprit de Manitou, le dieu de la Forêt qui faisait trembler le sol.

Le mont Tremblant a toujours été un enjeu. Pour les forestiers d'abord, qui sont à l'origine de la création du village ; pour les clubs de chasse très huppés ensuite, venus des États-Unis ou de l'Ontario. En 1937, l'arrivée du milliardaire Joe Ryan, de Philadelphie, fixe son destin.

Depuis les années 40, la situation privilégiée du village, niché entre le lac Tremblant et le lac Mercier, en a fait un lieu de villégiature prisé en toute saison, en particulier par les Américains et les Ontariens. Les activités sont multiples : plages, golf, bateau à voile en été, motoneige, ski de fond et ski de piste dès la fin novembre.

La station Tremblant, de son côté, est un village à part entière, avec ses rues, ses boutiques, ses cafés et ses restaurants.

Renseignements

Le Bureau touristique (☎ (819) 425-2434), 1001 Montée Ryan, est ouvert tous les jours de 9h à 17h (fermeture à 21h de juin à septembre). Il dispose d'un plan général du village et des deux stations.

A la station Tremblant, le Chalet des Voyageurs abrite également un kiosque d'informations. Sur la place Saint-Bernard, un autre kiosque, situé au bout du sentier des randonneurs, est tout aussi efficace.

Activités

Le ski est la principale activité de Mont-Tremblant. La saison débute à la mi-novembre et se termine en général vers la mi-mai. La station Tremblant (☎ (819) 681-2000 ou 1 800 461-8711, www.tremblant.ca), 3005 chemin Principal, est la plus haute des Laurentides, la plus complète mais aussi la plus chère. Elle compte à elle seule 90 pistes et affiche un tarif journalier en fin de semaine de 52 $ (dégressif toutefois si vous restez plus de deux jours). Des tarifs préférentiels sont accordés aux 13-17 ans (40 $), aux 6-12 ans (25 $) et aux seniors (35 $). Le ski de soirée ne se pratique pas dans la station.

La location de l'équipement complet revient à 35 $. Vous pouvez ne louer que le pantalon ou le manteau pour 20 $. Moyennant 10 $ l'heure ou 42 $ la journée (repas compris), un service de garderie accueille les enfants âgés de 1 à 6 ans.

L'été, le golf (☎ 581-9681) est l'activité reine, grâce aux quatre terrains de 18 trous dont certains comptent parmi les plus beaux parcours d'Amérique du Nord. Sur le lac Tremblant, la plage est réservée aux pensionnaires Tremblant.

Plus petite, la station Gray Rocks (☎ (819) 425-2771 ou 1 800 567-6767) est tout aussi agréable avec ses 22 pistes de ski. Le forfait journée s'élève à 27 $.

Où se loger

Dans le village, les hébergements se concentrent essentiellement dans le chemin Principal. L'***Auberge de Jeunesse Internationale du Mont-Tremblant*** (☎ *(819) 425-6008, www.hostelingmontreal.com/tremblant, tremblant@hostellingmontreal.com ; 2213 chemin Principal*) propose des lits à 17,50 $ (22 $ pour les non membres). Pour une chambre privée, comptez 58 $. Installée dans une grande demeure et dans un environnement agréable, tous les services d'une auberge de jeunesse y sont disponibles. Les enfants de moins de 12 ans ne paient pas. Il est conseillé de réserver, surtout en hiver.

Dans le village, à l'écart de la rue Principale et de son agitation, ***Le Couvent*** (☎ *(819) 425-8608 ; 135 B rue du Couvent*) est certainement le gîte offrant le meilleur rapport qualité/prix du village : ses simples/doubles avec s.d.b. coûtent 70/80 $. Il dispose par ailleurs d'une belle et grande terrasse. Tout aussi chaleureuses, et situées au-dessus d'un restaurant tenu par les mêmes propriétaires, les chambres du gîte ***La Maison des Lauriers*** (☎ *(819) 429-6006 ; 1926 chemin Principal*) se louent 80 $. La décoration est soignée ; le choix des couleurs et des tissus crée une atmosphère harmonieuse.

L'***Auberge Sauvignon*** (☎ *(819) 425-5466, sauvignon@tremblant.com ; n°2723, chemin Principal*) soigne son décor champêtre. Chaque chambre possède sa propre s.d.b. L'hiver, vous dépenserez au moins 95 $ pour deux (80 $ l'été).

En bordure du lac et d'une plage, l'***Auberge de La Porte Rouge*** (☎ *(819) 425-3505 ou 1 800 665-3505, www.aubergelaporterouge.com, info@aubergelaporterouge.com*), au n°1874, allie modernité et ambiance familiale. Les forfaits proposés sont intéressants (à partir de 55 $ par personne, petit déjeuner et dîner inclus).

Au ***Manitonga*** (☎ *(819) 425-6941 ; 117 chemin Séguin*) l'accueil est encore plus personnalisé. Une simple/double revient à 55/70 $. Dans la catégorie B&B, ***Le Lupin*** (☎ *(819) 425-5474, www.lelupin.com, lelupin@lelupin.com ; 127 rue Pinoteau*) est une maison de rondins située à mi-chemin entre le village et la station. La plage du lac Tremblant se situe à quelques minutes de marche à pied. Le prix des chambres commence à 66 $.

A la station Tremblant, le prix des hébergements est bien plus élevé qu'au village et le choix, très limité si vous avez un budget serré. La station est le royaume des hôtels de luxe et des condominiums. Une centrale de réservation (☎ (819) 681-2000 ou 1 800 567-6760, www.tremblant.com) gère l'ensemble.

Le Château Mont-Tremblant (☎ *(819) 681-7000 ou 1 800 441-1414, www.chateaumonttremblant.com ; 3045 chemin Principal*) est l'un des grands hôtels de la station. A l'intérieur, luxe et espace portent à 115 $ le premier prix d'une chambre. Au cœur de Tremblant, le ***Marriot Residence Inn, Manoir Labelle*** (☎ *(819) 681-4000 ou 1 888 272-4000, www.tremblant.ca ; 170 chemin Curé-Deslauriers*) s'orne une architecture extérieure très classique mais agréable à l'œil. Les chambres avec un coin cuisine sont facturées 255 $. Un premier

LAURENTIDES

Duel à blanc

Les Laurentides forment l'un des espaces de loisirs favoris des Montréalais, des Ontariens et des Américains, surtout en hiver.

Depuis les années 20, le tourisme est devenu le pilier de la vie économique et sociale de la région. Son cœur compte aujourd'hui 30% des maisons secondaires des Montréalais.

L'enneigement est de qualité, la durée de la saison (de novembre à mai) exceptionnelle et les distances à parcourir pour rejoindre les stations, courtes. En période estivale, les plaisirs sont à la randonnée, à la baignade ou au canoë.

Dans les années 20, Sainte-Agathe-des-Monts fut l'endroit de villégiature où l'on se devait d'aller. Elle affichait des airs très bon chic, bon genre. Puis émergea la ville de Saint-Sauveur, bien plus proche de Montréal. Très rapidement, elle prit des allures branchées. Saint-Sauveur devint le lieu de villégiature où il était de bon ton de posséder une propriété si l'on avait quelque argent et des titres de gloire.

La Saint-Tropez des Laurentides a pourtant dû laisser la place à une jeune et fringante rivale. Aujourd'hui, la station Tremblant est celle qui attire. Intrawest, la compagnie de Vancouver, en est son créateur et son manager. Dès les années 40/50, il était bienvenu d'aller skier sur le mont Tremblant, propriété depuis les années 30 de Joe Ryan, milliardaire de Philadelphie. A cette époque, la station jouait déjà les divas en s'enorgueillissant de recevoir la haute société anglophone venue des États-Unis ou de l'Ontario par jet privé ou hydravion.

En l'espace de cinq ans à peine, Intrawest a bâti une véritable ville, employant les techniques les plus sophistiquées pour déplacer de vieilles demeures de plus d'un siècle. Aux autres villes de jouer la carte de la différence. Sainte-Agathe compte depuis les années 70 sur la motoneige ; Val-David et Val-Morin sur le ski nature, loin des paillettes ; Saint-Sauveur sur le ski de proximité et de soirée.

Les modes passent, font et défont. Il s'agit de trouver sa place. Mais la neige est un terrain glissant.

prix qui peut baisser à 155 $ en période creuse, petit déjeuner et parking inclus. La chambre seule revient à 140 $ (105 $ hors saison).

A quelques kilomètres de la station, ***Le Grand Lodge*** (☎ *(819) 425-2734 ou 1 800 567-6763, www.legrandlodge.com*) est l'une des dernières grandes constructions de luxe de la région, tout en rondins de bois, arrimé au bord d'un lac. Ses chambres luxueuses se louent entre 125 et 185 $.

Où se restaurer

Au village et à la station, vous aurez l'embarras du choix. Les restaurants, assez coûteux, servent en général jusqu'à 22h.

La Savoie (☎ *(819) 681-4573 ; 3005 chemin Principal*) propose ses spécialités de fondues et raclette entre 15 et 25 $. L'***Auberge Sauvignon*** (☎ *(819) 425-5466 ; 2723 chemin Principal*) excelle dans les grillades de viande et de poisson (à partir de 17 $).

Trembagel, dans le quartier de la station dit du Vieux-Tremblant, fabrique du *bagel* (sorte de pain) et prépare de délicieux sandwiches.

Comment s'y rendre

Voiture. De Montréal, prendre l'autoroute 15 Nord jusqu'à Sainte-Agathe-des-Monts pour rejoindre la route 117. Deux kilomètres après Saint-Jovite, au deuxième feu de signalisation, tourner à droite et suivre les indications pour Mont-Tremblant, qui se trouve à 10 km. La montée Ryan rejoint la station et se prolonge jusqu'au chemin Principal qui mène au village.

Vous pouvez accéder à l'autre versant de la station Tremblant en continuant la montée Ryan en direction du lac Supérieur. Cet itinéraire, très peu fréquenté, est de toute beauté.

Bus. Les bus de la compagnie Limocar Laurentides (☎ (450) 435-6767) relient tous les jours la station depuis Montréal. Les fréquences et les horaires varient d'un mois à un autre. Les établissements de luxe assurent le transport depuis l'aéroport. Un service de navette (☎ 1 800 567-6760) entre l'Aéroport de Dorval et la station est également disponible mais sur réservation.

La station est reliée au village, l'hiver, par une navette qui assure de trois à cinq rotations par jour. Elle ne fonctionne qu'entre le 15 décembre et le mois d'avril. L'attente entre deux navettes est d'une heure en moyenne (2 $ l'aller simple). Appelez le ☎ (819) 425-8441.

PARC DU MONT-TREMBLANT

Situé à 140 km au nord-ouest de Montréal, le parc du Mont-Tremblant (☎ (819) 688-2281, meftremblant@cil.qc.ca, www.sepaq.com) est le plus grand des parcs québécois.

Tout en montagnes vallonnées, le parc est riche en essences d'arbres parfois très rares, telles l'érable argenté ou le chêne rouge. Près de 400 lacs viennent alimenter les innombrables bassins des rivières Rouge, Saint-Maurice et L'Assomption.

A cheval sur les Laurentides et la Lanaudière, le parc comprend, d'ouest en est, trois grands secteurs : la Diable, la Pimbina et l'Assomption. Le secteur de la Diable, dans les Laurentides, est le plus fréquenté. A une heure et demie de route de Montréal, il englobe le remarquable **lac Monroe,** où vous trouverez un centre (☎ (819) 688-2281) qui organise, été comme hiver, de nombreuses activités. Pour les baignades, les randonnées pédestres, à ski, en raquettes, à bicyclette ou en canoë, vous pouvez vous renseigner au ☎ (819) 688-2281.

Le secteur de l'Assomption (☎ (819) 424-2954) est la partie la moins fréquentée. Son environnement est exceptionnel.

Le parc est accessible toute l'année. L'été, vous pouvez le traverser en voiture d'ouest en est ou du sud vers le nord.

De manière générale, vous pouvez louer un canoë sur place et faire transporter vos bagages à l'endroit désiré. La voile et la planche à voile sont autorisées sur les lacs Monroe, Provost, Escalier et des Sables. Les locations se font aux centres d'accueil de Saint-Donat, de Saint-Côme ou au centre de location du lac Monroe. Pour un canoë, comptez 30 $ la journée et 23 $ pour un vélo.

Dans le secteur de la Diable, le centre équestre du lac Supérieur (☎ (819) 688-2281) programme des randonnées et loue des chevaux.

De multiples sentiers de découverte ont été aménagés. A chaque tête de sentier, des brochures explicatives sur la faune et la flore sont à votre disposition. L'été, des naturalistes organisent des circuits guidés et des activités plus spécifiques, telles l'appel au loup, seule activité payante du parc. L'hiver, les motoneigistes ne sont acceptés que dans le secteur de Saint-Donat et Saint-Côme.

Au lac Monroe, vous trouverez dans le chalet d'accueil, un dépanneur, un casse-croûte et une laverie. Ces services fonctionnent du 14 mai au 11 octobre.

Où se loger

Possible de mi-mai à mi-octobre, le ***camping*** dans le parc se décline sous toutes ses formes. Les plus confortables se situent en bordure des lacs Monroe, Chat et Provost. Il est obligatoire de réserver (☎ *(819) 688-2281*). Dans le secteur de l'Assomption, les campings rustiques, c'est-à-dire ne disposant que d'une arrivée d'eau, comptent parmi les plus beaux et les moins fréquentés du parc. Comptez 24 $ pour un site aménagé et 18 $ pour un emplacement simple. Dans le secteur de l'Assomption, il n'en coûte que 15 $.

Le parc dispose également de ***chalets*** de villégiature (☎ *(819) 688-2281*) en bordure de lacs et de rivières. Les premiers prix pour deux personnes s'élèvent à 75 $. Pour les chalets du secteur de L'Assomption, composez le ☎ *(819) 424-7012*.

Comment s'y rendre

L'entrée dans le secteur de la Diable se fait depuis Montréal par l'autoroute 15, puis par la route 117 Nord. Arrivé à Saint-Faustin, suivre la direction du lac Supérieur. En hiver, le sentier est déneigé jusqu'au lac Monroe.

Pour le secteur Pimbina, l'accès s'effectue à Saint-Donat, dans la Lanaudière. L'hiver, la route n'est pas déneigée. De Montréal, suivez l'autoroute 25, puis la route 125 Nord.

Le secteur de l'Assomption se découvre à partir de Saint-Côme, toujours dans la Lanaudière. L'hiver, cet accès est fermé aux automobilistes. De Montréal, empruntez l'autoroute 25 puis la route 125 Nord que vous quitterez pour prendre la route 343. Celle-ci, après avoir traversé Rawdon, aboutit à Saint-Côme.

LABELLE

La ville, fondée en 1880 par le curé Antoine Labelle, n'a d'autre intérêt que d'être située entre la **réserve faunique Rouge-Matawin** (☎ (819) 424-1811 ou 1 800 665-6527) et la **réserve faunique de Papineau-Labelle** (☎ (819) 454-2013), appréciées notamment pour leurs circuits de canoë-camping en été et leurs sentiers de motoneige accessibles de décembre à fin mars.

Renseignements

Le Bureau touristique de Labelle (☎ (819) 686-2606), 7404 bd du Curé-Labelle, est ouvert tous les jours de juin à septembre, de 9h à 20h. Le reste de l'année, il n'est accessible qu'en semaine de 9h à 17h. Il fournit de la documentation sur les deux réserves.

Comment s'y rendre

Avec une superficie de 1 392 km^2 répartie entre les Laurentides et la Lanaudière, la réserve faunique de Rouge-Matawin possède trois accès, dont celui de la Macaza que l'on rejoint par Labelle (trajet le plus court). Vous pouvez aussi, de Labelle, continuer la route 117 Nord et, au village de l'Annonciation, prendre sur la droite la route 321 menant à l'Ascension, l'accès nord-ouest de la réserve. La troisième porte d'entrée est de l'autre côté, au nord-est, dans la région de la Lanaudière, au village de Saint-Michel-des-Saints.

Au sud-ouest de Labelle, la réserve faunique de Papineau-Labelle (1 628 km^2) est accessible par le lac Nominingue. Après l'Annonciation, sur la route 117, prenez la première route sur la gauche, après 5 km.

L'Abitibi-Témiscamingue et la baie James

L'Abitibi-Témiscamingue

Indicatif ☎ 819

A lui seul, ce nom évoque une terre lointaine et mystérieuse. Immense territoire de 116 000 km^2 peuplé de 165 000 habitants à peine, au sud du 49e parallèle, l'Abitibi-Témiscamingue forme en réalité deux entités distinctes isolées au nord-ouest du Québec, reliées simplement au reste de la province par un mince fil d'asphalte, la route 117.

Aux portes du Grand Nord et de la forêt boréale, l'Abitibi, nourrie de l'histoire de ses premiers occupants, les Cris et les Algonquins, a été le point d'ancrage des forestiers et des mineurs, la terre promise de milliers de familles et de travailleurs venus de Pologne et d'Ukraine.

Pays des plaines à perte de vue, des cent mille lacs et de l'épinette chétive, de l'or et du cuivre, l'Abitibi porte encore en elle les stigmates des multiples coupes à blanc. Les forêts originelles ont presque toutes disparu, et les caribous et les cerfs de Virginie sont désormais menacés.

Au-delà de Rouyn-Noranda, la capitale régionale, le contraste est saisissant. Le Témiscamingue se découvre et affiche immédiatement sa différence avec des vallons qui s'entremêlent et une végétation diversifiée. L'agriculture domine.

Comme en Abitibi, les villes se comptent sur les doigts des deux mains. Leur histoire n'a pas un siècle d'âge. Villes de pionniers comme leurs voisines abitibiennes, leur vie dépend encore aujourd'hui de l'ouverture et de la fermeture des mines.

Les aléas climatiques jouent également. L'Abitibi-Témiscamingue enregistre en effet de grandes différences de température.

A ne pas manquer

- La Cité de l'or à Val-d'Or
- Le Festival du cinéma international à Rouyn-Noranda, en octobre
- Une promenade dans la forêt enchantée de Ville-Marie
- L'escalier du géant du barrage La Grande-2, dans la baie James
- Le village cri de Chisasibi

Les étés sont chauds (souvent plus de 30°C) et les hivers très froids (en avril, il n'est pas rare que le mercure descende en dessous de zéro). Mais la lumière n'en est que plus belle.

HISTOIRE

Les vestiges archéologiques attestent l'établissement d'une présence humaine antérieure à 5 000 ans av. J.-C. Jusqu'à l'arrivée des Européens, les Amérindiens sillonnent le territoire. Vers 1 600 de notre ère, deux groupes amérindiens, les Abitibis et les Témiscamingues, appartenant au groupe des Algonquins, occupent le nord-ouest du Québec.

Jusqu'au début du XXe siècle, cette région, éloignée de tout, n'intéressera guère les candidats à l'immigration. Néanmoins, dès le XVIIe siècle, elle est la voie privilégiée pour atteindre le Grand Nord et constitue surtout un fabuleux terrain de chasse.

Le contrôle de ses comptoirs de fourrures sera un enjeu dans la bataille qui oppose les Français et les Anglais pour le contrôle de la baie James et de la baie d'Hudson.

Les forestiers et les missionnaires arrivent à leur tour dans les années 1850. Ils instaurent le régime des réserves pour les Amérindiens. La colonisation du Témisca-

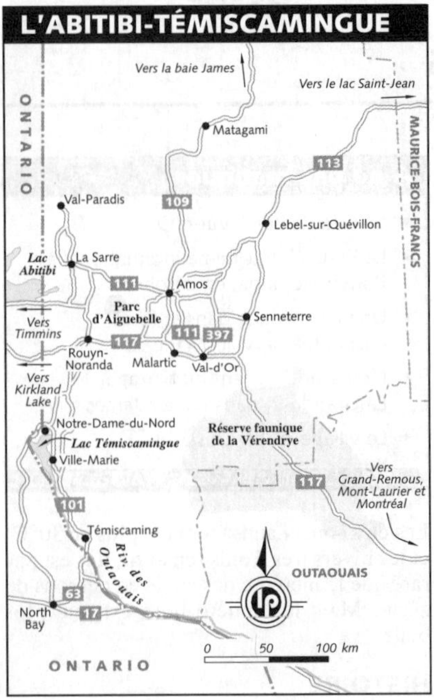

mingue s'amorce, celle de l'Abitibi interviendra en 1912 avec la construction du chemin de fer Transcontinental. A la traite intensive des peaux à fourrure entre 1650 et 1800 succèdent les coupes à blanc.

La découverte dans les années 20 de la faille de Cadillac en Abitibi marque le début de la ruée vers l'or. Une première mine, la mine Horne, est ouverte en 1927. Jusqu'en 1996, 91 mines d'or et de cuivre seront mises en exploitation. Des villes comme Rouyn-Noranda et Val-d'Or se créent, d'autres cités éclosent. Toutes suivent le tracé de la faille.

Des milliers d'immigrants, pour la plupart originaires d'Europe de l'Est, viennent s'installer, en quête d'un avenir meilleur. Avec la crise de 1929, un flot d'hommes et de femmes s'installent en Abitibi-Témiscamingue. Les agriculteurs de la région trouvent là un débouché inespéré pour leurs produits.

Si l'industrie minière constitue encore le principal facteur de développement, son déclin progressif depuis les années 70/80 a condamné à l'exode ou au chômage nombre de familles et de jeunes.

ORIENTATION

L'Abitibi-Témiscamingue est encadré par la baie James au nord, l'Outaouais au sud, la Mauricie-Bois-Francs à l'est et la province de l'Ontario à l'ouest. L'Abitibi couvre le nord de la région, le Témiscamingue, le sud.

Seule la route 117 permet de rejoindre l'Abitibi par le sud *via* Val-d'Or, et de poursuivre vers le Témiscamingue. Cet axe nord-sud, construit à la fin des années 40, ne relie toujours pas directement le Témiscamingue aux autres régions du Québec : pour s'y rendre, il faut passer par Ottawa, puis suivre la route 17 jusqu'à North Bay et, de là, emprunter la route 63 qui rejoint la ville de Témiscaming.

L'Abitibi est également accessible à partir du lac Saint-Jean par la route 167 Nord *via* Chibougamau, puis la route 113.

FÊTES ET MANIFESTATIONS ANNUELLES

Juin

Festival forestier de Senneterre – Courses sur billots et débitage de bois, généralement la dernière semaine du mois.

Juillet

Le Tour de l'Abitibi – Course cycliste internationale. A l'occasion de cette compétition, la ville organisatrice (qui change chaque année) festoie pendant plusieurs jours.

Octobre-Novembre

Festival du cinéma international – A Rouyn-Noranda (voir l'encadré Jours de fête plus loin dans ce chapitre).

ACTIVITÉS

Ski de fond, motoneige et sorties en traîneau à chiens ou en raquettes sont les activités phares de la région, de novembre-décembre à avril. Chaque année, en mars, des expéditions en ski de fond sont organisées dans la baie James et sur le lac Abitibi à partir de la ville de La Sarre, par la Corporation de la traversée du lac Abitibi (☎ 339-3300), 350 rue Principale, J9Z 1Z5.

Pour le ski alpin, il n'existe que deux petites stations, dont celle de Mont Vidéo (☎ 734-3193 ou 734-3194) à Barraute, située à une vingtaine de kilomètres d'Amos au nord-ouest. Elle compte quatorze pistes, dont certaines sont éclairées le soir (fermeture à 22h le mercredi, vendredi et samedi). L'été, vous pouvez naviguer en voilier sur le gigantesque lac Témiscamingue et la rivière des Outaouais.

Tourisme Abitibi-Témiscamingue (☎ 762-8181, www.48nord.qc.ca, 48nord@ 48nord.qc.ca) peut vous fournir la liste des différents prestataires d'activités de plein air dans la région.

RÉSERVE FAUNIQUE DE LA VÉRENDRYE

Avec une superficie de 13 613 km², la réserve faunique de La Vérendrye (☎ 825-2392) est aussi vaste que la région des Cantons de l'Est (13 100 km²).

A cheval entre l'Outaouais et l'Abitibi-Témiscamingue, elle est traversée par la route 117. Le trajet (180 km) est long et relativement monotone. Épinettes et lacs (100 000, soit 10% du nombre recensé au Québec) se succèdent sans discontinuer. De Grand-Remous à Val-d'Or, la porte d'entrée en Abitibi, vous ne croiserez ni village, ni hameau. Faites le plein d'essence et roulez à bord d'une voiture en bon état.

A 58 km de Grand-Remous se trouve ***Le Domaine*** (☎ *435-2541*), un complexe hôtelier au bord d'un lac qui dispose d'une station-service, d'un camping (fermé du 10 septembre à mai) et d'un restaurant (plutôt médiocre). Le prochain poste à essence sur cette route est à 124 km au nord.

Le canotage et la pêche sont pratiqués dans la réserve.

Où se loger

La réserve compte plusieurs campings et chalets. Dans la partie sud, mentionnons le ***Camping du Lac de la Vieille*** (☎ *435-2141*), où l'emplacement se négocie à partir de 16 $.

Le camping sauvage peut être pratiqué mais vous devez obligatoirement vous procurer un droit d'accès, disponible à l'office du tourisme de Val-d'Or ou auprès de l'un des points d'entrée de la réserve.

Comment s'y rendre

La route 117 est la seule voie d'accès. Trois postes d'accueil permettent, de mi-mai à début septembre, d'accéder à la réserve et à ses différentes activités. Deux sont situés au nord, le troisième est au sud, dans la région de l'Outaouais. L'entrée nord (☎ 736-7431 l'été ou 825-2392), la principale, est située à 60 km au sud de Val-d'Or. A l'entrée sud de La Vérendrye (☎ 438-2017), un centre d'information fournit une carte indiquant les différents sentiers de randonnée et l'emplacement des campings.

VAL-D'OR

Passée la réserve de La Vérendrye, Val-d'Or (24 230 habitants), à 530 km de Montréal, constitue la ville d'entrée en Abitibi-Témiscamingue ; c'est aussi la cité de l'or. Née dans les années 30 sous l'impulsion de prospecteurs, elle a gardé son aspect de ville minière, avec ses grandes avenues et ses maisons en brique à un étage alignées les unes contre les autres. La mine Sigma, ouverte en 1927, longe la route 117. Pendant plusieurs années, elle fut le moteur économique de la ville. Elle emploie encore aujourd'hui 250 personnes. En 1997, 84 000 onces d'or ont été extraites de la mine.

La 3ᵉ avenue constitue l'artère principale de la ville. Restaurants, pubs, banques, boutiques et hôtels s'y concentrent et donnent à l'ensemble un petit air de Far-West.

Renseignements

Installé au croisement de la route 117 et de la 3ᵉ avenue, au n°20, l'office du tourisme (☎ 824-9646, tourisme@lino.com) fournit un excellent plan de Val-d'Or et vous aidera à trouver un hébergement. Il est ouvert tous les jours de 7h à 21h du 15 mai au 8 septembre (de 9h à 17h le reste de l'année).

Les banques se succèdent le long de la 3ᵉ avenue et possèdent toutes des guichets

D'une frontière à une autre

A pays vierge, frontières flottantes au gré des enjeux politiques et économiques. Jusqu'en 1898, l'Abitibi n'appartient pas au Québec. Avec la découverte de l'or et du cuivre, les enjeux territoriaux se précisent. Après plus de quinze années de discussions entre le gouvernement fédéral et les autorités provinciales, l'Abitibi est englobée dans le Québec et avec elle les villes de Matagami et de Lebel-sur-Quévillon, situées juste au nord du 49e parallèle.

En 1987, changement de tutelle : la municipalité de la Baie-James est créée. Elle couvre le cinquième du Québec, soit deux fois la superficie de l'Angleterre. Matagami et Lebel-sur Quévillon passent sous sa coupe. Question de rééquilibrage.

automatiques accessibles à toute heure. La Caisse Populaire Desjardins est au n°602, la Banque Nationale au n°842 et la Banque Laurentienne au n°888.

Au n°905 de la 2e avenue, les guichets de la poste accueillent le public du lundi au vendredi de 8h30 à 15h30.

Le centre hospitalier (☎ 825-6711) est installé 725 6e rue.

A voir

Village minier de Bourlamaque. A l'est de la ville, accessible depuis la 3e avenue *via* la rue Saint-Jacques ou la rue Perreault, ce village forme le cœur historique de Val-d'Or. Toujours habité, il compte quelque quatre-vingts petites maisons en bois rond construites en 1935 par la compagnie pour loger les familles des mineurs.

Cité de l'or. Attenante au village minier de Bourlamaque, la mine Lamaque, fermée depuis plus de dix ans, a été transformée en centre d'interprétation. La Cité de l'or (☎ 825-7616), 90 rue Perreault, nécessite au moins une heure pour la seule visite des bâtiments de surface et deux heures pour la descente dans les galeries souterraines, creusées à 91 mètres sous terre. Des animateurs en tenue de mineur racontent l'histoire de la mine. La visite est passionnante. La température sous terre étant de 7°C, mieux vaut prévoir un bon lainage, un pantalon et des chaussures fermées.

Ouverte tous les jours de 9h à 18h du 23 juin à début septembre, la mine n'est accessible ensuite que sur réservation. L'hiver, les galeries souterraines sont fermées.

La visite en surface coûte 11 $ (8,50 $ pour les étudiants et les seniors). Comptez 19 $ (15 $) pour la visite des galeries souterraines. Une famille bénéficie d'un tarif spécial.

Tour Rotary. Autre vestige de l'exploitation minière, cette tour haute de 18 m surplombe la ville et ses environs. Elle se situe à l'angle du boulevard des Pins et du boulevard Sabourin.

Centre d'amitié autochtone. Installé 1272 7e rue, le Centre d'amitié autochtone (☎ 825-6857) est le centre culturel où se retrouvent les Amérindiens de la région. Une partie de ses locaux est réservée à la vente de sculptures inuit et de produits artisanaux. A deux pas du village minier de Bourlamaque, la boutique **Wachiya** (☎ 825-0434), 145 rue Perreault, expose et vend de l'artisanat cri (oiseaux en mélèze, sculptures en pierre de savon, entre autres). Elle possède un petit rayon librairie. La personne à l'accueil est toujours disponible pour vous donner des renseignements sur les Cris.

Où se loger

Les hébergements se limitent à des motels comportant une aile hôtel, le long de la 3e avenue. Ils sont chers pour le service proposé. Au n°932, ***Le Continental*** (☎ *824-9651 ou 1 800 567 6477*), de loin le plus agréable, propose des simples à 60 $ pour le motel et à 50 $ pour l'hôtel (10 $ par personne supplémentaire), petit déjeuner non

ABITIBI-TÉMISCAMINGUE

compris. Le ***Motel l'Escale*** (☎ *824-2711 ou 1 800 567-6572 ; 1100 rue de l'Escale*) est l'hôtel de standing de la ville. Il affiche un bon rapport qualité/prix, avec des chambres à partir de 75 $.

Au cœur du village minier, à cent mètres de l'entrée de la Cité de l'or dans la même rue, ***L'Auberge de l'Orpailleur*** (☎ *825 9518 ; 104 rue Perreault*) est certainement le meilleur endroit où descendre. Installée dans une ancienne pension pour mineurs célibataires, la maison est chaleureuse et sa situation permet de se déplacer à pied. La propriétaire, Dominique Gay, organise, été comme hiver, des circuits dans la région. La chambre est à 52 $, petit déjeuner inclus. A proximité, le gîte ***Aux 3 Tilleuls*** (☎ *825-4765 ; 106 avenue Champlain*), d'un confort moderne, possède notamment deux chambres avec air climatisé. La piscine à l'extérieur est à la disposition des hôtes. Le prix de la chambre sans/avec s.d.b. s'élève à 50/60 $.

Où se restaurer

A Val-d'Or, les restaurants à l'ambiance décontractée abondent et mitonnent une cuisine généreuse.

Le Quatro (☎ *824-4001 ; 585 3e avenue*) est une brasserie conviviale et animée où les hommes aiment à se retrouver autour d'une bière, un œil rivé au match de hockey retransmis à la télévision. Comptez à partir de 7 $ pour un repas. Au n°576, ***L'Avantage*** (☎ *825-6631*) est une brasserie plus sage où flotte une bonne odeur de maïs grillé. Un hamburger-frites vous coûtera 8 $ et des fruits de mer ou un poisson, le double.

Face au village minier de Bourlamaque, à cinq minutes à pied de l'office du tourisme, ***Le Café au Filon*** (☎ *825-0796 ; 59 rue Saint-Jacques*) est réputé pour ses copieux petits déjeuners, facturés entre 3 et 4,75 $. Fermé en soirée, il propose, au déjeuner, des salades, des soupes et des sandwiches (que l'on peut emporter). Il vous accueille du lundi au vendredi de 6h à 16h (le samedi de 8h à 14h). Juste à l'angle et attenant au cinéma Capitol, ***L'entr'acte***, un bar aux grandes baies vitrées, n'ouvre que le soir.

Toujours dans l'étroit périmètre du centre-ville, ***L'Amadeus*** (☎ *825-7204 ; 166 boulevard Perreault*) est la table gastronomique de Val-d'Or, où vous pourrez vous restaurer à moitié prix les lundi, mardi et mercredi. Comptez 20 $ pour un plat de viande avec entrée et dessert.

Plus excentré, le restaurant du ***Motel L'Escale*** (☎ *824-2711 ; 1100 rue de l'Escale*) propose une carte variée avec un demi-homard et des fruits de mer pour 22 $ (entrée et dessert inclus).

Comment s'y rendre

Bus. Les autobus Maheux assurent trois liaisons quotidiennes avec Montréal (7 heures, 77 $). Le terminus de la gare routière (☎ 874-2200) est situé 851 5e avenue, dans le centre-ville.

Avion. Du lundi au vendredi, Inter Canadien (☎ 1 800 363-7530), Air Creebec (☎ 1 800 567-6567) et Air Alliance (☎ 1 800 361-8620) assurent la liaison Montréal-Val-d'Or. Le week-end, les vols se limitent à un ou deux selon la saison. Comptez environ 280 $ en semaine pour un aller-retour (160 $ le week-end).

Train. La gare ferroviaire de Senneterre (☎ 737-2979), à 50 km au nord-ouest de Val-d'Or, est la seule gare passagers de l'Abitibi-Témiscamingue. La liaison avec la gare centrale de Montréal est assurée trois fois par semaine (115 $ l'aller). Reste que, de la gare, vous ne trouverez ni bus, ni agence de location de voiture pour quitter Senneterre.

ROUYN-NORANDA

Avec 29 775 habitants, Rouyn-Noranda est la ville la plus peuplée de l'Abitibi-Témiscamingue. Fondée par le prospecteur Edmond Horne dans les années 1924/1925, elle demeure un centre industriel producteur de cuivre de première importance au Canada.

Comme la plupart des villes de la région, son paysage urbain n'a qu'un intérêt limité. Elle fait office de carrefour entre l'Abitibi

Jours de fête

Le Festival du cinéma international en Abitibi-Témiscamingue est né en 1982. Personne, à commencer par ses créateurs, trois cinéphiles de Rouyn-Noranda, n'aurait imaginé qu'il puisse attirer chaque année les plus grands réalisateurs de cinéma et devenir le festival de référence du Québec. La couverture médiatique est sans égale dans la province, la qualité de la programmation exceptionnelle (une soixantaine de films) et le succès populaire grandissant (environ 15 000 spectateurs).

Chaque année apporte son lot de premières québécoises et étrangères. En 1995, Pierre Salvadori et François Cluzet ont présenté en première mondiale le film *Les apprentis*.

Pourtant, Rouyn-Noranda ne compte ni plages, ni palmiers, ni starlettes, ni protocole ; seulement des cheminées d'usine, des demeures en brique sans prétention et des avenues sobres. Le spectacle est ailleurs, dans les salles de cinéma de la ville, dans les cafés et les restaurants, envahis après chaque projection par les amoureux du septième art. L'esprit est à la fête et à la discussion, comme l'ont voulu Jacques Matte, Louis Dallaire et Guy Parent, les trois mousquetaires engagés depuis leur plus jeune âge dans la défense et la promotion du cinéma régional et québécois.

La culture de salon n'a jamais fait partie de leur rayon d'action, pas plus que les mondanités. Ils ont couru dans les années 70 les routes abitibiennes et témiscamingues avec, pour seuls bagages, caméras et projecteurs. De ce besoin de témoigner pour le plus grand nombre est né un festival pas comme les autres. Le cinéma conçu comme lieu de rencontres et d'échanges : une évidence qu'ils ont fait redécouvrir.

et le Témiscamingue et accueille à l'automne un Festival du cinéma réputé.

Renseignements

L'avenue Principale est le quartier général des banques. La Banque Nationale se situe au n°161.

A voir

Maison Dumulon. Ce Centre d'interprétation historique (☎ 797-7125), 191 avenue du Lac, reconstitue l'ambiance du magasin général de la famille Dumulon, dans les années 20. Dans la même pièce, se côtoient l'épicerie, le café et le bureau de poste. L'été, des représentations théâtrales illustrent l'histoire de la ville et de la ruée vers l'or.

Le centre abrite également le Bureau d'information touristique de la ville et vend de l'artisanat et des produits régionaux.

Ouverture des portes tous les jours de 9h à 20h du 24 juin au 2 septembre. Le reste de l'année, le centre est accessible du lundi au vendredi jusqu'à 17h (avec une pause entre 12h et 13h).

Métallurgie Noranda-Fonderie Horne. Des visites commentées sont organisées dans ce gigantesque complexe (☎ 762-7764, poste 2402 ou 2131) qui compte parmi les plus importants producteurs mondiaux de cuivre et de métaux précieux.

Fondée en 1922 par Edmond Horne après la découverte d'un gisement d'or, l'entreprise est le témoin vivant de toute une époque.

Les visites sont gratuites et se déroulent tous les jours de 8h30 à 18h de juin à début septembre. Hors saison, il est préférable de vous renseigner en téléphonant. Les moins de 12 ans ne sont pas admis. Un conseil, portez un pantalon, des manches longues et optez pour des chaussures fermées.

Où se loger

Les motels et les hôtels sans âme ne manquent pas. Au centre-ville, l'***Hôtel Albert*** (*☎ 762-3545 ou 1 888 725-2378 ; 84 avenue Principale*) est considéré comme le grand hôtel de Rouyn-Noranda. Les prix démarrent à 70 $ pour une chambre banale donnant directement sur un mur ; moyennant 85 $, vous élargirez votre champ de vision. Le petit déjeuner est en sus.

Construit à l'entrée de la ville (en venant de Val-d'Or), le ***Motel Comfort Inn*** (☎ *797-1313 ou 1 800 267-3837 ; 1295 avenue Larivière*) est certainement l'hébergement qui présente le meilleur rapport qualité/prix dans sa catégorie. En fin de semaine, vous obtiendrez un tarif préférentiel : 60 $ la chambre, voire moins selon la saison.

Pour un logement plus personnalisé, ***L'Autre chez soi*** (☎ *762-3187 ; 784 avenue Murdoch*) possède toutes les commodités susceptibles de rendre un séjour agréable (entrée indépendante, cuisine équipée, téléphone). Le tarif de la chambre varie entre 50 et 55 $. Plus proche du centre-ville, ***L'Auberge le Passant*** (☎ *762-9827 ; 489 rue Perreault Est*) est tout aussi agréable et l'accueil du propriétaire, Michel Bellehumeur, un bonheur. Il est préférable de réserver.

Le ***Cégep*** de Rouyn Noranda (☎ *762-0931, poste 5250 ; 555 boulevard du Collège*) propose des chambres durant les congés scolaires et des appartements du 25 mai au 7 août.

Où se restaurer

Les restaurants se concentrent dans l'avenue Principale. ***La Renaissance*** (☎ *764-4422*), au n°199, réunit midi et soir beaucoup de monde autour d'une cuisine où dominent la viande en sauce et les pommes de terre. Comptez 12 $. Dans le même registre culinaire, l'ambiance est légèrement plus feutrée à ***L'Hôte Antique*** (☎ *762-3545*), au n°84 de l'avenue.

Comment s'y rendre

Voiture. De Val-d'Or, prendre la route 117 Ouest. D'Amos, préférer la route 395 (superbe) à la route 109 qui passe par Val-d'Or.

Bus. Montréal *via* Val-d'Or est reliée trois fois par jour à Rouyn-Noranda (78 $ l'aller simple). Le terminus (☎ 762-2200) est au 52 rue Horne.

PARC D'AIGUEBELLE

Situé dans le quadrilatère Val-d'Or, Amos, La Sarre et Rouyn-Noranda, le parc d'Aiguebelle (☎ 637-7322 ou 763-3333) possède la plus grande concentration d'orignaux de l'Abitibi-Témiscamingue et des arbres bicentenaires – ce qui n'est pas sans importance dans une région où la forêt a été meurtrie par les coupes à blanc. Caractérisé par la chaîne des collines Abijévis et une plaine environnante à perte de vue, le parc comptabilise 70 lacs pour un territoire de 243 km^2. Parmi eux, le lac La Haie que vous pouvez traverser en franchissant une passerelle longue d'environ 64 m et suspendue à plus de 22 m de hauteur.

La carte du parc, disponible au poste d'accueil Mont Brun (☎ 637-7322), mentionne les aires de canoë et les différents sentiers pédestres transformés l'hiver en pistes de ski de fond.

Où se loger

Installé au sud-est du parc, à hauteur de Saint-Norbert-de-Mont-Brun, le ***camping Abijévis*** (☎ *637-7322 ; 1737 rang Hudson*) est ouvert de la mi-juin au 1er septembre. En bordure d'un lac, il propose une multitude d'activités (randonnées équestres ou pédestres, tennis, canoë…) et dispose d'une épicerie. L'emplacement coûte 20 $.

En hiver, les quatre refuges du parc (☎ *637-7322*) sont ouverts.

Comment s'y rendre

Situé à 50 km au nord-est de Rouyn-Noranda, le parc est accessible dès la fonte complète des neiges par la route 101 Nord, sortie Mont-Brun ou Destor, les deux entrées sud et sud-ouest du parc.

D'Amos, vous pouvez rejoindre le parc en prenant la route 111 Ouest. A Taschereau, tournez à gauche pour atteindre le poste d'accueil Taschereau.

De Val-d'Or, empruntez la route 117 Ouest en direction de Rouyn-Noranda, puis prenez à droite la direction Mont-Brun.

VILLE-MARIE

A environ 110 km au sud-ouest de Rouyn-Noranda, le chef-lieu du Témiscamingue, ne compte que 3 265 habitants mais s'enorgueillit de plus de trois siècles d'histoire. En bordure du gigantesque lac Témiscamingue, Ville-Marie est par ailleurs l'étape privilégiée des plaisanciers, qui naviguent sur le Témiscamingue et l'Outaouais.

Renseignements

Le Bureau de tourisme (☎ 629-2959), 1 boulevard Industrielle, est ouvert tous les jours de 10h à 18h de la mi-juin au 2 septembre (fermé le reste de l'année). Du 3 septembre à la mi-juin, le Bureau (☎ 629-3355), situé 21 rue Notre-Dame, assure une permanence du lundi au vendredi de 8h30 à 16h30.

A voir

Lieu historique national du Fort-Témiscamingue. Le site (☎ 629-3222), 834 chemin Vieux-Fort, est construit sur l'emplacement même du premier comptoir de la région, édifié en 1606 et fermé en 1901. Il détaille le commerce des fourrures et l'évolution des rapports entre Amérindiens, Français et Anglais.

Au bord du lac Témiscamingue, le Fort peut servir de prétexte à une promenade dans la **Forêt enchantée**, un parc dominé par des thuyas de l'Est, une essence d'arbre assez exceptionnelle par la forme très élancée mais quelque peu torturée de ses troncs. Une plage a été aménagée en face du site.

De la mi-juin à la mi-septembre, le site est ouvert du mardi au dimanche de 9h à 17h (le lundi, ouverture à 13h). En dehors de cette période, il faut réserver. Le billet vaut 3,50 $.

Maison du colon. Il s'agit de la plus ancienne maison de Ville-Marie (☎ 629-3533), 7 rue Notre-Dame-de-Lourdes. Construite en 1881 par le frère Joseph Moffet pour abriter les familles des premiers colons, elle a été transformée en centre d'histoire sur le Témiscamingue.

Des visites guidées sont organisées tous les jours de 10h à 18h de la mi-juin à début septembre. Le reste de l'année, il faut téléphoner pour accéder au lieu. L'entrée coûte 2,50 $.

Où se loger

Le ***Motel Caroline*** (*☎ 629-2965 ; 2 chemin Fabre*) est d'un bon rapport qualité/prix avec des chambres à partir de 45 $. Il dispose d'une salle de restaurant. Mais préférez ***Le Gîte Marcelle Aubry*** (*☎ 629-3360 ; 341 route 101 Sud*), plus accueillant. Il dispose de trois chambres à 45 $ et d'une piscine. Il est ouvert de mai à novembre.

Comment s'y rendre

De Rouyn-Noranda, prendre la route 101 Sud ou la route 391 parallèle à la 101, plus pittoresque. Pour un déplacement en bus, il est préférable de se renseigner sur les horaires au terminus de Rouyn-Noranda (☎ 762-2200), 52 rue Horne.

LANIEL

A 37 km au sud de Ville-Marie, Laniel est accessible par la route 101 Sud. Le charme de ce village tient principalement à sa situation en bordure du somptueux lac Kipawa.

Six kilomètres d'un sentier de randonnée ont été aménagés le long de la rivière Kipawa. La vue sur la rivière, ses chutes et ses rapides est exceptionnelle. Pour accéder au sentier, dirigez-vous au nord du village. Sachez que de bout en bout, soit 10 km, le chemin d'accès est en terre (à n'emprunter que par temps sec).

Où se loger

Sur les bord du lac Kipawa, le ***Camping G.G. Inc*** (*☎ 634-2666 ; 1991 route 101*) ouvert de la mi-mai à la mi-septembre, propose des chalets et loue des embarcations. Ses tarifs varient entre 5 et 15 $ pour un emplacement.

Des chalets peuvent aussi être loués à Laniel de la mi-mai à la mi-octobre pour 60 $ (*☎ 634-5211*).

AMOS

Amos est la doyenne des villes d'Abitibi. Comme sa cadette Val-d'Or, à 60 km au sud, elle arbore une identité de pionnière. Dès 1910, date de sa construction, l'exploitation de la forêt et l'agriculture furent ses deux raisons d'être, et le demeurent encore aujourd'hui.

Dernière grande ville avant de rejoindre la route de la Baie-James, Amos s'est développée le long des rives de la rivière Harricana, "la grande voie, la seule voie" des Algonquins, celle par qui les premiers colons arrivèrent et qui, après 553 km de coulée impétueuse, finit sa course dans la célèbre baie.

Amos se caractérise par une vie culturelle débordante. Été comme hiver, chanteurs, musiciens et acteurs se produisent dans sa salle de spectacle, dotée de moyens techniques ultra-modernes et considérée comme l'une des meilleures du Québec.

Renseignements

Le Bureau du tourisme (☎ 727-1242) est installé 892 route 111 Est. Le personnel vous renseignera efficacement pour tout voyage entrepris dans la baie James. Il est ouvert tous les jours de 8h30 à 21h du 15 juin au 1er septembre. En dehors de cette période, il ferme à 16h30 ainsi que le week-end.

Le Centre hospitalier Hôtel-Dieu (☎ 732-3341) se tient 622 4e rue Ouest.

A voir

Cathédrale Sainte-Thérèse d'Avila. Son dôme sphérique, visible de loin, sert de repère. Construite à proximité de la rivière Harricana, selon les plans de l'architecte montréalais Beaugrand Champagne, elle affiche un style romano-byzantin, unique en Amérique du Nord.

Pikogan. Quelques familles cries et 450 Algonquins vivent dans cette petite réserve construite sur la rive nord de la Harricana et encerclée par la ville d'Amos. A l'entrée du village, **le Comptoir artisanat amérindien** abrite une exposition consacrée à l'histoire de cette société du nom de **Matcie8eua.** Il est ouvert seulement de juin à septembre, de 8h30 à 17h (de 12h à 17h le week-end). Dans le village, vous pourrez voir une église en forme de tipi.

Refuge Pageau. Depuis plus de vingt ans, Michel Pageau et sa femme prennent soin des animaux sauvages blessés ou malades. Ils recueillent ceux que l'on considère désormais inaptes à survivre dans la nature. Depuis quelques années, le couple compatissant a ouvert au public son arche de Noé, très fréquentée l'été.

Du 25 juin au 31 août, le refuge reçoit les visiteurs tous les jours (excepté le lundi), de 13h à 17h (20h le week-end). En septembre, ouverture le dimanche seulement, de 13h à 16h. Hors saison, il est nécessaire de réserver. Droit d'entrée, 10 $ pour les adultes (7 $ pour les 5/15 ans).

Où se loger

Vous n'aurez guère le choix. Quel que soit le standing des chambres, l'absence de vue et l'aménagement intérieur quelconque ne contribuent guère à départager la concurrence. En centre-ville, l'***Hôtel des Eskers*** (☎ *732-5386 ou 1 888 666-5386 ; 201 avenue Authier*) loue des chambres 70 $, sans le petit déjeuner.

Le motel ***Pétro Repos*** (☎ *732-8307 ; 2900 route 111*) est de loin l'hébergement le plus agréable avec des chambres refaites à neuf et des prix compris entre 60 et 70 $. En face, au n°2881, ***Le Crépuscule*** (☎ *732-1627*) garde le charme désuet des motels des années 50/60. La chambre revient à 57 $, taxes et petit déjeuner compris. Sur le même trottoir, à 500 mètres en direction du centre-ville, l'***Atmosphère*** (☎ *732-7777 ou 1 800 567-7777 ; 1031 route 111 Est*) ne réserve aucune surprise. La chambre coûte 65 $ (5 $ le petit déjeuner).

Comment s'y rendre

Voiture. De Val-d'Or, prendre la route 111 Nord (une heure de trajet).

Bus. La liaison Montréal-Amos est assurée deux fois par jour par la compagnie Maheux *via* Val-d'Or (8 heures, 78 $), sauf le samedi. Du lundi au vendredi, vous pouvez également vous rendre directement à Rouyn-Noranda (à une heure et demie d'Amos) pour 18 $. Le terminus (☎ 732-2821) se trouve 132 10e avenue Ouest, à quelques mètres de la rue Principale.

La baie James

Indicatif ☎ 819

Le pays de la baie James, appelé aussi la Radissonie, est un vaste territoire de 350 000 km^2 où vivent quelque 12 000 Cris regroupés en 9 communautés.

Matagami, ville forestière et minière, marque le début de la route de la Baie-James. Construite dans les années 70 lors des travaux des barrages de la Grande Rivière, la route rejoint Radisson, ville bâtie pour les besoins de ce chantier du siècle. Longue de 620 km, elle représente à elle seule un voyage insolite, au milieu de la forêt boréale. Le paysage – un désert d'arbres, d'eau et de roches, domaine du caribou en hiver – est austère, surtout en été ; en hiver, la neige vient adoucir la couleur sombre de l'épinette noire.

En dehors de l'été, les conditions climatiques conditionneront votre voyage. De novembre à début mai, les températures diurnes avoisinent les -20°C (-40°C la nuit).

A une trentaine de kilomètres au nord de Chibougamau, le Bureau de Tourisme de la Baie-James (☎ (418) 745-3969 ou 1 888 745-3969, crdbj.chapais@sympatoci.ca), fournit tous les renseignements souhaités sur la région et notamment sur la route quittant Amos, en Abitibi, pour rejoindre le Lac Saint-Jean *via* Chibougamau. La liste des stations-service de cette route est précieuse. Le bureau est ouvert du lundi au vendredi, de 8h30 à 16h30. Le Bureau touristique de Matagami fournit les mêmes informations (se reporter à la rubrique *Renseignements* dans *Matagami*).

BAIE JAMES

MATAGAMI

Construite en bordure de la rivière Bell, à 182 km au nord d'Amos, Matagami a des allures de ville champignon dotée de toute l'infrastructure nécessaire pour satisfaire les besoins de ses 2 500 habitants.

L'été, des visites commentées de la mine de cuivre et de zinc sont proposées par les **Mines et Exploration Noranda Inc.** (☎ 739-2511, du lundi au vendredi de 8h à 15h). Elles sont gratuites mais s'adressent à un minimum de 8 personnes. Appelez au préalable l'usine ou le Bureau touristique de Matagami.

Renseignements

Un Bureau touristique (☎ 739-4473, www.municipalite.baie.james.qc.ca), 92 boulevard Matagami, est ouvert 7 jours sur 7, 24h sur 24.

Où se loger

Le ***Motel le Caribou*** (☎ *739-4550 ; 108 bd Matagami*) propose 15 chambres à 40 ou 65 $. D'un standing plus élevé, l'***Hôtel-Motel Matagami*** (☎ *739-2501*) dispose d'une salle de restaurant. Le prix des chambres varie entre 80 et 135 $.

Le ***Camping du Lac Matagami*** (☎ *739-4473*), à 36 km au nord de la ville, loue aussi des chalets et on peut pratiquer le ski nautique. L'emplacement coûte 17 $.

RADISSON

Radisson a été construite en 1974 afin de servir de base centrale d'hébergement et de services pour la construction des barrages sur la rivière La Grande. Elle compte aujourd'hui 600 habitants et offre aux regards un immense îlot de maisons préfabriquées, alignées les unes à côté des autres.

Radisson sert généralement de ville étape pour ceux qui visitent la centrale hydroélectrique **La Grande-2** (LG2), baptisée Robert-Bourassa en l'honneur de l'ancien Premier ministre québécois. LG2 est la plus grande centrale souterraine au monde et fait partie, avec **La Grande-1** (LG1), du Complexe La Grande qui produit plus de la moitié de l'énergie électrique du Québec. Pour construire cette immense infrastructure, il fallut ériger 215 digues et barrages et employer 75 000 tonnes d'explosifs.

La Grande-2 impressionne par ses dimensions. La salle des machines construite jusqu'à 140 mètres sous terre et l'évacuateur de cries, surnommé "l'escalier du géant" en raison de ses 13 énormes marches taillées dans le roc, sont les deux

Les aventuriers de la baie James

En 1659, Pierre-Esprit Radisson et son beau-frère Médart Chouart Des Groseillers, deux coureurs de bois qui arpentent la région des Grands Lacs, apprennent des Cris l'existence d'une contrée riche en fourrures. Elle serait, leur dit-on, située entre le Lac supérieur et la baie d'Hudson.

De retour à Québec, ils en informent les représentants français. En exploitant les fourrures du Grand Nord, ne serait-ce pas une façon de contourner le blocus des Iroquois ? Leurs interlocuteurs semblent toutefois plus préoccupés par la vallée du Mississippi. En revanche, des bailleurs anglais se montrent intéressés et acceptent de financer, en 1668, une expédition. La route de la Baie-James est ouverte. Les premiers comptoirs sont créés.

Mais en 1670, le roi d'Angleterre accorde le monopole du commerce dans la baie à un groupe de négociants et d'aristocrates anglais, la Compagnie des aventuriers de la baie d'Hudson. Les deux Français sont évincés. En 1680, trois postes de traite à l'embouchure des rivières Rupert (Fort Charles), Moose (Moose Factory) et Albany (Fort Albany) dominent le marché.

Les affaires de la Compagnie de la baie d'Hudson sont excellentes. Elle achète à bon prix les fourrures et les produits qu'elle commercialise sont bien plus compétitifs que ceux proposés par les Français. Les Cris, les Abitibis et les Témiscamingues voient en elle un partenaire privilégié.

Face à cette situation, les Canadiens français établis à Montréal décident d'ouvrir des comptoirs dans le Témiscamingue, l'Abitibi et la baie James. En 1682, des marchands de Montréal forment la Compagnie du Nord. Radisson et Des Groseillers (revenus dans le camp français) sont envoyés pour fonder un comptoir maritime à la baie James. Fort Bourbon, sur la rivière Nelson, est construit. En 1685, la Compagnie du Nord obtient des autorités françaises le monopole de la traite pour une durée de 20 ans. Deux postes voient le jour en bordure du lac Abitibi et un autre sur la rivière Némiscau. A la baie James, le poste de Fort Bourbon, construit par Radisson et Des Groseillers – à nouveau passés au service de l'Angleterre –, a fait faillite.

En 1686, un commerçant, Pierre Chevalier de Troyes, décide d'aller déloger les Anglais de la baie d'Hudson. Il monte une expédition avec une centaine d'hommes. Il traverse le Témiscamingue puis l'Abitibi et s'empare de la majorité des postes anglais. Certes, les Britanniques occupent toujours le comptoir de Fort Nelson, mais l'entreprise est un succès.

A la fin du XVIIe siècle, la réglementation britannique sur le commerce des fourrures met un terme à cette période. En instaurant un quota sur le nombre de personnes autorisées à commercer, elle remet en cause la structure des postes de traite. La guerre des comptoirs est terminée.

grands moments de la visite. Chaque marche mesure 10 m de hauteur et 135 m de largeur.

LG2 est accessible à 13h tous les jours de la mi-juin à début septembre. En dehors de cette période, elle accueille le public les mercredi, vendredi et dimanche à 13h.

La Grande-1 est à une heure de route de Radisson, à l'ouest en direction de Chisasibi. Elle ne présente pas le même intérêt que LG2. Une visite est organisée tous les jours à 8h30 de la mi-mai à début septembre (fermeture le mardi) ; le reste de l'année, seulement les lundi, jeudi et samedi.

Dans les deux cas, les réservations sont impératives (☎ 638-8486 ou 1 800 291-8486, www.hydroquebec.com).

Renseignements

Le bureau touristique de Radisson (☎ 638-7777), place Gérard-Poirier, est ouvert tous les jours de 10h à 20h du 24 juin au 1er septembre.

Où se loger

Hôtel. Le choix est limité. L'***Hôtel-Motel Carrefour La Grande*** (*☎ 638-6005 ; 11 avenue des Groseillers*) propose des

BAIE JAMES

chambres sans signes particuliers, à partir de 75 $. L'***Auberge Radisson*** (☎ *638-7201 ou 1 888 638 7201*), au n°66, considérée comme la référence de qualité à Radisson, loue ses chambres à partir de 80 $. L'Auberge fait également restaurant. Pour les petits budgets, ***Les Studios Aljanets*** (☎ *638-7363 ; 99 rue Belleau*) mettront à votre disposition des chambres correctes avec un coin cuisine. Comptez entre 55 $ et 60 $.

Le Camping Radisson (☎ *638-8687 ; 164 rue Joliette*) est intégré dans le village. Il dispose d'une épicerie. Le tarif est de 17 $ pour un emplacement.

CHISASIBI

De Radisson, vous pouvez rejoindre le village cri de Chisasibi (2 400 habitants), en amont de la Grande Rivière, à 8 km de la baie James.

Chisasibi a été construit récemment suite aux inondations successives sur l'**île des Gouverneurs**, située à l'embouchure de la rivière La Grande. Les Cris qui y vivaient ont dû quitter l'endroit par mesure de sécurité. Chaque emplacement de maison à Chisasibi a été pensé pour respecter l'unité familiale traditionnelle.

Au début du XIXe siècle, l'île des Gouverneurs a représenté un axe très important pour le commerce de la fourrure. La Compagnie des aventuriers de la baie d'Hudson avait installé le **Fort Georges**, un poste de traite que fréquentaient Cris et Inuit. Fort Georges peut se visiter en juillet (☎ *855-2255*).

Le ***Motel Chisasibi*** (☎ *855-2838*) est un autre hébergement possible.

Comment s'y rendre

Voiture. A partir d'Amos, prendre la route 109 Nord jusqu'à Matagami, où commence la route de la Baie-James qui finit à Radisson, entièrement asphaltée. Faites le plein d'essence à Matagami car la prochaine station se trouve à 381 km.

Au Km 6, vous êtes tenu, par mesure de sécurité, de laisser vos coordonnées au kiosque d'informations touristiques (☎ 739-

LA ROUTE DE LA BAIE-JAMES

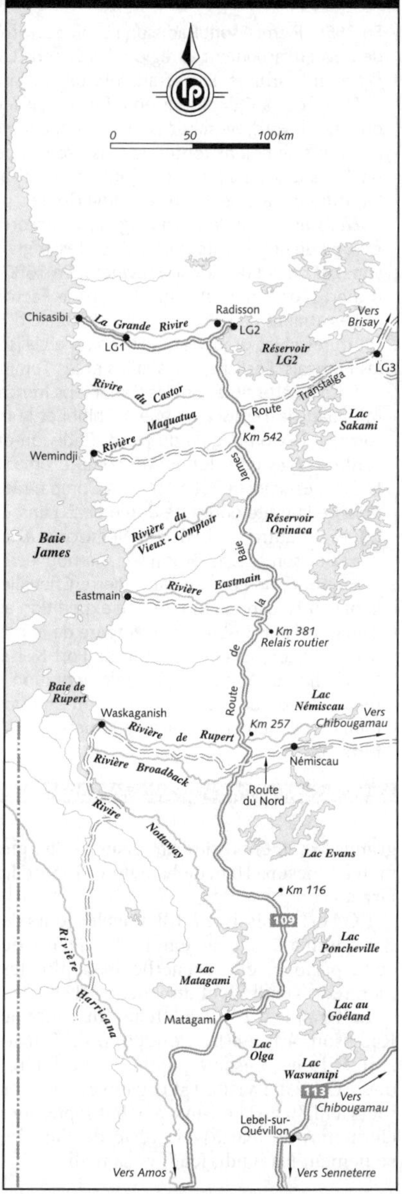

Les chantiers de la colère

En 1971, le Premier ministre du Québec, Robert Bourassa, annonçait le projet de développement hydroélectrique de la baie James, surnommé La Grande, du nom de la rivière. L'entreprise est démesurée, voire inimaginable. Elle consiste en la construction d'une série de barrages à plus de 1 000 km de Montréal, en plein territoire cri et inuit, une région accessible seulement par avion.

Dès l'annonce du projet, partisans et opposants s'affrontent. En 1972, les Cris et les Inuit engagent une procédure judiciaire contre la compagnie Hydro-Québec, lui demandant de stopper les travaux déjà entrepris. Un an plus tard, la Cour Supérieure leur donne raison. La construction s'arrête. Mais la décision est cassée en appel, et les chantiers reprennent. Le gouvernement du Québec, soucieux du bon déroulement des travaux et de son image de marque, négocie cependant un accord avec les Cris et les Inuit. Une convention est signée en 1975, reconnaissant aux deux nations des droits d'occupation et d'usage sur une partie du territoire (6 600 km^2). L'accord prévoit par ailleurs le versement de 225 millions de dollars à titre de compensation. Une première dans l'histoire de la province.

Pendant ce temps, sur les chantiers, les mouvements de protestations se multiplient. Les syndicats revendiquent de meilleures conditions de travail, car les hommes sont coupés du monde et de leur famille pendant des mois. En 1974, des ouvriers saccagent les installations. Les dommages sont estimés à plusieurs dizaines de millions de dollars.

En 1979, la centrale La Grande-2, plus connue sous le nom de LG2, est mise en service.

4473), ouvert 24h/24, tous les jours de l'année. On vous remettra un plan détaillé de la route et vous pourrez réserver une chambre d'hôtel à Radisson ainsi que la visite de LG1 ou LG2. Des relais hertziens de secours sont installés en bordure de route.

Au Km 381, le poste d'essence (☎ 638-7948) est ouvert 24h/24. Un atelier mécanique et une cafétéria sont attenants.

Au Km 589, vous trouverez également un autre poste à essence qui ferme à 17h. Le dimanche, il n'est pas ouvert.

Vous pouvez rejoindre Radisson à partir du lac Saint-Jean *via* Chibougamau (comptez 10 heures de trajet). La route est un chemin de graviers sur 428 km.

Bus. Aucune compagnie ne dessert Radisson. Les bus ne vont pas au-delà de Matagami.

Avion. Air Creebec (☎ 1 800 567 6567), Inter Canadien (☎ 1 800-665-1177) et Air Inuit (☎ 1 800 361-2965) desservent Radisson au départ de Montréal, Québec ou Val-d'Or. Premier prix à partir de 450 $.

Les Ailes cosmiques Inc (☎ 732-0090 ou 732-0356) assurent tous les jours, pendant la période estivale, des visites guidées de la centrale LG2 avec un départ d'Amos (320 $), de Val-d'Or ou de Rouyn-Noranda (395 $). L'aéroport (☎ 638-8847) est à 32 km de Radisson. On peut louer une voiture ou s'assurer les services d'un taxi.

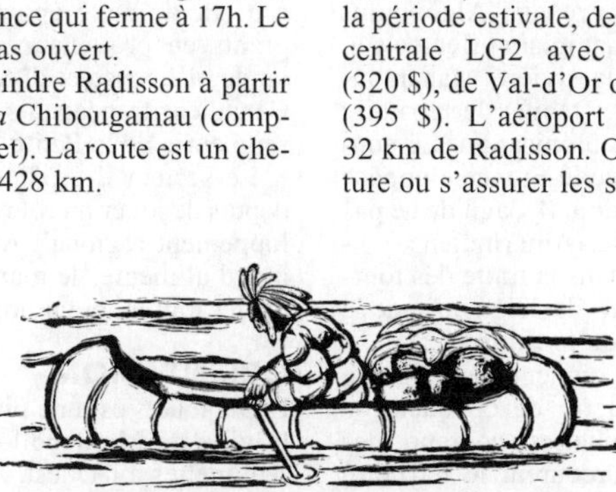

BAIE JAMES

L'Outaouais

Indicatif ☎ 819

Coiffée au nord par l'Abitibi-Témiscamingue et voisine à l'est des Laurentides, l'Outaouais est bordée au sud par la rivière des Outaouais, frontière naturelle entre le Québec et l'Ontario.

A l'ombre d'Ottawa, l'Outaouais, terre de passage privilégiée pour rejoindre Montréal, est une région à part entière, un territoire de 33 000 km^2 qui, de tout temps, a puisé ses racines dans celle que les Algonquins appelaient au XVIIe siècle la Mahamoucébé, la "rivière du commerce". Un siècle plus tard, les Européens baptisèrent ce large et puissant cours d'eau "rivière des Outaouais", du nom d'un groupe amérindien.

Aujourd'hui, la vie urbaine se concentre le long de ses rives et affiche un bilinguisme qui n'est pas sans créer, ici et là, quelques guerres de clochers.

L'Outaouais est en effet un fascinant mélange de cultures francophones et anglophones qui, au final, donnent une cohérence à l'ensemble, tout en harmonie, à l'image de ses paysages. Érables, ormes et chênes côtoient bouleaux et pins. Ils sont la richesse de l'Outaouais, pays des Algonquins et terre des *draveurs* (voir l'encadré *La drave*).

A ne pas manquer

- Le musée canadien des Civilisations, à Hull
- Un pique-nique dans le parc de la Gatineau
- Une balade en canoë sur la rivière Gatineau depuis Wakefield
- Le Festival amérindien Packwan à Maniwaki
- Un dîner dans un restaurant à Chelsea

HISTOIRE

L'Outaouais est la terre des Algonquins lorsque Samuel de Champlain effectue son premier voyage sur la rivière Mahamoucébé. Dans un premier temps, le territoire reste vierge de toute colonisation. Le gouvernement de la Nouvelle-France s'oppose alors à toute implantation. Il s'agit de ne pas perdre la confiance des Amérindiens, précieux collaborateurs dans la traite des fourrures. Seule exception : la seigneurie de la Petite-Nation, à l'est du territoire.

Les Britanniques pratiquent une politique identique après la guerre de conquête de 1760. Certes, missionnaires, coureurs des bois et marchands parcourent le territoire mais ce n'est qu'au XIXe siècle que l'immigration commence réellement.

Le décret de Berlin (promulgué en 1806 par Napoléon et interdisant à la Grande-Bretagne l'accès au bois de la mer Baltique) détermine en effet l'évolution de la région et le destin de ses premiers immigrants. C'est le cas du fondateur de Hull, Philemon Wright, un Américain originaire du Massachusetts, arrivé en 1800 avec toute sa famille. Surnommée "la réserve forestière de la Grande-Bretagne", l'Outaouais fournira ainsi l'essentiel du bois nécessaire à la construction des navires britanniques.

Plaque tournante de l'exploitation forestière en Amérique du Nord, elle voit affluer à partir de cette époque nombre d'immigrants en provenance d'Angleterre, d'Irlande, d'Écosse et d'Amérique. Quant aux Canadiens français, ils s'implantent dans la seigneurie de la Petite-Nation.

Le secteur des pâtes à papier n'a cessé depuis de jouer un rôle central dans le développement régional. Aujourd'hui, il continue d'alimenter le marché international en papier journal et en produits forestiers.

ORIENTATION

L'Outaouais est une plaine qui s'étire entre la ville de Montebello à l'est et l'île aux Allumettes à l'Ouest. Au nord se trouve le

Les Algonquins

Les noms attribués aux nations amérindiennes par les premiers explorateurs occidentaux ont résulté de traductions, d'interprétations et de choix tout à fait arbitraires.

C'est Samuel de Champlain qui donna le nom d'Algonquin au groupe d'Amérindiens qu'il rencontre pour la première fois à Tadoussac en 1603. Le territoire de la nation algonquienne couvre alors non seulement la vallée de l'Outaouais mais aussi la partie haute du Saint-Laurent ontarien, la Basse-Mauricie et peut-être l'Abitibi-Témiscamingue (pour cette région, les historiens sont partagés).

Désignés comme des Aquannakes, "ceux qui parlent une langue inintelligible", par les Hurons, comme des Atichawatas, "des mangeurs d'arbres" par les Mohawks (les ennemis), ils sont, pour les Malécites, les Elaegomogwik, "ceux qui sont nos alliés". C'est ce dernier nom que retient l'explorateur français. Sous sa plume, les Elaegomogwik deviennent les Algoumequins.

plateau laurentien et au sud la rivière des Outaouais, longue de 1 130 km. Ses principaux affluents sont, d'ouest en est : les rivières Dumoine, Noire, Coulonge, de la Gatineau, du Lièvre et de la Petite-Nation.

Trois régions se partagent le territoire. Au centre, la vallée de la Gatineau ceinture Aylmer, Hull et Gatineau, les trois grandes villes de l'Outaouais ; à l'est s'étend la région de la Lièvre et de la Petite-Nation (du nom des deux rivières qui la parcourent du nord au sud) ; enfin, à l'ouest, la région du Pontiac (15 000 km^2) couvre près de la moitié du territoire.

L'Outaouais est traversée par deux grands axes routiers qui viennent se fondre à Hull : la route 148 et la route 105. La route 148 longe la rivière des Outaouais et relie Montréal à la capitale régionale avant de terminer sa course à Pembroke, dans l'Ontario. La route 105, quant à elle, est perpendiculaire à la route 148 et constitue la principale voie de circulation nord-sud avec la route 309, construite plus à l'est. A son extrémité nord, la route 105 rejoint la route 117, reliant les Laurentides à l'Abitibi-Témiscamingue.

FÊTES ET MANIFESTATIONS ANNUELLES

Février

Le bal des neiges – Célébration de l'hiver pendant trois semaines à travers différentes manifestations (sportives, jeux…) réparties entre Ottawa et Hull.

Septembre

Festival de montgolfières – Dans le parc de la Baie de la Gatineau, à cinq kilomètres à l'est de Hull, en bordure de la rivière des Outaouais. Il réunit plus de 150 montgolfières.

Septembre-octobre

Coloris automnal – Fête la beauté du parc de la Gatineau dès les premières lueurs de l'automne. Expositions et randonnées guidées avec naturalistes sont organisées pendant un mois.

HULL

Troisième grande ville du Québec après Montréal et Québec, Hull est le pendant français d'Ottawa l'anglophone. Construite sur la rive nord de la rivière des Outaouais, et à deux heures de route seulement de Montréal, elle fait face à la capitale fédérale.

Hull, l'industrielle, l'ouvrière reléguée à un rôle de banlieue francophone, s'est toujours battue pour avoir une identité propre et une reconnaissance sociale. En effet, Ottawa n'avait jamais envisagé, jusqu'à une période récente, de transférer à Hull une partie de ses bureaux gouvernementaux.

Les années 70 marquèrent un tournant important pour la ville, caractérisé par des réaménagements urbains. Témoins de ce nouveau visage, les gratte-ciel, la place du Centre, la maison du Citoyen (l'hôtel de ville) et le casino aux allures ultra-modernes.

Hull fait désormais bonne figure avec ses larges avenues, ses petits jardins fleuris et ses bâtiments flambant neufs. Mais celle que l'on surnommait "le petit Chicago", en raison de sa vie nocturne très mouvementée, est toujours restée la ville des plaisirs où l'on va se restaurer et se distraire. Entre le pont des Chaudières et le pont du Portage court la promenade du Portage, célèbre depuis deux siècles pour ses bars, ses restaurants et ses discothèques. En bordure de la rivière, la rue Laurier est devenue la vitrine de Hull où le musée des Civilisations, emblème et joyau architectural de la ville, côtoie les usines de pâtes à papier non moins célèbres de E.B. Eddy et Scoot.

Orientation

Délimitée au sud par la rivière des Outaouais, Hull est bordée à l'est par la rivière Gatineau.

Le boulevard Alexandre-Taché et la rue Laurier longent la rivière des Outaouais qu'enjambent quatre ponts qui relient Hull à Ottawa : le pont des Chaudières, le pont du Portage, le pont Alexandra et le pont Cartier-MacDonald.

L'autoroute de l'Outaouais parcourt la ville de l'ouest vers le nord-est avant de se diviser en autoroute 50 et route 148 Est (direction Montebello, Montréal).

Enfin, du sud vers le nord, deux grands axes routiers traversent Hull : l'autoroute de la Gatineau et la rue Montcalm, qui devient boulevard Saint-Joseph puis route 105 Nord.

Renseignements

Située juste à gauche après avoir traversé le pont Alexandra, à cinq minutes à pied du musée des Civilisations, l'Association touristique de l'Outaouais (☎ 778-22 22 ou 1 800 265-7822, ato@tourisme-outaouais.org, www.tourisme outaouais.org), 103 rue Laurier, fournit gratuitement une carte de la ville. Bureau principal de l'Outaouais, cet organisme vous aidera à planifier votre voyage dans la région et distribue des cartes de parking pour stationner gratuitement dans la ville.

Les bureaux sont ouverts tous les jours de l'année. De la mi-juin à la première semaine de septembre, ils accueillent le public du lundi au vendredi de 8h30 à 20h (de 9h à 18h le week-end). Fermeture à 17h le reste de l'année (16h le week-end).

A l'ouest de la ville, le centre hospitalier régional de l'Outaouais (☎ 561-8100) est installé 116 boulevard Lionel-Émond (accessible par l'autoroute 148, appelée aussi boulevard Saint-Raymond).

A voir

Musée canadien des Civilisations. Œuvre de l'architecte albertain Douglas J. Cardinal, le musée canadien des Civilisations (☎ 776-7000 ou 1 800 555-5621, www.civilisations.ca), 100 rue Laurier, est essentiellement consacré à l'histoire des Canadiens. Son architecture externe motive à elle seule une visite. Construit en 1989 en bordure de la rivière des Outaouais, face au Parlement canadien, il impose sa vision symbolique du continent tout en formes sculptées par "le vent, les cours d'eau et les glaciers", selon les propres termes de l'architecte.

L'intérieur (gigantesque) se découpe en deux grandes parties qui nécessitent chacune une visite d'au moins une heure et demie.

La **Grande Galerie**, une pièce monumentale de 1 782 m^2 bordée en partie par une paroi de verre, est réservée exclusivement au patrimoine culturel et à l'art amérindiens de la côte ouest du Canada. L'atmosphère d'un village amérindien en bordure des forêts du Pacifique a été reconstituée. Six maisons reflétant le style architectural de six cultures amérindiennes de la côte ouest, au cours des cent cinquante dernières années, ont été bâties avec le concours de plus de 40 artisans amérindiens. Devant chacune d'elles se trouvent des mâts totémiques, la plus importante collection au monde de cette nature.

Au premier et au second étage, la **salle du Canada** plonge littéralement le visiteur dans un itinéraire qui le conduit dans un dédale de pièces retraçant mille ans d'histoire du Canada. Décor, son, lumière, tout est fait pour vous mettre en condition d'écoute et de lecture. Dans la première salle, vous monterez ainsi dans un navire basque et une station baleinière de la seconde moitié du

XVIe siècle. Un peu plus loin, vous pourrez voir, entre autres, des scènes de la vie rurale en Acadie et dans la vallée du Saint-Laurent, un poste de traite de fourrures, un chantier forestier, une rue victorienne de l'Ontario, une gare ferroviaire, un quartier ouvrier de Winnipeg et une conserverie de poissons de la côte ouest.

L'histoire des Amérindiens au cours des cinq derniers siècles est, quant à elle, présentée dans la **salle des Premiers Peuples**.

De nombreuses salles du musée des Civilisations sont par ailleurs réservées aux expositions temporaires. L'une d'entre elles est notamment consacrée aux arts et traditions populaires.

Au rez-de-chaussée, le **musée canadien des Enfants** constitue une autre grande attraction. Merveilleux terrain de découvertes, il offre aux enfants la possibilité de partir en voyage autour du monde. Munis d'un passeport remis à l'entrée, ils vont ainsi à la découverte de l'Inde, de l'Afrique et du Moyen-Orient à travers divers supports, tels un bus, une maison en pisé, une boutique de souk, mais aussi d'univers comme celui du théâtre ou du transport maritime. La visite se déroule obligatoirement avec un adulte.

Attenant au musée canadien des Enfants, au rez-de-chaussée, **Cinéplus** est un cinéma doté d'un écran IMAX (dix fois plus grand qu'un écran classique et haut de six étages) et d'un écran OMNIMAX en forme de dôme de 23 mètres de diamètre.

Le musée abrite aussi le **musée canadien de la Poste**, qui aborde toute l'histoire des communications postales du pays.

Dans l'enceinte du musée canadien des Civilisations, vous trouverez un restaurant, des boutiques et une cafétéria avec vue sur la rivière des Outaouais et le Parlement.

Le musée est ouvert tous les jours de 9h à 18h de mai à mi-octobre (fermeture à 21h le jeudi et le vendredi, de juillet à la première semaine de septembre). En dehors de cette période, il est fermé le lundi et les visites se terminent à 17h (le jeudi, fermeture à 21h). Des visites guidées (☎ 776-7014), en français et en anglais, sont organisées toutes les heures (3 $ par personne). Des poussettes pour enfants, des porte-bébé et des fauteuils roulants sont gracieusement mis à disposition.

Les droits d'entrée se montent à 8 $ (6 $ pour les 13-17 ans et les seniors, 7 $ pour les moins de 12 ans). Il existe un tarif famille (5 personnes) à 18 $. L'entrée est gratuite le dimanche de 9h à 12h.

Le musée des Enfants ferme à 17h. Le billet coûte 8 $ par adulte, 5 $ pour les 13-17 ans et 4 $ pour les moins de 12 ans.

Pour les horaires des séances des films de Cinéplus, téléphonez au ☎ 776-7010. La séance revient à 8 $, le premier prix. Vous pouvez combiner l'achat du billet Cinéplus avec celui du musée pour 11 $.

La drave

Du mot anglais *drive*, la drave consiste à accompagner les troncs jusqu'à la scierie ou au port. Jusqu'en 1995, les cours d'eau au Québec ont servi au flottage du bois. Ils représentaient souvent le seul et unique moyen de transport. Les troncs d'arbres coupés en hiver parcouraient ainsi des centaines de kilomètres. Emportés par les courants, les billes étaient domptées par des "draveurs", des hommes lestes et adroits, pour la plupart bûcherons l'hiver. Les flots gonflés du printemps ne les effrayaient pas, ils se jouaient d'eux. Munis d'une gaffe (longue perche terminée par une pointe), ils dirigeaient la course du bois, debout sur une simple planche, et passaient d'un rondin à un autre si besoin était.

La pollution des rivières par le tanin du bois a conduit à l'interdiction de cette activité. Les draveurs font partie désormais de l'Histoire.

Écomusée de Hull. Installé aux abords du ruisseau de la Brasserie, 170 rue Montcalm, cet écomusée (☎ 595-7790, ecomuser@ville.hull.qc.ca) a pour vocation d'expliquer l'origine et l'évolution de la planète. Sa grande attraction réside surtout dans un module de simulation qui vous permettra de faire l'expérience d'un tremblement de terre. Quelques salles sont réservées à l'histoire industrielle de la ville.

Il est ouvert tous les jours de 10h à 18h. D'octobre à fin avril, il ferme à 16h et n'est pas accessible le lundi. L'entrée est de 5 $ pour les plus de 16 ans et de 4 $ pour les étudiants, les seniors et les moins de 14 ans (gratuit pour les moins de 5 ans).

Au sud du musée, tout proche, se trouve le **théâtre de l'Île**, charmant petit théâtre ceinturé par le ruisseau de la Brasserie qui se transforme en patinoire en hiver.

Excursions

De la mi-mai à la fin octobre, vous pouvez emprunter le **train à vapeur** (☎ 778-7246 ou 1 800 871-7246) qui relie Hull au très joli petit village de Wakefield au nord, en longeant le parc national de la Gatineau et les abords de la rivière Gatineau. A bord, animateurs et chansonniers se succèdent.

Les départs se font à Hull, 165 rue Deveault. En juillet et en août, les liaisons sont quotidiennes avec un départ de Hull tous les vendredi à 18h30. Les bicyclettes sont acceptées. Le train s'arrête deux heures à Wakefield. L'aller simple coûte 21 $ et l'aller-retour 25 $ (21 $ pour les étudiants et 13 $ pour les moins de 11 ans).

Où se loger

En règle générale, les frais d'hébergement sont moins élevés qu'à Ottawa. Dans la catégorie B&B, ***Couette & Croissant*** (☎ *771-2200* ; *330 rue Champlain*) est très central (le musée canadien des Civilisations est à deux pas). Chaleureux dans sa décoration, il dispose de quatre chambres dont une avec s.d.b (50/55 $ pour une personne, 60/65 $ pour deux). Également bien situé, le gîte ***Au Normandie*** (☎ *595-2191* ; *67 rue de la Normandie*) affiche des simples/doubles à 50/60 $.

Les Résidences Taché (☎ *595-2393 ou 1 800 567-1283 ou www.uqah.uquebec.ca* ; *315 bd Alexandre-Taché*) logent à l'année des étudiants et proposent, été comme hiver, de petits appartements avec coin cuisine à 70/80 $.

A l'ouest du centre-ville, plusieurs motels de qualité équivalente jalonnent le boulevard Alexandre-Taché. Le ***Motel Casino*** (☎ *776-8888* ; *275 bd Saint-Joseph*)

Un train à vapeur relie Hull au village de Wakefield et longe le parc de la Gatineau

propose la palette de prix la plus large – de 60 à 85 $.

Plusieurs grands hôtels sont regroupés dans le centre-ville, notamment le ***Holiday Inn Plaza de la Chaudière*** (☎ *778-3880 ou 1 800 567-1962, www.hospitalitequebec.com ; 2 rue Montcalm*), considéré comme le meilleur dans son registre. Le tarif d'une double commence à 170 $ mais un rabais peut être consenti si votre séjour dépasse 48 heures (à négocier). Le *nec plus ultra* reste ***Le Château Cartier*** (☎ *777-1088 ou 1 800 807-1088, www.chateaucartier.com ; 1170 chemin Aylmer*), à Aylmer, la ville attenante à Hull, à l'ouest. En saison, la simple/double coûte au minimum 190 $. Hors saison, les prix (à partir de 166 $ la chambre) peuvent être légèrement revus à la baisse.

Où se restaurer

Les restaurants de Hull ont très bonne réputation. A deux pas du musée canadien des Civilisations, ***Le Tartuffe*** (☎ *776-6424 ; 133 rue Notre-Dame*), à l'angle de la rue Papineau, fait partie de la liste. Le ***Café Henry Burger*** (☎ *777-5646 ; 69 rue Laurier*), plus chic, est considéré, à juste titre, comme la grande table de la ville.

La cuisine française est également au menu du ***Laurier sur Montcalm*** (☎ *775-5030 ; 199 rue Montcalm*), lui aussi très coté mais moins cher (26 $ le repas). Au n°242, ***Le Pied de Cochon*** (☎ *777-5808*) produit depuis des années une cuisine de qualité. Le prix est abordable (22 $ environ par personne).

Dans le style bistrot, le ***Café Coquetier***, 145 promenade du Portage, sert des plats simples, savoureux et bon marché. ***Le Bistrot***, dans la rue Aubry, au croisement avec la promenade du Portage, prépare des déjeuners légers à base de salades pour 10 $. L'été, le patio en plein air est des plus agréables. Le long de la rue Laval, vous trouverez une variété de restaurants dans ce style.

La ***Brasserie Les Raftsmen*** (☎ *777-0924 ; 60 bd Saint-Raymond*) est une institution. Ambiance, musique et cuisine québécoise (fèves au lard, pied de cochon) sont garanties. Comptez 12 $ au minimum. Dans le registre taverne, la ***Brasserie Le Vieux Hull*** (☎ *771-5462 ; 50 rue Victoria*) propose des plats à partir de 10 $. La bière coule à flot et la cuisine québécoise est à l'honneur.

Comment s'y rendre

Bus. Voyageur colonial assure plusieurs fois par jour la liaison Montréal-Hull-Ottawa (terminus rue Sainte-Catherine). La durée du transport est de deux heures à peine.

A Hull, le terminus (☎ 771-2442) se trouve 238 boulevard Saint-Joseph.

Voiture. Depuis Montréal, prendre la route 148 Ouest qui longe la rive nord de la rivière des Outaouais et évite rarement les villes ou villages. Autre possibilité : suivre l'autoroute 40 en direction d'Ottawa (en Ontario, elle devient l'autoroute 417). A Ottawa, continuer en direction de Hull.

Comment circuler

Bus. Ottawa et Hull disposent de réseaux de bus distincts. La Société de transport de l'Outaouais (☎ 770-3242) assure une bonne couverture de la ville.

Bicyclette. Hull est le paradis des cyclistes, comme l'Outaouais de manière générale. La piste cyclable du pont Alexandra relie Ottawa au réseau de voies qui couvre entièrement Hull. Du centre-ville, on peut ainsi atteindre l'entrée du parc national de la Gatineau (10 minutes) ou se rendre à Aylmer, à l'ouest de Hull, en longeant la rivière des Outaouais. Un couloir de verdure ceinture la ville.

Pour louer des bicyclettes, adressez-vous à Cycle Bertrand (☎ 771-6858), 136 rue Eddy, ou à l'Association touristique de l'Outaouais. Comptez 20 $ la journée.

PARC NATIONAL DE LA GATINEAU

Le parc national de la Gatineau s'étend au nord-ouest de Hull sur 356 km² de collines et de forêts. A vingt minutes du Parlement d'Ottawa, il constitue, été comme hiver, une destination de détente et d'activités de plein air très appréciée des citadins, surtout le week-end. Il comprend une soixantaine de lacs, une multitude de cours d'eau, une faune abondante et 125 km de sentiers pédestres.

Le centre d'accueil (☎ 827-2020 ou 1 800 465-1867, www.capcan.ca), installé 318 chemin du lac Meech, en bordure du parc, est accessible par le village du Vieux-Chelsea. Vous pourrez vous procurer une carte du parc moyennant 4 $. Il est ouvert tous les jours de l'année de 9h à 18h de la mi-mai jusqu'à la fin août. En dehors de cette période, il accueille le public de 9h30 à 16h30 (9h-17h le week-end).

Les **lacs Meech**, **Philippe** et **La Pêche** sont jalonnés de plages très fréquentées aux beaux jours. Vous pouvez pêcher (permis obligatoire). Autour du lac Meech, de belles maisons, généralement très discrètes, ont été construites et servent de résidences secondaires à nombre de parlementaires et de personnalités d'Ottawa.

Le joli petit **lac Pink**, en bordure du parc, n'est malheureusement plus autorisé à la baignade. La promenade pour y accéder, très agréable, est de courte durée (une trentaine de minutes). Un kiosque d'informations est ouvert l'été. A proximité, un sentier d'interprétation mène au sommet du **mont King** qui surplombe un panorama splendide sur la vallée de la rivière de la Gatineau et sur l'escarpement d'Eardley.

Les **belvédères Champlain**, **Huron** et **Étienne-Brûlé** forment d'autres superbes points d'observation. Des aires de pique-nique ont été également aménagées.

L'hiver, les cours d'eau et les sentiers de randonnée sont propices au ski de fond. On compte près de 200 km de pistes damées et balisées (prix d'accès : 9 $). Plus de quinze kilomètres de sentiers ont été également aménagés pour la randonnée pédestre, dont cinq kilomètres réservés aux adeptes de la promenade en raquettes. Depuis 1983, le parc accueille le Gatineau 55, un concours international de ski de fond inscrit au circuit du Worldlopper. Le **Camp Fortune** (☎ 827-1717), chemin Dunlop, est la seule station de ski alpin du parc. Accessible depuis Chelsea, elle est ouverte jusqu'à 22h le soir (excepté le dimanche). Le forfait à la journée coûte entre 19 et 29 $.

Vous pouvez circuler dans le parc en voiture mais, le week-end, certaines routes sont interdites à la circulation, pour le plus grand plaisir des cyclistes, des marcheurs et des adeptes du roller. L'hiver, la plupart des routes ne sont pas dégagées et ne sont rouvertes à la circulation qu'après la fonte complète des neiges.

Un droit d'entrée pour les voitures (6 $) est demandé pour accéder aux lacs Meech et Kingsmere.

Où se loger

Le parc compte trois terrains de camping (☎ 456-3016 ou 827-4227) pourvus d'une plage. Chacun jouit d'une vue imprenable sur le lac qui le borde et constitue une bonne base pour la randonnée. Vous pouvez louer sur place des embarcations. Le ***Camping du Lac Philippe***, le plus grand des trois (258 emplacements), est familial et dispose de tout le confort voulu (19 $ le site). Il est le seul à être ouvert l'hiver mais la route qui le dessert n'est pas dégagée. Le ***Camping du lac Taylor*** est plus rustique mais son implantation est une pure merveille (18 $ l'emplacement). Son accès, par un chemin en terre de quelques kilomètres, donne déjà l'impression d'être seul au monde. Compte tenu de sa capacité (34 emplacements), mieux vaut réserver en été. Le ***Camping de la Pêche*** (16 $ le site), à l'extrémité ouest du parc, est réputé pour le canoë-camping.

En hiver, cinq refuges (avec coin cuisine et sanitaires) accueillent les randonneurs (prévoir son sac de couchage). Leur confort est variable. Il est préférable de réserver, notamment le week-end, en envoyant un fax au 827-3337 ou en téléphonant au centre d'accueil du parc. La nuit revient à 23,50 $ par personne (21 $ en semaine). Le paiement (carte de crédit acceptée) s'effectue à la réservation.

Comment s'y rendre

Le parc possède trois accès. Le premier, au sud-est, se fait par le boulevard Alexandre-

Taché depuis Hull. Empruntez alors la route dite promenade de la Gatineau.

Le deuxième accès permet de rejoindre directement le centre d'accueil. A Hull, suivre l'autoroute 5 Nord et prendre la sortie 12 (Vieux-Chelsea). Le village est alors sur la gauche. Le chemin Old Chelsea est la rue principale qui rejoint le parc.

Le troisième accès contourne le parc par le nord et débouche directement sur les lacs Philippe et la Pêche. Prendre l'autoroute 5 Nord, puis suivre la route 105 jusqu'à la route 366 Ouest qui vous conduit à Sainte-Cécile-de-Masham.

CHELSEA

Alangui entre la rivière de la Gatineau qui le borde à l'est et le parc de la Gatineau qui le longe à l'ouest, Chelsea est un ravissant village aux demeures éparpillées dans la nature. Hull n'est qu'à douze kilomètres au sud.

Construit dans les années 1850, l'âge d'or de l'exploitation forestière, il est aujourd'hui composé pour moitié d'anglophones et pour moitié de francophones. Nombre de parlementaires et d'artistes y résident.

Le cœur du village se trouve dans le Vieux-Chelsea, en bordure du parc. Traversé d'est en ouest par le chemin Old Chelsea (la route principale), il comprend une dizaine de maisons très charmantes. Ne manquez pas le magasin général aux allures du début du siècle. Le parc de la Gatineau n'est qu'à une centaine de mètres.

Où se loger

La Maison Dawn (☎ *827-9162 ; 253 chemin Old Chelsea*), est la plus vieille auberge de la région. Belle demeure peinte en vert, elle est l'adresse à ne pas manquer tant les chambres, le salon (avec piano, guitare et vidéo) et la délicatesse des propriétaires rendent le séjour inoubliable. Réservez pour le week-end.

Où se restaurer

Les Fougères (☎ *827-8942 ; 783 route 105*) est la grande table de Chelsea suivie de ***L'Agaric*** (☎ *827-3030 ; 254 chemin Old Chelsea*). Si le premier joue les sélects (premier prix à 20 $), le second affiche une ambiance plus intimiste et des tarifs plus modérés (comptez 15 $ environ par personne). A deux pas de l'Agaric et sur le même trottoir, ***Le Restaurant Chelsea*** (☎ *827-0332*) est la brasserie des villageois. Les ailes de poulet sont la spécialité de la maison. La bonne humeur est de rigueur. Comptez de 9 à 15 $ pour un repas. Toujours dans Old Chelsea, ***Gerry&Isobel*** est un petit restaurant diététique dont les soupes, les sauces de salade et les gâteaux ont une saveur unique (à partir de 12 $ le repas).

Sur le chemin Kingsmere qui mène au ***Salon de Thé Moorside*** (☎ *827-3405*) dans le parc de la Gatineau, ***L'Orée du Bois*** (☎ *827-0332*) sert uniquement de la cuisine française (premier prix à 18 $). Pour composer son menu pique-nique, la ***Boucanerie Chelsea*** (☎ *827-1925 ; 706 route 105*), vend des poissons fumés et des fruits de mer frais que l'on vient acheter d'Ottawa.

Comment s'y rendre

Prendre, à Hull, l'autoroute 105 Nord. A la sortie 12, tourner à gauche en direction d'Old Chelsea. Le centre du village est à moins d'un kilomètre.

Les bus de la compagnie Voyageur Colonial (☎ 771-2442), effectuant quotidiennement la liaison Hull-Maniwaki-Grand-Remous, relient deux fois par jour Chelsea avant de poursuivre leur route. A Hull, les départs se font du terminus, 238 boulevard Saint-Joseph.

WAKEFIELD

Fondé en 1830, Wakefield est en bordure de la rivière de la Gatineau, au cœur d'une nature de toute beauté, à une vingtaine de kilomètres au nord de Chelsea. Son petit centre-ville a la particularité d'avoir gardé la plupart de ses anciennes demeures, au charme tout victorien. Wakefield se distingue aussi par une population majoritairement anglophone.

Cafés, restaurants et brocantes se concentrent le long de chemin River, la rue principale qui longe la rivière de la Gatineau. La Banque Nationale et la Caisse Populaire

Desjardins, chemin River, possèdent chacune un distributeur automatique.

Chez Expedition Radisson (☎ 459-3860), 172 chemin River, vous pourrez louer des kayaks, des canoës (35 $, la journée) et des bicyclettes (25 $). Sont également proposées des excursions à la journée ou sur plusieurs jours dans le parc de la Gatineau et sur la rivière.

Le long **pont couvert**, d'un beau rouge ocre, est à voir. A proximité du village, la **vallée Edelweiss** (☎ 459-2328) est une station de ski très fréquentée, en particulier le soir (8 pistes éclairées sur 13). Le forfait coûte entre 19 et 30 $ (de 13 à 19 $ pour le ski de soirée). Vous pouvez louer le matériel sur place. La station dispose en outre d'un parcours de ski de fond (27 km). En fin de semaine, Voyageur Colonial assure au départ de Hull le transport jusqu'à la vallée.

Où se loger

Isolée dans la nature, l'auberge de jeunesse ***Sentier Carman Trails*** (☎ *459-3180 ; chemin Carman Ouest*), est l'endroit idéal. Le premier prix est à 19 $ par personne.

Dans le village, et tout aussi accueillante, ***Les Trois Érables*** (☎ *459-1118 ; 801 chemin Riverside*), est la parfaite maison victorienne. Une simple/double revient à 60/70 $. L'auberge est fermée en avril et en novembre. A 200 mètres, le ***Motel-Café Alpengruss*** (☎ *459-2885*) a choisi le style rustique : murs en brique et bois omniprésent. Les simples/doubles commencent à 55/60 $. Un restaurant est à disposition.

Où se restaurer

Juste en face de l'auberge Les Trois Érables, ***Le Café Pot-au-Feu*** (☎ *459-2080*) est installé dans l'ancienne gare de Wakefield, repeinte d'un joli bleu. Le menu comprend, entre autres, du saumon. Les plats sont à 14 $. En entrant dans le village, en venant de Chelsea, vous apercevrez sur la gauche le restaurant ***Chez Eric*** (☎ *459-3747*), dont les effluves (surtout de pâtisserie) mettent en appétit. Il est fermé le mardi. Le long du chemin River, la ***Maison Earle,*** le ***Café Sans Frontières*** et l'auberge ***Le Mouton Noir*** ne font pas dans la grande cuisine mais connaissent toujours une certaine ambiance.

Comment s'y rendre

Voiture. De Hull, prendre la route 105 Nord. Wakefield est à 35 km.

Bus. La compagnie Voyageur Colonial (☎ 771-2442) assure au moins une fois par jour la liaison aller-retour Hull-Wakefield.

Les anciennes demeures de Mackenzie-King

C'est dans le parc de la Gatineau, plus précisément dans l'ancienne résidence d'été de William Lyon Mackenzie King (1874-1950), que fut signé le 3 juin 1987 l'Accord du lac Meech qui reconnaissait le Québec comme société distincte.

Le **domaine Mackenzie-King**, appelé aussi **Kingsmere** (☎ (819) 827-2020 ou 1 800 465-1867, www.capcan.ca), s'étend dans un environnement idyllique de 230 hectares et se visite. Des sentiers sillonnent les jardins et permettent de découvrir la grande passion de Mackenzie-King, le célèbre Premier ministre canadien : les ruines. Parmi elles, des vestiges de la Chambre des Communes de Londres que l'homme fit rapatrier en 1941 après les bombardements allemands.

Sa demeure, **Moorside**, chemin Barnes, a été transformée en musée. La vie de cet homme politique qui gouverna le Canada pendant 22 ans (un record) y est contée. La maison est ouverte au public de la mi-mai à la mi-octobre, de 10h à 17h. Des visites guidées sont organisées.

Au rez-de-chaussée, un salon de thé donne sur les jardins (brunch le dimanche). Le domaine est accessible à partir de Vieux-Chelsea en prenant la rue Kingsmere.

A Hull, les départs se font du terminus, 238 boulevard Saint-Joseph.

Train. De la mi-mai à la fin octobre, vous pouvez emprunter le train à vapeur Hull-Chelsea-Wakefield (se reporter au paragraphe *Excursions organisées* dans la rubrique *Hull*).

MANIWAKI

Composée pour moitié d'Algonquins, Maniwaki a été et reste encore une ville forestière de première importance dans la vallée de la Gatineau. Située à 130 km au nord de Hull et traversée par la route 105 Nord, elle a été fondée en 1849 par les pères Oblats.

Le Festival amérindien **Packwan** est l'une des manifestations culturelles les plus anciennes de la région. Pour les dates, renseignez-vous au Bureau d'informations touristiques (☎ 449-6627), 156 rue Principale Sud.

Maniwaki est mondialement connue pour ses techniques de lutte contre les incendies de forêts (voir l'encadré *Des forêts sous haute surveillance*). Un **Centre d'interprétation de l'histoire de la protection de la forêt contre le feu** (☎ 449-7999 ou 449-5102), 8 rue Comeau, a été créé à cet effet pour le public. Installé dans le Château Logue – une maison de style Second Empire construite en 1887 par Charles Logue, un immigrant irlandais – il montre l'évolution des techniques employées pour prévenir et combattre les incendies de forêt.

Le centre est ouvert de mai à octobre de 10h à 17h (2,50 $). Fermeture le lundi.

L'hébergement à Maniwaki est limité. La ***Maison la Crémaillère*** (☎ *465-2202* ; *24 chemin de la Montagne*), à Messine, petite ville entre Wakefield et Maniwaki, a une bonne réputation.

En continuant la route 105 Nord et en tournant à gauche à Grand-Remous, vous pouvez rejoindre, par la route 117 Nord, l'immense **réserve de la Vérendrye**, territoire de 13 615 km² que se partagent l'Outaouais et l'Abitibi-Témiscamingue (se reporter au chapitre *L'Abitibi-Témiscamingue et la baie James*).

Comment s'y rendre

De Hull, prendre la route 105 Nord. Des bus de la compagnie Voyageur Colonial effectuent quotidiennement la liaison Ottawa-Hull-Maniwaki-Grand-Remous.

MONTEBELLO

A mi-chemin entre Hull et Montréal, sur la route 148, Montebello est la ville phare de la vallée dite de la Petite-Nation. A la différence des autres cantons de l'Outaouais, cette vallée s'est développée selon le modèle seigneurial. A ce titre, Montebello est une étape intéressante.

A voir

Le **Lieu historique national du Manoir-Papineau** (☎ 423-6965), 500 rue Notre-Dame, raconte l'histoire de cette seigneurie qui appartenait au début du XIXe siècle au séminaire de Québec. Du nom de son propriétaire et seigneur, Louis-Joseph Papineau, le manoir, construit sur le cap Bonsecours, explique le fonctionnement des seigneuries et la répartition des terres en rangs.

Le manoir est accessible par la très jolie **gare de Montebello** où s'est installé à l'année le Centre d'information touristique (☎ 423-5602), 502 rue Notre-Dame (route 148).

L'été, il se visite tous les jours de 10h à 18h. Durant les mois de mai, juin, septembre et octobre, il est ouvert du mercredi au dimanche (fermeture à 17h). Le reste de l'année, il est fermé au public.

Le **parc Oméga** (☎ 423-5487 ou 1 888 423-5487) est la grande attraction de la ville. Bisons, wapitis, orignaux, sangliers, ours bruns et autres ratons laveurs cohabitent dans un immense enclos que l'on parcourt en voiture, sur dix kilomètres. Un parc à loutres vient par ailleurs d'ouvrir.

Pour arriver au parc, vous prendrez, dans la ville même de Montebello, la route 323 Nord. Le parc est à deux kilomètres. Ouvert à l'année à partir de 10h, il ferme ses grilles une heure avant la tombée de la nuit. Le prix est de 9 $ (demi-tarif pour les enfants). En juillet et août, il passe à 12 $.

Des forêts sous haute surveillance

La forêt couvre près de la moitié du territoire québécois. Parmi les quelque 1 000 feux de forêt répertoriés en moyenne annuellement, seulement 25% sont imputables à la foudre, les 75% restant étant dûs à la négligence humaine. Chaque année, la prévention coûte plus de 33 millions de dollars au Québec.

Spécialisée dans la recherche sur les techniques de prévention et de lutte contre les incendies, la Société de protection des forêts contre le feu (SOPFEU) a mis au point un programme informatique très particulier, le Système d'information sur les incendies forestiers (SIIF). La méthode consiste à saisir sur ordinateur les données météorologiques recueillies par satellite (concernant notamment le degré de sécheresse) puis de compiler l'ensemble afin de déterminer les zones à risques. Au moindre danger d'incendie, les responsables de la zone géographique en question sont alors alertés par le central de Maniwaki.

Chaque été, la prévention mobilise à elle seule 43 avions spéciaux. Chacun dispose d'un système de localisation par satellite qui permet de repérer précisément sur les écrans d'ordinateur les nouveaux foyers d'incendie. Et lorsqu'un incendie de forêt se déclare, ce programme informatique permet de calculer la distance que doivent parcourir les Canadairs et les délais d'interventions qui leurs sont impartis.

Où se loger

En bordure de la rivière des Outaouais, ***Le château Montebello*** (☎ *423-6341 ou 1 800 441-1414*) est la grande fierté de Montebello. Construit en 1930, en pleine crise économique, par le prestigieux Seigniory Club, il est le plus grand ouvrage en bois rond au monde. Il abrite aujourd'hui l'un des plus beaux hôtels du Québec. A défaut de pouvoir y dormir (premier prix à 89 $ par personne, petit déjeuner et accès aux terrains de tennis inclus), visitez son hall impressionnant par sa taille et sa cheminée centrale. Les deux galeries qui le ceinturent exposent d'intéressantes photographies en noir et blanc.

Au 392 rue Notre-Dame (route 148), un panneau indique l'entrée du château.

Les Cantons de l'Est

Les Cantons de l'Est sont les jardins du Québec. Dans cette région à 80 km à l'est de Montréal, les paysages et l'atmosphère des villages affichent leurs différences. Dans ces terres agricoles, forestières et minières, la nature joue la perfection et les demeures, la distinction. Avec la chaîne des Appalaches en toile de fond, des lacs pour ponctuation, et les États-Unis comme voisins immédiats, les Cantons de l'Est, appelés également jusqu'à une période récente Estrie, représentent depuis le début du XXe siècle une terre d'escapade privilégiée pour les Québécois, les Ontariens et les Américains.

Au sud du Saint-Laurent, les vignes et les vergers couvrent les parcelles et développent leurs arômes. Les monts Sutton, Owl's Head et Orford abritent des stations de ski très fréquentées. Les rives des lacs Magog, Massawippi ou Memphrémagog sont également prisées et les demeures qui les bordent plus belles les unes que les autres.

L'architecture des maisons, l'art de vivre et le nom même des villes rappellent qu'en ces lieux les Loyalistes trouvèrent refuge et marquèrent à jamais leur destinée. Les querelles entre anglophones et francophones (aujourd'hui majoritaires), catholiques et protestants, furent nombreuses. Avec le temps, elles se sont estompées. Ici, rien ne vient perturber le romantisme et la bienséance des lieux. La nature est là pour satisfaire tous les plaisirs des sens et la villégiature a des parfums d'insouciance et de douceur de vivre.

A ne pas manquer

- La Route des vins et le village de Dunham, capitale du vin
- Les cafés-restaurants et les boutiques d'antiquités du village de Knowlton
- A Valcourt, le musée J.-A. Bombardier, consacré à la motoneige
- La piste cyclable entre le parc du Mont-Orford et la ville de Magog
- Les élégantes demeures bourgeoises de North Hatley
- L'ambiance estudiantine des villes de Sherbrooke et Lennoxville
- L'Astrolab, au parc du Mont-Mégantic, pour regarder le ciel

HISTOIRE

Les Abénakis ont été les seuls occupants du territoire jusqu'à la fin du XVIIIe siècle. Derniers témoins de cette époque, des noms de lieux, Massawippi, Coaticook, Memphrémagog, Mégantic... Le premier grand bouleversement sera la guerre d'Indépendance américaine (1776-1782), à l'origine du premier grand afflux d'immigrants dans la région. Pour de nombreux Américains restés fidèles à la Couronne britannique, la région sud de Québec a représenté une terre d'accueil.

Le gouvernement britannique, soucieux de récompenser les Loyalistes, leur octroya des terres qu'il divisa en *townships* (cantons). Au début du XIXe siècle, la région des Eastern Townships (les Cantons de l'Est) était créée.

L'autre vague de peuplement est intervenue entre 1820 et 1840. Des Irlandais affluent, fuyant la misère et les épidémies. En 1850, la région est ainsi presque exclusivement composée d'anglophones, comme en témoignent des noms de villes comme Sherbrooke, Granby, North Hatley, Knowlton.

La construction du chemin de fer reliant Montréal à Sherbrooke, la capitale régionale, va contrebalancer cette tendance. L'exploitation forestière puis minière amène des Canadiens français à s'intéresser à la région. Les francophones se portent acquéreurs de terres vendues par des anglo-

LES CANTONS DE L'EST

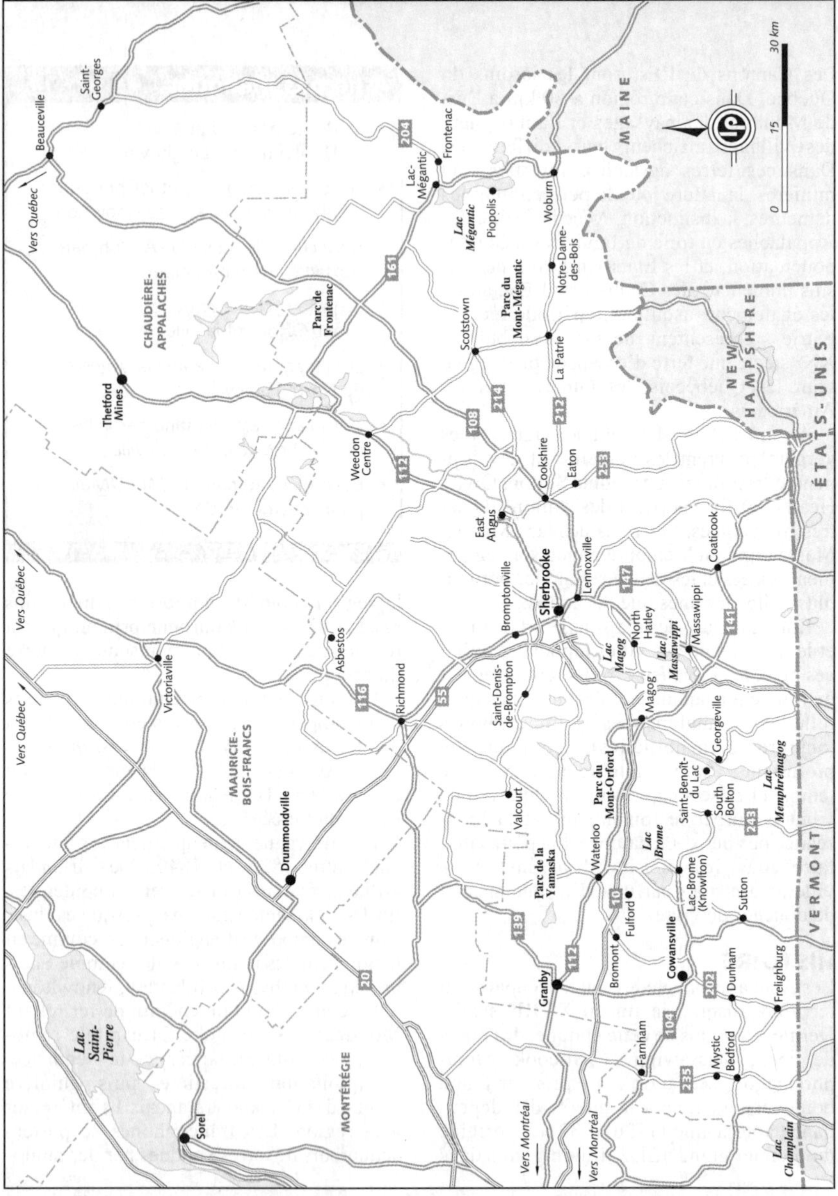

phones, qui préfèrent investir dans la finance ou dans des entreprises de transformation, nombreuses le long des rivières.

A la fin du XIXe siècle, avec le train, les Cantons de l'Est vont connaître également l'afflux de citadins à la recherche d'espaces de villégiature. Pour de nombreux Américains aisés, cette région du Québec où l'on parle l'anglais constitue un endroit idéal pour faire construire une résidence secondaire.

Le tourisme ne forme pourtant qu'une source de revenu parmi d'autres dans la région. En effet, si l'Ouest demeure une terre agricole, le Nord et l'Est restent encore associés aux mines d'amiante et aux industries textiles et papetières.

ORIENTATION

Les Cantons de l'Est font partie des petites régions du Québec (13 100 km^2). Cernés par la Montérégie à l'ouest, la Mauricie-Bois-Francs et la région Chaudière-Appalaches au nord, ils partagent, au sud, quelque trois cents kilomètres de frontière avec les États-Unis.

Le paysage est dominé par les contreforts des Appalaches aux montagnes frôlant les mille mètres d'altitude et par de somptueux lacs, vastes plans d'eau s'étirant parfois jusqu'aux États-Unis, comme les lacs Champlain et Memphrémagog.

Délimités par la ville de Granby à l'ouest et le lac Mégantic à l'est, la région compte cinq parcs : Mont-Orford, Yamaska, Mont-Sutton, Mont-Mégantic et Frontenac, une situation unique au Québec.

Les Cantons de l'Est se caractérisent également par une importante concentration de villages à l'ouest de Sherbrooke. La partie est reste la moins peuplée.

L'autoroute 10 relie Montréal à Sherbrooke, à 140 km à l'est. Sur l'autoroute 10, après avoir dépassé la ville de Magog, un embranchement sur la droite permet de rejoindre l'autoroute 55 Sud qui mène à la frontière américano-canadienne et à Boston. La partie nord de l'autoroute 55 (qui se confond jusqu'à Sherbrooke avec l'autoroute 10) rejoint l'autoroute 20 qui se dirige vers Québec.

RENSEIGNEMENTS

Ouverte tous les jours de 9h à 17h (de 10h à 18h de juin à septembre), la Maison régionale du tourisme des Cantons de l'Est (☎ (450) 375-8774 ou 1 800 263-1068) est installée dans un grand bâtiment construit aux abords de l'autoroute 10, sortie 68. Vous y trouverez des informations sur la Route des vins et le sentier des Estries (créé pour les randonneurs). La brochure intitulée "Le corridor vert" est également disponible gratuitement à l'accueil.

Installé à Sherbrooke, au 20 rue Don-Bosco Sud, Tourisme Cantons de l'Est (☎ (450) 820-2020 ou 1 800 355-5755, www.tourisme-cantons.qc.ca) peut également vous informer. Ses bureaux sont ouverts du lundi au vendredi, de 8h30 à 17h. Une permanence téléphonique est assurée le week-end.

ACTIVITÉS

Les Cantons de l'Est offrent, comme les Laurentides, de belles stations de ski alpin. A la différence de celles du nord de Montréal, les stations de cette région (Bromont, Orford, Owl's Head et Sutton pour ne citer que les principales) ont moins été investies par l'immobilier. La végétation mixte (conifères et feuillus) impose également une grande différence entre les deux régions. Depuis deux ans, une formule permet d'étendre la validité d'un forfait d'une station à l'autre (☎ 1 800 355-5755).

L'hiver, les Cantons de l'Est se prêtent aussi au ski de randonnée, au ski de fond et aux sorties en raquettes comme à la randonnée en traîneau à chiens.

Dès les beaux jours, Les Sentiers de l'Estrie (☎ (819) 868-3889) conseillent de multiples chemins balisés (environ 160 km de sentiers au total), permettant notamment de relier Kingsbury aux Monts-Sutton en passant par le Mont-Orford. L'accès est payant (15 $ à l'année). Quant au réseau de sentiers du parc Mont-Mégantic, il est relié au corridor international de Sentiers Frontaliers, long de 90 km, qui devrait permettre également d'accéder au Sentier des Appalaches.

Les cyclistes jouissent aussi dans la région de 3 000 km de pistes adaptées. Parmi lesquelles : la Route Verte aménagée sur des parties de l'ancienne voie ferrée qui traversait d'ouest en est la Montérégie et les Cantons de l'Est.

FÊTES ET MANIFESTATIONS ANNUELLES

Février

Grand Prix de Valcourt – Pendant trois jours, des courses de motoneige parmi les plus spectaculaires sont organisées dans la ville de J.-A. Bombardier.

Juin

International Bromont – Série de concours hippiques comptant pour la Coupe du Monde. Cette prestigieuse rencontre se tient à Bromont, généralement à la fin du mois.

Juillet

Traversée internationale du lac Memphrémagog – Cet événement réunit à Magog des nageurs venus du monde entier.

Juillet-août

Festival d'Orford – Pendant trois semaines, des concerts de musique classique sont donnés au centre d'Arts d'Orford. Certains sont gratuits.

Septembre

Festival international de la chanson – A Granby. Ouvert aux jeunes chanteurs canadiens. Il a servi de tremplin à nombre d'artistes québécois.

Fête des vendanges – à Magog.

GRANBY

Granby porte le nom du commandant qui dirigea dans les années 1750 les troupes britanniques au Canada. Pierre-Horace Boivin, un ancien maire qui vouait une grande passion aux fontaines, en dota la ville d'une dizaine, de styles les plus divers.

Renseignements

Le Bureau touristique (☎ (450) 372-7273 ou 1 800 567-7273, tourisme.granby.qc.ca), 650 rue Principale, est ouvert tous les jours de 8h à 19h en été (en dehors de cette période, ouverture de 8h30 à 17h du lundi au vendredi). Le plan de la ville mentionne toutes les fontaines. Il vous guide également pour découvrir ses richesses architecturales.

A voir

Dans le parc Pelletier donnant sur le boulevard Principal, la **fontaine Romaine**, composée d'un ancien sarcophage dont les pièces principales remonteraient à 3 200 ans, a coûté son fauteuil à son donateur, le maire de Rome. Les Romains n'avaient guère apprécié que cette pièce d'art, témoin de l'histoire de la ville, soit offerte en cadeau. En continuant le boulevard et en prenant la rue Centre sur la gauche, vous apercevrez la **fontaine Saint-Étienne**, offerte par la ville du même nom pour commémorer le jumelage des deux cités.

Le **zoo Granby** (☎ (450) 372-9113), accessible par la sortie 68 de l'autoroute 10, paraît attirer la plupart des visiteurs. Il est ouvert tous les jours de mi-juin à début septembre de 10h à 20h (uniquement le week-end en mai, septembre et octobre). L'entrée coûte 20 $ (14 $ pour les 5-12 ans et les seniors, 9 $ pour les 2-4 ans).

En bordure de la ville, le **lac Boivin** se transforme en une très belle patinoire l'hiver. Dès le printemps, il se prête à l'observation des oiseaux grâce au **Centre d'interprétation de la nature du lac Boivin** (☎ (450) 375-3861), 700 rue Drummond, et aux dix kilomètres de sentiers aménagés aux abords des marais. Il est ouvert toute l'année de 8h30 à 16h30 et l'entrée est gratuite.

Où se loger et se restaurer

Parmi les B&B, mentionnons ***La Maison Prune*** (*☎ (450) 378-4880 ; 29 rue Elgin*) d'un bon rapport qualité/prix avec la simple/double à 50/60 $. Il jouit d'une piscine extérieure chauffée. ***Le Monastère des Trinitaires*** (*☎ (450) 372-5125 ; 200 boulevard Robert*) propose la nuitée à 20 $ par personne.

Granby offre un choix impressionnant de restaurants. Toutes les cuisines du monde sont représentées. Signalons ***Le Bistrot du Gourmet*** (*☎ (450) 378-3220 ; 22 rue Saint-Joseph*) qui allie à la fois ambiance bon enfant et plats copieux, pour une dépense moyenne de 14 $. Quant à la cuisine française, de ***Faucheux*** (*☎ (450) 777-2320 ; 53 rue Dufferin*) elle semble faire l'unanimité (comptez plus de 20 $ par personne).

La Route des vins

Au Québec, les vignerons ne sont qu'une poignée, essentiellement concentrés dans le sud des Cantons de l'Est et en Montérégie, la région voisine. Pourtant, depuis le début des années 80, la vigne prospère dans cette partie sud du Québec. Et les vins produits commencent à faire une percée remarquée sur le marché.

L'histoire veut que plusieurs tentatives aient été menées dès l'arrivée des Français, au XVIIe siècle. Samuel de Champlain lui-même, dit-on, fut le premier à planter un cep de vigne dans l'île d'Orléans, alors appelée île de Bacchus. D'autres expériences furent conduites au cours des deux derniers siècles mais durent toujours être abandonnées à cause du climat trop froid et de plants pas assez résistants.

Aujourd'hui, les vignerons travaillent avec des hybrides rustiques développés dans les autres provinces du Canada. Pour autant, ils n'ont pas tourné le dos au savoir-faire français qui reste une référence et un terrain privilégié de formation.

Plus d'une vingtaine d'exploitations sont aujourd'hui recensées dans la province pour une centaine d'hectares cultivés et quelque 220 000 bouteilles produites. Les propriétés sont petites, entre 4 et 11 hectares. Le blanc domine la production à 90%, suivi du rouge et du rosé, encore très peu produits. Le *Seyval* est le cépage de blanc le plus répandu. Cet hybride, très employé par les producteurs de l'Ontario, peut en effet résister à des températures de -15°C. Tout aussi résistant au froid, mentionnons le *Maréchal Foch*. Il a également été importé de l'Ontario, province canadienne très active dans la recherche et la production viticoles.

Chaque année, dès le début de mai si le temps le permet, commence le ballet des tracteurs au milieu des vignes. Il s'agit de déchausser rapidement, autrement dit d'enlever la terre qui protège les ceps. Les bourgeons, qui commencent à apparaître en mai, ont 120 jours maximum pour mûrir. Les vendanges commencent en septembre. Parfois, quelques grappes seront réservées à la production de vins de glace, un vin liquoreux très recherché. Puis à nouveau, il faudra enchausser rapidement en novembre les pieds des vignes, jusqu'à un mètre de hauteur, afin de les prémunir des premières gelées.

La production est généralement vendue sur place. La Régie des Alcools en distribue une petite quantité auprès du grand public. Quant aux restaurants, leur carte des vins reste encore sourde à la production régionale en raison d'une législation sur les alcools très contraignante et de la trop petite quantité produite.

Chez les producteurs, les prix commencent à 11 $ et s'établissent à 15 $ en moyenne pour un vin élevé en fûts de chêne. Les vins de glace atteignent 45 $ la bouteille.

La Route des vins permet de découvrir cet univers. Elle court au sud de l'autoroute 10, entre Granby à l'est et Saint-Anicet au sud-ouest de Montréal.

Dunham en est la ville phare. Le tracé – une centaine de kilomètres – emprunte différents chemins détournés. Partez à sa découverte l'été ou pendant la période des vendanges, à la faveur d'une promenade ou d'un déjeuner chez un producteur.

Comment s'y rendre

Voiture. De Montréal, prendre l'autoroute 10 puis la sortie 68. Granby est à 8 km au nord.

Bus. La compagnie Auger assure des liaisons quotidiennes Montréal-Granby. Pour les horaires, appelez le ☎ (450) 776-1571.

PARC DE LA YAMASKA

Au nord-est de Granby, à une dizaine de kilomètres à peine du centre-ville, le parc de la Yamaska (☎ (450) 777-5557 ou 776-7182) est surtout fréquenté pour son immense réservoir, dit Réservoir Choinière, qui permet de pratiquer de nombreuses activités (baignade, pêche, canoë, planche à voile). L'hiver, la randonnée en ski de fond ou en raquettes prend le relais.

L'été, le droit d'entrée est de 5 $ pour un adulte. Il existe de nombreuses réductions. Les familles payent 10 $. A partir de septembre, l'entrée est gratuite en semaine (2,50 $ par adulte le week-end)

Sur place, vous trouverez tout l'équipement nécessaire. La location d'une planche à voile, d'une chaloupe ou d'un pédalo revient à 35 $ la journée (12 $ l'heure) – 60 $ pour un voilier. Un casse-croûte permet de se restaurer tous les jours du 31 mai au 24 août. Il n'existe pas d'hébergement possible.

De Granby, prenez la route 112 qui traverse la ville ou l'autoroute 10 qui relie Montréal à Sherbrooke, sortie 74.

BROMONT

La ville a des allures de banlieue privilégiée avec ses grandes avenues bordées de larges maisons au perron bien dessiné et aux pelouses soignées. Bromont est née spontanément en 1964 après la création d'un parc industriel regroupant de nombreuses entreprises québécoises.

Bromont est connue au Canada pour ses centres équestres de qualité. Parmi eux, citons l'un des plus cotés : le **Centre équestre** (☎ (450) 534-3255), 102 rue La prairie. Comptez 30 $ l'heure.

En hiver, Bromont est surtout fréquentée pour sa station de ski ouverte en soirée, tous les jours jusqu'à 22h (22h30 le vendredi et le samedi). La **station touristique Bromont** (☎ (450) 534-2220 ou 1 888 866-4270), 150 rue Champlain est une petite station (22 pistes). Le forfait à la journée s'élève à 34 $, celui du soir à 24 $. Elle est accessible de Montréal par l'autoroute 10. A la sortie 78, un panneau indicateur vous oriente. La ville est située à 3 km au sud. L'été, la station se transforme en parc aquatique.

DUNHAM

Ce village aurait pu être la capitale du cidre en raison des nombreux pommiers qui couvrent la campagne environnante. Au grand désespoir des producteurs, la ville s'est vu ravir ce titre par Rougemont, en Montérégie.

En dix ans, Dunham a néanmoins réussi à devenir la capitale du vin au Québec. Elle ne compte pas moins de six producteurs parmi la vingtaine installés dans la province : Les Arpents des Neiges (☎ (450) 295-3383), Les Blancs Coteaux (☎ (450) 295-3503), Les Côtes d'Ardoise (☎ (450) 295-2020), L'Orpailleur (☎ (450) 295-2763), La Bauge (☎ (450) 263-2149) et Les Trois Clochers (☎ (450) 295-2034). La plupart se concentrent sur la route 202 qui mène à Bedford et organisent des visites guidées de leur exploitation.

Bon nombre des viticulteurs assurent, de juin à octobre, des repas midi et soir, et certains mettent à disposition des tables de pique-nique.

La rue principale, cœur du village, déploie un bel alignement de charmantes demeures à l'architecture anglo-saxonne.

Où se loger

En centre-ville, ***La Chanterelle*** (☎ *(450) 295-3542 ou (514) 273-6081 ; 3721 rue Principale*) est située dans une maison aussi belle à l'extérieur qu'à l'intérieur. Le large escalier blanc permet d'accéder à quatre chambres chaleureuses et spacieuses aménagées avec beaucoup de finesse. Une simple/double coûte 65/80 $ tout compris, avec s.d.b. à l'étage.

A deux cents mètres environ, en direction de Frelighsburg, le gîte ***Aux Douces***

Les granges circulaires

Les granges des Cantons de l'Est sont uniques au Québec. Au XIXe siècle, une superstition voulait en effet que l'on construise des granges avec ossature en forme de cercle pour se prémunir du diable, qui aimait à se cacher dans les angles.

Si celle de Mystic est la plus connue, la grange de West Brome est tout aussi remarquable. Pour l'admirer, empruntez la route 139 puis, juste à la sortie du village, le chemin Scott.

Heures (☎ *(450) 295-2476 ; 110 rue du Collège*) offre le confort d'une maison neuve aux allures bourgeoises. Les vastes pièces possèdent toutes l'air climatisé. La chambre revient à 75 $.

Plus à l'écart de la ville, ***Le Temps des mûres*** (☎ *(450) 266-1319 ou 1 888 708-8050 ; 2024 chemin Vail*) est une belle demeure à la décoration intérieure malheureusement décevante. Une simple/double coûte 45/65 $, avec 10 $ supplémentaires pour la nuit du samedi au dimanche.

Dans un style inspiré des maisons normandes, ***Le Pom-Art*** (☎ *(450) 295-3514 ou 1 888 537-6627 ; 677 chemin Hudon*) est isolé dans la campagne. Le prix des chambres varie entre 65 et 80 $.

Où se restaurer

Le Piccoletto (☎ *(450) 295-2664 ; 3698A rue Principale*) est une bonne adresse pour un dîner gastronomique, sur fond d'accordéon les samedi soirs. Le menu, à partir de 21 $, comprend souvent du poisson frais. Les pâtes du jour sont à 13 $. A côté, au n°3708, ***Le Café JJ*** (☎ *(450) 295-1221*) propose cuisine et ambiance familiale. Le petit déjeuner est servi jusqu'à 14h. Son gâteau aux carottes est un délice. Le prix de la table d'hôte (avec soupe maison ou salade du jour) varie entre 8 et 12 $.

A Bedford, la ville voisine, le restaurant ***La Sarcelle*** (☎ *(450) 248-4440 ; 7 rue Rivière*) passe pour être une très grande table de la région.

Comment s'y rendre

De Montréal, prendre l'autoroute 10, sortie 68, puis la route 139 Sud. Arrivé à Cowansville, suivre la route 202 en direction de Dunham.

MYSTIC

A une douzaine de kilomètres de Dunham et au nord de Bedford sur la route 235, l'attraction principale du petit village de Mystic est la visite d'une grange peinte en rouge. Son architecture circulaire à douze côtés est unique au Québec.

Par ailleurs, il fait bon se promener dans le village. Ne manquez pas le chocolatier-glacier de la route Principale.

LAC BROME

La beauté de ses rives ponctuées de belles résidences a fait sa renommée. Il regroupe plusieurs communes, dont Fulford, Forster et Bondville. Knowlton est la plus importante. En hiver, la pêche blanche et la voile sur la glace sont assidûment pratiquées. L'été, place aux plaisirs nautiques, à l'équitation, au tennis et au golf.

Renseignements

Le Bureau touristique (☎ (450) 242-2870), 696 chemin Lakeside, est situé au nord-est du lac. Il est ouvert tous les jours en été. En dehors de cette saison, il ne fournit des informations que le week-end, de 10h à 18h.

Où se loger et se restaurer

Le Tu-Dor (☎ *(450) 534-3947 ; 394 chemin Brome*) est un B&B en pleine campagne, avec des animaux de ferme. Le copieux petit déjeuner est un vrai régal. Le prix de la chambre oscille entre 70 et 80 $.

Construit face au lac, de l'autre côté de la route, le motel ***Le Cyprès*** (☎ *(450) 243-*

0363 ; 592 chemin Lakeside – route 243) est préférable, en termes de rapport qualité/prix, à de nombreux hôtels des environs, souvent chers. Une chambre très confortable revient à 70 $ (petit déjeuner inclus). A la belle saison, vous disposez de la piscine et de la barque du motel pour de petites excursions sur le lac.

Juste à côté, au n°527, l'***Auberge Quilliams*** (☎ *(450) 243-0404 ou 1 888 922-0404, www.aubergequilliams.com*) est l'hôtel de luxe du lac. Sa table est réputée, ses chambres, comme la piscine intérieure et le sauna, sont dignes d'un établissement de sa catégorie. Comptez au moins 110 $ pour une chambre (petit déjeuner compris). Pour bénéficier de la vue sur le lac, ajoutez 20 $.

Le camping ***Le Domaine des Érables*** (☎ *(450) 242-8888 ; 688 rue Bondville*) offre tout le confort souhaitable et loue chaque site contre 24 $. Plus petit, le ***Camping Fairmount*** (☎ *(450) 266-0928 ; 127 chemin Fairmount, Iron Hill*) est moins cher (18 $ le site).

Comment s'y rendre

Sur l'autoroute 10, prendre la sortie 90. Suivre ensuite la route 243 qui aboutit au nord du lac. Pour savourer pleinement la beauté du paysage, empruntez la route 243 (chemin Lakeside).

KNOWLTON

Au sud du lac Brome, Knowlton compte parmi les plus beaux villages des Cantons de l'Est. Une promenade à pied vous fera découvrir son unité architecturale presque parfaite. La petite rivière Coldbrook qui le traverse apporte une touche rafraîchissante au tableau.

Le village ne dissimule pas ses signes extérieurs de richesses. Le week-end, Jaguars et Mercedes occupent les aires de parking. Antiquaires (on trouve notamment des courtepointes), boutiques et restaurants n'affichent pas pour autant des grands airs hautains. En octobre, le **Festival international du canard du Lac Brome** honore le fameux palmipède de la région.

Le **musée historique du Comté de Brome** (☎ (450) 243-6782), 130 rue Lakeside, expose des souvenirs des premiers pionniers de la région et reconstitue dans différents bâtiments des scènes du siècle dernier. L'un d'entre eux abrite un musée militaire. Il est ouvert tous les jours de la mi-mai à la mi-septembre de 10h à 16h30 (le week-end, à partir de 11h). L'entrée coûte 3,50 $ (1,50 $ pour les moins de 16 ans).

Le **théâtre du lac Brome** (☎ (450) 242-2270), 267 rue Knowlton, propose de mai à novembre des représentations de qualité (en anglais).

La plage municipale, rue Lakeside, est superbe, surtout en dehors de la saison touristique. Le parking revient à 7 $ la journée.

Le village comporte deux axes principaux : la rue Knowlton (route 243 Est), coupée au centre-ville par la rue Lakeside (route 243 Nord).

Où se loger

Knowlton est riche en restaurants comme en hébergements de qualité. Évitez toutefois au centre-ville, le ***Motel Village Knowlton*** (☎ *(450) 243-6362 ; 547 rue Knowlton*) dont les tarifs sont exagérés : de 70 $ en semaine la chambre passe en outre à 120 $ le week end.

Dans la catégorie supérieure, L'***Auberge Lakeview*** (☎ *(450) 243-6183 ou 1 800 661-6183, www.quebecweb.com/lakeview ; 50 rue Victoria*) joue avec brio la carte du luxe. Le service est irréprochable. Bois, tapisseries et tapis donnent aux chambres un style raffiné. De mi-juin à fin octobre, les prix commencent à 115 $ par personne en semaine et 123 $ le week-end. Ce tarif inclut la chambre, le petit déjeuner et le dîner et permet de bénéficier de toutes les activités (piscine extérieure chauffée, golf, tennis…). Une autre formule, dite B&B, comprend seulement le petit déjeuner. Comptez alors 100 $ la chambre.

Dans la catégorie gîte, ***La Dormance*** (☎ *(450) 242-1217, Ladormance@sympatico.ca ; 402 chemin Knowlton*) est une très jolie maison située au cœur du village et bordée d'un grand terrain. A l'intérieur, les trois chambres sont aménagées avec soin.

La baie vitrée de la s.d.b. permet d'avoir, depuis la baignoire, une vue superbe sur le jardin ! La simple/double coûte 50/65 $. Les chambres de ***L'Abri'Cot*** (*☎ (450) 243-5532 ; 562 rue Knowlton*) sont aussi agréables à vivre. Leurs prix varient entre 60 et 80 $.

Dans son cadre de pleine campagne, à cinq minutes en voiture du village, ***Le Lion Rouge*** (*☎ (450) 243-5189 ; 207 Valley Road*) dégage une chaleureuse ambiance de demeure familiale où règnent vieux meubles et photos souvenirs. La simple/double revient à 35/45 $.

Où se restaurer

Vous n'aurez que l'embarras du choix. Au pied du ruisseau de Coldbrook, l'ambiance du ***Bistro Cedric's Pub*** (*☎ (450) 243-4100 ; 51 rue Lakeside*), ouvert tous les jours, est des plus conviviales. Les mets proposés (des salades aux plats de viande) sont tous appétissants (entre 8 et 17 $). ***Le Nilsson*** (*☎ (450) 243-0621 ; 70 rue Lakeside*) propose de savoureuses boulettes suédoises (12 $) et du canard du lac Brome, la spécialité culinaire de la ville. En dehors de la période estivale, le restaurant n'ouvre qu'en fin de semaine. Sa terrasse est très agréable.

Au n°78, le restaurant ***Aux Trois Canards*** (*☎ (450) 242-5801*) fait partie des meilleurs restaurants de la région. Le canard est la spécialité de la maison comme le carré d'agneau. Comptez 25 $ pour prendre place à la table d'hôte. En hiver, il est fermé le lundi et le mardi.

Le ***Café Inn*** (*☎ (450) 243-0069 ; 264 chemin Knowlton*) affiche un style plus branché tout en gardant une certaine sobriété, et des prix abordables (à partir de 12 $).

SUTTON

Au sud de Knowlton, Sutton est indissociable de son domaine skiable. La station **Mont Sutton** (☎ (450) 538-2339 ou 538-2545) est la plus importante des Cantons de l'Est avec 53 pistes. Elle se distingue des autres stations par ses sous-bois multiples. Mais il n'existe pas d'infrastructure pour le ski de soirée. Le forfait journée revient à 39 $.

L'été, le **parc Sutton** (☎ (514) 538-4085) propose 55 km de sentiers balisés avec de nombreux points d'observation, un refuge à 840 m et deux campings très rustiques, équipés seulement de toilettes. Des randonnées guidées peuvent être organisées.

De Sutton, vous pouvez rejoindre à bicyclette le Vermont, de l'autre côté de la frontière. La carte des pistes cyclables (4 $) est disponible au Bureau touristique (☎ (450) 538-8455 ou 1 800 565-8455), 11B rue Principale.

Où se loger

Dans la ville même, le ***Vert le Mont*** (*☎ (450) 538-3227 ; 18 chemin Maple*) est l'une des deux bonnes adresses dans la catégorie gîte, à un prix raisonnable : le prix de la chambre varie entre 55 et 75 $. ***La Maison des Saules*** (*☎ (450) 538-0035 ; 30 rue Western*) est tout aussi accueillante. Elle propose la simple/double à 40/50 $. L'***Auberge des Appalaches*** (*☎ (450) 538-5799*), au n°234, dispose d'un environnement agréable. Les chambres décorées de bois sont proposées à 70 $.

L'***Auberge La Paimpolaise*** (*☎ (450) 538-3213 ou 1 800 263-3213 ; 615 chemin Maple*) constitue l'adresse de grand standing de la station. N'escomptez pas obtenir une chambre à moins de 100 $.

Les amoureux de la nature trouveront ***Au Diable Vert*** (*☎ (450) 538-5639 ou 1 888 779-9090, www.virtuel.qc.ca/audiablevert ; 168 chemin Staines – accès via route 105*) un hébergement et un environnement de rêve. Vous pourrez pratiquer de multiples activités, sous la conduite d'un guide si vous le désirez. L'été, vous serez tentés par les randonnées pédestres, les excursions en vélo de montagne et les sorties en kayak sur la rivière Missisquoi, juste en contrebas. L'hiver, place au ski de randonnée, au ski hors piste avec télémarke ou aux randonnées en raquettes. Vous pouvez louer le matériel sur place. Construit au sommet d'une colline qui fait face aux Appalaches, le chalet dispose de trois chambres (35 $ par personne), d'un dortoir (30 $ par personne) et d'une immense terrasse. La grande salle au rez-de-chaussée devient restaurant le soir. Le prix de la table d'hôte varie entre 15 et 20 $. Des forfaits sont également proposés. Les propriétaires, Isabelle, Benoît et Alain donnent au lieu, la note de convivialité qui parfait son charme.

Derrière le chalet, un camping a été aménagé ; les emplacements, bien espacés les uns des autres, sont au tarif de 18,25 $.

Où se restaurer

Le ***Restaurant les Alleghanys*** (☎ *(450) 538-3802 ; 33 chemin Maple*) propose une cuisine de choix (plats de viande ou québécois). Un repas coûte entre 12 et 20 $. C'est le point de ralliement, l'hiver, des habitués de la station et vous y passerez d'agréables soirées. ***Il Duetto*** (☎ *(450) 538-8239 ; 227 chemin Élie*) est un bon restaurant italien, paraît-il. Les prix des plats oscillent entre 12 et 24 $.

A Glen Sutton, à proximité du Diable Vert mentionné plus haut, l'***Auberge Glen Sutton*** (☎ *(450) 538-2000 ; 1388 chemin Vallée Missisquoi*) cuisine des plats mexicains de qualité. Le soir, l'ambiance est telle qu'il serait dommage de la manquer.

Comment s'y rendre

A 12 km de la frontière américaine, Sutton est accessible de Montréal par l'autoroute 10. A la sortie 68, prendre la route 139 Sud. Le village et la station sont à 50 km environ.

Les bus Voyageurs assurent quotidiennement des liaisons Montréal-Sutton. La gare routière (☎ (450) 538-2452) est située au n°28 rue Principale.

MAGOG

Construite juste à la pointe nord du gigantesque lac Memphrémagog, Magog prend des airs de villégiature où il fait bon flâner. Sa situation géographique – le mont Orford (880 m) n'est situé qu'à une dizaine de kilomètres du centre-ville, au nord –, lui permet d'allier les plaisirs de l'eau et de la montagne.

Adossée au lac, Magog a pris la forme d'un long ruban traversé d'ouest en est par la rue Principale (route 112), doublée au nord par la rue Saint-Patrice Ouest. Cafés, restaurants, hôtels et auberges sont essentiellement rassemblés dans la rue Principale et sur le pourtour du lac.

Renseignements

Le Bureau touristique (☎ (819) 843-2744 ou 1 800 267-2744, www.magog-orford.qc.ca), 55 rue Cabana (à l'angle de la route 112), est ouvert tous les jours de 9h à 17h d'octobre à mai et de 10h à 18h pendant la période estivale.

Activités

Une superbe piste cyclable, en service d'avril à novembre, a été aménagée. Depuis le centre d'accueil Le Cerisier, situé dans le parc du Mont-Orford, cette voie de 23,5 km longe le lac Memphrémagog puis la rivière Magog, et permet de découvrir le vignoble Le Cep d'argent (☎ (819) 864-4441), 1257 chemin de la Rivière. Elle se termine sur les bords du lac Magog.

La boutique Ski vélo Vincent Renaud (☎ (819) 843-4277), 49 rue Sherbrooke, loue des bicyclettes à partir de 20 $.

Pour se baigner, la plage municipale dite "des Cantons" est gratuite. Les plages Merry Est et Merry Ouest sont payantes (1 $ l'heure, 16 $ la journée).

Différentes compagnies proposent également des croisières sur le lac.

Où se loger

L'auberge de jeunesse ***L'Auberge du Centre d'Arts Orford*** (☎ *(819) 843-8595 ou 1 800 567-6155, arts.orford@sympatico.ca, www3.sympatico.ca/arts. orford ; 3165 chemin du Parc*) est un endroit de rêve. Installée dans le centre d'Arts Orford, au sein du parc du Mont-Orford, l'auberge dispose de lits en dortoir à 18 $ (15 $ pour les membres de Hostelling International) et de chambres privées à 30,75 $ par personne (42 $ pour la formule pension complète).

La rive ouest du lac Memphrémagog abrite de très beaux B&B avec des vues superbes sur le plan d'eau et les montagnes environnantes. Sur le chemin des Pères, au n°680, ***A l'Orée du Lac*** (☎ *(819) 868-1167*) donne directement sur le lac sans qu'il soit besoin de traverser la route. En face, l'***Auberge au Relais de L'Abbaye*** (☎ *(819) 847-3721*) a encore davantage de prestance. Les chambres, équipées de s.d.b. et parfois de cheminée, coûtent entre 80 et 120 $. ***La Vieille Chapelle Ramsay*** (☎ *(819) 847-0120 ; 793 chemin des Pères*) est une chapelle restaurée aux murs couverts de fresques. Les chambres (de 60 à 75 $ la double) ont gardé leur cachet d'antan.

Sur la rive est du lac, dans le centre-ville de Magog, ***La Maison Campbell*** (☎ *(819) 843-9000 ; 584 rue Bellevue Ouest*) possède des chambres méticuleusement aménagées à 65 $.

Le long de la rue Merry Nord, en direction du parc du Mont Orford, gîtes et hôtels se succèdent. Entourée d'un jardin, ***La Belle Victorienne*** (☎ *(819) 847-0476*), au n°142, offre 4 chambres à thème, décorées avec soin, entre 70 et 90 $. Le petit déjeuner est copieux.

Où se restaurer

Au ***Chat Noir*** (☎ *(819) 843-4337 ; 266 rue Principale Ouest*), la cuisine simple est néanmoins savoureuse (à partir de 12 $). Au n°276, les moules sont la spécialité de la ***Grosse Pomme***. L'***Auberge l'Étoile-sur-le-Lac*** (☎ *(819) 843-6521 ; 1150 rue Principale*) est une valeur sûre de la ville. Sa table d'hôte vous fera débourser de 12 $ à 27 $.

Pour une cuisine plus raffinée, allez à Orford. Le restaurant de l'***Hôtel Chéribourg*** (☎ *(819) 843-3308 ; 2603 chemin du Parc – route 141 Nord*) est renommé. Les prix s'échelonnent entre 22 $ et 35 $.

Comment s'y rendre

Voiture. De Montréal, suivre l'autoroute 10. A la sortie 115, emprunter la route 112 qui devient la rue Principale. L'autre possibilité consiste à prendre la sortie 118 qui rejoint aussi le centre-ville.

Bus. Le terminus (☎ (819) 843-4617) se situe 67 rue Sherbrooke, à l'angle de la rue Principale. La compagnie Auger assure des liaisons quotidiennes Montréal-Magog-Sherbrooke.

LAC MEMPHRÉMAGOG

Le lac Memphrémagog (mot d'origine amérindienne signifiant "grande étendue d'eau") couvre 103 km² et s'étire du nord au sud sur près de 42 km, jusque dans le Vermont aux États-Unis. Il serait habité par Memphré, un monstre comparable à celui du Loch Ness. Ses rives bordées de montagnes abritent de somptueuses propriétés privées. De tout temps, des peintres paysagistes s'y sont installés pour travailler.

Sur la rive ouest, l'**abbaye de Saint-Benoît-du-Lac** (☎ (819) 843-4080), fondée en 1912, mérite un détour. Les moines bénédictins qui l'occupent perpétuent la tradition du chant grégorien tous les jours à 11h et à 17h (et en été, le jeudi à 19h). Depuis 1943, l'abbaye possède une fromagerie.

En bordure du lac, la **station Owl's Head** (☎ (450) 292-3342 ou 1 800 363-3342, www.owlshead.com), 40 chemin du Mont-Owl's-Head, est certainement l'une des stations de ski les plus recherchées par les Américains. La frontière n'est qu'à une douzaine de kilomètres et la vue de ces montagnes s'élevant au-dessus du lac Memphrémagog est à couper le souffle. Le forfait à la journée revient à 30 $. Son golf, également très réputé, compte parmi les plus beaux du Québec.

Comment s'y rendre

Pour rejoindre l'abbaye de Magog, il faut suivre le chemin des Pères qui longe le lac. Au village d'Austin, tourner à gauche, le chemin est indiqué.

De Knowlton (circuit conseillé pour les paysages), emprunter la route 243 puis, à South Bolton, prendre la route 245 jusqu'à Bolton Centre et, de là, suivre à droite la direction d'Austin.

GEORGEVILLE

Sur l'autre rive du lac , juste en face, Georgeville est un petit village de toute beauté où il fait bon s'arrêter. Il a servi de cadre pour des scènes du film *Le déclin de l'empire américain*. Ne manquez pas son magasin général, semblable à ce qu'il devait être au siècle dernier.

A proximité du quai, le centre de plongée Memphré (☎ (819) 822-0302 ou 847-2951 ou 1 877 468-6042), loue du matériel et organise des sorties sur le lac, ainsi que vers de nombreux autres points du Québec (Côte Nord, Gaspésie et îles de la Madeleine). La location de l'équipement complet revient à 45 $ la journée. Pour deux plongées, il faut compter 25 $.

Où se loger et se restaurer

Installée juste à côté du centre de plongée et construite face au lac, la ***Maison McGowan*** (*☎ (819) 843-2126 ; 51 carré Copp*) est une belle demeure en bois peinte en vert, chaleureuse et pleine de charme. Les chambres claires, style campagnard et parquet blanc, sont à 65 $. La terrasse, tout comme la salle à manger, invitent à s'attarder pour le déjeuner ou le dîner. La cuisine est savoureuse. Comptez 14 et 25 $ à la table d'hôte. Accessible tous les jours de la mi-juin à la mi-septembre, cet établissement n'est ouvert hors saison que le week-end ; il ferme de novembre à la mi-avril.

L'***Auberge Georgeville*** (*☎ (819) 843-8683 ou 1 888 843-8686, www.fortune1000.ca/georgeville ; 71 chemin Channel*) entre dans la catégorie des établissements de grande classe. Cette superbe bâtisse rose, l'une des adresses de référence de la région, mérite un détour pour la qualité de son hébergement comme pour sa table, souvent récompensée. Les chambres et la salle à manger sont décorées de fines boiseries et tapisseries, dans un style très victorien. La simple/double est facturée 80/110 $.

Comment s'y rendre

Georgeville est relié à Magog, à 16 km au nord-est, par la route 247.

PARC DU MONT-ORFORD

Juste au nord de Magog, et à seulement une heure trente de Montréal, le parc du Mont-Orford (☎ (819) 843-9855, secpmo@interlinx.qc.ca) est très apprécié des citadins, en été et en automne pour les couleurs dont il se pare ; en hiver, pour les multiples activités qui s'y déroulent.

Sur la route permettant de rejoindre le centre d'accueil Le Cerisier, vous longerez à droite, le **centre d'Arts Orford** (☎ (819) 843-3981 ou 1 800 567-6155, arts.orford@sympatico.ca), 3165 chemin du Parc. Construit en 1951 dans le parc, il est avec le domaine Forget dans Charlevoix, l'un des hauts lieux de la musique classique au Québec. Sa vocation musicale en fait, chaque été, un lieu où l'on peut écouter gratuitement des concerts de musique classique.

Un droit d'entrée de 3,75 $ est perçu pour l'accès au parc. (1,75 $ pour les 6-13 ans). Le stationnement est également payant.

Activités

Avec 52 pistes, la station **Mont Orford** (☎ (819) 843-6548 ou 1 800 567-2772, www.mt-orford.com, info@mt-orford.com) est le deuxième domaine de ski alpin des Cantons de l'Est, après la station Mont Sutton. Ouverte de novembre à fin avril, la station est très appréciée pour son importante dénivellation, parmi les plus fortes du Canada.

Le forfait journalier s'élève à 34 $ (27 $ pour les étudiants et 21 $ pour les enfants) ; pas de pratique du ski en soirée. Vous pouvez louer votre matériel sur place et utiliser les services d'une garderie d'enfants. En été, le mont Orford est accessible par télésiège dès le 20 juin. Par temps clair, on aperçoit le Saint-Laurent.

Le parc est également réputé au Québec pour le ski de randonnée. Quelque 135 km de pistes sont spécialement réservées au ski de fond et 11 km de sentiers ont été aménagés uniquement pour la raquette. Pour accéder aux sentiers de ski de randonnée, adressez-vous au centre d'accueil Le Cerisier (☎ (819) 843-9855). Sur place, vous pouvez louer tout le matériel nécessaire.

L'été, les tracés se transforment en chemins de randonnée et d'interprétation de la nature (☎ (819) 843-6233). La location de bicyclette est possible (20 $ la journée). Le parc organise des sorties à thème.

L'été, les **lacs Stukely** et **Fraser**, au nord du parc, s'agrémentent de très belles plages. Celle du lac Fraser, à l'est, est la moins fréquentée. L'accès est payant. La planche à voile, le kayak, le pédalo et le canoë se pratiquent sur le lac Stukely (location de matériel sur place).

Des sentiers pour les randonnées à cheval ont également été prévus. Quant au golf de 18 trous, il s'inscrit parmi les beaux sites du Québec.

Où se loger

Pour l'auberge de jeunesse ***L'Auberge du Centre d'Arts Orford***, reportez-vous à la rubrique *Où se loger* dans *Magog*.

Le parc est pourvu de campings très bien situés, parfois équipés de chalets à louer. Les réservations commencent dès le mois de février. Il est conseillé de s'informer au préalable (☎ (819) 843-9855) et de préciser le type d'emplacement souhaité. On vous orientera en fonction des activités que vous voulez pratiquer (bicyclette, marche, cheval...). La plupart possèdent leur propre dépanneur. Les prix varient entre 17 et 21 $. Les cartes de crédit sont acceptées.

Le ***Camping Stukely*** donne sur le lac du même nom. Vous pouvez louer une tente sur place. Il est accessible du 16 mai au 21 septembre et sa capacité d'accueil est importante. En service du 13 juin au 8 septembre, le ***Camping Fraser*** est en pleine forêt, à quelques kilomètres de la plage du lac Fraser. Des haies de feuillus isolent les sites les uns des autres.

Comment s'y rendre

Voiture. Prendre de Montréal, l'autoroute 10 *via* Sherbrooke. A la sortie 118, rejoindre la route 141 Nord jusqu'au centre d'accueil du parc Le Cerisier.

NORTH HATLEY

A l'est de Magog et à seulement une vingtaine de kilomètres au sud de Sherbrooke, North Hatley affiche une élégante distinction. Ses belles demeures cossues, construites à flanc de montagne, bordent l'extrémité nord du lac Massawippi. L'ensemble est d'une rare harmonie. Dès le début du siècle, le chemin de fer reliant Sherbrooke au Vermont a favorisé la venue de vacanciers américains, charmés par les rives du lac et l'absence de prohibition au Québec. Les demeures qu'ils élevèrent rivalisent de beauté. Nombre d'entre elles ont été transformées en luxueux B&B.

A noter que North Hatley a été le berceau, en 1922, de la première association de conservation de l'environnement.

Certains soirs en fin de semaine, des concerts sont donnés dans le petit kiosque à musique de la jetée.

Où se loger

En arrivant de Sherbrooke, on ne peut rester insensible au charme des B&B de luxe qui s'égrènent le long de la rue Magog, face au lac. L'***Auberge Hatley*** (☎ *(819) 842-2451, www.northhatley.com, hatley@relaischateaux.fr ; 325 chemin Virgin*) porte l'enseigne Relais & Château. Les prix commencent à 110 $. La vue sur le lac depuis cette grande maison victorienne est somptueuse. Tout aussi distingué et situé à l'écart du village, le ***Manoir Hovey*** (☎ *(819) 842-2421 ou 1 800 661-2421, www.manoirhovey.com*) est niché en bordure de lac à l'abri des regards. Construit sur le modèle de la demeure de Georges Washington à Mount Vernon (Virginie), il dispose d'une plage privée. Pour une chambre avec vue sur le lac, comptez au minimum 110 $ par personne en basse saison et 145 $ en haute saison, avec petit déjeuner et dîner.

Au n°4030 chemin Magog, l'***Abenaki Lodge*** (☎ *(819) 842-4455, abenaki@abacom.com, www.bbcanada.com/2176.html*) est certainement l'hébergement le plus remarquable de North Hatley. Un intérieur tout en bois ; de vastes pièces avec vue sur lac ; des chambres décorées de tapis et d'objets artisanaux de toute beauté. Pour un tel cadre, vous devrez débourser entre 130 et 145 $.

De l'autre côté de la rue, au n°4215, ***Lili Morgane*** (☎ *(819) 842-4208*) possède deux chambres de style plus classique. Celle donnant sur le lac est vaste et possède un joli mobilier. Le prix (entre 75 et 95 $) dépend de la vue.

Plus désuet mais non sans charme, le ***Cedar Gables*** (☎ *(819) 842-4120*), au n°4080, loue des chambres à partir de 80 $. Dans le village, le ***Serendipity*** (☎ *(819) 842-2970 ; 340 rue River*) est le gîte pratiquant les prix les plus abordables (75 $ la chambre). L'intérieur de cette maison jaune se révèle aussi agréable à regarder que sa façade.

Où se restaurer

Ouvert tous les jours de la mi-mai à la mi-octobre (fermé le lundi et le mardi le reste de l'année), ***Pilsen*** (☎ *(819) 842-2971 ; 55 rue Principale*) tient restaurant au rez-de-chaussée. Le pub donne sur la rivière. Deux ambiances différentes pour une cuisine également savoureuse (7-18 $ le repas). A côté, au n°35, ***Le Café De Lafontaine*** (☎ *(819) 842-4242*) est plus intimiste. La carte est variée. Les salades (à partir de 7 $) sont délicieuses. Des concerts sont organisés le samedi soir. En hiver, le café est fermé le jeudi.

Le gîte ***Serendipity*** (☎ *(819) 842-2970 ; 340 rue River*) affiche à son menu : pizzas (13-20 $), salades (à partir de 5 $) ou plats du jour concoctés au gré des envies du chef.

Le ***Café Massawippi*** (☎ *(819) 842-4528 ; 3050 chemin Capelton*), l'une des très bonnes tables de la ville, prépare saumon en croûte et bœuf fumé. Le prix de la table d'hôte varie entre 22 et 34 $.

Le Manoir Hovey (☎ *(819) 842-2421 ; 575 chemin Hovey*) et ***l'Auberge Hatley*** (☎ *(819) 842-2451 ; 325 chemin Virgin*) se disputent les faveurs des gourmets. Leur cuisine, plusieurs fois couronnée, prône les produits de la région. Pour un repas, comptez au moins 35 $.

Comment s'y rendre

De Magog, suivre la route 108 Est. De Sherbrooke, prendre la route 143 Sud qui passe par Lennoxville et qui rejoint la route 108.

SHERBROOKE

Capitale des Cantons de l'Est, Sherbrooke doit son nom au gouverneur en chef des colonies britanniques d'Amérique du Nord, Sir John Sherbrooke. Elle est le cœur administratif, économique et éducatif de la région.

La rue King constitue l'axe principal de la ville, bordé de motels, de restaurants, d'édifices publics et de centres commerciaux. Sa longueur (plusieurs kilomètres) donne un aperçu de l'étendue de cette ville totalement bilingue. Le quartier du Vieux Nord que longe la rivière Saint-François permet d'imaginer son passé industriel dominé par les scieries, les moulins et les entrepôts de farine vieux d'un siècle à peine.

Créé et géré par la Société d'histoire de Sherbrooke, le **Centre d'interprétation de l'histoire de Sherbrooke** (☎ (819) 821-5406), 275 rue Dufferin, détient deux salles d'exposition consacrées à la ville. Le centre propose par ailleurs un circuit de la ville d'environ 90 minutes à effectuer à son propre rythme, muni d'un plan et d'un magnétophone (la location du matériel pour la visite s'effectue avant 14h30 et coûte 7 $) Fermé le lundi, le centre est accessible tous les autres jours de 9h à 17h (fermeture entre 12h et 13h de septembre à juin). Le week-end, il est ouvert de 13h à 17h (en juillet et août, à partir de 10h). L'entrée coûte 3 $ (nombreuses réductions).

Le **musée des Beaux-Arts** (☎ (819) 821-2115), 241 rue Dufferin, est installé dans le très beau bâtiment de l'Eastern Townships Bank. Outre des expositions temporaires, il présente une exposition permanente consacrée notamment aux peintres paysagistes de la région. Ouvert tous les jours de 11h à 17h (jusqu'à 21h le mercredi) du 24 juin au 2 septembre. Le reste de l'année, ouverture de 13h à 17h tous les jours sauf le lundi. L'entrée est à 4 $.

La voie cyclable et pédestre qui longe la rivière Magog, connue sous le nom de Réseau riverain, constitue une très agréable promenade sur 20 km. Elle commence en bordure de la plage Blanchard. Au chalet d'accueil, vous pouvez louer vélo, tandem et barque.

Renseignements

Le Bureau touristique (☎ (819) 821-5863 ou 1 800 561-8331, www.sders.com/tourisme) est situé 3010 rue King Ouest. Il est ouvert tous les jours de 9h à 19h du 24 juin au 2 septembre. En dehors de cette période, ouverture de 9h à 17h en semaine, fermeture le week-end.

Où se loger et se restaurer

Sherbrooke ne manque pas de ressource. L'***Hôtel-Motel La Réserve*** (☎ *(819) 566-6464 ; 4235 rue King Ouest*) est doté de chambres à partir de 65 $. L'***Auberge Élite*** (☎ *(819) 563-4755 ou 1 800 442-4755*), au n°4206, joue dans une catégorie supérieure avec des chambres à partir de 75 $.

L'***Université de Sherbrooke*** (☎ *(819) 821-7663 ; 2500 boulevard de l'Université*) propose également entre mai et la mi-août des chambres et des appartements. Le lit revient à 19 $, la double à 30 $. Si vous n'êtes pas étudiant, le prix s'élève à 25 $ pour une personne, à 39 $ pour deux. La cafétéria assure le petit déjeuner (entre 3 et 5 $).

En face du parc, ***Le Cartier*** (☎ *(819) 821-3311 ; 255 rue Jacques-Cartier*) vous permettra de manger léger (sandwiches, quiches, tourtes, salades…) dans un univers propice à la détente. Sur commande, il prépare des paniers pique-nique à emporter.

Comment s'y rendre

Voiture. De Montréal, empruntez l'autoroute 10. Prenez la sortie 128 et suivez sur 8 km la route 112 qui traverse la ville. Autre solution, tout aussi rapide : continuez sur l'autoroute 10 jusqu'à la sortie 140. Sherbrooke est à 4 km.

De Québec, suivre l'autoroute 20 sur la rive sud du Saint-Laurent puis prendre l'embranchement de l'autoroute 55.

Bus. La compagnie Auger dessert tous les jours Sherbrooke à partir de Montréal (30 $ l'aller simple) et de Québec (48 $). Elle assure également une à deux liaisons quotidiennes avec Trois-Rivières. La station de bus (☎ (819) 569-3656) est située 20 rue King. Sur place, vous pourrez vous procurer des billets de bus pour l'aéroport de Dorval ou celui de Mirabel.

LENNOXVILLE

Située en bordure de Sherbrooke, Lennoxville est surtout connue pour l'**université Bishop's** (☎ (819) 822-9600), rue College, construite en 1843 sur le modèle architectural néo-gothique des universités d'Oxford et de Cambridge. Intégrée à l'université, la **chapelle Saint-Mark**, de style gothique, reprend dans nombre de ses détails (portail, fenêtres) des éléments architecturaux du collège Trinity de Cambridge. L'intérieur est remarquable pour ses vitraux et son mobilier en hêtre sculpté.

Elle est ouverte tous les jours de 8h30 à 17h (le dimanche, de 12h à 17h). Un service religieux a lieu tous les dimanche à 10h. Les visites guidées (30 minutes) sont possibles sur rendez-vous au (819) 822-9600 poste 2718 ou 2612.

Installés dans une résidence de style néo-géorgien construite en 1862, le **musée et le centre culturel Uplands** (☎ (819) 564-0409), 50 rue Park, sont groupés dans un vaste espace où sont organisées des expositions de peintures ou de photographies. La maison elle-même et son mobilier d'époque peuvent faire l'objet d'une visite. En été, le salon de thé s'étend jusqu'à la véranda et jouit d'une belle vue sur le jardin. En hiver, il faut réserver. En été, la grange rouge à proximité sert de théâtre pour enfants.

La maison est accessible de 13h à 17h, sauf le lundi. L'été, elle est également ouverte le matin de 10h à 12h. Les tarifs varient en fonction des activités choisies.

Où se loger et se restaurer

L'***Université Bishop's*** (☎ *(819) 822-9651 ou 1 800 567-2792, poste 2651, www.ubishops.ca ; rue College*) propose, de la mi-mai à la fin août, des chambres (de 16,50 à 32,50 $) et des appartements (à partir de 55 $). Les trois repas de la journée sont assurés à heures fixes. Sur place, vous trouverez des courts de tennis, une piscine et un golf de 9 trous.

Le ***Lion d'Or*** (*☎ (819) 565-1015 ; 2 rue College*) est une institution. Cette microbrasserie (la première née au Québec) fait office de pub et de restaurant. Vous aurez le choix entre deux salles aux univers bien différents : d'un côté, une ambiance feutrée où professeurs et étudiants se retrouvent assis confortablement ; de l'autre, des murs de briques, une collection de cannettes de bière et des billards servent de toile de fond à une atmosphère animée.

Certains soirs, on peut écouter des concerts jusqu'à 3h.

Comment s'y rendre

A Sherbrooke, suivre la rue King, l'axe est-ouest de la ville, long d'au moins quatre kilomètres. Prendre à droite la rue Wellington (route 143 Sud). Lennoxville n'est plus qu'à 5 mn. La rue Wellington devient alors la rue Queen. Au feu, tourner à gauche. La rue College (route 108) longe l'entrée de l'université.

PARC DU MONT-MÉGANTIC

A 60 km à l'est de Sherbrooke, le parc du Mont-Mégantic (☎ (819) 888-2941) permet de découvrir un autre visage des Cantons de l'Est, marqué par une nature omniprésente et montagneuse.

Créé en 1994, le parc est dominé par le massif du mont Mégantic (1 105 m), le deuxième sommet de la région après le mont Gosford (1 185 m). Plus d'une centaine d'espèces d'oiseaux sont recensées dans le parc, fréquenté également par l'orignal, le cerf de Virginie et le lynx rouge.

Le parc est connu pour abriter l'**Observatoire astronomique du Mont-Mégantic**, lieu d'études et de recherches, qui représente le plus important centre d'observation de la côte Est de l'Amérique du Nord. L'**Astrolab**, construit au pied du mont Mégantic, est un Centre d'interprétation de l'astronomie et de la nature, très populaire au Québec.

L'enregistrement est obligatoire avant d'entrer dans le parc. Le pavillon d'accueil côtoie l'Astrolab. A l'intérieur, se trouve une buvette. L'entrée du parc est payante.

Activités

L'hiver, les flancs du Mont-Mégantic se prêtent au ski de fond, au ski nordique et à la raquette. Aux beaux jours, place à la randonnée pédestre. Le parc dispose de 70 km de sentiers balisés, jalonnés de 4 refuges (15 $ par personne) et de 16 emplacements de camping rustiques (15 $ par jour, le site). A noter que désormais, le réseau de sentiers du parc est relié au Sentier des Appalaches. Le sanctuaire Saint-Joseph, lieu de pèlerinage construit sur le mont Saint-Joseph, est accessible par un sentier mais aussi en voiture. La vue sur la région et les Appalaches est grandiose.

De la mi-juin à la mi-août, trois activités d'interprétation centrées sur la nature sont animées par le personnel du parc. Les deux premières proposent des randonnées accompagnées d'un guide naturaliste, durent 45 minutes et sont gratuites. La troisième activité a pour but le sommet du Mont Mégantic et intègre la visite de l'Observatoire. Le prix de la navette est de 10 $.

Les activités de plein air du parc comme les randonnées accompagnées d'un guide, les refuges et les sites du camping du parc sont gérés par Horizon Travail (☎ (819) 888-2941), 187 route du Parc, qui assure également la location de tente, de sac à dos, de vélo et de ski.

A voir

L'Astrolab (☎ (819) 888-2941 ou 1 888 881-2941, astrolab@interlinx.qc.ca ou astrolab.qc.ca), 189 route du Parc, présente une exposition sur l'astronomie et les techniques d'observation. Le Centre d'activités et d'interprétation de l'astronomie et de la nature, situé en bordure du parc Mégantic, propose aussi la visite de ses deux sites, le Cosmolob et l'Observatoire populaire où vous pouvez assister au fonctionnement d'un télescope. L'Astrolab programme par ailleurs un spectacle multimédia sur la vie et la mort des étoiles et organise des séances d'interprétation de la voûte céleste, si le temps le permet.

Le père du Ski-Doo

Né le 16 avril 1907 dans une famille de paysans de Valcourt, Joseph-Armand Bombardier appartient à ces hommes partis de rien, si ce n'est d'une passion et d'un immense talent pour la mécanique.

A l'âge de 15 ans, le père du *Ski-Doo*, l'un des modèles les plus vendus au monde, construit des mécanismes pouvant aussi bien actionner la mise à feu d'un canon miniature qu'entraîner automatiquement le rouet de sa tante. La voiture familiale n'échappe pas à quelques-unes de ses expériences de conduite sur neige. Son père, soucieux de conserver le modèle familial en état, lui achète une vieille Ford, aussitôt transformée en auto-neige.

L'engin est étonnant. Il fonctionne avec une hélice et un moteur placés à l'arrière et de gigantesques patins à la place des roues. Les Bombardier doivent rapidement se résoudre à ce que leur fils ne rentre pas dans les Ordres. En avril 1926, la famille quitte la ferme et décide d'aller vivre en ville, à Valcourt, et de construire un garage pour ce fils de 19 ans, imaginatif et doué en mécanique.

Parallèlement à son métier de garagiste, Joseph-Armand Bombardier confectionne des prototypes. Pendant neuf ans, il tâtonne et ne cesse de faire des essais. Le dernier modèle ressemble à une voiture sur chenille à l'arrière et sur patins de ski à l'avant. Cinq exemplaires se vendent aussitôt. En 1936, encouragé par ce succès, J.-A. Bombardier l'améliore en mettant au point un mécanisme de suspension et une roue dentée qui feront tous deux l'objet d'un brevet d'invention. Le succès est une fois de plus au rendez-vous. Médecins, curés, entrepreneurs de pompes funèbres voient dans ce véhicule le moyen de circuler par tous les temps.

En 1937, le garage Bombardier devient l'Auto-Neige Bombardier. A la veille de la Seconde Guerre mondiale, soixante-dix B 7 (ainsi appelés par son constructeur) sont commercialisés, à 1 700 $ en moyenne. En 1947, la production atteint le chiffre record de 1 058.

Parallèlement, la guerre amène l'entreprise à travailler sur des autos-neige blindées et utilitaires. Ainsi sont nés le fameux *Penguin*, utilisé dans l'Arctique, et des véhicules achetés aussi bien par les compagnies forestières, les industries pétrolières, les agriculteurs que par la Commission protestante pour le transport scolaire.

A l'aube de l'année 1957, J.-A. Bombardier a toujours gardé en lui ce désir de fabriquer un modèle individuel d'auto-neige. Les moteurs sont allégés et le travail des vingt années précédentes lui permet de sortir durant l'hiver 1957/1958, le premier prototype de Ski-Doo de l'histoire du Québec. En 1959, 225 exemplaires seront achetés au prix de 1 000 $. Lorsqu'en 1964, J.-A. Bombardier décède, 8 000 machines sont déjà vendues. Baptisé Ski-Dog à l'origine par son inventeur, et devenu Ski-Doo suite à une erreur d'impression, ce type de motoneige continue à être fabriqué à Valcourt, la ville de son inventeur.

Il est conseillé pour ces soirées d'observation de s'habiller chaudement.

Ouverture tous jours de 10h à 18h du 19 juin au 6 septembre. Du 22 mai au 13 juin, et du 11 septembre au 10 octobre, l'Astrolab n'est accessible qu'en semaine, de 11h à 17h. La visite comprend la salle d'interprétation, le multimédia, la visite de l'Observatoire et le spectacle. Elle coûte 10 $ (7,50 $ pour les étudiants et les enfants de plus de 6 ans et 25 $ pour les familles).

Les activités du soir (20h-23h) sont accessibles seulement sur réservation. Le tarif est de 10 $ (7,50 $ pour les étudiants et les enfants de plus de 6 ans et 25 $ pour les familles).

Où se loger et se restaurer

Sur la route menant à l'Astrolab, le gîte ***Le Trécarré*** (☎ *(819) 888-2791 ou 560-6201 ; 161 route du parc*) dispose de trois chambres mansardées de style campagnard. La simple/double est facturée 40/50 $. Au n°139, ***Aux Berges de l'Aurore*** (☎ *(819) 888-2715*) est une maison de standing, à la décoration soignée. Le prix de la chambre varie entre 75 et 85 $. La formule comprenant le souper et le petit déjeuner revient à 125/185 $ pour une/deux personnes. L'auberge propose de l'équitation (15 $ l'heure). Elle est fermée du 1er novembre au 30 avril.

Situé à 2 km du parc, le ***Camping Altitude*** (☎ *(819) 888-2206 ; 121 route du Parc*) loue des emplacements 14 $.

Comment s'y rendre

Voiture. De Lennoxville, prendre la route 108 jusqu'à Cookshire, puis suivre la route 212 jusqu'à Notre-Dame-des-Bois, porte d'entrée du parc.

De Montréal, suivre l'autoroute 10 Est et prendre la sortie 143. Suivre alors la route 112 jusqu'à East Angus puis la route 253 Sud jusqu'à Cookshire. La route 212 vous conduira jusqu'à La Patrie et Notre-Dame-des-Bois.

De Québec, emprunter l'autoroute 73 Sud puis la route 173 Sud jusqu'à Saint-Georges. Suivre ensuite la route 204 Ouest jusqu'à Mégantic, avant de continuer sur la route 161 jusqu'à Woburn et d'arriver sur la route 212, direction Notre-Dame-des-Bois.

VALCOURT

A une quarantaine de kilomètres au nord-est de Sherbrooke, Valcourt est la ville de Bombardier, l'un des plus importants fabricants au monde de motoneige (reportez-vous à l'encadré *Le père du Ski-Doo*). Dès l'entrée de la ville, vous ne pouvez l'ignorer. Des immenses cartons de Ski-Doo empilés les uns sur les autres attendent d'être livrés. Depuis 1937, date de la création de l'usine Auto-Neige Bombardier, la ville natale de J.-A. Bombardier ne cesse de grandir au fur et à mesure de la croissance de l'entreprise.

Le **musée J.-Armand Bombardier** (☎ (450) 532-5300), 1001 avenue J.-A. Bombardier, mérite à lui seul le détour. A travers la vie passionnante de cet homme, c'est une partie de l'histoire de la motoneige qui est racontée. Le musée possède deux expositions distinctes : l'une consacrée exclusivement à J.-Armand Bombardier et à ses inventions ; l'autre, centrée sur la motoneige dans le monde, avec notamment une série de modèles des années 50 à nos jours. En été, des visites de l'usine sont également organisées.

Du 1er mai à début septembre, le musée se visite tous les jours de 10h à 17h (17h30 du 24 juin à début septembre). En dehors de cette période, il est ouvert du mardi au dimanche. Droit d'entrée : 5 $ et 3 $ pour les étudiants (gratuit pour les moins de 6 ans).

Comment s'y rendre

De Montréal, suivre l'autoroute 10. A la sortie 90, prendre la direction Waterloo puis emprunter la route 220. Après avoir dépassé Sainte-Anne-de-la-Rochelle, prendre la route 243 à 2 km sur la gauche.

De Sherbrooke, rejoindre au nord de la ville la route 222 Ouest en direction de Saint-Denis-de-Brompton. A Racine, prendre la route 243.

De Montréal à Québec

Distantes seulement de quelque 311 km, Montréal et Québec peuvent être reliées en trois heures et demie à peine par l'autoroute ou le train. Il est également possible de consacrer à cet itinéraire une escapade d'un ou plusieurs jours, en voiture ou en bateau. Quoi qu'il en soit, le fil conducteur de ce trajet s'enracine sur les rives du Saint-Laurent, terres nourries de cultures amérindiennes et européennes.

Pour le voyageur, il reste cependant à déterminer la rive à emprunter. Quitter Montréal en suivant la rive sud permet d'appréhender rapidement le fleuve et d'éviter les banlieues interminables. En optant pour la rive nord, on se laisse happer par la région de la Lanaudière, agricole et forestière, avant de redescendre vers le Saint-Laurent et le lac Saint-Pierre, paradis ornithologique.

Laisser Québec derrière soi en longeant la rive nord revient à suivre la route 138, l'ancien chemin du Roy, la première voie carrossable de l'histoire du pays, ouverte en 1737. Filant le long du Saint-Laurent, elle traverse Trois-Rivières, troisième ville du Québec et porte d'entrée de la Mauricie, magnifique région montagneuse aux eaux d'un bleu profond.

En fin de compte, rive sud et rive nord forment une boucle composée d'anciennes seigneuries, de maisons séculaires, d'églises et de chapelles deux fois centenaires, de jardins parfaitement dessinés et de plaines agricoles fertiles et inondables au rythme des crues et des décrues du Saint-Laurent.

S'éloigner d'elles, c'est découvrir pourtant deux univers physiques et historiques différents, deux mondes face à face séparés l'un de l'autre par un fleuve aux allures de mer. Au nord, le Bouclier canadien et le pays du lac Saint-Jean, immense et encore vierge ; de l'autre côté de la rive, au sud, la chaîne des Appalaches et de riches contrées agricoles, aux allures plus sophistiquées.

A ne pas manquer

- Le Festival international de musique de Joliette
- La faune ornithologique de l'archipel de Berthier
- Le circuit de la vieille ville de Trois-Rivières et le musée des Arts et Traditions populaires du Québec
- Une sortie en canoë ou une randonnée dans le parc national de la Mauricie
- Le musée des Abénakis à Odanak
- Le passage des oies des neiges à Baie-du-Febvre
- Le Festival de musique contemporaine de Victoriaville

HISTOIRE

Les rives du Saint-Laurent ont toujours été fréquentées. Les Algonquins se concentraient sur la rive nord, les Attikameks occupaient l'arrière-pays mauricien et les Abénakis la rive sud.

La fondation en 1634 de Trois-Rivières marque la première implantation européenne dans la région. Rapidement, la petite colonie exploite les terres de la rive sud, plus fertiles. Quelques seigneuries se créent le long du fleuve. Les seigneurs de Lanaudière, qui se succéderont pendant sept générations de 1665 à 1926, ont donné leur nom à la région située au nord-est de Montréal.

En 1730, la découverte du gisement de fer au nord de Trois-Rivières entraîne la création des Forges du Saint-Maurice, première industrie sidérurgique du Canada. En 1734, la construction du chemin du Roy reliant Québec à Montréal amorce réellement le peuplement de la rive nord et permet le développement des échanges commerciaux.

Le peuplement de la rive sud est, pour sa part, marqué par l'arrivée des Acadiens au

L'érable : une famille de résistants

Il existe plus de six cents espèces d'érable dans le monde. L'Himalaya et la Chine sont leur terre de prédilection. Au Canada, environ dix types d'érable ont été recensés, dont les érables à épis, rouge, argenté, noir, de Pennsylvanie, négondo et à sucre particulièrement implantés dans les provinces de l'Est. Plusieurs essences exotiques comme l'érable platane, l'érable sycomore et l'érable de Norvège ont par ailleurs été introduites dans les villes.

Au Québec, l'érable rouge, l'érable argenté et l'érable à sucre dominent. L'érable à sucre demeure l'espèce privilégiée des acériculteurs – entendez les producteurs de sirop d'érable. Pour plusieurs raisons : son exceptionnelle teneur en sucre, la saveur élevée de ses produits dérivés (beurre, huile...), sa longévité (jusqu'à 300 à 400 ans), sa grande résistance à l'ombre et sa hauteur (entre 27 et 37 mètres). C'est d'ailleurs en Montérégie que l'érable le plus grand a été localisé. Agé de 250 ans, il affiche une circonférence de six mètres et une hauteur de 30 mètres. Par ailleurs, l'érable à sucre, qui ne pousse qu'en Amérique du Nord, demande un climat frais et humide, un sol riche et bien drainé. Au nombre de ses ennemis figurent les polluants et les conditions climatiques.

Les érables rouges ou argentés poussent surtout dans le sud-est et le sud-ouest du Québec. Ils produisent aussi de bonnes quantités de sève mais ils supposent un sol suffisamment drainé.

Au début des années 80, le Québec a enregistré un taux de mortalité des érablières sans précédent et un dépérissement important de l'espèce. Aucune région du Québec ne fut épargnée. Le principal accusé fut à l'époque les pluies acides et les polluants atmosphériques. Depuis, des recherches ont mis en évidence l'impact des conditions climatiques extrêmes du début des années 80. En 1980 et 1981, on enregistra en effet une période de dégel en février suivie d'une chute des températures en dessous de zéro en avril et d'une sécheresse importante en été, entraînant ainsi une perturbation dans le cycle de développement de l'arbre.

Depuis dix ans, les érablières semblent se rétablir. Les années noires appartiennent au passé. La feuille, symbole du drapeau canadien, a encore de beaux jours devant elle.

milieu du XVIIIe siècle et des Loyalistes venus trouver refuge après la guerre d'Indépendance des États-Unis.

ORIENTATION

L'itinéraire Montréal-Québec traverse, sur la rive nord, les régions de la Lanaudière, de la Mauricie-Bois-Francs et de Québec. Les plus pressés emprunteront l'autoroute 40, les autres suivront la route 138, l'ancien chemin du Roy.

Le trajet par la rive sud parcourt les régions de la Montérégie, de la Mauricie-Bois-Francs (sud) et des Chaudières-Appalaches. Une voie rapide, l'autoroute 20, mène directement à Québec. Quant à la route 132, elle longe le fleuve de bout en bout.

Berthierville, sur la rive nord, et Sorel, sur la rive sud, délimitent les contours ouest du lac Saint-Pierre, nom donné à cet élargissement du Saint-Laurent, long d'environ 75 km et large d'une quinzaine. Sa partie est se situe à Trois-Rivières et à Nicolet.

Le pont Laviolette, ouvert à la circulation en 1967, relie les deux rives du fleuve à Trois-Rivières.

De Trois-Rivières, la route 155, seul axe traversant du sud au nord la Mauricie-Bois-Francs, rejoint directement le lac Saint-Jean, 400 km plus au nord. L'arrivée sur le lac par la ville de Chambord donne davantage la mesure de cet immense plan d'eau qu'en venant du Saguenay.

FÊTES ET MANIFESTATIONS ANNUELLES

Mai

Festival de l'Érable – A Plessisville. En général le premier week-end du mois. Il est marqué notamment par un concours international des produits issus de l'érable (sirop, beurre, bonbons, sucre...) et s'accompagne de repas gastronomiques.

Festival international de musique contemporaine – A Victoriaville.

Juin-juillet

Festival international de l'art vocal – A Trois-Rivières. Il rassemble des artistes venus du monde entier.

Juillet

Fête des Abénakis à Odanak – Spectacles de danses, chants, défilé, repas traditionnels et messe, le 1er dimanche du mois.

Juillet-août

Festival international de Lanaudière – A Joliette. Il compte parmi les plus importants festivals de musique classique au Canada.

Août

La fête de la Saint-Louis – Commémoration, à Fort-Chambly, de la présence française de 1665 à 1760.

Octobre

Festival international de la Poésie – A Trois-Rivières. Au programme : récitals de musique, d'expositions de peinture, de photographies, de rencontres-débats et de spectacles.

Novembre

Fête des Patriotes – A Saint-Denis. Elle célèbre la victoire des Patriotes de 1837.

La rive nord

DE MONTRÉAL A TROIS-RIVIÈRES

Après Montréal, la rive nord du Saint-Laurent offre à l'intérieur des terres une diversité de paysages, magnifiques quelle que soit la saison. L'itinéraire comporte un passage dans la Lanaudière, région encore peu visitée par rapport aux Laurentides voisines.

Joliette

La capitale régionale de la Lanaudière est extrêmement dynamique sur le plan culturel. De fin juin à début août, le Festival international de Lanaudière (☎ (450) 759-7636 ou 1 800 561-4343, www.lanaudire.org/ festival@lanaudiere.org) propose une série de récitals donnés dans les églises de la région ainsi que des concerts dans l'Amphithéâtre de la ville construit dans une petite vallée ceinturée d'arbres. Il est préférable de réserver. L'office du tourisme (☎ (450) 759-5013 ou 1 800 363-1775), 500 rue Dollard, peut aussi vous renseigner. A une heure à peine de Montréal, Joliette est reliée, durant cette période, par le train et des bus jusqu'à tard dans la soirée.

Le **musée d'Art** (☎ (450) 756-0311), 145 rue Wilfrid-Corbeil, est particulièrement riche en œuvres canadiennes du XVIIIe au XXe siècles et en art sacré. Pendant l'été, il est fermé le lundi et n'est ouvert qu'entre 12h et 17h. Le reste de l'année, il se visite du mercredi au dimanche de 12h à 17h (4 $).

Où se loger et se restaurer. ***L'Institut*** (☎ *(450) 752-2272 ; 400 bd Manseau*) est le plus chaleureux des hôtels de la ville. Le tarif de la simple/double débute à 54/68 $. Sa table est renommée.

Comment s'y rendre. De l'autoroute 40 Est, suivre l'autoroute 31 en direction de Joliette.

Des liaisons quotidiennes sont assurées entre Joliette et Montréal (métro : Berri-UQAM) par la compagnie Brandon Transport. L'aller simple coûte 8,25 $. Le terminus à Joliette est au restaurant Point d'Arrêt (☎ (450) 759-1524), 250 rue Richard.

Joliette est également reliée à Montréal par le train (☎ (450) 759-3252 ou 1 800 361-5390). Les horaires varient d'une saison à l'autre.

Rawdon

Au nord-ouest de Joliette, Rawdon est un très joli village blotti dans un environnement riche en terres cultivées et en forêts. C'est également l'un des endroits les plus cosmopolites du Québec, peuplé d'Irlandais, d'Écossais, d'Acadiens et de Russes. Le **Centre multiethnique** (☎ (450) 834-3334), 3588 rue Metcalfe, rappelle leur histoire et leur arrivée. Il n'est ouvert qu'en fin de semaine de 13h à 16h.

En continuant la route 341, le **parc des Cascades** (☎ (450) 834-4149) est une grande aire naturelle de baignade accessible tous les jours de la mi-mai à octobre (l'entrée est de

Gilles et Jacques Villeneuve : "Petit Prince" de père en fils

En cinq saisons chez Ferrari et soixante-sept Grands Prix de Formule 1 courus de 1977 à 1982, Gilles Villeneuve n'a franchi la ligne d'arrivée en vainqueur "que" six fois. En moins de deux ans, son fils Jacques a déjà fait mieux. Pourtant, plus de 15 ans après sa mort, des dizaines de fan clubs et des milliers d'admirateurs entretiennent encore le culte d'un des plus spectaculaires pilotes du circuit. Le Grand Prix du Canada, qui se déroule chaque année en juin sur l'île Notre-Dame à Montréal, a d'ailleurs été rebaptisé "Circuit Gilles-Villeneuve". A l'image du souvenir, indélébile, l'inscription à la peinture blanche "SALUT Gilles !" trône encore sur la ligne de départ.

"Je préfère gagner une course en attaquant qu'en perdre une en calculant" : la philosophie de Gilles Villeneuve tient en ces quelques mots. Sur la piste, il y avait Villeneuve et les autres. Figure emblématique d'une époque révolue où les Grands Prix n'étaient qu'une succession de rebondissements et de dépassements en tout genre, où les trois premiers pilotes n'étaient souvent séparés sur la ligne d'arrivée que de quelques petites secondes, "Gil" avait quelque chose de plus que les autres, un grain de folie qui le poussait à aller au bout de ses limites, souvent aux dépens de la coque de sa Ferrari. "Le funambule" n'avait peur de rien. Tête brûlée depuis son enfance passée à Berthierville, près de Montréal, le petit Canadien avait d'abord commencé par devenir champion de motoneige. Mais c'est la voiture qu'il préférait. Tous les soirs, il aimait distraire les habitants de la bourgade de Saint-Thomas en passant à toute allure le virage le plus difficile de la région – si possible sur deux roues. La compétition ne suffira pas à calmer la soif de vitesse du "Petit Prince" de la Formule 1. En allant de son domicile monégasque à la piste d'essai de Ferrari à Fiorano, il disait tout simplement que prendre sa voiture ou l'hélicoptère "c'était à peu près identique"...

Pilote fougueux, instinctif, le préféré d'Enzo Ferrari disparaîtra un jour de mai 1982, à 32 ans, pour avoir voulu rattraper les 115 millièmes de seconde de retard qu'il avait sur son rival Didier Pironi dans l'ultime tour de qualification du Grand Prix de Belgique. Lui et sa Ferrari numéro 27 entreront instantanément dans la légende.

Ce jour-là, son fils Jacques avait 11 ans. Depuis, il a tracé sa route, devenant le plus jeune vainqueur du championnat d'Indycar et remportant les 500 miles d'Indianapolis. En 1996, il rejoint l'écurie de Formule 1 Williams Renault et ses quatre victoires en Grand Prix lui assurent la seconde place au championnat du monde.

En moins d'une saison, il est devenu l'un des meilleurs pilotes du monde et ses duels avec l'Allemand Michael Schumacher mettent du sel dans les compétitions dominicales. Et même si Jacques s'est affirmé dans un style de conduite analytique, radicalement différent de celui de son père, les comparaisons ne cessent d'aller bon train. Aux journalistes qui aimeraient bien lui arracher une larme à l'œil en évoquant le souvenir de son père, Jacques répond calmement : "Je fais ce métier parce que j'aime le faire, tout simplement. Mon père avait le même métier, tant mieux, c'est génial. Mais ce n'est pas pour l'imiter ou pour continuer la lignée que je cours". Lorsqu'on lui demande s'il se sent plus européen que québécois, il répond "J'ai grandi en Europe après avoir vécu au Québec jusqu'à six ou sept ans. C'est suffisant pour avoir les bases. D'ailleurs, l'îlot québécois que nous avions à la maison, une fois installés à Monaco, était très fort. Nous avons toujours gardé l'accent entre nous. Dehors, c'était Monaco. A la maison, c'était le Québec..." (L'Équipe, 13 juin 1997).

Les Villeneuve sont les deux seuls pilotes canadiens à avoir remporté un Grand Prix de Formule 1, sur les 13 engagés depuis la création du championnat en 1950. En revanche, beaucoup plus présents en Indycar, l'autre grande discipline de monoplaces, Paul Tracy, Greg Moore ou bien le Québécois Patrick Carpentier s'illustrent par leurs bonnes performances.

6 $ par voiture). Toujours sur la rivière Ouareau, mais accessible par la route 337, le **parc des Chutes-Dorwin** (☎ (450) 834-2282) est un site magnifique parcouru de quatre sentiers dotés de belvédères. L'accès est payant (2 $ par véhicule, 2 $ par personne et 1 $ pour les moins de 12 ans). Il est accessible toute l'année, excepté en novembre, de 9h à 19h.

Où se loger. Sur l'artère principale du village, le ***Gîte du Catalpa*** (☎ *(450) 834-5253 ; 3730 rue Queen*) a la douceur des maisons simples décorées avec goût. Le prix d'une simple/double oscille entre 35/50 $ et 50/65 $.

Comment s'y rendre. Pour aller directement de Montréal à Rawdon, prendre l'autoroute 25 Nord. Arrivé à Saint-Esprit, suivre la route 125 Nord et, à Saint-Julienne, bifurquer sur la route 337 Nord.

Les autobus Gaudreault (☎ (450) 759-3554) relient Montréal à Rawdon. Ils partent de la station de métro Radisson.

Berthierville

Au sud-est de Joliette, en bordure du Saint-Laurent, Berthierville est la ville natale du coureur automobile Gilles Villeneuve. Le **musée Gilles-Villeneuve** (☎ (450) 836-2714 ou 1 800 639-0103), 960 avenue Gilles-Villeneuve, retrace la vie du coureur automobile de Formule 1 décédé en 1982 (reportez-vous à l'encadré *Gilles et Jacques Villeneuve : "Petit Prince" de père en fils*). Ouvert tous les jours de 9h à 17h, il affiche des horaires variables en dehors de cette période (6 $, 4 $ pour les étudiants, 5 $ pour les seniors).

Au bout de la rue de Bienville se trouve la **chapelle des Cuthbert**, le premier temple protestant construit au Québec, en 1786. Des visites gratuites sont proposées de juin à début septembre.

Comment s'y rendre. En voiture, prendre l'autoroute 40 ou la route 138.

Les bus de la compagnie Orléans Express assurant la liaison Montréal-Trois-Rivières s'arrêtent à Berthierville. Le terminus se situe chez le dépanneur Le Frigo (☎ (450) 836-7559), 1081 avenue Gilles-Villeneuve, chez Pétro-Canada.

Archipel de Berthier

L'archipel de Berthier, situé juste en face de la ville, compte parmi les plus belles réserves ornithologiques de la province. Sur l'**île Berthier**, la Société de conservation, d'interprétation et de recherche de Berthier et ses îles (☎ (450) 836-7844 ou 836-6758) fournit des informations sur le sentier de cinq kilomètres qui longe le marais. Accessible tous les jours d'avril à décembre, ce sentier peut également être découvert en compagnie d'un guide naturaliste (de la mi-juin à fin août). La Société est installée dans un bâtiment en bordure de la route 158, que l'on prend au nord de Berthierville.

Cette route traverse l'archipel et mène à **Saint-Ignace-de-Loyola**, qui possède l'une des plus grandes héronnières de la province. La pourvoirie du lac Saint-Pierre (☎ (450) 836-7506) organise, sur réservation, des sorties en bateau de début mai à septembre (10 $). De Saint-Ignace-de-Loyola, vous pouvez rejoindre Sorel sur la rive sud du Saint-Laurent, à bord d'un traversier (départ toutes les heures, voire toutes les 30 minutes en été ; 10 minutes de trajet).

A partir de Berthierville se dessine la plaine de la rive nord du lac Saint-Pierre, fabuleuse réserve d'oiseaux (reportez-vous à l'encadré *Le passage des oies des neiges*).

TROIS-RIVIÈRES

Trois-Rivières est la ville la plus ancienne du Canada après Québec. Construite en bordure du Saint-Laurent et à l'embouchure de la rivière Saint-Maurice, elle figure aujourd'hui parmi les plus importants producteurs de pâte à papier au monde. La vieille ville constitue une superbe promenade, les maisons en pierre sont splendides et les gîtes, chaleureux. Les abords du centre-ville regorgent de cafés et de restaurants très animés.

Trois-Rivières représente un excellent point de départ pour se rendre dans la vallée de la Mauricie que longe la route 155 menant au lac Saint-Jean.

TROIS-RIVIÈRES

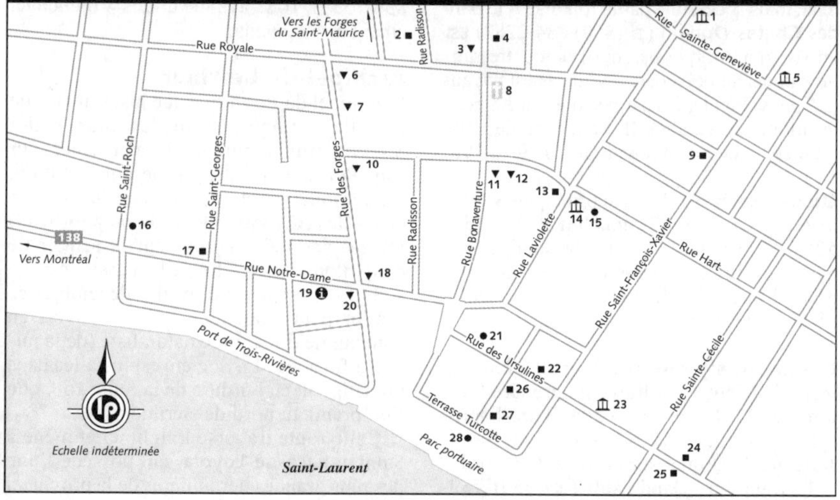

Histoire

Lorsqu'en 1634, le sieur Laviolette, un employé de la traite des fourrures, part sur ordre de Samuel de Champlain installer un poste à l'embouchure de la rivière Saint-François, la rive nord du Saint-Laurent est un lieu d'échanges très fréquenté par les Montagnais, les Hurons et les Algonquins. Jacques Cartier l'avait par ailleurs déjà localisée, comme en témoigne la croix dressée sur l'île Saint-Quentin.

Le sieur Laviolette élève dès son arrivée une palissade de bois pour se protéger des assauts iroquois. Elle marque l'établissement de Trois-Rivières, point le plus à l'ouest de la colonisation européenne.

Trente ans plus tard, Trois-Rivières est élevé au rang de chef-lieu. L'immigration reste pourtant limitée, malgré la position centrale du village dans le commerce des fourrures. L'ouverture en 1730 des Forges du Saint-Maurice ne contrebalance guère la tendance. Lors de la Conquête britannique en 1760, la population ne dépasse guère mille habitants. L'arrivée des Acadiens au début du XIXe siècle et l'ébauche de l'exploitation forestière, suite à l'aménagement de la rivière Saint-Maurice, bouleversent sa destinée, jusque-là limitée à un rôle essentiellement administratif. Des scieries sont construites et une industrie forestière émerge dans la région, avec Trois-Rivières comme centre de transformation et de commercialisation. Le gigantesque incendie de 1908 détruisit une grande partie du centre-ville. Les installations portuaires sont modernisées et le plan urbain, repensé. La population ne cesse de croître. En 1911, Trois-Rivières compte 13 691 habitants. Au début des années 50, ce chiffre a presque quadruplé. Aujourd'hui, la barre des 50 000 est dépassée.

Si la ville se caractérise toujours par une importante activité papetière, elle tente de s'ouvrir à d'autres secteurs depuis la fin des années 60.

Orientation

Reliée à Montréal et à Québec par l'autoroute 40 et la route 138, Trois-Rivières possède un centre-ville situé entre le Saint-Laurent au sud et la rue Royale au nord.

La vieille ville se concentre entre la rue Saint-Pierre et la terrasse Turcotte qui longe

TROIS-RIVIÈRES

1 Musée Pierre-Boucher
2 Auberge La Flottille
3 Le Café Bistrot
4 Gîte du Petit Couvert
5 Musée militaire
6 Café Royale
7 Bar La Grenouille
8 Cathédrale de l'Assomption
9 Maison Wickenden (gîte)
10 Café l'Expresso
11 Le Menuet Oriental
12 Le Manoir du Spaghetti
13 Hôtel des Gouverneurs
14 Musée des Arts et Traditions Populaires
15 Vieille prison
16 Gare routière
17 Delta Trois-Rivières
18 Pub en ville
19 Office du tourisme
20 Nord Ouest
21 Galerie d'art du Parc
22 Gîte Loiselle
23 Musée des Ursulines
24 La Campanule
25 Gîte le Fleurvil
26 Gîte du Huard
27 L'Émerillon
28 Centre d'exposition sur l'industrie des pâtes et papiers

le parc portuaire. Entre les deux, la rue des Ursulines regroupe les plus anciennes demeures de la ville.

Les activités portuaires et les silos à grains se situent à l'ouest. Le parc industriel de Bécancour s'étend sur la rive sud du Saint-Laurent. A l'est se dessine la pointe de l'île Saint-Quentin, à l'embouchure de la rivière Saint-François.

La rue Notre-Dame (route 138) forme l'artère animée de la ville. Banques, institutions publiques, boutiques et restaurants y sont installés. Le boulevard des Forges qui lui est perpendiculaire forme le grand axe sud-nord de la ville.

Renseignements

Le bureau touristique (☎ (819) 375-1122 ou 1 800 313-1123), 1457 rue Notre-Dame, est ouvert tous les jours de 8h à 20h du 23 juin à début septembre (de 9h à 17h le reste de l'année, fermé le week-end). On vous remettra gratuitement une brochure sur la vieille ville, très bien conçue, intitulée *Circuit patrimonial, guide du promeneur*.

La poste se tient au 1285 rue Notre-Dame. Elle est ouverte de 8h à 17h30 du lundi au vendredi. Le boulevard des Forges abrite la Banque Royale au n°295 et la Banque Nationale au n°324. La Caisse Populaire Desjardins se situe rue Royale, en face du parc Champlain. Chacune dispose d'un distributeur automatique.

A voir

Musée des Arts et Traditions populaires du Québec. Ouvert en 1996 et construit en bordure de la vieille ville, 200 rue Laviolette, ce musée (☎ (819) 372-0406 ou 1 800 461-0406) offre une belle architecture. Il possède une superbe collection d'objets traditionnels de la société québécoise, constituée par Robert-Lionel Séguin, l'un des pionniers de l'ethnologie québécoise.

Des salles sont réservées, par ailleurs, aux fouilles archéologiques menées dans la région.

Le bâtiment moderne du musée intègre la vieille prison de Trois-Rivières, érigée en 1822. L'exposition décrit l'histoire de cette prison mixte, définitivement fermée en 1986. A l'extérieur se trouvent sept petits bâtiments d'époque, dont une baraque à foin et un séchoir à maïs. Au rez-de-chaussée du musée vous aurez accès à une boutique et à un café-restaurant (déjeuner à partir de 7 $).

Le musée est ouvert tous les jours de 9h à 19h du 26 juin au 2 septembre. En dehors de cette période, il est fermé le lundi et les horaires sont de 10h à 17h. Le droit d'entrée se monte à 6 $ (gratuit pour les moins de 13 ans).

Le musée des Ursulines. Aménagé dans le couvent des Ursulines (☎ (819) 375-7922), 734 rue des Ursulines, le musée abrite une intéressante collection de mobiliers, d'orfèvreries et de broderies. La chapelle à l'imposante coupole élevée en 1897 se visite en dehors des offices.

Arrivées à Québec en 1639, les Ursulines se sont installées à Trois-Rivières en 1697. Le monastère qu'elles créèrent était consacré aux malades et à l'éducation des jeunes filles. Une partie des bâtiments est encore réservée à l'enseignement.

Du 1er mai au 1er novembre, les visites ont lieu du mardi au vendredi de 9h à 17h et commencent à 13h30 le week-end. En dehors de cette période, il faut réserver. L'entrée coûte 2,50 $.

Centre d'exposition sur l'industrie des pâtes et papiers. Occupant un bâtiment ouvrant sur les terrasses du parc portuaire, au n°800, le Centre (☎ (819) 374-1900) a pour vocation de décrire ce qui fut – et reste – l'activité principale de la ville mais aussi du Québec.

Ouvert tous les jours de 9h à 18h de juin à début septembre, le Centre se visite en septembre de 9h à 17h (le week-end, ouverture à 11h). Les autres mois, il n'est accessible que sur réservation. L'entrée revient à 3 $.

Cathédrale de l'Assomption. Élevée en 1858 dans un style néo-gothique, la cathédrale (☎ (819) 374-2409), 362 rue Bonaventure, présente une architecture austère que viennent adoucir les vitraux de l'artiste florentin Guido Nincheri, réalisés en 1923. Les horaires d'ouverture varient d'une saison à une autre : en règle générale, du lundi au samedi de 7h à 11h30 et de 14h à 17h30 (l'été, tranche supplémentaire le samedi entre 19h et 20h30). Le dimanche, ouverture de 8h30 à 11h30 et de 14h à 17h.

Musée Pierre-Boucher. Le musée (☎ (819) 376-4459), 858 rue Laviolette, est logé au rez-de-chaussée du séminaire de Trois-Rivières. Du nom du gouverneur nommé à la tête de la ville en 1654, il abrite des expositions d'art contemporain et religieux ainsi que des souvenirs de Maurice Duplessis, natif de la ville et ancien Premier ministre du Québec. L'accès au musée est gratuit (ouvert du mardi au dimanche de 13h30 à 16h30 et de 19h à 21h).

Galerie d'art du Parc. Cette galerie (☎ (819) 374-2355), 864 rue des Ursulines, permet de découvrir, à travers des expositions temporaires, la production artistique québécoise et de visiter une belle demeure en pierres de la fin du XVIIIe siècle, le manoir de Tonnancour. Elle est fermée le lundi.

Musée militaire. L'immense bâtisse de brique rouge, bordée de quatre tourelles et ornée de créneaux, est elle-même une curiosité. Berceau de la milice canadienne, elle loge aujourd'hui le 12e régiment blindé du Canada et un petit musée (☎ (819) 371-5290) situé 574 rue Saint-François-Xavier, ouvert de 10h à 18h de mi-juin à début septembre. L'entrée est gratuite.

Forges du Saint-Maurice. Au nord de la ville, les Forges (☎ (819) 378-5116), 10 000 boulevard des Forges, rappellent la vocation industrielle de la Basse-Mauricie. Transformées en un gigantesque centre d'interprétation, elles retracent, notamment à travers une journée d'août 1845, le travail des ouvriers dans cette usine, qui fut pendant plus de 150 ans l'un des principaux centres producteurs de fonte du Canada.

Elles sont ouvertes tous les jours de 9h à 17h de mai à mi-octobre (fermeture à 16h30 à partir de début septembre), et fermées le reste de l'année. L'entrée se monte à 4 $ (7 $ pour les familles ; gratuit pour les moins de 6 ans).

Île Saint-Quentin. L'île est située au point de jonction entre le Saint-Maurice et le Saint-Laurent. Elle a été aménagée en un gigantesque parc d'activités (☎ (819) 373-8151) et en marina. Des voies cyclables ont été créées et une piscine construite (location de vélos et de canoës sur place).

L'île est accessible par le pont Duplessis que l'on rejoint par la route 138.

Croisières

Les Croisières *M/S Jacques-Cartier* et *M/V Le Draveur* (☎ (819) 375-3000 ou 1 800 567-3737), 1515 rue du Fleuve, proposent, du 1er mai au 30 septembre, plusieurs formules de croisières sur le Saint-Laurent et sur la rivière Saint-Maurice. Les prix diffèrent selon le type d'excursion. Pour le Saint-Maurice, comptez 90 minutes de balade en bateau (11 $ et 5,50 $ pour les 6-12 ans). Les départs ont lieu du parc portuaire, juste en bordure de la vieille ville.

Où se loger

Gîtes. Le ***Gîte du Petit Couvent*** (☎ *(819) 379-4384 ou 1 800 582-4384 ; 466 rue Bonaventure*) est un ancien couvent transformé en un avenant B&B. Demandez la chambre de la mère supérieure, au même prix que les autres. La simple/double revient à 45/55 $ tout compris.

Au cœur du vieux Trois-Rivières, le ***Gîte du Huard*** (☎ *(819) 375-8771 ; 42 rue Saint-Louis*) est installé dans l'ancien consulat américain. Le style des chambres est moins étudié mais tout aussi chaleureux. Certaines sont aménagées comme des studios avec un coin cuisine. Le prix d'une simple/double commence à 30/45 $. Pour le petit déjeuner québécois, vous débourserez 5 $.

Tout aussi central, le ***Gîte le Fleurvil*** (☎ *(819) 372-5195*) allie chaleur et art de vivre. Le vaste jardin à l'arrière de la maison donne sur le Saint-Laurent. Il est un coin de paradis. Demandez la n°1. Le prix de la chambre varie entre 49 et 60 $, taxes incluses. Juste en face, au n°634, ***La Campanule*** (☎ *(819) 373-1133, kginfoteck.qc.ca*) occupe une belle maison en brique rouge avec des simples/doubles à 40/55 $.

Installé au 836 rue des Ursulines, le ***Gîte Loiselle*** (☎ *(819) 375-2121*) est une demeure très élégante. Les chambres se négocient à partir de 60 $.

Construit juste en face du Saint-Laurent, ***L'Émerillon*** (☎ *(819) 375-1010, www.bbcanada.com/1949.html ; 890 terrasse Turcotte*) est une demeure de grande classe. La simple/double débute à 65/85 $ tout compris. Moins ostentatoire mais tout aussi agréable, la ***Maison Wickenden*** (☎ *(819) 375-6219 ; 467 rue Saint-François-Xavier*) propose un forfait visite du musée/hébergement/petit déjeuner/stationnement à 44/56 $ en simple/double.

Hôtels. L'***Auberge La Flottille*** (☎ *(819) 378-8010 ou 1 800 379-3679 ; 497 rue Radisson*) est une auberge de jeunesse sans grande prétention mais qui accueille au mieux ses pensionnaires. En dortoir, comptez 18 $ par personne et 36 $ pour une chambre individuelle et au moins 3 $ pour un petit déjeuner.

Dans la catégorie supérieure, le ***Delta Trois-Rivières*** (☎ *(819) 376-1991 ou 1 800 268-1133 ; 1620 rue Notre-Dame*) est irréprochable mais ne peut se prévaloir d'une grand cachet. La chambre la moins onéreuse revient à 150 $ (15 $ supplémentaires pour une chambre avec vue sur le Saint-Laurent). Selon les périodes de l'année, une importante réduction sur les chambres peut être accordée. Comptez au moins 5 $ pour le petit déjeuner. Aucun supplément n'est demandé pour les moins de 18 ans accompagnés de leurs parents.

Juste en face du musée des Arts et Traditions populaires, l'***Hôtel des Gouverneurs*** (☎ *(819) 379-4550 ou 1 888 910-1111 ; 975 rue Hart*) loue des chambres au confort comparable à l'établissement précédent à partir de 59/69 $. Les moins de 18 ans ne paient pas s'ils sont accompagnés de leurs parents. L'hôtel n'a pas de service de petit déjeuner mais sert du café, du thé, des muffins et du jus d'orange.

A 10 km à peine au sud de Trois-Rivières, l'***Auberge du Lac Saint-Pierre*** (☎ *(819) 377-5971 ou 1 888 377-5971 ; 1911 rue Notre-Dame, route 138*) est sans nul doute la meilleure adresse de sa catégorie. Outre une vue imprenable sur le fleuve, cette superbe auberge, qui est par ailleurs un relais gastronomique (voir *Où se restaurer*), propose la formule nuitée, souper et petit déjeuner à partir de 105 $ (120 $ pour une chambre côté fleuve). En basse saison, ce tarif passe à 85 $ (95 $).

Camping. Le camping du ***Lac Saint-Michel-des-Forges*** (☎ *(819) 374-8474 ou 1 877 374-8474 ; 11625 bd des Forges*) est ouvert de mai à la mi-septembre. Il dispose de tout le confort nécessaire. Il vous en coûtera entre 17 et 20 $. De l'autoroute 55, prendre la sortie 191 pour accéder au boulevard des Forges.

Où se restaurer

En descendant le boulevard des Forges vers la rue Notre-Dame, vous n'aurez que l'embarras du choix. Restaurants et cafés se succèdent. Coincé entre une restaurant italien et un grec, le ***Bar La Grenouille***, au n°340, est des plus animés. Le ***Café l'Expresso,*** à l'angle de rue Hart, prépare de bons petits déjeuners et draine une clientèle sympathique, tout comme le ***Pub en ville***, installé sur le même trottoir.

Tout aussi fréquenté mais non fumeur, le ***Café Royale*** (☎ *(819) 694-1116 ; 418 bd des Forges*) est réputé pour ses expressos. Il dispose d'un autre café, ***Le Notre-Dame***, accessible jour et nuit. A côté, le ***Nord Ouest*** (☎ *(819) 693-1151 ; 1441 rue Notre-Dame*) est un endroit décontracté et agréable pour prendre ses repas ou pour se désaltérer. La cuisine est bonne et la carte variée. Le prix des salades, pizzas et viandes varie entre 7 et 14 $. Au premier étage, vous pouvez jouer au billard. La salle, particulièrement avenante, est animée le soir.

Le ***Café Bistro*** (☎ *(819) 375-1897 ; 547 rue Bonaventure*) regroupe plusieurs petites salles à l'ambiance feutrée et une terrasse couverte. Les habitués viennent boire une bière ou consommer un steak-frites accompagné d'un verre de vin pour 14 $. Au 324, ***Le Menuet oriental*** (☎ *(819) 379-8754*) propose une cuisine vietnamienne, en salle ou en terrasse. Comptez entre 14 et 20 $. Sur le même trottoir mais donnant sur la rue Hart, au n°1147, ***Le Manoir du Spaghetti*** (☎ *(819) 373-0204*) sert de la cuisine italienne relativement convenable (repas à partir de 12 $). La terrasse ombragée est agréable.

Pour apprécier la gastronomie québécoise et française, l'***Auberge du Lac Saint-Pierre*** (☎ *(819) 377-5971 ; 1911 rue Notre-Dame, route 138 Sud*), à Pointe-du-Lac (à dix minutes de Trois-Rivières), est un endroit réputé. Vous dépenserez au moins 30 $ par personne.

Comment s'y rendre

Voiture. De Montréal, prendre l'autoroute 40, sortie 187 pour rejoindre la route 138 qui longe sur 10 km le Saint-Laurent. Autre possibilité : continuer sur l'autoroute 40 qui coupe, au nord de Trois-Rivières, l'autoroute 50 menant au centre-ville. De Québec, emprunter l'autoroute 40 jusqu'à la sortie 182 et prendre la direction du centre-ville. Vous pouvez également suivre la route 138.

Bus. La compagnie Orléans Express assure plusieurs liaisons quotidiennes Montréal-Trois-Rivières. Le trajet dure à peine deux heures et coûte 23,01 $. Pour Québec, comptez 1 heure 30 de trajet (21,85 $). De Trois-Rivières, des bus partent également pour Shawinigan, Grand-Mère et La Tuque. La gare routière (☎ (819) 374-2944) est installée 275 rue Saint-Georges, donnant sur la rue Saint-Roch, à deux pas du centre-ville et du bureau touristique.

Comment circuler

Au terminus de la gare routière se trouve un arrêt d'autobus d'où vous pourrez rejoindre le centre-ville ainsi qu'une station de taxi (6 $ environ). Trois-Rivières dispose d'un bon réseau de transports en commun. Des bus desservent les principaux centres d'intérêt de la ville du lundi au samedi.

Les aires de stationnement sont nombreuses mais rapidement saturées en été. Le coût du stationnement derrière le musée des Arts et Traditions populaires revient à 4 $ entre 7h30 et 18h (2 $ entre 12h et 15h). Le week-end, comptez 4 $ pour 12 heures. Le stationnement de nuit est très réglementé ; renseignez-vous car vous n'échapperez pas à la vigilance de la police, même en pleine journée.

PARC NATIONAL DE LA MAURICIE

A 60 km à peine au nord de Trois-Rivières, le parc national de la Mauricie (☎ (819)

538-3232, www. parcscanada. risq. qc. ca/ mauricie, parcscanada-que@pch. gc. ca) se caractérise par un paysage très vallonné, des plus magnifiques.

L'entrée Saint-Jean-des-Piles, à deux kilomètres du village du même nom, est l'entrée principale. Elle dispose d'un centre d'accueil qui vous fournira tous les renseignements voulus et vous aidera dans la planification et l'organisation de votre séjour. Dans le hall, prenez le temps de visiter le centre d'interprétation sur la région de la Mauricie.

L'autre accès, dit entrée Saint-Mathieu, possède seulement une guérite d'accueil.

Une route de 60 km relie les deux accès du parc et permet de le traverser d'est en ouest ou vice-versa. Prévoir la journée.

Des frais d'entrée de 3,50 $ par adulte sont demandés (8 $ pour une famille, 1,50 $ pour les étudiants et 2,50 $ pour les seniors).

Activités

Couvrant 550 km^2 de forêts, de vallons entrecoupés de falaises escarpées, de lacs et de cascades, le parc se découvre à pied, en vélo ou en canoë. Les distances à parcourir varient entre 10 et 90 km.

Le sentier du lac Gabet permet ainsi d'observer souvent des orignaux. Le sentier Mekinac longe le Saint-Maurice. Sur le sentier de la Tourbière poussent des plantes carnivores et des orchidées. La route des Falaises offre de beaux points de vue. Un sentier de longue randonnée de 75 km, dit sentier Laurentien, a été aménagé dans la partie nord. Il demande au moins 5 jours. De nombreux sentiers ont par ailleurs été aménagés pour les handicapés. Au lac Édouard, une rampe a été ainsi spécialement construite pour qu'ils puissent s'avancer jusqu'au bord de l'eau. De même, les douches et les toilettes des campings ont été conçus à leur intention.

En règle générale, des panneaux d'interprétation de l'environnement jalonnent les parcours. Des activités souvent payantes sont proposées de la dernière semaine de juin à la dernière semaine d'août. Certaines sont spéci
de 7 à 12 an

L'hiver, l'en
au ski de fond.

Le canoë-campin
activité très populaire.
barcations sur place est
points de location distincts
férable de réserver (☎ (819) 37
journée revient à 17 $ (5 $ pour un

Il est également possible d'obten
permis de pêche à la journée (8 $).

Où se loger et se restaurer

Dans sa pointe sud-est, le parc dispose de deux vastes chalets (☎ (819) *537-4555*) construits aux abords du lac à la Pêche. Il s'agit d'anciennes demeures du très sélect Laurentian Club, un club de pêche et de chasse dont furent membres les Kennedy, qui furent réaménagées. Le ***chalet Wabenaki*** possède deux dortoirs et une cuisine tout équipée ; quant au ***chalet Andrew***, il dispose de quatre chambres pouvant loger 4 personnes. Si vous comptez dormir sur place, emportez un sac de couchage.

A Saint-Jean-des-Piles, à la sortie du village, à proximité du Parc, ***Aux Berges du Saint-Maurice*** (☎ *(819) 538-2112 ou 1 800 660-2112 ; 2369 rue Principale*) offre de très agréables petits appartements avec tout le confort souhaité pour 90 $. Cet établissement est également équipé de chambres avec s.d.b. commune (demandez celles ouvrant sur les champs). Leur prix varie entre 45 et 55 $. Une cuisine est à disposition. Le propriétaire organise par ailleurs des excursions pour rencontrer des orignaux et des ours.

Au 1701, ***La Maison Cadorette*** (☎ *(819) 538-9883 ou 1 888 538-9883*) est tout aussi accueillante. La chambre est à 55 $ (65 $ pour celles dotées de s.d.b.). L'hiver, le forfait ski de fond comprenant l'hébergement, le petit déjeune et le dîner, coûte 63 $. Comptez 12 $ pour la location de matériel. Au dîner, sa table est réputée.

Camping. Les campings du parc (☎ *(819) 533-7272*) sont répartis dans trois secteurs.

ations sont obligatoires, surtout ecteur du ***Lac Wapizagonke***, très é. Ouvert de la mi-juin à début sep-, il compte 219 emplacements et un dépanneur. Le camping du secteur ***Rivière à la Pêche*** est ouvert à l'année s ferme quelques jours à certaines riodes.

Le camping du secteur de la ***Rivière Mistagance*** n'offre qu'un service d'électricité. Il est ouvert de la mi-mai à la mi-octobre.

Le site revient à 26 $ (22 $ sans électricité). Des frais de réservation de 5 $ sont demandés.

Comment s'y rendre

Le parc dispose de deux entrées. Pour l'entrée Saint-Jean-des-Piles, l'entrée principale du parc, il faut suivre depuis Trois-Rivières, l'autoroute 55 Nord et à la sortie 226 prendre la direction Saint-Jean-des-Piles. Pour l'entrée ouest, dite entrée Saint-Mathieu, il faut prendre la sortie 217, en direction de Saint-Gérard-des-Laurentides.

Aucune compagnie de bus n'assure depuis Trois-Rivières de liaison avec le parc.

GRAND-MÈRE

La ville qui donne accès au parc national de la Mauricie n'a d'intérêt que pour les services qu'elle offre : location d'équipements de camping, approvisionnement en nourriture, banques. Le **village d'Émilie** (☎ (819) 538-1716 ou 1 800 667-4136) reste la grande attraction de Grand-Mère. Les décors construits pour des séries télévisées retraçant de grandes fresques historiques ont été conservés. Ils constituent désormais un immense parc thématique qu'animent des figurants habillés en costume d'époque. Accessible de 9h30 à 18h de juin à la dernière semaine de septembre, le village est fermé le reste de l'année. L'entrée revient à 9 $ (20 $ par famille, 4,50 $ pour les enfants).

RÉSERVE FAUNIQUE MASTIGOUCHE

Attenante au parc national de la Mauricie, la réserve (☎ (819) 265-2098) est le domaine privilégié des motoneigistes et des skieurs de fond en hiver. L'été, elle est ouverte aux randonneurs, aux pêcheurs, aux chasseurs et aux adeptes du canoë-camping. Dotée de refuges (☎ 1 800 665-6527), elle dispose de sentiers balisés et entretenus.

Immense (1 600 km^2), elle n'est accessible que par Saint-Alexis-des-Monts que l'on rejoint par Louiseville en bordure du Saint-Laurent, puis en empruntant la route 349. Il faut encore parcourir une vingtaine de kilomètres avant d'arriver à l'entrée de la réserve, plus au nord. L'enregistrement est obligatoire et l'entrée, gratuite.

RÉSERVE FAUNIQUE DU SAINT-MAURICE

Au nord du parc national de la Mauricie, la réserve faunique du Saint-Maurice (☎ (819) 646-5680) se caractérise notamment par ses 267 km de pistes pour la randonnée en traîneau à chiens. La baignade et le camping sont autorisés sur le lac Normand. Sur la route 155, avant d'arriver au village de Rivière-Matawin, un pont permet de rejoindre l'entrée de la réserve. Il est payant (12 $). Il est possible de louer un chalet (☎ 1 800 665-6527)

DE TROIS-RIVIÈRES A QUÉBEC

Pour quitter Trois-Rivières sans passer par l'autoroute, empruntez le pont Duplessis et passez sur la rive est de la rivière Saint-François par la rue Notre-Dame (route 138). Commence alors la ville de **Cap-de-la-Madeleine**, ancienne seigneurie où les jésuites avaient fondé une mission dans les années 1650. La route longe le **sanctuaire Notre-Dame-du-Cap**, troisième lieu de pèlerinage au Québec, dont l'orgue Casavant compte parmi les plus imposants du pays après celui de la basilique Notre-Dame de Montréal. Le sanctuaire, 626 rue Notre-Dame, est bordé d'un joli parc où il est possible de déjeuner.

A 20 km en suivant cette même route, la petite ville de **Batiscan** possède un vieux presbytère, 340 rue Principale. Construit en 1816, il abrite un musée qui retrace la vie d'autrefois des habitants de cette rive nord.

Ouvert tous les jours de 10h à 17h de juin à fin octobre, il est fermé le reste de l'année. Il possède un très beau jardin avec des arbres plus que centenaires. Les pique-nique sont autorisés. L'accès est payant (3$).

Sainte-Anne-de-la-Pérade, à 10 km plus à l'est, est surtout connue l'hiver pour la pêche aux petits poissons dans les chenaux qui voient l'arrivée et l'installation sur la rivière de centaines de cabanes multicolores. Consacrée capitale de la pêche d'hiver, la ville réserve en été une belle promenade aromatique à faire dans le jardin du **manoir Madeleine-de-Verchères** (☎ (418) 325-2841), 910 rue Sainte-Anne.

Le presbytère du village **Deschambault** mérite un arrêt pour sa vue sur le fleuve. A 30 km à peine de Québec, les deux villages de **Neuville** et **Cap Santé** bordent la route 138. Leur cachet réside dans les maisons séculaires, construites entre 1740 et 1850. A Neuville, l'église Saint-François-de-Sales abrite un somptueux baldaquin, l'un des plus anciens d'Amérique du Nord.

RÉSERVE FAUNIQUE DE PORTNEUF

A mi-chemin entre Québec et Trois-Rivières, la réserve (☎ (418) 423-2021) compte parmi les plus accessibles du Québec avec son réseau routier de 400 km. D'une superficie de 775 km^2, elle comptabilise pas moins de 375 lacs et possède de nombreux itinéraires convenant aux amateurs de canoë-camping. Le rafting se pratique également. Les chutes de la Marmite sont très fréquentées.

La rive sud

SOREL

Au confluent de la rivière Richelieu et du Saint-Laurent, Sorel fut pendant deux siècles la ville des réparations et des constructions navales, jusque dans les années 80. Le **Centre d'interprétation du patrimoine de Sorel** (☎ (450) 780-5740), 6 rue Saint-Pierre, retrace ce pan d'histoire. L'époque amérindienne est également évoquée. Une salle est consacrée aux îles Sorel, dont les rives se dessinent juste en face du Centre.

Il est ouvert tous les jours de 10h à 21h de juin à août. De septembre à mai, il est fermé le lundi et ses horaires passent de 10h à 17h (4 $).

Le Centre organise des randonnées avec un guide accompagnateur sur les îles Sorel, royaume des marais et de la sauvagine, situées juste en face. Les départs ont lieu tous les jours en juillet et tous les week-ends en juin, août et septembre. La durée du circuit est de 3 heures et la promenade coûte 20 $. Les départs se font de la marina construite en face du Centre.

Les Croisières des îles de Sorel (☎ (450) 743-7227), 1665 chemin du Chenal-du-Moine, proposent également, du 24 juin à début septembre, des circuits dans ces îles (départs quotidiens). Sur demande, cette compagnie organise des escapades sur les îles de l'archipel du lac Saint-Pierre.

De Sorel, vous pouvez rejoindre la rive nord du Saint-Laurent en prenant le traversier (☎ (450) 742-4307) qui mène en dix minutes à Saint-Ignace-de-Loyola.

En partant de Sorel pour aller à Odanak, évitez le parc des Totems à Yamaska, sur la route 132, véritable piège à touristes.

Renseignements

L'office du tourisme (☎ (450) 746-9441 ou 1 800 474-9441), 92 chemin des Patriotes, est ouvert tous les jours de 8h à 20h en été. En dehors de cette saison, ses horaires s'établissent de 9h à 12h et de 13h15 à 17h en semaine (fermeture le week-end).

Comment s'y rendre

Sorel est à une heure à peine de Montréal. Prenez l'autoroute 15 qui devient la route 132. Les autobus de la compagnie Auger (☎ (450) 691-1654) relient tous les jours Sorel à Montréal.

VALLÉE DU RICHELIEU

De Sorel, vous pouvez suivre la rivière Richelieu sur 130 km au sud et parcourir

Le passage des oies des neiges

Chaque année, le passage des oies des neiges, appelées aussi oies blanches, constitue un véritable spectacle. L'histoire a pour décor les rives du Saint-Laurent et pour scène trois lieux privilégiés d'observation : Baie-du-Febvre, Montmagny sur la rive sud et Cap-Tourmente sur la rive nord. Deux étapes rythment cette transhumance : avril-mai et septembre-octobre.

Le ballet a son rituel, qui s'organise selon deux points cardinaux : d'un côté, les marais du New Jersey et de la Caroline du Sud où elles séjournent de novembre à début avril ; de l'autre, au nord du cercle Arctique, les îles de la Terre de Baffin et de Bylot, les deux espaces de nidification et d'élevage durant les mois de juin, juillet et août. Entre les deux, près de 8 000 km sont à parcourir. La route est longue avec une seule grande escale, celle des bords du Saint-Laurent.

Lorsque les premiers signes du printemps apparaissent, le départ des États-Unis s'effectue progressivement et par groupes. Le ciel commence alors à se couvrir de grappes d'oies des neiges aux larges ailes et au long coup étiré. Elles volent par groupes de dix, vingt ou plus, annonçant leur passage par des piaillements stridents. Elles parcourent cette première étape de 900 km, cruciale, à une vitesse de 60 km/h. Avant de continuer leur route, il leur faut se reposer et accumuler des forces. A la mi-avril, elles sont ainsi entre 300 000 et 400 000 à tournoyer au-dessus du lac Saint-Pierre, dans le secteur de Baie-du-Febvre (leur population globale est estimée à environ 800 000). Elles ne sont pas seules : quelque 17 000 canards et 60 000 bernaches trouvent également dans ces 7 000 hectares de plaines inondées (dont deux tiers de terres agricoles) de quoi se sustenter grâce aux grains de céréales laissés lors des dernières récoltes.

Cette période est aussi celle des premiers amours. Des couples se forment. Passé leur troisième année, mâles et femelles sont en âge de trouver leur partenaire. L'oie des neiges est monogame : lorsqu'un couple se constitue, il est scellé pour la vie entière.

ainsi la **vallée du Richelieu** jusqu'au lac Champlain. Ce parcours d'une bonne journée peut s'organiser depuis Montréal. Appelée la vallée des Forts, elle a gardé intactes nombre de ses constructions militaires, telles le **fort Chambly** (☎ (450) 658-1585), 2 rue Richelieu à Chambly, et le **fort Lennox** (☎ (450) 291-5700), construit sur l'île de Saint-Paul-l'Île-aux-Noix, à une cinquantaine de kilomètres de Montréal. Tous les deux organisent, en été, des démonstrations de manœuvres militaires. Il est préférable d'appeler pour connaître les horaires.

A Saint-Denis, à 20 km seulement de Sorel, la **maison nationale des Patriotes** (☎ (450) 787-3623), 610 chemin des Patriotes, retrace leur histoire. Fermée le lundi, elle est ouverte de 11h à 18h en juin, juillet et août. En mai, septembre et octobre, les horaires sont de 10h à 17h. L'entrée est facturée 3 $ pour les plus de 13 ans.

Comment s'y rendre

De Montréal, suivre la route 132, puis prendre la direction Saint-Denis. La route 133 longe la rive est de la rivière Richelieu. A Iberville, traversez pour prendre la route 223 qui mène à Saint-Paul-de-l'Île-aux-Noix au sud et à Chambly au nord. Pour un trajet plus rapide mais moins bucolique, prenez l'autoroute 10, sortie Chambly.

ODANAK

Odanak est un village abénaki. Construit sur les bords de la rivière Saint-François, il abrite le **musée des Abénakis** (☎ (450) 568-5959), installé dans un très beau site. Les masques sont d'une rare beauté.

Il est ouvert de mai à octobre. Ses horaires sont de 10h à 17h du lundi au vendredi (de 13h à 17h le week-end). De novembre à avril, il accueille le public sur réservation. L'entrée est de 4 $.

Les deux jolies églises attenantes se visitent. Il n'existe ni hébergement, ni restauration sur place, sauf en juillet lors de la grande fête des Abénakis.

NICOLET

Nicolet est surnommée la ville des clochers, tant elle compte d'institutions et d'édifices religieux (surtout catholiques). Les rues elles-mêmes doivent leur nom à des saints et à des ecclésiastiques.

Le **musée des Religions** (☎ (819) 293-6148, musee_des_religions@itr. qc. ca), 900 boulevard Louis-Fréchette, présente, au travers d'expositions thématiques et temporaires, les différentes traditions spirituelles en usage dans le monde. Il est ouvert tous les jours de 10h à 17h. L'entrée coûte 4,50 $ (nombreuses réductions).

BAIE-DU-FEBVRE

Baie-du-Febvre a fait du passage des oies des neiges son image de marque. Depuis l'ouverture en 1994 du **Centre d'interprétation de Baie-du-Febvre** (☎ (450) 783-6996), 420 route Marie-Victorin.

Le centre a une double vocation : il présente l'écosystème d'une plaine inondable du Saint-Laurent et permet l'observation de l'oie des neiges ainsi que de toute une variété d'oiseaux et de canards migrateurs.

Au centre d'accueil, une carte des randonnées pédestres ou cyclotouristiques est disponible. Le centre est ouvert tous les jours de 10h à 17h. Lors du passage des oies des neiges, il reste ouvert jusqu'à 20h. L'entrée est de 3 $ (gratuite pour les moins de 12 ans). La location de télescope coûte 20 $ la journée (location à la demi-journée possible).

Sur la route 132, des aires de stationnement ont été aménagées. Il est préférable de les utiliser vu l'étroitesse de la route.

Dans le village, vous pouvez trouver un hébergement. Renseignez-vous au centre. Au restaurant du village, ***La Baraka***, l'oie a fait son apparition sur le menu.

PLESSISVILLE

Dès l'entrée de la ville, Plessisville s'autoproclame capitale de l'érable. Elle abrite d'ailleurs l'Institut québécois de l'érable.

Au rez-de-chaussée, logé dans une grande salle, le **musée québécois de l'Érable** (☎ (819) 362-9292), 1280 rue Trudelle, décrit le développement d'une érablière et la fabrication du sirop d'érable. Il est ouvert tous les jours de 10h à 18h du 24 juin au 1er septembre. En dehors de cette période, il est accessible en semaine de 9h à 17h (2 $).

Comment s'y rendre

Sur l'autoroute 20, suivre la sortie 228 qui rejoint la route 165.

LOTBINIÈRE

Sur la route 132, après avoir dépassé Trois-Rivières sur la rive nord, le village de Lotbinière abrite le **domaine Joly de Lotbinière**, un impressionnant manoir construit par Henri-Gustave Joly de Lotbinière (1849-1908), qui fut Premier ministre du Québec. Le bâtiment se visite.

En poursuivant vers Québec, il faut s'arrêter à **Saint-Antoine-de-Tilly** et se promener à pied dans l'un des plus vieux villages du Québec. Le ***manoir Tilly*** est une auberge et une table de renom.

Québec

Indicatif ☎ 418

Ville riche d'histoire et de culture, Québec est le cœur du Canada français.

La ville est unique avant tout pour son atmosphère et son apparence très européennes. On y retrouve le charme propre aux petites cités du Vieux Continent. Un sentiment déjà éprouvé à Montréal, mais jamais avec la même force qu'à Québec.

Des vestiges du passé sont partout visibles à Québec. Ses nombreuses églises, ses vieilles demeures en pierre et ses rues étroites en font un véritable joyau architectural. Elle reste la seule ville fortifiée d'Amérique du Nord. La vieille ville est inscrite par l'Unesco au patrimoine mondial, culturel et naturel.

Siège du gouvernement provincial et de l'université, c'est aussi le foyer de l'identité québécoise. Depuis des siècles, Québec est le creuset du nationalisme francophone et nombre d'hommes politiques et d'intellectuels qui revendiquent aujourd'hui l'indépendance sont implantés à Québec.

Bien que la population soit largement bilingue, elle s'exprime en français dans son immense majorité et 94% des habitants ont des ancêtres français. Plus qu'à Montréal, la défense de la francophonie y est très prégnante.

C'est aussi l'une des villes les plus visitées du pays avec Banff et Victoria, en particulier en juillet et en août.

Québec est également un port important, au confluent de la rivière Saint-Charles et du Saint-Laurent. Perchée au sommet d'une falaise, elle offre un panorama superbe sur le fleuve et la ville de Lévis, sise sur la rive opposée.

Un mot enfin du climat que l'on ne peut passer sous silence, la ville offrant des attractions été comme hiver. Les étés ressemblent à ceux de Montréal, moins chauds et plus courts. La réelle différence se situe en hiver : il y fait froid, vraiment très froid. En janvier et en février, la neige est souvent abondante. La vie ne s'arrête pas pour autant. Bien préparé, vous tirerez grand profit de cette période de l'année.

A ne pas manquer

- La vieille ville et son dédale de rues
- La place Royale dans la ville basse
- Le musée de la Civilisation et sa remarquable exposition permanente *Mémoires*
- Une balade sur les remparts de la vieille ville
- Le Carnaval de Québec
- Les épiceries fines de la rue Saint-Jean, hors des remparts
- L'île d'Orléans, pittoresque et tranquille
- Le Festival d'été, en juillet

HISTOIRE

Lorsque le Malouin Jacques Cartier accosta en 1534, le site était occupé par un village iroquois du nom de "Stadacone". Le nom de "Québec" vient d'un terme algonquin qui signifie "là où la rivière se rétrécit". L'explorateur Samuel de Champlain fonda la ville en 1608 à l'intention des Français et édifia un fort en 1620 pour se protéger des tribus indiennes. En effet, la présence indienne conditionnait alors fortement l'existence des colons français. Les rapports entre les deux communautés pouvaient être alternativement belliqueux ou fondés sur l'échange et la chasse en commun.

En 1629, les Anglais attaquèrent la ville avec succès, mais Québec fut rendu aux Français trois ans plus tard et devint le centre de la Nouvelle-France. Plus d'un siècle après, en 1754, la ville, qui abritait l'évêché, comptait 6 000 habitants. Le port, situé avantageusement sur la trajectoire du commerce entre les Antilles et la France, fut la cible d'attaques répétées des Anglais. En 1759, le général Wolfe remporta une victoire sur Montcalm, lors de la bataille des Plaines d'Abraham, le "Waterloo québécois". Cette célèbre bataille mit fin au conflit. En 1763, le traité de Paris accorda le Canada à la Grande-Bretagne. En 1775, les Américains tentèrent à leur tour de s'emparer de Québec, mais furent promptement repoussés. En 1791, le pays fut divisé en Haut-Canada (Ontario) et Bas-Canada (Québec et les Provinces atlantiques). Au XIXe siècle, le Bas-Canada prit le nom de Québec et la ville du même nom devint la capitale de la province.

ORIENTATION

La ville, coiffant en partie les falaises du cap Diamant, est divisée en ville haute et ville basse, que domine la citadelle, célèbre fort sur le point le plus élevé du cap. La ville haute s'étend au nord de la citadelle, en haut de la plaine. La ville basse est coincée entre les rivières et le cap Diamant, tout près du port de Québec.

Le meilleur moyen de s'orienter dans Québec consiste à parcourir la ville à pied, qui ne couvre que 93 km^2. Presque tous les centres d'intérêt sont regroupés dans un seul secteur. L'extrémité sud-ouest de la ville haute est entourée d'un mur, c'est la vieille ville haute, en forme de triangle dont la pointe regarde vers nord. En contrebas s'étend la vieille ville basse, le quartier le plus ancien, là où Samuel Champlain installa le premier édifice. Ces deux zones constituent le Vieux-Québec, qui occupe 10 km^2 et englobe les principales attractions.

Dans la vieille ville basse, entre le fleuve, le port et les falaises du cap Diamant, On trouve des rues très anciennes, telles que les rues Sous-le-Cap et Champlain, larges de 2,50 m seulement. Le point névralgique de ce petit quartier est la place Royale. De là, vous pouvez vous rendre à pied jusqu'au sommet de la falaise de la ville haute. Vous pourrez également emprunter le funiculaire, dont le terminal se trouve rue Petit-Champlain, dans la ville basse. Le ferry, qui relie le fleuve à Lévis, part des docks, également dans la ville basse.

Le reste de la ville basse est essentiellement un centre industriel et des affaires, qui s'étend au nord-est de la ville haute.

A l'intérieur des remparts de la ville haute, la rue Saint-Jean, l'artère principale, abonde en bars et restaurants. Vers le sud, la côte de la Fabrique est une autre rue importante, tout comme la rue Buade qui la croise, plus au sud.

Le château Frontenac, hôtel de luxe au célèbre toit de cuivre, est l'un des monuments les plus célèbres du Vieux-Québec et un bon point de repère. En arrière-plan, la terrasse Dufferin est très animée, surtout en été, avec ses musiciens et ses spectacles de rue. La terrasse mène à la promenade des Gouverneurs, un sentier qui se faufile entre le bord de la falaise et la citadelle. Au-delà de la citadelle, à l'extérieur des remparts, s'étend l'immense parc des Champs-de-Bataille.

Les portes des remparts sont les seuls accès pour entrer et sortir de la vieille ville. Les deux rues principales qui partent de la vieille ville haute, vers l'ouest, sont le boulevard René-Lévesque (anciennement Saint-Cyrille) et, au sud, Grande Allée, qui se transforme en boulevard Wilfrid-Laurier. La partie de la rue Saint-Jean au-delà des remparts mérite un détour.

Le quartier nord du boulevard René-Lévesque est résidentiel. A nouveau, on retrouve la falaise à l'extrême nord. En dessous, le secteur de la ville basse offre peu d'intérêt.

Plus au nord, dans la ville basse, on retrouve les grandes routes principales qui circulent d'est en ouest. Dans ce quartier sont regroupés quelques motels.

Pour jouir d'un beau panorama sur la ville, montez au 31e étage de l'édifice Marie Guyard, 1037 rue de la Chevrotière (☎ 644-9841). La plate-forme d'observation est accessible de 10h à 22h en juillet et août (jusqu'à 19h en juin et septembre et jusqu'à 17h en mai et octobre). L'entrée est de 4 $ (3 $ pour les seniors et les étudiants ; gratuit pour les moins de 12 ans).

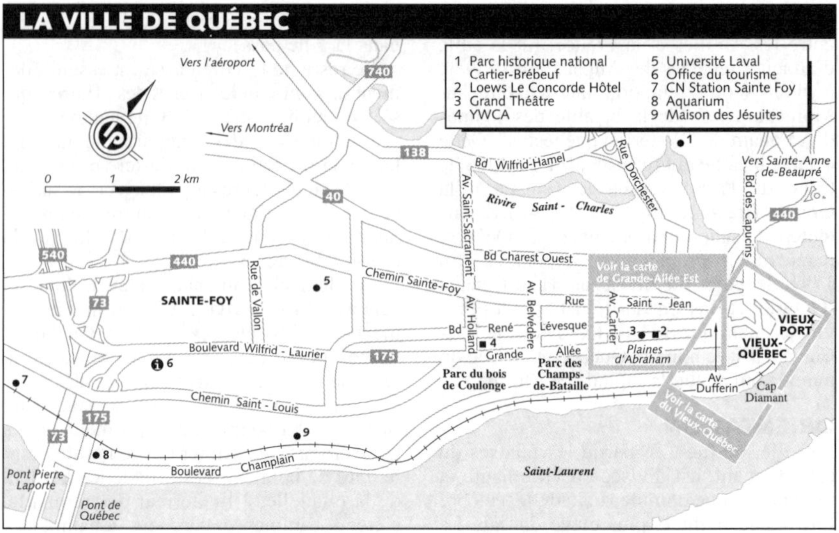

Autre possibilité : le dernier étage du restaurant de l'hôtel Loews Le Concorde, 1225 place Montcalm, non loin du chemin Saint-Louis, à l'extérieur des remparts.

FÊTES ET MANIFESTATIONS ANNUELLES

Les principales manifestations et festivités de Québec sont :

Février

Carnaval de Québec – célèbre manifestation annuelle unique à Québec. Le festival dure environ dix jours, incluant toujours deux week-ends, à la fin du mois de février. Réservez bien à l'avance car la ville est bondée (et prévoyez de nombreux vêtements chauds). Les manifestations comprennent des défilés, des sculptures sur glace, de la luge, des courses de bateaux, des danses, de la musique et beaucoup de boissons. La ville s'enflamme. Si vous vous rendez par le train au Carnaval de Québec pendant le festival, préparez-vous à faire un voyage inoubliable.

De nombreuses activités se déroulent dans le parc de l'Esplanade. La luge prend place sur la terrasse Dufferin, derrière le château. D'autres manifestations ont lieu à la gare Saint-Rôche, entre le pont Dorchester et le pont de l'autoroute Dufferin.

Ces dernières années, certains participants ont, semble-t-il, dépassé la mesure, au point de susciter quelques problèmes. Si vous êtes en famille, renseignez-vous sur l'atmosphère de certaines festivités nocturnes.

Juillet-août

Festival d'été – il a lieu la première quinzaine de juillet et consiste essentiellement en spectacles (y compris danse et théâtre) et concerts dans toute la ville. Certains sont gratuits, tous les autres sont accessibles pour seulement 8 $. Adressez-vous à l'office du tourisme, qui vous indiquera les types de spectacles, le lieu et l'heure.

Expo Québec – autre événement important de l'été, il se déroule chaque année à la fin du mois d'août. Au programme : expositions commerciales et individuelles, artisanat, salle de black-jack, course de chevaux et fête foraine, la dernière ayant compté pas moins de 65 manèges et des loteries. Elle accueille chaque année environ 750 000 personnes. Le parc de l'Exposition se trouve au nord du centre-ville, à la sortie de l'autoroute laurentienne n°175.

RENSEIGNEMENTS

Offices du tourisme

La ville dispose de plusieurs offices du tourisme qui vous fourniront des cartes et des brochures très bien conçues. Malgré les files d'attente, l'accueil est remarquable, et le personnel, compétent. La Maison du tourisme, 12 rue Sainte-Anne, en face du château Frontenac, tient à votre disposition des informations sur toutes les régions touristiques de la province. Elle propose de nombreux services : tours de ville en autocar ou à pied, croisières, hébergement ou encore location de voiture. Elle abrite un bureau de change et une librairie et dispose d'un distributeur automatique de billets. Le bureau est ouvert tous les jours de 8h30 à 19h30 en période estivale et de 9h à 17h le reste de l'année.

Le Centre d'information de l'office du tourisme, 60 rue d'Auteuil, au nord de Grande-Allée, dans le parc de l'Esplanade, près de la porte Saint-Louis, ouvre ses portes de 8h30 à 20h, tous les jours pendant la période estivale. Le reste de l'année, il ferme à 17h30.

Un autre bureau est installé sur la place Royale. Il est ouvert tous les jours de 10h à 17h. Vous trouverez des informations concernant la vieille ville basse.

Un service d'information par mobylettes fonctionne dans le Vieux-Québec. Vous les reconnaîtrez à leur couleur verte et au point d'interrogation (?) qu'elles arborent.

Tous les renseignements téléphoniques sont regroupés au ☎ 1 800 363-7777.

Poste

Ouvert de 8h à 17h45, le bureau de poste principal (☎ 694-6175) est situé 300 rue Saint-Paul, non loin du croisement avec la ruelle des Bains. Un autre bureau (☎ 694-6102) se loge 3 rue Buade, en face du parc Montmorency.

De nombreux petits bureaux de poste sont dispersés un peu partout dans la ville.

Argent

Vous pourrez changer de l'argent auprès de la Caisse Populaire Desjardins (☎ 694-1774), 19 rue des Jardins, ouverte tous les jours de 9h à 18h en été. Le Bureau de change, 46 rue du Petit-Champlain, est ouvert tous les jours de 9h30 à 20h en été et de 9h30 à 16h30 hors saison. Trans- change International (☎ 694-6906), 43 rue Buade, fonctionne tous les jours de 8h30 à 22h en période estivale. Le kiosque à gauche de la statue de Champlain, près du château Frontenac, ferme ses portes tardivement en été.

Drapeau, armoiries et emblème

Le drapeau québécois a été adopté le 21 janvier 1948. Sa croix blanche sur fond d'azur rappelle d'anciennes bannières de l'armée française, la croix blanche étant le symbole de la nation chrétienne et le bleu l'une des couleurs de la monarchie. Les quatre fleurs de lis couleur or qui se répartissent dans chaque case symbolisent le royaume de France.

Sur les armoiries du Québec figurent trois fleurs de lis couleur or sur fond azur, souvenir du premier régime politique à l'époque de la Nouvelle-France ; un léopard d'or, symbole de la Couronne britannique ; une branche d'érable à triple feuille, symbole de la nature québécoise.

Au-dessous de l'écu, un listel porte la devise du Québec, *Je me souviens*.

Quant au harfang des neiges, appelé aussi grand duc (espèce menacée), il est l'emblème aviaire du Québec depuis 1987. Cette grande chouette au plumage blanc strié de noir durant ses jeunes années, puis à la robe d'un blanc immaculé en vieillissant, niche dans la toundra du nord de la province pour migrer l'hiver dans la vallée du Saint-Laurent.

Librairies

Dans le Vieux-Québec, la Librairie générale française, 10 rue de la Fabrique (☎ 692-2442), offre un choix important d'ouvrages couvrant tous les domaines. En été, elle est ouverte tous les jours de 9h à 21h. Hors saison, elle ferme à 17h30 les lundi et mardi, à 21h du mercredi au vendredi et à 18h durant la fin de semaine.

Extra-muros, la librairie Pantoute, 1100 rue Saint-Jean (☎ 694-9748), est également très bien approvisionnée. Elle est ouverte du lundi au samedi de 10h à 22h et le

LE VIEUX-QUÉBEC

OÙ SE LOGER
6 Manoir des remparts
8 Auberge de la Paix
24 Hôtel Clarendon
27 Centre international de séjour de Québec
30 Hôtel Maison Doyon
31 Hôtel Maison Sainte-Ursule
32 La Maison Acadienne
35 Maison Historique James Thompson
36 52 Sainte Ursule
39 Hôtel la Maison du Général
41 Hôtel Château Léry
42 Chez Marie-Claire
43 Chez Hubert
44 Hôtel Le Clos Saint-Louis
45 Hôtel Château Bellevue

OÙ SE RESTAURER
4 Le Poisson d'avril
13 Dahlya Sushi Bar
23 Rotisserie Sainte-Angèle
34 Le Saint Amour
40 La Caravelle
47 Hôtel Manoir de la Terrasse
48 Hôtel Manoir sur le Cap

DIVERS
1 Marché de primeurs
2 Gares routière et ferroviaire
3 Poste principale
5 L'Îlot des Palais
7 Cyclo services
9 Musée de l'Amérique française
10 Musée de la civilisation
11 Les Yeux Bleux
12 Notre-Dame de Québec
14 Pub Saint-Alexandre
15 Hôtel de ville
16 Parc Montmorency
17 Chez son père
18 Musée Grévin
19 Québec Expérience
20 Offfice du tourisme
21 Musée du Fort
22 Place Royale Notre-Dame des Victoires
25 Place d'Armes
26 Poste
28 Vélo Passe-sport
29 Musée des Ursulines
33 Château Frontenac
37 Musée d'art inuit Brousseau
38 Office du tourisme
46 Fortifications du Québec
49 Assemblée nationale

dimanche de 12h à 22h. A peu de distance, la librairie gay, L'Accro, 845 rue Saint-Jean, est ouverte du lundi au mercredi et le samedi de 11h à 18h, les jeudi et vendredi de 11h à 21h et le dimanche de 12h à 18h.

La librairie franco-anglaise Garneau, 24 côte de la Fabrique, est également une bonne adresse.

Blanchissage/nettoyage

A la ***Buanderie du Lavoir***, 43 rue Saint Louis, vous pouvez laver votre linge pour 1,50 $.

Journaux

Les endroits où l'on peut trouver la presse internationale ne manquent pas. Il existe deux quotidiens en langue française, *Le Soleil* et *Le Journal du Québec*.

LA VILLE HAUTE (VIEUX-QUÉBEC)

Presque tous les bâtiments du Vieux-Québec présentent un intérêt. Procurez-vous à l'office du tourisme la brochure sur la visite à pied de la ville ; elle contient des itinéraires intéressants et d'utiles explications.

Compte tenu de ses petites dimensions, Québec se prête merveilleusement à la flânerie.

Citadelle

Élaborée par les Français en 1634 et achevée en 1850 par les Anglais, la citadelle (☎ 694-2815) est ouverte tous les jours en été de 9h à 18h. Le mieux consiste à assister à la relève de la garde à 10h, puis à effectuer la visite. Pour les "lève-tard", la descente de la garde intervient à 18h les mardi, jeudi, samedi et dimanche.

La relève se déroule en musique et en présence d'une chèvre, la mascotte du 22e régiment d'infanterie qui occupe la citadelle. Ce régiment s'est illustré pendant les deux guerres mondiales, la guerre de Corée et a participé à la guerre en Bosnie. Site militaire, la citadelle ne peut se visiter librement.

Cette forteresse de type Vauban occupe une superficie étendue et compte 25 bâtiments. Le guide vous en fera découvrir certains, dont une ancienne poudrière, avec son toit voûté pour évacuer la pression vers le haut en cas d'explosion.

Au nord, dominant le Saint-Laurent, se trouve le bastion du Roi ; au sud, le bastion Prince de Galles offre une belle vue sur le fleuve et le parc des Champs-de-Bataille.

Deux bâtiments abritent des musées : l'un présente une collection de baïonnettes, l'autre reconstitue la bataille des Plaines d'Abraham.

LE VIEUX-QUÉBEC

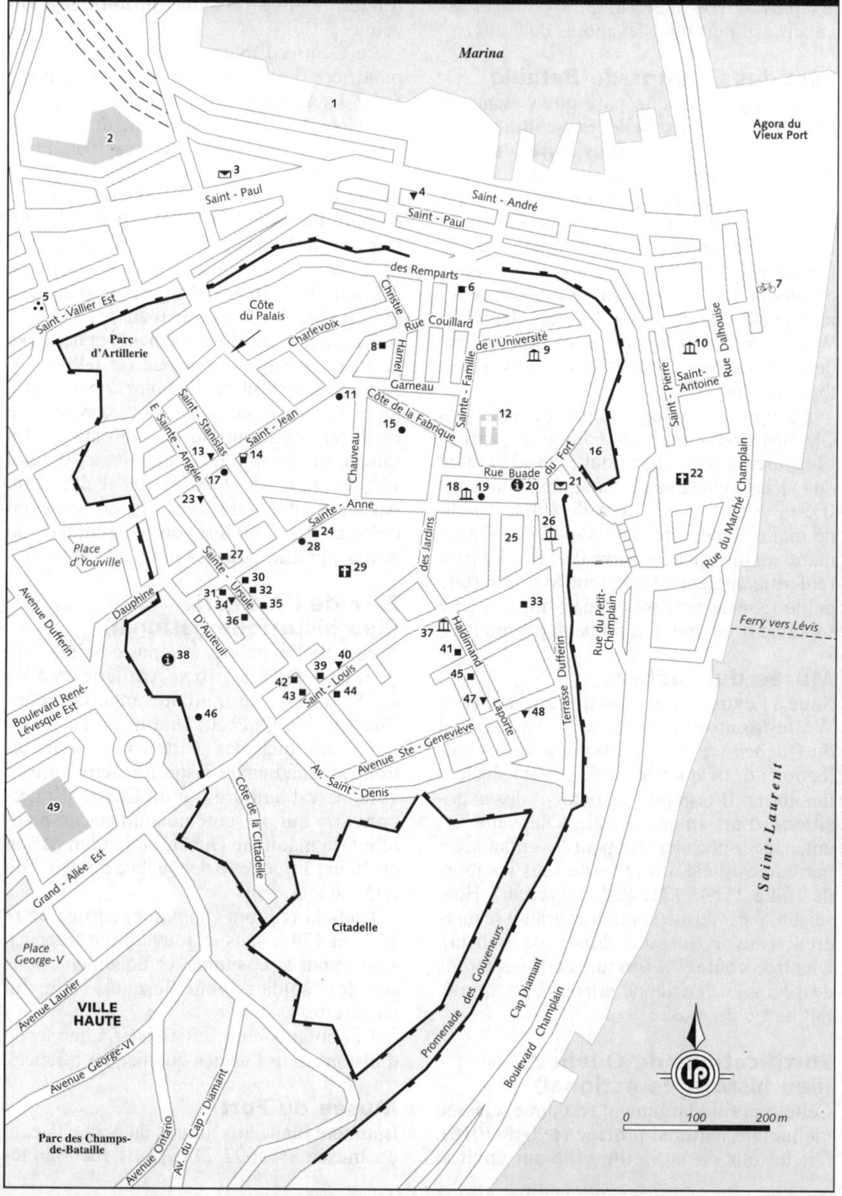

Le prix d'entrée est de 5,50 $ (4 $ pour les plus de 65 ans ; 2,75 $ pour les 8-18 ans ; gratuit pour les moins de 7 ans).

Parc des Champs-de-Bataille

C'est un gigantesque parc qui s'étend au sud-ouest de la citadelle. Ses collines, jardins, monuments et parties boisées constituent une agréable promenade. Il fut autrefois le site des grandes batailles, qui déterminèrent le cours de l'histoire canadienne. Le secteur le plus proche de la falaise est connu sous le nom de Plaines d'Abraham. Le 13 septembre 1759, le général français Montcalm et le général anglais Wolfe trouvèrent la mort à cet endroit, lors de l'affrontement le plus sanglant de l'histoire du Québec.

Le Centre d'interprétation du parc des Champs-de-Bataille (☎ 648-4071) retrace l'histoire du parc. Il se trouve dans le musée du Québec (consultez le paragraphe suivant). Il est ouvert tous les jours de 10h à 17h 30 de mai à septembre (le reste de l'année du mardi au dimanche à partir de 11h). Le parc renferme également une tour Martello (une petite tour de défense côtière) ainsi qu'une fontaine d'où apparaît un beau panorama.

Musée du Québec

Situé à l'extrémité sud-est du parc, 1 avenue Wolfe-Montcalm, le musée d'Art national du Québec (☎ 644-6460) possède des collections d'art québécois du XVIIe siècle à nos jours. Il organise également des expositions d'art international. Une salle est aménagée spécialement pour les enfants. En période estivale, on le visite tous les jours de 10h à 17h45 (21h45 le mercredi). Hors saison, il est fermé le lundi et gratuit le mercredi (ouvert jusqu'à 20h45 ce jour-là). L'entrée coûte 7 $ (gratuit pour les moins de 12 ans). L'ancienne prison, à proximité, fait partie du musée.

Fortifications de Québec (lieu historique national)

Cette muraille largement restaurée, classée monument national protégé (☎ 648-7016), fait le tour de la vieille ville sur environ 4,6 km. Le chemin est jalonné de panneaux d'interprétation relatant l'histoire de l'enceinte.

Le Centre d'interprétation situé dans la poudrière de l'Esplanade, près de la porte Saint-Jean, fournit également des explications sur le système défensif de la ville, illustré par une maquette très bien faite. Juste à côté, vous visiterez une poudrière datant de 1815. Le site est ouvert de mai à octobre de 9h à 17h l'été, à partir de 10h le reste de l'année. L'entrée coûte 2,75 $ (2,25 $ pour les étudiants et les seniors, 2 $ pour les 6-16 ans, 7 $ pour les familles ; gratuit pour les moins de 6 ans).

Les visites guidées (une heure et demie) à partir du kiosque Frontenac (☎ 648-7016) sont très intéressantes du point du vue historique. Elles permettent de mieux comprendre les différents assauts qu'a connus la ville. En saison, on compte deux circuits à 10h et à 15h, le reste de l'année un seul à 15h. Aucune visite n'est prévue l'hiver. Il vous en coûtera 10 $ (7,50 $ si vous êtes étudiant ou senior ; gratuit pour les moins de 16 ans).

Parc de l'Artillerie (lieu historique national)

A côté de l'enceinte, à la porte Saint-Jean, 2 rue d'Auteuil, le parc d'Artillerie (☎ 648-4205) fut un site militaire important dans l'histoire de Québec. Une usine de munitions fabriqua des cartouches pour les troupes canadiennes jusqu'à sa fermeture en 1964. C'est aujourd'hui un Centre d'interprétation qui présente notamment un plan-relief (la maquette Duberger du nom de son créateur) à l'échelle de Québec au début du XIXe siècle.

Dans la redoute Dauphine, édifiée entre 1712 et 1748, sous le gouvernorat français, sont exposés costumes et documentations sur les soldats pour lesquels elle fut construite.

Les enfants pourront assister à une leçon d'histoire dans l'ancien quartier des officiers.

Musée du Fort

Bâtiment blanc aux allures de petit château, ce musée (☎ 692-2175), 10 rue Sainte-

Petit tour des remparts

La partie sud-ouest des remparts est de loin la plus intéressante. Partez du kiosque devant le château Frontenac et empruntez la terrasse Dufferin, puis traversez le jardin du Gouverneur, l'ancien parc du château Saint-Louis (1620), premier fort construit par Champlain, aujourd'hui disparu. Empruntez la rue du Mont Carmel. Les maisons de cette rue ont été rehaussées par les Anglais qui leur ont ajouté deux étages, parfois même un entresol pour les domestiques comme au n°20.

En haut de la rue du Mont Carmel se trouve le Parc du Cavalier du Moulin. La première palissade (1690) passait à cet endroit. Il suffit d'apercevoir vers le sud les hauteurs de la citadelle pour comprendre la vulnérabilité de l'enceinte, dont le bois fut rapidement pillé pour servir de chauffage.

Redescendez la rue du Mont Carmel et empruntez la rue des Grisons. Au n°10, remarquez un toit typique mansardé, qui permettait de s'épargner une taxe d'étage. Le fer blanc a été utilisé contre les incendies.

Poursuivez jusqu'à l'avenue Saint-Denis, traversez-la et empruntez le chemin qui mène aux remparts. Le style Vauban est bien visible : des bastions, reliés par des courtines, protègent tous les fossés, en éliminant les angles morts. C'est en 1745 que l'ingénieur français Gaspard-Joseph Chaussegros de Léry a établi les bases des fortifications actuelles. Elles n'étaient pas achevées lorsque les Anglais prirent la ville en 1759. Ces derniers ont renforcé les défenses avec la construction de la citadelle à partir de 1820, puis avec des bâtiments défensifs placés devant les remparts.

Continuez le long de la citadelle, puis redescendez vers la porte Saint-Louis. Cette porte, comme le reste des fortifications, a été sauvée par le gouverneur anglais Lord Dufferin. Lorsqu'il arriva en 1872, les habitants de Québec voulurent détruire les remparts qui freinaient l'expansion urbaine. Amoureux de la ville, Lord Dufferin proposa un plan qui conciliait développement économique et conservation du patrimoine. Québec est aujourd'hui la seule ville d'Amérique du Nord a avoir conservé ses fortifications.

Anne, en face de la place d'Armes, retrace l'histoire militaire de la province. A travers un diorama-maquette du site de Québec au XVIIIe siècle et un son et lumière, il fait revivre les six sièges de Québec et la bataille des Plaines d'Abraham. Le spectacle dure 30 minutes (12 fois par jour). Le prix d'entrée se monte à 6,25 $ pour les adultes (4 $ pour les étudiants, 5,25 $ pour les plus de 65 ans ; gratuit pour les moins de 10 ans). Il est ouvert de 10h à 12h30 et de 14h à 17h du lundi au vendredi, et de 10h à 17h les samedi et dimanche (en période estivale, tous les jours de 10h à 19h).

Musée Grévin Québec (musée de Cire)

Ce petit musée (☎ 692-2289), 22 rue Sainte-Anne, est la première franchise du Musée Grévin en Amérique du Nord. Il met en scène des figures historiques comme Montcalm et Champlain. Au deuxième étage sont présentés des personnages de la vie politique ou culturelle contemporaine (dont Roch Voisine et Lara Fabian…). Le prix d'entrée est de 3 $ pour les adultes (2 $ pour les étudiants et gratuit pour les moins de 12 ans). Le musée est ouvert tous les jours de 9h à 21h30 en période estivale.

Monastère et musée des Ursulines

Ce monastère (☎ 694-0694), 12 rue Donnacona, est la plus ancienne institution pour jeunes filles en Amérique du Nord. Fondé en 1641 par Mère Marie de l'Incarnation et Madame de Peltrie, le bâtiment fut ravagé par un incendie à deux reprises, en 1650 et en 1720. L'église actuelle date du début du siècle. Certains bâtiments ont été récemment rénovés. A la même adresse, le musée est consacré à la vie des Ursulines aux XVIIe et XVIIIe siècles. Il présente de nombreuses collections de tableaux, de meubles et autres objets ayant appartenu aux premiers colons français. On peut même y voir le crâne de Montcalm. L'entrée est de 4 $ (3 $ pour les seniors, 2,50 $ pour les étudiants, 2 $ pour les 12-16 ans ; gratuit jusqu'à 11 ans). Le couvent, la chapelle et le musée sont ouverts, en période estivale, du mardi au samedi de 10h à 12h et de 13h à 17h ; le dimanche, de 13h à 17h.

Tout près, 31 rue des Jardins, se dresse la **cathédrale anglicane Holy Trinity**, construite en 1804, la plus ancienne en dehors de la Grande-Bretagne. Datant de 1959, l'orgue tout de plomb et de zinc est impressionnant. Elle est ouverte de 9h à 20h du lundi au samedi et à partir de 12h30 le dimanche.

Quartier latin

Le Quartier latin fait référence à un secteur de la ville haute qui entoure le vaste complexe du séminaire. Ce dernier fut à l'origine le site de l'université de Laval, qui déménagea dans les années 60 à Sainte-Foy, à l'ouest du centre-ville. De nombreux étudiants résident toujours dans les vieilles rues étroites qui rappellent le quartier parisien du même nom. Pour entrer dans les jardins du séminaire, rendez-vous au 9 rue de l'Université (☎ 692-2843) où sont regroupés plusieurs bâtiments en bois et en pierre, un musée du Jouet, le musée de l'Université et des cours tranquilles, tapissées d'herbe. Pour les visites guidées, adressez-vous au 2 côte de la Fabrique.

Musée de l'Amérique Française

Sur le site historique du séminaire de Québec, 2 côte de la Fabrique (☎ 692-2843), ce musée présente une large collection d'œuvres d'art, de meubles, d'instruments scientifiques et de manuscrits témoignant de l'implantation de la culture française en Amérique du Nord. Ce lieu très intéressant recèle quelques 180 000 ouvrages anciens. Il ne faut surtout pas manquer la projection de la vidéo *Récits de voyages* (26 minutes) : avec humour, chaleur et émotion, le conteur-chanteur québécois Michel Faubert y retrace les aventures des Français sur le continent.

Le musée est ouvert tous les jours de 10h à 17h30, de fin juin à début septembre, et du mardi au dimanche de 10h à 17h le reste de l'année. Prix d'entrée : 3 $ (2 $ pour étudiants, 1 $ pour les 12-16 ans).

Musée d'art Inuit Brousseau

Ce musée (☎ 694-1828) est le seul lieu au Québec entièrement consacré à l'art inuit. Installé au 39 rue Saint-Louis dans un décor moderne, il présente 450 œuvres de différentes époques, réparties dans cinq salles.

La première rappelle l'origine des Inuit. La deuxième présente la vie quotidienne, telle qu'elle apparaît dans l'art, mais également au travers d'objets et de vêtements. Viennent ensuite les mythes avec notamment Sedna, la déesse de la mer à l'allure de sirène, le Chaman, intermédiaire entre l'être humain et les forces de la nature. Puis une salle regroupe des œuvres de célèbres artistes inuit. Une exposition thématique clôture la visite.

Très pédagogique, le musée permet de mieux connaître la culture inuit grâce à de magnifiques sculptures en pierre, en os de baleine ou en dent de narval.

Le musée se visite tous les jours de 9h30 à 17h30. Vous paierez 6 $ (4 $ pour les étudiants ; gratuit pour les moins de 12 ans).

Parc de l'Esplanade

A l'intérieur de la vieille ville, à côté de la porte Saint-Louis et de la rue Saint-Louis, s'étend un parc qui accueille plusieurs manifestations du Carnaval de Québec, en hiver, et où vous trouverez des calèches.

Le château Frontenac

Du nom du gouverneur qui lança à la face des Américains "Je vous répondrai par la bouche de mes canons et à coups de fusil", cet hôtel constituait une halte de luxe sur le trajet en chemin de fer Vancouver-Halifax. Il est toujours la propriété de la Canadian Pacific.

Sa construction a débuté en 1893, œuvre de l'architecte new-yorkais Bruce Price. L'hôtel comptait 170 chambres, toutes surplombant le fleuve, pour un prix de 1,75 à 3 $, ce que gagnait une femme de chambre en un mois.

Comme bien des édifices de Québec, le château Frontenac présente des briques de différentes couleurs. Elles provenaient d'Écosse et servaient de lest aux bateaux anglais qui partaient à vide pour revenir chargés de fourrures.

Les ascenseurs datent de 1893. Ils fonctionnaient à la vapeur, avant d'être électrifiés en 1912.

La tour de style médiéval (17 étages) remonte à 1912 et l'hôtel a été agrandi en 1920 avec l'aile Saint-Louis.

De nombreuses célébrités, dont Piaf, de Gaulle et Churchill, ont fréquenté l'établissement. Vous pourrez en visiter une petite partie (☎ 691-2166). Entrez dans l'hôtel, empruntez le couloir qui vous fait face, et dirigez-vous jusqu'au bar Saint Laurent. Descendez les escaliers sur les côtés. En bas, vous serez accueilli par des guides en costume d'époque.

Le château est ouvert tous les jours de 10h à 16h de mai à octobre, le reste de l'année de 13h à 17h sauf le dimanche. Le prix d'entrée s'élève à 6 $ (5 $ pour les seniors, 3,5 $ pour les 6-16 ans).

Terrasse Dufferin

Construite en 1838 sur les fondations du château Saint-Louis détruit par les flammes quatre ans plus tôt, elle mesurait alors 50 m de long. Quarante ans plus tard, elle fut agrandie pour atteindre sa longueur actuelle de 425 m. Elle doit son nom au gouverneur général du Canada d'alors, Lord Dufferin. Cette promenade très agréable conduit aux Plaines d'Abraham et offre un très beau panorama sur le fleuve. A son extrémité est se dresse une statue de Samuel de Champlain. De là, juste à côté du funiculaire, vous pouvez accéder au parc Montmorency en descendant l'escalier Frontenac. A l'ouest, vous verrez le toboggan en bois utilisé lors du carnaval d'hiver.

La rue du Trésor

Elle donne sur la place d'Armes, en amont. Cette rue étroite relie la rue Sainte-Anne à la rue Buade. Construite à la fin du XVIIe siècle, elle menait autrefois aux bureaux du Trésorier de la Marine. Des étudiants des Beaux-Arts occupèrent la rue en 1950 pour vendre leurs peintures et dessins. La présence de ces artistes en herbe fut officiellement autorisée en 1984.

Aujourd'hui, la rue est envahie de peintres qui proposent des "œuvres" destinées aux touristes.

Québec Expérience

Québec Expérience (☎ 694-4000), 8 rue du Trésor (2e étage), expose en une demi-heure l'histoire de Québec grâce à un spectacle en trois dimensions qui mêlent de simples éléments de décor à des effets spéciaux plus sophistiqués. Images qui flottent dans l'espace, apparition de personnages donnant l'impression d'être des acteurs bien réels, la magie est au rendez-vous.

Malgré un texte et une musique parfois grandiloquents, le spectacle donne un bon aperçu de l'histoire de la ville.

L'établissement est ouvert tous les jours de 10h à 22h. Vous paierez 6,75 $ (4,75 $ pour les étudiants et les seniors ; gratuit pour les moins de 6 ans).

Le Village fantastique

En sortant de Québec Expérience, Le Village fantastique (☎ 692-3022) vaut un rapide détour. A l'intérieur de 135 m^2 de vitrine, 1 120 figurines (dont 800 différentes) reproduisent diverses scènes : enfants qui patinent sur la glace, télésièges animés et cascades. Le prix d'entrée est de 2,25 $ (gratuit pour les moins de 6 ans). Ouvert tous les jours de 9h à 17h (jusqu'à 21h l'été).

Hôtel de ville

Cet édifice imposant fut construit en 1896 sur l'emplacement d'un ancien collège de jésuites, démoli en 1877. Cette congrégation fut la première à s'installer en Amérique française. Le bâtiment présente un étonnant mélange de styles architecturaux, dont le style néo-roman américain. La place de l'Hôtel-de-Ville abritait le plus grand marché de la ville haute au XVIIIe siècle. Son activité prit fin avec la construction de l'édifice municipal. Le parc accueille des spectacles et de nombreuses manifestations en été, notamment pendant la période du festival.

Notre-Dame de Québec

Face à l'Hôtel-de-Ville se dresse l'église Notre-Dame, dont la construction débuta en 1647. Elle constitua la première paroisse de la Nouvelle-France. Nombre d'ajouts et de changements se sont succédé jusqu'en 1749. Incendiée lors des bombardements de la ville par les troupes britanniques en 1759, l'église fut reconstruite par trois générations de la famille Baillairgé. Les travaux s'échelonnèrent jusqu'au milieu du XIXe siècle.

Élevé au rang de basilique en 1874, l'édifice connaîtra d'autres tragédies. Le feu ravagea à nouveau la basilique en 1922, ne laissant que les murs. Sa restauration respectera les plans d'origine. La nouvelle basilique sera inaugurée en 1925 et classée monument historique par le ministère des Affaires culturelles du Québec en 1966. Des travaux d'embellissement ont commencé au début des années 70.

En période estivale, vous pouvez assister à un spectacle son et lumière qui se tient 5 fois par jour.

QUÉBEC

LA VILLE BASSE (VIEUX-QUÉBEC)

C'est la partie la plus ancienne de Québec et elle mérite qu'on s'y attarde. Descendez à pied la côte de la Montagne, près de la poste. A mi-chemin, sur la droite, vous pourrez prendre l'Escalier Casse-Cou (59 marches), le plus ancien escalier de Québec, autrefois appelé escalier Champlain ou du Quêteux. C'est un raccourci entre la rue du Petit-Champlain et la Côte de la Montagne.

Vous pouvez aussi descendre par le funiculaire qui part de la terrasse Dufferin. Il rejoint la rue Petit-Champlain, où se trouve la **maison Louis-Jolliet**, datant de 1683. C'est là que résidait Louis Jolliet lorsqu'il n'explorait pas le Mississippi nord. La rue Petit-Champlain est animée, agréable, sans doute la plus étroite et la plus vieille d'Amérique du Nord.

Place Royale

Chargée de quatre siècles d'histoire, cette place, véritable enchantement, est aussi la principale de la ville basse. Son nom est souvent utilisé pour faire référence au quartier en général. Lorsque Champlain fonda la ville de Québec, c'est là que les colons s'installèrent.

Les maisons et les musées à visiter ne manquent pas, certains exposant des meubles et des ustensiles d'époque. Les rues sont fréquentées par de nombreux visiteurs, des habitants se rendant au café ou au restaurant et des écoliers venus de toute la province prendre une leçon d'histoire. Et il n'est pas rare de voir des mariés descendre les marches de l'église. Vous y trouverez aussi des galeries, des boutiques d'artisanat, etc. Toujours sur la place se profilent de nombreux édifices des XVIIe et XVIIIe siècles, des boutiques aux prix "touristiques". Au milieu trône une statue de Louis XIV.

Sur la place, un centre d'information brosse un aperçu de l'histoire de la ville basse et de Québec, indique les manifestations, les concerts et les spectacles gratuits qui se déroulent fréquemment dans les rues de la ville basse et alentour. C'est de là que partent les visites guidées. Tout près de la place, la **Maison des vins de la société des alcools du Québec** est un séduisant magasin de vins installé dans un édifice restauré datant de 1689. L'entrée est libre et vous aurez peut-être droit à une dégustation gratuite. Elle est fermée le dimanche et le lundi.

Église Notre-Dame-des-Victoires

Construite en 1688 à la demande de Mgr Laval, qui souhaitait un temple pour les fidèles de la ville basse, cette église en pierre est la plus ancienne de la province. Elle fut

Chargée de quatre siècles d'histoire, la place Royale est un enchantement

édifiée à l'endroit même où, 80 ans plus tôt, Champlain construisit sa première "habitation", une petite palissade. Connue d'abord sous le nom de l'Enfant-Jésus, elle fut baptisée Église Notre-Dame-de-la-Victoire en 1690, après une première victoire sur les Anglais, pour devenir Notre-Dame-des-Victoires en 1711, à la suite d'un second succès des troupes françaises. Un modèle réduit du navire *le Brézé* est suspendu dans la nef.

Batterie royale

Elle se trouve au pied de la rue Sous-le-Fort, où furent installés une dizaine de canons en 1691, qui servirent à défendre la ville en 1759. Le bureau d'information de la ville basse est implanté à cet endroit.

Un bureau de la gendarmerie maritime est situé à proximité du terminal des ferries, de l'autre côté de la rue.

VIEUX-PORT

Construit à l'est de la place Royale, le Vieux-Port a été récemment rénové. On y trouve maintenant un assortiment de bâtiments administratifs, de boutiques, d'immeubles et d'aires de loisirs, sans réel point névralgique, mais non dénué d'intérêt pour le visiteur. L'été, les enfants peuvent se baigner dans des petits bassins.

La promenade sur le front de mer aboutit à l'Agora, un gigantesque amphithéâtre en plein air, dans lequel ont lieu de nombreux spectacles et concerts en été. Un peu plus loin, un édifice style entrepôt abrite de nombreuses boutiques.

Musée de la Civilisation

Ouvert en 1988 sur le front de mer, cet impressionnant musée (☎ 643-2158), 85 rue Dalhousie, propose nombre d'expositions thématiques et d'activités sur des domaines extrêmement variés. A ne rater sous aucun prétexte ! Pour ne citer qu'elle, l'exposition permanente *Mémoires* est passionnante. Conçue autour de thèmes tels que Construire, S'établir, Produire, Vivre en ville, Aimer, elle mêle le passé au présent. Intérieur de maison reconstitué, outils agricoles, accessoires pour la neige, panoplie de forgeron, métier à tisser et bien d'autres objets, affiches, maquettes ou vidéos interactives nous font pénétrer dans la vie et la culture québécoises.

Le musée est spacieux et bien aménagé. Outre les expositions, il accueille des spectacles de danse et des concerts.

L'entrée coûte 7 $ (6 $ pour les seniors, 4 pour les étudiants, 2 $ pour les 12-16 ans ; gratuit le mardi hors saison). Il ouvre ses portes tous les jours de 10h à 19h, de fin juin à début septembre ; du mardi au dimanche de 10h à 17h le reste de l'année.

Centre d'interprétation du Vieux-Port-de-Québec

Au sud, à une courte distance de la ville, ce lieu historique national (☎ 648-3300) est installé dans un bâtiment de quatre étages, 100 rue Saint-André. Il retrace l'évolution de la construction navale et de l'industrie du bois, grâce à d'excellentes expositions et à de fréquentes démonstrations en direct. L'entrée est de 3 $. Une famille de trois enfants bénéficie d'un forfait de 7 $. De mai à octobre, il est ouvert tous les jours de 10h à 17h. Le reste de l'année, il faut réserver.

Quartier des antiquaires

Au nord-ouest de la place Royale, ce quartier est situé non loin du lieu historique national du Vieux-Port de Québec. De la place Royale, empruntez la rue Saint-Pierre, en direction du port, puis tournez à gauche dans la rue Saint-Paul. Quelques boutiques vendent des antiquités et des vieux objets québécois. D'agréables petits cafés longent également cette rue tranquille. En remontant la côte de la Canoterie, en direction de la ville haute, on accède au marché du Vieux-Port à droite et, un peu plus loin, à la gare du Palais.

A L'EXTÉRIEUR DES REMPARTS

Assemblée nationale (Hôtel du Parlement)

Dans la ville haute, le siège du parlement provincial se profile à l'angle de la Grande-Allée Est et de l'avenue Dufferin, non loin du parc de l'Esplanade. L'édifice, construit entre 1877 et 1886, ressemble à un château. Des visites, gratuites, permettent d'en découvrir le somptueux intérieur. Ouvert du lundi au vendredi de 9h à 16h30 ; à partir de 10h les samedi, dimanche et jours fériés, uniquement pendant la période estivale.

Grand Théâtre

A l'angle du bd René-Lévesque Est et de la rue Claire-Fontaine se dresse un impressionnant bâtiment de trois étages consacré aux arts du spectacle. Des visites gratuites d'une heure permettent d'apprécier la gigantesque fresque murale du peintre espagnol Jordi Bonet. Elle se divise en trois parties : Mort, Espace et Liberté.

Le parc du bois de Coulonge

A l'ouest des Plaines d'Abraham, entre le bd Champlain et le chemin Saint-Louis, ce vaste parc (☎ 528-0773) est exclusivement consacré à la flore. Longtemps propriétés privées, les aires boisées et les expositions horticoles sont désormais ouvertes au public.

Site archéologique

Au nord de la partie haute des remparts, à l'angle des rues Saint-Nicolas et Vallière, se trouve un site historique attrayant (☎ 691-6092), le site du palais de l'intendant. Les visiteurs ont accès aux voûtes, où se trouve un Centre d'interprétation archéologique.

L'entrée est gratuite et le site, ouvert tous les jours de 10h à 17h de fin juin à fin septembre ; sur réservation le reste de l'année.

Lieu historique national Cartier-Brébeuf

Sur la rivière Saint-Charles, au nord du secteur ceinturé de remparts de la ville, ce lieu historique, 175 rue de l'Espinay, indique l'endroit où furent reçus Cartier et ses hommes par les Indiens, au cours de l'hiver 1535. Par la suite, les jésuites y établirent une colonie. Des expositions sont consacrées à Jacques Cartier, à ses voyages et aux missionnaires. On peut admirer une

Tu ou vous ?

"Comment sait-on si on peut tutoyer quelqu'un ?". Toute personne aux prises avec l'apprentissage de la langue française se pose forcément la question un jour. Quand les Français vont au Québec, le problème s'inverse. *"Quand doit-on vouvoyer quelqu'un ?"*. Les Québécois sont des adeptes du "tu" immédiat. Et il peut être tout à fait déplacé de s'acharner sur le "vous". Il suffit de trouver le bon dosage mais, comme le dit si bien un Québécois à qui l'on exposait ce petit problème, *"nous autres, on perd pas de temps avec le serrage de mains. On va directement au tutoiement. C'est pas la peine de perdre du temps. Le temps perdu, on ne le revoit plus"*...

réplique grandeur nature de la *Grande Hermine*, navire amiral de Cartier, et une habitation indienne, à côté de la rivière. Pour les horaires, adressez-vous au ☎ 648-4038. L'entrée est de 3 $ (2,25 $ pour les étudiants et les seniors, 6,25 $ pour les familles). Depuis le centre-ville, si vous êtes en voiture, empruntez la rue Dorchester au nord. En bus, rendez-vous jusqu'à la rue Julien, puis marchez jusqu'au parc.

Aquarium

Il est installé 1675 avenue des Hôtels (☎ 659-5264), dans le quartier Sainte-Foy, et compte près de 340 espèces de poissons d'eau douce et de mer, de reptiles et de mammifères marins. Des animations sont proposées dans le hall d'entrée, récemment rénové. En été, un spectacle de phoques se déroule à 10h15 et 15h15. Il est ouvert tous les jours de 9h à 17h. Le prix d'entrée s'établit à 9,50 $ (4,50 $ pour les 4-13 ans, 6 $ pour les plus de 14 ans et étudiants, 8,50 $ pour les plus de 65 ans).

CIRCUITS ORGANISÉS

Ce ne sont pas les possibilités qui manquent. Certaines agences utilisent des minibus pour des circuits privés, d'autres mettent à votre disposition un chauffeur pour votre voiture. Plusieurs agences organisent des visites de la ville en bus ou des excursions d'une journée dans la région, à l'île d'Orléans ou Sainte-Anne-de-Beaupré par exemple.

L'office du tourisme distribue des dépliants publicitaires sur les circuits disponibles. Sur la terrasse Dufferin, un kiosque représente la plupart des agences de la ville.

Les Autocars Dupont (☎ 649-9226) organisent six tours différents dans Québec et ses environs, de 21 à 65 $. Une des excursions s'effectue en partie en bus, en partie en bateau. On viendra vous chercher gratuitement à votre hôtel. L'agence dispose aussi de navettes qui font le tour du Vieux-Québec et le trajet jusqu'à l'aéroport.

Les Autocars Dupont proposent aussi des visites de la ville à pied de deux heures, quatre fois par jour (☎ 622-3677). Pour les billets, rendez-vous 12 rue Sainte-Anne, face au château.

D'autres agences moins réputées pratiquent des tarifs plus intéressants, ou proposent des tours plus longs pour un prix équivalent.

Croisières sur le Saint-Laurent

Diverses promenades vous sont proposées sur le *MV Louis-Jolliet* (☎ 692-1159), qui peut accueillir jusqu'à 1 000 passagers. Vous pourrez vous procurer les billets 10 rue Dalhousie ainsi qu'au kiosque de la terrasse Dufferin.

L'excursion d'une heure et demie coûte 19,95 $ (9,95 $ pour les enfants). Il existe trois départs quotidiens. Un tour plus long, incluant l'île d'Orléans, les chutes Montmorency et des promenades nocturnes de deux heures, est également proposé. Comptez entre 39 et 60 $ avec dîner et 22 $ sans restauration. Il est préférable d'acheter son billet à l'avance.

D'autres agences proposent des services similaires sur des bateaux plus petits.

A noter que le ferry à destination de Lévis offre une courte croisière et une vue superbe du château, pour un prix dérisoire.

GRANDE-ALLÉE EST

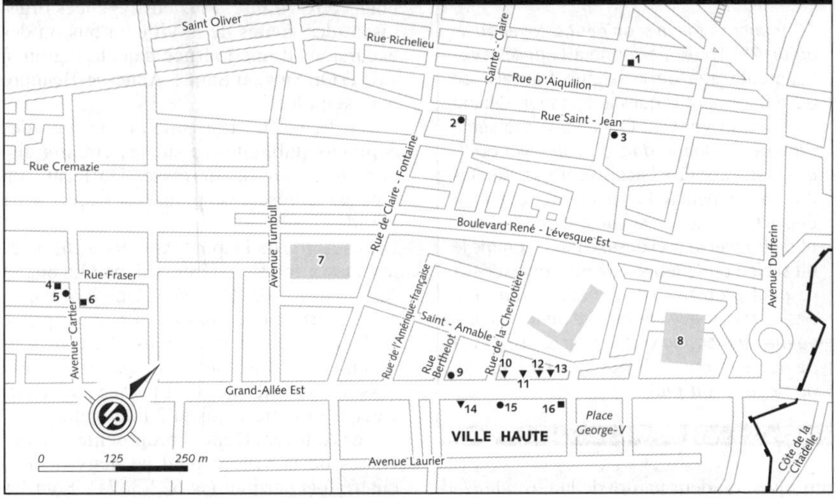

GRANDE ALLÉE-EST

OÙ SE LOGER
1 L'Heure Douce
4 Couette et Café Toast & French
6 Krieghoff Bed & Breakfast
16 Hôtel Château Laurier

OÙ SE RESTAURER
10 Paris Brest
11 Chez Dagobert
12 Les Voûtes Napoléon
13 Le Louis-Hebert
14 Le Cosmos

DIVERS
2 Le Sacrilège
3 Cybercafé Club Internet Back Boys
5 Jules et Jim
7 Grand Théâtre
8 Assemblée nationale
9 O'Zone
15 Chez Maurice

OÙ SE LOGER

Pensions de famille, couettes et café, petits hôtels de style européen constituent l'essentiel de l'hébergement québécois. Les endroits bon marché affichent souvent complet, en particulier lors du carnaval et en été. Cherchez une chambre impérativement avant 14h, ou réservez par téléphone, surtout au moment du festival. Si vous ne trouvez pas à vous loger dans la vieille ville, rabattez-vous sur un des motels excentrés.

L'office du tourisme de la rue d'Auteuil pourra vous fournir la liste des hébergements disponibles. Attention, elle ne tient pas compte des annulations de dernière minute. Le guide de l'hébergement touristique n'est pas plus complet.

En dehors des périodes d'affluence, les prix chutent parfois de plus de 20%, par rapport au chiffre que nous vous indiquons. N'hésitez pas à marchander si vous restez plus de deux jours.

Enfin, dire d'un accueil qu'il est sympathique est un pléonasme à Québec. Vous serez quasiment toujours reçu avec beaucoup de gentillesse.

Camping

Les terrains de camping sont nombreux à proximité de la ville. C'est le cas du ***Camping Municipal de Beauport*** (☎ *666-2228, fax 666-2360* ; *95 rue Sérénité*) au nord.

Pour vous y rendre, empruntez l'autoroute 40 en direction de Montmorency, prenez la sortie n°21 puis dirigez-vous vers le nord. Le camping s'étend non loin, sur la gauche. Comptez de 16,50 à 21 $. D'autres terrains jalonnent l'autoroute 138, vers l'est de la ville, aux alentours de Sainte-Anne-de-Beaupré, comme le ***Parc du Mont Sainte-Anne*** (☎ *826-2323, fax 827-3121 ; route 360, Saint-Férréol-les-Neiges*) qui propose des tarifs similaires.

De nombreux campings privés sont également disséminés sur cette rive sud, notamment à l'ouest de Québec.

Auberges de jeunesse

Deux auberges sont bien situées et très fréquentées. La première, le ***Centre international de séjour de Québec*** (☎ *694-0775, cisq@mail.org ; 19 rue Sainte-Ursule*), affiliée à l'Organisation internationale des auberges de jeunesse, est très centrale. En dépit de ses 240 lits, elle affiche généralement complet en été. Comptez 15 $ pour un lit simple. L'auberge loue aussi des doubles et des chambres familiales. La cafétéria sert le petit déjeuner, les autres repas sur réservation. Renseignez-vous sur les activités organisées par l'auberge.

Plus petite et sans doute plus tranquille, l'***Auberge La Paix*** (☎ *694-0735 ; 31 rue Couillard*) est ouverte toute l'année (59 lits). Signalée par un signe de paix sur le mur blanc du bâtiment, elle est accessible à pied depuis les gares routière ou ferroviaire en 30 minutes, mais il faudra monter une côte. A proximité se trouvent une épicerie, un bar et un restaurant. Il est conseillé d'arriver tôt le matin. Comptez 19 $, petit déjeuner compris, plus 2 $ si vous avez besoin d'un drap et d'une couverture. Elle ferme à 2h.

La ***YWCA*** (☎ *683-2155, fax 683 5526 ; 855 av Holland*) accepte les couples ou les femmes seules. Les chambres oscillent entre 27 et 40 $. Une cafétéria et une piscine sont à votre disposition. Mieux vaut réserver. L'avenue Holland débouche du chemin Sainte-Foy, qui devient le chemin Saint-Jean dans la partie ancienne. Le bus n°7 longe le chemin Sainte-Foy. Marchez dans l'ave[illegible]
n'est [illegible]
L' [illegible]
2801 [illegible]
cher [illegible]
à l' [illegible]
cha [illegible]
34/ [illegible]
n°8 [illegible]
co [illegible]
les po[illegible]

Auberges et hôtels

Vous trouverez nombre d'établissements installés dans de vieilles demeures à l'intérieur des remparts, confortables et bon marché à condition de partager votre s.d.b.

Les moins onéreux sont pour la plupart regroupés dans un secteur, délimité par la rue d'Auteuil à l'ouest, la rue Sainte-Anne au nord, le château Frontenac à l'est et l'avenue Saint-Denis au sud. Les rues Sainte-Ursule et Saint-Louis sont les plus intéressantes. Viennent ensuite les rues Sainte-Anne et Laporte. A noter aussi que les parkings sont souvent accessibles moyennant un supplément.

Le ***Manoir des remparts*** (☎ *692-2056, fax 692-1125 ; 3 1/2 rue des Remparts*) est un hôtel sans prétention, mais bien tenu et très propre. Certaines chambres bénéficient d'une belle vue sur le port commercial et une partie du Saint-Laurent. Les chambres avec s.d.b. commune au dernier étage et sans climatisation sont très bon marché (à partir de 35 $) ; vous avez accès à une belle terrasse. Les simples/doubles avec s.d.b reviennent à 70/80 $. Fumeurs s'abstenir.

Du nom du général américain Richard Montgomery, tué le 31 décembre 1775 lors du siège de Québec, et dont la dépouille a été transférée ici, l'***Hôtel Maison du Général*** (☎ *694-1905 ; 72 rue Saint-Louis*) loue des simples/doubles à des tarifs variant de 33 à 52 $. Les chambres les moins chères donnent sur la rue et sont plus bruyantes. L'accueil très avenant compense le cadre un peu désuet.

L'accueil est tout aussi charmant à l'***Auberge Saint-Louis*** (☎ *692-2424, fax 692-*

ouis). Les chambres é dégagent une grande oûtent de 55 à 75 $ avec e, de 85 à 95 $ avec s.d.b.

rès calme rue Sainte-Ursule, *anoir La Salle* (☎ *692-9953 ; ainte-Ursule*) présente un excellent ort qualité/prix. Les simples/doubles, éablement meublées, vont de 30/45 à 0/60 $. Certains préfèrent les chambres à l'étage, qui évitent de passer par le couloir pour se rendre à la s.d.b. L'accueil est à la bonne franquette.

La ***Maison Sainte-Ursule*** (☎ *694-9794 ; 40 rue Sainte-Ursule*) est plus onéreuse, avec des simples/doubles de 39/48 $ à 62/89 $, toutes très intimes et décorées de manière différente. Des kitchenettes sont à disposition. La cour, comme la réception dotée d'une magnifique grille et d'une belle table en bois, sont très agréables.

Près de l'Hôtel de Ville, l'***Hôtel Maison Doyon*** (☎ *694-1720, fax 694-1164 ; 109 rue Sainte-Anne*) compte 47 chambres dont certaines donnent sur le château Frontenac. Modernisme et art déco se marient fort bien dans un décor empreint de sobriété. Il vous en coûtera 50/60 $ pour une simple/double avec s.d.b. commune, et jusqu'à 90 $ avec s.d.b. individuelle.

L'***Hôtel Le Clos Saint-Louis*** (☎ *694-1311 ou 1 800 461-1311, fax 694-9411 ; 71 rue Saint-Louis*) a été entièrement rénové. Le salon s'enorgueillit d'un parquet, de poutres et d'un grand miroir. La décoration rend les chambres très chaleureuses. Certaines disposent d'un lit à baldaquin. Comptez 65 $ pour une chambre avec s.d.b. communes, et 185 $ pour une avec bains à remous.

L'***Hôtel La Maison Acadienne*** (☎ *694-0280 ou 1-800-463-0280, fax 694-0458 ; 43 rue Sainte-Ursule*) loue des simples/doubles de 47/51 $ à 92/104 $ selon la taille de la chambre et les commodités offertes. L'hôtel abrite également deux suites avec bains à tourbillon, dont le prix varie de 100 à 200 $. C'est une bonne adresse et, si vous disposez d'une petite voiture, vous pourrez vous garer à l'arrière. Un petit déjeuner continental est servi dans le patio.

L'***Hôtel Manoir de la Terrasse*** (☎ *694-1592, fax 694-1167, beausite@sympatico.ca ; 4 rue de la Porte*) dispose de 8 chambres avec s.d.b. (et de beaux lits en métal) valant de 89 à 105 $.

L'***Hôtel Château de Léry*** (☎ *692-2692 ou 1 800 363-0036, fax 692-523 ; 8 rue de La Porte*) date du siècle dernier. Le prix des 19 chambres avec s.d.b. et air conditionné varie de 85 à 115 $. Cinq d'entre elles donnent sur le fleuve, le parc des Gouverneurs et le château Frontenac. Il est conseillé de réserver longtemps à l'avance.

L'***Hôtel Chateau Bellevue*** (☎ *692-2573, fax 692 4876, www.vieux-quebec.com/bellevue ; 16 rue de la Porte*) possède 58 chambres dont la moitié jouissent d'une vue sur le fleuve, la terrasse Dufferin et le parc. Des forfaits sont proposés. Comptez de 99 à 154 $. Réservez longtemps à l'avance.

A l'angle de la rue Saint-Louis et de la rue d'Auteuil, l'***Hôtel Manoir de l'Esplanade*** (☎ *694-0834, fax 692-0456 ; 83 rue d'Auteuil*) occupe une vieille maison restaurée. Les 36 chambres coûtent entre 65 et 110 $. Les chambres d'angle sont parfois bruyantes.

Hôtels de luxe

Ceux qui cherchent le grand luxe seront sans doute comblés par le ***Château Frontenac*** (☎ *692-3861, fax 692-1751 ; 1 rue des Carrières*), qui emploie 650 personnes pour 605 chambres, toutes différentes, avec des copies de meubles de style. Véritable hôtel dans l'hôtel, 40 chambres grand luxe ont droit à une réception et une piscine privées. Vous débourserez entre 209 et 349 $ pour une simple/double, entre 489 à 1 250 $ pour une suite. Avis aux amateurs : l'hôtel organise des mariages.

Plus abordable, l'***Hôtel Clarendon*** (☎ *692-2480 ; fax 692-4652, www.familledufour.com ; 57 rue Sainte Anne*) possède 151 simples/doubles variant de 79/89 $ à 239/249 $. La chambre 633 offre une vue imprenable sur le château au travers de fenêtres ovales. Décoration et ameublement sont soignés. Certaines s.d.b. sont équipées de bain à remous.

L'***Hôtel Château Laurier*** (☎ *522-8108, fax 524-8768, www.vieux-quebec.com/laurier ; 695 Grande-Allée*), sur la colline parlementaire, dispose de 114 chambres de 99 à 259 $. Il possède également 8 appartements loués 250 $ la semaine pendant la haute saison, et de 125 à 175 $ hors saison. C'est une offre très intéressante.

L'***Hôtel Manoir sur le Cap*** (☎ *694-1987, fax 667-4235, manoir@mediom.qc.ca ; 9 av. Sainte-Geneviève*) est meublé avec beaucoup de goût pour des prix variant entre 110 et 265 $. Pour ce dernier tarif, vous disposerez d'une vraie suite. Depuis la chambre, vous descendez quelques marches pour arriver dans une salle de bains avec une large baignoire à remous. A l'étage, on trouve un salon/cuisine équipé d'une cheminée qui fonctionne.

Couettes et café

Équivalent des Bed & Breakfast, ce mode d'hébergement semble se développer à Québec. Si vous passez d'abord par Montréal, B&B à Montréal pourra s'occuper de votre réservation à Québec (reportez-vous à la rubrique *Hébergement* dans le chapitre *Montréal*).

La Marquise de Bassano (☎ *692-0316, www.total.net./~bassano ; 15 rue des Grisons*) possède des chambres spacieuses et personnalisées. Le stationnement est possible. Il vous en coûtera de 55/65 $ à 70/100 $ pour une simple/double. Le petit déjeuner à volonté comporte entre autres des croissants faits maison. Cette demeure, de style victorien, fut construite par l'architecte du château Frontenac et, selon la propriétaire, très accueillante, aurait été donnée à la marquise en échange d'une poignée d'amour. Les jeudi, vendredi et samedi, un petit groupe joue du jazz de 17h à 19h.

L'accueil est charmant ***Chez Marie-Claire*** (☎ *692-1556, www.gites-classifies.qc.ca/accmar.htm ; 62 rue Sainte-Ursule*). Vous logerez dans de grandes chambres calmes et confortables, dont certaines possèdent une s.d.b. Dans cette maison douillette, comptez 80/105 $ pour une simple/double.

Chez Hubert (☎ *692-0958, bheber@microtec.net ; 66 rue Sainte-Ursule*) pratique des tarifs similaires. Le petit déjeuner varie tous les jours. Les hôtes, Guylaine, Hubert et Marc, sont très sympathiques. Les couleurs et le mobilier font de cette demeure un endroit très chaleureux. Vous pouvez également profiter du salon. Fumeurs s'abstenir.

Sur le trottoir d'en face, la ***Maison Historique James Thompson*** (☎ *694-9042, www.greernet.com/b&b/home/htm ; 47 rue Sainte Ursule*) date de 1793, et elle est classée monument historique. Greg – qui ne parle qu'anglais – et Quitta ont rénové 3 chambres à l'étage sous une très belle charpente. La salle commune est lambrissée et les chambres assez spacieuses. Le prix (65 $) est plutôt modéré pour l'endroit.

Dans une rue très animée, à l'extérieur des remparts, ***Le Krieghoff Bed & Breakfast*** (☎ *522-3711, fax 647-1429, krieghof@clic.net ; 1091 av Cartier*), géré par Le Krieghoff, un bar réputé de la ville, propose cinq chambres en B&B. Les simples/doubles valent 65/70 $. Le décor, résolument moderne, garde une touche intimiste. Le salon et la cuisine communes donnent une impression de grand confort. Adressez-vous au bar en dessous.

A côté, ***Couette et Café Toast & French*** (☎ *523-9365, fax 525-0002, email toast_french@hotmail.com ; 1020 av Cartier*) est tenu par France, une ancienne professeur de français. Elle accueille des gens venus du monde entier qui souhaitent apprendre le français, ainsi que des touristes. Les trois chambres sont décorées et meublées avec goût. La jaune est particulièrement lumineuse. La s.d.b. commune est grande et claire. Le salon et la salle à manger dégagent une atmosphère chaleureuse. La simple/double oscille entre 55/65 $, petit déjeuner (avec confiture maison) compris.

Située dans une rue calme proche des remparts, ***L'Heure Douce*** (☎/fax *649-1935, jacques.gagnel@sympatico.ca ; 702 rue Richelieu*) dispose de trois chambres mansardées moyennant 65 $, avec petit déjeuner. Il est possible de louer un studio au même prix sans petit déjeuner. Certaines chambres jouissent d'une vue magnifique sur les Laurentides. Le salon commun au premier étage, avec sa charpente en bois clair, est superbe.

Appartements

L'office du tourisme peut vous fournir la liste des locations d'appartements.

Au ***52 Sainte Ursule*** (☎ *692-0765 ou 1 888 692-0765, fax 692-2279 ; 52 rue Sainte-Ursule*), l'accueil extrêmement chaleureux de Réjean, Martine et Léo, leur fils, vous inspire immédiatement confiance. La maison date de 1870 et a été rénovée afin de faire ressortir les pierres et les poutres. Vous pouvez louer cinq studios très spacieux, bien équipés et très clairs, tous différents. Les prix oscillent entre 88 et 150 $ la journée, 445 et 695 $ pour une semaine.

Accueil B&B Bourgault Centre-Ville (☎ *525-7832 ; 650 rue de la Reine*) propose des simples/doubles de 55/65 $ à 65/75 $. Cet établissement organise également la location d'appartements à la semaine ou au mois.

Le ***B&B Hayden's Wexford House*** (☎ *524-0524, fax 648-8995 ; 450 rue Champlain*), une maison ancienne rénovée, située à 1 km au sud de la vieille ville basse, affiche des simples/doubles comprises entre 65/80 $ et 95/105 $. Elle dispose également d'appartements tout équipés pour 4 à 5 personnes. Demandez les tarifs à la semaine.

Motels

Québec compte une quantité incroyable de motels répartis dans trois secteurs. Tous extérieurs à la vieille ville, ils restent tout à fait accessibles et faciles à trouver.

Beauport. Vous traversez ce secteur, au nord du centre-ville, en vous rendant à Sainte-Anne-de-Beaupré, ou en longeant la côte nord. En voiture, du centre-ville, remontez au nord la rue Dorchester jusqu'au bd Hamel. Tournez à droite (à l'est) ; le bd Hamel devient la rue 18 puis, plus à l'est, le bd Sainte-Anne. Vous êtes arrivé à Beauport. Commencez vos recherches lorsque les numéros avoisinent les 1000. La plupart des motels bordent la route, avec le fleuve en toile de fond.

Le ***Motel Chevalier*** (☎ *661-3876, fax 666-8062 ; 1062 bd Sainte-Anne*) loue des simples/doubles à 55/65 $.

Le ***Motel de la Capitale*** (☎ *663-0587, fax 663-9964 ; 1082 bd Sainte-Anne*) propose des simples/doubles à 66/70 $.

Au nord-ouest du centre de Beauport, à l'intersection du bd Henri-IV et de la Hwy 138, en direction de l'aéroport, la ***Comfort Inn*** (☎ *872-5900, fax 872-0550 ; 1255 bd Duplessis*) facture les simples et les doubles à 113 $. Cette chaîne canadienne est toujours digne de confiance.

Boulevard Wilfrid-Laurier. Ce second secteur, à l'ouest de la ville, le long du bd Wilfrid-Laurier, regroupe des motels à partir de l'est du bd Henri-IV, qui rejoint les ponts de la rive sud. Commencez votre recherche dès le numéro 2800. Les prix sont généralement plus élevés, mais le centre-ville est plus proche.

Plus à l'est, lorsque le bd Wilfrid-Laurier tourne dans Grande-Allée, des logements plus petits, à un prix raisonnable, sont regroupés autour des numéros 600. Les motels plus proches du centre-ville sont généralement plus luxueux.

Boulevard Wilfrid-Hamel. Ce troisième secteur est indiqué "Hamel" sur les panneaux. Remontez au nord le bd Henri-IV depuis le fleuve, ou au sud depuis la Hwy 40. Il se trouve à environ 7 km de la ville. Commencez par inspecter le pâté de maisons à proximité des numéros 5000, bien que toute la rue soit bordée de motels. Certains se sont regroupés dans Sainte-Foy.

Le ***Motel Pierre*** (☎ *681-6191, fax 688-9606 ; 1640 bd Wilfrid-Hamel*) loue des chambres entre 76 et 110 $.

OÙ SE RESTAURER

Québec compte des dizaines de bons restaurants mais il faut s'attendre à des prix relativement élevés. Quelques établissements font heureusement exception, et les plus chers offrent généralement un service et un cadre agréables. La plupart des restaurants affichent le menu à l'extérieur. Si vous restez quelque temps dans la ville, vous finirez par dénicher votre endroit favori. Des adresses plus modestes sont disséminées un peu partout et servent les habituels pizzas, sandwiches, etc.

L'hiver, au dîner, le menu comporte de la soupe, un petit pain, un dessert et un café. La plupart proposent aussi un plat du jour, à midi, à un prix avantageux. Certains servent à déjeuner jusqu'à 15h. Le déjeuner revient souvent moitié moins cher que le dîner, mais les portions sont légèrement plus petites. La cuisine ethnique n'est pas le point fort de Québec. A l'intérieur des remparts, les établissements de la ville haute sont souvent chers. A l'extérieur, ou dans les secteurs plus paisibles de la ville basse, ils sont plus simples et meilleur marché.

Vieille ville haute

Pour obtenir des œufs à un prix abordable, rendez-vous à ***l'Omelette*** (*☎ 694-9626 ; 66 rue Saint-Louis*). Cet endroit ne désemplit pas et s'est spécialisé – on s'en douterait – dans les omelettes. Il en sert une dizaine de variétés, accompagnées de pommes de terre frites, de 6 à 8 $. Figurent également au menu trois types de petit déjeuner, avec jus de fruit, pain grillé, café et, au choix, des céréales, des œufs ou des croissants.

Non loin de là, ***La Caravelle*** (*☎ 694-9022 ; 68 1/2 rue Saint-Louis*) prépare une cuisine très variée dans un cadre assez sobre : pâtes et pizza côtoient poissons et spécialités comme le canard, le crabe d'Alsaka ou le lapereau au porto. Les menus oscillent entre 20 et 36 $.

La ***Rôtisserie Sainte-Angèle*** (*☎ 694-3339 ; 32 rue Sainte-Angèle*) fait immédiatement penser à un chalet. La charpente mérite le coup d'œil. L'hiver, la cheminée ajoute au charme de l'établissement. L'été, une terrasse permet de profiter de la fraîcheur du soir. Le poulet est bien sûr la spécialité de la maison : de 7 $ le quart à 21 $ le poulet entier.

Le ***Café Buade*** (*☎ 692-3909 ; 31 rue Buade*) est un restaurant adapté aux repas familiaux. Il est idéalement situé, au sud de la rue des Jardins. En bas, vous pourrez obtenir un déjeuner simple et léger pour 3 à 5 $.

Depuis qu'il a été repris par un Français en 1996, ***Guido Le Gourmet*** (*☎ 692-3856, fax 692-385773 ; rue Sainte-Anne*) est devenu la référence culinaire de Québec et a reçu les plus grandes distinctions des critiques gastronomiques américains. Dans un décor provençal, on vous sert une cuisine française des plus raffinées (médaillons de lotte, chateaubriand poêlé sauce béarnaise, noisette d'agneau au thym, feuilleté de rognons), à côté de plats plus régionaux, tels la terrine de caribou. Un menu entier est consacré au foie gras, la spécialité de la maison. La table d'hôte varie de 25 à 45 $.

La rue Saint-Jean regroupe de nombreux restaurants et pubs. ***Les Frères de la côte*** (*☎ 692-5445 ; 1190 rue Saint-Jean*), fréquenté aussi bien par des habitués que par des touristes, ne désemplit pas à l'heure du déjeuner. La cuisine ouverte, les chapeaux de paille aux airs provençaux suspendus aux murs et l'accueil simple et chaleureux, malgré l'affluence, en font un endroit très sympathique. On y sert des moules et des frites à volonté du jeudi au dimanche pour 11,50 $, avec une entrée. Les pizzas valent 9 $ en moyenne et le prix des plats (viandes ou poissons) varie entre 9 et 13 $. La cuisine est bonne et le service rapide. Ouvert tous les jours de 11h à 23h30. Il est préférable de réserver.

Le ***Casse-crêpe breton*** (*1136 rue Saint-Jean*) est la référence québécoise en matière de crêpe, même si les spécialistes seront déçus de ne pas trouver de galette de sarrasin. Les tarifs sont très abordables : comptez de 4 à 6 $ pour un crêpe bien fournie, 8 $ pour un repas complet. Attendez-vous à une longue file d'attente.

La ***Brûlerie Tatum*** (*1080 rue Saint-Jean*) dégage une délicieuse odeur de café. Le choix de thé est également important (Cuba, Tanzanie, Papouasie, Inde, etc.). On y sert des repas légers très abordables, notamment de la viande fumée.

Le ***Dahlya Sushi Bar*** (☎ *692-0671 ; 1066 rue Saint-Jean*) sert des spécialités japonaise, cambodgienne et vietnamienne. Les sushi coûtent de 21 à 24 $ (sushi à 1 $ les mercredi et jeudi soir). Comptez 20 $ pour un menu complet vietnamien ou cambodgien.

Pour un déjeuner rapide, le restaurant ***Liban*** (☎ *694-1888 ; 23 rue d'Auteuil*) prépare entre autres des sandwiches à environ 5 $, que vous pouvez déguster sur la petite terrasse ensoleillée face à la porte Saint-Jean. On n'y sert pas d'alcool.

A proximité de la rue Saint-Jean, ***Le Saint-Amour*** (☎ *694-0667 ; 48 rue Sainte-Ursule*), caché derrière une façade discrète, jouit d'une excellente réputation et propose une table d'hôte à 30 $. Le menu est chaque jour composé d'une douzaine de plats de viande et de poisson, ainsi que de plats biologiques. La carte des vins est excellente, et le jardin intérieur très agréable. C'est une bonne adresse si vous souhaitez un dîner tranquille. Mieux vaut réserver.

Dans la même rue, ***Le Petit Coin Latin*** (☎ *692-2022 ; 8$^{1/2}$ rue Sainte-Ursule*), tenu par un Français, est l'une des rares maisons à proposer de la raclette.

La Crémaillère (☎ *692-2216 ; 21 rue Saint-Stanislas*) est également une très bonne adresse. Installé dans la Maison Louis-Latouche, une demeure typique du siècle dernier, ce restaurant concocte une cuisine raffinée, avec le veau de lait pour spécialité.

Le restaurant ***Café d'Europe*** (☎ *692-3835 ; 27 rue Saint-Angèle*), à proximité de la porte Saint-Jean, propose une bonne cuisine française.

Le ***Café de la Paix*** (☎ *692-1430 ; 44 rue des Jardins*), doté d'un décor et d'une ambiance très français, propose un menu varié de fruits de mer, de gibier en saison et de viande. Il est bien situé et très apprécié. Sans être bon marché, ses prix ne sont pas exorbitants.

Le ***Restaurant au Parmesan*** (☎ *692-0341 ; 38 rue Saint-Louis*) est toujours plein et très animé. Il possède une carte très étoffée où l'on trouve des plats essentiellement italiens. La cave se prévaut de 2 000 références. Des musiciens viennent s'y produire en soirée.

Lieu historique datant de 1676, la Maison Jacquet abrite le restaurant ***Aux Anciens Canadiens*** (☎ *692-1627 ; 34 rue Saint-Louis*). Fort de son cadre et de sa carte composée de spécialités traditionnelles québécoises, cet endroit mérite une mention spéciale. Il n'est pas plus onéreux que la plupart des établissements de catégorie supérieure et propose un menu original, composé entre autres de vin de pomme, de soupe de pois, de canard au sirop d'érable, suivis de la tartine au sucre du pays.

Gambrinus (☎ *692-5144 ; 15 rue du Fort*), entre la rue Buade et la rue Sainte-Anne, au décor classique et chaleureux, prépare une cuisine italo-française et possède une bonne carte de vins. Un guitariste chanteur anime le lieu tous les soirs. La table d'hôte coûte entre 25 et 40 $. Il est ouvert tous les jours de 11h30 à 23h, sans interruption en été. Mieux vaut réserver.

Vieille ville basse

Son enseigne se repère facilement. ***Le Cochon Dingue*** (☎ *692-2013 ; 46 bd Champlain*) sert des repas (steaks-frites notamment), mais l'adresse est surtout connue pour ses petits déjeuners.

La rue Saint-Paul, peu fréquentée par les touristes, regroupe plusieurs adresses bon marché, récemment rénovées. Très simple, le ***Buffet de l'Antiquaire*** (☎ *692-2661 ; 95 rue Saint-Paul*) vend des sandwiches et des hamburgers bon marché. Quelques tables sont installées sur le trottoir.

Beaucoup plus onéreux, ***Le Vendôme*** (*36 côte de la Montagne*) prépare une cuisine essentiellement française depuis plus de quarante ans. ***Le Pape-Georges***, un bar à vin dans Cul-de-Sac, non loin du croisement avec la rue Notre-Dame, sert une variété de vins au verre.

Confiné dans la gare du palais, ***L'Aviatic Club*** (☎ *522-3555*) mérite vraiment le déplacement. D'une extrême élégance, ce lieu est un vrai plaisir des yeux. Quant à sa cuisine, on ne peut imaginer plus cosmopolite : thaï, japonaise, cajun, brésilienne, française… Un sushi bar est organisé tous les mercredi soir (sushi à 1 $). Le prix des entrées varient entre 6 et 10 $. Pour les plats tels que le mijoté de cerf aux groseilles ou le filet mignon, comptez en moyenne de 16 à 20 $. Ce restaurant ouvre ses portes tous les jours de 11h à 24h, voire 1h ou 2h selon l'affluence. Les samedi et dimanche, l'établissement ouvre à 16h. Sans réservation, il est difficile d'obtenir une table.

Face au fleuve et tout près du musée de la Civilisation, le ***Café du monde*** (☎ *692-4455 ; 57 rue Dalhousie*) mérite également une mention particulière. Ce grand espace aux allures de bistrot Art déco vous réserve un accueil particulièrement sympathique. Outre sa table d'hôte à midi, le chef breton sert un brunch norvégien, belge, italien ou new-yorkais, les week-ends et les jours fériés. Si l'envie de boudin noir ou de coq au vin vous tenaille, vous êtes au bon endroit. Les menus coûtent de 15 à 20 $. Le Café possède une excellente carte de portos, que l'on déguste habituellement avec du fromage, et des vins de toute provenance. Il ouvre ses portes tous les jours de 11h30 à 23h. Réservez, de préférence.

Le Lapin Sauté (☎ *692-5325 ; 52 rue du Petit Champlain*) est assez fréquenté par les touristes. Le décor est champêtre et la cuisine, simple, pour des menus facturés de 15 à 20 $.

Un peu plus loin, ***Madame Gigi*** (*84 rue du Petit Champlain*) concocte des spécialités au sirop et au sucre d'érable. Si vous n'avez pas encore goûté à l'infinie palette de sucreries, c'est l'endroit idéal pour les sucettes, glaces aux noix, nougats, beurre, gelée ou autres chocolats fourrés. On peut y prendre le thé ou le café à toute heure.

Le Saint-Malo (☎ *692-2004 ; 75 rue Saint-Paul*), dans le quartier des antiquaires, sert une cuisine traditionnelle française (cassoulet, lapin ou bouillabaisse…), avec, comme exception, le civet de caribou. Les tableaux et les banquettes tapissées créent un décor rustique. Comptez entre 15 et 18 $ pour un plat. Ouvert tous les jours de 11h à 22h30.

Le Poisson d'Avril (☎ *692-1010 ; 115 quai Saint-André*), face à la marina, tout de jaune et bleu, est bien sûr spécialisé dans les poissons et les crustacés. Les plateaux de fruits de mer tournent autour de 50 $ et les menus vont de 26,50 à 72 $ pour la bouillabaisse avec un demi homard. Les poutres en bois clair et les trompe-l'œil sur les murs rendent le lieu très agréable.

A l'extérieur des remparts

En dehors du centre-ville, l'ambiance est plus calme et les rues sont moins fréquentées. A l'ouest, au-delà de la porte de l'enceinte, la rue Saint-Jean est bordée de bars, de cafés, de tavernes et de restaurants vietnamiens, libanais et mexicains. C'est un quartier peu touristique et les tarifs pratiqués sont plus bas.

A l'angle de la rue Saint-Jean, ***La Paillotte*** (*821 rue Scott*) prépare une délicieuse cuisine vietnamienne. Comptez environ 12 $ pour un dîner complet. ***Le Commensal*** (☎ *647-3733 ; 860 rue Saint-Jean*) présente un bon rapport qualité/prix, avec des plats végétariens facturés au poids.

La Pointe des Amériques (☎ *694-1199 ; 964 rue Saint-Jean*), juste à côté du Capitole, près de la porte Saint-Jean (extra-muros), mérite le détour. Cet immense lieu mélangeant murs de brique et couleurs chaudes est superbe. On ne peut imaginer plus grande variété de pizzas. Parmi les plus originales, vous découvrirez celle garnie avec de la viande d'alligator marinée ou encore de caribou. Comptez entre 15 à 20 $. Ouvert tous les jours de 11h30 à 23h.

A l'ouest, dans Grande-Allée, en venant du Vieux-Québec, après l'Assemblée nationale et la rue d'Artigny, sont rassemblés une dizaine de restaurants en plein air, populaires et animés. Attention l'été, l'endroit est considéré comme "un piège à touristes". Tous servent des plats du jour entre 8 et 15 $ et, pour la plupart, des dîners entre 15 et 30 $. Le ***Restaurant Patrimoine*** (☎ *529-5533 ; 693 Grande-Allée Est*) est l'un des moins chers. ***La Vieille Maison du Spaghetti*** (☎ *522-3862 ; 625 Grande-Allée Est*) offre toute une variété de plats de pâtes en dessous des tarifs habituellement pratiqués.

Au ***Cosmos*** (*575 Grand-Allée Est*), on peut prendre un petit déjeuner de 7h30 à 24h. Lieu magique pour les lève-tard... Dans ce décor des années 70, la "mamma" Rebecca prépare elle-même les desserts sans colorants ni conservateurs. Les salades valent entre 6 et 8 $, les burgers 7 $ et les pizzas entre 8 et 12 $. Les samedi et dimanche, les portes n'ouvrent qu'à 9h. Le café ferme à 2h en été, un peu plus tôt en hiver (voir la rubrique *Où sortir*).

Le ***Paris Brest*** (*☎ 529-2243 ; 590 Grande-Allée Est*) jouit d'une bonne réputation auprès des Québécois. Sa cuisine est bonne et l'atmosphère intime. Les tables d'hôtes valent entre 10 à 15 $. Il est conseillé de réserver.

Dans la même catégorie mais un peu plus cher, ***Le Louis-Hebert*** (*☎ 525-7812 ; 668 Grande Allée Est*) est régulièrement fréquenté par les parlementaires. L'ambiance feutrée, le service soigné et la cuisine française, dont des recettes de fruits de mer, font de ce restaurant une bonne adresse pour un dîner d'affaires. Le petit déjeuner à la terrasse ensoleillée est très agréable.

Épiceries

La rue Saint-Jean, hors des remparts, est très animée et beaucoup moins touristique. Jalonnée de boutiques, elle abrite les meilleures épiceries fines de Québec. Parmi elles, citons l'***Épicerie Européenne***, au n°560, très bien approvisionnée en produits gastronomiques internationaux. ***Moisan***, au n°699, mérite sans doute la palme d'or. Fondée en 1871, cette épicerie est une véritable caverne d'Ali Baba. Dans un décor ancien dominé par des boiseries, on peut trouver une immense variété de produits alimentaires de qualité. Elle est ouverte tous les jours de 9h à 22h. Au ***Marché Richelieu***, au n°1097, vous pourrez acheter des pains faits maison, des fruits et des fromages. Au n°634, la chocolaterie ***Erico*** fait l'unanimité auprès des Québécois. Les saveurs et les originalités de ses produits méritent que l'on s'y arrête.

Marché de primeurs

Il se trouve dans la rue Saint-André, dans la vieille ville, près du bassin Louise, non loin du vieux port et de la gare ferroviaire. Vous y trouverez pain, fromages, fruits et légumes. Le samedi matin est le moment le plus animé.

OÙ SORTIR

Bien que Québec soit une petite ville, la vie nocturne y est intense. Les adresses changent plus vite que les rééditions de ce guide. Nombre de cafés et de restaurants – certains sont déjà mentionnés dans la rubrique *Où se restaurer* – disposent d'orchestres. Les clubs ne sont ouverts que le soir.

La vie nocturne se déroule, pour l'essentiel, dans la vieille ville, ou en bordure des remparts. Consultez le magazine gratuit *Voir,* qui recense tous les événements culturels.

Spectacles

Le ***Grand Théâtre de Québec*** (*☎ 643-8131 ; 269 bd René-Lévesque*) accueille concerts classiques, ballets, opéras, et troupes de théâtre, entre autres. L'autre centre des arts du spectacle, le ***Capitole de Québec*** (*☎ 694-4444 ; 972 rue Saint-Jean*), compte 1 262 places. Outre des spectacles musicaux, le ***Palais Montcalm*** (*☎ 670-9011 ; 995 place d'Youville*) présente des expositions sur différents thèmes.

Bars et discothèques

Les brasseries ferment à minuit, tandis que les bars restent ouverts jusqu'à 3h ou 4h. La rue Saint-Jean est très animée le soir. C'est là que l'on se retrouve pour prendre un verre, discuter et écouter de la musique, notamment dans des boîtes à chansons traditionnelles. Québec, plus que Montréal, est une ville à chansonniers, au sens québécois du terme. Le ***Bar Chez Son Père*** (*☎ 692-5308 ; 24 rue Saint-Stanislas*) possède une enseigne très discrète. A l'étage, une vaste salle avec un beau bar et des tabourets en bois accueille un public très divers ; les artistes se produisent sur une toute petite scène. Au mur, une gigantesque photo des quatre “papes” de la chanson québécoise, Vignault, Leclerc, Levêque, Charlebois, est dédicacée par ce dernier. Les chanteurs consacrés viennent ici pour encourager leurs cadets.

Au fond d'une impasse, ***Les Yeux Bleux*** (☎ *694-9118 ; 117$^{1/2}$ rue Saint-Jean*), creusé dans la roche, donne l'impression d'être dans une grotte. On écoute de la bonne chanson, venant autant de la scène que de la salle quand les airs sont connus. Les consommations sont très bon marché.

Hors des remparts, ***Les Voûtes Napoléon*** (☎ *640-9388, 680 Grande-Allée Est*), ouvert de 21h30 à 3h en été, accueillent des chansonniers tous les soirs. De même, la ***Maison de la Chanson*** (☎ *692-2631 ; 78 rue du Petit-Champlain*), dans la ville basse, accueille de bons spectacles.

Le ***Pub Saint-Alexandre*** (☎ *694-7075 ; 1087 rue Saint-Jean*) propose plus de 200 bières, québécoises comme la blonde Belle-gueule ou la Gargouille rousse, mais aussi japonaises, chinoises, libanaises, néo-zélandaises ou portugaises. Le bar, de 12 mètres de long, tout en boiseries d'acajou, est superbe. Le menu présente quelques originalités, telles le sandwich européen constitué de pain français, de choucroute, de merguez et d'oignons… On y joue fréquemment du bon jazz.

Autre bonne adresse pour le jazz, ***L'Emprise*** (☎ *692-2480 ; 57 rue Sainte Anne*), le bar de l'Hôtel Clarendon. Les vendredi et samedi pendant l'hiver, quasiment tous les soirs de juillet à octobre, des groupes de jazz de très bon niveau s'y produisent. Les consommations sont abordables (4,25 $ pour une bière). Le public est très divers ; l'été, des clients de l'hôtel, très habillés, côtoient des touristes en short.

Le d'Auteuil (☎ *692-2263 ; 35 rue d'Auteuil*) programme du blues, du jazz ou du rock en alternance, dans une bonne ambiance. Juste à côté, le style est assez différent : ***La Fourmi Atomik*** (☎ *694-1473 ; 33 rue d'Auteuil*) est spécialisée dans la musique underground.

Le ***Bar Saint Laurent***, bar du Château Frontenac, au fond du couloir en entrant dans l'hôtel, s'orne d'une rotonde, de boiseries et de baies vitrées qui s'ouvrent sur le Saint-Laurent. Le prix des consommations n'est guère plus élevé qu'ailleurs. Le bar ferme à 1h.

Du côté du Vieux-Port, ***L'Inox*** (☎ *692-2877 ; 27 quai Saint-André*) brasse sa propre bière et propose des activités différentes chaque soir. S'y trouve également un écomusée de la bière.

Grande-Allée Est rassemble un certain nombre de discothèques, dont le célèbre ***Chez Dagobert*** (☎ *522-0393 ; 600 Grande Allée Est*). Cette discothèque immense court sur trois niveaux. Au second, la frénésie techno bat son plein, avec son cocktail d'effets laser, de fumigènes, de stroboscope et de musique assourdissante. Au-dessus, tels des boursiers à la corbeille, on peut observer les danseurs depuis un balcon. Cet endroit plein à craquer intéressera les inconditionnels de la techno et les ethnologues.

Plus simple et plus décontracté, l'***O'Zone*** (☎ *529-7932 ; 570, Grande Allée Est*), sur deux étages, est fréquenté par un public jeune qui s'amuse soit en dansant sur une musique très variée, soit en jouant au billard ou au baby foot, mais de toute façon en buvant de la bière ; l'alcootest à la sortie de l'établissement en témoigne. L'ambiance est très chaleureuse.

Fréquenté par un public plus âgé, ***Chez Maurice*** (☎ *640-0711 ; 575 Grande Allée Est*) est installé dans une grande maison victorienne joliment décorée. La discothèque compte deux salles de danse, dont une à tendance disco. L'ambiance est très décontractée. Le prix d'entrée atteint les 3 $. Juste en dessous à la même adresse, les nostalgiques des Doors, des Beatles ou autres rockers de la première heure se régaleront au ***Cosmos Bar*** (☎ *640-0606*). Les mercredi et samedi, des groupes de rock et de blues viennent jouer. L'âge de la clientèle, composée essentiellement de Québécois, est en rapport avec la musique interprétée.

Moins agité, le ***Jules &Jim*** (☎ *524-9570 ; 1060 rue Cartier*) est l'endroit idéal pour boire un verre dans une ambiance feutrée, au son de musiques tranquilles. On peut même y jouer au jacquet.

Toujours à l'extérieur des remparts, ***Le Sacrilège*** (☎ *649-1985 ; 447 rue Saint-Jean*) est situé un peu à l'écart du centre-ville et donc de la zone touristique. Ce bar de quartier est fréquenté par des habitués de 30 à 40 ans venus écouter des musiques de leur génération. L'établissement accueille des expositions photos. L'été, vous pouvez profiter d'une belle terrasse ornée d'une fresque.

Les passionnés d'internet se rendront au ***Cybercafé Club Internet Back Boys*** (*595 rue Saint-Jean*). Vous pouvez surfer pour 5 $ de l'heure en buvant un verre. Le café est ouvert tous les jours de 11h à 24h, jusqu'à 22h en hiver.

Communauté homosexuelle

L'Amour Sorcier (☎ *523-3395 ; 789 côte Sainte-Geneviève*) est mixte, tandis que le ***Ballon rouge*** (☎ *647-9227 ; 811 rue Saint-Jean*) et ***Le Drague*** (☎ *649-7212 ; 815 rue Saint-Augustin*) sont réservés à la gent masculine.

Cinéma

Le ***Cinéma Le Clap*** (☎ *650-2527 ; 2360 chemin Sainte-Foy*), à Sainte-Foy, présente des films en français et en anglais, généralement sous-titrés. L'***IMAX Le Théâtre*** (☎ *627-4629 ; 5401 bd des Galeries*) propose des films sur grand écran (20,5 m de haut sur 28,2 m de large), certains en 3D avec son numérique. Il est ouvert tous les jours de 10h à 21h, jusqu'à 23h le samedi.

COMMENT S'Y RENDRE

Avion

L'aéroport international Jean Lesage est situé à l'ouest de la ville, sur l'autoroute 40, près du croisement avec l'autoroute 73 (direction nord). Air Canada (☎ 692-0770) assure la liaison avec Montréal, Ottawa et les principales villes canadiennes. Canadien International (☎ 692-1031) dessert également Montréal et Ottawa et couvre des trajets identiques.

Bus

La gare routière (☎ 525-3000) se situe dans la principale gare ferroviaire, 320 rue Abraham-Martin. Orléans Express assure une liaison avec Montréal quasiment toutes les heures pendant la journée et le soir. Le trajet coûte 37,40 $. Les guichets sont ouverts du lundi au samedi de 5h30 à 1h et le dimanche à partir de 6h30.

Il existe également un service de bus pour Rivière-du-Loup et Edmundston, dans le Nouveau-Brunswick. Le tarif pour Edmundston se monte à 45 $. Rivière-du-Loup sert de correspondance aux bus SMT à destination du Canada atlantique. Intercar assure les trajets en direction de la Côte Nord, vers Tadoussac.

Il n'existe pas de bus direct depuis/vers les États-Unis. La plupart passent par Montréal. Pour vous rendre en ville depuis la gare de Voyageur, empruntez un bus urbain n°3 ou n°8.

Train

Aussi étrange que cela puisse paraître, la petite ville de Québec possède trois gares ferroviaires avec un même numéro de téléphone (☎ 692-3940). La très belle ancienne gare du Palais, entièrement rénovée, avec son bar et son café, rue Saint-Paul, dans la ville basse, mérite une visite. Elle est centrale et pratique. La billetterie est ouverte du lundi au vendredi de 6h à 20h30. De là, partent les trains depuis/vers Montréal (57 $; moins cher si vous réservez le billet à l'avance), et au-delà de Montréal, vers l'ouest.

La gare de Sainte-Foy, au sud-ouest du centre-ville, accessible par les ponts qui relient la rive sud, dessert les mêmes destinations. Elle est plus pratique pour les résidents de la zone sud de la ville. Depuis la place d'Youville, prenez le bus n°800 pour vous y rendre.

La troisième gare est implantée sur la rive sud, à Lévis, en face de Québec. Perchée sur une colline, elle domine l'embarquement des ferries. Les détenteurs d'un billet VIA Rail ne paient pas le ferry. Cette gare dessert avant tout les régions de l'est vers la Gaspésie et les Provinces maritimes. Quelques trains en provenance de Montréal y passent.

Pour Moncton, au Nouveau-Brunswick, trois trains par semaine sont assurés le mercredi, le vendredi et le dimanche. Un train de nuit part à 22h30 (douze heures de trajet, 109 $).

Voiture

Pour louer une voiture, Budget (☎ 692-3660), 29 côte du Palais, possède également une agence à l'aéroport. Pour un modèle économique, comptez 70 $ par jour en kilométrage illimité, 55 $ le week-end. Juste en face, au n°44, Hertz (☎ 694 1224) pratique des prix similaires mais en kilométrage limité. Réservez au moins deux jours à l'avance.

Partager une voiture. Allo Stop (☎ 522-0056), 665 rue Saint-Jean, met en contact automobilistes et passagers. La cotisation s'élève à 6 $ pour les passagers, qui versent ensuite une partie des frais de voyage à l'agence, trois heures avant le départ, le reste revenant à l'automobiliste. Le coût de l'opération est avantageux : Montréal, 15 $; Ottawa, 29 $; Toronto, 41 $; New York (au départ de Montréal), 65 $; et Gaspé, 35 $. Des voyages sont aussi assurés jusqu'à Vancouver.

Ferry

Le ferry (☎ 644-3704 ou 837-2408) entre Québec et Lévis fonctionne toutes les demi-heures pendant la journée (toutes les 20 minutes entre 16h et 18h) et une bonne partie de la nuit. L'aller revient à 2 $. Comptez 3 $ en plus, par voiture. Précisez si vous souhaitez rester ou non sur le ferry. Vous pourrez profiter de belles vues sur le fleuve, les falaises, Québec et le château Frontenac, même si la traversée ne dure que 10 minutes. A Québec, le terminal se trouve place Royale, dans la ville basse. A Lévis, il jouxte la gare VIA Rail.

COMMENT CIRCULER

Circuler dans Québec n'est pas facile. Conduire dans la vieille ville (et, pire encore, s'y garer) est un vrai casse-tête. L'aéroport n'est pas tout près, et la gare routière, peu commode d'accès. Mais la situation s'améliore d'année en année. La gare ferroviaire est centrale et une navette dessert l'aéroport.

Desserte de l'aéroport

Un service de bus, proposé par Les Autocars Dupont (☎ 649-9226), vous permettra de ne payer que 9 $, au lieu de 35 $ environ en taxi. Le bus assure quatre liaisons par jour en semaine, mais le service est réduit durant le week-end. Il fait la navette à partir des grands hôtels, mais passera vous prendre, dans une zone excentrée, si vous appelez au moins une heure avant le départ.

Bus

Il existe un bon réseau de bus urbain (☎ 627-2511). Un billet coûte 1,70 $, changement compris. Les bus se rendent jusqu'à Sainte-Anne-de-Beaupré, sur la rive nord. La gare centrale d'autobus est installée 225 bd Charest Est, dans la ville basse. On vous fournira plans et informations. De nombreux bus desservant régulièrement la vieille ville s'arrêtent place d'Youville, juste de l'autre côté de la porte Saint-Jean. Pour les motels de Beauport, prenez le bus n°53, dans la rue Dorchester, au nord. Le bus n°800 de la Métrobus relie le centre-ville à l'université Laval et à Sainte Foy. Le prix du billet est de 2,25 $. Il existe un forfait journée à 4,60 $.

Voiture

Mieux vaut ne pas circuler en voiture dans Québec. Tout est accessible à pied. Les rues sont étroites et encombrées, et il est impossible de stationner. Toutefois, une carte des parkings aux alentours du centre-ville est disponible auprès de l'office de tourisme.

Bicyclettes et scooters

Vélo Passe-sport (☎ 692-3643), 77A rue Sainte-Anne, loue des bicyclettes, des scooters, des patins en ligne. Comptez 24 $ la location à la journée. Des tarifs à l'heure et des circuits organisés sont également proposés, ainsi que des scooters (39 $ l'heure et demie, 109 $ la journée).

Sur le Vieux-Port, près de l'Agora, Cyclo Services (☎ 692-4052) pratique des prix voisins (25 $ la journée).

Calèches

Les calèches reviennent à 50 $ pour une promenade d'environ 40 minutes.

LES ENVIRONS DE QUÉBEC

Wendake

A environ 15 km au nord-ouest de Québec, la petite bourgade de Wendake constitue une excursion intéressante pour ceux qui s'intéressent aux Hurons-Wendake. A la fin du XVIIe siècle, des Hurons, un groupe originaire de l'Ontario, s'installèrent dans cette région pour fuir les épidémies propagées par les Européens et les conflits de tribus.

Dans le village, vous pourrez visiter la **chapelle Notre-Dame-de-Lorette** et son petit musée qui renferme quelques vestiges de la première mission jésuite. **La Maison Aroüanne** (☎ 845-1241), la maison de la culture huronne-wendat, 10 rue Alexandre-Duchesneau, expose une collection d'objets et organise des animations thématiques. Elle est ouverte tous les jours, de juillet à fin août, de 9h à 17h. Pour les horaires des autres mois, mieux vaut téléphoner.

Au 575 rue Stanislas-Kosca, se trouve le village traditionnel reconstitué **Onhoüa Chetek8e** ("d'hier à aujourd'hui" en langue huronne-wendat). Prononcez le 8 "ou". Derrière la haute palissade en bois, des longues maisons (*annonchia*) typiques de habitat et du mode de vie ancestral ont été reproduites. Des animations racontant les mœurs et les coutumes des Amérindiens jalonnent le parcours. La vie communautaire des Hurons-Wendats est expliquée par un guide. Départ de la visite toutes les vingt minutes environ.

On trouve également des boutiques spécialisées (par exemple dans les herbes médicinales), une librairie (vente de cassettes audio) et un restaurant (cuisine amérindienne exclusivement, comptez entre 15 et 30 $ le repas). Les deux centres d'artisanat, l'un spécialisé dans la fabrication de raquettes, l'autre dans celle de canoës, vendent leurs productions. De mai à septembre, des spectacles de danses, de musique et de chants traditionnels sont organisés. Des possibilités d'hébergement chez l'habitant existent, renseignez-vous sur place.

Ouvert tous les jours de l'année à partir de 8h30, le village (☎ 842-4308) ferme ses portes à 18h entre mai et octobre, et à 17h de novembre à avril. L'entrée se monte à 7 $ (6 $ pour les 7-17 ans et les étudiants ; gratuit pour les moins de 6 ans).

Pour vous y rendre, empruntez le bd Laurentien, puis la route 175 Nord. A la sortie 154, prenez à gauche la rue de la Faune, qui devient successivement la rue des Érables puis la rue de la Rivière. A hauteur de la rue Max-Gros-Louis, tournez à droite.

Réserve faunique des Laurentides

Avec ses 8 000 km², la réserve faunique des Laurentides (☎ 848-2422) constitue l'un des plus importants parcs de loisirs. A cheval sur les régions de Québec et du Charlevoix, elle est formée de collines, de montagnes boisées, de lacs et de rivières. La route 175, qui la traverse sur 130 km, de Québec à Chicoutimi, est impressionnante de solitude, surtout l'hiver.

De mai à octobre, la rivière des Écorces et celle de Métabetchouan offrent notamment de belles promenades en canoë-camping. Jusqu'à début septembre, on pratique la pêche à la truite mouchetée. La réserve compte quelques campings aménagés.

L'hiver, l'enneigement abondant et les multiples sentiers font le bonheur des skieurs de randonnée ou des amateurs de motoneige. Il existe notamment deux circuits de 2 à 5 jours avec un hébergement en refuge.

Parc de la Jacques-Cartier

Dans la partie sud de la réserve faunique des Laurentides et à 40 km au nord de Québec, les 670 km² du parc de la Jacques-Cartier sont parfaits pour une escapade loin de la ville. Ours, orignaux, loups, chevreuils,

QUÉBEC

Les vieilles maisons en bois et pierre de l'île d'Orléans évoquent parfois le style normand

ratons-laveurs, porcs-épics et castors sont nombreux sur ce territoire. Les amateurs de botanique peuvent s'adonner à l'observation des lichens, fougères et orchidées qui foisonnent dans le parc.

A moins d'une heure en voiture de Québec, vous pourrez camper, arpenter les sentiers de randonnée, pratiquer le VTT, l'équitation, le rafting ou le canoë sur la rivière Jacques-Cartier, l'une des plus belles selon des spécialistes, très appréciée également des saumons. Le panorama du mont Andante (755 m) sur les gorges et la rivière de la Jacques-Cartier est époustouflant. Le sommet est accessible en deux à trois heures de marche.

Le parc est ouvert du 1er juin au 15 octobre. L'entrée devrait être payante en 2000.

A l'automne, des observations de l'orignal sont organisées. Du premier samedi de juillet au premier samedi d'août, des sorties consacrées à l'écoute des hurlements des loups sont également au programme. Elles ont lieu de 20h à 24h.

Près de l'entrée, un centre d'information fournit des détails sur les activités du parc et les aménagements disponibles (☎ 848-3169 et 644-8844 hors saison).

Sur place (☎ 848-7272), vous pourrez louer l'équipement de camping et de plein air (canoës, kayaks, bicyclettes…).

L'été, les deux campings sont très recherchés et mieux vaut réserver sa place (☎ 848-PARC ou le 1 800 665-6527). L'un est semi-aménagé (point d'eau et sanitaires), l'autre est franchement sommaire.

En hiver, on pratique le ski de fond. Sur certains itinéraires, des refuges ont été prévus à cet effet. Pour les activités d'hiver, téléphonez au ☎ 644-8844.

Le parc est accessible par la route 175, qui traverse l'immense réserve faunique des Laurentides avant d'aboutir à Chicoutimi.

Île d'Orléans

A l'est de Québec, cette île verdoyante peuplée de près de 7 000 habitants donne une bonne image de la vie rurale traditionnelle du Québec. Longue de 34 km et d'une largeur maximale de 9 km, elle offre de superbes paysages. Ses vieilles maisons en bois et en pierre rappellent parfois le style normand. Les premières habitations datent de 1648. Jacques Cartier découvre l'île lors de son deuxième voyage au Canada en 1535. Inspiré par la présence de vignes sauvages, il la nomme alors l'île de Bacchus (dieu grec de la vigne et du vin). Un an plus tard, Cartier la rebaptise île d'Orléans en l'honneur du duc d'Orléans, fils de François 1er, roi de France.

En 1656, les Hurons se réfugient sur l'île pour échapper aux Iroquois. Ils lui donnent un nouveau nom, l'île Sainte-Marie, en mémoire de leur mission. Leur massacre par les Iroquois entraînera la disparition de cette appellation. Bien plus tard, en 1770, après de nombreuses tergiversations, l'île retrouve son appellation d'origine, "d'Orléans". Le Chemin Royal ceinture sur 77 km cette langue de terre aux charmes variés. Vous pourrez ainsi traverser les six paroisses : Sainte-Pétronille, Saint-Laurent, Saint-Jean, Saint-François, Sainte-Famille et Saint-Pierre. D'est en ouest, les paysages varient, les forêts d'érables faisant place aux champs de pommes de terre. Les fruits, en particulier les pommes et les fraises, sont particulièrement abondants.

Depuis 1935, l'île est reliée au continent par un pont à l'extrémité nord-ouest.

Ces dernières années, des Québécois sont venus s'installer dans la région, du moins à l'extrémité ouest, d'où la vue sur Québec est superbe. Elle fut la terre d'adoption du célèbre poète et chanteur Félix Leclerc qui y passa une grande partie de sa vie. L'île est protégée afin d'éviter le développement de constructions et sauvegarder le caractère spécifique de son architecture.

Où se loger et se restaurer

A Sainte-Pétronille, l'***Auberge La Goéliche*** (☎ *828-2248, fax 828-2745 ; 22 quai du chemin*), belle bâtisse à la pointe ouest de l'île récemment rénovée, dispose de 18 chambres. En été, comptez 190 $ pour une double avec petit déjeuner. Hors saison, enlevez 40 $. L'établissement propose un forfait demi-pension. Pour déguster sa cuisine française ou occuper une chambre, il est fortement conseillé de réserver.

Ouverte toute l'année, l'***Auberge le Canard Huppé*** (☎ *828-2292, fax 828-0966 ; 2198 chemin Royal*), à Saint Laurent, possède 8 chambres. La terrasse et le jardin sont à votre disposition. Le forfait chambre, petit déjeuner et dîner s'élève à 175 $ pour deux personnes. La maison, qui privilégie les produits québécois, a gagné le premier prix provincial pour ses entrées. Réserver est indispensable.

A Saint François, l'***Auberge Chaumonot*** (☎ *829-2735 ; 425 chemin Royal*) possède 8 chambres confortables. Sa saison est courte, du 2 mai au 26 octobre. Le restaurant propose une cuisine française assez variée. On jouit d'une belle vue sur le fleuve.

Au bord du fleuve, le terrain de camping Orléans, à Saint-François, offre de bons emplacements.

Comment s'y rendre. Depuis Québec, empruntez la 440 en direction des chutes Montmorency. Vous apercevrez le pont sur votre droite. La route 368, appelée Chemin Royal, fait le tour de l'île.

Chutes de Montmorency

Situées dans le parc de la Chute-Montmorency, à 7 km à l'est de Québec (au niveau du pont de l'île d'Orléans), les chutes (☎ 663-2877) représentent la principale attraction des environs de Québec. Plus hautes que celles du Niagara, 83 m contre 53 m, elles sont toutefois moins impressionnantes, car moins larges, mais toutefois magnifiques.

Un téléphérique assurent l'accès aux chutes moyennant 5 $ l'aller (7 $ l'aller-retour). Un chemin permet également de s'y rendre à pied depuis le départ du téléphérique. La solution médiane consiste à monter avec le téléphérique et de redescendre à pied (la promenade est jalonnée d'escaliers). Comptez une heure environ pour effectuer cette excursion, émaillée de panoramas grandioses sur les chutes et le Saint-Laurent.

A l'ouest des chutes se trouve le **Manoir Montmorency**, demeure du Duc de Kent entre 1791 et 1794, père de la reine Victoria. Il abrite aujourd'hui un Centre d'interprétation, un restaurant, le ***Manoir*** (☎ *663-3330*) et des boutiques. Profitez du panorama depuis la terrasse qui court le long de la façade blanche du Manoir.

Des aires de pique-nique avec tables et bancs ont été aménagées. L'hiver, au pied des chutes gelées, on peut s'adonner à la glissade. Des chambres à air sont louées sur place.

Les chutes sont accessibles de 9h à 23h du 24 juin au 6 août. Du 7 août à la mi-septembre, la fermeture a lieu à 21h. En juin, le site ferme à 19h et à 15h45 les autres mois de l'année.

Comment s'y rendre. Prenez la route 360 *via* l'avenue Royale, ou la route 138 *via* le bd Sainte-Anne, parallèle à la 360 au nord. Un panneau sur la route indique clairement la direction pour se rendre au site. Le parking est payant de fin avril à début novembre (7 $). Le coût du stationnement est remboursable si vous prenez un repas au Manoir.

En bus, il faut emprunter à Québec, sur la place d'Youville, le bus n°800. Arrivé au terminal Beauport, prendre le bus n°50 jusqu'aux chutes ou le n°53, mais dont l'arrêt est plus éloigné de l'entrée.

Sainte-Anne-de-Beaupré

Cette ville sans véritable charme, coupée en deux par la route 138, est surtout un lieu de pèlerinage très important au Québec, depuis le milieu du XVIIe siècle. La **basilique Sainte-Anne-de-Beaupré** (☎ 827-3781), à 100 m du bd Sainte-Anne, est impressionnante par sa taille gigantesque et sa situation dans un paysage urbain aux allures de banlieue.

La construction de la basilique actuelle fut entreprise en 1923 sur l'emplacement d'un premier bâtiment édifié en 1876 et détruit dans un incendie en 1922. L'intérieur, éclairé par deux cents vitraux, est plus intéressant que l'extérieur. Les voûtes sont recouvertes de mosaïques.

A proximité, se trouvent un musée, un monastère, une boutique et plusieurs chapelles. La **chapelle de l'Immaculée**, juste au-dessus de la basilique, renferme notamment une réplique exacte de La Pietà, sculpture de Michel-Ange dont l'original se trouve à la basilique Saint-Pierre de Rome. Sur la colline, un chemin de croix aux sculptures en bronze grandeur nature mène à la **Scala Santa**, église érigée en 1891, autre grande étape des pèlerins.

La saison des pèlerinages s'étend de mai à septembre (quelques-uns se font en bateau). Le 26 juillet, jour de la sainte Anne, des milliers de fidèles se rassemblent. Les jardins se transforment alors en un gigantesque campement.

Comment s'y rendre. La compagnie Intercar, qui assure la ligne Québec-Baie-Saint-Paul-Tadoussac, dessert plusieurs fois par jour Sainte-Anne-de-Beaupré. L'arrêt du bus est à dix minutes à pied de la basilique.

En voiture, prendre la route 138 qui devient, à Saint-Anne-de-Beaupré, le bd Sainte-Anne. L'avenue Royale est sur la gauche et longe le bd. Québec n'est qu'à 40 km.

Où se loger. L'***Auberge de la Basilique*** (☎ *827-4475*), située en face de la basilique, possède une cafétéria et dispose de 107 chambres. Une simple/double s'affiche à 39/48 $. Il existe également de nombreux motels le long du bd Sainte-Anne, dont les tarifs sont légèrement supérieurs.

Grand Canyon des chutes Sainte-Anne

A 6 km à l'est de Beaupré, les chutes de Sainte-Anne (☎ 827-4057) tombent de 74 m dans une faille profonde. Vous pourrez les traverser par un escalier et un pont suspendu pour 6,50 $, stationnement compris. La traversée des deux autres ponts suspendus (l'un est plus en contrebas, l'autre permet de s'enfoncer davantage dans les gorges) est tout aussi impressionnante. Quoique très fréquenté, cet endroit est moins aménagé et moins spectaculaire que les chutes Montmorency. Il n'en est pas moins agréable. A l'automne, les chutes sont d'une beauté saisissante, au milieu des érables aux feuilles rouge et or. Un système de navette gratuite permet de rejoindre, de l'entrée du parc, le début du sentier qui mène aux chutes.

Le site est ouvert tous les jours du 24 juin à la fête du Travail de 9h à 17h45. De début mai au 23 juin et de septembre à fin octobre, les horaires sont de 9h à 17h. Le parc est fermé le reste de l'année.

Comment s'y rendre. Prenez la route 138, en direction de Beaupré. A Beaupré, empruntez la Côte-de-la-Miche.

Parc du Mont-Sainte-Anne

Un peu plus à l'est, à 40 km de Québec, à hauteur de la ville de Beaupré, le parc du Mont-Sainte-Anne (☎ 827-4561) est surtout connu pour son domaine skiable, le plus important de la province et du Canada de l'est. Des épreuves de la Coupe du Monde de ski alpin s'y déroulent. Avec 13 remontées mécaniques et 56 pistes couvrant 63 km sur trois versants (dont 10 classées très difficiles et 7 extrêmes), la station contente aussi bien les débutants que les as du ski. Elle compte la plus belle descente du Québec. Un programme pour les skieurs handicapés est prévu (45 $ hors taxes pour deux heures, équipement compris).

On peut pratiquer le ski nocturne du mardi au samedi jusqu'à 22h de novembre à mi-février, puis tous les jours jusqu'à fin mars. Le forfait journée coûte 47 $, taxes comprises ; celui du soir (à partir de 15h) revient à 21 $. Le ski de randonnée est lui aussi très pratiqué dans la station. Le réseau de sentiers (223 km) est le plus important du Canada.

Dans la station, une halte-garderie pour les enfants de 6 mois à 10 ans fonctionne tous les jours (8 $ l'heure, 30 $ la journée).

En été, les télécabines vous emmènent jusqu'au sommet, de même que des sentiers de randonnée pédestre et cyclable (plus de 200 km). Que les néophytes se rassurent, les télécabines sont conçues pour transporter aussi les vélos. Douze pistes cyclables sont réservées à la descente. A la station, vous pouvez louer des bicyclettes (☎ 827-8640). Des vols en parapente sont également organisés (☎ 824-5343).

QUÉBEC

Comment s'y rendre. Emprunter la route 138 *via* Montmorency jusqu'à Beaupré. Puis suivre à gauche la route 360 jusqu'à la station de ski. Il n'existe aucun service de bus qui assure la liaison à partir de Québec. Seule possibilité : prendre le bus jusqu'à Sainte-Anne-de-Beaupré puis faire du stop ou prendre un taxi (12 $ au minimum). L'autre solution consiste à prendre la navette taxi qui relie certains grands hôtels de Québec à la station (☎ 525-5191). Comptez 18 $ l'aller-retour.

Stoneham

A une vingtaine de kilomètres au nord de Québec, sur la route 175 en direction de la réserve faunique des Laurentides, Stoneham (☎ 848-2411) est une autre station de ski très fréquentée. Bien que plus petit que celui du parc du Mont-Sainte-Anne, son domaine skiable convient à tous les niveaux. Autre intérêt, le forfait y est bien moins cher : 34 $ hors taxes pour le journée, 18,26 $ pour celui du soir (de 15h à 22h30).

Les Sept-Chutes

Les plus hautes chutes de la région (130 m) se situent à une trentaine de kilomètres à l'est de Québec, dans la commune de Saint-Ferréol-les-Neiges, 4520 avenue Royale. Comme le nom l'indique, une succession de cascades dévalent un impressionnant canyon. De nombreux sentiers pédestres ont été aménagés le long des rivières, et l'un d'entre eux permet de rejoindre une centrale hydroélectrique désaffectée et un barrage. A l'entrée, un Centre d'interprétation raconte l'histoire du site. On peut se restaurer sur place. L'entrée est de 6,50 $ (4 $ pour les 6-12 ans, 17 $ pour les familles de 3 enfants).

Fermées de la mi-octobre à la mi-mai, les chutes sont accessibles de 10h à 17h tous les jours à partir du troisième samedi de mai. Du 24 juin au premier lundi de septembre, les horaires d'ouverture sont de 9h à 19h. Passé cette date, elles ne sont accessibles que le week-end et les jours fériés de 10h à 17h, jusqu'à la mi-octobre.

Comment s'y rendre. Prenez la route 138. Après Beaupré, continuez la route 138 et tournez à gauche au panneau signalant Les Sept-Chutes. Le site est alors à une dizaine de kilomètres. Autre option : prenez, sur la route 138, la route 360, en direction de Saint-Ferréol-les-Neiges. A l'entrée du village, la route devient l'Avenue Royale.

Réserve nationale de faune de Cap-Tourmente

A 50 km à l'est de Québec et en bordure du Saint-Laurent, la réserve nationale de faune de Cap-Tourmente représente l'une des meilleures places pour observer l'oie des neiges durant sa migration (d'avril-mai à septembre-octobre).

Reconnue depuis 1981 comme zone humide d'importance internationale, en vertu de la Convention de Ramsar, elle accueille, au printemps et à l'automne, des centaines de milliers d'oies blanches qui viennent y faire escale avant de repartir. Les marais abritent également des milliers de canards, des hérons, des crécelles d'Amérique, des busards et des faucons. Le passerin indigo voisine avec le raton-laveur, le renard roux et l'ours noir (qui joue les discrets). La réserve recense 250 espèces d'oiseaux, 54 espèces de mammifères et 700 espèces de plantes. Paradis des ornithologues et des randonneurs, elle dispose d'un réseau de 18 km de sentiers pédestres, de longueurs et de difficultés variées (les bicyclettes ne sont pas autorisées). Des points d'observation ont été aménagés afin de ne pas perturber l'écosystème. Les aires de pique-nique sont nombreuses et leur cadre vaut les meilleurs restaurants de Québec. Une carte des sentiers, gratuite, est distribuée à l'entrée du site. Le Centre d'interprétation permet de s'informer sur la faune, la flore du parc et sur la migration de l'oie des neiges. L'exposition est particulièrement bien conçue.

Sur place, il est possible de louer des jumelles à la journée (3 $) ou à la demi-journée (2 $). On peut également utiliser un guide d'interprétation pour 2 $ l'heure et par personne. Le petit restaurant n'est ouvert que de fin avril à octobre.

Durant la période de la migration, de la mi-avril à la mi-octobre, la réserve (☎ 827-4591) est ouverte tous les jours de 8h30 à 17h et l'entrée revient à 5 $ par personne (4 $ pour les étudiants ; gratuit pour les moins de 12 ans). En dehors de cette période, les horaires varient d'un mois sur l'autre. Il est préférable de s'informer au ☎ 827-3776. De la mi-janvier à la fin mars, le site est accessible tous les week-ends de 8h à 16h. De novembre à décembre, l'accès à la réserve se limite à deux ou trois jours par semaine.

Comment s'y rendre. Empruntez la route 138. A 50 km environ de Québec, un panneau indique la direction à prendre pour rejoindre le site qui se trouve alors à six kilomètres environ. Cap sur le Saint-Laurent. En venant de Baie-Saint-Paul dans la Charlevoix, à une quarantaine de kilomètres, soyez vigilant : le panneau Cap-Tourmente est sur la gauche, juste après une belle descente.

Où se loger. En bordure de la réserve, construite en pleine nature, ***L'Auberge de l'Oie des Neiges*** (*☎ 827-5153 ; 390 chemin du Cap-Tourmente, Saint-Joachim*) allie le charme d'une vieille demeure et un environnement exceptionnel. Attenante à la superbe maison en pierre des propriétaires, une cuisine permet de préparer ses repas. La nuit se monte à 45 $ par personne, 75 $ pour deux. On peut louer aussi la maison et visiter l'érablière de la propriété et, en saison, assister à la fabrication du sirop. Au petit déjeuner figurent confitures et sirop d'érable maison !

Lévis

Construite juste en face de Québec, sur la rive sud du Saint-Laurent, Lévis se découvre à partir de la capitale provinciale. Pour bénéficier du panorama le plus saisissant, il faut se promener sur la terrasse de Lévis, rue Willam-Tremblay, à proximité de l'embarcadère.

Le Vieux-Lévis, qui s'étage sur la colline, offre lui aussi une agréable promenade. Entre 1865 et 1872, les Britanniques construisirent trois forts sur les falaises de la rive sud du Saint-Laurent pour protéger Québec contre une éventuelle attaque des Américains. Le **Fort Numéro 1** (☎ 835-5182 ou 1 800 463-6769), 41 chemin du Gouvernement, est le seul vestige qui reste de cette ligne de défense. Il a été restauré et transformé en parc historique national. Des visites guidées sont organisées. Ouvert tous les jours de 10h à 17h de la mi-juin à début septembre, il n'est accessible en mai et début juin que du dimanche au vendredi de 9h à 16h. En septembre-octobre, il n'ouvre ses portes que les samedi et dimanche entre 12h et 16h. Il est fermé de novembre à début mai. L'entrée est de 3 $ (7 $ pour les familles, 2 $ pour les 6-16 ans ; gratuit pour les moins de cinq ans).

A la Pointe-Lévy, le **Fort de la Martinière** (☎ 833-6620), 9805 bd de la Rive-Sud, est une autre construction militaire. Édifié en 1907, il reste le seul ouvrage ayant réellement servi à la défense de Québec. Des visites guidées sont également organisées. Ouvert tous les jours de mai à octobre de 9h à 17h, il n'est accessible le reste de l'année que les jours de la semaine. L'entrée est gratuite.

Lévis abrite aussi la **Maison Alphonse Desjardins**, transformée en musée (☎ 835-2090), 6 rue du Mont-Marie. Consacré à la vie du fondateur de la première Caisse populaire au Québec, il retrace notamment la construction de ce vaste réseau de coopératives d'épargne et de crédit qui compte aujourd'hui quatre millions d'adhérents au Québec.

Comment s'y rendre. La liaison en ferry Québec-Lévis est assurée toute l'année de 6h à 3h45, toutes les 30 minutes (le soir et la nuit, toutes les heures). La traversée dure 10 minutes.

En voiture, empruntez, de Québec, le pont de Québec afin de rejoindre la route 132 qui mène à Lévis.

Saint-Michel-de-Bellechasse

A 30 km de Lévis, à l'ouest, Saint-Michel-de-Bellechasse fait partie de ces beaux villages du Québec qu'il ne faut absolument pas manquer. En bordure du fleuve, le Village Blanc, comme on le surnomme, a conservé la plupart de ses vieilles demeures. Peintes en blanc (exceptionnellement en couleur pastel) comme le veut un arrêt municipal, elles sont collées les unes aux autres. L'ensemble est fort agréable, voire exceptionnel, notamment le long des rues de la Grève, des Remparts et de la rue Saint-Joseph. Sur la place de l'Église, la vue sur les quais, la rive et l'île d'Orléans laisse rêveur. L'été, la promenade est agréable le matin. Dès 11h, le village déborde de monde.

Comment s'y rendre. De Québec, rejoindre Lévis par le pont de Québec pour emprunter la route 132 qui longe le Saint-Laurent.

On peut s'y rendre également à bicyclette. De Québec, montez à bord de la navette pour Lévis. De là, prenez la route 132, dont le nouvel accotement jusqu'à Saint-Michel-de-Bellechasse facilite la balade avec un deux-roues.

Charlevoix

Indicatif ☎ 418

Au nord-est de Québec, ce territoire de 6 000 km^2 pour 30 000 habitants, le plus petit de la province après les îles de la Madeleine, offre un paysage de montagnes tout en vallons et en courbes généreuses, aimant à plonger ses racines dans un Saint-Laurent aux allures déjà maritimes. A l'intérieur de ses terres, soigneusement protégées, se cachent des aires de taïga, domaines du caribou, exceptionnelles à cette latitude.

Cette particularité lui a valu d'être classé Réserve mondiale de la Biosphère par l'Unesco en 1989.

A géographie peu banale, histoire digne des plus belles légendes. Née de l'impact colossal d'une météorite géante, la région du Charlevoix est en effet un immense cratère, l'un des plus grands de la planète.

Domaine abrupt, difficile d'accès et peu perméable à la présence humaine, il est longtemps resté une terre vierge, et le demeure en partie. Seul son littoral enregistre une réelle présence humaine, limitée à quelques points côtiers et à de rares villes de l'intérieur.

Peintres et écrivains en ont toujours fait leur refuge et leur cadre de travail. A une heure seulement de Québec, la région du Charlevoix, ouvrant l'accès à la Côte Nord, est un espace de villégiature très prisé.

Les galeries, antiquaires et boutiques d'artisanat abondent dans les villes et les villages. L'été, les hôtels et les gîtes, installés pour la plupart dans de belles demeures au milieu de sites d'exception, affichent complet et augmentent leurs tarifs.

La plupart restent néanmoins abordables, même pour les voyageurs disposant d'un petit budget.

La route 138, et surtout la route 362 qui relie Baie-Saint-Paul à La Malbaie, permettent de prendre la mesure des paysages du Charlevoix et de ses dénivelés vertigineux.

A ne pas manquer

- Les pistes de ski de la station Le Massif à Petite-Rivière-Saint-François
- La randonnée de la Taïga dans le parc des Grands-Jardins
- Le musée Maritime de Saint-Joseph-de-la-Rive
- Les concerts du Domaine Forget à Saint-Irénée
- Le musée du Charlevoix à Pointe-au-Pic
- Une balade en canoë dans le secteur de l'Équerre, dans le parc des Hautes-Gorges-de-la-Rivière-Malbaie
- Le Centre d'interprétation et d'observation des baleines de Pointe-Noire à Baie-Sainte-Catherine

HISTOIRE

La région fut longtemps une terre inoccupée. Seuls les pêcheurs de cétacés fréquentaient ses rives. L'établissement de sept seigneuries au XVIIe siècle marque le début de son peuplement, qui reste néanmoins extrêmement timide.

En 1855, elle prend le nom de Charlevoix en hommage à François-Xavier de Charlevoix, jésuite et historien de la Nouvelle-France au XVIIe siècle. Elle est alors principalement une région de navigateurs. Marins et agriculteurs l'été, les hommes se font bûcherons l'hiver et construisent des goélettes, un bateau léger à fond plat mesurant entre 15 et 30 mètres de long.

La région, de par son manque d'infrastructures et l'interruption de la navigation en hiver, est isolée et doit subvenir seule à ses besoins. Jusqu'à l'achèvement de la route en 1954, le train sera le seul moyen de transport, avec le bateau qui, lui, est

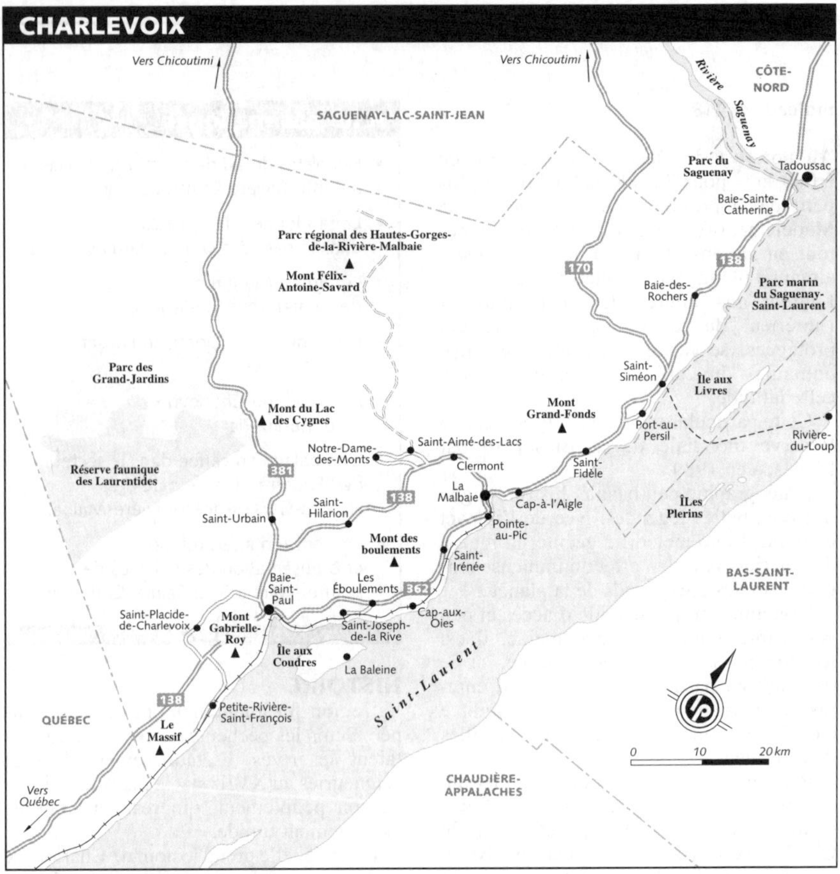

condamné à rester à quai cinq mois de l'année, jusqu'à la fonte des glaces du Saint-Laurent.

Les difficiles conditions de subsistance amèneront nombre de familles à émigrer vers des terres moins hostiles. En 1830, les premiers bateaux à vapeur, les bateaux blancs comme on les surnomme alors, ouvrent une nouvelle ère. La beauté des paysages du Charlevoix attire de riches Américains et Canadiens mais aussi des peintres. De somptueuses demeures sont construites, des terrains de golf se créent, un tourisme de luxe se développe. La région est apprivoisée.

Entre l'exploitation forestière, l'agriculture, la construction navale et le développement rapide du tourisme, elle entame un nouveau chapitre d'une histoire dont elle porte encore aujourd'hui toutes les marques.

ORIENTATION

Entre la région de Québec au sud-ouest, celle du Saguenay-Lac-Saint-Jean au nord et le Saint-Laurent qui le borde de bout en bout, le Charlevoix est marqué à l'intérieur de ses terres par les hauts sommets du vieux massif des Laurentides frôlant les mille mètres. Au nord-est, l'action des glaciers a provoqué la création de cirques et de vallées aux gorges profondes.

De Petite-Rivière-Saint-François au sud à Baie-Sainte-Catherine située juste à l'embouchure de la rivière Saguenay et du Saint-Laurent, les villes et villages se blottissent à flanc de montagne et s'étirent face au fleuve.

La route 138 est l'unique axe routier sud-nord, seulement doublé sur une cinquantaine de kilomètres, entre Baie-Saint-Paul et La Malbaie, par la route 362, la route côtière. De Baie-Saint-Paul, la route 381 permet de rejoindre le lac Saint-Jean *via* Chicoutimi. A Saint-Siméon, seul point de passage pour la rive sud du Saint-Laurent, la route 170 est l'autre voie pour rejoindre la région du Saguenay-Lac-Saint-Jean. Baie-Sainte-Catherine marque la frontière nord du Charlevoix. De l'autre côté de la rivière Saguenay se trouvent Tadoussac et la Côte Nord.

FÊTES ET MANIFESTATIONS ANNUELLES

Juin-août

Festival international du Domaine Forget – Pendant trois mois se déroulent des concerts de musique classique et de jazz de grande qualité, dans ce lieu surplombant le Saint-Laurent.

Août-septembre

Symposium de la nouvelle peinture au Canada – Au Centre d'art de Baie-Saint-Paul, s'exposent les grandes tendances picturales en cours dans le pays.

PETITE-RIVIÈRE-SAINT-FRANÇOIS

La descente vertigineuse pour rejoindre le village est sans doute la plus impressionnante et la plus longue du réseau routier de la région. Éloigné de quelques kilomètres de la route 138, le bourg de Petite-Rivière-Saint-Francois s'étire en un parcours de 6 km le long de la rue Principale, pour se terminer tranquillement à la station de ski Le Massif. Domaine des érablières, totalement absorbé par la nature environnante, le village devint le refuge, pendant plusieurs étés, de la romancière Gabrielle Roy. Au printemps, des effluves de sirop d'érable flottent dans le village. Deux cabanes à sucre organisent des visites dans les propriétés.

Distante d'environ 90 km de Québec, la station de ski alpin **Le Massif** (☎ 632-5876, www.lemassif.com, info@lemassif.com), 1350 rue Principale, est surtout connue pour son environnement (face au Saint-Laurent) et son dénivelé de 770 mètres, le plus important de l'Est canadien. Elle figure parmi les sites proposés pour les Jeux olympiques d'hiver de 2002. Les panoramas sont grandioses et les services offerts, complets (de la location de vêtement à la restauration en passant par la garde d'enfants). Elle conserve une allure de station de village, ce qui lui donne un certain charme. Il n'existe aucun équipement pour le ski de soirée. Le forfait à la journée coûte 32,75 $.

Où se loger

Chez Gaspard (☎ *632-5957 ; 901 rue Principale*) vous retrouverez la chaleur des maisons familiales. Ouvert à l'année, le gîte loue la chambre 40 $ toutes taxes comprises (45 $ avec s.d.b). La vénérable auberge ***La Courtepointe*** (☎ *632-5858 ou 1 888-788-5858 ; 8 rue Racine*) a mis au point un accueil plus sophistiqué. Les prix sont à la hauteur du standing : entre 120 et 135 $ la chambre.

BAIE-SAINT-PAUL

Blottie au fond de la vallée de la rivière du Gouffre, Baie-Saint-Paul marque réellement la première étape urbaine après Québec, située à 91 km au sud. Fondée en 1678, elle a gardé de ce passé quelques demeures anciennes, essentiellement concentrées le long de rue Saint-Jean-Baptiste. Nombre d'entre elles ont été transformées en galeries d'art. Baie-Saint-Paul représente en effet l'une des principales vitrines de la création artistique québécoise, comme en témoignent les nombreuses galeries vouées

La Traversée de Charlevoix

Elle est considérée comme la randonnée la plus longue et la plus difficile du Québec. Les sentiers non entretenus sont toutefois balisés et se parcourent à vélo, à ski ou à pied. Débutant près du parc des Grands-Jardins, elle se termine 100 km plus loin, au mont Grand-Fonds. Le trajet est ponctué de chalets et de refuges. Avant le départ, ce raid en forêt boréale demande une grande forme physique et une préparation minutieuse.

Pour tous renseignements, contactez l'association La Traversée de Charlevoix (☎ 639-2284, traversée@cité.net, www.charlevoix.net/traverse), 841 rue Saint-Édouard, à Saint-Urbain.

à la peinture paysagiste et les multiples ateliers d'artiste disséminés dans la ville.

Renseignements

Le Bureau touristique (☎ 435-4160), 444 bd Monseigneur-de-Laval (route 138), se situe dans le bâtiment du Centre d'histoire naturelle de Charlevoix. Il est ouvert tous les jours de 9h à 16h30 (fermeture à 21h de la mi-juin à début septembre).

Également, de la mi-juin à début septembre, le Centre d'art de Baie-Saint-Paul accueille une antenne saisonnière, en service de 9h à 21h. La poste se trouve 9 rue Saint-Jean-Baptiste. Le centre hospitalier de Charlevoix (☎ 435-5150) se tient 74 rue Ambroise-Fafard.

A voir

Le **Centre d'art de Baie-Saint-Paul** (☎ 435-3681), 4 rue Ambroise-Fafard, et le **Centre d'exposition de Baie-Saint-Paul** (☎ 435-3681), au n°23, présentent des expositions temporaires et des rétrospectives consacrées notamment à des peintres célèbres qui ont immortalisé le Charlevoix et Baie-Saint-Paul, tels les Québécois Clarence Gagnon (1881-1942), Jean-Paul Lemieux (1904-1990), René Richard ou l'Ontarien Alexander Young Jackson (1882-1974). Dans la rue Saint-Jean-Baptiste se concentrent des galeries tout aussi intéressantes, comme la galerie d'art Clarence Gagnon, au n°61. Le Centre d'art de Baie-Saint-Paul est ouvert tous les jours de l'année et l'entrée est gratuite. Le Centre d'exposition, lui aussi accessible tous les jours, perçoit un droit d'entrée de 3 $.

Le **Centre d'histoire naturelle de Charlevoix** (☎ 435-6275), 444 bd Monseigneur-de-Laval (route 138), est voué à la topographie et aux paysages du Charlevoix. Il constitue une bonne entrée en matière pour comprendre la région. Il est ouvert tous les jours de 9h à 19h du 24 juin au 1er septembre (10h-16h en dehors de cette période) et l'entrée s'élève à 3 $ (1 $ pour les moins de 12 ans).

Le centre propose également des excursions à pied ou à bicyclette dans le Charlevoix. Vous pouvez vous faire accompagner d'un guide, louer des cassettes audio (6 $) ou des deux-roues. Un circuit en autobus de deux heures revient à 15 $ (5 $ pour les moins de 12 ans).

Où se loger

A proximité du Centre d'art, ***Le Gîte du Voyageur*** (*☎ 435-3480 ; 44 bd Ambroise-Fafard*) présente un excellent rapport qualité/prix avec une simple/double à 40/50 $, taxes incluses. A côté, l'***Auberge aux petits oiseaux*** (*☎ 435-3888*) arbore une belle façade, une décoration plus recherchée et des prix plus élevés (entre 65 et 85 $ la chambre).

Dans la rue Sainte-Anne, au n°192, l'auberge ***Le Domaine Belle Plage*** (*☎ 435-3321 ou 1 888 463-6030*) dispose de chambres à partir de 70 $. Au n°196, l'***Auberge Le Cormoran*** (*☎ 435-6030 ou 1 888 463, cormoran@cite.net*) propose une large gamme de prix, de 75 à 110 $.

Les hôtels de charme se concentrent essentiellement le long de la rue Saint-Jean-Baptiste. Au n°23, mentionnons ***La Maison Otis*** (*☎ 435-2255 ou 1 800 267-2254, www.quebecweb.com/maisonotis*), dont les tarifs varient de 100 à 260 $ en haute saison (à partir de 80 $ en dehors de cette période). Elle incarne, sans ostentation excessive, un certain prestige hôtelier en ville. Au n°39, l'***Auberge La Muse*** (☎ *435-6839 ou 1 800 841-6839, lamusecharlevoix.net*), tout aussi plaisante, propose un premier prix à 95 $. Une élégante demeure, ***La Grande Maison*** (☎ *435-5575 ou 1 800 361-5575, quebecweb/com/lagrandemaison ; 160 rue Saint-Jean-Baptiste*), concède des chambres entre 70 et 160 $.

Le camping ***Le Genevrier*** (☎ *435-6520 ou 1 877 435-6520 ; 1175 bd Monseigneur-de-Laval*) est le plus important de la région. Le prix de l'emplacement varie entre 18 et 30 $.

Où se restaurer

Pour se restaurer léger, végétarien, à des prix très digestes, il suffit de se diriger vers ***Le Balcon Vert*** (☎ *435-5587 ; 22 Côte du Balcon vert*), le midi ou le soir (fermé d'octobre à mai). ***Le Mouton Noir*** (☎ *435-3030 ; 43 rue Sainte-Anne*) sert jusqu'à 23h dans une ambiance décontractée, avec un bon rapport qualité/prix : comptez environ 15 $. Un autre restaurant apprécié de la ville se trouve à l'intérieur de l'***Auberge La Muse*** (☎ *435-6839 ; 39 rue Saint-Jean-Baptiste*). ***La Maison Otis*** (☎ *435-2255 ; 23 rue Saint-Jean-Baptiste*), grande table de la ville et de la région, vous incitera à dépenser un peu plus, 30 $ en moyenne.

Comment s'y rendre

De Québec, prenez la route 138 Nord. De Tadoussac, suivez la route 138 Sud et, à La Malbaie, empruntez la route 362.

La compagnie Intercar effectue deux fois par jour la liaison Québec-Baie-Saint-Paul. Le terminus (☎ 435-6569) est installé dans le centre commercial Le Village, 2 route de l'Équerre.

PARC DES GRANDS-JARDINS

A 35 km au nord de Baie-Saint-Paul, le parc des Grands-Jardins est l'une des trois aires centrales de la Réserve mondiale de la Biosphère du Charlevoix répertoriées par l'Unesco. La végétation nordique qui recouvre une partie de ses 310 km^2 de territoire en fait un site exceptionnel à cette latitude.

L'autre grande richesse du parc réside dans ses troupeaux de caribous. Disparus au début du siècle, ils ont été réintroduits avec succès à la fin des années 60. Le lichen relativement abondant permet le développement d'un troupeau estimé à environ 1000 caribous. Mais l'incendie qui a ravagé le nord du parc en mai 1999, a détruit une partie des aires d'alimentation de ces animaux qui pourraient devoir migrer ailleurs.

Le **Poste d'accueil Thomas-Fortin** (☎ 457-3945, en saison), sur la route 381 en provenance de Baie-Saint-Paul, est le passage obligé pour rentrer dans le parc, en toute saison. Ouvert chaque jour de 9h à 17h de la mi-mai à la mi-octobre, ses horaires passent de 8h à 20h entre la mi-juin et la dernière semaine d'août.

Le **Centre d'interprétation du Château-Beaumont**, à dix kilomètres environ du poste d'accueil, présente la flore et la faune du parc. Il dispose d'un petit casse-croûte et dépanne en ce qui concerne notamment la crème anti-maringouins.

Activités

De multiples sentiers de randonnée ont été aménagés dans le parc. La découverte de ce paysage de taïga procure de grands instants d'émotion même si, de juin à juillet, les maringouins et les mouches noires sont des compagnons de voyage auxquels il est difficile de fausser compagnie. Certains sentiers offrent des points de vue à couper le souffle sur les montagnes du Charlevoix. La randonnée conduisant au mont du Lac des Cygnes, permet ainsi de contempler un panorama grandiose sur la rivière Malbaie et le cratère du Charlevoix. Elle est néanmoins réservée aux habitués de la marche et demande environ 6 heures A/R.

Du Centre d'interprétation du Château-Beaumont, des sentiers faciles et demandant peu de temps (entre 1 et 3 heures A/R) permettent de profiter d'un bel aperçu sur les paysages de taïga.

En hiver, le ski de fond et le ski de randonnée sont les deux activités principales du parc. Les conditions climatiques sont rudes. La température descend en moyenne à -20°C, voire -50°C si le vent souffle. Le parc ne connaît que 30 jours de hors gel par an en moyenne. Les premiers flocons de neige tombent en septembre.

La Société charlevoisienne de mise en valeur du parc des Grands-Jardins (☎ 890-6527 en saison ou 435-3101) organise des randonnées à thème avec des guides naturalistes, notamment des activités d'interprétation autour du caribou. Il vous en coûtera 10 $ pour celle dite de la taïga (durée trois heures). Elle loue par ailleurs des bicyclettes (18 $ les 8 heures, 6 $ l'heure) et des canoës (21 $ les 8 heures, 8 $ l'heure). En hiver, le circuit sur la piste du caribou permet de partir en ski de fond sur les aires d'hivernage de l'animal.

Où se loger

Dans le parc, il est possible de louer des chalets à partir de 24 $ par personne et par jour. Deux chalets d'été (d'une capacité d'accueil respective de 4 et 12 personnes) ont été construits juste à côté du Centre d'interprétation du Château-Beaumont. Prenez avec vous nourriture et sac de couchage. Pour le chalet Saint-Anne construit sur une île, il est nécessaire de réserver.

Par ailleurs, des refuges équipés, loués à partir de 16 $ par personne, ont été construits aux abords des sentiers. Pour réserver (c'est impératif), renseignez-vous au ☎ 890-6527 ou 1 800 665-6527.

Sur place également, deux types de camping (☎ 846-2057) ont été aménagés. Le camping de ***La Roche*** et le camping ***Des Jardins*** possèdent l'ensemble des services désirés. Le prix de l'emplacement varie entre 12 et 16 $. Près du centre d'accueil, un terrain est disponible pour le camping. Deux autres aires en bordure de rivière, accessibles en canoë, sont par ailleurs réservées aux campeurs (12 $).

Construits juste à l'intersection de la route 138 et de la route 381 menant au parc, les chalets de la ***Maison chez Laurent*** (☎ *435-3895 ; 1493 bd Monseigneur-de-Laval – route 138*) représentent une bonne alternative, notamment pour les familles. Situés à une dizaine de kilomètre de Baie-Saint-Paul, et faisant face à la montagne, ils offrent tout le confort requis des constructions modernes et disposent d'un immense terrain créant un beau dégagement. Le restaurant, en revanche, est quelconque. La location d'un chalet revient entre 65 et 95 $ selon le mois.

A Saint-Urbain, à proximité du parc (6 km), la ***Maison de Chambres*** (☎ *639-2348 ; 804 rue Saint-Édouard*) propose des chambres d'un bon rapport qualité/prix (35/40 $ en basse/haute saison). Au même étage, vous disposez d'une cuisinette. Un petit appartement indépendant, loué 60 $ par jour, a été aménagé dans la maison.

LES ÉBOULEMENTS

Le nom de ce village à flanc de montagne évoque le gigantesque glissement de terrain survenu à la suite du tremblement de terre de 1663. A mi-chemin entre Baie-Saint-Paul et La Malbaie, Les Éboulements ont inspiré de nombreux peintres. La vue sur l'île aux Coudres est superbe et les lumières, somptueuses. De belles maisons aux couleurs pimpantes se répartissent de chaque côté de la rue Principale (route 138).

Au n°157, **Le Moulin** (☎ 635-2239), construit en 1790 par le premier seigneur des Éboulements, Pierre de Tremblay, fonctionne toujours. Attenant, l'ancien manoir seigneurial, bien conservé, permet d'imaginer une seigneurie du XVIIIe siècle. Pour les horaires et les jours d'ouverture, mieux vaut téléphoner.

A trois kilomètres au nord, accessible par un chemin goudronné à droite de la route 362, la plage de **Cap-aux-Oies** est un régal pour la promenade, le paysage et la baignade.

Où se loger et se restaurer

L'***Auberge de nos aïeux*** (☎ *635-2405 ou 1 800 265-2405, www.quebecweb.com/aieux ; 183 route 362*) est un motel de grande classe, avec des pavillons blancs aux larges baies vitrées. La vue sur l'île aux Coudres et la gentillesse des propriétaires ont fait de cette adresse le repaire des peintres qui ont un atelier à leur disposition. La table est également réputée. En basse saison, la chambre coûte 38 $ par personne (46 $ en haute saison) et il convient de réserver. L'auberge dispose d'une piscine et d'une salle de billard.

Plus guindée, l'***Auberge Le Surouêt*** (☎ *635-1401, www.quebecweb.com/lesurouet ; 195 rue Principale – route 362*), explore les ressources d'une chaumière feutrée, avec cheminée dans les plus belles chambres. En basse/haute saison, les prix commencent à 85/110 $ par personne. L'auberge dispose aussi d'un restaurant.

Les gîtes du village sont bien plus abordables. ***Aux Volets Verts*** (☎ *635-2804, ernestb@cite.net ; 293 rue Principale*), une simple/double se négocie à 45/65 $, voire moins selon la période. De l'autre côte de la rue, la ***Villa des Roses*** (☎ *635-2733*), au n°290 et ***La Nichouette*** (☎ *635-2458, chouette@cite.net*) au n°216, proposent le même type de confort, simple et convenable, pour 45/55 $.

SAINT-JOSEPH-DE-LA-RIVE

En contrebas du village Les Éboulements, accessible par la côte de la Misère (qui porte bien son nom tant le dénivelé est impressionnant), Saint-Joseph-de-la-Rive fut un chantier maritime très réputé, fermé en 1972. Devenu aujourd'hui site de villégiature, le village étire ses façades face à l'île aux Coudres.

Les quelques rares goélettes échouées font désormais partie du patrimoine du **Chantier maritime de Saint-Joseph-de-la Rive** (☎ 635-1131 ou 635-2803), 305 place de l'Église, ouvert tous les jours de 9h à 17h du 24 juin à début septembre (2 $; gratuit pour les moins de 12 ans). En mai, juin, septembre et octobre, il faut téléphoner. L'environnement et les bateaux échoués font du site un point d'observation exceptionnel, qu'il serait dommage de négliger.

En face du musée, la **papeterie Saint-Gilles** (☎ 635-2430), 304 rue Félix-Antoine-Savard, est célèbre pour ses feuilles de papier de coton incrustées de végétaux. Son fondateur, monseigneur Félix-Antoine Savard, auteur d'un grand classique de la région, Menaud, Maître-Draveur, est enterré dans le cimetière du village. La papeterie abrite un intéressant **écomusée du papier** ouvert à l'année (entrée gratuite).

Saint-Joseph-de-la-Rive est le seul port d'accès pour se rendre à l'île aux Coudres. La traversée (☎ 438-2743, www.traversier.gouv.qc.ca), gratuite, dure un quart d'heure et les horaires s'échelonnent de 7h30 à 23h30. De fin juin au 1er septembre, les départs ont lieu toutes les trente minutes entre 10h et 17h.

Où se loger et se restaurer

L'***Auberge L'Été*** (☎ *635-2873, www.st-joseph-de-la-rive/ete ; 589 chemin du Quai-Saint-Joseph*) est une belle demeure, avec jardin et terrasse, à l'abri des regards indiscrets ; elle séduisit l'écrivain Anne Hébert. De fin mai à mi-octobre (l'auberge est fermée le reste de l'année), la chambre coûte 85 $ le week-end (75 $ en semaine). Le forfait revient à 125 $ pour deux, dîner inclus. Sa table est un régal. Compter au moins 25 $.

Plus vaste et tout aussi charmante, *L'**Auberge Beauséjour*** (☎ *635-2895 ou 1 800 265-2895, hotel@charlevoix.net*), installée au n°569, sert de relais aux motoneigistes, l'hiver. La simple/double est louée 45/75 $ (50/85 $ en haute saison). Vous pouvez aussi vous y restaurer.

*L'**Auberge de la Rive*** (☎ *635-2846 ; 280 rue de l'Église*) profite de sa proximité avec le chantier maritime. Les chambres, sans cachet particulier, bénéficient du caractère familial de l'accueil. L'auberge fait également motel. La simple/double revient à 45/75 $ (ajouter 10 $ l'été).

Ouvert de mi-juin à septembre, le restaurant ***Le Loup Phoque*** (☎ *635-2848 ; 188 rue Félix-Antoine-Savard*) s'enorgueillit d'un cadre chaleureux et d'une carte riche en propositions (salades, viandes, poissons, et tarte au sucre, un régal !). Les prix sont très raisonnables : un repas revient en moyenne à 16 $. Sa grande terrasse est une invitation permanente.

ÎLE AUX COUDRES

A dix minutes en traversier de Saint-Joseph-de-la-Rive, l'île est facile d'accès. Petite (dix kilomètres dans sa plus grande longueur sur cinq environ), elle se parcourt en voiture ou à bicyclette.

Une route de 26 km ceinture l'île. Le chemin Royal longe la rive nord-ouest avant de rejoindre le chemin des Coudriers bordant la rive sud-est. Cette promenade offre un point de vue intéressant sur les montagnes du Charlevoix.

A cinq cents mètres du terminal des traversiers, vous trouverez un Bureau d'information (☎ 665-4454 ou 1 800 667-2276) ouvert seulement de juin à septembre.

Aujourd'hui essentiellement tournée vers l'agriculture et le tourisme d'été, cette île de 1 400 habitants dispose de plusieurs musées. Le **musée de l'Isle-aux-Coudres** (☎ 438-2753), installé 231 chemin des Coudriers, est consacré à l'histoire des insulaires, il est ouvert tous les jours de la mi-mai à octobre (3,50 $). Au n°203, le **musée des Voitures d'eau** (☎ 438-2208) retrace l'activité des chantiers navals et le rôle de la goélette. On y organise des excursions dans l'île avec un bateau monté sur roues.

Dans le village de l'Isle-aux-Coudres, situé à la pointe sud-ouest, deux moulins, l'un à eau, l'autre à vent, servent de cadre aux **Moulins de l'Isle-aux-Coudres** (☎ 438-2184), 247 chemin du Moulin. Comme tous les lieux à visiter sur l'île, il est ouvert tous les jours de la fin mai à la mi-octobre, de 10h à 17h.

Pour s'y rendre, reportez-vous au paragraphe *Saint-Joseph-de-la Rive*.

Activités

L'île se prête à la découverte en vélo. Environ 40 km de pistes cyclables ont été aménagées. Seul le vent est susceptible de mettre vos mollets à rude épreuve.

Au 34 rue du Port, à deux cents mètres du port, la boutique Gérard Desgagnés (☎ 438-2332) loue des bicyclettes. Ouvert du 15 mai au 15 octobre, le Centre de location Vélo-Coudres (☎ 438-2118), chemin des Coudriers, est quant à lui installé à 5 km du traversier. Son choix de bicyclettes est large. La location d'un vélo à la journée revient à 20 $ et à 10 $ pour les enfants. Une navette vient vous chercher au traversier.

Des croisières pour le fjord du Saguenay et l'observation des baleines sont organisées quotidiennement de la mi-mai à la mi-octobre par la compagnie Famille Dufour Croisières (☎ 1 800 463-5250). Les départs ont lieu à 9h.

Où se loger et se restaurer

L'île dispose d'hôtels, de gîtes et de 2 campings. Ouvert du 22 mai au 15 octobre, l'***Hôtel du Capitaine*** (☎ *438-2242 ; 781 chemin des Coudriers*) est une adresse de choix. Sa table, réputée, copieuse et savoureuse, reste abordable même pour les petits budgets (la table d'hôte coûte 22 $). Les chambres, dans la maison ou dans la partie motel, sont chaleureuses et agréablement aménagées. Le prix de la simple/double varie de 65 à 80 $. Une intéressante alternative vous attend à trois kilomètres à peine : l'***Auberge la Coudrière*** (☎ *438-2838 ou 1 888 438-2882, www.quebecweb.com/lacoudrière ; 280 rue Principale*) est un belle demeure en pierre dominant le Saint-Laurent. La vue est somptueuse et les chambres rustiques, agréables. Comptez entre 55 et 85 $. Sa table jouit également d'une excellente réputation. Ultime argument des lieux, une piscine.

A côté du centre de location Vélo-Coudres, le restaurant ***A la nage*** (☎ *438-2136 ; 744 chemin des Coudriers*) incite à une pause agréable le temps d'un repas léger ou pour se délecter d'un homard frais (25 $) ou d'un poisson. Il est ouvert de juin à fin septembre.

Près de l'embarcadère (à 2 km environ), le ***Camping Sylvie*** (☎ *438-2420 ; 191 rue Royale Ouest*) affiche des prix compris entre 12 et 17 $. La location d'un chalet pour 2 personnes revient à 30 $ la journée (35 $ le chalet de 4 personnes). Plus grand, situé à proximité de la ville principale de la Baleine, sur la rive est, le ***Camping Leclerc*** (☎ *438-2217 ; 183 route Principale*) offre toutes les commodités. L'emplacement coûte 18 $.

L'île aux Coudres, entre noisettes et goélettes

Lorsque Jacques Cartier débarque sur l'île le 6 septembre 1535, il s'étonne dans son journal du nombre de coudriers (noisetiers) qui couvrent ce territoire encore inconnu. Leurs fruits ne manquent pas de saveur, et s'avèrent même bien meilleurs que ceux récoltés en France. Le nom de ce bout de terre du Saint-Laurent est tout trouvé : ce sera l'île aux Coudres.

Pendant deux siècles environ, l'île restera inhabitée. Halte occasionnelle pour les navires en direction de Québec, elle est parfois occupée par des pêcheurs de bélugas, le temps de tanner la peau de ces cétacés, très prisée pour la confection de bottes.

L'attribution en 1677 du territoire à Étienne Lessard de Beaupré par le gouverneur de Frontenac ne changera guère le cours de son destin.

Il faut attendre le début du XVIIIe siècle et le peuplement du Charlevoix pour que l'île aux Coudres enregistre, à l'année, une réelle occupation de son sol. Son développement est alors rapide. Les habitants seront fermiers, éleveurs, tisseurs, pêcheurs mais aussi employés sur les chantiers de construction et de réparation de goélettes, une activité traditionnelle qui s'éteindra dans les années 50.

Parallèlement, comme sur l'île d'Orléans, des moulins à eau et à vent sont édifiés pour moudre les récoltes de blé et de maïs. Deux d'entre eux fonctionnent encore, vestiges d'un passé pas si lointain.

SAINT-IRÉNÉE

L'environnement de ce petit village très éclaté n'est qu'une suite de lignes arrondies et harmonieuses plongeant dans le Saint-Laurent. Saint-Irénée abrite le **Domaine Forget**, une académie de musique et de danse de réputation internationale ouverte aux étudiants du monde entier. Chaque été, des stages d'études sont organisés et donnent lieu à des concerts.

Situé à flanc de collines, juste au-dessus de la route 362, le Domaine (☎ 452-3535 ou 1 888 336-7438, www.cite.net/dforget), 398 chemin les Bains, englobe trois anciennes propriétés estivales, résidences de Joseph Lavergne, d'Adolphe-Basile Routhier, auteur de l'hymne national *Ô Canada*, et de Rodolphe Forget, député du Charlevoix, initiateur de la ligne de chemin de fer régionale.

La salle de concert, construite dans l'immense propriété, compte parmi les meilleures du Canada en raison de ses qualités acoustiques. Dès la mi-mai, des concerts de musique classique et de jazz y sont donnés en matinée et soirée. Les prix sont relativement abordables : comptez entre 21 et 28 $ pour un concert. En saison, le Domaine organise un brunch musical le dimanche. A fréquenter à double titre, pour la musique mais aussi pour la vue sur Saint-Laurent.

Où se loger

Installée en bordure du Saint-Laurent et ouverte à l'année, ***La Luciole*** (☎ *452-8283 ; 178 chemin les Bains*), une superbe et grande demeure aux larges terrasses, dispose de simples/doubles à 50/55 $. Au n°223, l'***Auberge des Sablons*** (☎ *452-3594, sablons@cite.net, www.cite.net/sablons*) est un hôtel stylé avec des prestations à l'avenant. En conséquence, comptez 90/180 $ pour une simple/double. Pendant l'été, des forfaits intéressants comprennent le souper et une place de concert au Domaine Forget.

Les Studios du Domaine (☎ *452-3535, www.cite.net/dforget ; 398 chemin les Bains*) sont installés sur les hauteurs de Saint-Irénée, dans un immense parc dominant le fleuve. En dehors de la saison estivale, des studios pour 3 personnes avec coin cuisine sont loués 60 $ par jour ; des rabais sont consentis à partir du quatrième jour, hors la période des concerts. Le cadre idéal et la qualité de l'hébergement font de ce domaine une superbe étape.

POINTE-AU-PIC

Pointe-au-Pic est le pendant résidentiel de La Malbaie, la ville attenante. Le paysage se compose de terrains de golf, parmi les plus beaux d'Amérique de l'Est, et d'élégantes propriétés à flanc de montagne ou blotties à l'arrière de grands jardins. Concentrées le long de la rue de la Falaise, ces demeures fastueuses sont les témoins vivants du temps où Pointe-à-Pic entrait dans les carnets mondains de la haute société new-yorkaise et canadienne. William-Howard Taft, président des États-Unis de 1909 à 1913, disait paraît-il que l'air de la baie "enivrait comme du champagne, sans les maux de tête du lendemain".

Construit en bordure de La Malbaie et de la route 362, le **musée du Charlevoix** (☎ 665-4411), 1 chemin du Havre, consacre son rez-de-chaussée à l'histoire de la région, les expositions permanentes et temporaires étant centrées sur l'art populaire. Il ouvre tous les jours de mi-juin à début septembre entre 10h et 18h ; le reste de l'année, il est fermé le lundi, ouvert de 13h à 17h le week-end et de 10h à 17h en semaine. L'entrée coûte 4 $ (3 $ pour les seniors et les étudiants).

Du musée, on peut continuer sur la droite jusqu'au **quai de Pointe-au-Pic**, embarcadère des croisières pour le fjord du Saguenay et l'observation des baleines. Des excursions sur le thème des phares du Saint-Laurent sont également organisées de la mi-mai à octobre. Renseignez-vous à l'Association touristique régionale de Charlevoix, à La Malbaie (reportez-vous à la rubrique *Renseignements* de La Malbaie).

En face du manoir Richelieu, le **casino** (☎ 665-5300 ou 1 800 665-2274), 183 avenue Richelieu, est le plus récent des trois casinos installés au Québec.

Où se loger

Difficile de trouver un hébergement économique à Pointe-au-Pic, surtout pendant l'été. Plusieurs forfaits (incluant notamment le souper et/ou le golf) sont proposés. La plupart des gîtes acceptent les cartes de crédit.

Le Manoir Richelieu (*☎ 665-3703 ou 1 800 441-1414, www.cphotels.ca ; 181 rue Richelieu*) ressemble au Château Frontenac. Totalement réaménagé en 1999, il est désormais la propriété de la chaîne Canadien Pacifique. Son atmosphère de grand luxe s'appuie sur une avalanche de services (piscines, sauna, salle de jeu pour enfant, tennis, golf…). Un premier prix de nuitée est fixé à 169 $; le tarif des suites s'envole entre 399 et 999 $.

En bordure de la route 362, l'***Auberge Des 3 Canards*** (*☎ 665-3761 ou 1 800 461-3761, 3canards@cite.net, auberge3canards.com*) a fière allure tout comme ses chambres. Le prix d'une simple/double commence à 85/95 $ et atteint 220/322 $ en haute saison.

Sur le chemin des Falaises, au n°129, l'***Auberge La Romance*** (*☎ 665-4865, romance@cite.net, www.quebecweb.com/laromance*) dispose de chambres de qualité inégale mais la terrasse et le jardin attenant en font un nid douillet. Compris entre 70 et 85 $ en basse saison, les prix varient entre 110 et 185 $ en juillet et en août.

Au n°138, l'***Auberge La Châtelaine*** (*☎ 665-4064 ou 1 888 840-4064, lachatelaine@cite.net, www.quebecweb.com/lachatelaine*) se tient en retrait de la route et allie charme et romantisme. Ouvert de mai à octobre, le prix de la chambre est compris entre 75 et 130 $.

L'Auberge les Sources (*☎ 665-6952, sources@cite.net, www.quebecweb.com/lessources ; 8 rue des Pins*) porte l'art de vivre à un certain point de perfection. Comptez 160 $ pour deux en basse saison, 175 $ le reste de l'année, dîner compris. L'auberge, fermée en hiver, n'ouvre qu'en mai.

A deux cents mètres du musée du Charlevoix, l'***Auberge La Maison Donohue*** (*☎ 665-4377, dona@cite.net, www.cite.net/dona ; 51 chemin du Havre*) se cache derrière de grandes haies et joue les élégantes. Le prix d'une simple oscille de 85 à 175 $ en haute saison.

Entre Pointe-au-Pic et Saint-Irénée, le camping ***Le Domaine du Gros Ruisseau***

La mauvaise baie de Champlain

C'est à Samuel de Champlain que La Malbaie doit son nom. Lorsqu'il accoste dans la baie en 1608, la nuit est tombée. Le matin, au réveil, quelle n'est pas sa stupeur lorsqu'il constate que les eaux du fleuve se sont retirées, l'empêchant de reprendre sa route. "Ah ! La malle bayes !", se serait-il écrié.

Baptisée également Murray Bay après la Conquête, elle fut, dès le XIXe siècle, l'un des lieux de villégiature préférés des grandes fortunes américaine et canadienne. Sa réputation était la hauteur de la beauté de ses rives.

La rencontre des eaux vertes et salées du golfe du Saint-Laurent et des eaux brunâtres et douces de la rivière Malbaie forme en effet, par beau temps, un tableau évoquant la peinture abstraite, étonnant par la luminosité des couleurs et le découpage des lignes aux tracés nets.

(☎ *665-6182 ; 313 rang Terrebonne – perpendiculaire à la route 362*), ouvert de mai à fin octobre, loue l'emplacement à partir de 14 $, ainsi que des tentes. ***Le Camping des Érables*** (☎ *665-4212 ; 69 rang Terrebonne – route 362*) est doté de chalets pour 4 personnes (75 $ par jour).

Où se restaurer

La plupart des établissement hôteliers de la ville possèdent un restaurant. ***Le Manoir Richelieu*** (☎ *954-2899 ou 1 800 441-1414 ; 181 rue Richelieu*) en détient même trois, dont ***Le Saint-Laurent*** qui propose un délicieux buffet gastronomique pour 18 $. C'est une étape aussi agréable à midi que le soir. ***Le Charlevoix*** offre, de son côté, une cuisine régionale raffinée mais plus onéreuse. Comptez au moins 30 $.

Dominant le fleuve, l'***Auberge Des 3 Canards*** (☎ *665-3761 ou 1 800 461-3761*), sur la route 362, est l'une des meilleures tables de la région. Vous débourserez 40 $ pour le menu gastronomique.

LA MALBAIE

L'intérêt de la capitale régionale du Charlevoix reste limité. Sa magnifique baie est bien plus jolie à contempler en allant à Cap-à-l'Aigle ou en arrivant de Pointe-à-Pic, les deux villes qui la bordent.

Toutefois, il ne faut pas manquer les **Jardins aux quatre vents**, le plus grand jardin privé du Canada. Il compte plus de mille variétés de plantes. Pour les jours de visite, renseignez-vous auprès de l'Association touristique.

Le boulevard de Comporté (route 362), parallèle à la rue Saint-Étienne (l'autre axe principal de la ville), longe la baie et permet de rejoindre la route 138.

Renseignements

L'Association touristique régionale de Charlevoix (☎ 665-4454 ou 1 800 667-2276, www.tourisme-charlevoix.com, info@tourisme-charlevoix.com), 630 bd de Comporté, est ouverte tous les jours de 8h30 à 16h30 (de 9h à 21h de mi-juin à début septembre).

La Société d'histoire de Charlevoix (☎ 435-6864), 2 place de l'Église, propose d'excellents audioguides sur la région.

La poste (☎ 665-3774) est au 304 rue Saint-Étienne.

Le centre hospitalier Saint-Joseph (☎ 665-3711) se tient 303 rue Saint-Étienne.

Où se loger et se restaurer

Dans les villes avoisinantes, le choix est plus large et l'environnement plus agréable. Vous bénéficierez en effet de points de vue plus remarquables sur le fleuve et la campagne que ceux de La Malbaie.

Les campings restent néanmoins une option intéressante. Mentionnons le camping grand luxe ***Au Bord de la Rivière*** (☎ *665-4991 ; 56 bd Mailloux*). Avec seulement 25 sites, le ***Camping L'international*** (☎ *665-3512 ; 785 rang Saint-Charles*), sur la route 138, décline une palette de services plus réduite.

Comment s'y rendre

De Baie-Saint-Paul, vous pouvez continuer la route 138 qui permet de découvrir l'intérieur du Charlevoix en faisant une boucle de 56 km. Autre option : prendre la superbe route 362 qui longe le fleuve Saint-Laurent sur 48 km et jusqu'à La Malbaie.

La compagnie Intercar assure 2 liaisons par jour depuis Montréal et Québec *via* Baie-Saint-Paul (reliée en 45 minutes), par la route 138 uniquement. Le terminus se trouve chez le Dépanneur J.E. Otis (☎ 655-2264), 46 rue Sainte-Catherine, perpendiculairement à la rue Saint-Étienne qui traverse La Malbaie.

PARC RÉGIONAL DU MONT-GRAND-FONDS

A une dizaine de kilomètres de La Malbaie au sud-ouest, le parc régional du Mont-Grand-Fonds (☎ 665-0095, www.quebecweb.com/montgrandfonds), 1000 chemin des Loisirs, est l'autre grande station de ski de piste du Charlevoix. Des compétitions internationales s'y déroulent à l'occasion.

Le parc dispose d'un réseau de sentiers de randonnée d'environ 160 km. Sur place, vous pourrez louer l'équipement nécessaire. Il existe une garderie pour enfants. Pour s'y rendre, traversez le pont (qui permet de rejoindre la rue Fraser depuis le bd de Comporté) à La Malbaie et tournez immédiatement à gauche sur le chemin de la Vallée. Le chemin des Loisirs est à un kilomètre sur la droite. Le forfait à la journée revient à 26 $ pour le ski de piste. L'accès aux pistes de ski de fond coûte 10 $.

PARC RÉGIONAL DES HAUTES-GORGES-DE-LA-RIVIÈRE-MALBAIE

Au nord et à 45 km de La Malbaie, le parc enclôt une superbe vallée, parmi les plus belles du Québec. Traversé par la rivière Malbaie et encadré par de hautes parois rocheuses de 800 mètres (les plus hautes de l'Est du Canada), ce territoire de 233 km² fait partie des trois aires centrales de la Réserve mondiale de la Biosphère du Charlevoix. Il contient une érablière à ormes et à frênes, exceptionnelle à cette latitude, où dominent l'épinette et le sapin.

L'entrée du parc se situe à Saint-Aimé-des-Lacs (☎ 439-4402). La route pour y accéder *via* la route 138, étroite et sinueuse, n'est pas goudronnée. Comptez au moins une heure de trajet depuis La Malbaie. Il est préférable de faire le plein d'essence avant de s'engager dans le parc. La dernière station service se trouve à Saint-Aimé-des-Lacs.

Un droit d'entrée de 6 $ est perçu au poste d'accueil, qui délivre une carte des sentiers. Il est ouvert de 9h à 17h.

Activités

L'un des attraits du parc est le secteur de l'Équerre, avec ses gorges à descendre en canoë. L'escalade, pratiquée en toute saison, est l'autre grande activité. La cascade dite de La Pomme d'Or, au lac du Petit Butor, forme en hiver une cascade de glace de 330 mètres de dénivellation. L'hiver, le parc est ouvert aux motoneigistes.

Des croisières en bateau-mouche sur la rivière Malbaie d'une durée d'une heure et demie sont organisées du 20 juin à la mi-octobre. Le billet coûte 20 $ (11,50 $ pour les 6-14 ans, gratuit jusqu'à 6 ans). Les départs se font à l'intérieur du parc.

Sur place, vous pouvez louer des barques pour 22 $ la journée, des vélos (23 $) et des kayaks (27 $ en solo, 40 $ en tandem).

Où se loger et se restaurer

Situé à Saint-Aimé-des-Lacs sur la route du parc, l'***Auberge le Relais des Hautes-Gorges*** (☎ *439-5110 ou 1 800 889-7655, www.quebecweb.com/relais*) allie confort, accueil chaleureux à un environnement naturel préservé. Les chambres de la partie motel sont vastes et jolies et dotées d'une bonne literie pour 70 $. L'auberge fait également restaurant. Selon la saison, il est préférable de demander si le repas du soir, notamment, est assuré.

Dans le village, vous trouverez un casse-croûte dont la nourriture est très convenable pour les prix demandés.

Le parc dispose de 2 sites de camping. Le site du ***Pin Blanc*** revient à 14 $. Il est semi aménagé, l'autre camping est rustique (5,5 $ par tente). L'enregistrement (☎ *439-4402*) est obligatoire.

CAP-A-L'AIGLE

Village que rien ne vient perturber, Cap-à-l'Aigle, juste après la rivière Malbaie, se compose de belles maisons dispersées sur des flancs de la montagne surplombant le fleuve et la baie. Ici, la nature domine, pour le plus grand plaisir des yeux.

Où se loger et se restaurer

La Pinsonnière (☎ *665-4431 ou 1 800 387-4431, lapinsonnière@cite.net, www.relaischateau.fr/pinsonniere ; 124 rue Saint-Raphaël*) est un Relais et Château dont les chambres sont vastes et luxueuses. Comptez à partir de 130 $ en basse saison et 150 $ pour une chambre avec vue sur le jardin. Le restaurant jouit d'une très bonne réputation.

Juste en face au n° 125 et ouvert à l'année, ***La Maison Vert-Tige*** (☎ *665-6201*) rappelle la petite maison dans la prairie. La simple/double revient à 45/60 $ (75 $ pour une chambre avec s.d.b.).

Au 301 rue Saint-Raphaël et construite sur les hauteurs du village, l'agréable ***Auberge Fleurs de Lune*** (☎ *665-1090*) cultive une atmosphère de maison bourgeoise et dispose de simples/doubles à 75/125 $. L'Auberge loue un chalet tout aussi charmant juste à côté.

Au n°381, l'***Auberge des Peupliers*** (☎ *665-4423 ou 1 888-282-3743, peupliers@cite.net, www.quebecweb.com/peupliers*) prend soin de maintenir sa réputation en matière de restauration et d'hôtellerie. Le prix des chambres débute à 90 $ en haute saison (70 $, voire moins, le reste de l'année).

Sur la route qui mène au très joli petit quai du village, l'***Auberge des Eaux-Vives*** (☎ *665-4808*) est un gîte bien placé face au fleuve et loin de la route (chambre à partir de 60 $).

Accessible de juin à mi-octobre, ***La Maison Victoria inn*** (☎ *665-1022 ; 726 rue Saint-Raphaël*) propose un cadre harmonieux et une décoration soignée. La simple/double est à 70/85 $.

L'***Auberge Petite Plaisance*** (☎ *665-2653 ; 310 rue Saint-Raphaël*) offre des chambres moins intéressantes que sa table qui est vraiment un régal. Comptez 25 $ pour une table d'hôte.

PORT-AU-SAUMON

Le **Centre écologique de Port-au-Saumon** (☎ 434-2209), sur la route 138, est consacré à l'environnement. Ouvert en juillet et en août de 10h à 17h, il propose des randonnées à thème dans la région du Charlevoix. Sa situation dans un parc en bordure du Saint-Laurent en fait par ailleurs un remarquable point d'observation du fleuve. L'entrée est payante.

Différents pavillons d'hébergement peuvent accueillir les visiteurs mais ils sont souvent réservés pour les groupes.

PORT-AU-PERSIL

A l'écart de la route 138 et au Sud de Saint-Siméon à cinq kilomètres, Port-au-Persil ne compte que quelques maisons surplombant le fleuve, suffisamment éloignées les unes des autres pour laisser la nature s'épanouir. La plage de rochers en contrebas (accessible par une route à la pente impression-

Charlevoix, l'un des rendez-vous des peintres

CHARLEVOIX

nante) offre un paysage minéral qui se laisse contempler à marée basse.

Avant d'aller s'établir dans l'île aux Coudres, le peintre Jean-Paul Lemieux passait ses étés à l'hôtel Port-au-Persil, fréquenté également par la romancière Gabrielle Roy. Les peintres du Groupe des Sept s'y donnaient également rendez-vous. Depuis lors, ce vieil hôtel a été rebaptisé l'***Auberge Petite Madeleine*** (☎ *638-2460 ; 400 route Port-au-Persil*). L'endroit possède la magie des lieux anciens toujours vivants. Le prix des chambres inclut le souper. Comptez entre 90 et 110 $ pour deux. De la terrasse, la vue sur les collines du Charlevoix et le fleuve est de toute beauté.

SAINT-SIMÉON

Saint-Siméon représente surtout un carrefour. Il suffit de continuer la route 138 pour atteindre la Côte Nord *via* Baie-Sainte-Catherine et Tadoussac. Quant à la route 170, elle permet de longer la rive sud du Saguenay, de traverser Chicoutimi avant d'arriver au lac Saint-Jean.

Saint-Siméon est également le point de départ des ferries pour Rivière-du-Loup, située sur la rive sud du Saint-Laurent. La traversée (65 minutes) est assurée tous les jours d'avril à janvier (☎ 862-5094, info@travrdlstsim.com). Les fréquences varient d'un mois à l'autre (de la dernière semaine de juin à fin août, 4 à 5 traversées par jour ; sinon 3 le reste de l'année). Le prix du billet s'élève à 10,20 $ (9,20 $ pour les seniors et 6,80 $ pour les 5-11 ans ; gratuit pour les moins de 5 ans). Le passage de la voiture revient à 25,85 $. Vous ne pouvez pas réserver. En été, arrivez au moins une heure et demie avant l'embarquement, surtout pour les départs entre 10h et 18h. A noter que le prix des traversées de 7h et 20h15 depuis Rivière-du-Loup bénéficient d'une réduction de 50 %.

A proximité du quai, à flanc de colline et faisant face au fleuve, le ***Motel Vue Belvédère Inc.*** (☎ *638-2227 ou 1 800 463-2263 ; 130 rue du Quai*) possède des chambres correctes (les s.d.b. sont moins satisfaisantes) à partir de 49 $ (69 $ en juillet). Il ferme de fin novembre à fin mars. A côté, au n°109, l'***Auberge sur Mer*** (☎ *638-2674*), fermée durant la basse saison, d'un standing plus étudié, pratique des tarifs plus élevés (à partir de 70 $ la chambre). Le restaurant propose une cuisine convenable. L'addition pour un repas de fruits de mer semble toutefois excessive.

BAIE-SAINTE-CATHERINE

Située à l'embouchure de la rivière Saguenay, Baie-Sainte-Catherine marque la limite septentrionale du Charlevoix. Face à elle, Tadoussac, porte d'entrée de la Côte Nord et lieu privilégié pour l'observation des baleines.

Beaucoup moins fréquentée que Tadoussac, Baie-Sainte-Catherine constitue également un bon poste d'observation des cétacés (voir *Tadoussac* dans le chapitre *La Côte-Nord*). Elle s'agrémente par ailleurs de belles plages de sable fin.

Plusieurs agences organisent des excursions en bateau à partir du petit port.

Le **Centre d'interprétation et d'observation de Pointe-Noire** (☎ 237-4383 en saison, 235-4703 hors-saison), sur la route 138, présente les richesses du parc marin du Saguenay. Le centre propose de multiples activités : randonnées, diaporamas, expositions et films. Le belvédère, équipé de télescopes, sert de point d'observation des cétacés, et notamment des bélugas. Mais encore s'agit-il de faire preuve de patience.

Il est ouvert tous les jours de 9h à 18h de mi-juin à mi-septembre. Entre septembre et octobre, il est accessible les vendredi, samedi et dimanche, de 9h à 17h. Il est fermé le reste de l'année. L'entrée est payante.

Où se loger et se restaurer

Le motel ***Le Vacancier*** (☎ *237-4395 ; 329 route 138*) est intéressant pour ses chambres avec vue sur le fleuve situé en contrebas, facturées 70 $.

Au n°294, le ***Baie-Sainte-Catherine*** (☎ *237-4271 ou 1 877 444-7247*) est un motel-hôtel aux tarifs très raisonnables en haute saison (70 $). Il dispose également d'un restaurant et loue des chalets entre 65 et 170 $ par jour. Le gîte ***Entre Mer et Monts*** (☎ *237-4391 ou 237-4252 ; 476 route 138*) dispose de simples/doubles correctes à partir de 40/50 $. Il est ouvert à l'année et prépare un repas le soir à ceux qui le souhaitent.

Comment s'y rendre

A 66 km de La Malbaie et à 36 km de Saint-Siméon, Baie-Sainte-Catherine est traversée par la route 138. La liaison quotidienne avec Tadoussac par ferry (pour les horaires, reportez-vous à la rubrique *Tadoussac* dans le chapitre *La Côte Nord*) est gratuite et ne dépasse pas quinze minutes.

Les bus de la compagnie Intercar relient Baie-Sainte-Catherine au départ de Montréal ou de Québec, deux fois par jour en semaine. De Québec, le trajet dure un peu moins de quatre heures.

Le terminus se situe au restaurant ***Le Cèdre*** (☎ *237-4369 ; 303 route 138*).

Le Saguenay-Lac-Saint-Jean

Indicatif ☎ 418

Le Saguenay-Lac-Saint-Jean recouvre deux régions indissociables, mais pourtant distinctes. D'un côté, l'industrieuse ; de l'autre, la forestière et l'agricole. L'une se raccroche aux rives d'une rivière qui se faufile avec souplesse sur plus de cent kilomètres à travers une masse rocheuse couverte d'une forêt compacte, d'un vert sombre et lumineux. L'autre s'arrime à un gigantesque plan d'eau de 225 km de circonférence que les Montagnais désignent comme le Piekouagami, le lac plat.

Si le Saguenay puise ses racines dans le lac Saint-Jean, il reste la voie de communication naturelle vers cette mer intérieure prise par les glaces six mois par an.

Avec des montagnes et des plaines à perte de vue, le Saguenay-Lac-Saint-Jean, faiblement peuplé, s'est toujours battu contre l'adversité avec la volonté farouche de rester fidèle à ses traditions et ouvert sur le monde.

A ne pas manquer

- Une croisière dans le fjord depuis L'Anse-Saint-Jean, Sainte-Rose-du-Nord ou Rivière-Éternité
- La vue sur le fjord du Saguenay depuis le sentier de la statue, à Rivière-Éternité
- La Pulperie de Chicoutimi
- Le Festival de musique de Jonquière, en été
- Les castors et les plages de la Pointe-Taillon
- Les panoramas sur le lac Saint-Jean depuis Péribonka, la ville de Maria Chapdelaine
- Le musée amérindien de Mashteuiatsh

HISTOIRE

La région fut longtemps le territoire exclusif de quelques marchands de fourrures qui commerçaient avec les Montagnais de ce vaste pays. Le Saguenay, le lac Saint-Jean et la Côte Nord font alors partie du Domaine du Roy, délimité par le gouvernement de la Nouvelle-France. Toute colonisation est interdite et seuls les missionnaires sont autorisés à rentrer sur ce territoire. Des postes de traites sont créés. Métabetchouan, Mashteuiatsh et Chicoutimi voient le jour. Parallèlement, les pérégrinations d'un curé, le Père Jean Dequeen, le conduisent à l'embouchure de la rivière Métabetchouan. Le 16 juillet 1647, le lac Piekouagami, qu'il découvre, prend le nom de lac Saint-Jean.

La Conquête de 1760 ne change guère le cours des choses. Le Domaine du Roy devient seulement les King's Posts et ses nouveaux concessionnaires s'appellent Compagnie de la Baie d'Hudson et Compagnie du Labrador. Ces deux empires commerciaux sont désormais les propriétaires des lieux jusqu'en 1842, comme le prévoient leurs baux.

Au début du XIXe siècle, deux groupes de pression émergent néanmoins pour rompre ce monopole. Le premier vient de Charlevoix où les fermiers, trop à l'étroit (certains ont déjà émigré vers les États-Unis et le Canada) sur leurs terres, cherchent de nouveaux horizons d'autant que les possibilités agricoles, surtout vers le lac Saint-Jean, s'avèrent extrêmement prometteuses.

Mais il faudra attendre des enjeux économiques pour que la région Saguenay-Lac-Saint-Jean connaisse l'arrivée massive de colons. Le commerce du bois, en pleine expansion, nécessite de nouveaux terrains d'exploitation. Un homme d'affaires, William Price, déjà très implanté dans le Charlevoix, convoite les réserves inexploitées au nord de la région. Pour ce faire, il décide de soutenir les fermiers de Charle-

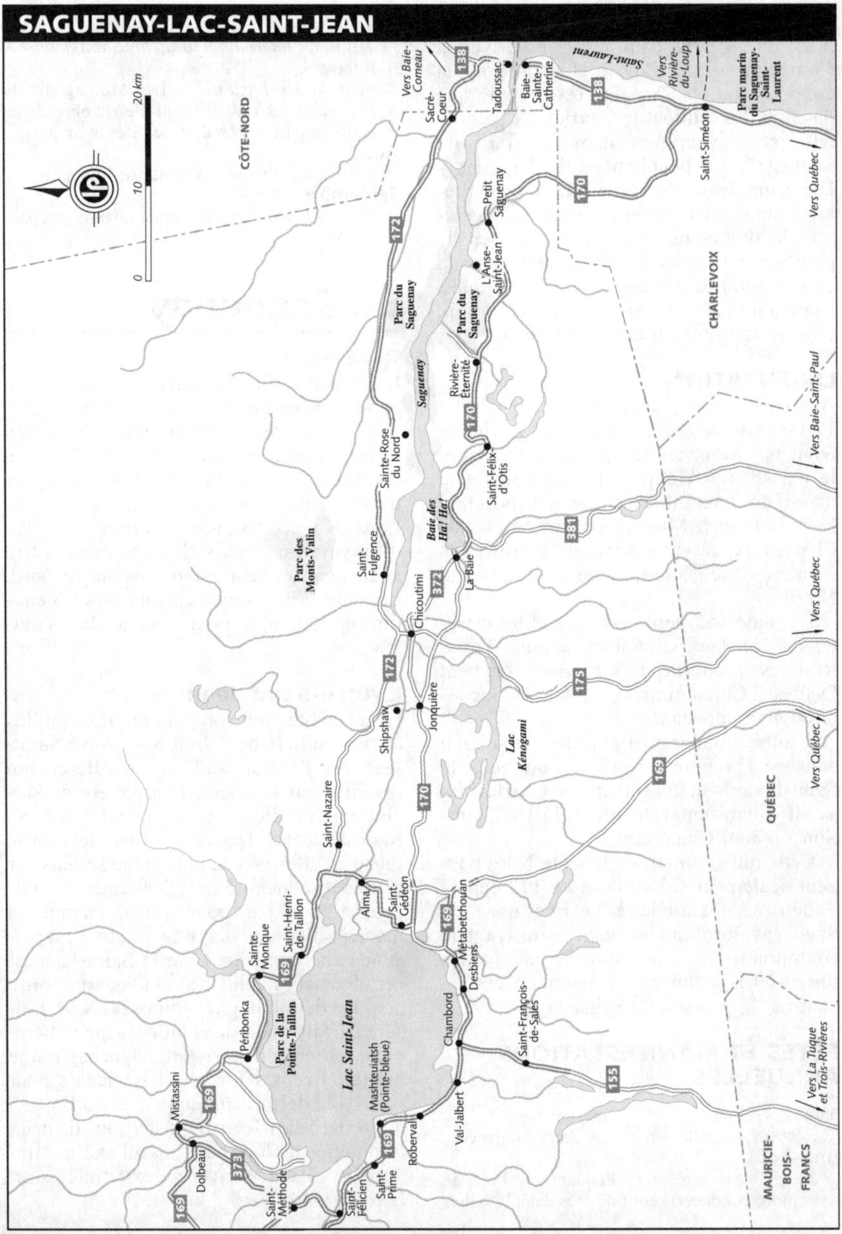
SAGUENAY-LAC-SAINT-JEAN
CÔTE-NORD
0
10
20 km
Vers Baie-Comeau
138
Sacré-Coeur
Tadoussac
Baie-Sainte-Catherine
Saint-Laurent
Vers Rivière-du-Loup
Parc marin du Saguenay-Saint-Laurent
Saint-Siméon
Vers Québec
170
Petit Saguenay
L'Anse-Saint-Jean
CHARLEVOIX
172
Parc du Saguenay
Parc du Saguenay
Rivière-Éternité
Saguenay
Vers Baie-Saint-Paul
Sainte-Rose du Nord
Saint-Félix-d'Otis
Baie des Ha! Ha!
381
Parc des Monts-Valin
Saint-Fulgence
La Baie
372
Chicoutimi
Vers Québec
175
Jonquière
Shipshaw
Lac Kénogami
Vers Québec
169
QUÉBEC
Saint-Nazaire
Alma
Saint-Gédéon
Métabetchouan
Saint-Henri-de-Taillon
Sainte-Monique
Desbiens
Péribonka
Parc de la Pointe-Taillon
Lac Saint-Jean
Chambord
Saint-François-de-Sales
155
Vers La Tuque et Trois-Rivières
Mistassini
Mashteuiatsh (Pointe-bleue)
Val-Jalbert
Roberval
Dolbeau
373
Saint-Méthode
Saint-Félicien
Saint-Prime
MAURICIE-BOIS-FRANCS

voix regroupés sous le nom de Société des XXI. En 1838, un contrat est passé avec la Compagnie de la Baie d'Hudson pour la coupe de billots. A peine est-il signé que des familles quittent le Charlevoix en goélette et s'aventurent dans le fjord du Saguenay. Le peuplement du Saguenay-Lac-Saint-Jean s'amorce ; le développement rapide de l'industrie forestière accélérera le processus. A l'ère des usines de pulpes vient rapidement s'ajouter, avec la construction de barrages hydroélectriques, l'implantation d'usines d'aluminium, grosses consommatrices d'électricité.

ORIENTATION

Ancienne vallée glaciaire formée il y a 12 000 ans, le lac Saint-Jean et la rivière Saguenay forment une région enserrée entre le massif des Monts-Valin au nord et le massif des Laurentides au sud. Chapeautant les régions de la Mauricie-Bois-Francs et de Charlevoix, ce vaste territoire constitue la dernière zone géographique avec le Grand Nord.

La route 155 permet de rejoindre directement le lac Saint-Jean depuis Trois-Rivières. La route 175 relie directement Québec à Chicoutimi, la capitale du Saguenay-Lac-Saint-Jean.

L'autre manière d'aborder la région consiste à prendre la route 138 qui longe le Saint-Laurent et qui traverse le Charlevoix, avant d'emprunter la route 170 à Saint-Siméon pour Chicoutimi.

Ceux qui viennent de la Côte Nord peuvent également suivre la route 172 depuis Tadoussac, parallèle à la rive nord du Saguenay, jusqu'au lac Saint-Jean, avant de contourner, mais de loin, le lac par la route 169 et de longer, *via* Jonquière et Chicoutimi, la rive sud du Saguenay.

FÊTES ET MANIFESTATIONS ANNUELLES

Mai

Festival de la Bernache – A Saint-Fulgence.

Juin-Août

Jonquière en musique – Pendant tout l'été, de nombreux concerts sont donnés dans la ville.

Juillet-Août

Traversée internationale du lac Saint-Jean – A Roberval.

Fête de Mashteuiatsh – Les Montagnais du Lac-Saint-Jean accueillent l'ensemble de la nation pour une semaine de fêtes et de jeux.

Août

Festival du Bleuet – A Dolbeau-Mistassini.

Septembre

Fête du Parapente – En début de mois, au parc des Monts-Valin.

Le Saguenay

RIVE SUD

La rive sud du Saguenay est accessible depuis la région de Charlevoix *via* Saint-Siméon. La route 170 qui longe (de loin) la rivière permet de rallier Rivière-Éternité, porte d'entrée sud du parc du Saguenay, et d'avoir l'une des plus belles vues sur le fjord. L'Anse-Saint-Jean, premier village d'importance depuis Saint-Siméon, offre également un beau panorama sur le fjord. La route 170 continue ensuite vers Chicoutimi et Jonquière pour finir au lac Saint-Jean.

L'Anse-Saint-Jean

Déjà célèbre pour son pont qui illustrait les anciens billets de 1 000 $, L'Anse-Saint-Jean est devenu, suite à un référendum organisé par le maire, la première monarchie en Amérique le 21 janvier 1997. Sa Majesté le roi Denys Premier de l'Anse règne en effet avec le plus grand sérieux sur cette petite localité de 1 309 âmes. Le village n'en a pas pour autant changé sa manière d'être, ni de vivre. Ici, tout est paisible et harmonieux. L'Anse-Saint-Jean est certainement le plus beau village du fjord : entouré de montagnes imposantes, il s'insère parfaitement dans un paysage entièrement tourné vers la rivière Saguenay qui le borde, et représente une base idéale pour partir à la découverte du parc et du fjord.

La rue Saint-Jean-Baptiste (plus de deux kilomètres de long) est le seul axe qui traverse le village. Arrivée à l'extrémité ouest, la route s'arrête.

A la source

La découverte du fjord est au centre d'un voyage dans la région du Saguenay. Gigantesque faille dans le massif des Laurentides, cette ancienne vallée glaciaire envahie par la mer offre des paysages escarpés, ciselés d'anses et de caps. L'origine de son nom vient d'ailleurs de deux mots amérindiens, saga et nipi, qui signifient, mis côte à côte, "l'eau qui sort" ou "l'endroit d'où l'eau sort". Long de 110 km environ et large en moyenne de 2 km, il se glisse entre des parois vertigineuses et rocheuses de près de 300 m de haut parfois.

Deux types d'eaux s'y mêlent. D'un côté, les eaux douces du lac Saint-Jean et de ses affluents, relativement chaudes en été (16°C) et peu salées, avec une profondeur ne dépassant pas les dix mètres. De l'autre, les eaux glaciales (de 0,5° à 1,6°C) et extrêmement salées poussées par le courant du Labrador. La coulée d'eau douce glisse ainsi sur la nappe d'eau froide qui peut atteindre près de 300 mètres de profondeur. A ce tableau exceptionnel viennent s'ajouter, deux fois par jour, les marées. La conjugaison de ces différents éléments crée un milieu riche où viennent se nourrir bélugas, phoques communs, requins du Groenland et morues.

La Caisse Populaire Desjardins se tient 243 rue Saint-Jean-Baptiste. Le guichet automatique se trouve à hauteur de l'Alimentation Thibeault, à l'angle de la route 170 et de la rue Saint-Jean-Baptiste.

Activités sportives. De la marina, vous pouvez en bateau, en kayak ou à la voile partir à la découverte du fjord. Du 24 juin à début octobre, Les Croisières 2001 Inc (☎ 649-5220 ou 1 800 694-5489) organisent trois fois par jour des excursions depuis le quai. D'une durée de 2 heures, elles coûtent 21 $ (10,50 $ pour les 6-13 ans). De son côté, Fjord en Kayak (☎ 272-3024, www.fjord-en-kayak.qc.ca), propose des excursions guidées de trois heures (39 $) à plusieurs jours dans le parc marin Saguenay-Saint-Laurent. Comptez alors 295 $. Pour une sortie en voilier, contactez Aventure Fascination (☎ 272-3430).

Le Centre Équestre des Plateaux (☎ 272-3231), 31 chemin des Plateaux, organise des promenades à cheval, d'une heure à plusieurs jours. En hiver, les sorties se font en traîneau à chien.

A proximité, la petite station de ski du Mont-Édouard (450 m) offre ski alpin et ski de fond (☎ 272-2927) .

De L'Anse-Saint-Jean, vous pouvez également rejoindre trois sentiers de randonnée. Le **sentier de la Chute** (8,5 km) qui mène au sommet de la montagne Blanche demande la journée et une bonne forme physique. Il surplombe une belle vue du village et du fjord. Pour découvrir un panorama encore plus exceptionnel, empruntez le **sentier de la Tabatière** (0,5 km) qui mène au belvédère de l'anse de Tabatière. Ce belvédère est également accessible en voiture en empruntant, dans le village, le pont couvert. Le **sentier Les Caps** (25 km au total) vous mène jusqu'à Rivière Éternité. Il demande deux à trois jours de randonnée. Toutefois, vous pouvez n'effectuer que le premier tronçon jusqu'à l'anse Saint-Étienne. Un bateau taxi de la compagnie Explo-Fjord (☎ 272-2716) peut alors vous ramener à votre point de départ.

Où se loger. ***Les gîtes du Fjord*** *(☎ 272-3430 ou 1 800-561-8060 ; 344 rue Saint-Jean-Baptiste)* sont un complexe hôtelier proposant différents forfaits incluant le petit déjeuner, le dîner et/ou des activités sportives. La chambre seule avec vue sur la rivière est louée 60 $ pendant la haute saison (50 $ le reste de l'année). Pour un studio occupation double, comptez 88 $ (76 $ sinon).

Au n°294, l'***Auberge des Cévennes*** *(☎ 272-3180)* a le charme des vieilles et belles demeures en bois peintes en blanc. Ses chambres merveilleusement décorées sont d'un excellent rapport qualité/prix. La simple varie entre 50 et 70 $ pendant l'été et entre 35 et 55 $ le reste de l'année. La double s'élève de son côté à 90 $ (70 $ pendant la basse saison).

Au bout de la rue Saint-Jean-Baptiste, au n°376, et au départ du chemin de randonnée qui mène à l'anse du Petit-Saguenay, le ***Gîte du Nid de l'Anse*** (*☎ 272-2273 ou 549-1807*) est une superbe demeure blanche aux volets bleus, ouverte du 1er mai au 31 octobre. L'ambiance est raffinée et sereine. La simple/double revient à 45/50 $.

Le Camping de l'Anse (*☎ 272-2554*) est au cœur du village, en bordure du fjord. L'emplacement coûte entre 16 et 22 $ selon les services proposés.

Où se restaurer. Le village possède deux bonnes tables. D'abord, l'***Auberge des Cévennes*** (*☎ 272-3180 ; 294 rue Saint-Jean-Baptiste*). Au menu : poissons, fruits de mer et gibiers. Le prix de la table d'hôte varie entre 12 et 20 $. Au n°212, la cuisine du restaurant ***Le Maringoinfre*** (*☎ 272-2385*), est tout aussi délicate. Le choix est néanmoins plus large et l'atmosphère plus feutrée. Le prix des menus (4 services) est raisonnable au regard de la qualité des mets. Comptez entre 20 et 30 $.

Les gîtes du Fjord (*☎ 272 3430 ; 344 rue Saint-Jean-Baptiste*) font également restaurant. Mais la cuisine est quelconque. Au n°317, ***Le Grillon*** (*☎ 272-3323*) est le casse-croûte du village. Vous pouvez opter soit pour la formule plats à emporter (les sandwiches sont excellents), soit choisir de prendre votre repas (poutine, tourte, fèves au lard) sur place. Comptez entre 6 et 12 $.

Il ne faut pas manquer d'aller goûter le pain et les pâtisseries de ***Louise*** (*☎ 272-2611*), au n°328. Les tartes se déclinent aux bleuets, aux fraises et à la rhubarbe. Elle prépare également des plats à emporter (pâté au saumon, à la morue, fèves au lard…). Le village dispose également d'une grande ***épicerie***.

Comment s'y rendre. L'Anse-Saint-Jean est à 79 km de Saint-Siméon au sud-est et à 15 km à l'ouest de Rivière-Éternité. La route 170 menant à Chicoutimi puis au lac Saint-Jean coupe la rue Saint-Jean-Baptiste qui conduit au village, à deux kilomètres environ de l'intersection.

Les bus Intercar qui relient quotidiennement Québec à Chicoutimi peuvent vous laisser à la croisée des chemins mais il faudra ensuite vous débrouiller pour rejoindre le village.

Rivière-Éternité

Cet ancien village forestier de 770 habitants, qui porte le nom de la rivière qui le traverse, représente l'une des plus belles portes d'entrée du parc du Saguenay. Sa baie, magnifique, est au cœur du fjord. Les excursions et les randonnées sont inoubliables.

Le Centre d'interprétation du parc du Saguenay (☎ 272-2267), ouvert de la fin mai à la mi-octobre, est consacré au fjord et aux différentes étapes de sa formation. Durant cette période, des naturalistes répondent aux questions et organisent des randonnées. Le centre représente aussi le centre d'accueil du parc du Saguenay dont les bureaux sont installés à La Baie (☎ 544-7388, parcsag@netrover.com).

Le parking de la baie est payant (6,75 $ par jour), comme l'entrée du parc (accessible seulement en voiture de la fin mai à la mi-octobre).

Activités. De la mi-mai à la mi-septembre, trois types d'excursion en bateau sont proposés : en pneumatique, en kayak ou à bord d'un bateau pouvant accueillir une soixantaine de passagers.

En pneumatique, la sortie commentée dure 3 heures et coûte 30 $ (22 $ pour les 6-12 ans). Elle est organisée par Explo-Fjord (☎ 272-2716 ou 1 800 262-7606), qui offre également des sorties en kayak (comptez 34 $ la demi-journée et 69 $ pour la journée). De leur côté, les Croisières du Cap Trinité (☎ 272-2591), 461 rue Principale, partent deux à trois fois par jour, du débarcadère. Le tarif de l'excursion (qui dure une heure et demie) se monte à 18 $

Le fjord vu de l'eau

De Tadoussac à Chicoutimi, une dizaine de sociétés proposent la découverte du fjord en bateau. Le cap Trinité est souvent le but de la promenade. En fait, la partie la plus impressionnante du fjord s'étend de l'anse du Petit-Saguenay à baie Éternité, coincée entre les caps Trinité et Éternité. D'autres secteurs de la rivière Saguenay sont également au programme comme la baie des Ha! Ha!, le cap Jaseux et l'anse à la Croix.

Le prix de la croisière dépend du type de bateau (du pneumatique au navire d'une capacité de 300 passagers) et de la durée de la croisière (entre 1 heure et 7 heures). Plus le départ est éloigné de la partie centrale du fjord, plus le coût est élevé. De Chicoutimi comme de Tadoussac, la croisière revient à 35 $ par adulte (demi-tarif pour les enfants). Les bateaux s'arrêtent souvent à midi à Sainte-Rose-du-Nord, sur la rive nord du Saguenay. Le retour peut alors se faire en bus, selon la compagnie. De L'Anse-Saint-Jean à Rivière-Éternité en bordure de la baie Éternité, le prix de l'excursion diminue et s'établit entre 18 et 20 $.

Autre navigation à la mode sur le Saguenay, le kayak de mer, qui nécessite un encadrement qualifié. Il faut rester vigilant, car l'eau est d'une couleur magnifique mais froide (à peine 4°C) et la brume, subite. Les courants et les vents peuvent être très forts. Aussi faut-il toujours se munir d'une carte des marées et s'informer des conditions météorologiques. La location de kayak se pratique un peu partout et revient en moyenne à 35 $ la journée (équipement de survie compris). Avec un guide, le prix de la sortie double.

Le parc du Saguenay a, par ailleurs, construit quelques refuges et aménagé le long de ses sentiers des campings dit rustiques, c'est-à-dire dépourvus d'eau et d'électricité. Leur capacité d'accueil est réduite (à peine une dizaine d'emplacements, certains n'en comptant que trois !). Pensez à réserver (☎ 544-7388 ou parcsag@netrover.com). Si une partie d'entre eux n'est accessible qu'en kayak, les autres sont bordés par des sentiers de randonnée.

(8 $ pour les 6-14 ans ; gratuit pour les moins de 5 ans).

Depuis Rivière-Éternité, plusieurs sentiers ont par ailleurs été aménagés. Ils se parcourent à pied et en raquettes ou en ski de fond, l'hiver. Le **sentier de La Statue** conduit à la statue Notre-Dame-du-Saguenay, qui domine le cap Trinité. Comptez 4 heures aller-retour pour cette superbe promenade. Érigée en 1881, la statue, haute de plus de 8 m, est l'œuvre de Louis Jobin. Le **sentier Les Caps** (menant à L'Anse-Saint-Jean) est un sentier de longue randonnée longeant caps, falaises et ravins. Des refuges ont été construits le long du parcours et des emplacements de camping, aménagés. Vous pouvez également rejoindre Tadoussac depuis Rivière-Éternité mais, dans ce cas, comptez au moins une semaine.

Les lacs avoisinants et la rivière elle-même sont accessibles aux pêcheurs. L'hiver, la pêche blanche fait partie des grandes activités du secteur.

Pour tout renseignement et réservation, contactez soit le Centre d'interprétation, soit le Centre touristique de Rivière-Éternité (☎ 272-3008 ou 1 888 272-3436, sdtre@royaume.com).

Où se loger et se restaurer. Le ***Centre touristique de Rivière-Éternité*** (☎ *272-3008 ou 1 888 272-3436, sdtre@royaume.com ; 24 rue Notre-Dame*) loue à l'année des chalets de 2 à 8 personnes. La location revient à 69 $ pour deux et à 101 $ pour un chalet pouvant accueillir 4 personnes (respectivement 57 et 70 $ entre le 1er mai et le 15 juin, puis entre la mi-octobre et mi-décembre). Ils disposent tous d'une douche et d'un coin cuisine. Le centre possède également un restaurant ouvert à l'année.

Lové au pied de caps rocheux et à deux pas d'une érablière, le site du ***Camping de***

Baie-Éternité (☎ *272-2716 ou 1800 262-7606*) est au cœur du parc. Il constitue l'un des plus beaux sites du Québec. Le tarif de l'emplacement se monte à 23,75 $ par tente et par jour (18,25 $ pour un emplacement sans eau ni électricité).

Pour les refuges du sentier Les Caps, comptez 17 $ et pour un emplacement de tente, 8 $ par personne. Les réservations se font auprès du ***Centre touristique de Rivière-Éternité*** (☎ *272-3008 ou 1 888 272-3436, sdtre@royaume.com*).

Comment s'y rendre. Le Centre d'interprétation qui marque l'entrée du parc du Saguenay est à environ 4 km de la route 170. Les bus Intercar qui relient quotidiennement Québec à Chicoutimi s'arrêtent à la jonction des deux routes, sur demande au chauffeur.

Saint-Félix-d'Otis

Ce village en bordure du Saguenay est surtout connu pour avoir été le lieu de tournage d'une série télévisée consacrée à l'histoire du Québec au XVIIe siècle. Les décors du film intitulé *Robe Noire* ont été laissés sur place. L'été, des comédiens font revivre cette époque. Le **Site de la Nouvelle-France** (☎ 544-8027), chemin Saint-Félix-d'Otis, se visite en effet tous les jours de 9h à 16h30, de la mi-juin au 1er septembre. L'entrée coûte 8 $ (7 $ pour les seniors, 4 $ pour les enfants et les étudiants, gratuit pour les moins de 6 ans). Le site s'ouvre sur une belle vue de la baie.

La route 170 passe à 8 km du village.

Où se loger et se restaurer. Au bord de la rivière Saguenay et située à 6 km environ de La Baie, ***La Maison de la Rivière*** (☎ *544-2912 ou 1 800 363-2078 ; 9122 chemin de la Batture*) est un hôtel situé sur la route menant au Site de la Nouvelle-France. Agréables et disposant d'une belle vue, les chambres donnant sur la rivière valent 90 $ par personne (le prix comprend le souper et le petit déjeuner).

A Saint-Félix-d'Otis même et à 15 km de la ville de La Baie, le ***Camping municipal de la Baie*** (☎ *697-5096 ; 400 chemin du Patro*) se trouve dans un cadre agréable, en bordure du lac Otis. Les prix de l'emplacement oscillent de 18 à 25 $.

Le ***Site de la nouvelle-France*** (☎ *544-8027*) dispose d'un restaurant.

La Baie

Construite en bordure de la baie des Ha! Ha!, La Baie est une importante ville portuaire et industrielle. Les grandes cheminées de la papeterie Abitibi Price et de la Société d'électrolyse et de chimie Alcan marquent son paysage urbain construit néanmoins dans un environnement intéressant.

Renseignements. Le Centre d'information (☎ 697-5053 ou 1 800 263-2243, www.royaume.com/fjord-saguenay) 1171 7e avenue, est ouvert tous les jours de 8h à 20h du 20 juin au 4 septembre. En dehors de cette période, il est accessible du lundi au vendredi de 9h à 16h30 (fermé entre 12h et 13h30). Il dispose d'un plan de ville et peut vous aider à trouver un hébergement.

La Caisse Populaire Desjardins dispose de plusieurs guichets automatiques dans la ville. L'un d'eux se trouve au niveau du marché Richelieu, 3671 boulevard de la Grande-Baie Sud, l'autre aux Galeries de la Baie, rue Bagot.

A voir et à faire. Le **musée du Fjord**, 3346 boulevard de la Grande-Baie Sud, présente l'histoire de la ville, de la baie et du fjord. Une exposition est consacrée aux terribles inondations survenues en juillet 1996. Il est accessible tous les jours de 9h à 18h (le week-end à partir de 10h). Du 8 septembre au 24 juin, il ouvre en semaine à 8h30 et ferme à 17h avec une interruption entre 12h et 13h30 (ouverture à 13h le week-end). L'entrée revient à 4 $ (nombreuses réductions).

Au départ du quai de la ville de La Baie, Les Croisières La Baie (☎ 697-7630 ou 1 800 363-7248) proposent une excursion dans le fjord, avec une étape éventuellement au Site de la Nouvelle-France. Les trois départs quotidiens (9h, 13h et 16h) se font depuis le quai Lepage. L'excursion dure 3 heures et coûte 20 $ (25 $ si vous visitez le Site de la Nouvelle-France ; le retour se fait alors en autobus).

Où se loger. Face à la baie, centrale et dotée d'une élégante façade blanche, l'***Auberge des 21*** (☎ *697-2121 ou 1 800 363-7298 ; 621 rue Mars*) est le grand hôtel de la ville. La chambre spacieuse et lumineuse se monnaie entre 90 $ et 120 $. Des forfaits, comprenant le petit déjeuner et le dîner, sont également proposés. En basse saison, le prix de la simple/double démarre à 110/79 $ par personne. En été, les tarifs passent respectivement à 138 et 97 $.

En dehors de la ville, mais donnant elle aussi sur la baie, l'***Auberge de la Grande Baie*** (☎ *544-9334 ou 1 800 463-6567 ; 4715 boulevard de la Grande-Baie Sud*) ne dégage pas la même classe mais les prix sont plus abordables. Comptez entre 65 et 85 $ pour une chambre.

Dominant la baie, l'***Auberge des Battures*** (☎ *544-8234 ou 1 800 668-8234, battures@auberge-des-battures.qc.ca ; 6295 boulevard de la Grande-Baie – route 170)* est également située à l'écart de la ville. La façade en bois avec de grandes verrières est engageante, mais l'intérieur est assez quelconque, et les chambres sont froides dans leur aménagement. Pour une chambre uniquement, comptez entre 80 et 120 $.

Dans le centre ville, le ***Gîte Belle Vue*** (☎ *544-4598 ; 1442 rue Simard*) est une belle maison sur les hauteurs. Les chambres sont louées entre 50 et 65 $, un prix élevé pour celles qui n'offrent aucune vue. Si ***La Maison du Docteur Tanguay*** (☎ *544-3515 ; 547 rue Victoria*) ne partage pas le même panorama sur la ville et la baie, les chambres à 50 $ (pour deux, toutes taxes comprises) sont en revanche beaucoup plus confortables et spacieuses. La simple coûte 40 $.

A 2 km de la ville, ***La Maison des Ancêtres*** (☎ *544-2925 ; 1722 chemin Saint-Joseph*) est une très belle demeure en pleine campagne qui cultive l'art de vivre. La simple/double revient à 35/45 $. Ses petits déjeuners sont copieux et se composent de produits de la ferme. Le gîte sert aussi de relais aux motoneigistes. Les paysages alentour sont magnifiques.

Le camping ***Au jardin de mon père*** (☎ *544-6486 ; 3736 chemin Saint-Louis*) est envahi par les caravanes. Le prix de l'emplacement commence à 17 $ (23 $ avec l'eau et l'électricité).

Où se restaurer. L'***Auberge des 21*** (☎ *697-2121 ou 1 800 363-7298 ; 621 rue Mars*) compte parmi les meilleures tables du Québec. Poissons et tourtes sont un régal. Comptez au moins 15 $ au déjeuner et 35 $ pour le dîner.

L'***Auberge des Battures*** (☎ *544-8234 ou 1 800 668-8234, battures@auberge-des-battures.qc.ca ; 6295 boulevard de la Grande-Baie – route 170*) fait également restaurant. De la salle à manger, la vue sur la rivière Saguenay est agréable. La carte est variée mais les prix élevés. Comptez 30 $ en moyenne.

Plus abordable, le ***Bistro Victoria*** (☎ *544-8417*), 907 rue Mars, prépare des repas légers. Le soir, des concerts de musique sont donnés. Dans le même style, ***La Maison du pain*** (☎ *544-0562 ; 1082 rue Bagot*) sert des repas à partir de 12 $.

Chicoutimi

Comptoir central pour le commerce des fourrures puis ville forestière, Chicoutimi fut pendant longtemps l'un des principaux pôles économiques de la région. Aujourd'hui, elle est devenue une capitale administrative de 64 600 habitants. En bordure de la rivière Saguenay, nichée au creux des montagnes, Chicoutimi est une ville de transit entre le lac Saint-Jean et le fjord du Saguenay.

Celle "jusqu'où c'est profond" et "d'où l'eau sort", comme signifie son nom en Montagnais, n'a rien d'une ville de villégiature mais elle a conservé des vestiges de son passé, comme les bâtiments industriels aujourd'hui transformés en musée.

Les inondations de juillet 1996 ont durement frappé la ville.

Orientation. La rue Racine est l'axe principal de la ville où sont installés banques, commerces et restaurants. Parallèle, le boulevard Saguenay longe la rivière, la marina et le vieux port transformé en vaste terrain de promenade. Sur le boulevard Saguenay, une piste cyclable a été aménagée. Les excursions pour le fjord partent du quai du Vieux-Port. Aux halles du Vieux-Port, vous trouverez un loueur de bicyclette, des artisans, des expositions de peinture…

Le pont Dubuc est le seul pont en aval du Saguenay qui permette de traverser la rivière.

La route 170 devient, dans la ville, le boulevard Talbot, bordé par des motels.

Renseignements. L'office du tourisme (☎ 698-3167 ou 1 800 463-6565), 295 rue Racine Est, est ouvert tous les jours de 8h30 à 16h30 (interruption de 12h à 13h et fermeture le week-end en dehors de la saison). En saison, les halles du Vieux-Port accueillent un kiosque d'information ouvert entre 12h et 13h.

La poste se tient 152 rue Racine.

A voir. Construite en 1896 au confluent des rivières Chicoutimi et Saguenay, **La Pulperie** (☎ 698-3100, www.reseau.qc.ca/pulperie), 300 rue Dubuc, a été transformée en un gigantesque Centre d'interprétation sur le bois et la pulpe. L'usine, constituée de cinq bâtiments imposants, a été fermée en 1930. Plus grande productrice de pâte à papier au Canada en 1910, elle fut, dans les années 20, l'une des toutes premières au monde.

Depuis 1994, le site abrite la **maison du peintre Arthur Villeneuve**, barbier de métier qui, dans les années 50, découvre la peinture et se met à figurer sur les murs de sa maison et les portes sa vision du monde. Ses tableaux sont aujourd'hui vendus dans le monde entier. Quelques-uns sont exposés dans la demeure qu'il partagea avec sa femme.

Le site est ouvert tous les jours de 9h à 18h (20h en juillet) de la mi-juin à début septembre. L'entrée se monte à 9 $ (nombreuses réductions).

Chicoutimi offre d'autre part deux points de vue sur le Saguenay. L'un se situe rue Jacques-Cartier, juste après l'hôpital. Pour le second, il faut se rendre à la Croix de Sainte-Anne, sur la rive nord de la rivière, et emprunter le pont Dubuc, puis la rue Roussel, avant de tourner à gauche.

Activités. Les Croisières Marjolaines Inc. (☎ 543-7630 ou 1 800 363-7248) organisent, du 25 juin à la fin août, deux excursions quotidiennes pour le fjord du Saguenay (l'une le matin, à 8h30, l'autre en fin de matinée, à 12h30). Le retour de Sainte-Rose-du-Nord s'effectue en autobus. La sortie en bateau dure 3 heures et coûte 30 $ (demi-tarif pour les 5-14 ans et 75 $ pour un couple avec deux enfants). Le bateau part du quai de Chicoutimi.

De son côté, Visites Forestières (☎ 690-2100), 339 rue Racine Est, propose la découverte du monde forestier, de la forêt et du travail du bûcheron. Le tour comprend notamment une visite de l'usine de pâte à papier de l'Abitibi Price Inc. L'excursion prend une journée entière (50 $). La réservation est obligatoire.

Vous pouvez louer des bicyclettes aux halles du Vieux-Port (7 $ pour la journée).

Où se loger. De nombreux motels se concentrent sur le boulevard Talbot, le centre-ville proposant un hébergement relativement cher, excepté en ce qui concerne les gîtes. Pour les petits budgets, l'***Auberge Centre Ville*** (*☎ 543-0253 ; 104 rue Jacques-Cartier*) est correcte mais peu recommandée aux femmes voyageant seules. Les premiers prix s'établissent à 40 $ la chambre, sans le petit déjeuner.

Toujours dans le centre-ville, l'***Hôtel Chicoutimi*** (*☎ 549-7111 ou 1 800 463-7930 ; 460 rue Racine Est*) est une référence, mais sans charme particulier. Les tarifs des chambres, au demeurant très convenables, varient selon l'étage. Au premier et au deuxième, la simple/double se monte à 50/55 $; au dernier étage, le prix est de 120/150 $, sans le petit déjeuner.

Sur les hauteurs, l'***Hôtel au Parasol*** (*☎ 543-7771 ou 1 800 363-7248 ; 1287 boulevard Saguenay Est*) ne vaut que pour sa vue sur la rivière. La chambre sans vue vaut 45 $ en basse saison, petit déjeuner non compris. Ajoutez 15 $ pour jouir d'une belle perspective. En haute saison, les prix peuvent atteindre 95 $.

Central et situé face à la rivière, le ***Gîte de la Promenade*** (*☎ 543-9997 ; 782 boulevard Saguenay Est*) occupe une belle maison. Lise et Jacques, les propriétaires, sont très accueillants. La simple/double est facturée 40/50 $ (taxes incluses). La s.d.b. commune possède une baignoire gigantesque.

Où se restaurer. *Le Bistrot La Tour* (*☎ 543-7171*), 517 rue Racine Est, a l'allure et l'atmosphère d'un pub. Il est préférable de réserver, surtout le soir. Les premiers plats s'affichent à 8 $. Au n°433, les grillades de ***Georges Steak House*** (*☎ 543-2875*) sont, dit-on, les meilleures de la ville (viande à partir de 10 $).

La fine cuisine de ***La Bougresse*** (*☎ 543-3178 ; 260 avenue Riverain*) attire bon nombre d'amateurs. Le restaurant est fermé le samedi et le dimanche midi. Comptez entre 20 et 26 $.

Comment s'y rendre. A 19 km de La Baie, Chicoutimi est accessible par la route 170.

La compagnie Intercar assure tous les jours la liaison Québec-Chicoutimi-Jonquière. Le trajet Chicoutimi-Québec *via* la rive sud du Saguenay, Saint-Siméon et la région de Charlevoix dure 2 heures 30 et coûte 41 $. De même, un bus quotidien assure la liaison avec les principales villes du lac Saint-Jean.

De Chicoutimi, vous pouvez rejoindre tous les jours (excepté le samedi) directement la Côte Nord par la rive nord du Saguenay et Tadoussac. Le trajet jusqu'à Havre-Saint-Pierre demande deux jours, avec une étape pour dormir à Sept-Îles.

La gare routière (☎ 543-1403) se situe au centre-ville, au 55 rue Racine.

Jonquière

Jonquière est une ville aussi importante que Chicoutimi, distante seulement d'une vingtaine de kilomètres. Son architecture évoque son passé de ville forestière et industrielle et elle reste le poumon économique de la région. Très dynamique sur le plan culturel, elle est également le lieu que l'on privilégiera pour sortir le soir.

A voir. Le **Centre d'interprétation Sir-William Price** (☎ 695-7278), 1994 rue Price, raconte, à travers l'histoire de cet industriel qui marqua la région, l'industrie papetière qui fut à l'origine de la création et du développement de la ville de Kenogami, au nord de Jonquière. Le Centre est accessible tous les jours de 10h à 20h, du 15 juin au 1er septembre. En dehors de cette période, il est ouvert du lundi au vendredi, de 8h à 17h.

Le **pont d'Aluminium** qui enjambe la Saguenay est, de par sa structure, unique au monde. Cet ouvrage, dessiné par les ingénieurs d'Alcan, rappelle aussi les ambitions de ce géant américain de l'aluminium qui implanta en 1925 à l'est de Jonquière la plus grande usine au monde d'aluminium.

Construit sur le mont Jacob, le **Centre national d'exposition** (☎ 546-2177), 4160 rue du Vieux-Pont, présente des expositions thématiques et des salles consacrées à la peinture et à la sculpture. Son accès est gratuit.

La rue Saint-Dominique, très animée le soir, est la rue principale où s'égrènent cafés, bars, restaurants et boutiques.

Où se loger. L'***Auberge de jeunesse du Vieux-Saint-Pierre*** a brûlé en 1998. Ses propriétaires envisagent d'en ouvrir une autre prochainement. L'association ***Hostelling International*** (*☎ (514) 252-3117 ou 1 800 461-8585*) vous renseignera à ce sujet. Pour les petits budgets, les résidences du ***Cégep*** (*☎ 542-2643 ; 3780 rue Monseigneur Bejin*) s'avèrent la meilleure alternative de la ville. La simple/double vaut 19/28 $.

Le gîte de La Maison Jaune (☎ *695-1457*), 3973 rue Chesnier, est une vieille demeure peinte en jaune, dont l'intérieur est un peu désuet mais accueillant. La simple/double est facturée 40/50 $. Tout aussi central, ***Le Gîte du Marquis*** (☎ *547-9617 ; 2317 rue Vaillancourt*) représente dans sa catégorie la bonne adresse de la ville. A l'écart de la circulation, il dispose de chambres claires, relativement spacieuses, et se prévaut d'une atmosphère familiale. La simple/double coûte 40/50 $ (35/43 $ sans le petit déjeuner).

Sur la route menant au lac Kénogami, au cœur de la forêt, ***Cepal Aventure*** (☎ *547-5728 ou 1 800 361-5728, www.cepalaventure.com ; 3350 rue Saint-Dominique*) se compose, en bordure de forêt et de lac, d'une série de pavillons en bois. Il propose, outre l'hébergement et une piscine, de multiples activités. Le premier prix d'une chambre (avec petit déjeuner et accès à la piscine, au tennis, au sentier et au volleyball) est à 41 $ par personne sur la base de deux personnes. En demi-pension, la chambre revient à 63/95 $ pour une/deux personnes.

Où se restaurer. ***Le Barillet*** (☎ *547-2668*), 2523 rue Saint-Dominique, sert tous les jours une formule buffet à 12 $. Cuisines québécoise et chinoise figurent au menu. ***Aux 400 Coups*** (☎ *542-0400 ; 2350 rue Saint-Dominique*) mitonne une cuisine plus fine pour 12 $ environ. Le brunch du dimanche (entre 10 et 14 $) est copieux et savoureux.

Pour goûter la cuisine du terroir ou le gibier, le ***Domaine de l'Amandier*** (☎ *542-5395 ; 5219 chemin Saint-André*) est l'adresse de référence de la ville. Comptez, pour une table d'hôte, entre 18 et 28 $. Le restaurant du Cepal, ***L'Aquarelle*** (☎ *547-572 ; 3350 rue Saint-Dominique*) s'enorgueillit également d'une restauration de qualité, mettant l'accent sur des spécialités régionales, notamment la tourte. Un repas coûte en moyenne 22 $.

Comment s'y rendre. A l'est de Chicoutimi, Jonquière est accessible par la route 170.

La compagnie Intercar relie tous les jours Québec *via* la rive sud du Saguenay et Chicoutimi. La compagnie Jasmin assure la liaison quotidienne Chicoutimi-Dolbeau sur le lac Saint-Jean *via* Roberval. La gare routière (☎ 547-2167) est située 2249 rue Saint-Hubert.

Lac Kénogami

Accessible par la rue Saint-Dominique depuis Jonquière (situé à 6 km), cet immense plan d'eau de 37 km de long est un lieu de villégiature. Pour ceux qui doivent faire une étape dans la région et qui ont des enfants, il peut être préféré à Jonquière, grande ville.

L'Auberge du Ranch (☎ *542-1800 ou 1 877 542-1800 ; 3737 chemin des Érables*) est une propriété de 200 km^2 qui dispose de chambres et de chalets. Le bois domine et la forêt attenante donne à l'ensemble un certain cachet. L'auberge possède également un restaurant et propose de nombreuses activités, dont l'équitation. Pour une chambre à deux, le tarif s'élève en moyenne à 80 $.

Le Camping Jonquière (☎ *542-0176*) est installé en bordure du lac et d'une plage de sable. Il dispose de tout le confort souhaité. Le prix de l'emplacement varie entre 18 et 22 $.

RIVE NORD

Bien moins peuplée que sa consœur du sud, la rive nord du Saguenay offre, de Chicoutimi, un autre point de vue sur la rivière, que longe la route 172, seul axe routier permettant d'atteindre en voiture ou en bus (compagnie Intercar) Tadoussac.

Depuis le village de **Sainte-Rose du Nord**, la vue sur le fjord est magnifique. Le **parc du Cap Jaseux** vers Saint-Fulgence réserve une autre belle surprise. Sur cette rive, ne manquez pas de vous arrêter à **Baie Sainte-Marguerite**, l'accès nord du parc du Saguenay, et à l'**Anse-de-Roche** (pour ces deux endroits, reportez vous à la rubrique consacrée à *Sacré-Cœur* dans le chapitre *Côte Nord*).

Saint-Fulgence

Cette localité est un village aux maisons dispersées le long de la route 172. Pour les ornithologues, sa batture, visible de la route, est une aire privilégiée pour l'observation de la sauvagine.

Au 100 rue Cap-des-roches, le **Centre d'interprétation des battures et de la réhabilitation des oiseaux** (☎ 674-2425) donne toutes les informations sur ce sujet.

Deux sentiers ont été par ailleurs aménagés. Le premier mène directement à la batture. Le second, plus long, prend la direction de la montagne et offre un point du vue intéressant sur le fjord et les marais de Saint-Fulgence. Sur votre chemin, vous pourrez par ailleurs voir de vastes volières qui abritent des oiseaux convalescents.

Le centre est ouvert tous les jours de mai à la mi-septembre de 9h à 18h. L'entrée coûte 5 $ (nombreuses réductions).

Parc des Monts-Valin

Accessible depuis Saint-Fulgence, et situé à seulement 30 km de Chicoutimi, le parc des Monts-Valin (☎ 674-1200) domine la rive nord du Saguenay avec ses hautes montagnes, dont les crêtes culminent à près de 1 000 m d'altitude. Roches, forêts, lacs et rivières composent le paysage.

Ce parc représente un lieu de villégiature recherché. En été, on y pratique la randonnée, la pêche et le VTT ; l'hiver, du ski de fond, du ski hors-piste et des raquettes (jusqu'à fin avril). Le parc enregistre en effet les plus importantes chutes de neige au Québec. Avec ses arbres momifiés par la neige, sa **vallée des Fantômes** est célèbre dans la province. A noter que le parc des Monts-Valin est le seul parc au Québec où la motoneige est autorisée.

Sur place, vous pouvez louer des barques (20 $ la journée) ou des canoës (18 $). Le permis de pêche à la journée revient à 15 $ (10 $ pour la location d'une canne). Le centre d'accueil à l'entrée du parc loue également en hiver tout l'équipement nécessaire pour le ski de fond et la pratique de la raquette. L'entrée du parc est payante et il est conseillé de se faire enregistrer avant tout départ en randonnée. Il fournit par ailleurs une carte du parc. L'hiver, un service de restauration est disponible.

En matière d'hébergement, vous aurez le choix entre le camping, des refuges ou des chalets. Pour un chalet, comptez entre 18 $ et 24 $ par personne, en fonction du confort proposé. Certains ne sont accessibles qu'en barque. Pour un site de camping, le tarif s'élève à 14 $ par personne. Des forfaits de 3 ou 7 jours, comprenant l'hébergement, l'embarcation, le droit d'accès au parc pour une famille sont par ailleurs proposés à respectivement 170 $ et 386 $ (taxes incluses).

Comment s'y rendre

A Saint-Fulgence, prenez la route 178. L'entrée du parc, indiquée par des panneaux, est à 17 km dont 12 km de graviers.

Parc du Cap-Jaseux

En prenant, depuis la route 172, le chemin de la Pointe-aux-Pins (à 2 km à peine de Saint-Fulgence), vous avez un avant-goût de ce que vous réserve le parc où se dessinent les premiers escarpements du fjord. Vallons et prés, ponctués de ferme, composent avec érables et bouleaux un décor idyllique.

Le parc du Cap-Jaseux (☎ 674-9114, capjaseux@hotmail.com, www.multimania.com/capjaseux) représente un lieu d'une grande beauté, où vous pourrez pratiquer la randonnée et le kayak de mer. Parcours Aventures (☎ 1 877 698-6673, www.pomm.com/pa) loue des kayaks (35 $ la journée) et propose différentes excursions guidées sur la rivière Saguenay (35 $ la demi-journée, 60 $ la journée). Le parc dispose par ailleurs d'un service de débarcadère.

Le parc est ouvert de la mi-mai à la mi-octobre de 8h à 17h (pour le camping, accès jusqu'à 21h30). L'entrée est de 3 $ pour un adulte, 2 $ par enfant, 5 $ pour les familles. Le stationnement de la voiture revient à 5 $.

Où se loger

Dans le parc même, vous avez le choix entre le camping rustique avec vue sur la baie du cap Jaseux (comptez 7 $ par personne) et le lit dans un dortoir (15 $ par personne). Si vous voulez une cuisine, optez pour le pavillon d'accueil.

Sur la route menant au parc, le gîte ***Aux Bons Jardins*** (☎ *674-2896 ; 127 chemin Pointe-aux-Pins*) est un endroit de rêve. Imaginez une prairie ponctuée d'une vieille maison en bois gris naturel à votre disposition. La maison des propriétaires, juste en face, est tout aussi belle avec ses lignes épurées. L'intérieur du gîte se compose d'une grande pièce (avec un coin cuisine) et d'une immense s.d.b. Au premier étage se trouve la chambre au style campagnard. Accessible de mai à novembre, la maison revient à 50/70 $ pour une/deux personnes.

Le Domaine La Futaie (☎ *674-2581 ; 1061 boulevard Tadoussac*) est une belle et grande maison blanche au toit rouge visible depuis la route 171. Construit en bordure d'une propriété de 160 hectares, cet hôtel, à l'accueil chaleureux, possède des chambres décorées avec goût. La simple/double revient à 45/60 $ (petit déjeuner compris). Cette auberge propose également le déjeuner et le dîner. Au menu, le poisson est à l'honneur, en particulier la truite. Comptez 18 $ pour une table d'hôte.

Sainte-Rose-du-Nord

Le charme de ce petit village de 400 habitants en fait l'escale obligée de tout voyage le long de la rive nord du Saguenay. L'église blanche et les maisons aux couleurs pastels semblent sorties tout droit d'un livre d'images. Quant à la route qui descend au village, elle dévoile un paysage verdoyant.

Du quai, la vue sur le fjord est inoubliable. Les Croisières Marjolaines (☎ 543-7630 ou 1 800 363-7248) y accostent tous les jours de mai à octobre (reportez-vous à la rubrique *Chicoutimi*). A noter que la terrasse du casse-croûte, seul point de boisson et de restauration du quai, offre également un beau point de vue sur le fjord.

Le **musée de la Nature** (☎ 675-2348), 199 rue de la Montagne, présente une collection d'animaux naturalisés allant du duc mâle (un énorme rapace) au requin du Saguenay.

Où se loger. L'hébergement est dans l'ensemble décevant même si l'accueil est chaleureux et les prix des gîtes abordables. Peu de chambres disposent par ailleurs d'une belle vue sur la rivière.

La propriétaire du ***Musée de la nature*** (☎ *675-2348 ou 1 800 463-9651*) accueille les voyageurs. La simple/double, sommaire dans sa décoration, revient à 25/35 $. Le ***Gîte de la Maison d'Églantine*** (☎ *675-2213 ; 262 rue du Quai*) loue des simples/doubles à la décoration plus recherchée moyennant 30/45 $.

Le gîte ***La Nichouette*** (☎ *675-1171 ; 125 chemin des Artisans*) est certainement l'une des plus belles maisons du village. Depuis la terrasse, la vue sur le fjord est superbe. En revanche, l'intérieur de la maison ne possède pas le charme de la façade et les chambres sont ordinaires. Seule la chambre n°1 dispose d'une vue sur le Saguenay. Comptez 50 $ la chambre.

L'***Auberge Le Presbytère*** (☎ *675-2503 ; 136 rue du Quai*) occupe l'ancien presbytère. Les chambres, sommaires dans leur aménagement, sont décevantes et chères par rapport au confort proposé. Comptez au moins 65 $. Cependant, la terrasse du restaurant offre une belle vue sur le quai et le Saguenay.

Accessible de juin à la mi-octobre, le camping ***La descente des femmes*** (☎ *675-2581 ou 675-2500*), du nom de la route qui permet d'y accéder, est installé dans un très beau site. L'emplacement coûte 17 $.

Le lac Saint-Jean

D'une circonférence de plus de 1 000 km^2, le lac Saint-Jean constitue une vaste mer intérieure bordée de plages de sable, qui se prête l'été à la baignade, à la planche à voile et au bateau. Il peut s'aborder du nord au sud, comme du sud au nord *via* la route 169 qui le ceinture, mais d'assez loin. Les points de vue sur le lac restent très peu nombreux, ce qui peut rendre le voyage décevant. Moins peuplé que le sud, le nord offre sans doute les plus belles vues sur le lac. Les paysages de ce côté là valent également plus le coup d'œil, surtout entre Alma et Péribonka.

Une voie cyclable de 256 km de long, dite la Véloroute des Bleuets, permet de longer le lac mais elle ne s'en approche pas.

ALMA

Alma est avant tout une grande ville industrielle et ne présente guère d'intérêt, même pour une courte halte. Néanmoins, le **musée d'Histoire du Lac-Saint-Jean** (☎ 668-2606), installé juste derrière l'église, 54 rue Saint-Joseph Sud, mérite une visite. De la préhistoire à l'industrialisation, il passe en effet en revue les différentes périodes de peuplement de la région. Géré par la société d'Histoire dont il partage les mêmes locaux, il représente une bonne introduction à la région, avant d'entamer un périple autour du lac.

Ouvert du 24 juin à début septembre, il est accessible du lundi au vendredi de 9h à 18h (le week-end, de 13h à 17h). Le reste de l'année, il n'accueille le public qu'en semaine et ferme entre 12h et 13h30. Le prix de l'entrée est de 3 $ (2 $ pour les étudiants et les seniors).

La compagnie Les Croisières (☎ 668-3016 ou 1 888 289-3016), 1385 chemin de la Marina, propose, de la mi-juin à début septembre, une excursion sur le lac (19,12 $). Aucun départ n'est assuré le lundi. Tous les dimanche en juillet ainsi que du 1er au 22 août, une liaison reliant Alma à Roberval est assurée à 8h30 par la même compagnie. Elle peut intéresser les cyclistes qui désirent rejoindre directement l'autre côté du lac. Mais ils devront s'acquitter de 18 $ pour un aller simple (15 $ pour les autres).

Ouvert tous les jours de la mi-juin à la début septembre, l'office de tourisme (☎ 669-3611, www.tourismealma.com, info@tourismealma.com) se tient 1671 rue du Pont Nord. Le reste de l'année, il est fermé mais vous pouvez contacter le bureau permanent (☎ 668-3016 ou 1 888 289-3016).

Comment s'y rendre

Alma est à 60 km de Chicoutimi. La route 172 permet d'y accéder facilement. De Jonquière, il faut emprunter la route 170 jusqu'à Saint-Bruno puis tourner à droite, direction Alma (1 heure de trajet à peine).

La compagnie Intercar relie deux fois par jour Alma depuis Chicoutimi et Jonquière (à 45 km).

Les bleuets de l'espoir

Le bleuet, emblème de la région, a donné aux habitants du lac Saint-Jean leur surnom. Cousin de la myrtille, ce fruit est apparu après le gigantesque incendie qui ravagea en 1870 les forêts entre Saint-Félicien et Chicoutimi. Il fut le premier arbuste à repousser. Aussi devint-il rapidement, aux yeux de la population, le symbole de l'espoir et de la reconstruction.

Présent sur tout le territoire québécois, il accompagne tartes, viandes et laitages. Alcools, vins et confitures sont également produits à partir de cette baie, que l'on ramasse dès la fin juillet. Le Lac-Saint-Jean dispose de nombreuses bleuetières, qui accueillent volontiers les visiteurs, simples curieux ou bénévoles, pour une cueillette improvisée.

SAINT-HENRI-DE-TAILLON

Construit juste en bordure du lac, ce village agricole très étendu offre un beau panorama sur le lac et dispose de plages magnifiques. Pour en profiter, il faut quitter la route 169. Saint-Henri-de-Taillon constitue, par ailleurs, la porte d'entrée sud du parc de la Pointe-Taillon.

La rue Principale traverse le village et laisse courir, si vous venez d'Alma, la route 169 sur la droite. Les superbes maisons en bordure du lac que l'on aperçoit derrière les haies de bouleaux sont souvent habitées à l'année.

Où se loger

Au n°421 rue Principale, le gîte ***Auberge du Canton-Taillon*** (☎ *347-2246*) compte 4 chambres convenables. L'accueil est chaleureux et le petit déjeuner, copieux. La simple/double revient à 30/40 $.

Le ***Camping Belley*** (☎ *347-3612*) est un vaste camping possédant tout le confort voulu (dépanneur, buanderie…). L'emplacement coûte entre 20 et 22 $.

PARC DE LA POINTE-TAILLON

Vaste plaine couverte de bouleaux, de peupliers, de pins, de mélèzes et d'épinettes noires, ce parc de 92 km² offre de somptueux points de vue sur le lac. Baigné au sud par ce gigantesque plan d'eau, il est cerné de bout en bout, au nord, par la rivière Péribonka, le plus important affluent du lac, donnant à ce territoire une forme de presqu'île. Ici, l'orignal et le castor abondent. Pendant les périodes de migration, le parc constitue également une halte pour les bernaches.

Ouvert de juin à septembre, le parc (☎ 347-5371 ou 695-7883) est surtout connu pour ses plages de sable qui occupent toute sa partie sud. L'accès du parc est payant : 8 $ pour la journée et par véhicule (2 $ par bicyclette). Des sentiers de randonnée et une piste cyclable de plus de 30 km ont été aménagés. Le circuit cyclable proposé fait d'ailleurs partie de la Véloroute des Bleuets qui cerne le lac. Sur place, vous pourrez louer des bicyclettes (18 $ pour 6 heures), des kayaks et des canoës.

Le parc dispose de deux entrées, l'une au sud, l'autre au nord. Au sud, le poste d'accueil de la rivière Taillon se situe à Saint-Henri-de-Taillon, l'entrée du secteur nord du parc s'effectuant par Sainte-Monique.

Où se loger

Deux sites de camping ont été aménagés dans le parc. Ils ne disposent ni de point d'eau, ni d'électricité. Le site coûte 8 $. Vous pouvez louer une remorque pour transporter en vélo vos bagages et vos provisions (5 $).

A la limite de l'entrée nord du parc, le ***Centre touristique de Sainte-Monique*** (☎ *347-3124 ou 347-3592 ou 1 877 347-3124 ; 900 rang 6 Ouest*) gère la location de chalets construits en bordure de forêt, loin de la route. Accessibles à l'année, ces chalets, idéaux pour des familles, offrent tout le confort désiré. Chaque logement comprend une cuisinette, deux chambres (avec literies et serviettes de toilette) et une douche. La location à la journée se monte à 60 $ en saison (50 $ sinon), taxes incluses.

Le centre gère également un camping. Comptez entre 21, 18 et 15 $ selon les services proposés.

Comment s'y rendre

Pour rejoindre l'entrée sud du parc située à Saint-Henri-de-Taillon, il faut prendre le rang 3 depuis la route 169. L'entrée nord située à Sainte-Monique est accessible en empruntant le rang 6 depuis la route 169.

Le bus de la compagnie Intercar ne relie qu'une fois par semaine (le vendredi en fin d'après-midi) Alma à Saint-Henri-de-Taillon et Saint-Monique avant de poursuivre sa route vers Dolbeau, le retour vers Alma étant assuré le dimanche en fin d'après-midi. Vous pouvez demander au chauffeur de vous arrêter au niveau des rangs reliant le parc.

PÉRIBONKA

Depuis la publication en 1916 du roman *Maria Chapdelaine*, de Louis Hémon, Péribonka est sorti de l'anonymat. Le village offre de beaux panoramas sur le lac. Construit à l'embouchure de la rivière Péribonka et du lac Saint-Jean, il s'étire en longueur et ne possède pas véritablement de centre-ville. Une longue promenade et une belle plage le bordent d'est en ouest.

Le **musée Louis-Hémon** (☎ 374-2177, museelh@destination.ca, www.destination.ca/museelh), 700 route 169, consacre une salle entière à l'écrivain. Il rassemble par ailleurs des expositions thématiques sur la région, sur la littérature ou sur la peinture. Il est ouvert tous les jours de 9h à 17h, du 24 juin à la première semaine de septembre ; en dehors de cette période, il ferme à 16h (fermeture le week-end). L'entrée coûte 5,50 $ (4,50 $ pour les seniors et 3,50 $ pour les étudiants ; gratuit pour les moins de 6 ans).

Où se loger et se restaurer

L'***Auberge de L'île du Repos*** (☎ *347-5649*) est une vaste auberge de jeunesse située dans un immense terrain boisé, au bord de l'eau, où sont disséminés des chalets. Le site est agréable mais l'Auberge peut donner l'impression à celui qui voyage seul de n'être qu'une maison d'habitués. Le lit dans un dortoir revient à 18 $ et la simple/double avec s.d.b. à 62/52 $. Elle propose également la location de chalet comprenant deux chambres, une cuisinette et une salle de séjour pour 85 $ par jour. Le restaurant assure les trois repas de la journée. Le soir en été, des chansonniers ou des groupes se produisent dans la grande salle à manger. Le prix du spectacle varie entre 15 et 22 $.

Dans le village, l'***Auberge-Restaurant La Volière*** (☎ *374-2360 ; 200 route 169*) fait restaurant et possède trois chambres à l'étage avec s.d.b. commune. Goûtez la tourtière, l'une des multiples spécialités de ce haut lieu de la cuisine québécoise. Les chambres sont confortables. La plus grande, aux allures de suite, vaut 60 $, les deux autres 45 $.

Sur le même trottoir, à l'angle de la route 169 et de la rue Plante, le gîte ***Au Petit Bonheur*** (☎ *374-2328*) possède des chambres agrémentées de dentelles et de tissu à fleur. L'ambiance est familiale. La simple/double avec s.d.b. revient à 45/65 $ (35/45 $ sinon).

DOLBEAU-MISTASSINI

Mistassini, capitale du bleuet, ne constitue guère un lieu de villégiature. Couplée à **Dolbeau**, située juste de l'autre côté de la rivière Mistassini, elle est l'une des plus importantes villes du lac Saint-Jean.

Si vous souhaitez vous lancer dans la cueillette des bleuets, préférez d'autres espaces plus verdoyants et moins industriels.

L'office du tourisme (☎ 276-7646) se tient 1030 boulevard Vézina.

Où se loger et se restaurer

Le ***Motel-Auberge de la Diligence*** (☎ *276-6544 ou 1 800 361-6162 ; 414 boulevard de la Friche – route 169*) est un complexe hôtelier sans charme et cher pour le style de chambre proposé. La simple/double commence à 70/83 $. A quelques kilomètres, en bordure de chutes, le ***Motel Chute des Pères*** (☎ *276-1492 ; 46 boulevard Panoramique – route 169*), est mieux situé et un peu plus chaleureux. La simple/double varie entre 65/75 $ et 90/110 $. Le restaurant du motel fait partie des bonnes adresses de la ville mais la salle, immense et froide, n'engage guère à passer trop de temps à table.

Comment s'y rendre

La route 169 traverse les deux villes avant de continuer sa course le long du lac. Dolbeau est à 119 km de Jonquière.

La compagnie Intercar (☎ 276-2775) assure tous les jours une liaison depuis Québec *via* Alma, Chambord, Roberval et Saint-Félicien notamment. Un autre liaison quotidienne relie également Chicoutimi à Dolbeau.

NORMANDIN

Normandin est surtout connu pour le site **Les Grands Jardins** (☎ 274-1993 ou 1 800 920-1993), 1515 avenue du Rocher, qui retrace l'histoire de l'art des jardins à travers sept parterres différents, allant du jardin d'Orient aux jardins à l'anglaise. Il ne présente guère d'intérêt pour le voyageur.

Il est ouvert tous les jours de 9h à 18h de la mi-juin à la mi-septembre et son accès coûte 10 $ (de multiples réductions sont offertes).

SAINT-FÉLICIEN

Saint-Félicien est une ville de moyenne importance, agréable et vivante, dont le centre-ville jouxte la rivière Ashuapmushuan. Le boulevard Sacré-Cœur qui coupe la route 169 constitue l'artère principale où se concentrent banques, commerces, restaurants et hôtels.

Le **Zoo "Sauvage" de Saint-Félicien** (☎ 679-0543 ou 1 800 667-5687), 2230 boulevard du Jardin, est un immense enclos de plus de 600 hectares où sont regroupés tous les animaux d'Amérique du Nord : loups, ours polaires, ours noirs, castors… et troupeaux de bisons. Il constitue l'une des attractions phares de la région. Comptez au moins 3 heures pour la visite.

Il est ouvert tous les jours de 9h à 17h de mai au 15 octobre (fermeture à 18h de juin au 31 août). Son accès coûte 17 $ (15 $ pour les étudiants et les seniors, 12 $ pour les 12-17 ans et 6 $ pour les 2-11 ans). Le reste de l'année, il est accessible du lundi au vendredi. Pour les horaires, il est préférable d'appeler.

Pour y accéder, il prenez la route 167 qui coupe la route 169.

Où se loger et se restaurer

Au 1055 boulevard Sacré-Cœur, l'***Hôtel Bellevue*** (☎ *679-0162*) présente un bon rapport qualité/prix même si la décoration de certaines chambres est sommaire. La simple/double commence à 40/45 $ (30/35 $ en basse saison). Son restaurant a bonne réputation. La série de motels qui se succèdent ensuite le long du boulevard Sacré-Cœur (comme le *Motel Lavallière*) s'enorgueillissent d'une belle vue sur la rivière. Demandez une chambre côté rivière. Les tarifs varient entre 55 et 85 $.

En allant au zoo, l'***Hôtel du Jardin*** (☎ *679-8422 ou 1 800 463-4927 ; 1400 boulevard du Jardin*) est pourvu d'une haute façade moderne. L'intérieur est froid, vaste et impersonnel mais possède tout le confort souhaité. Le prix de la chambre s'échelonne entre 99 et 110 $ en haute saison (de 75 à 95 $ le reste de l'année).

A cinq kilomètres au nord du centre-ville de Saint-Félicien, à Saint-Méthode, le gîte ***La Liberté*** (☎ *679-0919 ; 3158 rue Sainte-Méthode – route 169*), constitue une bonne alternative pour les petits budgets. Les chambres n'ont aucune prétention mais elles ont le mérite d'être spacieuses et confortables. La simple/double est louée 30/40 $ (toutes taxes comprises), le mini studio à l'entresol étant proposé à 75 $. A condition de prévenir, vous pouvez partager le repas avec la famille. Un barbecue est également à votre disposition.

Comment s'y rendre

Saint-Félicien se trouve à la jonction de la route 169 et de la route 167 qui traverse la réserve faunique Ashuapmushuan avant de rejoindre Chibougamau, plaque tournante pour gagner l'Abitibi-Témiscamingue (reportez-vous au chapitre *L'Abitibi-Témiscamingue et la baie James*).

Les bus de la compagnie Intercar relient une à trois fois par jour Saint-Félicien depuis Québec ou Dolbeau. La liaison avec Chicoutimi *via* Jonquière et Chambord est assurée deux à trois fois par jour. La gare routière (☎ 679-3856) se situe en centre-ville, à l'intérieur d'un snack à l'ambiance sympathique, 1119 rue Saint-Jean-Baptiste, perpendiculaire au boulevard Sacré-Cœur. De là, vous pouvez emprunter un taxi si vous souhaitez visiter le jardin zoologique. Comptez environ 10 $ pour la course.

SAINT-PRIME

Saint-Prime possède l'une des plus belles plages du lac Saint-Jean. La 14e avenue, depuis la route 169, permet d'y accéder.

Dans le village, la **vieille fromagerie Perron** (☎ 251-4922 ou 1 888 251-4922), 148 15e avenue, est le dernier témoignage au Québec d'une fabrique de cheddar. Ouverte tous les jours de 9h à 18h de la mi-juin à la première semaine de septembre, elle continue à produire ce fromage.

MASHTEUIATSH

Mashteuiatsh ("là où il y a la pointe", en langue montagnaise) s'étire en bordure du lac Saint-Jean. Ils sont environ 1 800 Piekuakami Ilnutsh ("les êtres humains du lac plat") à vivre dans cette réserve de 15 km^2, appelée aussi Pointe Bleue.

Dans la rue Ouiatchouan, vous trouverez un kiosque touristique, ouvert en saison uniquement, et, à l'entrée du village en venant de Saint-Prime, un mini-fort reconstitué avec une boutique de souvenirs, sans intérêt. Allez plutôt au **musée Amérindien** (☎ 275-4842 ou 1 888 875-4842, museilnu@ destination.ca), 1787 rue Amishk, dont la scénographie et les visites guidées sont passionnantes. Une de ses salles a pour vocation de faire connaître la culture des différentes Nations du Canada à travers des expositions thématiques consacrées à l'une d'entre elles. Le reste du musée concerne les Montagnais du lac Saint-Jean et leur histoire. Des rencontres et des projections de documentaires sont organisées. Une nouvelle salle est désormais consacrée à l'art et à l'artisanat. Le musée est ouvert tous les jours de la mi-mai à la mi-octobre, de 10h à 18h. En dehors de cette période, il ferme le week-end ainsi qu'entre 12h et 13h (le soir, fermeture des portes à 16h). L'entrée coûte 5,50 $ (3,50 $ pour les étudiants, gratuit pour les moins de 6 ans).

La boutique de l'artisan Gérard Siméon, 1785 rue Ouiatchouan, mérite un détour pour ses objets en écorce de bouleau. Dans le village, le **Centre d'interprétation de la traite des fourrures** reconstitue l'histoire de la traite entre les Montagnais et les employés de la Compagnie de la Baie d'Hudson, qui avait établi ici même un comptoir.

La rue Ouiatchouan est l'artère principale du village. Elle est doublée au centre-ville d'une promenade donnant accès aux plages. Cet accès coûte entre 2 et 3 $.

Où se loger

Deux campings ont été aménagés, juste en bordure du lac. Le ***Camping de la Plage Robertson*** (☎ *275-1375*) est légèrement moins cher (20 $ l'emplacement) que le ***Camping de la Pointe*** (☎ *275-6006*).

En centre-ville, l'***Auberge Kukum*** (☎ *275-0697 ; 1899 rue Ouiatchouan*) réserve un accueil sympathique. La chambre, au confort sommaire, revient à 20 $ par personne. Guylaine, la propriétaire, peut organiser des excursions. Au n°1562, le ***Gîte Mikuan*** (☎ *275-2949*) offre le confort d'une maison moderne. Construit face au lac et situé à proximité du musée, il propose des simples/doubles spacieuses, joliment aménagées, moyennant 35/45 $ (toutes taxes comprises). La famille Moar organise, été comme hiver, différentes excursions, notamment dans la réserve faunique Ashuapmushuan.

ROBERVAL

Attenante à la Mashteuiatsh, Roberval présente la physionomie d'une station de villégiature. Sa marina constitue une belle aire de promenade et offre un autre point de vue sur le lac.

La société Les Voiles du Lac-Saint-Jean (☎ 671-0092), 415 rue Pineault, organise, de la mi-juin à début septembre, des croisières sur le lac à bord de voiliers. Les départs (5 par jour de la mi-juin à début septembre) ont lieu depuis la marina. Différentes formules sont proposées. Comptez 24 $ pour une sortie de 2 heures (15 $ pour les 3-12 ans).

Vaste et belle maison blanche au toit rouge, ***Le Gîte du Lac*** (☎ *275-3726 ou 275-0050 ou 1 800 253-5004 ; 511 boulevard de l'Anse*) dispose de chambres claires et spacieuses. Certaines possèdent une s.d.b. Le petit déjeuner peut se prendre sur la terrasse qui cerne la maison, face au lac. La simple/double se loue entre 45/55 $ et 75/85 $.

CHAMBORD

Pour ceux qui arrivent de Trois-Rivières par la route 155, Chambord représente la porte d'entrée de la région. Si la ville en soi n'a rien d'extraordinaire, le **Village historique Val-Jalbert** (☎ 275-3132 ou 1 888 675-3132, valjal@destination.ca) mérite un arrêt. Il est également possible d'y séjourner.

Cet ancien village industriel, construit autour de son usine de production de pulpe en bordure de la chute Ouiatchouane, a gardé intacts ses bâtiments du début de siècle. Abandonné par ses habitants dans les années 30 après la fermeture de l'usine, il a servi dans les années 70 à de nombreux tournages de films. Aujourd'hui, il se visite.

Très bien indiqué, le village est accessible à partir de la route 169. Il est ouvert tous les jours de la mi-mai à la mi-octobre. L'entrée est de 10 $ (5 $ pour les moins de 14 ans ; gratuit pour les moins de 6 ans). Du 1er janvier au 31 mars, le billet d'entrée revient à 4 $ (2 $ pour les moins de 14 ans). Durant cette période, les hébergements ainsi que le restaurant restent ouverts aux randonneurs à ski et aux motoneigistes.

Où se loger et se restaurer

Le ***Village historique Val-Jalbert*** (☎ *275-3132 ou 1 888 675-3132, valjal@destina-*

tion.ca) dispose d'hébergements de qualité et éloignés de la route. Construits dans le site lui-même, en bordure de forêt, ils constituent un bon rapport qualité/prix (surtout pour les familles). Les maisons, dotées d'une cuisinette, d'une salle de séjour, d'une s.d.b. et de deux chambres à coucher sont louées 95 $ la nuitée. Pour ceux qui disposent de duvet, les mini-chalets composés d'une seule pièce peuvent être une autre solution. Leur location revient à 48 $ pour 4 personnes. Le bloc sanitaire (toilettes, douches, lavabo pour la vaisselle) est à une centaine de mètres. L'ancien magasin général a été transformé par ailleurs en hôtel (61 $ la chambre). Un camping a également été aménagé. Comptez 17,50 $ pour un emplacement, sans les services, sinon 23 $. Les repas se prennent à l'ancien magasin général et au moulin. Le prix des menus s'échelonne entre 11 et 20 $. A l'entrée du site se trouvent un dépanneur, un loueur de vélo et un café-bar.

Sur la route 169, au n°1209, le ***Motel Lac Saint-Jean*** (☎ *342-6334*) propose des chambres spacieuses, modernes et pourvues d'une grande baie vitrée offrant une vue imprenable sur le lac. Le prix de la chambre est de 79 $ en juillet et en août (59 $ le reste de l'année). Le motel est fermé de la fin novembre à la fin avril.

SAINT-GÉDÉON

La route qui mène à l'Auberge des Îles mérite que l'on s'écarte de la route 169. La campagne qui se dessine est superbe et la vue sur le lac depuis l'Auberge, exceptionnelle.

L'***Auberge des Îles*** (☎ *345-2589 ou 1 800 680-2589, www.digicom.qc.ca/auberge ; 250 Rang des Îles*) est de loin le meilleur établissement hôtelier du lac Saint-Jean. Son restaurant compte par ailleurs parmi les bonnes tables du Québec. Le bâtiment, tout en bois peint en blanc, au bord du lac et d'une petite place, s'inscrit parfaitement dans le paysage. Les chambres donnent sur le lac et offrent le confort et l'atmosphère d'une établissement de standing. Vous débourserez au minimum 75 $ pour une simple (petit déjeuner et dîner inclus). En été, le prix passe à 110 $. Pour deux, comptez 125 $ (160 $ pendant la haute saison).

La Côte Nord et l'île d'Anticosti

La Côte Nord

Indicatif ☎ 418

Terre de vallons et de collines, de plages de sable fin et de centaines de rivières, la Côte Nord forme un univers à part, un monde gigantesque très peu peuplé (3 habitants au km^2). De Tadoussac sur la rive sud du Saguenay à Blanc-Sablon aux portes du Labrador, on compte plus de 1 000 km de côtes où dominent l'épinette, la roche, le sable et l'eau.

Sur la rive qui s'étire le long du Saint-Laurent apparaissent quelques villes et villages épars, blottis entre deux anses. A l'intérieur des terres, la présence humaine se réduit à une poignée de cités minières et de pourvoiries, points perdus au milieu d'une nature omniprésente.

Pays des Montagnais, des pêcheurs, des chasseurs et des cueilleurs de baies sauvages, la Côte Nord n'en finit pas le long de l'unique voie d'accès, la route 138, de nous raconter son histoire riche en soubresauts.

Terre de prédilection des marchands de fourrures et des pêcheurs, puis des industries hydroélectriques et minières, cette région entre terre et mer est un ailleurs qui fascine. Fabuleux terrain d'observation des baleines qui viennent s'alimenter de mai à octobre dans les eaux du Saint-Laurent, elle est aussi une région où se concentrent le plus grand nombre de rivières à saumon au monde.

La route 138 conduit jusqu'à Natashquan, village du poète et chansonnier Gilles Vigneault. Après Natashquan, le bateau et l'avion restent les seuls moyens pour aborder les derniers trois cents kilomètres de la Côte Nord. En suivant cet axe routier, construit par tronçons successifs depuis 1967, on quitte peu à peu l'estuaire du fleuve pour s'enfoncer, à partir de Pointe-des-Monts, dans le golfe du Saint-Laurent.

A ne pas manquer

- Le Centre d'interprétation des mammifères marins à Tadoussac
- L'observation terrestre des baleines depuis Cap-de-Bon-Désir
- La visite du gigantesque barrage hydroélectrique de Manic 5
- Le front de mer à Godbout
- Le phare de Pointe-des-Monts
- Une balade en bateau dans l'archipel des îles de Mingan, célèbre pour ses monolithes de calcaire
- Natashquan, ville natale de Gilles Vigneault et terminus de la route 138
- Les fossiles de l'île d'Anticosti

Le territoire de la Minganie, au chapelet d'îles et d'îlots riches en gigantesques sculptures de calcaires, se dessine alors, comme irréel.

Encore peu fréquentée par rapport aux autres régions du Québec, la Côte Nord dispose d'un bon réseau d'hébergements dont l'ouverture reste toutefois dépendante de la saison touristique, qui ne démarre jamais avant la mi-mai pour finir au plus tard en octobre.

HISTOIRE

Fief des Montagnais et des Naskapis, la Côte Nord est connue, dès les années 1500, par les pêcheurs de morue venus du Pays basque, d'Angleterre et d'Espagne. Ils sont les premiers Occidentaux à séjourner sur le littoral de ce qu'ils appellent alors le Labrador. Ils sèchent leurs poissons puis s'en retournent, laissant derrière eux les vigneaux, supports de bois servant au séchage. L'austérité du relief rocheux n'ins-

LA CÔTE NORD

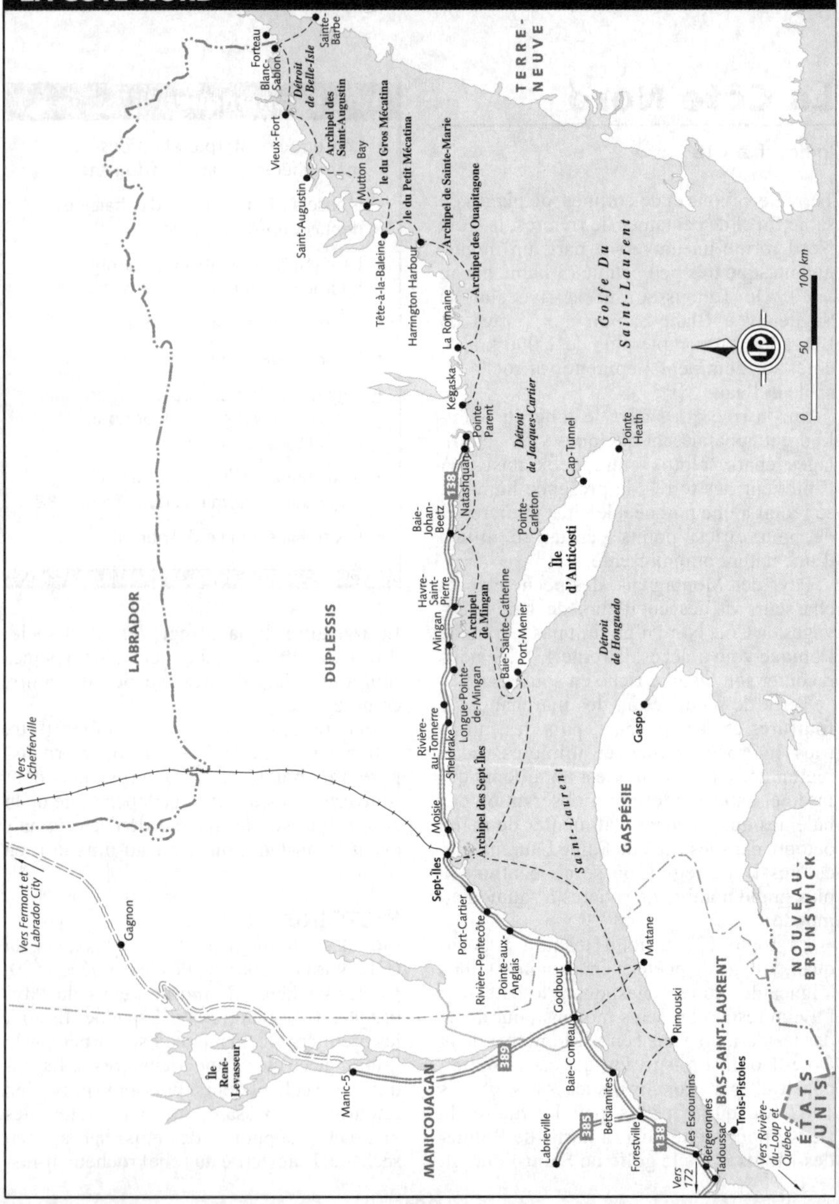

LABRADOR
DUPLESSIS
MANICOUAGAN
BAS-SAINT-LAURENT
GASPÉSIE
TERRE-NEUVE
NOUVEAU-BRUNSWICK
ÉTATS-UNIS
Golfe Du Saint-Laurent
Saint-Laurent
Vers Schefferville
Vers Fermont et Labrador City
Gagnon
Île René-Levasseur
Manic-5
389
385
138
Labrieville
Baie-Comeau
Betsiamites
Forestville
Les Escoumins
Bergeronnes
Tadoussac
Vers 172
Trois-Pistoles
Vers Rivière-du-Loup et Québec
Rimouski
Matane
Godbout
Pointe-aux-Anglais
Rivière-Pentecôte
Port-Cartier
Sept-Îles
Moisie
Archipel des Sept-Îles
Sheldrake
Rivière-au-Tonnerre
Longue-Pointe-de-Mingan
Mingan
Havre-Saint-Pierre
Archipel de Mingan
Baie-Johan-Beetz
Natashquan
Pointe-Parent
Kegaska
La Romaine
Harrington Harbour
Tête-à-la-Baleine
Mutton Bay
Saint-Augustin
Vieux-Fort
Blanc-Sablon
Forteau
Sainte-Barbe
Détroit de Belle-Isle
Archipel des Saint-Augustin
Île du Gros Mécatina
Île du Petit Mécatina
Archipel de Sainte-Marie
Archipel des Ouapitagone
Détroit de Jacques-Cartier
Île d'Anticosti
Pointe-Carleton
Cap-Tunnel
Pointe Heath
Baie-Sainte-Catherine
Port-Menier
Détroit de Honguedo
Gaspé
0
50
100 km

pirera guère Jacques Cartier lors de son premier voyage. "La terre que Dieu donna à Caïn", comme il la décrit dans son journal, restera longtemps hors du champ d'intérêt de la Nouvelle-France.

Un territoire sous influence

Englobée au XVIIe siècle dans le "Domaine du Roy" qui couvre le Saguenay, le lac Saint-Jean, la Haute-Côte-Nord est vouée au seul commerce de la fourrure. Aucun colon n'y est admis, seuls les missionnaires sont acceptés. Des postes de traite s'ouvrent alors aux Escoumins, à Godbout et à Sept-Îles. La Basse-Côte-Nord, au nord-est de la rivière Moisie est, de son côté, partagée en seigneuries. Louis Jolliet, l'explorateur du Mississippi, se voit attribuer l'île d'Anticosti et la Minganie. De Courtemanche devient le propriétaire de la Basse-Côte où descendent régulièrement les Inuit.

La Conquête en 1760 amène de nouveaux concessionnaires. Le territoire de la Minganie revient à la Compagnie de la Baie

Villes de papier

Tout a commencé au début des années 1900 par une partie de pêche au saumon sur la rivière Sainte-Marguerite dans la baie de Sept-Îles. William et James Clarke, à la tête d'une maison d'édition de journaux à gros tirage, sont sans cesse à la recherche de papier. La région leur semble l'endroit idéal pour s'approvisionner. Ils achètent l'ensemble du terrain. Avant de construire une usine de transformation, il leur faut édifier un barrage hydroélectrique, un chemin de fer et une ville.

Pour réaliser ce vaste et coûteux programme, ils associent des hommes d'affaires anglais avec lesquels ils forment l'Anglo-Canadian Pulp and Paper. Ainsi va naître Clarke-City, une ville modèle sans précédent. Tout est propriété de la compagnie : l'hôpital, l'école, l'église, les maisons des employés et l'hôtel dont les caves font office de prison. Sortie de terre en quelques années, la ville attire des centaines de travailleurs pour qui l'ensemble des services fournis (souvent gratuitement, comme l'électricité) constitue un cadre de vie bien meilleur que celui de la pêche ou des travaux des champs.

En 1920, le gouvernement fédéral demande même à la famille Clarke d'assurer le transport maritime, ce qu'elle fera durant plusieurs décennies. Elle règne alors en maître. Toutefois, depuis deux ans, un autre éditeur de journaux, Robert Rutherford McCormick, propriétaire du *Chicago Tribune*, lui aussi soucieux de diversifier ses sources d'approvisionnement, mène à Shelter-Bay (l'actuel Port-Cartier) une entreprise semblable. Le lancement de son quotidien *New York Daily News* en 1921 l'oblige à investir à nouveau dans d'autres villages et dans les forêts de la rivière Manicouagan (convoitées également par les frères Clarke). Dans les années 30, McCormick s'engage auprès des autorités québécoises à construire une usine de pâte à papier avec toute l'infrastructure urbaine et routière qu'elle suppose : ce sera la création de Baie-Comeau, dont les allures modernes, le centre commercial et l'aéroport constituent une petite révolution à cette époque. Baie-Comeau, Clarke-City ou Franquelin appartiennent ainsi à de puissants groupes d'édition.

Lorsqu'en 1955, un charcutier décide d'ouvrir sa propre boutique à Franquelin, malgré l'interdiction de l'Ontario Paper (la compagnie propriétaire de la ville), l'affaire va ainsi rapidement révéler au grand public le dessous de ces eldorados. Elle devient le combat de David contre Goliath. Pour éviter le scandale, la société retirera sa plainte. David a triomphé.

Cependant, le milieu des années 50 marque aussi la fin de cette époque. Les ressources forestières sont épuisées. Les usines n'ont plus de raison d'être. Une à une, elles sont démantelées.

Seules Forestville et Baie-Comeau demeurent encore d'importants centres producteurs de pâte à papier qui alimentent le monde entier.

d'Hudson. En 1821, le Domaine du Roy lui appartient. Elle a le monopole du commerce des fourrures, de la pêche au saumon et de la chasse au phoque.

En 1842, sous la pression conjuguée de William Price – un industriel soucieux d'étendre ses exploitations forestières –, et des paysans de Baie-Saint-Paul et de La Malbaie, trop à l'étroit dans leur région du Charlevoix, le gouvernement québécois accepte de briser le monopole de la Compagnie de la Baie d'Hudson sur le Domaine. Les premiers colons commencent à s'installer entre Tadoussac et Portneuf. Les Montagnais sont refoulés vers le nord et rejoignent leurs compatriotes de Sept-Îles et de Mingan. Les réserves des Escoumins et de Betsiamites sont créées en 1861.

La traite des fourrures est désormais répartie entre plusieurs compagnies. La Compagnie de la Baie d'Hudson se retire de ses comptoirs et ne travaille plus qu'avec les Montagnais de Betsiamites. En 1859, le gouvernement va encore plus loin et met un terme à ses droits exclusifs sur les rivières à saumon, aussitôt allouées à de très chics et très fermés clubs américains et canadiens.

L'ouverture du territoire voit parallèlement l'arrivée des Madelinots, des Acadiens des îles de la Madeleine et de la baie des Chaleurs. Une partie d'entre eux s'établit à Natashquan et à Mingan. D'autres s'installent à la pointe des Esquimaux qui deviendra Havre-Saint-Pierre en 1924. La pêche à la morue est alors l'activité principale et entraîne la création de villages dans les anses les plus propices. L'arrivée d'une nouvelle migration en provenance de Terre-Neuve dans les années 1870 fera de la Basse-Côte-Nord un territoire aux villages essentiellement anglophones.

L'eldorado des riches et des pauvres

De Tadoussac à Sept-Îles, la Haute-Côte-Nord voit l'arrivée d'agriculteurs et de bûcherons entre 1860 et 1900. Mais, dans les années 40, la préférence des Européens et des Américains pour le bois de l'Ouest provoquera la fermeture de nombre de scieries et d'entreprises. Le besoin de pâte à papier des journaux américains permet, au même moment, à la région de rebondir. Des villes comme Clarke-City et Baie-Comeau émergent. Jusque dans les années 50, elles assureront le développement de la Côte Nord.

Parallèlement, les grands chantiers miniers et hydroélectriques (dont Manic 5) de l'arrière-pays transforment Sept-Îles, Pointe-Noire et Port-Cartier en grands centres portuaires. Des cargos géants venus d'Europe, du Japon et des États-Unis s'approvisionnent en minerai de fer. Dans les années 70, Sept-Îles est le nouvel eldorado québécois.

Dans les années 80, les compagnies minières délocalisent leur exploitation au Brésil et ferment leurs usines de la Côte Nord, provoquant une crise économique.

Depuis la fin des années 50, le secteur de la pâte à papier a également enregistré un désengagement important des investisseurs. Néanmoins, la construction de barrages sur la rivière Manicouagan a attiré un nouveau type d'industrie, celle de l'aluminium. L'installation à Baie-Comeau, en 1958, de la Canadian British Aluminium a marqué le début d'une diversification inespérée pour la ville.

ORIENTATION

La Côte Nord regroupe deux régions, le Manicouagan et le Duplessis, deux gigantesques territoires dont la population (environ 102 700 habitants) se concentre essentiellement le long du littoral.

Le Manicouagan s'étend de Tadoussac à Baie-Trinité (Baie-Comeau en est la capitale), le Duplessis allant de Pointe-aux-Anglais à Blanc-Sablon, dernier village avant la province du Labrador.

La route 138 est la seule voie est-ouest. Elle relie Tadoussac à Natashquan. Les autres villages ne sont desservis ensuite que par bateau ou par avion.

La route 389 est le seul axe nord-sud. Elle relie Baie-Comeau à Labrador-City dans la province du Labrador. Elle passe par le barrage de Manic 5 et la ville minière de Fermont.

Quatre services de traversier permettent de rejoindre la rive sud du Saint-Laurent. Le premier part de Baie-Comeau et le second de Godbout. Tous deux rejoignent Matane en Gaspésie. Le troisième service de ferries assure le voyage Les Escoumins-Trois-Pistoles dans le Bas-Saint-Laurent (reportez-vous aux rubriques concernées). Le quatrième relie, en 55 minutes, Forestville à Rimouski.

FÊTES ET MANIFESTATIONS ANNUELLES

Juin

Festival de la chanson à Tadoussac – Quatre jours durant lesquels se produisent des artistes connus et de jeunes auteurs-compositeurs.

Juillet

Pow wow – A Essipit, à la fin de la troisième semaine.

Festival international de jazz et de blues – A Baie-Comeau.

Août

Festival de la baleine bleue – A Grandes-Bergeronnes.

Festival Innu Nikamu – Dans la réserve montagnaise de Maliotenam (à l'est de Sept-Îles). Pendant quatre jours, de nombreux spectacles de chants et de danses traditionnels et contemporains sont donnés par des groupes venus de toute l'Amérique du Nord.

Festival des Acadiens – A Havre-Saint-Pierre, vers le 15.

Fête nationale des Montagnais – le 15, à Betsiamites.

TADOUSSAC

Au confluent de la rivière Saguenay et du Saint-Laurent, Tadoussac est la porte d'entrée de la Côte Nord. Elle est entourée de vallons boisés et rocheux que les Montagnais appelaient Tatoushak ("mamelons"). Construite à flanc de colline le long d'une large baie, cette localité attrayante, au cadre de villégiature, peut se visiter entièrement à pied. En 1535, Jacques Cartier fut séduit par sa baie et les paysages environnants, alors territoire des Montagnais. Champlain lui aussi y fit escale.

De par son charme et sa situation, elle est devenue l'étape privilégiée pour l'observation des baleines et la découverte du fjord du Saguenay (l'un des plus longs au monde) dont les eaux sombres rencontrent celles vert émeraude du Saint-Laurent.

Face à la baie de Tadoussac, l'Hôtel Tadoussac, avec sa longue façade blanche et son toit rouge, est le grand hôtel de la ville aux allures de palace d'autrefois.

Tadoussac abrite le **parc marin du Saguenay-Saint-Laurent** (☎ 235-4703 ou 1 800 463-6769), situé au 182 rue de l'Église.

Envahie de la mi-juin à septembre, la localité, qui ne compte que 856 habitants, est désertée le reste de l'année. La quasi totalité de ses restaurants et nombre de ses hébergements sont alors fermés.

En été, un système de bus urbain est mis en place. Le billet coûte 1 $.

Renseignements

Base d'information générale pour toute la région, le Bureau des renseignements touristiques (☎ 235-4744, maisont@ihcn.qc.ca, www.ihcn.qc.ca/mtcn), 197 rue des Pionniers, est situé en centre-ville. Il est ouvert tous les jours de 9h à 17h (8h à 21h du 21 juin à début septembre). Sur place, dépliants, cartes de Tadoussac et d'autres villes de la Côte Nord vous seront remis. Les employés de ce bureau peuvent également vous aider à trouver un hébergement et réserver si vous le souhaitez.

La Caisse Populaire Desjardins (☎ 235-4482) se tient 187 rue du Bord-de-l'Eau. Elle dispose d'un guichet automatique accessible en permanence.

Activités

Randonnée. Des sentiers de randonnée de courte distance ont été aménagés, dans la ville même de Tadoussac, par le **parc du Saguenay**. Le premier, accessible par le sentier des Collines (situé à proximité de l'embarcadère du traversier et du parking du parc) permet de rejoindre l'anse à l'Eau (1,2 km). Facile, il offre un beau panorama sur la rivière et la baie de Tadoussac. Le sentier Pointe de l'Islet (0,8 km environ) est certainement celui que vous devez privilégier si le temps vous manque. Accessible

CÔTE NORD

soit depuis le Centre d'interprétation des mammifères marins, soit du quai que l'on rejoint par la rue du Bord-de-l'Eau, il vous mène à des points de vues de toute beauté sur le fjord et la baie. Les rochers de la Pointe de l'Islet constituent par ailleurs une merveilleuse aire naturelle pour contempler ce paysage marin. Si vous êtes patient, vous pourrez assister, peut être, à la remonté d'un groupe de bélugas à la recherche de nourriture dans la rivières Saguenay. Le sentier du fjord (17 km) qui relie de son côté Tadoussac à Sacré-Cœur, demande du temps et une bonne organisation.

La **Maison des dunes** (☎ 235-4238 ou 544-7388) est le centre d'interprétation et d'information du parc du Saguenay. Située à 5 km de Tadoussac et accessible en empruntant, dans le village, la rue des Pionniers, elle vous fournira des cartes et toutes les informations nécessaires, notamment pour la randonnée. Elle est ouverte tous les jours, de début juin à la mi-octobre, de 9h à 17h.

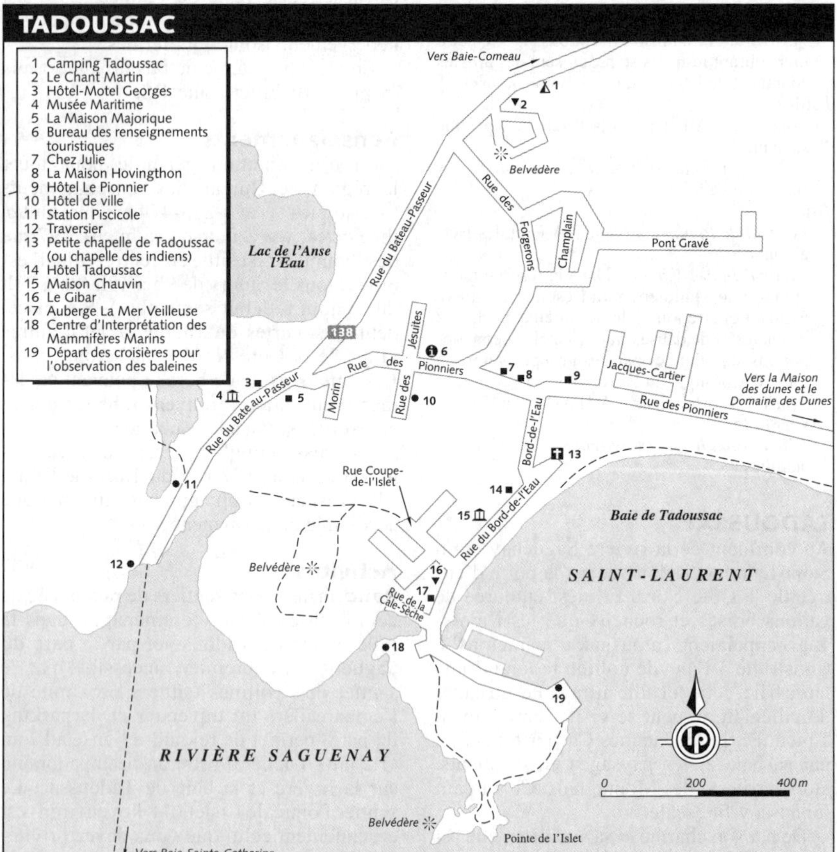

Un parc marin pour la sauvegarde d'un milieu

La création en 1990 du parc marin du Saguenay-Saint-Laurent est unique en son genre. Né de la volonté du gouvernement fédéral et de celui du Québec, il a pour objectif de protéger et mettre en valeur ce milieu marin où viennent s'alimenter les cétacés. En effet, environ 6 000 transporteurs circulent chaque année sur le Saint-Laurent, dont près de 900 dans le Saguenay. Un trafic auquel il faut ajouter les activités de croisières d'observation des baleines (plus de 300 000), en constante augmentation.

Englobant une partie du lit de la rivière Saguenay et une portion de l'estuaire du Saint-Laurent, de Cap-à-l'Aigle jusqu'à la Pointe-Rouge des Escoumins, son territoire (1 138 km^2) englobe notamment l'île aux Lièvres, accessible seulement de Rivière-du-Loup.

Quatre régions sont ainsi concernées : le Charlevoix, la Haute-Côte-Nord, le Saguenay et une partie du Bas-Saint-Laurent.

Le parc développe pour chaque site une thématique et des activités propres. Certains rendez-vous thématiques ont même été conçus pour les enfants. Des centres d'interprétation ont par ailleurs été implantés à Pointe-Noire, à Baie-Sainte-Catherine, Baie-Sainte-Marguerie et à Cap-de-Bon-Désir. Dans le parc, des sentiers ont été aménagés pour de courtes ou de longues randonnées. Le kayak de mer fait aussi partie des grandes activités du parc.

Croisières et observation des baleines. De nombreuses compagnies se disputent les faveurs des baleines et les beautés du fjord Saguenay, de mai à fin octobre. Parmi elles, les Croisières Famille Dufour (☎ 235-4421 ou 1 800 463-5250), 165 rue du Bord-de-l'Eau, qui proposent soit des sorties sur catamaran pour le fjord, soit des sorties d'observation des cétacés en pneumatique ou en gros bateau de 340 passagers. Pour ce type d'excursion, la sortie se déroule sur fond de commentaires d'un guide naturaliste. Le prix est de 35 $ (demi-tarif pour les enfants et gratuit pour les moins de cinq ans). Les billets se retirent à l'Hôtel Tadoussac.

La Compagnie Croisières AML (☎ 235-4642 ou 1 800 563-4643), 177 rue des Pionniers, programme des excursions en bateau et en Zodiac. Comptez 35 $ par adulte. Le prix pour les enfants est de 15 $ (25 $ pour le Zodiac). Les Croisières Express (☎ 235-4770 ou 1 888 235-6842), 161 rue des Pionniers, organisent des sorties en petit bateau de 12 passagers, plus confortable que le pneumatique. La sortie en mer pour un adulte est à 32 $ (moitié prix pour les enfants). La Cie de la Baie de Tadoussac (☎ 235-4548 ou 1 800 757-4548), 145 rue du Bord-de-l'Eau, vogue dans un esprit aussi familial, avec le même type de bateau. Comptez 40 $ par adulte et 30 $ par enfant.

La boutique Tayaout (☎ 235-1058 ou 1 800 766-1056), 158-A rue Bateau-Passeur, propose de mai au 15 octobre, des sorties en kayak de mer avec un guide naturaliste. La durée varie d'une demi-journée à quatre jours et les prix, de 25 $ à 450 $.

A voir

Centre d'interprétation des mammifères marins (CIMM). Installé 108 rue de la Cale-Sèche (☎ 235-4701, www.gremm.com, cimm@fjord-best.com), il donne toutes les informations nécessaires à la compréhension des cétacés et dispose d'un hydrophone permettant d'entendre le chant des bélugas. Passage obligé et conseillé avant toute sortie en mer, il dispose par ailleurs d'un système de télévision pour les apercevoir à la surface de l'eau. Ouvert tous les jours de 9h à 20h de mi-mai à mi-septembre, il est accessible le reste de l'année de 12h à 17h en semaine et de 10h à 18h le week-end. L'entrée est de 5,50 $ (3 $ pour les 6-12 ans ; tarif famille à 13,50 $).

Petite chapelle de Tadoussac. Appelé chapelle des Indiens, cet édifice religieux situé juste en contrebas de l'Hôtel Tadoussac est reconnaissable à son toit rouge et sa façade blanche en bois. Construite en 1747, elle est considérée comme la plus ancienne église en bois encore existante au Canada. A l'intérieur se trouvent des objets religieux. Sa cloche aurait été offerte par Louis XIV.

Accessible tous les jours de 9h à 21h de la mi-juin à la mi-septembre, elle est fermée au public le reste de l'année (2 $).

Poste de traite Chauvin. Cette construction fortifiée, tout en rondins de bois, 157 rue du Bord-de-l'Eau, est une reconstitution du comptoir que Pierre Chauvin créa et dirigea lors de son arrivée en 1599. L'histoire de la traite des fourrures y est relatée.

Ouvert tous les jours de la mi-juin à octobre, il ne ferme pas entre 12h et 15h de la mi-juin à la mi-septembre. L'entrée coûte 2,75 $ (réduction pour les enfants, les seniors et les étudiants).

Musée maritime. Installé 145 rue du Bateau-Passeur, dans la maison Molson-Beattie, ce lieu retrace l'histoire de la navigation sur le Saint-Laurent et le Saguenay à l'aide de maquettes, de photographies et d'autres objets.

Il est ouvert de la mi-juin à septembre (3,50 $). Le prix inclut, en juillet et en août, la visite du poste de traite Chauvin.

Station piscicole de Tadoussac. Accessible par le 115 rue du Bateau-Passeur, cette société (☎ 235-4569) est chargée du repeuplement des rivières en saumon. Ouverte au public tous les jours, de la mi-mai à début septembre, de 10h à 18h, elle propose à heure fixe des visites commentées avec notamment un passage au pavillon des bassins d'élevage. Comptez 4,50 $ pour l'entrée (réduction de 1 $ pour les étudiants et de 2 $ pour les enfants).

Centre d'interprétation et de mise en valeur de l'île Rouge. Ouvert en 1999, ce centre (☎ 235-1212 ou 1 800 563-4643 ou 1 877 335-1212), 21 rue des Érables, est surtout le point de départ pour visiter l'île Rouge, située à 20 minutes au large de Tadoussac. La maison du gardien a été réaménagée en hôtel.

Où se loger

Hôtels. L'auberge de jeunesse ***La Maison Majorique*** (*☎ 235-4372, www.fjordbest.com/ajt/ ; 158 rue du Bateau-Passeur*) est le seul hébergement pour les petits budgets. Située à 500 m à peine du traversier, elle est un lieu chaleureux, vaste et toujours animé. La nuit en dortoir revient à 17,50 $. Il existe également des chambres individuelles pour 19,75 $ par personne. L'emplacement pour camper revient à 6 $. Des dîners (comptez au moins 8 $) et des petits déjeuners (à partir de 4 $) sont par ailleurs proposés. Des sorties à thème sont aussi offertes en général tous les jours vers 17h. Elles sont gratuites. L'auberge propose également des forfaits à la journée ou la demi-journée pour des sorties en kayak ou en chien de traîneau l'hiver.

Dans la catégorie grand hôtel, l'***Hôtel Tadoussac*** (*☎ 235-4421 ou 1 800 561-0718, www.familledufour.com ; 165 rue du Bord-de-l'Eau*) en impose de prime abord. Cependant, s'il a de l'allure avec sa grande bâtisse blanche et son toit rouge, à l'intérieur en revanche, les chambres ne sont pas à la hauteur des prix demandés, entre 90 et 220 $. Il est ouvert de la mi-mai à octobre.

Toujours dans le centre ville, l'***Hôtel Le Pionnier*** (*☎ 235-4666 ou 1 877 235-4666, lepionnier@ihcn.qc.ca ; 263 rue des Pionniers*) est composé de trois bâtiments différents, construits les uns derrière les autres. Les chambres sont confortables. Leur prix varie entre 62 et 110 $.

A deux cents mètres du traversier pour Baie-Sainte-Catherine, l'***Hôtel-Motel Georges*** (*☎ 235-4393 ; 135 rue du Bateau-Passeur*) occupe la plus vieille demeure de la ville, mais son emplacement, au bord de la route 138, lui enlève malheureusement un peu de son cachet. Le prix de la simple/double se situe entre 50/60 $ et 75/90 $ selon la période.

A 3 km de Tadoussac, aux abords de la route menant à la Maison des Dunes, le

Domaine des Dunes (☎ *235-4843 ; 585 chemin Moulin-Baude*) est certainement le meilleur hébergement de la ville si vous êtes deux ou en famille. Ouverts à l'année, ses chalets individuels conçus pour 4 à 6 personnes, construits à la limite d'une forêt de bouleaux, sont spacieux, agréables à vivre et entièrement équipés – notamment pour faire la cuisine. Idéal pour les enfants, qui disposent d'un terrain de jeu, cet établissement bénéficie également d'un environnement calme. Selon la saison, le prix du chalet varie, pour deux, de 70 $ à 120 $ en saison. Pour 4 personnes, comptez en moyenne 100 $.

Le ***Centre d'interprétation et de mise en valeur de l'île Rouge*** (☎ *235-1212 ou 1 877 355-1212*) propose différents forfaits hébergements pour séjourner dans l'une des maisons du gardien du phare. Chers, voire excessifs, ils comprennent tous dans leur prix, une visite guidée de l'île, un goûter, le dîner, le petit déjeuner et une croisière d'observation des cétacés. Le premier prix d'une simple/double est de 259/349 $.

Gîtes. Ils sont nombreux mais leurs chambres, souvent quelconques, paraissent onéreuses en raison de leur exiguïté. Par ailleurs, la plupart des gîtes sont fermés de la fin octobre à la fin mai.

La ***Maison Gauthier*** (☎ *235-4525*), 159 rue du Bateau-Passeur, propose des chambres (70 $) très convenables pour le prix demandé. En centre-ville, au 285 rue des Pionniers, ***La Maison Hovingthon*** (☎ *235-4466*) est détenue par les mêmes propriétaires. Cette belle demeure ancienne, ouverte de la mi-mai à la mi-octobre, dégage un charme certain. C'est l'un des meilleurs hébergements en ville. La simple/double, qui coûte 55/65 $ en basse saison, peut valoir 100 $ en juillet et en août.

Fonctionnant toute l'année, le ***Gîte Madeleine Fortier*** (☎ *235-4215 ; 176 rue des Pionniers*) combine un confort simple et un prix modéré (50 $ la chambre). De même pour ***Chez Julie*** (☎ *235-4380*), au 251, où la simple/double est louée 45/55 $. Une cuisine est à disposition pour faire son petit déjeuner.

Face à la baie, alliant charme, confort et un certain raffinement, l'***Auberge La Mer Veilleuse*** (☎ *235-4396 ; 113 rue du Coupe-de-l'Islet*) offre certainement le meilleur rapport qualité/prix. La simple/double revient à 60/65 $. L'auberge est fermée d'octobre à début mai.

Camping. Le ***Camping Tadoussac Inc*** (☎ *235-4501*), 428 rue du Bateau-Passeur (route 138), est à un kilomètre environ du centre-ville. L'emplacement avec vue sur le fleuve revient à 25 $.

Où se restaurer

Tadoussac est une ville décevante concernant la restauration. La qualité des plats est médiocre et les prix, vraiment excessifs. Seule exception à ce tableau morose : le restaurant de l'***Hôtel Georges*** (☎ *235-4393 ; 135 rue du Bateau-Passeur*), sacré meilleure table de la ville. Au menu : filet de sole ou de truite, et viande cuite à la perfection. Comptez en moyenne 20 $ le repas. Le restaurant, fermé à partir d'octobre, n'ouvre que vers la première semaine de mai. Le restaurant de l'***Hôtel Tadoussac*** n'a rien de gastronomique.

Au Père Coquart Café (☎ *235-4342 ; 115 rue Coupe-de-l'Islet*) où se produisent des chansonniers, la gamme des plats et des prix est étendue. Un repas s'élève entre 10 $ et 20 $. Dans la même rue, le Café-bar ***Le Gibar***, à l'atmosphère décontractée, prépare d'excellents sandwiches pour 5 à 8 $.

Le Chant Martin (☎ *235-4733 ; 412 rue du Bateau-Passeur*) est une sorte de brasserie, spécialisée dans les pizzas ; les prix sont loin d'être justifiés par la qualité des plats. Comptez au moins 25 $.

Comment s'y rendre

Voiture. De Québec, il suffit de suivre la route 138 qui parcourt du sud au nord la région du Charlevoix. A Baie-Sainte-Catherine, le traversier assure la liaison tous les jours, 24h/24. Le trajet, gratuit, dure dix minutes.

La traversée a lieu toutes les heures entre 24h et 6h, toutes les 40 minutes entre 6h et 10h et entre 18h et 24h. Entre 10h et 16h, les fréquences sont toutes les 20 minutes (excepté le week-end). On ne peut pas réserver.

De Chicoutimi, empruntez la route 172 Nord.

Bus. La compagnie Intercar assure deux fois par jour le trajet Québec (gare de Sainte-Foy)-Tadoussac. Le terminus se situe 433 route 138, chez le Dépanneur de la Côte (qui fait également station-service). Le centre-ville est juste en contrebas, à gauche.

La compagnie effectue également une liaison quotidienne Chicoutimi-Tadoussac (excepté le samedi où aucun bus ne circule entre les deux villes).

SACRÉ-CŒUR

Située à 10 km de Tadoussac dans une région agricole, traversée par la route 172 Nord, la ville de Sacré-Cœur mérite le détour, surtout pour les différents sites naturels qui la bordent. L'**Anse-de-Roche**, avec son quai et son port de plaisance, représente ainsi un véritable havre de paix ouvrant sur le fjord, à ne pas manquer. On peut déjeuner au casse-croûte.

A quelques kilomètres de là, la **baie Sainte-Marguerite**, constitue un autre accès (payant) au parc du Saguenay. Desservie par une voie goudronnée qui part de la route 172 Nord, elle abrite un Centre d'interprétation de la faune de la rivière Saguenay. Des sentiers pédestres partent de la baie. Si vous avez le temps, prenez celui dit de la baie Sainte-Marguerite, qui longe le fjord. Vous pourrez peut-être apercevoir des bélugas. Des belvédères et des aires de pique-nique ont été aménagés.

Ouverte à l'année, la ***Ferme-5-Étoiles*** (☎ *236-4833 ou 1 877 236-4551, ferme5etoiles@ihcn.qc.ca ; 465 route 172 Nord*) peut être une étape idéale pour séjourner seul ou en famille. Véritable ferme avec poules, lapins, chevreuils et chevaux, elle compte même un loup. Outre une piscine, une multitude d'activités sont proposées : kayak de mer, pêche, Quad, promenade à cheval, à la belle saison, ski de fond, motoneige, traîneau à chiens en hiver. La chambre dans la maison principale coûte 45 $ (petit déjeuner compris), un lit dans un dortoir revient à 16 $ par personne et la location d'un chalet entre 64 et 120 $ (selon le nombre de personnes). Une nuit sous un tipi ou sous un igloo l'hiver revient à 8 $ par personne. On notera que deux chalets donnent directement sur la rivière Saguenay. Vous pouvez planter votre tente (6 $ par personne, 4 $ par enfant). Certains chalets sont accessibles aux handicapés. En hiver et au printemps, sa cabane à sucre est réputée.

BERGERONNES

Bergeronnes est, avec Tadoussac (à une vingtaine de kilomètres au sud), l'une des principales aires d'observation des baleines. Étant située en bordure de la fosse marine du Saint-Laurent, nul besoin de sortir en mer pour les apercevoir. L'observation terrestre demande seulement de la patience. A cet effet, le Cap-de-Bon-Désir représente un endroit de rêve à ne pas manquer.

Bergeronnes peut constituer une bonne alternative pour ceux qui veulent échapper à l'agitation estivale de Tadoussac.

Le bureau touristique (☎ 232-6595 ou 232-6326 – hors saison), 505 rue du Boisé, est un bureau saisonnier.

A voir

Le **Centre d'interprétation et d'observation de Cap-de-Bon-Désir** (☎ 232-6751 en saison, sinon 232-6326), 166 route 138, représente de par son environnement un endroit d'exception auquel on peut consacrer au moins une demi-journée. Sur place, un guide naturaliste répond à toutes vos questions. Les animations proposées sont par ailleurs passionnantes. Ne ratez pas "Neptune", une activité conçue pour les enfants mais aussi pour les adultes décrivant, exemples à l'appui, les richesses du Saint-Laurent.

Ouvert tous les jours de 8h à 20h de la mi-juin à début septembre, le centre ferme ses portes à la mi-octobre. Entre septembre et la date de sa fermeture, les horaires sont 9h-17h. L'entrée est de 4 $ (7,50 $ par famille). Sur place, vous pouvez louer des jumelles.

Depuis 1980, Bergeronnes est également un haut lieu archéologique. Des vestiges remontant à 3 500 ans avant J.-C. ont été découverts entre Tadoussac et Betsiamites. Ils sont exposés au **Centre d'interprétation Archéo-Topo** (☎ 232-6286), 498 rue de la Mer. Des visites de sites et des activités (notamment pour les enfants) sont également organisées. Le centre est ouvert tous les jours de 9h à 17h de la fin mai à la mi-octobre. L'entrée coûte 5 $ (3 $ pour les étudiants, 2 $ pour les enfants).

Activités

Deux compagnies proposent des sorties en mer. Les départs se font à partir du quai de la Marina. Les Croisières Essipit (☎ 232-6778 ou 233-2509) organisent à partir de la troisième semaine de mai jusqu'à la mi-octobre, de trois à six excursions en bateau et en pneumatique par jour. Le prix est de 26,95 $ (hors taxes ; 13,91 $ pour les moins de 12 ans). Les billets sont à retirer dans le bâtiment du Centre d'interprétation Archéo-Topo.

Les Croisières Neptune (☎ 232-6716), 507 rue du Boisé, sont également spécialisées dans les sorties en pneumatique (4 fois par jour entre juin et mi-octobre). Les tarifs s'élèvent à 30 $ (20 $ pour les moins de 12 ans). Le bureau est accessible depuis la route 138.

Bergeronnes est par ailleurs connue en matière de plongée sous-marine. Le Paradis Marin (☎ 232-6237), 174A route 138, loue du matériel et organise des sorties.

Installé dans le village, Mer et Monde (☎ 232-6779, www.mer-et-monde.qc.ca, mer-et-monde@ihcn.qc.ca), 53 rue Principale, est réputé pour ses différentes sorties en kayak de mer que ce soit sur le Saint-Laurent ou sur la rivière Saguenay. Alain Dumain, biologiste et guide professionnel, propose différents forfaits allant de la demi-journée (23 $ par personne) à cinq jours (672 $).

Où se loger et se restaurer

La plupart des hébergements ferment entre novembre et la mi-mai. L'***Auberge La Bergeronnette*** (☎ *232-6642 ; 65 rue Principale*) fait office de restaurant et d'hôtel. Sa table a bonne réputation. Le choix au menu contentera, midi et soir, tous les appétits et les goûts. La table d'hôte s'affiche entre 12 et 20 $. La simple/double, très convenable, est à 45/60 $. Sur le même trottoir, à quelques mètres, le ***Gîte et Café Mer et Monde*** (☎ *232-6779, mer-et-monde@ihcn.qc.ca*) offre la chaleur d'une maison où convivialité et musique font partie de l'art de vivre de ses propriétaires. La simple/double revient à 30/45 $ (taxes incluses).

Toujours en centre-ville, l'***Auberge La Rosepierre*** (☎ *232-6543 ou 1 888 264-6543, Rosepierre@mail.fjord-best.com*) est une belle maison offrant un confort bourgeois. Les chambres ne font pas exception. La simple/double est à 65/75 $ en haute saison et à 55/65 $ en basse saison (petit déjeuner inclus). L'auberge fait partie également des bonnes tables.

Au n°411 rue de la Mer, la ***Nuit étoilée*** (☎ *232-6260*) loue deux chambres à l'intérieur de la maison et un chalet avec vue sur la mer. La chambre revient à 60 $.

Il est possible de déjeuner ou de prendre une collation au café du Centre d'interprétation Archéo-Topo. La terrasse offre un beau point de vue sur le fleuve, surtout à marée basse. Par ailleurs sur la route 138 traversant le village, le casse-croûte ***Chez Lyne*** est un lieu simple et agréable. La cuisine familiale est sans prétention et les prix, raisonnables (table d'hôte à 9 $).

Camping. Ouvert du 1er juin à la mi-septembre, le ***Camping du Parc-du-Bon-Désir*** (☎ *232-6297 ou 232-6326* en dehors de la haute saison), 160 route 138, est accroché à flanc de colline. Il compte une centaine d'emplacements dont 26 avec accès à des toilettes, des douches et des machines à laver. Plusieurs sentiers partent du camping et permettent d'observer les baleines. Le prix des emplacements varie entre 15 et 18 $ selon le confort.

CÔTE NORD

Comment s'y rendre

De Tadoussac, suivre la route 138 en direction de Baie-Comeau.

Les bus Intercar, qui relient deux fois par jour Québec à Tadoussac, assurent ensuite la liaison avec Bergeronnes, à seulement quinze minutes de Tadoussac avant de continuer sur Baie-Comeau. Le terminus est logé chez le Dépanneur des Berges (☎ 232-6330).

LES ESCOUMINS

A 41 km de Tadoussac, Les Escoumins forment un très beau petit village. Le site de la **Pointe à la Croix** constitue une remarquable balade. Dans ses écrits, Champlain raconte qu'à cet endroit les baleiniers faisaient fondre la graisse des cétacés. Le village abrite le centre de contrôle du trafic maritime sur le Saint-Laurent.

Attenant au village, la **réserve d'Essipit** (la rivière aux coquillages) regroupe 200 Montagnais. Elle est située à côté du quai du traversier dont les bateaux assurent la liaison avec Trois-Pistoles.

Activités

Les Escoumins sont reconnus au Canada pour être un haut lieu de plongée sous-marine.

Construit face au Saint-Laurent, juste en contrebas, le Centre des loisirs marins (☎ 233-2860), 41 rue des Pilotes, abrite ainsi un centre de plongée très fréquenté. Il loue du matériel. Comptez 55 $ pour l'équipement complet (vêtement sec ou combinaison) et 30 $ par jour additionnel. Une plongée avec un guide revient à 20 $. Le centre n'organise aucun baptême. Il ouvre d'avril à octobre : tous les jours de 8h à 17h (fermeture à 18h, le week-end). Pour le reste de l'année, il faut téléphoner.

Dans le même bâtiment, des salles d'exposition sont consacrées à la plongée et à la vie sous-marine du Saint-Laurent. Un film sur le sujet est diffusé plusieurs fois par jour. A l'extérieur, des aires d'observation – des baleines notamment – ont été aménagées.

Juste à côté de l'accueil, Les pionniers des Baleines (☎ 233-3274 ou 233-2727), propose de la mi-mai à la mi-octobre, deux à trois sorties en mer en pneumatique. Le prix varie en fonction du temps passé à l'observation des cétacés. Pour 2 heures 30, comptez 27 $ (18 $ pour les enfants de moins de 12 ans). Une sortie de 5 heures revient à 50 $ (40 $ pour les enfants).

L'impact mortel

L'île René-Levasseur forme un gigantesque cratère de 65 km de diamètre, né de la chute d'une météorite sur cette partie du Bouclier canadien il y a plus de 210 millions d'années. Selon des scientifiques, cet impact aurait causé la disparition d'environ 75% de la faune et de la flore terrestres. L'île est riche en minerais, notamment en nickel. Au centre du cratère, le mont Babel possède un gisement de pierres semi-précieuses.

Où se loger et se restaurer

Ouverte d'avril à octobre, l'***Auberge de la plongée de les Escoumins*** (*☎ 233-3289 ou 1 800 375-3465, Auberge@milkeballfjord-best.com, www.fjordbest.com/auberge ; 118 rue Saint-Marcellin*) est le rendez-vous des plongeurs. Des espaces (pour entreposer leur équipement) leurs sont d'ailleurs réservés. L'Auberge ne dispose que de dortoirs. Un lit coûte 16 $ (20 $ avec le petit déjeuner). Elle propose aussi différents forfaits comprenant : la pension complète, le gonflage des bouteilles à volonté et l'accès aux sites de plongée. Le forfait journalier est à 49,95 $ (41,95 $ pour les non-plongeurs).

Les gîtes représentent une bonne alternative pour les petits budgets. Disposant d'une vue sur la baie et les montagnes, le ***Gîte de la Côte*** (*☎ 233-2052 ; 3 rue des Oblats*) est d'un bon rapport qualité/prix. La simple/double revient à 35/48 $. Au 267 route 138, l'***Auberge de la Baie*** (*☎ 233-2010*) est un gîte offrant aussi le couvert. Comptez entre 15 et 17 $ le repas. Toutes les chambres disposent d'une s.d.b. Leur prix varie de 50 à 60 $.

Dominant la baie, au-dessus de la route 138, le ***Manoir Bellevue*** (*☎ 233-3325*

CÔTE NORD

ou 1 888 233-3325 ; 27 rue de l'Église) affiche une certaine classe. Les doubles sont louées à partir de 45 $ (s.d.b. commune), 40 $ si vous êtes seul. Avec s.d.b., le prix se monte à 65 $. Il fait office également de restaurant. Sa table est exceptionnelle pour ses saveurs et son prix (à partir de 20 $).

La réserve d'Essipit propose une vaste gamme d'hébergements. Accessibles du 15 mai au 15 octobre, ***Les chalets de l'Anse à Jos*** (☎ *233-2202 ; 29 rue de la Réserve-Essipit*) regroupent ainsi de superbes chalets au toit rouge en bordure d'une anse. Ils sont loués à la journée (95 $ pour 4 personnes) ou à la semaine (480 $).

De juin à mi-octobre, le camping ***Le Tipi*** offre des emplacements tout confort à 19 $ ou à 14 $, sans services.

Installés aux abords du Centre des loisirs marins, ***Les chalets au bord de la mer*** (☎ *233-2213, ihcn.qc.ca/chalets*) possèdent également tout le confort voulu et une belle vue sur le fleuve. Mais le site est moins enchanteur. Comptez 100 $ par jour pour un chalet pouvant loger quatre personnes.

La pêcherie Manicouangan (☎ *238-2917 ; 152 rue Saint-Marcellin*), visible de la route 138, est une très bonne poissonnerie pour acheter des crabes et des crevettes décortiquées ou une salade marine.

Comment s'y rendre

En voiture, il suffit de suivre la route 138. La liaison Tadoussac-Les Escoumins *via* Grandes-Bergeronnes est assurée quotidiennement par les bus de la compagnie Intercar. Le terminus (☎ 233-2401) se tient 201A route 138.

De la mi-mai à la mi-octobre, la Compagnie de Navigation des Basques (☎ 851-4676) assure la liaison avec Trois-Pistoles, sur la rive sud du Saint-Laurent. Le traversier relie les deux villes, deux à trois fois par jour, selon le mois et le jour. La traversée dure 90 minutes et revient à 10,15 $, 9,15 $ pour les seniors et 6,75 $ pour les 5-11 ans. Le transport de la voiture sur l'autre rive coûte 26 $. Il faut arriver sur le quai 30 minutes avant le départ. Il est préférable de réserver.

SAULT-AU-MOUTON

Ce village abrite notamment l'***Auberge de la Rivière Sault-au-Mouton*** (☎ *231-2214 ou 1 877 231-2214, aubersam@globetrotter.net ; 333 rue Principale – route 138*). Cette ancienne auberge de jeunesse propose des chambres à 35 $ et des sorties en kayak de mer avec guide. Sa table d'hôte à 13 $ offre par ailleurs des plats régionaux de bonne qualité.

SAINTE-ANNE-DE-PORTNEUF

Traversé par la route 138, ce village s'agrémente d'une très jolie plage de sable et représente pour les ornithologues un site d'observation privilégié.

Il est aussi un autre point de départ d'excursion en bateau pour l'observation des cétacés. Les Croisières du Grand Héron (☎ 587-6006 ou 1 888 463-6006) installé au Club nautique, rue du Quai, propose, du 15 avril au 31 octobre, des sorties à la baleine bleue et des sorties de nuit à la découverte de la bioluminescence. Elle est la seule compagnie sur la Côte Nord à organiser ce type d'excursion. Le tarif est de 35 $ (17 $ pour les enfants).

FORESTVILLE

A 105 km de Tadoussac, elle n'est pas à première vue une ville très intéressante lorsqu'on l'aborde. Traversée par la route 138, elle cache pourtant de jolis points de vue sur le fleuve et abrite de belles maisons bourgeoises cachées derrière des bouleaux. La route menant au traversier réserve à cet égard d'agréables surprises.

Désormais, un traversier (☎ *725-2725*) assure, de fin avril à la mi-octobre, la liaison Rimouski-Forestville, deux à quatre fois par jour selon la période et le jour. La traversée dure 55 minutes : un temps record au regard des autres traversiers du Saint-Laurent. Le tarif s'élève à 30 $ pour une voiture, 4 $ pour un vélo, le tarif passager s'établissant à 13 $ pour un adulte, 8 $ pour un enfant de 6 à 11 ans et 11 $ pour les plus de 65 ans. En juillet et août, n'oubliez pas de réserver.

Le gîte ***Le domaine des invités*** (☎ *587-4814 ; 12 4e rue*) offre un cadre idéal pour une étape. Loin de la circulation, entouré de verdure avec, juste en contrebas, le fleuve, il propose de belles et vastes chambres avec s.d.b. pour 50 ou 60 $, mais aussi un grand terrain qui invite à se prélasser.

BETSIAMITES

Située à l'embouchure de la rivière Betsiamites et du Saint-Laurent, Betsiamites est la capitale de la nation montagnaise.

Installé à 5 km du village et accessible depuis la route 138, le ***Centre de villégiature de Papinachois*** (☎ *567-8863 ou 1 888 246-5834*) a ouvert ses portes en 1999 dans un cadre enchanteur. Né de la volonté des Montagnais de Bestiamites, il a été conçu de manière à sensibiliser les visiteurs à la culture et aux traditions innu. Des visites guidées sont organisées et des activités (randonnées et canoë), proposées. L'entrée coûte 6 $ (3 $ pour les seniors et les étudiants). Elle est gratuite pour les enfants de moins de 10 ans.

Construit en bordure de la rivière Papinachois et du fleuve Saint-Laurent, ce centre dispose par ailleurs d'une auberge, d'un restaurant et d'un vaste terrain accueillant des tentes. Vous pouvez aussi dormir sous des campements innu, grandes tentes blanches au sol recouvert en partie de branchage de sapin. La simple/double dans l'auberge revient entre 45/65 $ et 60/80 $. Les tentes innu (4 personnes) sont louées 20 $ la nuit. Des séjours sont également conçus à la demande.

Comment s'y rendre

Bus. La compagnie Intercar relie tous les jours Betsiamites à Tadoussac (deux heures de trajet).

PARC RÉGIONAL DE POINTE-AUX-OUTARDES

Situé à l'embouchure de la rivière aux Outardes et du Saint-Laurent, le parc régional de Pointe-aux-Outardes (☎ 567-4226) forme un territoire d'1 km² réputé pour être l'un des meilleurs postes d'observation des oiseaux de l'est du Canada. Plages de sable fin, dunes, pinèdes, tourbières et marais salins constituent le cadre de ce parc aménagé pour la randonnée, le camping sauvage et la baignade l'été, et le ski de fond l'hiver. Des aires de pique-nique ont par ailleurs été aménagées.

De juin à la mi-octobre, le centre d'accueil (ouvert durant cette période de 9h à 18h) organise des sorties accompagnées de guides naturalistes. L'entrée coûte 4 $ (1,50 $ par enfant et 3 $ pour les seniors et les étudiants).

A environ trois kilomètres du Parc, bien indiqué, ***Le Domaine du Balbuzard*** (☎ *567-2304 ; 364 rue Labrie*) est une superbe maison blanche bordée de bouleaux et d'un vaste terrain donnant sur le fleuve. Disposant d'une piscine et ouvert à l'année, ce gîte offre des chambres agréables à vivre. La simple/double varie entre 48/60 $ et 60/75 $, avec s.d.b.

BAIE-COMEAU

Baie-Comeau, capitale du Manicouagan, concentre à elle seule 76% de la population de cette région. Avec Sept-Îles située plus à l'est, elle représente l'un des principaux pôles économiques de la Côte Nord. Née en 1936 de la volonté d'un patron de presse américain, Robert McCormick (qui lui donna son nom en mémoire du trappeur naturaliste Napoléon-Alexandre Comeau), elle a gardé son aspect de ville industrielle et portuaire. Elle abrite notamment la papetière QUNO et les hauts-fourneaux d'aluminium de la Société canadienne de métaux Reynold's.

La ville en elle-même n'a guère de charme, à l'exception du **quartier historique Sainte-Amélie** où vous pourrez admirer l'Hôtel Le Manoir, autre bâtiment imposant après l'Hôtel Tadoussac.

Pour les voyageurs, Baie-Comeau reste principalement une ville carrefour qui permet de relier le Labrador et la rive sud du Saint-Laurent par traversier.

Dans la ville, la route 138 devient le boulevard Laflèche puis le boulevard Comeau.

Renseignements

Le Bureau d'information touristique (☎ 589-3610 ou 1 888 589-6497), 3501 boulevard

Blanche, vous accueille à l'année, du lundi au vendredi de 8h à 12h et de 13h à 17h. En été, il dispose d'un bureau saisonnier, 2630 boulevard Laflèche, ouvert tous les jours, sans interruption.

Une Caisse Populaire Desjardins se trouve 990 boulevard Laflèche. Sur le boulevard La Salle (qui prolonge à l'est le boulevard Laflèche), au n°267, se tient une autre agence Desjardins. La Banque Nationale du Canada est au n°383 et la Banque Royale au n°327.

A voir

Rester à Baie-Comeau suppose que l'on s'intéresse à son patrimoine industriel. La **Société canadienne de métaux Reynold's** organise des visites guidées gratuites de juin à septembre, du lundi au vendredi de 13h à 15h (☎ 296-7051). Les enfants de moins de 14 ans ne sont pas acceptés.

Le port de Baie-Comeau abrite le plus grand entrepôt à céréales du pays géré par la **Compagnie Cargill** (☎ 296-2233) qui ouvre gratuitement ses portes durant l'été.

La ville par ailleurs ne peut être dissociée des centrales hydroélectriques construites sur la rivière Manicouagan et dont la production d'énergie a incité nombre d'industriels à s'installer dans les environs. A l'entrée de Baie-Comeau se trouve **Manic 1**, construit en 1964, premier barrage d'une série de cinq réalisés par Hydro-Québec. L'entreprise dispose d'un centre d'information situé à l'embranchement de la route 389 (pour de plus amples informations, reportez-vous à la rubrique *Manic 5*, plus bas).

Où se loger et se restaurer

Installé dans une maison d'inspiration victorienne, le gîte ***Au Vieux Quartier*** (☎ *294-2614, vquartier@quebectel.com ; 57 rue Champlain*) est au cœur du joli quartier historique Sainte-Amélie, à quelques centaines de mètres du traversier pour Matane. Agréable et chaleureux, il est ouvert à l'année. La simple/double joliment aménagée est facturée 45/55 $, taxes comprises.

Juste en face, l'***Hôtel Le Manoir*** (☎ *296-3391 ou 1 800 463-8567 ; 8 avenue Cabot*) donne sur la baie. Avec sa grande bâtisse en pierre, il est un des très rares hôtels de luxe de la Côte Nord. Le premier prix pour une chambre débute à 85,50 $ (110 $ en juillet et en août).

La Cache d'Amélie (☎ *296-3722 ; 37 avenue Marquette*) est la table gastronomique de la ville, réputée pour le poisson. Comptez 20 $ au minimum. L'établissement est fermé le dimanche et le lundi.

Comment s'y rendre

Voiture. De Québec, prendre la route 138 ; de Chicoutimi, emprunter la route 172 Est puis la route 138.

Bus. La compagnie Intercar dessert Québec quotidiennement *via* Tadoussac. Le terminus (☎ 296-6921) est installé 212 boulevard Lasalle.

La société Laterrières assure un départ par jour de Chicoutimi.

Avion. L'aéroport de Baie-Comeau (☎ 589-8285) a été construit à 10 km au sud-ouest de la ville. Il est relié à Montréal et Québec par Inter Canadien, Air Alliance, Air Satellite et Air Montréal.

Bateau. Un traversier (☎ 562-2500 ou 1 877 562-6560, www.traversiers.gouv.qc.ca) assure une à deux navettes quotidiennes (sauf de janvier à mars, période durant laquelle aucun trajet n'est assuré le dimanche) avec Matane, sur la côte gaspésienne. Il est conseillé de réserver sa place de véhicule. En été, les fréquences sont au nombre de trois, sauf le lundi et le dimanche. La traversée dure 2 heures 20 et coûte 11,50 $ (8,05 $ pour les 5-11 ans et 10,35 $ pour les seniors). Le passage de la voiture revient à 27,50 $ (gratuit pour les bicyclettes). Le paiement se fait dans le bateau. A l'intérieur, le ferry dispose d'un bar et d'un snack. Le terminal du traversier est à 7 km environ à l'ouest du centre ville.

MANIC 5

Construit à 214 km au nord de Baie-Comeau, Manic 5 représente la plus puissante des centrales hydroélectriques de la Côte Nord. Le barrage Daniel-Johnson, qui la surplombe un kilomètre en amont, représente le plus grand barrage à voûtes multiples et à contreforts du monde. Il fait partie du gigantesque complexe Manic élevé sur la rivière aux Outardes. A lui seul, le réservoir, d'une superficie de 2 000 km^2, donne la mesure du site. Actuellement, 40% de l'énergie électrique du Québec transite par le Manicouagan.

Les installations de Manic 5 et Manic 2 sont accessibles tous les jours de la mi-juin à début septembre, à des heures très précises. Renseignez-vous auprès du Bureau touristique de Baie-Comeau sur les horaires de la visite qui, gratuite, dure environ 90 minutes.

Comment s'y rendre

Depuis Baie-Comeau, la route 389 permet de se rendre en trente minutes à Manic 2 construit à 22 km de la ville. Pour rejoindre Manic 5, comptez au moins trois heures.

FERMONT

A 565 km au nord-est de Baie-Comeau, Fermont est une ville minière située à la frontière entre la province du Québec et le Labrador. Labrador City n'est qu'à 20 km à l'est. L'exploitation minière du mont Wright (l'un des plus importants gisements de fer en Amérique du Nord) a conduit, en 1970, à la construction de la ville.

Fondée officiellement en 1974, elle présente une architecture urbaine d'inspiration suédoise, pensée pour le climat nordique. Une longue barre de 1,5 km de long et haute de cinq étages la ceinture et protège les logements, les boutiques et les services situés à l'arrière. Environ 3 860 personnes y vivent à l'année.

Fermont est une étape avant d'aborder le Labrador. La route continue vers Scherfferville, une autre ville minière de 1 150 habitants où se trouvent la réserve montagnaise de Matimekosh et la réserve naskapie de Kawawachikamach.

Où se loger et se restaurer

Vous n'aurez guère le choix. L'***Hôtel Fermont*** (*☎ 287-5451 ; 299 rue du Carrefour*) loue des chambres à partir de 81 $ et assure les trois repas.

Comment s'y rendre

Voiture. De Baie-Comeau, prendre la route 389, le seul axe sud-nord de la Côte Nord. Elle est asphaltée entre Baie-Comeau et Manic 5, et entre Gagnon et Fire-Lake ; le reste est en graviers. Certaines portions ne sont pas en très bon état. Comptez environ 8 heures pour parcourir les 565 km qui séparent les deux villes. Le trajet est jalonné de trois relais (restauration et essence). Le premier se situe au Km 98, le deuxième au Km 207 et le troisième au Km 320. Les deux derniers assurent l'hébergement.

Train. La liaison ferroviaire, qui part de Sept-Îles, passe par Labrador City et Schefferville. Elle est assurée par la compagnie ferroviaire Quebec, North Shore and Labrador (reportez-vous à la rubrique *Vers le Labrador et Terre-Neuve*).

FRANQUELIN

Cet ancien village forestier abrite un très intéressant Centre d'interprétation consacré exclusivement à l'exploitation forestière, activité phare de la région. ***Le village forestier d'antan*** (☎ 296-3203), 27 rue des Érables, est une reconstitution d'un village d'autrefois. Ses différents bâtiments en rondin racontent avec vieilles photos, objets et meubles à l'appui, ce qu'a représenté l'exploitation forestière pour les habitants de la Côte Nord.

Il dispose d'un restaurant ouvert midi et soir. Installé dans une ancienne cookerie, il propose une carte assez complète à base de spécialités régionales dont les prix, entre 8 et 15 $, sont raisonnables.

Le village forestier est ouvert tous les jours, du 15 mai au 30 septembre, de 9h à 17h. L'entrée coûte 5 $ (nombreuses réductions).

GODBOUT

A 50 km de Baie-Comeau, cet ancien poste de traite de fourrures de la Compagnie de la Baie d'Hudson possède la simplicité et la beauté naturelle des petits ports de pêche aux maisons dispersées et au quai toujours animé au petit matin. Il est un lieu réputé pour la pêche en haute mer et la pêche au saumon. La rivière Godbout est en effet l'une des plus poissonneuses du Québec avec la rivière Trinité qui coule non loin de là. En 1649, Nicolas Godbout, qui a donné son nom au village, fut l'un des grands saumoniers des marchés de Québec et de Montréal. La remontée des saumons commence généralement fin juin.

Godbout est, avec Baie-Comeau, l'autre localité de la Côte Nord qui permet de rejoindre Matane sur la rive sud du Saint-Laurent. Les départs sont quotidiens sauf entre janvier et mars, période durant laquelle aucune liaison n'est assurée le dimanche. En été, les fréquences sont au nombre de trois, excepté le lundi et le dimanche. Pour les tarifs (identiques à ceux de Baie-Comeau), consultez le paragraphe *Comment s'y rendre* dans la rubrique *Baie-Comeau*.

A voir

Ne manquez pas **La passe migratoire de la rivière Godbout** fréquentée en été par les pêcheurs. De juin à août, vous pourrez observer la remontée des saumons. Du pont suspendu, la vue sur la chute que les saumons essaient de franchir est spectaculaire. Pour vous y rendre, il faut vous arrêter à la ZEC de la rivière Godbout dont le bureau est installé en bordure de la route 138, juste en face de l'intersection menant au centre du village et au traversier. Là, un permis de circuler vous sera délivré pour 6,25 $. Le bureau délivre également un permis de pêche et propose les services d'un guide à la journée.

Le chemin Pascal-Comeau, qui longe le golfe du Saint-Laurent, est la rue principale du village. Au n°134, le **Musée amérindien et inuit** (☎ 568-7306) abrite une collection de sculptures inuit et amérindiennes. Il héberge aussi un centre de documentation sur les premières nations. Ouvert tous les jours de 10h à 19h, de juin à septembre, il est fermé le reste de l'année. Le tarif de base est de 2,50 $.

Où se loger et se restaurer

Le ***Restaurant du Passant*** (☎ *568-7785 ; 100 rue Monseigneur Labrie*) est une bonne adresse pour déguster poissons et crustacés, notamment le crabe des neiges. Comptez 39 $ pour une assiette de flétan, de pétoncles et de crevettes à partager à deux. De la terrasse vitrée, vous apercevrez peut-être une baleine.

Juste à côté, ouvert du 15 avril à début octobre, le gîte ***Aux Berges*** (☎ *568-7748 ; 180 chemin Pascal-Comeau*) donne sur le golfe. Chaleureuse, la demeure en bois peint en blanc a des allures de maison de vacances. Les propriétaires, Lucie et Éric, proposent une multitude d'activités allant de l'excursion en canoë à la pêche au saumon ou à la morue. La simple/double vaut 35/45 $. A proximité, des chalets en rondins, aménagés et confortables, sont loués 45/55 $ pour une/deux personnes. Bordés de bouleaux, ils constituent une solution idéale notamment pour les familles. Vous pouvez également disposer d'une maison pouvant accueillir 6 personnes. Comptez alors 100 $. Le soir, le repas où dominent poissons et crustacés, coûte 20 $. A ne pas manquer : la cuisine de Lucie, fine et légère.

Au 142, ***La Maison du Vieux Quai*** (☎ *568-7453*) est une vieille demeure pleine de charme ouverte à l'année. Les chambres sont spacieuses et chaleureuses. La simple/double revient à 40/50 $.

POINTE-DES-MONTS

C'est à la Pointe-des-Monts que le fleuve devient le golfe du Saint-Laurent. Sur cette bande de terre minérale, entourée d'anses profondes, se dresse l'un des plus vieux phares du Saint-Laurent. Il est accessible par la route 138. Construit en 1830, il a été transformé en un passionnant **musée** (☎ 939-2332 en été ou 589-8408 en dehors de cette saison). Haut de 28 m, il compte sept étages aménagés. Il raconte la fabuleuse histoire de ses gardiens, retirés du monde, et l'épopée des naufragés qu'il abrita.

Le musée est ouvert tous les jours de 9h à 19h, de juin à mi-septembre. Le reste de l'année, il est fermé. L'entrée coûte 2,50 $.

Des excursions en mer sont par ailleurs proposées à partir du site. L'excursion seule est à 20 $ par personne (10 $ pour les moins de douze ans). L'observation des épaves avec périscope se monte à 50 $ et, pour la pêche en mer, comptez le même prix. Sur place, vous pouvez louer des bicyclettes pour 18 $ la journée.

Vous pouvez également louer les services d'un guide plongeur. Palme-O-Nord (☎ 939-2101 en été ou 296-8279) propose différents forfaits allant de 45 à 65 $ par jour et par personne. Pour un forfait comprenant le logement dans les chalets construits à proximité du phare, les trois repas de la journée, le guide, le transport en bateau et deux plongées par jour, comptez entre 80 et 120 $ par personne.

Où se loger et se restaurer

La maison du gardien, construite au début du siècle, a été transformée en gîte-restaurant, le ***Gîte du Phare du Mont*** (*☎ 939-2332*). Plusieurs formules de prix existent. Le forfait incluant le petit déjeuner, le dîner et une excursion en mer pour observer baleines et phoques revient à 119 $ pour deux. La chambre seule dans la maison du gardien est facturée 48 $. Des chalets avec un coin cuisine ont également été aménagés le long du rivage. Le prix de location varie entre 61 et 72 $ pour deux.

Le restaurant, ouvert du 24 juin à la mi-septembre, propose midi et soir, différents menus très copieux. Du blanc de morue au loup marin, comptez 20 à 25 $.

BAIE-TRINITÉ

Découverte en 1536 par Jacques Cartier, Baie-Trinité (à 83 km de Baie-Comeau) offre de superbes paysages côtiers. En mai et en juin, le capelan, petit poisson argenté, légèrement plus petit qu'un éperlan, vient se reproduire sur les plages, par bancs entiers. Ces ébats se terminent souvent dans les filets des pêcheurs.

A une heure de route et longue de 15 km de long, la Pointe-aux-Anglais possède l'une des plus belles plages de sable fin de la Côte Nord.

Pour un pique-nique, allez à la poissonnerie installée en bordure de la route 138, à la sortie du village en se dirigeant vers Sept-Îles. Crevettes et crabes des neiges décortiqués sont un régal. Au cœur de Baie-Trinité, toujours en bordure de la route 138, vous trouverez un dépanneur.

SEPT-ÎLES

Malgré son isolement, à 428 km de Tadoussac, Sept-Îles possède le plus grand port du Québec et représente, en tonnage, le deuxième port du Canada. Dernière localité d'une certaine importance sur la Côte Nord, cette ville industrielle est construite au bord d'une baie circulaire de 45 km^2, protégée par un rempart de 7 îles qui lui a donné son nom.

Le long du parc en bord de mer, une promenade longe le rivage. Rioux vélo plein air, 391 avenue Gamache, loue des bicyclettes, des canoës et des kayaks.

De Sept-Îles, vous pouvez relier le Labrador par le train *via* la ville minière de Schefferville (reportez-vous, plus bas, à la rubrique *Vers le Labrador et Terre-Neuve*).

Le boulevard Laure est la route principale (route 138). De chaque côté, en centre-ville, galeries marchandes et banques se succèdent.

Renseignements

A proximité de la promenade, la Maison du tourisme (☎ 962-1238, www.vitrine.net/ctsi/index, html/ctsi@globetrotter.net), 1401 boulevard Laure Ouest, est ouverte du lundi au vendredi de 8h30 à 17h. De la dernière semaine de juin à la fin août, le bureau accueille le public tous les jours. Il ferme à 21h.

A voir

Musée Shaputuan. Ce musée (☎ 962-4000, shaputuan@bbsi.net) raconte la vie quotidienne d'une famille montagnaise à travers les quatre saisons et ses pérégrinations sur le territoire en fonction de la chasse et de la pêche ; à chaque saison, ses panneaux, ses gravures, sa bande sonore et ses objets. Installée dans une grande pièce circulaire rappelant le Shaputuan (nom donné à la grande tente servant au rassemblement), l'exposition a pour objet de sensibiliser les visiteurs à la culture innu, mais aussi de rassembler toute la communauté montagnaise. Une partie de la salle accueille également des expositions temporaires, le plus souvent de qualité.

Le musée est ouvert tous les jours, du 21 juin à début octobre, de 9h à 17h. Le reste de l'année, les horaires restent identiques en semaine mais passent à 13h-17h le week-end. Le tarif s'élève à 3 $ (nombreuses réductions).

Le Vieux Poste. Situé boulevard des Montagnais, ce Centre d'interprétation de la culture montagnaise (☎ 968-2070) reconstitue merveilleusement un poste de traite du temps de la Compagnie de la Baie d'Hudson. Sa visite peut être un prolongement de celle que vous aurez faites d'abord au musée Shaputuan. Des pièces d'artisanat traditionnel montagnais sont vendues à la boutique. Il est ouvert tous les jours de 9h à 17h de la dernière semaine de juin à la mi-août (fermé en dehors de cette période). L'entrée coûte 3,25 $ (nombreuses réductions possibles).

Musée régional de la Côte Nord. Installé 500 boulevard Laure, ce bâtiment (☎ 968-2070, www.bbsi.net/mrcn) fait office de musée d'Art et de Traditions populaires, mais aussi de centre d'expositions temporaires. Consacré à l'histoire socio-économique, il constitue une bonne étape avant de prolonger votre voyage en Basse-Côte-Nord. Des audio-guides gratuits sont disponibles à la réception. Des visites guidées sont également organisées. Le musée est ouvert tous les jours de 9h à 17h du 21 juin au 6 septembre. Le reste de l'année, il est accessible de 13h à 17h (il est fermé le week-end). L'entrée revient à 3,25 $ (nombreuses réductions).

Parc régional de l'Archipel des Sept-Îles. De Sept-Îles, vous pouvez rejoindre facilement l'île de **La Grande Basque**, qui fait partie de l'Archipel. De juin à la mi-septembre, cinq à six navettes fonctionnent depuis Sept-Îles, entre 9h et 18h. La traversée dure 20 minutes et coûte 14 $ (8 $ pour les moins de 13 ans). Les départs se font depuis le Parc du Vieux Quai. Sur l'île bordée de plages, des sentiers de randonnée ont été aménagés. Il est également possible de camper (7 $ par tente).

Des bateaux-taxis conduisent à d'autres îles, comme l'**île Corossol**, important refuge d'oiseaux migrateurs.

Où se loger

La ville compte une dizaine de motels, chers par rapport aux services proposés. L'auberge de jeunesse, l'***Auberge Internationale Le Tangon*** (☎ *962-8180 ; 555 avenue Jacques-Cartier*) est installée dans une ancienne école rénovée. Ouverte toute l'année, c'est une maison où il fait bon vivre. Moins impersonnelle que les autres auberges de jeunesse du Québec, elle propose un lit dans un dortoir de 4 à 6 personnes pour 16 $ (2 $ en sus pour la literie et 18 $ pour les non-membres). Chaque dortoir est décoré différemment. La chambre individuelle se loue 26 $, toutes taxes comprises (28 $ pour les non-membres). Il est possible de camper (10 $ l'emplacement). Elle met également à votre disposition des vélos.

La ville dispose par ailleurs de trois gîtes de qualité. ***Le Gîte des Îles*** (☎ *962-6116 ; 50 rue Thibeault*) propose des chambres spacieuses et très confortables. L'accueil est chaleureux. La simple/double coûte 40/50 $. Tout aussi accueillant, le ***Gîte les Tournesols*** (☎ *968-1910*) séduit par son charme de vieille maison. La simple/double varie entre 40/55 $ et 45/60 $ selon la chambre. A l'écart de la ville et à quelques mètres de la plage, le ***Gîte des Belles-Isles*** (☎ *927-2965 ; 810 rue de la Rive*) abrite des simples/doubles à 40/50 $ et un beau jardin.

Où se restaurer

A l'intérieur du Musée Shaputuan, le restaurant ***Chez Jonathan*** (☎ *961-2207*), 290 boulevard des Montagnais, offre l'opportunité de découvrir la meilleure cuisine montagnaise de la Côte Nord. Goûtez, notamment,

CÔTE NORD

à l'émincé de caribou et à la morue. Comptez entre 20 et 30 $ pour un repas.

Le Bon Bistro (☎ *968-3777 ; 588 avenue Brochu*) est une des meilleures tables du Québec. Le soir, l'ambiance intime et chaleureuse est un régal, à l'instar de la cuisine fine. Les prix sont raisonnables (entre 20 et 30 $) eu égard les nombreuses récompenses attribuées à son chef.

Avec sa cuisine familiale et ses prix inférieurs à 20 $, le ***Café du Port*** (☎ *962-9311 ; 495 avenue Brochu*) est sans prétention mais tout aussi convivial.

Pour acheter des fruits de mer, allez à la ***Poissonnerie Fortier & Frères*** (☎ *962-9187 ; 1 rue Père-Divet*).

Comment s'y rendre

Voiture. De Baie-Comeau, à 229 km, suivre la route 138.

Bus. La compagnie Littoral assure deux liaisons quotidiennes avec Baie-Comeau. Le lendemain, le trajet se poursuit vers Havre-Saint-Pierre mais en empruntant un autre bus à Sept-Îles. Les horaires des deux compagnies ne coïncidant pas, vous devrez passer la nuit sur place.

La gare routière (☎ 962-2126) se situe 126 rue Monseigneur-Blanche.

Bateau. Relais Nordik Inc. (☎ 968 4707 ou 1 800 463 0680, rnl@email ;com) est l'unique compagnie maritime à assurer chaque semaine, entre avril et début janvier, une liaison passagers Rimouski-Sept-Îles. Le bateau dessert ensuite Port-Menier sur l'île d'Anticosti, Havre-Saint-Pierre, Baie-Johan-Beetz et Natashquan.

De là, il constitue le seul moyen de transport pour relier les autres villages de la Côte Nord : Kegaska, la Romaine, Harrington-Harbour, Tête-à-la-Baleine, La Tabatière, Saint-Augustin, Vieux-Fort et Blanc-Sablon. Il fait ensuite le parcours inverse et s'arrête à nouveau à chacun de ces ports, avant de faire route vers Rimouski.

Le trajet Rimouski-Blanc-Sablon dure quatre jours et coûte 180,52 $ (394,77 $ avec la couchette et les repas). Les voitures, les motocyclettes et les bicyclettes peuvent être embarquées.

Pour les jours et les horaires d'arrivée et de départ, il faut téléphoner à Sept-Îles au ☎ 562-2500.

RÉSERVE FAUNIQUE DE SEPT-ÎLES-PORT-CARTIER

Située au nord-ouest de Sept-Îles, la réserve faunique de Sept-Îles-Port-Cartier (☎ 766-2524 ou 1 800 665-6527) est réputée pour sa faune aquatique, riche en saumons et en truites mouchetées. On dit que 75% de ses lacs (plus de mille) n'ont jamais connu de pêcheurs.

Il est possible de louer des chalets équipés (notamment autour du lac Walker). Des aires de camping, au confort souvent sommaire, ont par ailleurs été aménagées, notamment pour la pratique du canoë-camping.

RIVIÈRE-AU-TONNERRE

Situé à 100 km à l'ouest de Havre-Saint-Pierre, ce petit village aux maisons dispersées se blottit dans un paysage de dunes et de hautes herbes.

Ouvert uniquement à la belle saison, le motel ***Place Jonathan*** (☎ *465-2217 ; 454 rue Jacques-Cartier*) est surtout réputé pour sa table, notamment ses fruits de mer.

A proximité, le café-resto ***La Grenouille et la Baleine*** (☎ *465-2121*) est un bon relais ouvert toute l'année. La carte est riche en hamburgers, sandwiches, poissons, viandes et crustacés. Les prix varient entre 8 et 20 $. La propriétaire loue des chambres pour 25 $.

LONGUE-POINTE-DE-MINGAN

Longue-Pointe-de-Mingan est une des portes d'entrée du parc national de l'Archipel-de-Mingan. Du fait de la présence du Centre de Recherche et d'Interprétation de la Minganie, ce village constitue une étape incontournable avant d'entamer la visite de l'archipel. Bordé de kilomètres de plages de sable et de petites dunes, il offre notamment une belle promenade le long du fleuve, au cours de laquelle, peut être, vous pourrez observer le dos d'un rorqual.

Sept-Îles est à 170 km et Havre-Saint-Pierre à 43 km.

A voir et à faire

Le Centre de Recherche et d'Interprétation de la Minganie ou **CRIM** (☎ 949-2126), 625 rue du Centre Longue-Pointe-de-Mingan, constitue un préalable avant toute sortie en mer ou prolongement du voyage vers Havre-Saint-Pierre, autre point de départ pour visiter l'Archipel. Centre d'accueil et d'information sur l'archipel, il fournit en effet tous les renseignements souhaités et délivre les permis de camping. Il prend aussi les réservations.

Le CRIM partage le même bâtiment que la **Station de Recherche des Îles Mingan** (☎ 949-2845, mics@globetrotter.net). Une cohabitation fructueuse puisque vous pouvez en ces lieux, à la fois satisfaire votre curiosité concernant l'archipel et celle touchant plus spécifiquement aux cétacés du Saint-Laurent. La Station de Recherche des Îles Mingan est en effet un regroupement de chercheurs spécialisés dans l'étude des cétacés, en particulier celle de la baleine bleue. Ne manquez pas la projection du film consacré aux baleines du fleuve et au travail mené par la station. A noter aussi, la causerie hebdomadaire sur les mammifères marins organisée de 20h à 21h.

Le centre est accessible tous les jours de la mi-juin à la mi-septembre, de 9h à 18h (fermeture à 21h les jours de causeries et entre 12h et 13h, à partir de la fin août). L'entrée de l'exposition coûte 4 $ (1 $ pour les 6-12 ans).

La station propose également, de la mi-juin à octobre, des excursions d'observation des baleines avec des biologistes. Les départs se font tôt le matin. La sortie en mer dure environ 6 heures, voire davantage en fonction des besoins des chercheurs. La réservation 24 heures à l'avance est obligatoire. Les enfants de moins de 12 ans ne sont pas admis. Il vous en coûtera 70 $. La station offre aussi des stages de recherche de 7 jours ou plus, ouverts à tous.

Sur place, vous ne rencontrerez aucune difficulté pour louer un canoë ou un kayak ou pour partir en croisière. Les gîtes et les boutiques du village vous aiguilleront.

La Randonnée des Îles (☎ 949-2307) propose trois fois par jour, du 15 mai au 31 octobre, un circuit en pneumatique dans l'archipel, avec pour thème la découverte des macareux moines et des phoques. Sont ainsi abordées les îles de la Maison, du Wreck, aux Perroquets et l'île Nue de Mingan. L'excursion dure 3 heures et revient à 60 $, taxes incluses. Emportez votre repas et prévoyez des vêtements chauds.

Où se loger

Les deux motels situés en ville, auxquels ont parvient par la route 138 ne présentent guère d'intérêt.

Construites à deux pas de la plage, les ***Maisonnettes des Îles*** (☎ *949-2302 ; 126 rue de la Mer*) sont un vrai bonheur. Louées entre 65 et 90 $, selon la taille et la capacité d'hébergement, elles possèdent tout le confort requis. La propriétaire, Danielle, vous proposera son pain maison et ses confitures. Elle organise également des excursions en mer, notamment pour l'Île au Perroquet où elle a vécu avec sa mère et son père, dernier gardien du phare.

Également accessible par la rue de la Mer, le gîte ***La Chicoutée*** (☎ *949-2434*), 3 rue du Centre Est, est une grande et vieille bâtisse cernée d'une belle véranda. Vous aurez à disposition des chambres confortables pour 40/55 $ la simple/double et la possibilité de louer des kayaks.

Installé à quelques mètres de la Maisonnette des Îles, le camping ***La Minganie*** (☎ *949-2320 ; 109 rue de la Mer*) est ouvert de juin à fin septembre. L'emplacement se monte à 12/17 $ en fonction des services proposés.

Où se restaurer

En dehors de la saison, vous n'aurez guère le choix. Le restaurant du ***Motel de la Minganie*** (qui fait également dépanneur et pompe à essence), ***Le Macareux*** et les deux casse-croûte du village ouverts dès la fin mai, constituent tout l'éventail.

Ouvert en saison, le restaurant de la poissonnerie ***Le Poséidon***, route 138, est l'endroit où déjeuner (il est fermé le soir). Poissons et crustacés dominent la carte. Comptez entre 12 et 20 $ pour un repas. La poissonnerie ouvre ses portes, tous les jours, d'avril à octobre. C'est le lieu idéal pour composer son pique-nique (en avril, mai, juin, septembre et octobre, elle ferme entre 12 et 15h).

HAVRE-SAINT-PIERRE

Fondée en 1857 par des pêcheurs des îles de la Madeleine, la ville de Havre-Saint-Pierre s'est depuis fortement industrialisée.

Elle constitue l'autre point de départ pour visiter la réserve du parc national de l'Archipel-de-Mingan. Installé à la Marina, le **Kiosque d'accueil du parc national de l'Archipel-de-Mingan** (☎ 538-3285 ou 538-3331 (hors saison) ou 1 800 463-6769, archipel_de_mingan@pch.gc.ca, http://parcscanada.risq.qc.ca/archipel_de_mingan), 1010 Promenade des Anciens, fournit tous les renseignements voulus et délivre le permis pour camper. En activité de la mi-juin à la mi-septembre, de 8h30 à 20h30 (fermeture à 17h en juin et septembre), il vous conseillera par ailleurs pour les excursions.

Juste à côté, vous trouverez alignées les unes à côté des autres, les différentes compagnies assurant des excursions dans les îles de l'Archipel-de-Mingan. A chacune son territoire. De manière générale, les excursions durent au minimum trois heures, et certaines font des escales. Les arrêts dans les îles Quarry et Fantôme sont fréquents. Les bateaux sont en général de taille moyenne – entre 12 et 39 passagers (pour plus de détail se reporter à la partie consacrée à l'archipel). La plongée sous-marine est également au programme de différentes compagnies.

Installé dans l'ancienne boutique de la Compagnie de la Baie d'Hudson, au 975 rue de l'Escale, le **Centre d'accueil et d'interprétation de Havre-Saint-Pierre** (☎ 538-5264) est le pendant de celui existant à Longue-Pointe-Mingan. Il informe, accueille et propose, lui aussi, une exposition, des projections de films et des causeries en soirée. Il est ouvert de la mi-juin à la fin août, de 10h à 17h. Il abrite également un **bureau touristique** (☎ 538-2512).

Où se loger et où se restaurer

Dans la rue Boréal se concentrent hôtels, motels et gîtes. Au n°1264, le ***Gîte 4 saisons*** (☎ *538-1329*) est d'un bon rapport qualité/prix avec des chambres à 48/52 $. Central, il est à deux pas du quai. Au n°1288, l'***Auberge Boréale*** (☎ *538-2160*) est une belle et vaste maison bleue à l'atmosphère décontractée ; le prix des chambres varie entre 35 et 45 $.

Le ***Motel de l'Archipel*** (☎ *538-3900 ; 805 boulevard de l'Escale*) est correct mais n'a vraiment aucune âme (75 $ la chambre).

Le ***Camping municipal*** (☎ *538-2415 ; rue Boréal Est*) dispose du confort nécessaire pour rendre le séjour agréable. Il est accessible de la mi-juin à début septembre. Le prix de l'emplacement va de 17 $ à 23 $.

Le ***Restaurant Chez Julie*** (☎ *538-3070 ; 1023 rue Dulcinée*) est un grand classique dans la région. Dans un décor années 60, fruits de mer et cuisine québécoise se côtoient dans une ambiance décontractée.

Comment s'y rendre

Voiture. La route 138 relie Québec à Havre-Saint-Pierre *via* Tadoussac et Baie-Comeau.

Bus. La compagnie Littoral (☎ 538-2773) relie quotidiennement Baie-Comeau à Havre-Saint-Pierre.

Avion. Inter Canadien effectue tous les jours un vol entre Québec et Sept-Îles. Son partenaire, Régionair (☎ 1 800 363-7530) assure ensuite la liaison jusqu'à Blanc-Sablon en faisant une escale à Havre-Saint-Pierre. Comptez, en temps normal, au moins 500 $ depuis Québec. Cependant, vous pouvez aussi bénéficier de tarifs promotionnels à 180 $.

Bateau. Reportez-vous au paragraphe *Comment s'y rendre* de la rubrique *Sept-Îles*.

ARCHIPEL DES ÎLES DE MINGAN

Tour à tour terre de landes, de forêts, de falaises et de roches, ce chapelet d'îles

Les Montagnais

La nation montagnaise compte environ 12 500 personnes appelées Innuat (Innu au singulier). Installée essentiellement sur la Côte Nord, elle compte également une communauté importante au bord du Lac Saint-Jean (Mashteuiatsh) et au Labrador.

Chaque village possède son identité socio-économique. Si les populations de la Romaine et de Pakuashipi sur la Basse-Côte Nord vivent surtout de pêche et de chasse, celles de Uashat-Maliotenam, près de Sept-Îles, disposent aujourd'hui d'un centre commercial, "Les Galeries Montagnaises". Les communautés de La Romaine, Natashquan, Mingan et Les Escoumins sont, pour leur part, à la tête de pourvoiries florissantes. La pêche au saumon constitue en effet un important revenu mais aussi une source de rivalités avec les non-Indiens, les permis à la journée pouvant atteindre 4 000 $.

Résolue à défendre ses droits, la communauté montagnaise entend plus que jamais asseoir son développement sur des fondements économiques solides pour mieux contrôler son destin. C'est ainsi que la communauté montagnaise a obtenu, il y a quelques années, la cogestion de l'archipel de Mingan avec le Service canadien des Parcs.

Certes, les négociations relatives à la reconnaissance de ses droits territoriaux et de son autonomie politique n'ont guère évolué avec les gouvernements du Québec et du Canada ; cependant, la nation montagnaise s'attache désormais à renforcer sont autonomie socio-économique afin de donner de nouvelles perspectives aux jeunes générations.

(43 au total) et d'îlots (900 environ) s'étire de part et d'autre de Havre-Saint-Pierre sur près de 175 km dans le golfe du Saint-Laurent, de Longue-Pointe à Aguanish.

De par son statut de réserve de parc national obtenu en 1984, l'archipel est une zone protégée où poussent plantes arctiques et alpines, mousses et lichens. Il englobe 75 plantes jugées rares, et sert de refuge à près de 200 espèces d'oiseaux dont les petits pingouins et le macareux moine, surnommé le perroquet des mers, très nombreux notamment sur les îles du Sanctuaire, de la Maison et sur l'île à Calculot. En bordure ou au large, vous pourrez également observer des petits rorquals, des rorquals bleus, des baleines à bosse et des phoques gris et du Groenland.

L'archipel compte également la plus grande concentration de monolithes au Canada, gigantesques sculptures de calcaire aux formes diverses (queue de baleine, visage, botte...). Les îles de la Fausse-Passe et de Niapiskau abritent certainement les plus beaux exemplaires de l'archipel. Sur l'île Quarry, des sentiers de randonnées ont été aménagés. Sur l'île aux Marteaux, un chemin, spécialement ménagé, permet aux handicapés de goûter aux plaisirs de la randonnée.

L'origine du terme Mingan proviendrait soit du mot breton Men gwen ("pierre blanche"), soit du nom Mahingan ("loup"), soit encore du nom basque Mingain signifiant "langage".

Deux postes d'accueil assurent l'entrée dans la réserve du parc. Le premier se situe à Havre-Saint-Pierre (☎ 538-3285 ou 538-3331 hors saison), 975 rue de l'Escale ; le second est à Longue-Pointe-de-Mingan (☎ 949-2126, en été seulement), 30 rue du Bord-de-Mer. Ils disposent des horaires des marées et vendent des cartes marines de la région.

Pour avoir les différentes coordonnées du parc national de l'Archipel-de-Mingan, reportez-vous, plus haut, à la rubrique consacrée à *Havre-Saint-Pierre*.

Des droits d'entrée sur les îles sont demandés. Ce sont les bateliers qui en assurent la perception, sauf pour les campeurs qui doivent les payer au kiosque du parc (soit à celui de Longue-Pointe-Mingan, soit à celui de Havre-Saint-Pierre). Les adultes

CÔTE NORD

paient 2,50 $; les seniors (2 $) ; les jeunes de 6 à 16 ans (1,25 $) et les familles (2 $).

Où se loger

Le camping est autorisé sur les îles du Havre, Niapiskau, Quarry, Nue, Grande-Île et Chasse, de la dernière semaine de juin à début septembre. Seul celui de Quarry est ouvert jusqu'à fin septembre. Un permis est délivré au poste d'accueil de Havre-Saint-Pierre ou de Longue-Pointe-de-Mingan.

Une nuit sur l'île Quarry revient à 9 $. Comptez 6 $ pour les autres.

Des bateaux-taxis les relient depuis Havre-Saint-Pierre. Le nombre total de sites ne dépasse pas la trentaine, aussi faut-il réserver à l'un des deux postes d'accueil, 7 jours maximum à l'avance. Tous les sites disposent de toilettes, de tables, de foyers de cuisson et d'abris pour le bois. Seules les tentes de certaines dimensions sont autorisées. Les déchets doivent être rapportés.

Comment s'y rendre

Des excursions en bateau ou en pneumatique d'une durée de deux à quatre heures sont organisées par différentes compagnies depuis Havre-Saint-Pierre et Longue-Pointe-de-Mingan. Elles ne se déroulent en général que de la mi-juin à la première semaine de septembre. A chaque compagnie son territoire, comme convenu avec les autorités du parc. Le kiosque d'information fournit en détail les différents types de services proposés. Demandez-lui conseils avant de prendre votre billet. Comptez en moyenne entre 33 et 42 $.

Le kayak est un autre moyen de découvrir les îles, mais les distances sont parfois trompeuses. Le brouillard tombe vite, les marées, les courants et les vents surprennent. Les locations s'effectuent à Longue-Pointe-de-Mingan ou à Havre-Saint-Pierre.

BAIE-JOHAN-BEETZ

Du nom du scientifique belge qui sauva la population d'une épidémie de grippe espagnol, Baie-Johan-Beetz est un joli petit village dispersé en bordure de fleuve. Il est construit dans un environnement qui annonce les paysages lumineux de la Basse-Côte-Nord.

De la route 138, la Maison Johan-Beetz (☎ 539-0157) apparaît comme une belle

L'ARCHIPEL DE MINGAN

demeure colorée. Construite à la demande de Johan Beetz, elle se visite de la mi-mai à la mi-octobre. Classée monument historique, elle a gardé son mobilier d'époque et raconte l'histoire de ce scientifique belge. L'entrée coûte 3 $.

L'***Auberge de la Baie*** (☎ *539-0184 ou 1 888 539-0184 ; 18 route 138*) est une belle maison à l'intérieur chaleureux et bien décoré. La simple/double varie entre 45/50 et 60 $ (chambre avec s.d.b.).

Un casse-croûte se trouve à l'entrée du village en venant de Havre-Saint-Pierre.

Comment s'y rendre

Situé à 80 km de Havre-Saint-Pierre, Baie-Johan-Beetz est traversé par la route 138. Les trois quarts de la route reliant les deux villes n'étaient pas encore goudronnés lors de notre passage.

AGUANISH

Situé à 57 km (dont 20 km non goudronnés) de Baie-Johan-Beetz, traversé par la route 138, Aguanish est un charmant petit village. Avec ses maisons blanches disséminées entre le Saint-Laurent l'Aguanus, une rivière turbulente fréquentée par les pêcheurs de saumon, il présente un paysage absolument superbe en fin de journée.

A ce titre, le balcon de l'***Auberge Aguanish*** (☎ *533-2366 ou 537-1414, safariml@microtec.net ; 11 rue de la Rivière*) embrasse un joli point de vue. Ouverte de juin à fin septembre, elle propose des chambres très correctes à partir de 65 $ (petit déjeuner inclus) ainsi que différents forfaits avec demi-pension ou pension complète pour les pêcheurs de saumon (elle peut fournir guide et embarcation). Elle organise par ailleurs des excursions de 45 minutes sur la rivière et propose différents forfaits pour la visite de l'île d'Anticosti.

NATASHQUAN

Village natal du poète-chansonnier Gilles Vigneault, Natashquan est reconnaissable à son église et aux maisons clairsemées peintes en blanc. La population est composée pour moitié de Montagnais. Les Vigneault et les Landru forment l'autre moitié. Les fondateurs de ce village étaient originaires de Havre-Aubert dans les Îles de la Madeleine où leurs familles s'étaient éta-

L'ARCHIPEL DE MINGAN

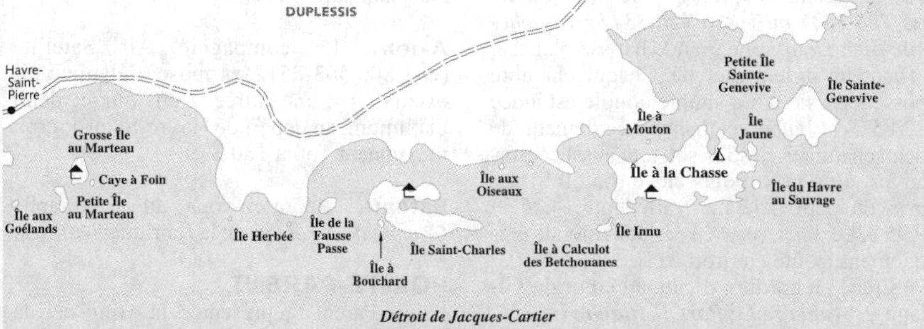

blies en 1797 pour échapper à la déportation acadienne.

Après avoir franchi de multiples ponts, la route 138 devient la rue du Pré. Sur place, vous pouvez louer des bicyclettes (15 $ la journée) et des canoës. Les promenades sont multiples et la rivière Natashquan compte parmi les grandes rivières à saumon de la région.

Le Bureau touristique (☎ 726-3756), 33 allée des Galets, est ouvert à l'année (tous les jours, en saison, de 8h30 à 20h).

Le village dispose d'un dépanneur et d'une Caisse populaire Desjardins, 76 chemin d'en Haut. Ouverte uniquement en semaine, elle ne dispose pas de guichet automatique. Cependant, le dépanneur peut vous fournir du liquide.

A voir

Les Galets forment un joli îlot de petits hangars blancs bordés de rouge. Regroupés sur une presqu'île et accessibles depuis l'allée des Galets, ils rappellent la vie des pêcheurs d'autrefois. Ils ne se visitent que l'été.

Installé dans l'ancien magasin du village, le **Centre d'interprétation Le Bord Du Cap** (☎ 589-4357), 32 chemin d'en Haut, retrace en images, avec des objets, la vie d'antan. Ouvert du 21 juin à la fin août, de 10h à 18h, il est payant (3,50 $) pour les adultes et gratuit pour les moins de 12 ans. Il organise des visites guidées au site Les Galets.

Où se loger et se restaurer

A l'extrémité est du village, en allant vert Pointe-Parent, l'***Auberge de la Cache*** (*☎ 726-3347 ou 1 888 726-3347 ; 183 chemin d'en Haut*), une grande bâtisse blanche, affiche un style recherché. Chaque chambre possède sa s.d.b. La simple/double est louée 72/85 $. L'auberge dispose également de deux chambres en sous-sol, tout aussi confortables, à un prix moins élevé (65/50 $). Le prix du petit déjeuner varie entre 4,25 et 9,95 $. Le dîner, servi en période estivale uniquement, coûte environ 22 $.

Située en bordure d'eau, au cœur du village, ***L'Auberge Le Port d'Attache*** (*☎ 726-3569*), 70 rue du Pré, représente l'endroit idéal où poser ses valises, surtout si vous demandez les chambres n° 1 et n° 2 donnant directement sur le fleuve. Elle est ouverte à l'année mais il est conseillé de réserver, même en début de saison. La simple/double revient à 50/65 $, petit déjeuner inclus. Pour le dîner, comptez 14,25 $.

De multiples gîtes jalonnent le centre-ville. Leurs chambres sont pour la plupart correctes et se louent entre 40 et 60 $. Le ***Gîte Paulette Landry*** (*☎ 726-3206 ; 78 rue du Pré*) est la meilleure adresse. Bon marché, les chambres disposent d'une bonne literie et coûtent 40/50 $ toutes taxes comprises. La location (50 $) d'un des deux petits chalets construits juste à proximité s'avère un bonheur et une bonne solution pour les familles. Demandez le plus petit, si vous êtes seul ou accompagné, pour son côté intimiste et sa vue de carte postale sur le fleuve.

Située juste en face, la ***Maison Chevarie*** (*☎ 726-3541 ; 77 rue du Pré*) est d'un bon rapport qualité/prix avec des chambres à 40/50 $ toutes taxes comprises.

John Le Débardeur (*☎ 726-3333 ; 9 rue du Pré*) est le seul restaurant du village ouvert à l'année. Salades, pizzas, poutines, pâtes, hamburgers sont au menu. Comptez pour un repas entre 8 et 20 $. Attenant, le bar n'est ouvert que le soir.

Comment s'y rendre

Voiture. La route 138 relie Québec à Natashquan *via* Tadoussac et Baie-Comeau.

Bus. Aucune compagnie de bus ne dessert Natashquan.

Avion. La compagnie Air Satellite (☎ 1 800 463-8512) propose, l'été, un vol-excursion d'une durée d'un jour et demi maximum, au départ de Havre-Saint-Pierre, moyennant 160 à 180 $.

Bateau. Reportez-vous au paragraphe *Comment s'y rendre* de la rubrique *Sept-Îles*.

POINTE-PARENT

Pointe-Parent représente la fin de la route 138. Longue pointe de sable s'enfonçant dans le fleuve, cette petite localité (située à 5 km de Natashaquan) se partage entre la réserve montagnaise et quelques maisons.

Sur la route 138, le camping ***Manteo Matokap*** (☎ *726-3244*) possède, entre la forêt et le bord de l'eau, des tentes blanches au sol recouvert en partie de branches de sapin. Une nuit revient à 20 $ la tente et à 5 $ par personne (2,50 $ pour les enfants de moins de 12 ans). Les sacs de couchage et les serviettes sont fournies. Ouvert de juin à septembre, il permet par ailleurs de s'initier à la culture montagnaise. Sur place, toutes les informations souhaitées sur la cuisine, la pêche, la chasse et les coutumes vous seront données. Les trois repas de la journée sont également proposés. Pour un repas montagnais, comptez 15 $.

L'île d'Anticosti

Entre la Côte Nord et la Gaspésie, l'île d'Anticosti est située au cœur de l'estuaire du golfe du Saint-Laurent. Elle représente un territoire gigantesque (17 fois l'île de Montréal) et sa population ne dépasse pas les 350 habitants. Les paysages de cette île isolée se omposent de forêts, de falaises escarpées plongeant dans la mer, de canyons, de rivières à saumon et de chutes d'eau. Riche en faune (ours, cerf de Virginie...) et en flore, elle constitue l'une des plus belles aires de fossiles du monde.

Cette île du bout du monde est le domaine des pourvoiries, autrement dit des chasseurs et des pêcheurs, une riche clientèle venue par avion des États-Unis, du Canada, d'Europe et d'Asie. Cependant, depuis quelques années, elle est de plus en plus fréquentée par les amateurs d'ornithologie et de paléontologie. Quelques épaves échouées rappellent aussi l'époque où elle fut surnommée "le cimetière du Golfe".

Port-Menier est l'unique zone urbaine de l'île. La seule route, qui permet de faire la traversée d'ouest en est, totalise 276 km de long. Elle n'est pas toujours en bon état. Quitter Port-Menier suppose de prendre quelques précautions (essence, pneu, nourriture, trousse de première urgence). En dehors de ce village, il est possible de trouver un hébergement ou de camper dans certaines pourvoiries. Mais il est préférable de s'informer au préalable au bureau d'informations touristiques de Port-Menier.

Pour s'aventurer sur ces terres, il faut jouer un peu les Robinson Crusoë et se montrer très attentif aux chasseurs et aux camions des forestiers. L'île possède d'ailleurs un code d'éthique que chaque visiteur se doit de respecter, déconseillant ainsi "de se baigner dans les rivières à saumon par respect pour les pêcheurs et de circuler hors des routes principales en saison de chasse". Les chiens sont par ailleurs interdits.

HISTOIRE

La présence d'Amérindiens et d'Inuit sur l'île remonte à 3 500 ans. Lorsque le gouvernement de la Nouvelle-France concède le territoire à Louis Jolliet, en récompense de sa découverte du Mississippi, l'île est vierge de toute présence humaine, à l'exception de Montagnais chassant l'ours sur Nâtakwan et d'une poignée de familles de pêcheurs établis à l'ouest du territoire, qui hébergent les navigateurs basques. Elle le restera pratiquement jusqu'à son rachat en 1895 par le chocolatier français Henri Menier.

Celui-ci entreprend de créer le plus grand club privé du monde et de faire construire un manoir richement décoré à Baie Ellis. Les habitants hostiles à ses projets sont expulsés, les autres participent à la construction du village de Port-Menier. Henri Menier fait d'Anticosti un immense terrain de chasse, notamment au chevreuil (qu'il a introduit) et de pêche au saumon, ainsi qu'un territoire de villégiature où il reçoit de nombreux invités. A sa mort, en 1913, la propriété revient à son frère. En 1926, ce dernier vend Anticosti à un industriel de la pâte à papier. Les propriétaires se succèdent jusqu'en 1983, date du rachat de l'île par le gouvernement québécois.

ORIENTATION

Anticosti s'étend sur 276 km de long et 56 km dans sa plus grande largeur. Port-

Menier est situé dans la Baie Ellis, à l'ouest. Baie-Sainte-Catherine est le point ultime à l'ouest. La Falaise aux Goélands, la Baie au Cormoran et la Pointe Heath constituent l'extrémité est d'Anticosti.

ACTIVITÉS

Anticosti est un paradis pour la randonnée pédestre et le vélo tout terrain. Elle compte près de 10 000 km de sentiers et de chemins, dont la plupart longent des rivières à saumon et traversent des canyons parfois hauts de plus de 90 mètres, comme celui de **chute Vauréal**, à 146 km de Port-Menier, ou celui de la **rivière Observation**, distant de 130 km du village. La baignade est possible le long de ses côtes mais l'eau reste fraîche. Quant aux multiples cascades, notamment celles de rivière Observation et de Vauréal, elles se prêtent aux plaisirs de la baignade.

La **caverne de la rivière à la Patate** est réservée aux spéléologues. Son entrée permet d'accéder à l'un des plus longs couloirs souterrains du Canada. Le chemin de la caverne de la rivière à la Patate est accessible par la route principale de l'île. La Sépaq (☎ 535-0156 ou 1 800 463-0863) donne toutes les informations nécessaires pour la visite de la grotte.

Le kayak de mer est également pratiqué. Il constitue un bon moyen pour observer les colonies d'oiseaux et de phoques de l'île.

PORT-MENIER

Port-Menier est le seul village d'Anticosti. Il ne compte que 270 habitants. Avec ses maisons dispersées, il a des allures de bourg déserté.

Le **Centre d'interprétation paléontologique** (☎ 535-0111), 26 chemin de la Faune, expose une collection de fossiles et donne un aperçu géographique et géologique de l'île. Il est ouvert tous les jours de la mi-juin à la mi-octobre.

Du **château Menier**, détruit par un incendie en 1953, il ne reste qu'un site reconstitué.

La visite de l'**écomusée d'Anticosti** (☎ 535-0250) est une manière de s'imprégner de son histoire et de préparer son voyage à l'intérieur des terres. Il est ouvert de la fin juin à la fin août. L'entrée est gratuite.

Port-Menier constitue le seul endroit où s'informer (notamment en ce qui concerne les zones interdites, domaine exclusif des pourvoiries) et de s'approvisionner avant de partir. Il dispose d'une épicerie ouverte tous les jours (fermeture à 19h en semaine et à 17h le week-end). Dans le centre commercial Louis Olivier Gamache se trouvent le bureau de poste et une Caisse Populaire Desjardins (☎ 535-0116), ouverte en principe de juin à fin novembre.

A proximité de Port-Menier, **Baie-Sainte-Catherine** fut le premier village aménagé par Henri Menier. Il ne subsiste que quelques maisons, un four à chaux et les vestiges de deux cimetières. Son territoire, interdit à la chasse, regorge de cerfs de Virginie.

Renseignements

Le Bureau d'information touristique (☎ 535-0250), situé sur le chemin des Forestiers, est ouvert tous les jours de 8h30 à 17h en été (du lundi au vendredi de 8h30 à 12h et de 13h à 16h30, le reste de l'année).

L'Auberge Port-Menier (☎ 535-0122) propose deux types d'excursion. La première visite la partie ouest de l'île. Elle dure 3 heures et coûte 25 $. L'autre circuit a pour thème le cœur d'Anticosti et conduit sur les aires de fossiles, la rivière Pelletier et la chute Vauréal. Il revient à 55 $ par personne.

Port-Menier dispose d'une Caisse Populaire Desjardins. Elle est ouverte de juin à la fin novembre.

Où se loger et se restaurer

Les trois hôtels du village font également office de restaurant ou de brasserie. Donnant sur la mer, l'***Auberge Port-Menier*** (*☎ 535-0122 ; rue Menier*), récemment rénové, a été le premier hôtel de la ville. La simple revient à 102 $, dîner et petit déjeuner compris. La chambre en occupation double est à 71 $ par personne. La chambre seule est à 60 $.

L'***Auberge au Vieux-Menier*** (*☎ 535-0111 ; chemin de la Ferme*) est située aux abords du lac Saint-Georges. Les cinq chambres, confortables, sont très abordables, avec un premier prix à 35 $, toutes taxes comprises et petit déjeuner inclus (10 $ par personne supplémentaire). Elle dispose également d'un dortoir de six lits à 15 $ la nuit (20 $ avec le petit déjeuner).

Place de l'Île (☎ *535-0279 ; rue des Forestiers*) est une brasserie-hôtel dont le forfait pension complète coûte 86 $, toutes taxes comprises. La chambre seule est à 62 $.

Camping. Le ***Camping municipal*** fait face à la mer. Il possède des douches et des toilettes. Le site est à 11 $. Plus haut de gamme, en bordure du lac Saint-Georges, le ***Camping du Vieux-Menier*** loue l'emplacement 25 $.

Pourvoiries. Les autres hébergements dans l'île sont assurés par des pourvoiries. Trois d'entre elles proposent ainsi des forfaits transports et pension dans leur secteur respectif : la ***Pourvoirie du lac Geneviève*** (☎ *535-0294 ou 1 800 453-1777*), ***Safari Anticosti*** (☎ *786-5788 ou (514) 441-9560*) et ***Sépac Anticosti*** (☎ *535-0156 ou 1 800 463-0863*).

Comment s'y rendre

Bateau. La compagnie Relais Nordik Inc. (☎ 723-8787 ou 1 800 463-0680) relie Port-Menier à Sept-Îles une fois par semaine (généralement le mercredi) avant de repartir pour Havre-Saint-Pierre. Il ne repasse à Port-Menier que dans la nuit du dimanche au lundi (vers 2h30). Le voyage d'un véhicule à partir de Havre-Saint-Pierre revient à 188 $ (219 $ depuis Rimouski, le point de départ). Le billet passager se monte à 39,28 $. Le trajet depuis Havre-Saint-Pierre dure 5 heures 45. La liaison est assurée d'avril à début janvier.

Avion. L'île d'Anticosti est desservie *via* Sept-Îles ou Havre-Saint-Pierre par les vols en provenance de Montréal ou de Québec. Vous pouvez en effet envisager de vous rendre sur l'île depuis la Côte Nord. Le billet d'avion est moins cher et le temps de vol, très court (à peine 40 minutes). La compagnie Confortair (☎ 538-2999) relie ainsi l'île depuis Havre-Saint-Pierre et Sept-Îles, la compagnie Air Satellite (☎ 1 800 463-8512) assurant des départs depuis Havre-Saint-Pierre et Baie-Comeau. Les fréquences sont limitées à deux ou trois par semaine et les horaires varient d'un mois à l'autre. De Havre-Saint-Pierre, un aller simple revient à 78 $ taxes incluses.

De Gaspésie, vous ne pouvez relier Anticosti que de Gaspé. Les Ailes de Gaspé (☎ 368-1995) effectuent un aller-retour dans la journée pour 484 $.

Comment circuler

Les seules voitures que l'on peut louer sur l'île d'Anticosti sont des fourgonnettes de type pick-up ou des minibus, voire des camions. Comptez environ 100 $ par jour, essence comprise.

Location Pelletier (☎ 535-0204), rue des Meniers, et Tilden (☎ 535-0157) sont les deux seules agences de location.

Si vous disposez de votre propre véhicule, il est recommandé d'avoir deux pneus de rechange et deux bidons d'essence. Les camions chargés de bois seront souvent les seuls véhicules que vous croiserez. Faites attention et rangez-vous autant que possible. Les distances se mesurent davantage en temps passé qu'en kilomètres et la prudence est de rigueur, car il n'est pas rare de voir des cerfs de Virginie traverser la route.

VERS LE LABRADOR ET TERRE-NEUVE

Vaste péninsule canadienne au nord-est du Québec, le Labrador est accessible par la route 389 qui part de Baie-Comeau pour atteindre Goose Bay, sur la côte, *via* le barrage Manic 5, puis les villes minières de Fermont, Labrador City, Wabush et Churchill Fall. Ce parcours de 1 100 km s'effectue à travers un paysage de forêt boréale, de taïga et de toundra. La route est souvent en graviers, excepté sur les portions Baie-Comeau-Manic 5 (214 km) et Fire Lake-Mont Wright (65 km).

A partir de Goose Bay, un ferry relie le Labrador à Saint-John's, sur la pointe est de

Terre-Neuve. Pour les heures de traversée et l'hébergement sur place, il est préférable de se renseigner au département tourisme de Terre-Neuve (☎ 1 800 563-6353).

Chaque semaine, la compagnie Relais Nordik Inc. (☎ 723-8787 ou 1 800 463-0680) relie, depuis Rimouski, Sept-Îles, Port-Menier, Havre-Saint-Pierre et dix villages de la Côte Nord jusqu'à Blanc-Sablon, à 2 km du Labrador et du 54e parallèle. Le ferry circule d'avril à début janvier, en fonction de la glace.

De Blanc-Sablon, le ferry de la Northern Cruiser Ltd (☎ 461-2056) se rend, de mai à janvier, à Sainte-Barbe, à Terre-Neuve.

Vous pouvez également rejoindre en train Labrador City (8 heures) et Schefferville (12 heures) par la compagnie Quebec, North Shore and Labrador (QNS&L). Les fréquences et les horaires varient d'une saison à une autre (trois départs à 9h en été : les lundi, mardi et jeudi ; deux en hiver). Renseignez-vous auprès de la gare de Sept-Îles (☎ 968-7539 ou 968-7805).

Le Bas-Saint-Laurent et la Gaspésie

Le Bas-Saint-Laurent

Indicatif ☎ 418

Longue bande légèrement courbée, le Bas-Saint-Laurent n'est pas simplement une région de passage entre Québec et la péninsule gaspésienne. Les plaines qui le composent sont fertiles et les grands champs de tourbe constituent l'une des richesses de cette région, également tournée vers le Saint-Laurent, sa mer nourricière.

Les villages et les villes, avant d'être des lieux de villégiature, sont encore des ports de pêche et de transit pour nombre de navigateurs. Le charme est discret et les maisons blanches semblent immaculées.

Mais à la douceur qu'il affiche au premier abord, le Bas-Saint-Laurent oppose un paysage accidenté et tourmenté, pourvu d'anses profondes et de montagnes abruptes au joli reflet bleuté. Le vent se fait frais et l'eau du Saint-Laurent encore plus bleue. Passé Rivière-du-Loup, la côte devient plus vallonnée, accentue ses courbes, et les villages s'espacent. Entre Saint-Fabien et Bic, la campagne présente un relief encore plus marqué, éblouissant de beauté. Puis Rimouski s'annonce, ville phare et capitale d'une région qui ouvre progressivement la voie vers la Gaspésie.

A ne pas manquer

- Une partie de pêche à l'anguille à Kamouraska
- Les eiders à duvet et les pingouins des îles du Bas-Saint-Laurent
- Causapscal et ses rivières à saumon
- Les fossiles du parc de la Miguasha
- La ville micmac de Listuguj
- Le Musée acadien du Québec, à Bonaventure
- Les fous de Bassan sur l'île Bonaventure
- Le Rocher Percé, accessible à marée basse
- Les plages de sable de Coin-du-Banc
- La vue sur le golfe du Saint-Laurent depuis le cap Bon (parc national de Forillon)
- Savourer des crustacés et des poissons lors d'un pique-nique à Rivière-au-Loup
- L'observation des orignaux depuis le mont Albert dans le parc de la Gaspésie

HISTOIRE

Fréquentée par les Amérindiens, la rive du Bas-Saint-Laurent fut utilisée comme escale par les pêcheurs basques, chasseurs de baleines, bien avant l'arrivée de Jacques Cartier. Nombre de ses îles serviront ainsi au dépeçage de l'animal et à la confection d'huile à partir de sa graisse. Au cours du XVIIe siècle, seul le sud de la région connaît un réel mouvement de peuplement avec la création de seigneuries et le début de l'exploitation des terres agricoles. La pêche concentre pour sa part quelques familles le long du littoral. C'est l'exploitation forestière et la construction du chemin de fer qui vont réellement dynamiser cette région, zone de transition entre Québec et la Gaspésie.

ORIENTATION

Faisant face à la région de Charlevoix et à la Haute-Côte-Nord, de l'autre côté du fleuve, le Bas-Saint-Laurent s'étire sur 200 km entre La Pocatière et Sainte-Luce, dernier village avant d'aborder la péninsule gaspésienne. A l'opposé, il est bordé par le Maine (États-Unis) et le Nouveau-Brunswick.

BAS-SAINT-LAURENT ET GASPÉSIE

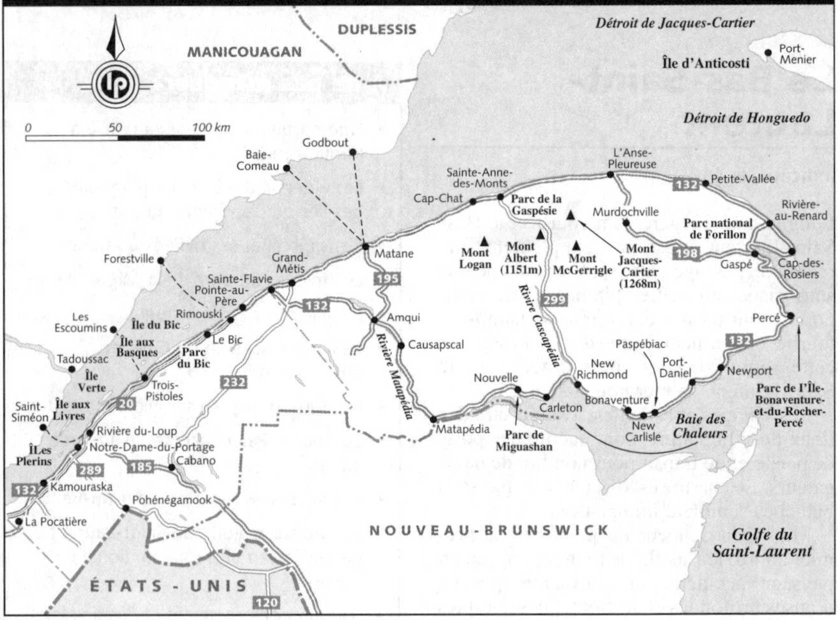

Bande étroite au sud (la frontière américaine n'est qu'à 40 km environ du fleuve), la région du Bas-Saint-Laurent s'élargit ensuite à partir de Rivière-du-Loup.

Villes et villages se concentrent essentiellement au bord du fleuve. L'intérieur des terres enregistre une densité de population très faible, à l'exception de la région du lac Témiscouata, à mi-parcours entre Rivière-du-Loup et Edmundston, dans le Nouveau-Brunswick.

La route 132, dite route des Navigateurs, longe le fleuve depuis Montréal et Québec et offre de beaux points de vue sur le fleuve. Elle relie les principaux centres d'intérêt de la région de Kamouraska, Rivière-du-Loup, Trois-Pistoles à Pointe-au-Père. De La Pocatière à Notre-Dame-du-Portage, les paysages traversés et les panoramas sur le Saint-Laurent sont magnifiques.

L'autoroute 20 assure depuis Québec une liaison rapide jusqu'au nord de Cacouna (à 8 km au nord de Rivière-au-Loup), où elle s'achève.

FÊTES ET MANIFESTATIONS ANNUELLES

Septembre

Festival international de Jazz de Rimouski – En général au début du mois.

KAMOURASKA

Construite en 1790, Kamouraska a gardé une unité architecturale parmi les plus belles du Québec. Élégantes demeures et anciennes maisons de navigateurs composent ce village qui surplombe le Saint-Laurent. Adolphe Basile Rhoutier (auteur des paroles de l'hymne national "Ô Canada") y vécut.

L'avenue Morel (route 132) est l'axe principal du village. Kamouraska se situe à 165 km de Québec et à 400 km de Montréal.

A voir

Au 205 av. Morel, le **Site d'interprétation de l'anguille** (☎ 492-3935) est tenu par une famille de pêcheurs à l'anguille, métier traditionnel au village. L'entrée coûte 4 $. Sur place, on peut s'offrir une dégustation d'anguille fumée et de hareng mariné. Le site est ouvert du 15 mai à la fin octobre, de 9h à 18h. De la mi-septembre à la mi-octobre, il est possible de se rendre sur les lieux de pêche mais seulement sur rendez-vous.

Au n°111, l'**Ancien Palais de justice** – Kamouraska fut, au milieu du XIXe siècle, le centre du district judiciaire de la Cour Supérieure de l'est du Québec – abrite aujourd'hui un **Centre d'art et d'histoire** (☎ 492-9458) ouvert tous les jours de 10h à 12h et de 13h à 17h, de juin à septembre. L'entrée s'élève à 3 $ (1 $ pour les étudiants).

Au n°69, le **musée de Kamouraska** (☎ 492-9783) est un musée d'art et traditions populaires, surtout riche en objets et mobilier du XIXe siècle. Il est ouvert du 24 juin à septembre, tous les jours, de 9h à 17h30. En dehors de cette période, il est fermé le lundi et cesse ses activités à 16h30 (4 $).

Où se loger et se restaurer

A l'entrée du village, en arrivant de Québec, ***Le Motel Cap Blanc*** (☎ *492-2919 ; 300 av. Morel*) s'étire sur une colline et se targue d'une vue superbe sur le fleuve et sur les champs environnants. Les chambres, très confortables, sont pourvues d'une cuisinette et d'un balcon. La simple/double est facturée 45/55 $. Il est ouvert de mi-mai à fin octobre.

Au centre du village, le gîte ***Chez Nicole et Jean Bossé*** (☎ *492-2921 ; 81 av. Morel*) propose des chambres agréables à 50 $, taxes incluses (60 $ avec s.d.b.). Les petits déjeuners bio sont un régal.

A cinq kilomètres à peine, sur la route menant à Notre-Dame-du-Portage, l'***Auberge des Aboiteaux*** (☎ *493-2495 ; 280 route 132 ouest*) est un petit coin de paradis. Blottie derrière un champ de pommiers, cette grande et élégante maison compte quatre chambres ravissantes, dont certaines jouissent d'une vue sur le fleuve. Comptez 55 $. L'Auberge propose également le dîner et une table d'hôte allant de 23 à 26 $, selon le plat.

Pour déguster de l'anguille, des crustacés ou du poisson, le restaurant ***Au Relais de Kamouraska*** (☎ *492-6246 ; 253 av. Morel*) est une adresse incontournable. Vous débourserez entre 12 et 20 $ pour un repas. Si vous envisagez de pique-niquer, la ***Poissonnerie Lauzier*** (ouverte tous les jours) vend des crevettes, des crabes et des anguilles fumées. Juste à côté se trouvent un dépanneur et, à quelques mètres, la ***Boulangerie Niemand***, 82 av. Morel. Installée dans une superbe maison victorienne, celle-ci est une institution dans la région. En été, elle est ouverte du mardi au dimanche de 9h à 18h (en dehors de cette période, du jeudi au dimanche).

La pêche à l'anguille

L'anguille se capture entre septembre et novembre mais c'est au printemps que les pêcheurs préparent leurs pièges. Cette tradition se perpétue depuis des générations. A marée basse, ils installent une série de longs piquets de bois perpendiculairement au rivage, en zigzag, avant de tendre des filets. Le travail est long et méticuleux. L'anguille n'aura plus alors qu'à se diriger vers la trappe qui forme l'extrémité du piège.

Depuis la construction du barrage, un certain nombre d'anguilles ne peuvent plus remonter et la production n'a cessé de chuter depuis plusieurs années. Toutefois, comme pour le homard, la pêche à l'anguille est une pêche lucrative, destinée essentiellement à l'exportation, surtout le Japon. A peine 2% de la production est consommée au Québec.

NOTRE-DAME-DU-PORTAGE

Agréable étape de voyage, cette agglomération, traversée par la route 132, constitue un lieu de villégiature très prisé par les citadins, notamment le week-end. Les maisons, alignées face au Saint-Laurent, rivalisent d'élégance. Rivière-du-Loup n'est qu'à cinq kilomètres à peine.

Où se loger et se restaurer

Avec sa belle façade de maison bourgeoise, l'***Auberge du Portage*** (☎ *862-6190 ; 671 route de Fleuve – route 132*) offre l'ambiance d'un hôtel de luxe. Faisant également office de centre de santé (thalassothérapie, entre autres), elle dispose d'une plage, d'une piscine extérieure d'eau salée chauffée et d'un sauna dont peuvent même profiter les non résidents. Les forfaits proposés (de 91 à 105 $ par personne) incluent les trois repas. Pour une chambre seule, comptez 100 $. Vous pouvez aussi ne prendre qu'un repas. La terrasse couverte offre une belle vue sur le fleuve. La cuisine, légère, principalement à base de poissons et de légumes, est savoureuse et présente un bon rapport qualité/prix. La table d'hôte du midi s'affiche en moyenne entre 10 et 20 $, celle du soir entre 17 et 28 $.

Installée 363 route du Fleuve, l'***Auberge sur Mer*** (☎ *862-0642*) joue aussi la carte du standing mais ne peut s'enorgueillir de la même élégance que l'établissement précédent. Elle propose également de nombreux forfaits. En saison, le premier prix de la simple/double dans la partie motel se monte à 75/80 $. Hors saison, le tarif tombe à 55/60 $. L'Auberge assure également les repas.

Dans la catégorie B&B, l'***Auberge La Maison le Béluga*** (☎ *862-7165 ; 553 route du Fleuve*) dispose de simples/doubles confortables à 50/57 $ en saison.

RIVIÈRE-DU-LOUP

Rivière-du-Loup est une localité vivante que vous appréhenderez rapidement. Construite de manière étagée sur un éperon rocheux, elle bénéficie d'intéressants points de vue sur le fleuve. Trois versions circulent sur l'origine de son nom. La première veut qu'un navire français, *Le Loup*, après avoir passé tout l'hiver dans l'embouchure de la rivière, ait donné son nom à la ville. La deuxième parle d'Amérindiens appelés "Les Loups". La troisième mentionne une importante colonie de loups de mer.

Ancienne seigneurie concédée en 1673 à un riche marchand de fourrure, Rivière-du-Loup ne prit réellement son essor qu'en 1802 avec le seigneur Fraser et la construction d'une scierie.

Rivière-du-Loup est le point de départ pour découvrir l'île aux Lièvres, où viennent nicher eiders à duvet, petits pingouins, macreuses mais aussi rapaces.

Un traversier permet de rejoindre Saint-Siméon dans la région de Charlevoix, sur la rive nord du Saint-Laurent. Pour atteindre la marina d'où partent les bateaux, vous longerez Le Château de Rêve, un parc d'attractions pour les enfants, au toit rose visible de loin.

La rue Lafontaine est l'axe principal où se concentrent les restaurants, les banques et les commerces. Depuis la route 132, elle grimpe la colline.

Renseignements

L'office du tourisme (☎ 862-1981), 189 rue de l'Hôtel-de-Ville, ouvre tous les jours de 8h30 à 20h30, du 20 juin à la fin août. En dehors de cette période, il ferme le week-end et, en semaine, entre 12h et 13h30.

Les hébergements et les restaurants, nombreux, contenteront tous les budgets. Toutefois, dès la mi-juin et jusqu'en août, il est préférable de réserver.

La poste (☎ 862-6348) se tient 200 rue Lafontaine. Les guichets sont ouverts de 8h30 à 17h30 du lundi au vendredi.

La Banque de Montréal (☎ 862-6961) est installée 428 rue Lafontaine. Au n°299 et au n°106 se trouvent deux succursales de la Caisse Populaire Desjardins (☎ 862-7255), équipées de guichets automatiques.

A voir

Musée du Bas-Saint-Laurent. Ce musée régional (☎ 862-7547), 300 rue Saint-Pierre, à l'angle de la rue de l'Hôtel-de-Ville, est consacré à l'histoire de la région et à celle de la ville. Il présente par ailleurs des expositions de peinture et des

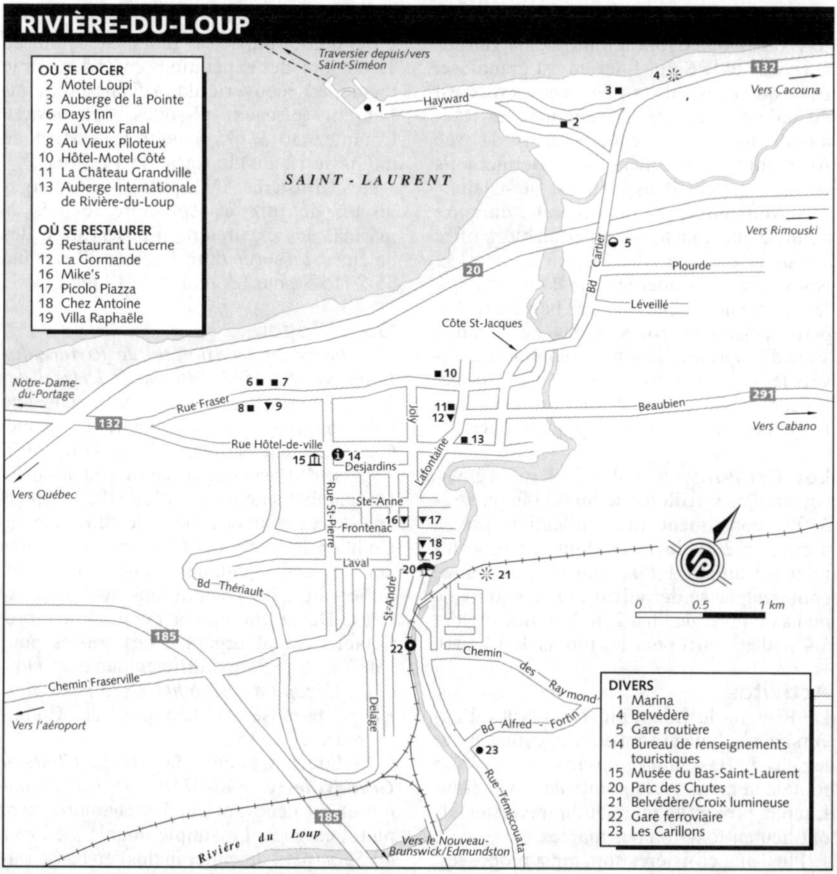

œuvres de Riopelle. Du 24 juin à début septembre, il est accessible tous les jours de 10h à 18h ; en dehors de cette période, de 13h à 17h (lundi et mercredi de 18h à 21h). Le billet coûte 3,50 $ (2 $ pour les étudiants et les seniors ; gratuit pour les moins de 12 ans).

Manoir Fraser. Cette ancienne résidence seigneuriale (☎ 867-3015), 32 rue Fraser, retrace l'histoire de la célèbre famille qui, un temps, donna son nom à la ville, devenue Fraserville en 1845.

Il est ouvert tous les jours de 10h à 17h du 24 juin au mois de septembre. L'entrée s'élève à 3,50 $ (2 $ pour les étudiants et les moins de 12 ans).

Parc des Chutes et de la Croix lumineuse. En suivant la rue Frontenac (à l'est de la rue Lafontaine), vous arriverez à plusieurs chutes d'eau sur la rivière du Loup et au parc qui les borde. Pour accéder aux sentiers, traversez la passerelle qui surplombe une chute de 33 m. L'accès est ouvert de 9h à 22h, mais fermé en période de crue. Au pied des chutes, la centrale hydroélectrique se visite. De la Croix lumineuse, la vue sur la rivière et le Saint-Laurent est grandiose. Bien qu'accessible à pied, cette croix est difficile à atteindre. Du chemin des Raymond, tournez à gauche dans la rue Alexandre, à droite dans la rue Bernier puis encore à gauche dans la rue Sainte-Claire.

Si vous possédez un véhicule, un autre point de vue, tout aussi remarquable, s'offre à vous à l'est de la ville. Suivez la route 132 Nord, passez l'Auberge de la Pointe et repérez les panneaux indiquant le belvédère. Un petit parking se trouve à gauche. Il suffit alors d'emprunter le sentier qui monte à travers les bois pour arriver à une plate-forme. En contrebas, le front de mer est un endroit fréquenté où vous pouvez pique-niquer.

Les Carillons. Installés 393 rue Témiscouata, Les Carillons (☎ 862-3346 ou 862-3399) constituent une collection privée d'environ 200 cloches – dont la plus volumineuse atteint 1 000 tonnes. Les visites commentées se déroulent tous les jours de mai à octobre, de 9h à 20h. L'entrée revient à 4 $ (demi-tarif pour les moins de 13 ans).

Activités

De Rivière-du-Loup, plusieurs types d'excursions en bateau sont envisageables. Pour les îles du Bas-Saint-Laurent, les départs se font de la marina à la pointe de Rivière-du-Loup, à proximité du quai du traversier. Ils ont lieu en fonction des marées.

Plusieurs croisières sont ainsi proposées, de juin à octobre, par la Société Duvetnor (☎ 867-1660), corporation sans but lucratif chargée de la conservation des milieux naturels du Bas-Saint-Laurent. La traversée aller-retour pour l'île aux Lièvres revient à 30 $ par personne (20 $ pour les enfants de moins de 15 ans). Le tour de l'île du Pot-du-Phare dure 1 heure 30 et coûte 20 $ (12 $ pour les 4-15 ans). Comptez 25 $ pour l'ensemble des îles du Pot à l'Eau-de-Vie. La société Duvetnor propose également des séjours et des activités écotouristiques sur l'île au Lièvre et l'archipel des îles du Pot à l'Eau-de-Vie.

Exceptionnelle Aventure (☎ 862-7775) programme tous les jours, de juin au 15 octobre, des expéditions en Zodiac sur le thème la découverte de la faune du Saint-Laurent (oiseaux, phoques, baleines...). Comptez 30 $ (15 $ pour les enfant de moins de 12 ans) la sortie de 3 heures.

Les Croisières AML (☎ 867-3361) organisent, de juin à septembre, depuis la marina, des excursions d'observation des baleines. La sortie dure 3 heures 30 et coûte 35 $ (15 $ pour les moins de 14 ans).

Où se loger

L'***Auberge Internationale de Rivière-du-Loup*** (☎ *862-7566 ; 46 rue de l'Hôtel-de-Ville*) est installée au centre-ville dans une belle maison ancienne peinte en jaune. C'est la bonne adresse de la ville, qu'il s'agisse de l'accueil, du service ou des prix. La chambre se monte à 17,50/19,50 $ pour une/deux personnes, petit déjeuner inclus. Un lit en dortoir coûte 18 $. Trois chambres doubles sont également louées 40 $. En juillet-août, les réservations sont impératives. De la fin juin à début septembre, l'établissement organise des sorties pour l'île Verte, le Parc du Bic et loue des vélos.

Le ***Cégep*** (☎ *862-6003 ; 325 rue Saint-Pierre*) propose des chambres l'été. Comptez entre 20 et 35 $.

Malgré sa très belle façade, ***Le Château Grandville*** (☎ *868-0750 ; 94 rue Lafontaine*) est décevant car les chambres sont plutôt exiguës. La simple/double s'élève à 40/55 $ (petit déjeuner inclus) en basse saison et à 45/60 $ en haute saison.

A 5 km du centre-ville, et à 2 km environ de l'embarcadère pour la rive nord du Saint-Laurent, l'***Auberge de la Pointe*** (☎ *862-3514 ou 1 800 463-1222 ; 10 bd Cartier*) sur la route 132, est bien située. Dominant le fleuve, ce grand complexe hôtelier affiche des prix qui varient selon la situation, la vue, les périodes et les forfaits. Comptez au moins 95 $ en saison (75 $ le reste de l'année), sans le petit déjeuner.

Les motels représentent l'essentiel des formules d'hébergement. Beaucoup s'échelonnent le long de la rue Fraser qui longe le fleuve. Au n°185, le très correct ***Au Vieux Piloteux*** (☎ *867-2635*) pratique des tarifs raisonnables. L'été, la chambre commence à 70 $ (45 $ en dehors de cette saison). Au n°182, le ***Days Inn*** (☎ *862-6354*) a des prix qui varient chaque semaine. La chambre valant 75 $ en mai atteint 109 $ en été, petit déjeuner compris. Au ***Vieux Fanal*** (☎ *862-5255 ; 170 rue Fraser*) la chambre commence à 57 $ (pour une vue sur le fleuve, comptez au moins 85 $). Hors saison, le tarif de la chambre tombe à 45 $. Au n°171, l'***Hôtel Levesque*** (☎ *862-6927*) propose un forfait chambre, petit déjeuner et dîner à partir de 100 $ par personne en saison (74 $ le reste de l'année). Pour jouir d'un panorama, il faudra débourser entre 110 et 130 $.

A cinq minutes du centre-ville, l'***Hôtel-Motel Côté*** (☎ *862-7706 ; 80 rue Fraser*) est surtout intéressant pour ses chambres équipées d'un coin cuisine. A partir de la chambre 18, le panorama sur le fleuve vaut le coup d'œil. L'été, le prix varie de 65 à 75 $ (45 $ le reste de l'année).

En allant vers l'embarcadère, le ***Motel Loupi*** (☎ *862-6898 ; 50 rue de l'Ancrage*) allie plusieurs atouts, notamment une vue superbe sur le fleuve et de vastes chambres avec balcon. Par ailleurs, il dispose d'une piscine, d'un mini-golf et d'un tennis. Les prix sont raisonnables : la simple/double coûte 50/65 $ (gratuit pour les moins de 12 ans) entre le 15 juin et le 15 septembre. Hors saison, elle est louée 45/55 $.

La société Duvetnor (☎ *867-1660, fax 867 3639*) propose de passer la nuit au phare des îles du Pot à l'Eau-de-Vie. Le phare a été en effet transformé en hôtel-restaurant. Ouvert de mai à septembre, il possède trois chambres. Le forfait, à partir de 140 $ par personne, comprend la traversée depuis Rivière-du-Loup, l'hébergement, une excursion commentée et les repas. Il est préférable de réserver car la capacité d'accueil est limitée à 6 personnes.

La société Duvetnor loue également, sur l'île aux Lièvres, des chalets entièrement équipés. La durée de location ne peut être inférieure à deux jours. Le prix de la journée commence à 120 $ pour 4 personnes, tarif auquel il faut ajouter le prix de la traversée (30 $). Pour les petits budgets, un dortoir, divisé en trois chambres de 4 personnes et équipé d'une cuisine, de toilettes et de douches, a été aménagé. Il est ouvert de juin à octobre. Comptez 25 $ par personne. Un séjour de deux jours minimum sur place est exigé. Sur l'île, deux campings ont été aménagés (15 $ l'emplacement). Le premier, ***La Gélinotte***, est installé près de l'embarcadère. Le second, ***Les Cèdres***, se situe sur la côte nord-ouest de l'île et nécessite 3 km de marche.

Où se restaurer

A Rivière-du-Loup, les restaurants préparent une cuisine de bonne qualité, à des prix modérés. La plupart se concentrent dans la rue Lafontaine.

La Gourmande (☎ *862-4270 ; 120 rue Lafontaine*) sert de succulents petits déjeuners, moyennant de 4 à 8 $. Au déjeuner, les sandwiches, les soupes et les salades sont délicieux. Les sandwiches aux crabes, aux crevettes ou les mixtes viande-fromage de chez ***Mike's*** sont tout aussi savoureux et bon marché (entre 6 et 10 $). Pour un plat de pâtes ou une pizza, comptez 7 à 14 $.

En face, le ***Picolo Piazza*** (☎ *868-1671*) propose une cuisine variée (pizza, salades, viandes, tourtes...). Le lieu (ambiance pub) et l'addition modérée – entre 12 et 17 $ – en font un endroit idéal pour dîner. En dehors de l'été, il ne sert pas de repas au déjeuner.

Chez Antoine (☎ *862-6936*), au n°433, et la ***Villa Raphaële*** (☎ *867-1211*), sa voisine au n°435, sont les deux grands restaurants de la ville, spécialisés dans le saumon et les crustacés. Le repas coûte près de 25 $.

Les motels de la rue Fraser proposent aussi des repas. Le ***Restaurant Lucerne*** (☎ *862-4060*), au n°183, pratique des prix modérés et s'enorgueillit d'un cadre parfait.

Comment s'y rendre

Voiture. De Montréal ou de Québec, prendre la route 132 qui longe le Saint-Laurent ou l'autoroute 20. La sortie 503 rejoint le bd Cartier.

Bus. Au départ de Montréal ou de Québec, la compagnie Orléans Express assure tous les jours la liaison avec Rivière-du-Loup, avant de continuer sa route vers Rimouski, la Gaspésie ou vers Edmundston à 122 km dans le Nouveau-Brunswick. La gare routière (☎ 862-4884) se trouve 83 bd Cartier, juste derrière le Normandin.

Train. VIA Rail (☎ 1 800 361-5390) relie Québec et Campbellton, dans le Nouveau-Brunswick, *via* la vallée de la Matapédia. La gare ferroviaire (☎ 867-1525 ou 867-1169) est au bout de la rue Lafontaine, à l'angle de la rue Fraserville.

Bateau. La traversée Rivière-du-Loup/Saint-Siméon (65 minutes) est assurée tous les jours d'avril à janvier (☎ 862-5094, info@travrdlstsim.com). Les fréquences varient selon les mois (de la dernière semaine de juin à la fin août, quatre à cinq navettes par jour, sinon trois en moyenne). Le prix du billet s'élève à 10,20 $ (9,20 $ pour les seniors et 6,80 $ pour les 5-11 ans ; gratuit pour les moins de 5 ans). Le passage de la voiture revient à 25,85 $. En été, arrivez au moins une heure et demie avant l'embarquement, surtout pour les départs entre 10h et 18h. A noter que le prix des traversées de 7h et 20h15 depuis Rivière-du-Loup bénéficient d'une réduction de 50%.

La marina où accostent les bateaux est à 6 km du centre-ville. Si vous ne possédez pas de véhicule, contactez Taxi Capitol (☎ 862-6333), qui facture 8 $ la course.

VERS LE NOUVEAU-BRUNSWICK

La route 185 est la voie rapide qui relie Rivière-du-Loup à Edmundston dans le Nouveau-Brunswick, situé à 126 km de Rivière-du-Loup. Usines de pâte à papier, forêts et fermes constituent le paysage.

En bordure du lac Témiscouata, à **Saint-Louis-du-Ha! Ha!** (en langue amérindienne Hexcuewaska, "quelque chose d'inattendu"), le paysage est superbe et verdoyant.

Autour de **Cabano**, dans la ville même, vous trouverez quelques campings et motels. Le site historique de Fort Ingall a été construit en 1839 par les Canadiens pour se protéger des attaques des Américains après une querelle de frontière.

A **Notre-Dame-du-Lac**, l'***Auberge Marie Blanc*** (☎ *899-6747*), 1112 rue Commerciale, est classée patrimoine architectural. Construite en 1905 par un avocat pour sa maîtresse Marie Blanc, la maison serait l'œuvre de l'architecte américain Franck Lloyd Wright. Elle est aujourd'hui une table renommée, ouverte de début avril à la fin octobre. Comptez au moins 25 $.

En été, des bateaux traversent le lac. La région est encore peu visitée.

CACOUNA

Appelée Kakoua Nak, "là où il y a le porc-épic", par les Malécites, cette ancienne réserve indienne a laissé place à la fin du XIXe siècle à une station balnéaire réputée, prisée par les bourgeoisies francophone et anglophone.

Dans la rue Principale, des maisons, l'église anglicane, le **château Montrose** (au n°700), aujourd'hui le cénacle des pères capucins, témoignent de cette époque.

Au n°600, l'***Auberge du Porc Épic*** (☎ *868-1373 ou 1 888 909-1373*), ouverte en saison seulement, est un superbe B&B caché des regards, donnant sur le fleuve. Le prix de la chambre varie entre 75 et 95 $. Sur les cinq chambres, trois disposent d'une belle salle de bains.

L'ISLE-VERTE

Accessible depuis la route 132, ce village possède un grand nombre de poissonneries et de fumoirs. Au début du siècle, on y pratiquait la cueillette de la mousse de mer, utilisée notamment pour la confection de matelas.

Installé au 371 route 132, le poste d'accueil de la **Réserve nationale de faune de la baie de l'île Verte** (☎ 898-2757, scobiv@icrdl.net.) fait également office de centre d'interprétation. Créée en 1980 par le Service canadien de la faune afin de protéger

BAS-SAINT-LAURENT

Les îles du Bas-Saint-Laurent

Entre Rivière-du-Loup et Saint-Siméon, une toute petite poignée d'îles constituent une véritable arche de Noé pour oiseaux. Eiders à duvet, petits pingouins, guillemots à miroir, grands hérons, bihoreaux à couronne noire, goélands et autres mouettes tridactyles y trouvent refuge, chaque année, dès le mois de mai. Des phoques gris se prélassent sur ses rives. Des bélugas agiles tournoient.

Une partie de ces îles appartient au Service canadien de la faune. Certaines devinrent, en 1979, la propriété d'une association, la Société Duvetnor, créée par un groupe de biologistes soucieux de préserver l'habitat des oiseaux marins.

L'archipel Les Pèlerins, deux des trois îles du Pot à l'Eau-de-Vie et l'île aux Lièvres sont ainsi devenus des territoires hautement protégés. A l'exception des gardiens du phare, ces îles n'ont jamais été vraiment habitées. Aujourd'hui, elles ne sont accessibles que de juin à septembre.

L'archipel Les Pèlerins s'étire sur 7,5 km et regroupe cinq îles totalement dénudées, refuges privilégiés des petits pingouins (la plus importante colonie dans l'estuaire et le golfe). Mais il est encore impossible d'y débarquer.

De son côté, l'île aux Lièvres fourmille, comme son nom l'indique, de lièvres. Longue de 13 km et large de 1,6 km, elle est couverte pour l'essentiel d'arbres, de peupliers et de sapins. Entre ses anses rocheuses s'étirent de longues plages de sable. Un réseau de sentiers de plus de 40 km a été aménagé. Le kiosque d'information en bordure de quai distribue une carte. Le sentier du Jardin (qui passe sur le point le plus élevé de l'île, à 86 m) offre de beaux panoramas sur les rives sud et nord du fleuve.

Les îles aux Lièvres et du Pot à l'Eau-de-Vie ne peuvent se visiter dans leur totalité qu'à la fin de la période de nidification des oiseaux, c'est-à-dire après les premiers jours de juillet. Des télescopes sont proposés.

l'habitat du canard noir qui vient y nicher, cette réserve abrite nombre d'oiseaux migrateurs. Des sentiers ont été aménagés. Il suffit d'en demander la carte au centre, qui organise par ailleurs des randonnées accompagnées. La visite revient à 35 $ pour un groupe de 5 à 10 personnes. Ouvert de 9h à 18h de mi-mai à fin septembre, le centre loue des paires de jumelles (5 $ la demi-journée)

Ce n'est que depuis le port de L'Isle-Verte que vous pouvez rejoindre l'île Verte, en face.

ÎLE VERTE

Entre Rivière-du-Loup et Trois-Pistoles, l'île Verte forme un îlot merveilleux de 11 km de long, aux maisons peintes en bleu, jaune, vert ou turquoise. Jacques Cartier, à la recherche d'eau, y débarqua en 1535. C'est à lui que l'île doit son nom.

Sur la rive nord, Notre-Dame-des-Sept-Douleurs est le seul village du Bas-Saint-Laurent habité à l'année. Par temps clair, vous apercevrez l'embouchure du Saguenay. Sur la rive sud, escarpée et rocailleuse, se dresse le plus ancien phare du Saint-Laurent, construit en 1809, aujourd'hui aménagé pour héberger les visiteurs. Sur place, vous trouverez plusieurs gîtes (environ 50 $ la chambre) et des boucaneries où vous pourrez acheter du saumon, du hareng, du filet d'esturgeon frais ou fumé pour piqueniquer sur l'île. Le phare est géré par ***Les maisons du Phare de l'Île Verte*** (☎ 898-2730). La simple/double coûte 45/55 $, petit déjeuner compris. Les propriétaires louent également des vélos.

Les animaux sont interdits sur l'île.

Installé à Trois-Pistoles, Kayak-O-Tour (☎ 851-4551 ou 736-5968), 330 rue Notre-Dame Est, organise des excursions sur l'île. Les tarifs se chiffrent à 40 $ la demi-journée, 65 $ la journée et 225 $ les deux jours (repas et hébergement compris).

Comment s'y rendre

De mai à mi-novembre, un service de traversier (☎ 898-2843) est mis en place à partir de l'Isle-Verte. La liaison est assurée deux à quatre fois par jour selon la période de l'année. Il est préférable de réserver compte tenu de la petite capacité du bateau (49 passagers et 6 voitures). Comptez 20 $ pour une voiture et 5 $ pour un adulte (2 $ pour les enfants de 7 à 12 ans ; gratuit pour les moins de 7 ans ; 1 $ pour les bicyclettes). Un bateau taxi (☎ 898-2199) relie également l'île pour 6 $. Il est possible d'embarquer son vélo. L'hiver, on peut atteindre l'île en ski de fond ou en motoneige.

TROIS-PISTOLES

L'imposante église Notre-Dame-des-Neiges, aux allures de cathédrale, fait de Trois-Pistoles un village qui ne passe pas inaperçu. Située 30 rue Notre-Dame, elle est ouverte à l'année, de 9h à 18h.

Petit musée voué à l'histoire de cette demeure centenaire et au mode de vie de l'époque, la **maison du Notaire** (☎ 851-1656), 168 rue Notre-Dame, est ouverte de 9h30 à 21h de la mi-juin à début octobre, et seulement le week-end durant les périodes allant d'avril à la mi-juin et d'octobre au 24 décembre (13h-17h).

Le **Parc de l'aventure basque en Amérique** (☎ 851-1556, paba@quebectel.com), 66 rue du Parc, est certainement le meilleur endroit pour comprendre l'épopée des pêcheurs basques dans le Saint-Laurent. Situé sur la route menant au traversier, le musée dispose également d'un café où l'on peut commander un repas léger. Depuis la terrasse, on peut assister à des parties de pelote basque. Il ouvre de mi-juin à début septembre de 10h à 17h (20h du 12 juillet au 17 août). L'entrée se monte à 6 $ (3,50 $ pour les étudiants et 5 $ pour les seniors).

Face à Trois-Pistoles se dessine l'**île aux Basques**, longue de 2 km et large de 400 m. Au XVIe siècle, les pêcheurs baleiniers basques y faisaient escale et commerçaient avec les Amérindiens, dont la présence sur l'île date du VIIIe siècle. Vouée ensuite à l'agriculture, l'île a été achetée en 1929 par la Société Provancher d'Histoire naturelle. Aujourd'hui protégée, elle est un véritable sanctuaire d'oiseaux. Des sentiers bordés d'églantiers ont été aménagés.

Les départs se font depuis le quai de Trois-Pistoles, accessible depuis la route 132 en suivant le panneau Traversier. Ils ont lieu tous les jours, de juin à mi-septembre, en fonction des marées. Les réservations (☎ 851-1202) sont obligatoires. Comptez au moins 3 heures pour la visite. N'oubliez pas d'emporter une paire de jumelles. L'accès coûte 12 $ (transport aller-retour inclus) ; il est gratuit pour les moins de 6 ans.

De juin à octobre, Les Écumeurs du Saint-Laurent (☎ 898-2199 ou 1 888 817-9999) organisent, depuis les quais des traversiers de Trois-Pistoles et de l'Isle-Verte, des sorties pour observer des baleines à bord d'un bateau semi-fermé de 24 passagers ou d'un pneumatique (12 passagers). La sortie de 3 heures coûte 32 $ (16 $ pour les moins de 14 ans), celle de 6 heures, pour l'observation de la baleine bleue, 55 $ (30 $ pour les moins de 14 ans).

Comment s'y rendre

Voiture. De Rivière-du-Loup (à 50 km), empruntez la route 132.

Bateau. De la mi-mai à la mi-octobre, la Compagnie de Navigation des Basques (☎ 851-4676) assure la liaison avec Les Escoumins, situé à une trentaine de kilomètres au Nord de Tadoussac sur la rive nord du Saint-Laurent. Un traversier relie les deux villes, deux à trois fois par jour. La traversée dure 90 minutes et revient à 10,15 $ (9,15 $ pour les seniors et 6,75 $ pour les 5-11 ans). Le passage de la voiture sur l'autre rive coûte 26 $. Il faut arriver sur le quai 30 minutes avant le départ, et mieux vaut réserver.

SAINT-FABIEN-SUR-MER

A l'écart de la route 132, blotti contre la montagne, ce petit village n'est qu'une suite de maisons particulières s'étirant le long

BAS-SAINT-LAURENT

d'une baie magnifique. Le chemin de la Mer, qui le parcourt d'un bout à l'autre, s'arrête ici. Porte d'entrée du parc Bic, il offre des sentiers de randonnée avec des aires de pique-nique.

Un Bureau d'information saisonnier (☎ 869-3333) est installé 33 route 132.

BIC

A 80 km à l'est de Rivière-du-Loup et à 20 km seulement de Rimouski, Bic représente l'endroit idéal pour découvrir la région, et notamment le parc du Bic. Petit village dominant le Saint-Laurent, disposant d'un hébergement de qualité, Bic représente en effet l'une des portes d'entrée de ce petit parc bordant le Saint-Laurent.

Où se loger et se restaurer

Au cœur du village, installée dans un ancien magasin général, l'***Auberge du Mange Grenouille*** (☎ *736-5656 ; 148 rue Sainte-Cécile*) ne manque pas de caractère et la décoration est soignée. Sa table est par ailleurs très cotée ; comptez entre 23 et 32 $ pour un repas. Les chambres disposant d'une s.d.b. commune vont de 55 à 66 $, celles avec s.d.b. sont louées 80 $. La chambre nuptiale (superbe !) se monnaie 90 $. L'établissement est ouvert tous les jours de mi-juin à mi-octobre, et tous les week-ends de mai à mi-juin.

A la Pointe des Anglais, au 627, le gîte ***Aux Cormorans*** (☎ *736-8113, cormoran@globetrotter.qc.ca*) est une élégante maison ouvrant sur un vaste jardin juste en bordure de plage et face au parc du Bic. Les chambres sont chaleureuses et lumineuses. La propriétaire est par ailleurs une conteuse née. La chambre avec s.d.b. vaut 75 $. Sans s.d.b., comptez entre 50 et 60 $.

Sur les hauteurs et à l'écart du village, ***La petite normande*** (☎ *736-5897 ; 456 rang 2 ouest*) dispose de 4 chambres confortables, certaines donnant sur le fleuve. La simple/double est à 50/55 $, la chambre avec s.d.b. vaut 55/65 $.

Pour déjeuner ou dîner, le restaurant ***Chez Saint-Pierre*** (☎ *736-5051 ; 129 rue Mont-Saint-Louis*), face à l'église, propose un menu alliant simplicité, saveur et prix raisonnable. Ne manquez pas la bavette à l'échalote (10 $) et les tartes-salades (9 $). De mi-juin à début octobre, il ouvre tous les jours de 11h30 à 22h. En dehors de cette période, il vous accueille du vendredi au dimanche.

Pour du pain ou des douceurs, allez à la boulangerie ***Folles Farines***, 113 rue Saint Jean-Baptiste (fermée le lundi et le mardi).

PARC DU BIC

Situé entre Saint-Fabien et Bic, le parc du Bic (☎ 727-5311 ou 869-3502 en saison, parc.bic@mef.gouv.qc.ca/Internet, http://www.mefgouv.qc.ca) est un petit territoire protégé extraordinaire, de 33 km^2 seulement. Dessiné par le fleuve, il offre un paysage de montagnes irrégulières qui bordent un littoral rocheux et escarpé. De multiples anses, baies, caps et îles jalonnent la côte. La végétation est celle d'une zone transitoire où se mêlent forêt d'espèces à feuilles caduques méridionale et forêt boréale septentrionale. La diversité florale reflète ces deux influences : une quarantaine de plantes propres à ce milieu ont été recensées.

Le parc abrite des colonies de phoques (gris et communs) et d'eiders à duvet. Il représente également l'un des meilleurs sites du Québec pour observer des rapaces comme le faucon pèlerin et le brisard saint-martin. Il n'est pas rare d'apercevoir quelques rorquals.

Pour les navigateurs, il a toujours servi de refuge naturel contre les vents et les courants. Suite à des fouilles archéologiques, on a trouvé des traces d'une présence amérindienne vieille de plus de 6 000 ou 7 000 ans.

Les marées dans le parc peuvent atteindre des amplitudes de 3 à 5 mètres, mettant régulièrement à sec un certain nombre d'îlots. Le paysage devient alors presque lunaire, surtout par temps gris. L'île aux Canards et l'île Ronde sont alors accessibles à pied. De la pointe aux Anglais, vous pouvez rejoindre l'île au Massacre. Celle-ci tire son nom d'une histoire qui raconte que des Micmacs, se croyant à l'abri, s'étaient réfugiés dans sa grotte. Surpris par des Iroquois qui les recherchaient, ils furent massacrés.

Activités

Riche de paysages et abritant une faune et une flore diversifiées, le parc du Bic est une aire de promenade et de canoë exceptionnelle.

De nombreux sentiers, prévus pour les cyclotouristes et les randonneurs, ont été aménagés et offrent des panoramas à couper le souffle. Il ne faut pas manquer la vue de l'estuaire à partir du pic Champlain, le plus haut sommet du Bic (347 m). Comptez quarante minutes de marche, sur un sentier parfois abrupt.

La randonnée le long des rivages suppose de consulter la table des marées (disponible aux deux centres d'accueil) et d'être chaussé d'une paire de bottes. La température de l'eau, entre 8 et 14°C, n'incite guère à la baignade.

Une piste cyclable de 11 km a été aménagée. Au camp de vacances de Cap à l'Orignal, vous trouverez un loueur de bicyclettes (☎ 869-2255) et une cafétéria.

De juin à septembre, des visites guidées et des conférences sur la faune et la flore sont organisées par le Centre d'interprétation du parc (☎ 869-3502). Le Bureau d'information touristique de Saint-Fabien (☎ 869-3333) organise aussi des excursions à pied ou en minibus.

Rive-Air Aventure (☎ 736-5232), 2175 route 132, à Bic, loue des kayaks de mer et propose des sorties accompagnées ou non, de juin à septembre. Comptez 57 $ pour la journée, 33 $ pour la demi-journée. De son côté, Alibi-Tours (☎ 750-2041 ou 736-5232), 178 rue Saint-Jean-Baptiste, programme tous les jours, de juin à octobre, des sorties en bateau pneumatique pour observer les phoques gris et les oiseaux nicheurs. L'excursion coûte 25 $ (20 $ pour les étudiants, 14 $ pour les moins de 12 ans).

Officiellement fermé de septembre à mai, le parc reste néanmoins fréquenté par les randonneurs toute l'année. Son accès devrait être payant dès l'an 2000.

Où se loger

Vous n'avez guère le choix. Les campeurs peuvent s'installer ***Camping du Bic*** (☎ *736-4711*), ouvert de la mi-juin à fin septembre. Le prix de l'emplacement commence à 14 $.

Les autres voyageurs trouveront un hébergement de qualité au village du Bic lui même (voir cette rubrique).

Comment s'y rendre

Deux postes d'accueil permettent d'accéder au parc. L'un est situé au cap à l'Orignal (☎ 869-3427), que l'on atteint par la route 132 et en empruntant sur la gauche une petite route (fiez-vous au panneau). Le Centre d'interprétation (☎ 869-3502) est à 5 km en continuant sur la route 132 vers Rimouski.

RIMOUSKI

Autrefois, les Micmacs aimaient pêcher et chasser à cet endroit qu'ils appelaient Rimouski, c'est-à-dire “terre à orignal” ou “cabane à chien”. Ville industrielle en pleine expansion et centre de distribution de pétrole, Rimouski est aujourd'hui la capitale administrative de l'est du Québec. Construite en forme d'amphithéâtre en raison du rivage en arc de cercle, elle est une ville vivante dont l'attrait pour le voyageur reste assez relatif.

La rue Saint-Germain forme le grand axe est-ouest du centre-ville que domine la cathédrale Saint-Germain, construite dans les années 1850 dans le style néo-gothique de l'époque. Parallèle, le bd René-Lepage (route 132) longe le Saint-Laurent.

Juste en face du centre-ville, à 4 km, s'étend l'île Saint-Barnabé, longue et fine bande de terre de 4,5 km environ, refuge du grand héron et de l'eider à duvet. Un sentier la ceinture et offre une belle ballade. Au XVIIIe siècle, l'île a abrité un ermite dont l'histoire a engendré de nombreux romans. Le journal de Montcalm en parle.

Depuis Rimouski, vous pouvez désormais rejoindre la ville de Forestville située sur la rive nord du Saint-Laurent, dans la région de la Côte Nord et distante d'une centaine de kilomètres de Tadoussac.

Renseignements

L'office du tourisme (☎ 723-2322 ou 1 800 746-6875), 50 rue Saint-Germain Ouest, ouvre tous les jours de 9h à 20h de mi-juin à mi-septembre. En dehors de cette période, il ouvre en semaine de 9h à 17h et ferme le week-end.

La poste se tient 136 rue Saint-Germain Ouest. La Banque Nationale (☎ 724-4106), 2 rue Saint-Germain Est, dispose d'un bureau de change. Dans la rue Saint-Germain, les principales banques du pays disposent de guichets automatiques.

Activités

Installé à Rimouski, le Centre de plongée du Bas-Saint-Laurent (☎ 722-6232), 378 av. de la Cathédrale, vous fournira la liste des principaux sites de plongée sur la rive sud du Saint-Laurent. Il loue l'équipement complet et organise des sorties.

Des excursions pour l'île Saint-Barnabé (☎ 725-9523) sont également proposées. Elles partent de la marina à l'est de la ville et permettent d'observer des phoques et une variété d'oiseaux. De début juin à la fin septembre, les départs s'échelonnent de 10h et 18h. Le prix est de 12 $ (10 $ pour les étudiants et les enfants de plus de 12 ans ; gratuit en dessous de cet âge).

De début avril à début janvier, la compagnie maritime Relais Nordik (☎ 723-8787 ou 1 800 463-0680), 205 rue Léonidas, relie depuis Rimouski les principales villes de la Côte Nord et l'île d'Anticosti, et revient une semaine plus tard à son port d'attache. Le forfait aller-retour coûte 747 $.

Écomertours (☎ 724-6227 ou 1 800 724-8687), 606 rue des Ardennes, organise de son côté des croisières de plusieurs jours sur la Côte Nord et l'île d'Anticosti (de 1 485 à 2 265 $ pour 8 jours) en juillet et en août au départ de Rimouski. Également au programme : des croisières de deux jours vers Tadoussac, Pointe-au-Pic puis le parc du Bic (de 280 à 564 $ pour deux jours).

A voir

Musée régional de Rimouski. Aménagé dans la plus ancienne église de l'est du Québec, ce musée (☎ 724-2272), 35 rue Saint-Germain Ouest, est consacré à l'histoire locale et aux sciences de la mer. Il dispose d'une salle d'exposition d'art contemporain.

Ouvert tous les jours l'été, de 10h à 18h (fermeture à 21h du mercredi au samedi), il est fermé le lundi et le mardi en dehors de cette saison et ses horaires sont alors 12h-17h (le jeudi, nocturne jusqu'à 21h toute l'année). L'entrée coûte 4 $ (3 $ pour les étudiants et les seniors, 10 $ pour les familles).

Maison Lamontagne. A environ 6 km à l'est de l'office du tourisme, sur la route 132, au n°707 bd du Rivage, la Maison Lamontagne (☎ 722-4038) est une belle demeure ceinte d'un parc. Construite en 1750, elle est considérée comme la plus vieille maison de l'est du Québec. Transformée en Centre d'interprétation de l'architecture domestique, elle présente des meubles et des objets de cette époque.

Elle se visite tous les jours de 9h à 18h de mi-mai à mi-octobre. Le prix d'accès est de 3 $ (nombreuses réductions).

Où se loger

Les motels sont nombreux, en particulier rue Saint-Germain Ouest et sur le bd René-Lepage (route 132). Le ***Comfort Inn*** (☎ *724- 2500 ; 455 bd Saint-Germain*) représente un bon rapport qualité/prix. La chambre se loue 75 $ (85 $ en été).

Le ***Cégep*** (☎ *723-4636, poste 2579 ou 1 800 463-0617 ; 320 rue Saint-Louis*) propose des chambres à l'année. La simple/double revient à 21/28 $ et la semaine de location à 80/100 $. Les repas sont assurés pendant l'année scolaire. De mi-mai à mi-août, ***Les Logements étudiants de l'UQAR*** (☎ *723-4311 ; 329 allée des Ursulines*) offrent des logements à 65 $ pour 2 personnes et un lit dans une chambre de 4 personnes pour 25 $.

L'***Hôtel Rimouski*** (☎ *725-5000 ou 1 800 463-0755 ; 225 bd René-Lepage – route 132*) est vaste (il abrite le centre de congrès) mais un peu froid dans sa décoration. Il loue des chambres à partir de 90 $.

La simple/double au ***Gîte du Centre-Ville*** (☎ *723-5289 ; 84 rue Saint-Pierre*) se négocie 40/50 $. Ce gîte excentré fonctionne à l'année.

Où se restaurer

Le choix ne manque pas. A l'est de l'av. de la Cathédrale, dans la rue Saint-Germain, sont réunis restaurants, boîtes de nuit et cafés-bar avec table en terrasse et parfois orchestre.

Chez Serge Poully (☎ *723-3038 ; 284 rue Saint-Germain Est*) est un établissement renommé et relativement bon marché (environ 10 $ le midi et 20 $ le soir). Fruits de mer, poissons et grillades comptent parmi les spécialités. Il reste ouvert assez tard. ***Le Saïgon*** (☎ *723-0764 ; 355 av. de la Cathédrale*) est un excellent établissement vietnamien pratiquant un tarif modéré, compris entre 12 et 20 $.

Le ***Bistro-Bar Le Mix*** (☎ *722-5025 ; 50 rue Saint-Germain*) sert des bagels et des bières dans une ambiance de pub.

Le centre commercial ***Les Halles***, rue Saint-Germain Ouest, comprend des restaurants, des cafés et des épiceries. A l'angle de la rue Saint-Louis, au n°97, le café-bistrot ***Le Saint-Louis*** (☎ *723-7979*) propose des moules et des steak-frites. Le prix du repas s'établit en moyenne à 13 $. La ***Brûlerie d'Ici*** (☎ *723-3424 ; 91 rue Saint-Germain Est*) est un lieu très agréable pour prendre un café et un repas léger.

En face du Cégep, le ***Central Café*** (☎ *722-4011 ; 31 rue de l'Évêché Ouest*) se prévaut d'une ambiance décontractée et chaleureuse. Pizzas, pâtes, viandes fumées et hamburgers, d'un bon rapport qualité/prix, composent la carte. Les deux terrasses sont idéales pour les beaux jours.

A l'est de la ville sont regroupées plusieurs poissonneries où vous pourrez acheter soles, saumons, crevettes, homards et poisson séché.

Comment s'y rendre

Voiture. Vous pouvez suivre la route 132 qui longe le Saint-Laurent ou empruntez l'autoroute 20, avant de prendre la sortie 606 qui donne accès à l'ouest de la ville. La sortie 610 permet d'arriver directement à l'office du tourisme.

Allô Stop (☎ 723-5248) a une agence 106 rue Saint-Germain.

Bus. La gare routière (☎ 723-4923) est implantée 90 av. Léonidas. Elle est reliée tous les jours depuis Québec par la compagnie Orléans Express.

Train. Rimouski se trouve sur la ligne VIA Rail (☎ 722-4737 ou 1 800 361-5390). Depuis Mont-Joli, le train rallie Campbellton, dans le Nouveau-Brunswick. La gare se tient 57 rue de l'Évêché Est. Elle est ouverte du mercredi au lundi de 23h15 à 2h15 et le jeudi de 17h à 19h.

Bateau. Depuis l'an dernier, un traversier (☎ 725-2725) assure de fin avril à la mi-octobre la liaison Rimouski-Forestville, deux à quatre fois par jour selon la période. La traversée dure 55 minutes. Le tarif véhicule s'élève à 30 $ pour une voiture, 4 $ pour un vélo ; le tarif passager, à 13 $ pour un adulte, 8 $ pour un enfant et 11 $ pour les plus de 65 ans. En juillet et août, n'oubliez pas de réserver.

De son retour de la Côte Nord, la compagnie maritime Relais Nordik (☎ 723-8787 ou 1 800 463-0680), 205 rue Léonidas, relie Sept-Îles à Rimouski de début avril à début janvier. Le bateau quitte Sept-Îles le lundi après-midi et arrive à Rimouski le mardi vers 7h (58 $).

POINTE-AU-PÈRE

A 10 km de Rimouski à l'est, Pointe-au-Père est un haut lieu de la navigation. Pendant longtemps, il a représenté l'un des plus importants centres de navigation au Canada. Ouverte en 1859, la station de pilotage a fermé ses portes un siècle plus tard.

Aujourd'hui, son phare superbe et ses bâtiments annexes, 1034 rue du Phare, ont été transformés en un vaste Centre d'interprétation sur la navigation maritime. Ils regroupent le **musée de la Mer** et le **Lieu historique national du Phare-de-Pointe-**

au-Père. L'exposition du musée relate le naufrage de l'*Empress of Ireland*, le 29 mai 1914, qui causa la mort de 1 012 passagers. Le phare se visite. Le site est ouvert du 15 juin au 31 août de 9h à 18h. Du 1er septembre au 13 octobre, les horaires passent de 10h à 17h. Les frais d'entrée s'élèvent à 5,50 $ (13,50 $ pour les familles).

Des plongées sur l'épave *Empress of Ireland* sont possibles (☎ 739-5271). A cette hauteur du Saint-Laurent, 45 km environ séparent les deux rives, et la profondeur atteint 357 m.

Pour vous rendre au phare, vous longerez la **réserve nationale de faune du marais de Pointe-au-Père**, refuge de milliers d'oiseaux migrateurs. Le musée de la Mer fournit des renseignements à son propos.

Où se loger et se restaurer

A deux pas du musée et du phare, le ***Motel Bienvenue*** (*☎ 724-4338 ; 1057 av. du Phare*) loue des chambres avec cuisine et s.d.b. pour 65 $ en été (45 $ hors saison). Si le hall n'invite guère à la visite, les chambres réservent de belles surprises.

A deux pas du musée et en bordure du fleuve, le ***Gîte de la Pointe*** (*☎ 724-6614 ; 1046 av. du Phare Ouest*) est une maison en bois gris, à l'intérieur raffiné. La simple/double revient à 40/50 $.

Au n°1560, ***Place Lemieux*** (*☎ 723-8243*) fait office de motel, de poissonnerie (crevettes, crabe, saumon frais ou fumé, hareng, homard) et de restaurant (le ***Restaurant du Phare***). Comptez au moins 25 $ pour un repas. Le prix d'une chambre s'échelonne entre 40 et 50 $.

Comment s'y rendre

De Rimouski, suivez le bd Sainte-Anne (route 132) puis prenez à droite l'av. Père-Nouvel Nord pour arriver à la rue du Phare.

LES PORTES DE L'ENFER

A 35 km au sud de Rimouski, le canyon des Portes de l'Enfer qui s'étire sur 5 km a été aménagé en parc offrant de multiples randonnées. Des passerelles surplombent la rivière Rimouski. Le site possède notamment le pont suspendu le plus haut du Québec. Sur place, vous pouvez vous adonner au rafting, au kayak ou au canoë.

Ouvert de mai à octobre, le lieu est accessible par le chemin Duchénier que l'on prend à Sainte-Narcisse-de-Rimouski après avoir suivi la route 232 depuis Rimouski. L'entrée se monte à 5 $ (4 $ pour les étudiants et les seniors, 2 $ pour les 8-12 ans).

La Gaspésie

Indicatif ☎ 418

Large et opulente boucle, la Gaspésie s'avance dans le golfe du Saint-Laurent, comme pour mieux affronter les vents du large. Terre des Micmacs, berceau du Québec, elle représente un monde en soi tourné depuis toujours vers la mer. Ses côtes ont représenté pour nombre de marins et d'immigrants la première vision d'un univers convoité. Elles annonçaient la fin d'un long et périlleux voyage et marquaient le début d'une nouvelle aventure. Ici, la brume voile les obstacles aussi vite qu'elle les dévoile. Les naufrages furent nombreux et les attaques de pirates, toujours assassines. La Gaspésie est un bout de terre où chacun a trouvé un port d'ancrage. Basques, Gascons, Acadiens, Irlandais, Écossais, Jersiais et Loyalistes… Le nom des villages qui ponctuent le littoral décline leur identité.

Le long de la route 132, seul axe routier desservant villes et villages, les infrastructures portuaires rappellent qu'en Gaspésie, la pêche reste le pilier économique d'une région enracinée dans ses traditions. Certes, les bancs de poissons et de morues se sont réduits, laissant à quai nombre de bateaux. Crevettes, crabes et homards sont devenus des mannes providentielles. Dès le mois de mai, ils s'affichent au menu des restaurants.

Voyager en Gaspésie suppose de prendre la route 132 (si possible du sud au nord, pour apprécier au mieux les perspectives) et de s'arrêter quelque temps dans ses localités, histoire d'écouter les vies de chacun. Chaque été, les voyageurs viennent nombreux pour contempler le Rocher Percé et se promener le long du littoral tourmenté.

La haute saison est courte – de la mi-juin à septembre. Les prudents réserveront. En dehors de cette période, nombre d'hébergements et de restaurants sont fermés. La brume et la fraîcheur de l'air font partie du décor, même en plein mois d'août, mais la température de l'eau reste toutefois agréable. En avril-mai, les tempêtes de neige sont possibles et le parc de la Gaspésie rassemble de nombreux adeptes du ski de randonnée.

HISTOIRE

La péninsule a été occupée pendant plus de 2 500 ans par les Micmacs. L'arrivée de Jacques Cartier le 24 juillet 1534 au large des côtes allait ouvrir un autre chapitre de son histoire. C'est à Gaspé que le navigateur français plante une croix et prend possession du territoire au nom du roi de France. On n'en connaît pas l'emplacement exact. Bien avant lui, des pêcheurs basques, bretons et des îles anglo-normandes avaient sillonné ses rives. Pendant près de deux siècles, la péninsule restera la terre des Amérindiens et un port d'ancrage pour les pêcheurs européens.

La première vague de peuplement a lieu dans la baie des Chaleurs, au sud de la péninsule. Les Acadiens fuyant la déportation s'installent en 1755 à l'embouchure de la rivière Restigouche.

La Conquête en 1760 bouleverse à nouveau l'échiquier. Les Acadiens, fuyant les Anglais, se dispersent le long de la baie, d'autres s'en vont vers Québec. Parallèlement, une immigration venue d'Irlande, d'Angleterre et des îles anglo-normandes apparaît. La région, connue pour ses eaux poissonneuses, est en effet convoitée par de puissantes compagnies anglo-normandes. Deux compagnies de Jersey, la Compagnie de Charles Robin et celle de LeBoutillier, vont ainsi se partager pendant près d'un siècle le littoral. Avec elles va naître tout un système d'exploitation reposant sur une flotte importante, la création de représentations un peu partout sur la côte gaspésienne et l'ouverture de magasins généraux. Le système de crédit qu'elles mettront également en place aura pour but de rendre chaque employé encore plus dépendant de son employeur.

La guerre d'Indépendance des États-Unis apporte elle aussi son lot de Loyalistes qui s'installent, dans les années 1780, dans le sud de la péninsule, dans la baie des Chaleurs. Douglastown, New Carliste et New Richmond voient le jour.

A la fin du XIXe siècle, les compagnies se retirent. La crise bancaire qui sévit en Angleterre menace leur finance et leur capital. La pêche n'est plus aussi rentable et productive, les bancs de poissons se sont réduits considérablement. Les pêcheurs gaspésiens s'organisent alors et forment des coopératives. Parallèlement, au nord, une industrie minière et forestière apparaît.

Depuis quelques années, la Gaspésie est touchée de plein fouet par l'effondrement des stocks de morue, conduisant nombre de ses ports à vivre au ralenti et réduisant la population au chômage. La Gaspésie est ainsi la région du Québec qui enregistre le taux de chômage le plus important du Québec (22%).

ORIENTATION

Le relief de la Gaspésie est accidenté et montagneux, particulièrement sur son versant nord. L'intérieur des terres est totalement inhabité. Elle est traversée par les Appalaches, dont les sommets dépassent souvent les 1 000 m. Le mont Jacques-Cartier culmine à 1 268 m.

Bordée au nord et à l'ouest par le golfe du Saint-Laurent, la péninsule, dans sa partie sud, s'étire le long de la baie des Chaleurs, face au Nouveau-Brunswick.

La péninsule se divise en quatre régions distinctes. La vallée de la Matapédia, de Sainte-Flavie à Matapédia, forme un long corridor vallonné et boisé, traversé de bout en bout par la rivière Matapédia.

Au sud de la péninsule, la baie des Chaleurs conduit de Listuguj à L'Anse-aux-Gascons. Commence alors la pointe de la péninsule, avec Percé et Gaspé comme villes phares. La côte nord court ensuite de

L'Anse-Pleureuse jusqu'à Sainte-Flavie.

Sainte-Flavie, porte d'entrée de la Gaspésie, représente également la ville où la route 132 prend deux directions : l'une longe le littoral nord de la péninsule avant d'atteindre Gaspé. L'autre traverse la vallée de la Matapédia et continue sur la baie des Chaleurs, longeant le littoral sud de la péninsule avant de poursuivre vers Percé puis Gaspé. De la vallée de la Matapédia, la route 132 permet aussi de rejoindre le Nouveau-Brunswick.

La route 299, qui relie sur 143 km Sainte-Anne-des-Monts à New-Richmond, est la seule route qui traverse de part en part le territoire, la route 198 reliant Gaspé à l'Anse-Pleureuse.

FÊTES ET MANIFESTATIONS ANNUELLES

Février

Courses de traîneaux à chiens – Sur la banquise de Gaspé.

Juin

Les Fêtes du homard - A Percé.

Juin-Juillet

Festival en chanson. - A Petite-Vallée.

Festival de la crevette – A Matane.

Juillet

Fête du vol libre – A Mont-Saint-Pierre, durant les deux dernières semaines du mois.

Août

Maximum Blues – Festival de blues et de jazz à Carleton.

Festival acadien du Québec – A Bonaventure, du 15 au 18.

SAINTE-FLAVIE

Porte d'entrée de la Gaspésie, Sainte-Flavie abrite l'association touristique de la Gaspésie (☎ 775-2223 ou 1 800 463-0323, http://www.tourisme-gaspesie.com, info@tourisme-gaspesie.qc.ca), 357 route de la Mer (route 132). Ouverte à l'année du lundi au vendredi, ses horaires sont 8h30-17h. L'été, elle est accessible tous les jours entre 8h et 20h.

A proximité, au n°564, le **Centre d'art Marcel-Gagnon** (☎ 775-2829) est consacré au peintre et sculpteur Marcel Gagnon, dont plus de 80 statues sont exposées. L'espace englobe une auberge, un restaurant et une école d'art. Il est agréable d'y prendre un café. Il est ouvert tous les jours de 8h à 23h de mai à la mi-octobre. En dehors de cette période, il est préférable de téléphoner. L'entrée est gratuite.

En ville, le Centre d'information du saumon atlantique (☎ 775-2969), 900 route de la Mer, présente diverses expositions sur ce roi des poissons – également au menu de son restaurant. Des sentiers de randonnée partant du centre ont été aménagés. Ouvert dès la deuxième semaine de juin jusqu'à la mi-octobre, le centre se visite tous les jours de 9h à 17h ; son accès coûte 7 $ (nombreuses réductions).

La route 132 qui se poursuit ver la vallée de la Matapédia et Causapscal passe devant l'aéroport de Sainte-Flavie (☎ 775-8911), desservi quotidiennement par les compagnies InterCanadien, Air Alliance et Air Montréal depuis Montréal et Québec. Il représente une escale, avant celle de Gaspé,

Le barachois

Le mot barachois vient de la déformation de l'expression "barre à choir", banc de sable qui entoure une lagune et sur lequel les pêcheurs échouent leurs embarcations. En général, le barachois se crée à l'embouchure d'une rivière, en raison des dépôts qu'elle transporte et qui s'accumulent. Lieu d'échange des courants d'eau salée de mer et des courants d'eau douce de rivière, il représente un milieu transitoire où les sédiment s'accumulent. Des algues aquatiques poussent alors, des organismes marins apparaissent et les poissons se multiplient pour le plus grand bonheur des canards, des cormorans, des grands hérons, des bernaches et des sternes.

En Gaspésie, les barachois se localisent dans la baie des Chaleurs. De Miguasha à Percé, les barachois sont nombreux et se prêtent toujours merveilleusement à l'observation des oiseaux.

Le sentier international des Appalaches

Depuis 1999, le sentier international des Appalaches aboutit au parc Forillon, en Gaspésie. Long de 1 000 km environ, ce sentier commence aux États-Unis, au mont Katahdin dans l'État du Maine. Après avoir traversé le Nouveau-Brunswick en passant par le mont Carleton, il se prolonge jusqu'au Québec *via* la vallée de la Matapédia, la réserve de Matane et le parc de la Gaspésie, avant d'aborder le versant nord de la Gaspésie et d'aboutir à Cap Gaspé.

Le tronçon de 32,7 km qui relie Rivière-au-Renard au secteur sud du parc Forillon utilise les sentiers dits "Les lacs" et "Les crêtes". Il constitue la partie la plus sauvage et la plus accidentée du sentier. La partie accessible par le plus grand nombre et la plus spectaculaire est le tronçon secteur Sud/Cap-Gaspé. Long de 12,3 km, il comprend divers aménagements (escaliers, belvédères, panneaux d'interprétation). En son point ultime, une tour d'observation permet de bénéficier d'un panorama de 360° sur le fleuve et le golfe du Saint-Laurent, la baie de Gaspé et même l'île d'Anticosti par temps clair.

Il est signalisé par des balises blanches et bleues sous forme de plaques métalliques accrochées aux troncs des arbres. Des aires de camping sauvage et des belvédères ont été aménagés le long du tronçon.

pour les îles de la Madeleine (reportez-vous au chapitre *Les îles de la Madeleine*).

GRAND-MÉTIS

A 10 km à l'est de Sainte-Flavie, les **Jardins de Métis** (☎ 775-2221), 200 route 132, méritent la visite. Ils sont une merveille tant pour les yeux que pour la senteur fleurie et légère qu'ils dégagent. En outre, ils offrent de belles perspectives sur le Saint-Laurent. Le jardin, commencé en 1920, fut conçu par Elsie Reford qui hérita la terre de son oncle, le premier président de la Canadian Pacific. Il est géré par le gouvernement. De juin à fin août, il est ouvert tous les jours de 8h30 à 18h30 ; il ferme à 17h30 en septembre-octobre.

Dans le jardin se dresse la résidence d'été d'Elsie Reford. Le deuxième étage abrite un musée consacré à la famille Reford et à la ville de Grand-Métis. Le rez-de-chaussée et la terrasse font restaurant et salon de thé. Le service est assuré de 9h à 17h.

VALLÉE DE LA MATAPÉDIA

La vallée de la Matapédia, qui s'étend sur près de 150 km de Mont-Joli à la ville de Matapédia, est une région dominée par la forêt et par la rivière Matapédia, réputée pour le saumon. Elle forme un territoire à part dans la péninsule, une sorte de long et large couloir menant des rives du Saint-Laurent à la frontière provinciale du Québec avec le Nouveau-Brunswick. Terres agricoles puis vallons de plus en plus resserrés marquent le paysage.

AMQUI

A quelque trente kilomètres de Mont-Joli, Amqui présente peu d'intérêt. Construite à la pointe du lac Matapédia, cette localité, la plus importante de la vallée, offre néanmoins d'agréables points de vue sur ce gigantesque plan d'eau.

Au nord de la ville, sur les rives du lac Matapédia, vous pourrez faire halte au ***camping Amqui*** (*☎ 629-3433 ; 686 route 132*). Le prix de l'emplacement varie entre 18 et 23 $. Il est ouvert de mi-juin à début septembre et dispose d'un dépanneur. Des aires de pique-nique ont été aménagées.

CAUSAPSCAL

Au confluent des rivières Causapscal et Matapédia, cette jolie ville constitue une étape idéale dans la vallée. L'industrie forestière est encore très présente. Le secteur est également un haut lieu de la pêche au saumon. Du 1er juin jusqu'à fin septembre, une partie de la rivière Causapscal est en effet ouverte à la pêche. Des permis à la journée sont désormais délivrés. Les secteurs contingentés, autrement dit réser-

GASPÉSIE

vés, sont accessibles dès la mi-mai. Il vous faudra débourser en moyenne 400 $ la journée et réserver un an à l'avance. Pour tout renseignement, vous pouvez contacter la Corporation de Gestion des Rivières Matapédia et Causapscal (☎ 756-6174 ou 1 888 730-6174 ou cgrmp@quebecel.com).

La route 132 devient la rue Saint-Jacques dès l'entrée du village.

Les bus de la compagnie Orléans Express s'arrêtent au 122 rue Saint-Jacques, à deux cents mètres du Domaine.

A voir

Le **site Matamajaw** (☎ 756-5999), 53 rue Saint-Jacques Sud, est consacré au saumon mais aussi à l'histoire de ce club américain très sélect, propriétaire de la rivière (reportez-vous à l'encadré *Pêche gardée*). Installé dans l'ancien pavillon du club (resté tel quel avec le mobilier d'époque), le site décrit d'une manière vivante et didactique la vie d'un club et d'un village qui comptaient près d'une vingtaine de grands hôtels (aujourd'hui tous disparus). Trois représentations théâtrales par jour sont par ailleurs programmées (relâche les lundi et mardi).

La pièce raconte la vie d'un guide d'un club de pêche. Un sentier pédestre le long de la rivière a été également aménagé (comptez deux heures). Il est jalonné de panneaux explicatifs sur la faune, la flore et l'histoire de la vallée. Le site est accessible à partir de juin. Il ferme ses portes à la mi-octobre. Ses horaires sont 9h30-17h30 jusqu'à la fin août (9h-17h en septembre et en octobre). L'entrée coûte 4,31 $ (nombreuses réductions). En bordure du site, une aire de pique-nique a été aménagée.

En face du site, un petit kiosque d'information accueille les visiteurs (en été seulement).

Juste en contrebas du pavillon se trouve le **parc des Fourches**. Aménagé aux abords des rivières Matapédia et Causapscal, il permet d'observer les pêcheurs en action.

A 15 km de la ville, des sentiers pédestres longent la rivière Causapscal, ponctuée de chutes. Le site des chutes et des marées a été particulièrement bien aménagé pour observer la remontée des saumons dès la fin mai. Une pancarte dans la ville sur la route 132 indique la direction.

Où se loger et se restaurer

Ouvert à l'année, le ***Motel du Vallon*** (☎ *756-3433*), 609 rue Saint-Jacques Nord, n'a aucune prétention. La simple/double revient à 42/48 $ en été, 32/38 $ le reste de l'année. Il dispose de chambres avec cuisinette à 55/65 $ (dix dollars de moins de décembre à mai).

Juste à côté, le ***Camping municipal Saint-Jacques*** (☎ *756-5621*), 601 rue Saint-Jacques Nord (route 132), de petite dimension, est assez attrayant. Vous débourserez entre 14 et 18 $.

En face du site Matamajaw, sur les hauteurs, l'***Auberge de la Coulée Douce*** (☎ *756-5270 ou 1 888 756-5270*), 21 rue Bourdreau, ouverte à l'année, est la bonne adresse pour se loger et se restaurer. La simple/double se monte à 45/65 $ en basse saison, 48/70 $ le reste de l'année. Le restaurant est ouvert midi et soir en été. De la mi-septembre à la mi-mai, il est nécessaire de réserver. La table d'hôte varie entre 12 et 25 $. Au menu, le saumon tient la vedette. L'auberge abrite souvent des pêcheurs. Le propriétaire des lieux est un grand amateur qui peut vous conseiller. Vianney Morin propose en effet différentes activités (pêche notamment). Le forfait d'initiation à la pêche au saumon coûte 35 $ par personne (groupe minimum 4 personnes)

Plusieurs restaurants quelconques sont installés dans la rue Saint-Jacques.

SAINTE-FLORENCE

Cette bourgade, dotée d'une importante usine à bois, est située à l'endroit même où la vallée se rétrécit et le paysage devient austère. Vous y trouverez une station-service.

ROUTHIERVILLE

C'est un charmant village doté d'un pont en bois. Vous apercevrez par ailleurs des pêcheurs avec leurs cuissardes et leurs cannes à pêche.

Pêche gardée

La pêche au saumon de l'Atlantique a ses fans. Aujourd'hui ouverte à tous moyennant finance, elle connut une époque où elle fit du Québec une terre très convoitée, propriété de riches Américains et Canadiens. De début juin à la fin août, ils sont tous là. Aucun d'entre eux ne peut s'imaginer manquer ce rendez-vous.

Au Causapscal, ces concessions privées eurent une influence sur la vie de chacun des villageois. Il n'y a pas si longtemps, personne dans le village ne pouvait aller taquiner le poisson au grand jour sans être rappelé à l'ordre. Les rivières étaient propriété privée et quiconque tentait y puiser quelque nourriture se voyait mis à l'amende.

Tout a commencé en 1873, lorsque Lord Mount Stephen, de la Canadian Pacific Railway, acheta des lots de terres le long des rivières Matapédia et Causapscal, connues pour leurs fosses à saumons. Soucieux de protéger son patrimoine, l'homme embauche des gardiens dans le village pour surveiller le domaine. Le long de la rivière, des cabanes en rondins de bois sont construites pour abriter les invités de Lord Stephen, dont la propriété au bord d'un lac reste un mystère pour les gens du village.

En 1892, le domaine est racheté par la Restigouche Salmon Club. Il passe entre les mains de six hommes d'affaires américains et canadiens. Le Mattamajaw Salmon Club est créé et régnera en maître pendant plus de soixante ans sur le cours de la Matapédia et de la Causapscal. Faire partie du Club signifie posséder quelques titres mais surtout beaucoup d'argent. En 1905, un membre devait débourser 4 000 $ par an.

Jusque dans les années 70, le protocole ne varie guère. Dès le mois de juin, ils arrivent à l'aéroport de Mont-Joli, s'installent dans de luxueuses limousines. Direction la vallée de la Matapédia.

En 1974, "l'opération déclubage", comme l'appellent les gens de la région, commence. L'heure est à la démocratisation. Il est temps de faire revenir terres et cours d'eau dans le domaine public. Le cas de la rivière Matapédia et de Causapscal sera un dossier parmi d'autres.

MATAPÉDIA

La ville de Matapédia est construite au confluent des rivières de la Restigouche et de la Matapédia. Elle sert de base à de nombreux pêcheurs. Les présidents Nixon et Carter ainsi que le général Schwartzkopf ont fréquenté les lieux. Le pont qui enjambe la rivière permet de passer dans la province du Nouveau-Brunswick et de rejoindre Campbellton, à 17 km.

BAIE DES CHALEURS

La baie qui s'étend de Listuguj à la pointe aux Gascons doit son nom à Jacques Cartier qui, impressionné par la douce chaleur du lieu, la dénomma ainsi en juillet 1534 dans son journal de bord. Elle constitue effectivement un territoire protégé des vents froids. Plages de sable fin et barachois rythment le littoral. A la différence du nord de la péninsule, le paysage est plus plat et moins rocheux. De même, la population se distingue par la présence de francophones (à majorité acadiens) au côté d'anglophones. L'agriculture et différentes industries jouent un rôle important.

POINTE A LA CROIX/LISTUGUJ

Cette localité au nom micmac a toujours été un village micmac. Ici, on vit à l'heure du

GASPÉSIE

Nouveau-Brunswick. L'anglais est la langue de communication.

Une visite au **Centre d'art et culturel de Listiguj** (☎ 788-5707), 2 Riverside West, permet de découvrir l'histoire et la vie d'aujourd'hui de cette première nation. Des artisans exposent leur production où dominent bijoux et vannerie.

En face, le **fort Listuguj** (☎ 788-1760 ou 788-9090) reconstitue la vie d'un fort au temps de la Nouvelle-France, juste avant la bataille de Restigouche en 1760. Derrière les hautes palissades en billots se côtoient, en habits d'époque, Micmacs alliés des Français, soldats français et Acadiens.

L'entrée et la visite guidée coûtent 5 $ (15 $ pour les familles, 4 $ pour les étudiants et les seniors ; gratuit pour les moins de 5 ans). Ouvert tous les jours de 10h à 19h de juin à fin octobre, le fort abrite également un ***hôtel-restaurant***. La simple/double se loue 35/30 $. En tipi, le lit revient à 18/23 $.

PARC HISTORIQUE NATIONAL DE LA BATAILLE DE LA RESTIGOUCHE

Construit à la Pointe-à-la-Croix, à l'écart de la route 132, le **Centre d'interprétation de la bataille de la Restigouche** (☎ 788-5676) raconte l'histoire de la dernière bataille entre la France et l'Angleterre pour la conquête de la Nouvelle-France en 1760. Des objets et des pièces provenant de l'épave du voilier français *Le Machault* sont exposés.

Dissimulé derrière un paravent d'arbres, le centre fait face à la rivière Restigouche où a eu lieu la célèbre bataille.

Il est ouvert du 1er juin au 13 octobre de 9h à 17h. Le billet d'entrée coûte 3,50 $ (7,50 $ pour les familles).

POINTE A LA GARDE

L'***Auberge de jeunesse*** (☎ *788-2048*) est un lieu étonnant. Ne manquez pas d'aller voir le surprenant château Bahia, en bois, construit dans la forêt par le propriétaire des lieux. Passionné par ces anciennes demeures seigneuriales, Jean Roussy a réalisé un édifice sorti tout droit de son imagination. La nuit au château pour deux revient à 39 $ ou 59 $ (petit déjeuner et souper compris). L'auberge de jeunesse est installée dans la maison du propriétaire, en contrebas. Le lit en dortoir revient à 15 $, petit déjeuner compris.

Situé sur la route 132, le château est indiqué par un panneau. L'arrêt du bus de la compagnie Orléans Express se trouve à l'embranchement du chemin qui mène à l'auberge de jeunesse.

PARC DE MIGUASHA

Le parc de Miguasha (☎ 794-2475, miguasha@quebectel.com), 270 route Miguasha Ouest (route 132), compte parmi l'un des plus prestigieux sites fossilifères du monde.

Découvert en 1842, le site a pendant plus d'un siècle fasciné les plus illustres institutions scientifiques et muséologiques de la planète par sa faune et sa flore fossilisées.

Ce bout de falaise gaspésienne a livré une multitude d'espèces de poissons, d'invertébrés et de plantes, qui ont permis de reconstituer un écosystème de l'époque dévonienne, autrement dit un milieu de vie remontant à 370 millions d'années.

Ouvert tous les jours de 9h à 18h, de juin à mi-octobre, le parc dispose d'un centre d'interprétation et organise des visites guidées jusqu'aux falaises. Des tables de pique-nique sont dispersées le long du sentier. L'entrée est gratuite.

MIGUASHA

De Miguasha, vous pouvez vous rendre à Dalhousie, dans le Nouveau-Brunswick. De mi-juin à mi-septembre, un bateau de la compagnie Dalmig Marine Inc (☎ 794-2792), 194 route Wafer, relie les deux villes toutes les heures entre 9h et 19h30. De Dalhousie, les départs s'échelonnent entre 9h et 21h. La traversée dure 15 minutes et coûte 1 $ par passager (gratuit pour les moins de 15 ans ; 12 $ pour le passage de la voiture).

CARLETON

Blottie entre montagne et mer, Carleton, qui compte à peine 2 000 habitants, a la douceur

Les Acadiens

Colonie française de 1604 à 1713, l'Acadie fut cédée à l'Angleterre et devint la Nouvelle-Écosse anglaise par le traité d'Utrecht. Refusant plusieurs fois de prêter serment d'allégeance à la Couronne britannique, les Acadiens se virent contraints et forcés de quitter leur maison à la fin du mois d'août 1755. Leurs villages furent souvent brûlés et les populations, embarquées de force sur des navires.

De nombreux Acadiens (un million environ) s'installèrent en Louisiane, où ils reçurent le nom de Cajuns. D'autres trouvèrent refuge au Texas, en Alabama (500 000), en Ontario (300 000), dans l'Ouest canadien (100 000), mais aussi au Québec.

Ils furent aussi près d'un millier, à l'époque de la déportation, à trouver refuge à Restigouche, au fond de la baie des Chaleurs. Mais la chute de Restigouche en 1760 entraînera à nouveau leur dispersion le long de la baie. Nombre d'entre eux partiront également vers la région de Québec. Des villes comme Trois-Rivières sur la rive nord du Saint-Laurent constituèrent de nouveaux ports d'ancrage pour nombre de familles. D'autres préférèrent rester en Gaspésie et s'établirent entre Carleton et Bonaventure qu'ils fondèrent.

Les îles de la Madeleine et la Côte Nord furent également des terres d'exil. Cet exil forcé inspirera à Henry Wadsworth Longfellow le poème *Évangéline*, du prénom de l'héroïne fictive de l'exode que chaque Acadien apprend encore aujourd'hui au Québec.

des stations balnéaires à dimension humaine. Cette localité représente une belle étape, tant par son cadre que par son hébergement de qualité et ses excellents restaurants.

La plage sablonneuse et la température agréable de l'eau sont appréciables en été. Son barachois permet d'observer (à la jumelle) de nombreux oiseaux.

Fondée en 1756 par des Acadiens, la ville de Tracadièche ("là où se tiennent les hérons", en langue micmac) a pris le nom du gouverneur Guy Carleton en 1785.

La route 132 devient, en ville, le bd Perron, que longent les hébergements, les restaurants, les boutiques et les banques.

Le Bureau d'information touristique (☎ 364-3544) est installé au rez-de-chaussée de l'hôtel de ville, 629 bd Perron. Il est ouvert tous les jours de 8h à 20h en juillet et en août. Le reste de l'année, il n'est accessible qu'en semaine, de 8h à 12h et de 13h à 16h.

Activités sportives et culturelles

Au bout de la route du Quai, une tour en bois permet d'observer le grand héron et la sterne (l'hirondelle de mer) qui viennent se nourrir dans le barachois. Depuis le chemin de la Balade, vous atteignez la pointe Tracadigash, située à l'extrémité du camping.

Du quai, des excursions en bateau sont proposées par différents prestataires. Soleil de Mer (☎ 364-3857) organise des sorties en mer pour la journée avec, au programme, la baie des Chaleurs, l'île au Héron et l'estuaire de la Restigouche. Comptez 75 $ par personne (le repas est fourni). Les moins de 11 ans ne payent pas. La demi-journée revient à 45 $. La location de voilier est également possible.

La Compagnie Mer Nature (☎ 364-7743) assure un service de navette à l'île au Héron et représente également le seul centre de plongée de la ville. Des plongées autour de l'île au Héron sont possibles.

Derrière la ville, des sentiers pédestres bien balisés et une route mènent au sommet du mont Saint-Joseph (555 m) où s'élèvent l'oratoire Notre-Dame et l'antenne de Radio-Canada. Le panorama sur la baie est époustouflant. A pied, comptez une bonne heure de marche. Le snack-bar (ouvert de juin à septembre) est vraiment le bienvenu.

Au 756 bd Perron, le Centre d'Artiste Vaste et Vague est une galerie où sont exposées des œuvres d'artistes québécois contemporains.

Le long du chemin de la Balade qui longe le barachois, vous trouverez une aire de jeu pour les enfants.

Où se loger

Au nord de la ville, le ***Manoir Belle Plage*** (☎ *364-3388 ; 474 bd Perron*) loue des chambres correctes mais sans véritable âme, moyennant 90 $ pendant la haute saison (65 $ en dehors de cette période). Sur le même trottoir, au n°482, l'hôtel-motel ***Baie Bleue*** (☎ *364-3355 ou 1 800 463-9099*) a plus de cachet. Le prix d'une double s'élève à 100 $ en été (65 $ le reste de l'année).

A l'autre bout du bd Perron, au n°895, dans une belle bâtisse en bois, le ***Thermotel*** (☎ *364-7055 ou 1 800 463-0867*) domine la mer. Il propose des cures et loue des chambres. La simple/double se négocie de 55/65 $ en basse saison à 85/95 $ de la mi-juin à août. La piscine à l'eau de mer et le sauna sont accessibles à tous.

Le gîte ***La Visite Surprise*** (☎ *364-6553 ou 1 800 463-7740, lisebl@globetrotter.net ; 527 bd Perron*) se trouve à l'intersection de la route du Quai. L'accueil est chaleureux mais évitez les chambres en sous-sol. La simple/double est louée 40/55 $ (35/48 $ hors saison). Il est ouvert à l'année et prête des bicyclettes.

Au n°711, le ***Gîte de la Mer-Lamontagne*** (☎ *364-6474*) présente le meilleur rapport qualité/prix dans sa catégorie. La chambre au dernier étage, dotée d'une fenêtre avec balcon ouvrant sur la mer, est un pur bonheur. Comptez 30 à 40 $ pour une personne et de 40 à 50 $ pour deux. Tout aussi agréable et central, ***Le Gîte Chez Lulu*** (☎ *364-6080 ; 21 rue de la Montagne*) possède des chambres à 45/55 $. Tranquille, il dispose par ailleurs d'une piscine bordée d'une belle pelouse. Le ***Gîte Le Barachois*** (☎ *364-3453 ; 846 bd Perron*) est agréable et la vue sur la mer, superbe. Seul défaut : la taille réduite de certaines chambres. La double est facturée 55 $, taxes comprises.

Installé le long d'un bras de mer, le ***Camping Carleton*** (☎ *364-3992*) figure parmi les meilleurs sites du Québec. Si l'ombre est rare, la vue sur la mer et la montagne est dégagée. Le prix de l'emplacement varie entre 18 et 23 $. Pour s'y rendre, il faut prendre, depuis le bd Perron (route 132) au niveau du Thermotel, la route allant vers la mer.

Où se restaurer

Sur la route du Quai, au n°215, le ***Café l'Indépendant*** (☎ *364-7602*) occupe une belle maison en bois construite en bordure de grève. Les repas, où poisson et crustacés dominent, sont plutôt ordinaires mais le cadre – une salle agréable et une grande terrasse – offre une belle vue. La table d'hôte varie entre 14 et 22 $. Fermeture de mi-septembre à début mai.

A côté, au n°203, le ***Bleu Marine*** (☎ *364-6621*) propose poissons (surtout grillés), crustacés, viandes… et crêpes. La cuisine est simple et savoureuse. Comptez entre 12 et 18 $. En bord de mer, sa grande salle et sa terrasse donnent sur le barachois. Les enfants peuvent jouer sur la plage attenante. Il est ouvert tous les jours de mi-juin à septembre, et du jeudi au dimanche le reste de l'année.

A la ***Brasserie la Rochelle*** (☎ *364-3611 ; 536 bd Perron*), l'ambiance est décontractée et joyeuse. Les moules-frites sont une spécialité et, jusque début juin, vous bénéficiez de deux moules-frites pour le prix d'une (repas entre 11 et 17 $). Faisant office de station routière et de librairie, ***Le Héron*** (☎ *364-3881 ; 561 bd Perron*) offre une cuisine où hamburgers, salades, sandwiches (notamment au crabe) côtoient invariablement frites ou riz. Ici, pas de prétention dans le service. Le désir de vous offrir rapidement un repas copieux et peu onéreux, dans un cadre années 50, prime. Comptez entre 10 et 17 $.

Au 840 bd Perron, ***La Maison Monti*** (☎ *364-6181*) est une superbe et élégante demeure, réputée pour sa cuisine.

Comment s'y rendre

La route 132 traverse la ville. L'arrêt des bus de la compagnie Orléans Express se trouve 561 bd Perron, juste au niveau du restaurant Le Héron (☎ 364-7000). Les liaisons avec Québec *via* le Bas-Saint-Laurent sont quotidiennes (deux départs par jours). On peut acheter les tickets dans le restaurant.

Le train de la compagnie VIA Rail en provenance de Québec et en direction de Percé s'arrête à Carleton (consultez le paragraphe *Comment s'y rendre* dans la rubrique *Percé*).

MARIA

Du nom de l'épouse de Sir Guy Carleton, Maria est située à une dizaine de kilomètres de Carleton. A l'ouest de la ville, le long de la route 132, vous apercevrez une petite église en forme de tipi (*wigwan* en langue micmac). Installée au cœur de la réserve, elle rappelle que la communauté micmac est importante à Maria.

NEW RICHMOND

Baignée par deux importantes rivières à saumon, la Petite Cascapédia et la Grande Cascapédia, New Richmond a abrité plusieurs familles acadiennes, avant que les Loyalistes en fassent leur ville en 1794. En 1820, les Écossais ont également été très nombreux à venir s'établir à New Richmond, dont la population dépasse aujourd'hui 4 000 habitants. Les Irlandais suivirent dans les années 1860. L'architecture des maisons n'est pas sans rappeler ces vagues d'immigration successives.

Le **Centre d'héritage britannique de la Gaspésie** (☎ 392-4487), 351 bd Perron Ouest, retrace l'épopée anglaise en terre gaspésienne. Ce centre reconstitue littéralement un village loyaliste de la fin du XVIIIe siècle avec ses demeures particulières de couleurs jaune ou bleu pâle, son magasin général et sa poste. On peut s'y restaurer. Il est ouvert tous les jours de juin à la mi-septembre, de 9h à 18h. Comptez au moins deux heures pour la visite (5 $, nombreuses réductions possibles).

Les Rangs 3 et 4, jalonnés de grands arbres plus que centenaires, cachent de magnifiques demeures. Parallèles l'un à l'autre, ils sont accessibles en prenant, sur la route 132, la route 299 qui mène au parc de la Gaspésie. Sur la route 299, suivez, dans le village, le chemin qui mène au 4ème Rang. Empruntez ensuite l'un des multiples chemins sur la droite.

Où se loger

Le gîte Les Bouleaux *(☎ 392-4111 ; 142 rue de la Plage)* est une belle et vaste demeure située au cœur d'une forêt de bouleaux, face à la baie des Chaleurs. Isolée mais disposant de tout le confort souhaité, elle offre un cadre idéal, avec ses grandes baies vitrées ouvrant sur un immense terrain parfaitement aménagé. Demandez les chambres au rez-de-chaussée. Comptez entre 50 et 60 $, taxes incluses.

BONAVENTURE

En bordure d'eau et tirant son nom, dit-on, d'un voilier qui sillonnait le Saint-Laurent dans les années 1590, Bonaventure est une ville très plaisante où trouvèrent refuge de nombreux Acadiens en 1760. Encore aujourd'hui, environ 80% de la population (2 960 habitants) est acadienne.

Le **Musée acadien du Québec** (☎ 534-4000), 95 av. Port-Royal (route 132), retrace merveilleusement l'histoire fascinante et tragique de ce peuple. Au rez-de-chaussée, une grande salle est réservée à des œuvres d'artistes contemporains.

Ouvert tous les jours de 9h à 20h, du 24 juin à début septembre, il ferme ses portes entre 12h et 13h puis à 17h en dehors de cette période (le week-end, ouverture de 13h à 17h). L'entrée est de 5 $ (4 $ pour les étudiants et les seniors, 11 $ pour les familles ; gratuit pour les moins de 6 ans).

La route du Quai (parallèle à la route 132) conduit à la plage. L'avenue du Grand-Pré est la rue principale où se répartissent restaurants, boutiques, banques et hôtels.

Où se loger

L'***Auberge du Café Acadien*** (☎ *534-4276*), au bout de la route du Quai, près du petit port de pêche, loue des chambres très convenables. Comptez entre 40 et 50 $. Elle ouvre de fin avril à octobre.

Plus impersonnel, le ***Motel Grand-Pré*** *(☎ 534-2053 ou 1 800 463-2053, www.fortune1000.ca/grandpre ; 118 av. Grand-Pré)* présente l'avantage d'être central. Les simples/doubles, correctes, don-

GASPÉSIE

nent sur le parking du motel, et se négocient à partir de 75/85 $. Pour 10 $ de plus, votre chambre s'ouvrira sur un bassin d'eau.

En arrivant dans la ville par la route 132, vous ne manquerez pas l'hôtel-motel ***Le Riotel Château Blanc*** *(☎ 534-3336 ou 1 800 463 7468, http://riotel.qc.ca)*. Son élégante façade d'un blanc immaculé fait face à la mer. Ouvert de juin à fin septembre, il pratique des prix variant en fonction de l'exposition des chambres : de 66 à 100 $.

Où se restaurer

Au bout de la route du Quai, installée dans un ancien bâtiment qui servait autrefois à la vente de poisson, la chaleureuse ***Auberge du Café Acadien*** (*☎ 534-4276*) est une bonne adresse. Ouverte de mi-juin à mi-septembre, elle propose en plat principal du poisson et des crustacés pour moins de 20 $ par personne.

Central, le ***Café Le Bec à Flûte*** (*av. Grand-Pré*) prépare des repas légers à 10/14 $, dans un cadre intimiste. Salades, tartes et croque-monsieur figurent au menu. Il est fermé les lundi et mardi. De l'autre côté de la rue, ***Le Fou du Village*** est l'endroit idéal pour boire une bière le soir.

NEW CARLISLE

Ce village loyaliste, traversé par la route 132, a vu grandir René Lévesque, fondateur du Parti québécois et Premier ministre du Québec de 1976 à 1985. Il dispose de belles maisons à l'architecture très anglo-saxonne, souvent bordées d'arbres plus que centenaires.

La **Maison Hamilton** (☎ 752-6498), 115 rue Principale, du nom d'un ancien député du Comté de Bonaventure, et la **Maison Caldwell** se visitent tous les jours de la mi-juin à la fin août, de 10h à 16h30 (fermeture entre 12 et 13h). L'après-midi, une pièce fait office de salon de thé. L'entrée revient à 2,50 $ pour un adulte.

PASPÉBIAC

Des descendants de Normands, de Bretons, d'habitants des îles anglo-normandes et de Basques composent la population de ce village, qui a longtemps vécu de la pêche.

Des bâtiments ayant appartenu aux compagnies rivales Robin et LeBoutillier, originaires de l'île de Jersey, témoignent de ce passé prospère. Reconnaissables à leurs façades de bois peintes en blanc et à leurs portes rouge basque, ils constituent aujourd'hui le **Site du Banc-de-Paspébiac** (☎ 752-6229). Dispersés le long de la route du Quai, les bâtiments se visitent tous les jours, de juin à mi-octobre, de 9h à 17h (18h en juillet-août). Des guides font revivre (en français et en anglais) cette époque où la pêche à la morue était à l'origine d'un commerce florissant. L'entrée coûte 5 $.

Installé dans un bâtiment ancien, le restaurant ***L'Ancre*** sert midi et soir, du 20 juin à début septembre, des fruits de mer et du poisson. Le repas coûte entre 9 et 15 $.

PORT-DANIEL

Les habitants de cet ancien territoire micmac sont d'origine écossaise, irlandaise et acadienne. Construit dans une baie profonde, ce joli petit village possède une agréable plage.

A 8 km au nord du village s'étend la petite **réserve faunique de Port-Daniel,** dont la rivière et les lacs abondent en truites mouchetées et en saumons de l'Atlantique.

POINTE GASPÉSIENNE

Elle représente souvent l'objectif de tout voyage en Gaspésie ; Percé en est le phare, Gaspé le cœur et la mémoire historique, et le parc Forillon une étape pour l'observation des baleines.

PABOS MILLS

Ancien chef-lieu administratif, économique et religieux de la Gaspésie, Pabos Mills ne mérite un arrêt que pour son Centre d'interprétation le **Bourg de Pabos** (☎ 689-4240), 75 rue de la Plage, qui reconstitue le mode de vie des pêcheurs durant les années 1730-1758.

Il est ouvert tous les jours, de 9h à 17h, de mi-juin à mi-septembre. Il dispose d'une aire à pique-nique et vend des en-cas.

CHANDLER

Chandler fut longtemps une ville où prédominait l'industrie de la pâte à papier. Son activité économique dépend toujours de la gigantesque usine Abitibi-Price. Dans le port, des cargos venus du monde entier repartent chargés de tonnes de papier.

L'ANSE-A-BEAUFILS

A 10 km à peine de Percé, ce petit port de pêche, toujours en activité, a conservé ses installations. Les belles plages sont réputées pour ses agates et ses jaspes. La plage du Cap-d'Espoir est propice à la baignade. Les anciens bâtiments en bordure du port devraient être, dès l'an 2000, aménagés en centre culturel et abriter un bar, un restaurant, des boutiques, un musée et une salle de spectacle. La marina devrait également être réaménagée. Des circuits pédestres sont également prévus dans le cadre du plan d'embellissement de ce village.

La tannerie Au loup marin (☎ 782-2346), 27 rue de l'Anse, assure des visites commentées et gratuites de la fabrique.

PERCÉ

Percé est indissociable de son immense Rocher Percé, proche du rivage, réellement impressionnant et de toute beauté au couchant. L'été, la ville est saturée de touristes mais elle reste déserte de mi-septembre au mois de juin. Environ 450 000 personnes passent chaque année à Percé pour voir son Rocher et s'aventurer sur l'île Bonaventure, face au village, à seulement 3,5 km de distance. Dominé par le mont Sainte-Anne (375 m), Percé est un petit village doté d'une imposante église et de maisons aux belles façades blanches. Les hébergements sont légion, ainsi que les restaurants et les cafés. Attention, la plupart ferment dès la fin septembre pour ne réouvrir qu'à la mi-juin. Les prix grimpent l'été.

En arrivant du sud, vous apercevez l'Anse du Sud, fermée par le mont Joli et le Rocher Percé ; entre les deux, le village s'étire face à l'île Bonaventure. Un observatoire se trouve sur le mont Joli. La route 132 traverse le village, grimpe ensuite et contourne l'anse du Nord, avant de poursuivre vers le pic de l'Aurore, à l'extrémité nord du village.

Histoire

Percé et l'île Bonaventure furent très tôt des bases recherchées par les pêcheurs basques, bretons, normands et charentais. L'île est d'ailleurs un poste de pêche plus fréquenté que Percé durant l'été, encore vierge de toute population permanente. En 1686, 24 habitants sont ainsi recensés à Bonaventure. Mais des pirates à la solde de la Nouvelle-Angleterre viennent compromettre le développement de la région. En 1690, les compagnies préfèrent se retirer de Percé et de Bonaventure plutôt que de subir de nouveaux pillages. Gaspé et sa baie profonde seront leur nouvelle base. Jusqu'en 1760, les eaux de Percé et de l'île Bonaventure ne seront plus fréquentées et la région restera inoccupée.

La conquête en 1760 conduit d'autres compagnies à s'intéresser à la région. L'année 1766 voit ainsi l'arrivée de la compagnie jersiaise Robin, dont le pouvoir sera vite contesté par la compagnie concurrente LeBoutillier. Rapidement, elle contrôle la chaîne de production, de transformation et de commercialisation du poisson (principalement la morue), mais aussi la ville. Tout lui appartient : les bâtiments, le magasin général et l'école. Cette période faste durera un siècle. L'île Bonaventure connaît alors un nouveau peuplement et Percé se développe. La fin du XIXe siècle marquera un tournant. Les compagnies ont changé de propriétaires, les bancs de morues se sont déplacés, le commerce n'est plus ce qu'il était. Le déclin s'amorce. La pêche restera une activité bien moins importante qu'auparavant. Au début du XXe siècle, l'arrivée des premiers touristes, essentiellement américains, et de nombreux artistes attirés par la beauté des lieux ouvriront de nouvelles perspectives. L'île Bonaventure devient rapidement un lieu de villégiature. Plus de la moitié de son territoire est propriété d'une poignée d'Américains. En 1971, le gouvernement québécois se porte acquéreur

CHRISTINE COSTE

CHRISTINE COSTE

CHRISTINE COSTE

CHRISTINE COSTE

Les îles de La Madeleine. **En haut :** l'île du Havre aux Maisons ; au loin, l'île d'Entrée. **Au milieu :** le port et une maison de l'île de la Grande-Entrée. **En bas :** la maison d'André sur l'île de la Grande-Entrée.

CHRISTINE COSTE

CHRISTINE COSTE

CHRISTINE COSTE

Vues de la Gaspésie. **En haut à gauche :** un ancien entrepôt à Percé. **En haut à droite :** le phare de la Martre à Percé. **En bas :** Mont-Joli et le Rocher percé.

de l'île. Le parc de l'île-Bonaventure-et-du-Rocher-Percé est officiellement créé en 1985.

Renseignements

Ouvert de la troisième semaine de mai à octobre, le Bureau d'information touristique (☎ 782-5448, infotour@globetrotter.qc.ca) est situé 142 route 132, au centre-ville. Presque en face, la Caisse Populaire Desjardins possède un guichet automatique.

Toujours dans le centre-ville, vous trouverez une buanderie à côté du restaurant Aux mille délices.

A voir

Le **Centre d'interprétation du parc de l'Île-Bonaventure-et-du-Rocher-Percé** (☎ 782-2721), rang de l'Irlande, présente la faune de l'île et des eaux du golfe de manière très vivante. Panneaux, jeux interactifs, aquariums et films animent l'exposition. Il est ouvert tous les jours de juin à mi-octobre, de 9h à 17h (entrée gratuite).

Le rang de l'Irlande, situé à 2 km du centre-ville, est accessible par la route des Failles ou par un sentier de randonnée qui part d'un stationnement près de la route 132.

Au centre-ville, juste en face de l'office du tourisme, le **musée Le Chafaud** (☎ 782-5100), 145 route 132, organise, de juin à fin septembre, des expositions de peintures à thème. Il est logé dans un superbe bâtiment de la compagnie Robin. Le reste de l'année, il est fermé. Dans le centre-ville, vous trouverez de nombreuses galeries, d'inégale qualité, le long de la route 132.

Activités

Sur la route 132, avant d'entrer dans le village et de longer l'Auberge Fleur de Lys, prenez la **route des Failles**, dite aussi route panoramique, pour bénéficier d'une vue sur le village, le Rocher et l'île Bonaventure. Derrière l'église, un sentier mène au mont Sainte-Anne (comptez 3 heures) et passe devant une grotte. Un autre sentier pédestre de 3 km mène à la **Grande Crevasse**. Empruntez-le derrière le restaurant Le Gargantua, à 2 km au nord de la ville.

Le Rocher Percé à pied sec

A l'origine, le rocher avait trois arches. Lorsque Jacques Cartier passe devant, en juillet 1534, il est relié à la pointe du Mont-Joli. Lors du voyage de Champlain en 1603, le rocher se distingue nettement de la rive à marée haute. Le terme Percé lui est déjà donné par les Micmacs de la région. Friable, le rocher perd une à une ses quatre arches. La dernière s'écroule le 17 juin 1845. Quelques décennies plus tard, la mer grignote pourtant à nouveau cette falaise de calcaire, haute de 90 m à son point le plus élevé. Une ouverture se dessine, s'accentuant chaque année un peu plus et donnant à voir aujourd'hui un rocher percé d'une seule arche. Les vagues et les marées, le gel et le dégel continuent à le sculpter et à le délester de 300 tonnes de roches par an.

A marée basse, il est possible de s'y rendre à pied et de longer la falaise, longue de 440 m seulement. Il suffit d'emprunter le sentier depuis la rue du Mont-Joli, à l'est de la ville, de descendre les escaliers puis de suivre le chemin juste en dessous du belvédère. Le trajet aller-retour, court, s'effectue aisément en une heure. Renseignez-vous au préalable sur les horaires des marées au Bureau d'information touristique de Percé. La prudence est de rigueur, car la roche est friable. Un programme d'interprétation, organisé de fin juin à fin août, permet à ceux qui le désirent de se rendre au rocher accompagné d'un guide. Ce dernier leur livrera l'histoire de la centaine d'espèces de fossiles (vieux de 375 millions d'années) répertoriés.

Au sommet de la falaise, apparaissent de nombreux oiseaux marins et côtiers : le goéland argenté, le cormoran à aigrette, la mouette tridactyle et de petits pingouins.

Des circuits guidés de Percé en bus ou en minibus sont possibles. Adressez-vous au Bureau d'information touristique. Comptez entre 6 et 15 $ selon la durée de l'excursion. Des taxis sont également disponibles.

Les **excursions en bateau** ou en pneumatique partent du quai principal. Pour une sortie d'observation des baleines de 2 heures 30, comptez 35 $. Les excursions autour de l'île Bonaventure (avec débarquement) et du Rocher Percé durent une heure en moyenne et coûtent entre 10 et 16 $. Le prix dépend de la capacité du bateau. Le premier bateau part vers 8h et le dernier quitte l'île à 17h, heure de fermeture du parc.

Pour la **plongée sous-marine**, contactez le Club nautique de Percé (☎ 782-5326 ou 782-5403, yolily@quebectel.com), 199 bd Perron. Le responsable assure de juin à la fin septembre des baptêmes de plongée et des cours. Il loue également l'équipement et assure le transport sur les sites. Comptez 65 $ pour la location et le transport. Des forfaits de deux jours à une semaine, comprenant un nombre de plongées illimitées, l'hébergement et la restauration, sont également proposés. Vous paierez entre 249 et 699 $ selon la durée du séjour. La température de l'eau est en moyenne en été de 14 à 16°C.

Pour le **kayak de mer**, adressez-vous à Agaguk (☎ 782-5403), qui organise des sorties de 3 heures avec un guide, du 15 juin au 15 septembre.

L'hiver, Percé constitue une étape pour les motoneigistes.

Où se loger

Gîtes. Les pensions pour les petits budgets sont relativement nombreuses dans le village. Chez un particulier, comptez entre 25 et 30 $. Les gîtes ferment pour la plupart entre fin septembre et juin. Les dates fluctuent d'une année sur l'autre. Il est toujours préférable de téléphoner, soit pour réserver (surtout de mi-juin à fin août), soit pour s'assurer, en dehors de cette période, de leur ouverture.

Le ***Gîte de la Savoie*** (☎ *782-2091 ; 72 route 132 Ouest*), ouvert à l'année, loue des simples/doubles très correctes à 35/45 $. Vous bénéficierez d'un accueil chaleureux à ***La Rêvasse*** (☎ *782-2102 ; 16 rue Saint-Michel*). Ce gîte, situé à l'écart de la circulation, dispose d'un terrain idéal pour des enfants. La simple/double s'échelonne entre 40/50 $ (ajoutez 5 $ pour une chambre avec lavabo). L'ambiance est familiale. ***Chez Georges*** (☎ *782-2980 ; 16 rue Sainte-Anne*), tout est fait pour vous rendre la vie agréable. Un simple lit coûte 15 $, et la chambre, 40 $.

Dans la rue de l'Église, au n°38, la ***Maison Av. House*** (☎ *782-2954*) loue des simples/doubles à partir de 25/30 $. L'intérieur est un peu désuet mais spacieux. Éthel, la propriétaire, est une femme discrète et adorable, qui s'exprime en anglais mais comprend le français.

Sur la route 132, 10 rue du Belvédère, le ***Gîte du Capitaine*** (☎ *782-5559, www.gites-classifies.qc.ca/cap.htm*) est installé à proximité du camping du Phare. Il offre une vue splendide sur le Rocher. Les propriétaires, accueillants, proposent des chambres et un petit chalet (non équipé pour la cuisine) avec tout le confort requis pour 40/50 $, taxes incluses.

A 1 km de Percé, sur la route 138 (direction Gaspé), le gîte ***Du bout de Bootlegger*** (☎ *782 5232*) reste la meilleure adresse dans cette catégorie. A l'écart de la route, cet ancien bâtiment de contrebandier d'alcool se distingue par sa belle façade blanche, une terrasse, une décoration intérieure chaleureuse et une plage privée. Les chambres, lumineuses, coûtent 55 $, taxes comprises. Le gîte dispose par ailleurs d'une chambre pour handicapé avec s.d.b. Il est fermé d'octobre à la première semaine de juin.

Hôtels et motels. Dans la catégorie supérieure, l'***Hôtel La Normandie*** (☎ *782-2121 ou 1 800-463-0820 ; 221 route 132 Ouest*) surtout fréquenté par les groupes, est l'hôtel de luxe de la ville. Donnant sur le Rocher Percé, il constitue le meilleur hébergement dans sa catégorie. Le prix de la simple/double varie en fonction de sa situation entre 65/75 $ et 85/95 $, pour la basse saison. De fin juin à fin août, le tarif passe à 109/139 $. Il offre par ailleurs la formule dîner-chambre-petit déjeuner.

Au 288 route 132, ***Le Mirage*** (☎ *782-5151 ou 1 800 463-9011*) est un motel flambant neuf, dont les chambres se prévalent d'une belle décoration. Là aussi, vous jouissez d'une vue sur le Rocher. Vous débourserez 70 $ en basse saison et 138 $ en juillet-août.

A l'***Hôtel-Motel Manoir Percé*** (☎ *782-2022*), 212 route 132, la décoration se décline avec un mobilier ancien. Les prix des chambres, entre 60 et 110 $ en moyenne, font le grand écart de manière exagérée en été. Toujours en centre-ville, l'***Auberge La Table à Roland*** (☎ *782-2606 ; 190 route 132*) fait office d'hôtel et de motel. Les chambres dans la partie hôtel sont chères pour ce qu'elles sont : 45,95 $ hors saison et 65 $ en été. Dans la partie motel, comptez 90 $ l'été (55 $ le reste de l'année). Au ***Pigalle*** (☎ *782-2021*), ouvert lui aussi à l'année, les chambres, agréables, se monnaient de 55 à 90 $ selon la saison. Le ***Motel Fleur de Lys*** (☎ *782-5380 ou 1 800 399-5380 ; 248 route 132*) avec des doubles entre 40 et 65 $, présente un bon rapport qualité/prix.

Le motel les ***Trois sœurs*** (☎ *782-2183 ou 1 800 463-9700 ; 77 route 132*) est certainement le plus avantageux. Par ailleurs, l'accueil est agréable et la situation, centrale. Pour la partie motel, comptez entre 65 et 99 $. Dans la maison, quatre chambres sont louées 45/55 $ en formule B&B. La n°1, qui fut un temps la chambre de Jacques Mesrine, dispose d'une très belle vue sur le Rocher.

Dans la catégorie économique, les ***Chalets La plage*** (☎ *782-2311 ; 31 rue du Mont-Joli*) disposent de cinq chalets à l'écart du centre-ville. Construits juste en bordure de falaise, face au Rocher (accessible à pied), ils sont spacieux, clairs, jouissent d'une vue imprenable et disposent d'une s.d.b. et d'une cuisinette. Ils sont loués 50/65 $ (taxes comprises) pour une/deux personnes. Ajoutez 10 $ par personne supplémentaire. A l'extérieur, chaque chalet possède sa propre table de piquenique. L'établissement n'est ouvert que de la mi-mai à octobre.

A l'écart de la ville, sur la route menant au Centre d'interprétation, le ***Riotel Percé*** (☎ *782-5535 ou 1 800 463-RIOTEL*), 10 rue de l'Auberge, propose onze chambres tranquilles à 90 $ en moyenne, aménagées dans un bel ensemble gris clair, avec vue sur le Rocher. Plus simple, sur la route des Failles, au n°222, l'***Auberge Gargantua*** (☎ *782-2852*), avec ses murs en rondins marron cernés de rouge, se caractérise par une ambiance plus rustique mais plus chaleureuse. Installés sur les hauteurs, sa partie motel et ses chalets surplombent un beau panorama (50/60 $). Des emplacements pour les campeurs ont également été aménagés.

Camping. Percé compte quatre campings. ***Le Camping du Phare*** (☎ *782-5588 ; 385 route 132*), ouvert de juin à fin septembre, dispose de tout le confort désiré. Le prix de l'emplacement varie entre 15 et 20 $. ***Le Camping Panorama*** (☎ *782-2208 ; 382 route 132*), à proximité du motel du même nom, propose la même gamme de services. L'emplacement revient entre 12 et 20 $. Il est accessible de mai à mi-octobre.

Où se restaurer

En centre-ville, l'***Auberge La Table à Roland*** (☎ *782-2606 ; 190 route 132*) est ouverte à l'année. Au menu figurent crustacés et poissons, à des prix parfois excessifs. Sur le même trottoir, ***Au Pigalle*** (☎ *782-2021*) présente un meilleur rapport qualité/prix. A côté, le bar-restaurant ***Les Fous de Bassan*** occupe un vieux bâtiment blanc. La cuisine est sans prétention mais l'ambiance chaleureuse en fait un lieu agréable.

La Maison du pêcheur (☎ *782-5331 ; 155 place du Quai*) sert une cuisine où dominent le poisson, les crustacés et les spécialités de la région (langues de morue notamment). Il est ouvert du premier week-end de juin à octobre. Comptez entre 12 et 20 $. Juste en dessous, en bordure du quai, le ***Café de l'Atlantique*** est une bonne crêperie qui propose également des repas légers. Toujours en centre-ville, le restaurant ***Aux mille délices*** (*rue du Camping Baie de Percé*) est un lieu sans prétention où le menu coûte 10 $. En plat principal, il comporte souvent des galettes de morue, une spécialité gaspésienne. Évitez ***Le Homard Rouge***, situé au centre du village, à proximité de la promenade longeant la baie. Le bâtiment est avenant mais le service et l'accueil manquent de chaleur.

Le restaurant de l'***Hôtel Normandie*** (☎ *782-2112 ; 221 route 132*) a jouit d'une excellente réputation, avec une fourchette de prix allant de 15 à 30 $. Le ***Manoir de Percé*** (☎ *782-5195*), au n°212, sert une cuisine moins talentueuse mais le cadre – une vieille demeure finement restaurée – est reposant.

Sur la route des Failles, au n°222, l'***Auberge du Gargantua*** (☎ *782-2852*) présente un rapport qualité/prix avantageux. Ce restaurant, qui se veut avant tout familial, propose poissons, fruits de mer et plats québécois. Comptez 15 $ environ pour un repas copieux.

Prenez une bière et un plat au ***Resto-Bar Le Matelot*** (☎ *782-2569 ; 7 rue de l'Église*), où des dîners-spectacles sont souvent organisés, le soir.

Où sortir

Le soir, Bernard Proulx, poète-chansonnier, se produit au ***P'tit Théâtre de Percé*** (☎ 782-2171 *; 155 route 132 ouest*).

Comment s'y rendre

Bus. Les bus de la compagnie Orléans Express relient deux fois par jour Percé à Québec, *via* le Bas-Saint-Laurent, la vallée de la Matapédia et la baie des Chaleurs (76 $). Mais la ville ne dispose plus de terminus, celui-ci étant désormais situé à l'Anse-à-Beaufils, à la station-service Ultramar (☎ 782-5417). Vous pouvez demander au chauffeur de s'arrêter près du Bureau d'information touristique.

Train. Depuis Montréal, la compagnie VIA Rail (☎ 782-2747 ou 1 800 361-5390) relie Lévis (face à Québec) à Percé *via* toute la rive sud du Saint-Laurent, trois fois par semaine. Le train traverse la vallée de la Matapédia, longe la baie des Chaleurs avant d'arriver à Percé. Il poursuit son itinéraire jusqu'à Gaspé puis repart dans l'autre sens. Il dessert de nombreuses localités sur son passage. Le trajet entre Lévis et Percé dure 11 heures (95 $). La gare est à 10 km au sud de Percé, à L'Anse-à-Beaufils.

Le trajet en taxi entre les deux villes revient au moins à 15 $. Taxi Percé (☎ 782-2102 ou 782-2980) assure le service.

COIN-DU-BANC

A 9 km au nord de Percé, ce village irlandais dispose de belles plages sablonneuses où vous pouvez cueillir des agates et des jaspes. Les courageux pourront se baigner. Le barachois à proximité est propice à l'observation des oiseaux.

L'***Auberge Le Coin du Banc*** (☎ *645-2907 ; 315 route 132*) fait office d'hôtel et de restaurant. Tenu par un Irlandais et sa femme, anciens résidents de l'île Bonaventure, ce lieu chaleureux, agrémenté de meubles anciens, est éloigné de l'agitation de Percé. La plage attenante est superbe. La chambre coûte entre 40 et 60 $. L'auberge loue également des chalets près de la plage.

SAINT-GEORGES-DE-LA-MALBAIE

En venant de Gaspé, Saint-Georges-de-la-Malbaie est le village d'où vous pourrez apercevoir pour la première fois le Rocher Percé. Autrefois, il fut un port de pêche important.

DOUGLASTOWN

L'activité de cette petite bourgade anglaise établie par les Loyalistes est toujours dominée par la pêche et l'agriculture. Elle porte le nom d'un arpenteur écossais qui se ruina à vouloir en faire une ville modèle.

GASPÉ

Gaspé tire son nom du mot micmac *Gespeg* qui signifie "la fin des terres". Celle qui a donné son nom à la péninsule est devenue la capitale administrative et de services de la région et regroupe boutiques et centres commerciaux.

Renseignements

Le bureau de poste est au centre-ville, 98 rue de la Reine. La Caisse Populaire

L'île Bonaventure

Des marins basques et bretons auraient donné son nom à l'île, car ses eaux poissonneuses représentaient une bien belle aventure. Une autre version voudrait que ce bout de terre, à 3,5 km des côtes de Percé, ait pris le nom du saint du jour où Jacques Cartier mouilla près de ses falaises, le 15 juillet 1534.

Quoi qu'il en soit, l'île Bonaventure représente aujourd'hui une extraordinaire échappée. Légèrement inclinée vers l'ouest, elle donne à voir ses hautes falaises, dont les plus abruptes, hautes d'environ 90 m, se situent à la pointe à Margaulx, paradis des oiseaux.

Parmi ses hôtes célèbres : les fous de Bassan, les margaulx comme les appelaient autrefois les pêcheurs. Ils seraient 70 000 environ à venir nicher dès le mois d'avril sur ses parois rocheuses, faisant de l'île la deuxième plus grande concentration de fous de Bassan au monde. On peut les observer à la pointe à Margaulx, située au sud-est de l'île. Elle est interdite d'accès mais la clôture érigée permet néanmoins de les contempler à loisir.

Les fous de Bassan ne sont pas les seuls occupants de l'île. Cormorans, goélands argentés, guillemots noirs, petits pingouins, marmettes et macareux y trouvent également refuge. Sur les 130 espèces recensées qui nichent sur l'île, à noter aussi le faucon, le busard des marais et l'épervier brun.

Peu de mammifères vivent sur l'île. On dénombre seulement quelques lièvres, renards et souris. La forêt occupe les quatre cinquièmes de son territoire. Le reste a été défriché par les anciens habitants de Bonaventure afin de faire paître leur élevage de moutons, dont la chair était très renommée.

Aujourd'hui, l'anse à Butler constitue la seule porte d'entrée de l'île. Les bâtiments de la Compagnie LeBoutillier (Butler est une contraction du nom) ont été restaurés et servent non seulement de postes d'accueil et de restaurant, mais retracent aussi la vie d'autrefois sur l'île.

Avec une superficie de 4 km^2, l'île Bonaventure se parcourt aisément. Quatre sentiers ont été aménagés d'ouest en est. Ils comptabilisent au total 15 km de randonnée. Le sentier des Mousses au nord se fait en une heure (deux heures aller-retour). Il passe dans la forêt et permet d'observer la flore. Le sentier des Colonies rejoint directement le belvédère d'observation des fous de Bassan. Large et facile d'accès (que ce soit pour les enfants ou les personnes âgées), il est certainement le plus fréquenté. Il demande 1 heure 30 de marche aller-retour. Plus au sud, le sentier Paget alterne sur 4 km paysages forestiers et champs. Comptez soixante minutes pour l'aller. Au sud, le sentier Chemin-du-Roy est le plus beau de tous mais il est le plus long (au moins 3 heures aller-retour). Il longe la baie des Marigots et permet d'apercevoir quelques maisons, avant d'atteindre le belvédère d'observation des fous de Bassan. Pour revenir, vous pouvez emprunter le sentier des Colonies. Le tour complet de l'île s'effectue en empruntant le sentier Chemin-du-Roy puis le sentier des Mousses. Comptez au moins quatre heures de marche.

L'île ne possède pas d'eau potable. Aussi faut-il prendre avec soi quelques bouteilles. De même, de bonnes chaussures de marche faciliteront la randonnée. Des guides peuvent vous accompagner gratuitement au cours de votre escapade.

L'accès se fait depuis le quai de Percé, de juin à la mi-octobre, de 9h à 17h. Pour tout renseignement, vous pouvez contacter la Société des établissements de plein air du Québec, Sépaq (☎ 782-2240, parcibrp@globetrotter.qc.ca, www.sepaq.com).

Desjardins dispose d'un guichet automatique au 80 rue Jacques-Cartier. Celui de la Banque Nationale du Canada est installé 39 montée Sandy Beach.

A voir

Après les paysages grandioses et les villages attrayants qui caractérisent la région, Gaspé semble une ville banale. Mais on ne peut y passer sans visiter le **musée de la Gaspésie** (☎ 368-1534), 80 bd Gaspé, qui surplombe la baie de Gaspé où Jacques Cartier débarqua le 24 juillet 1534, planta une croix et prit possession du territoire au nom du roi de France. Le musée retrace l'histoire de la région. Il est ouvert tous les jours de 8h30 à 20h30, de juillet à août. En dehors de cette période, il est fermé le lundi ; ses horaires passent alors de 9h à 17h en semaine et de 13h à 17h le week-end. L'entrée est de 4 $ (nombreuses réductions).

Le **monument Jacques-Cartier**, érigé à côte du musée de la Gaspésie, commémore la prise du territoire par le découvreur. Œuvre des sculpteurs Bourgeault-Legros de Saint-Jean-Port-Joli, il est composé de six stèles de fonte qui rappellent les menhirs bretons et les galets de la Gaspésie.

En contrebas du musée, un sentier d'interprétation (indiqué par des panneaux directionnels) longe la baie de Gaspé.

Dans le centre-ville, la **cathédrale du Christ-Roi** n'a pas grand intérêt. Une fresque à l'intérieur rappelle le quatrième centenaire de l'arrivée de Jacques Cartier.

Quelque peu à l'écart du centre ville, 765 bd Pointe-Navarre, le **sanctuaire Notre-Dame-des-Douleurs** est devenu, depuis 1940, un haut lieu de pèlerinage. Il est ouvert tous les jours de 7h à 21h de juin à fin octobre.

A 5 km du centre-ville, au n°783 de la route 132, un village micmac a été reconstitué. Il est attenant au **site historique de Gespeg** (☎ 368-6005). Ouvert du 14 juin à fin septembre, de 9h à 17h, ce musée (qui signifie en langue micmac, "au bout de la terre") décrit la vie quotidienne des Micmacs au XVIIe siècle. Comptez 2 heures 30 pour la visite. L'entrée coûte 4 $ (3 $ pour les étudiants et les seniors, 10 $ pour les familles et 2 $ pour les moins de 12 ans).

Où se loger

Gaspé ne constitue pas véritablement un endroit de villégiature idéal mais, en basse saison, la ville est une étape appréciable.

Le ***Cégep*** (☎ *368-2749 ; 94 rue Jacques-Cartier*) loue des chambres et des appartements du 10 juin au 12 août environ. La simple/double revient à 24/36 $. Comptez 70 $ pour un appartement de 6-8 personnes.

Le ***Motel Adams*** (☎ *368-2244 ; 2 rue Adams*) dispose d'une centaine de chambres, assez sinistres, revenant en moyenne à 85 $. Vous vous logerez au ***Motel Plante*** (☎ *368-2254 ; 137 rue Jacques-Cartier*) à partir de 50 $. Le ***Quality Inn*** (☎ *368-3355 ; 178 rue de la Reine*) représente une option onéreuse : le premier prix pour une chambre se chiffre à 90 $.

Le ***gîte Baie Jolie*** (☎ *368-2149 ; 270 montée Wakeman – par la route 198 Ouest*), dispose de chambres à un très bon rapport qualité/prix (45 $).

Où se restaurer

Le ***Motel Adams*** (☎ *368-2244 ; 2 rue Adams*) possède un restaurant dont le seul avantage est de servir des repas jusqu'à 22h. Préférez le bistro-bar ***Le Brise-Bise*** (☎ *368-1456 ; 2 côte Carter*) pour vous restaurer et boire un verre tout en écoutant de la musique : des groupes s'y produisent certains soirs. Viandes, frites et bagels, entre autres, figurent au menu et les prix varient entre 8 et 16 $.

A 5 km du centre-ville, sur la route du parc national de Forillon, le ***Café des Artistes*** (☎ *368-7555 ; 249 bd Gaspé*), l'autre bonne adresse de la ville, propose une cuisine plus recherchée, avec fruits de mer et poissons. La vue sur la baie est superbe, surtout à la tombée du jour. Chaleureuses et aménagées avec goût, la terrasse et la salle offrent un cadre intime. Comptez entre 10 et 20 $. Ouvert de juin à septembre.

Comment s'y rendre

Le restaurant du Motel Adams (☎ 368-1888) sert de terminus au bus de la compagnie Orléans Express qui relie deux fois par jour Gaspé depuis Montréal et Québec *via* le Bas-Saint-Laurent, Matane et Sainte-Anne-des-Monts.

La compagnie VIA Rail (☎ 1 800 361-5390) dessert trois fois par semaine Gaspé depuis Québec *via* la vallée de la Matapédia et la baie des Chaleurs. La gare de Gaspé (☎ 368-4313) est le terminus de la ligne.

L'aéroport de Gaspé est desservi quotidiennement depuis Montréal et Québec par les compagnies Air Alliance, Inter Canadien et Air Montréal.

CAP-AUX-OS

Au sud du parc national de Forillon, ce village doit son nom aux os de baleines qui venaient s'échouer sur la plage. Il représente une base agréable pour explorer le parc.

Où se loger et se restaurer

L'***Auberge de Cap-aux-Os*** (☎ *892-5153, aujecao@globetrotter.net ; 2095 bd Forillon – route 132*) est une confortable auberge de jeunesse, appartenant aux établissements les plus réputés du Québec, dans sa catégorie. La vue sur la baie est magnifique. Vaste et construite sur trois étages, elle affiche souvent complet en été. Le lit en dortoir coûte 19 $. Elle dispose également de chambres particulières réservées aux couples. Du 14 juin à fin août, elle assure les trois repas de la journée. Chaque jour, une activité (sortie aux castors, aux ours ou aux phoques) est offerte gratuitement. Dans la grande salle attenante au hall, deux ordinateurs permettent de surfer sur Internet.

Le bus s'arrête devant l'auberge pendant l'été. Seul inconvénient pour les voyageurs non motorisés : elle est un peu éloignée des sentiers de randonnée. Des bicyclettes sont cependant à votre disposition moyennant 15 $ la journée. La location d'une paire de jumelles revient à 5 $. L'hiver, l'auberge propose différents forfaits (ski de fond, traîneau à chiens) à des groupes composés au moins de 5 personnes. Elle loue le matériel nécessaire. Un dépanneur, ouvert tous les jours de 9h à 21h, est installé à cent mètres de l'auberge.

A proximité, de l'autre côté du bd, le gîte ***Du loup marin*** (☎ *892-5162*) propose trois chambres sans prétention mais confortables. Fermé d'octobre à mai, il dispose d'un accès direct à la plage. Comptez 40/50 $ pour une simple/double, taxes comprises.

Le gîte ***Les portes du parc*** (☎ *892-5078 ; 894 bd Forillon*), ouvert à l'année, bénéficie d'un très bon rapport qualité/prix et l'accueil est chaleureux. Ses deux chambres agréables et sa suite aménagée en studio valent 60 $, taxes incluses. Ce gîte possède également un grand terrain donnant sur la baie de Gaspé, idéal pour les enfants.

Toujours sur la route 132, ***Les petites maisons du parc*** (☎ *892-5873, www.gesmat.ca ; 910 bd Forillon*) disposent de deux sites. Le premier est situé en forêt et en bordure de la baie, le second sur les hauteurs. Comptez entre 80 et 175 $ jour pour un chalet. ***Le Centaure*** (☎ *892-5525, lecentaure@hotmail.com ; 1711 bd Forillon*) fait auberge, restaurant et centre équestre. La simple/double revient à 40/50 $ et l'heure d'équitation coûte 20 $ (80 $ la journée). Il est ouvert du 24 juin à début octobre. En été, la terrasse est un lieu agréable pour déjeuner ou dîner face à la baie.

PARC NATIONAL DE FORILLON

Situé à 20 km de Gaspé et à 242 km de Sainte-Anne-des Monts, le parc (☎ 892-5553 ou 368-5505, http://parcscanada.risq.qc.ca/forillon, parcscanada-que@pch.gc.ca) s'étend à l'extrême pointe nord-est de la péninsule. Passant pour l'un des plus beaux du Québec, il constitue un site privilégié pour l'observation de la faune (baleines, phoques et ours notamment).

A voir

La côte nord du parc est constituée de longues plages de galets et de falaises de calcaire abruptes (certaines atteignent 200 m de hauteur). Le **cap Bon-Ami** donne toute la mesure de ce relief et le paysage est à couper le souffle. Il est le secteur le plus facilement accessible et bénéficie d'une aire d'observation terrestre privilégiée pour les baleines et les phoques. En prenant le chemin du mont Saint-Alban, on accède à une tour d'observation qui permet de jouir d'une vue à 360° sur la région. Par temps clair, l'île d'Anticosti se profile. Emportez une paire de jumelles car vous ne pourrez pas en louer sur place.

La côte sud possède davantage d'anses et de plages (certaines sont sablonneuses). La **plage de Penouille** est réputée pour offrir les eaux les plus chaudes. La randonnée (8 km environ) le long de cette côte jusqu'au **cap Gaspé** est facile et agréable, et permet d'apercevoir des phoques et des baleines.

A **Grande-Grave**, le **magasin général Hyman&Sons** a été conservé. Il se visite du 19 juin au 6 septembre (entre 10h et 17h). A un kilomètre à peine, l'**anse Blanchette** a conservé une maison familiale et un hangar à poisson datant de l'époque où cette côte était entièrement vouée à la pêche.

Le **Centre d'interprétation**, installé dans le secteur nord du parc, est le passage obligé pour tout connaître des activités proposées et organiser au mieux son séjour. Il fournit une bonne carte et propose des randonnées accompagnées par des guides-naturalistes. Le soir, des discussions à thèmes avec projection se déroulent dans les amphithéâtres des campings Le Petit Gaspé et Des Rosiers. Il est ouvert de 9h à 18h du 19 juin à fin août ; de 9h à 16h30 du 5 juin au 18 juin ; de 10h à 17h du 30 août au 15 octobre.

Dans le secteur sud du parc, à proximité de la plage Penouille, un **Centre récréatif** est doté d'un service de restauration, de terrains de tennis et d'une buanderie. L'accès à la piscine est payant : 3,50 $ par jour (nombreuses réductions). Le centre loue également du matériel de plongée et des kayaks. Les campeurs du parc bénéficient d'une réduction de 25%.

L'entrée dans le parc s'élève à 3,75 $ par jour (nombreuses réductions). Des forfaits saisonniers sont également proposés.

Activités

De multiples activités sont envisageables. Outre des sentiers de randonnée, le visiteur peut s'adonner à la plongée avec ou sans bouteille, à la pêche au maquereau, au kayak de mer ainsi qu'à la promenade équestre ou à vélo.

Installée au centre récréatif du parc et ouverte de la mi-juin à mi-septembre, l'entreprise Plongée Pointe Saint-Pierre (☎ 892-5226, ou 645-3927 en dehors de la saison), propose des cours de plongée et loue l'équipement complet. Comptez 65 $ la sortie plongée, matériel inclus.

Installé lui aussi dans le centre de récréation du parc, Cime Aventure (☎ 892-5088 ou cime@quebectel.com) organise différentes excursions en kayak de mer (de quelques heures à plusieurs jours). Il loue du matériel et dispose également d'un kiosque d'information et de réservation sur la plage de Cap-aux-Os.

Les Croisières Forillon Enr, à bord du Félix-Leclerc (☎ 892-5629 ou 368-2448), partent du quai du Havre de Cap-des-Rosiers, dans le secteur nord du parc. Elles durent environ 1 heure 45 et se déroulent entre la deuxième semaine de juin et début septembre (tout au long du mois de septembre, les sorties ont lieu sur demande). Il vous en coûtera 20 $ (nombreuses réductions). Ces croisières ont pour thème la découverte du littoral nord du parc avec ses falaises, ses oiseaux et ses mammifères marins.

Les Croisières Baie de Gaspé Inc. (☎ 892-5500 en saison ou 368-2448) proposent des sorties pour observer les baleines, entre juin et mi-septembre, dans le secteur sud du parc, depuis Grande-Grave. Le prix standard se monte à 30 $. Selon les horaires de départ, les commentaires sont en français et en anglais.

Où se loger

Trois campings ont été aménagés dans le parc (le quatrième est réservé aux groupes). Ils représentent certainement les meilleurs endroits de la pointe pour faire une halte.

Au sud du parc, ***Le Petit Gaspé*** est un camping assez vaste doté de tout le confort nécessaire. Protégé des vents marins et accessible du 4 juin au 15 octobre, il est très fréquenté. Au nord du parc, face à la mer, le camping ***Des Rosiers*** est certainement le plus beau des quatre campings. Toujours au nord, le camping ***Cap-Bon-Ami*** est réservé exclusivement aux tentes. Il se situe à proximité d'un belvédère et d'un sentier de randonnée. Il ne dispose pas d'électricité.

L'emplacement avec électricité revient à 20 $ (16,50 $ pour un site sans électricité). Tous disposent d'une table à pique-nique et d'un foyer pour les grillades.

En juillet et en août, il est préférable de réserver (☎ 368-6050). Des frais de réservation de 5 $ sont demandés.

CAP-DES-ROSIERS

Au nord du parc national de Forillon, Cap-des-Rosiers est un petit village aux maisons dispersées situé dans un paysage sublime, très découpé. Il fut le témoin de nombreux naufrages dont celui du *Garrich* en 1847 qui transportait des immigrants irlandais. Le cimetière, sur la falaise, retrace son histoire et celle de ses habitants où se mêlent Anglais, Irlandais et Français.

Le **phare**, construit en 1958, est le plus élevé du Canada (37 m). Classé monument historique, il se visite l'été.

Où se loger et se restaurer

Au cœur du village, à 1 km du phare, le restaurant ***Mona*** (☎ *892-9057 ; 1275 route 132*) est une bonne table où l'on savourera poissons et crustacés. Ouvert du 1er juin au 1er octobre, il offre par ailleurs une ambiance décontractée et une table d'hôte entre 11 et 27 $. Dans le village, vous trouverez également un dépanneur.

Vous pourrez loger au ***Motel Atlantique*** (☎ *892-5533 ; 1334 bd Cap-des-Rosiers*). Les pavillons situés à proximité du phare sont rustiques mais s'ouvrent sur la baie. La chambre se loue entre 45 et 60 $, selon la partie du motel. Il est ouvert de début juin à fin septembre.

Dans le centre-ville, le motel-hôtel ***Le Pharillon*** (☎ *892-5200 ; 1293 bd Cap-des-Rosiers*) donne sur la mer. Les chambres sont correctes, sans plus. La simple/double se monte à 70/80 $ pour la partie motel et à 40/45 $ pour les chambres de l'hôtel. Il est ouvert de mai à mi-octobre. L'arrêt du bus est juste à sa hauteur.

ANSE-AU-GRIFFON

Balayé par le vent, le paysage a ici des allures de lande perdue. Le **manoir Le Boutillier** (☎ 892-5150), qui apparaît le long de la route 132, possède une magnifique façade jaune. La demeure surprend quelque peu par son élégance et rappelle qu'il y a un siècle à peine, la pêche à la morue attirait les plus grands – et les plus riches – marchands d'Europe. John LeBoutillier, originaire de l'île de Jersey, appartenait à ce monde. La maison qu'il fit construire afin de mieux surveiller le travail des pêcheurs a été transformée en un centre socioculturel. Une partie des lieux est devenue un musée consacré à l'histoire de ce personnage. Des expositions temporaires ont lieu dans une salle attenante.

Ouvert tous les jours de 9h à 19h du 1er juin à début septembre, le manoir est fermé le reste de l'année. L'entrée coûte 4 $. Des visites guidées de 40 minutes sont proposées.

RIVIÈRE-AU-RENARD

Aujourd'hui, Rivière-au-Renard est le plus important pôle industriel de transformation du poisson du nord de la péninsule. L'activité portuaire est intense aux aurores.

La poissonnerie ***La Marinière***, 41 rue de l'Entrepôt, vend des produits frais et fumés qui peuvent composer le menu d'un pique-nique. Crevettes et crabes frais sont un vrai régal. Le bateau qui permettait de rejoindre l'île d'Anticosti puis Havre-Saint-Pierre sur la Côte Nord n'est plus en circulation depuis 1996. Il est question qu'une autre compagnie reprenne le service.

La route 132 longe la côte et offre de magnifiques endroits à découvrir. De Rivière-au-Renard à l'Anse-Pleureuse se succèdent des petits villages de pêcheurs, très pittoresques.

Sur la route, vous croiserez des motels souvent fermés en dehors de la saison. Avant d'arriver à **Rivière-Madeleine**, la route amorce une descente vertigineuse. Le panorama est sublime. Au loin, on aperçoit la route construite juste en bordure de mer et accolée à de hautes montagnes sombres.

PETITE-VALLÉE

Blotti dans des anses, **Petite-Vallée** est un village dispersé. Depuis quelques années, il est très fréquenté durant son Festival en chanson (☎ 393-3060). Consacré désormais comme un haut lieu de la chanson québécoise, il attire les foules. De la dernière semaine de juin à la première semaine de juillet, il présente de jeunes talents parrainés par les plus grands noms de la chanson québécoise.

Ouvert de juin à fin août, le ***Café du théâtre de la Vieille Forge*** (☎ *393-2222 ; 4 longue-Pointe*) est l'endroit idéal pour se désaltérer ou prendre un repas léger. A côté, la ***Maison Lebreux*** (☎ *393-3105 ou 393-3105, bscetjoe@globetrotter.qc.ca ; 2 Longue Pointe*) est un gîte chaleureux à l'atmosphère familiale. Il est ouvert à l'année. La simple/double vaut 40/50 $. Le soir, la table d'hôte est à 19 $. Des chalets, loués 60 $ la nuit, sont très prisés l'été. Construit face à la mer, en fin de route, cet îlot de maisons blanches à toit rouge constitue un havre de paix à l'ambiance de bout du monde.

RIVIÈRE-MADELEINE

Accolée au village Madeleine, cette localité est un haut lieu pour la pêche en haute mer et la pêche au saumon. La truite est également présente en abondance.

Le phare de Cap-Madeleine se visite en été et représente une bonne aire d'observation terrestre des baleines.

L'arrêt des bus de la compagnie Orléans Express se situe au niveau du restaurant Le Rond Point.

A deux pas, l'***Auberge Madeleine sur Mer*** (☎ *393-2920 ou 1 800 230-6710 ; 200 rue Principale*), ouverte à l'année, fait également office de restaurant. Le prix de la chambre varie entre 65 et 75 $. Construit juste au-dessus de l'auberge, à l'écart de la route 132, l'***Hôtel-Motel Bon Accueil*** (☎ *1 800 230 6710*) possède des chambres à partir de 55 $. La plus chère coûte 100 $.

LA CÔTE

La côte nord de la péninsule gaspésienne peut se diviser en deux parties. De l'Anse-Pleureuse à Sainte-Anne-des-Monts, les villages sont rares le long du littoral. Le paysage très accidenté est dominé par les monts Chic-Chocs. De Sainte-Anne-des-Monts, ville d'accès pour le parc de la Gaspésie, à Mont-Joli, la montagne laisse s'épanouir à ses pieds un fin liséré de plaines qui s'élargit à mesure que l'on quitte la péninsule.

Murdochville

En quittant la route 132 au centre du village de l'Anse-Pleureuse pour suivre la route 198 qui s'enfonce à l'intérieur des terres, on découvre un autre visage de la péninsule, celui de la mine. Murdochville est le dernier témoin de l'époque où l'activité minière attirait nombre de travailleurs en Gaspésie.

Construite entre 1951 et 1953, à 40 km du bord de mer, Murdochville est une ville champignon. Grâce à son gisement (l'un des plus importants du monde), Murdochville devint la capitale du cuivre.

Le **Centre d'interprétation du cuivre** (☎ 1 800 487-8601), 345 route 198, permet de descendre dans une galerie. En juillet et en août, le centre est ouvert tous les jours de 9h à 18h. En juin et en septembre, les horaires passent de 10h à 16h.

Mont-Saint-Pierre

A 6 km de l'Anse-Pleureuse et à 50 km environ de Sainte-Anne-des-Monts, ce petit village est niché dans une baie légèrement encaissée. Le site est spectaculaire avec ses affleurements de rochers noirs d'un côté et sa plage en forme de croissant de l'autre.

Les adeptes du vol libre en ont fait leur base. De fait, elle est considérée comme l'un des endroits les mieux adaptés pour pratiquer ce sport en Amérique du Nord.

Une route accidentée mène au sommet du mont Saint-Pierre (430 m) où sont installées trois stations d'envol. Un 4x4 est fortement recommandé si vous n'avez pas l'intention de grimper à pied.

Carrefour Aventure (☎ 797-5033 ou 1 800 463-2210, www.carrefouraventure.com, carrefour@quebectel.com), 106 rue Prudent-Cloutier, propose des vols d'initiation en deltaplane et en parapente ainsi que différents forfaits de séjour pour

GASPÉSIE

les amateurs de plein air. Cette société loue également des cerfs-volants, des kayaks, des bicyclettes et organise des excursions en 4x4 au mont Saint-Pierre.

Du village, on peut rejoindre le parc de la Gaspésie près du mont Albert et la réserve faunique des Chic-Chocs (secteur du mont Jacques-Cartier). Un bus dessert le parc tous les matins à 9h. Il part de la boutique Carrefour Aventure et revient vers 17h. Ce service n'est assuré qu'entre la deuxième semaine de juillet et la mi-août.

La rue Prudent-Cloutier (route 132) est l'axe principal qui traverse le village.

Où se loger. L'***Auberge Les Vagues*** (*☎ 797-2851 ; 84 rue Prudent-Cloutier*) est un établissement simple et accueillant. Un lit en dortoir revient à 17 $ (19 $ dans une chambre de 4 personnes). Comptez 21 $ par personne dans la section motel.

Sur le même trottoir, l'***Hôtel Motel Mont-Saint-Pierre*** (*☎ 797-2202*) facture 50/65 $ la simple/double. Il sert aussi de station pour les bus de la compagnie Orléans Express qui relient la ville deux fois par jour depuis Gaspé et Sainte-Anne-des-Monts. Il fait également restaurant.

Légèrement plus confortable, le ***Motel Restaurant Au Délice*** (*☎ 797-2955 ; 100 rue Prudent-Cloutier*) propose des simples/doubles entre 52/60 $ et 62/74 $.

Où se restaurer. ***Les joyeux Naufragés*** (*☎ 797-2027 ; 7 route Pierre-Mercier*) est une bonne table pour déguster poissons, fruits de mer et cuisine québécoise. L'ambiance est décontractée et agréable. Comptez entre 10 et 20 $. Installé dans une vieille école restaurée et attenant à la boutique Carrefour Aventure, ***Le Croissant d'Art*** (*☎ 797-2122 ; 106 rue Prudent Cloutier – route 132*) mitonne une cuisine familiale où prennent place des plats végétariens. Le midi, un premier menu coûte 6 $; le soir, comptez entre 10 et 15 $. Le petit déjeuner est copieux (4-8 $).

Sainte-Anne-des-Monts

Sainte-Anne-des-Monts représente un carrefour. De là, vous rejoindrez le parc de la Gaspésie ou vous continuerez votre route le long du littoral.

Sur le bd Sainte-Anne se concentrent banques, stations-service, centres commerciaux et restaurants. Au port de pêche, vous pourrez acheter du poisson frais ou fumé près des docks, sur la route du parc, en face de l'église.

Le **Centre d'interprétation Explorama** (☎ 763-2500), 1 Ire av. Ouest, présente les différents écosystèmes marins de la Gaspésie et du Saint-Laurent. Ouvert tous les jours de juin à mi-octobre, il est fermé le reste de l'année (il pourrait être ouvert à l'année courant 2000). L'entrée est de 8 $ (nombreuses réductions).

Au sud de la ville s'étend la **réserve faunique de la Rivière-Sainte-Anne**, qui longe le parc de la Gaspésie.

Où se loger. Installée dans une ancienne école et faisant face au Saint-Laurent, l'***Auberge de jeunesse l'Échouerie*** (*☎ 763-1555, aujesadm@globetrotter.net ; 295 Ire av. Est*) représente l'hébergement le moins onéreux sur cette partie de la côte gaspésienne. Vaste et composée de sept dortoirs et de sept chambres privées, elle dispose de tout le confort souhaité. En dortoir, comptez 19 $ pour les non membres (15 $ pour les membres) et 3 $ pour la literie.

A deux cents mètres, le ***Gîte sous la Bonne Étoile*** (*☎ 763-3402 ; 30 5e rue Est*) est une autre option intéressante pour les petits budgets. Vaste et confortable, la simple/double se monnaie 40/50 $, avec un copieux petit déjeuner. Sur le même trottoir que l'auberge de jeunesse, le gîte au ***Lever du Jour*** (*☎ 763-9170 ; 313 Ire av. Est*) a des allures de maison de campagne accueillante. La simple/double est à 35/50 $, toutes taxes comprises.

Dans la catégorie intermédiaire, le ***Motel Beaurivage*** (*☎ 763-2291 ou 1 888 763-2291 ; 245 Ire av. Ouest*) est l'excellente adresse de la ville. Les chambres donnant sur le Saint-Laurent possèdent un charme particulier. Ouvert de mai au 15 octobre, il affiche des prix variables selon la période. En basse saison, une simple/double se négocie 50/70 $; en haute saison, comptez 70/90 $.

Comment s'y rendre. L'arrêt de la compagnie Orléans Express se situe au niveau du Motel-Hôtel Monaco.

Parc de la Gaspésie

Le parc de la Gaspésie (☎ 763-3301 ou 1 888 783-2663, parc.gaspesie@mef.gouv.qc.ca) forme un territoire de 802 km^2, composé de deux massifs impressionnants, les Chic-Chocs avec les monts Albert et Logan, et les monts Mc Gerrigle où culmine le mont Jacques-Cartier (1 268 m), deuxième plus haut sommet du Québec.

La forêt qui couvre les vallées et les versants côtoie des sommets rocheux où prédomine une végétation boréale et arctique. Le parc est par ailleurs l'un des rares endroits en Amérique du Nord où coexistent le cerf de Virginie, l'orignal et le caribou, menacé de disparition.

Installé à proximité de la route 299 et du Gîte du Mont-Albert, le **Centre d'interprétation du parc de la Gaspésie** (☎ 763-7811) est à 40 km de Sainte-Anne-des-Monts. Il vous donnera toutes les informations nécessaires et une carte du parc. Ouvert de juin à la mi-octobre (jusqu'au 1er septembre, ses horaires sont 8h-20h), il propose différentes activités d'interprétation, gratuites. Tous les soirs à 20h, des causeries à thèmes sont organisées. A l'intérieur du centre, Destination Chic-Chocs (☎ 763-7633 ou 1 888 783 2663) loue du matériel à partir de la mi-juin. Comptez 10 $ pour des chaussures de randonnée, 5 $ pour un sac à dos et 8 $ pour un porte-bébé. La location d'un canoë revient à 11 $.

L'accès au parc devrait être payante dès l'an 2000. Notez enfin que les animaux domestiques sont interdits dans le parc.

Activités. De la balade de quelques heures à la longue randonnée, l'éventail des possibilités est large. Demandez conseil aux agents du Centre d'interprétation. Des routes (en graviers) qui traversent le parc vous conduiront à divers sentiers et différents points de vue sur les monts Chic-Chocs.

L'ascension aller-retour du mont Jacques-Cartier est la randonnée la plus prisée. Elle nécessite environ 3 heures 30 et mérite cet effort. Le paysage alpin et les vues sont grandioses. Il n'est pas rare d'apercevoir un troupeau de caribous à proximité du sommet. Le sentier est étroitement surveillé afin de protéger les troupeaux. L'accès est limité de 10h à 16h du 24 juin jusqu'à la fin septembre.

Durant cette période, un service de navette d'autobus est mis en place à partir du parking du camping La Galène. Il mène au début du sentier du mont Jacques-Cartier, long de 4 km. Les départs s'échelonnent toutes les 30 minutes entre 10h et 12h. Le retour s'étale entre 14h15 et 16h. Les billets sont en vente au Centre d'interprétation et au camping La Galène. L'aller-retour coûte 5 $. Personne n'est autorisé à rester au sommet entre la fin de l'après-midi et le lendemain matin.

Durant cette période, un bus fait également la liaison entre le Centre d'interprétation et le début du sentier du mont Jacques-Cartier. Il part à 9h pour un retour vers 17h (12 $ l'aller-retour, 30 $ pour une famille et 6 $ pour les 6-12 ans). Un bus fait également la liaison depuis le village de Mont-Saint-Pierre (reportez-vous à la rubrique *Mont-Saint-Pierre*).

Le mont Albert est accessible par le sentier "La Montée", plutôt destiné aux personnes entraînées. Il est accessible du 19 juin au 30 septembre.

Des randonnées guidées sont également proposées par Destination Chic-Chocs (☎ 763-9020). Elles sont payantes (entre 15 et 24 $ pour la journée). Pour de longues randonnées, renseignez-vous auprès du Club du Grand-Yétis (☎ 763-7782).

La pêche à la truite et au saumon est autorisée dans le parc. Mais les réservations (obligatoires) pour le saumon sont presque toujours complètes un an à l'avance.

Si le parc ne dispose pas de pistes cyclables, il se prête en revanche au vélo de montagne.

Le kayak et la barque se pratiquent soit sur la rivière Sainte-Anne, soit sur le lac Cascapédia dont les berges sont parfois fréquentées par les orignaux.

A l'automne, de fin septembre à début octobre, des sorties pour l'observation de l'orignal sont organisées (renseignements au ☎ 763-9020). Les départs (deux par jours) se font depuis le Centre d'interprétation. Comptez 23 $.

L'hiver, le parc s'ouvre à l'escalade, au traîneau à chiens, à la randonnée en raquettes et au ski de randonnée ou alpin (le parc ne disposant pas de remontées mécaniques, on remonte à pied).

Où se loger. Construit dans le parc et donnant sur le mont Albert, le ***Gîte du Mont-Albert*** (☎ *763-2288 ou 1 888 270-4483, gitmtalb@globetrotter.qc.ca*) est le seul hébergement possible. Cet hôtel de grande classe est relativement accessible, surtout en dehors de la haute saison qui va de la mi-mai à la mi-octobre. Pour le forfait souper, hébergement et petit déjeuner, comptez 130/170 $ en simple/double. En hiver, le prix passe respectivement à 100 et 136 $. Il est très convenable au regard de l'exceptionnelle qualité des chambres et des repas. En été, la chambre seule vaut 115 $ (78 $ en dehors de cette saison).

La location de chalets (2-8 personnes) varie entre 86 et 176 $. Des mini chalets sont également disponibles moyennant 69 $. Le gîte dispose également de deux refuges. Comptez 17 $ par personne.

La location des chalets (sans literie) du lac Cascapédia est gérée par ***Destination Chic-Chocs*** (☎ *1 800 665-6527*). Ils ne sont accessibles que du 5 juin au 7 septembre. Le prix (80-168 $) varie en fonction de leur capacité d'hébergement (2-6 places). Chaque chalet dispose de sa barque.

Des ***refuges*** (☎ *763-2288 ou 1 800 665-6527*) ont été construits le long de sentiers de randonnée. Comptez 17 $ par personne. Un transport de bagages est assuré en hiver (☎ 890-6527 ou 1 800 665-6527).

Pour le ***camping*** (☎ *763-2288 ou 1 888 270-4483*), trois sites ont été aménagés. Ils dépendent du Gîte du Mont-Albert. Les ***Campings du Mont-Albert*** (ouvert à l'année), ***De la rivière*** (ouvert de mi-juin à fin septembre) et du ***Lac Cascapédia*** (accessible de juin à début septembre) pratiquent un tarif unique de 18 $ par jour. Le Camping du Mont-Albert dispose d'un dépanneur et d'une buanderie. Le camping du Lac Cascapédia est le plus petit des trois (49 emplacements).

Le camping ***La Galène*** est installé au pied du mont Jacques-Cartier. Il est accessible du 24 juin à fin septembre. L'emplacement revient à 18 $.

Où se restaurer. Le restaurant du ***Gîte du Mont-Albert*** passe pour l'un des meilleurs du Québec. Il mérite sa réputation. Comptez 13 $ au déjeuner et entre 32 et 34 $ au dîner.

Situé à quelques mètres, le casse-croûte et dépanneur ***Le Croûton*** propose boissons et repas légers. Il est ouvert du 23 juin au 13 septembre de 7h à 22h.

Comment s'y rendre. A partir de Sainte-Anne-des-Monts, prenez la route 299 qui traverse le parc et la réserve faunique des Chic-Chocs, avant de rejoindre la baie des Chaleurs. A 40 km, le secteur du Mont-Albert est l'entrée principale du parc. De New Richmond, sur la côte sud de la péninsule, le secteur du Mont-Albert est à 100 km.

De Mont-Saint-Pierre, la route 2 permet d'atteindre le secteur La Galène, autre porte d'entrée du parc. La route est un mélange de terre et de graviers sur 27 km.

En hiver, seule la route 299 est déneigée. Les autres routes sont transformées en pistes de fond.

Un service de transport en commun est assuré à partir de Sainte-Anne-des-Monts vers le Centre d'interprétation du parc, du 24 juin à fin août. Les départs ont lieu depuis l'auberge de jeunesse L'Échouerie (départ à 8h) ou du Bureau d'information touristique (départ à 8h15), situé 96 bd Sainte-Anne Ouest. Le tarif est de 6 $ (3 $ pour les 6-12 ans, 15 $ pour les familles).

Cap-Chat

Cap-Chat est situé au confluent du Saint-Laurent et du golfe du Saint-Laurent. A 2 km du centre-ville, à l'ouest, le Rocher Cap-Chat possède la forme d'un chat assis qui se dresse en bord de mer. La plage où il se trouve est un endroit fréquenté.

A 3 km, toujours à l'ouest, surgit une éolienne à axe vertical visible de la route 132. Elle est la plus haute et la plus puissante au monde. A proximité, et visible également de la route 132, le **parc éolien Le Nordais** (☎ 786-5719, blandinc@globetrotter.net) donne à voir un paysage surréaliste composé d'une centaine d'éoliennes alignées à perte de vue. Il constitue le plus important parc éolien du Canada. Il se visite du 24 juin à octobre, tous les jours de 8h30 à 17h.

A proximité de la ville, les lacs Joffre, Simoneau et Paul sont propices à la pêche à la truite et la rivière Cap-Chat, à la pêche au saumon.

Où se loger. Sur la route 132, les ***Cabines Goémons sur Mer*** (☎ *786-5715*) sont installées le long de la plage. Équipées de cuisine, elles coûtent 45 $.

Le ***Motel Fleur de Lys*** (☎ *786-5518 ; 184 route 132*) est moderne et incomparablement plus agréable, surtout pour prendre son petit déjeuner. Le prix de la chambre varie de 40 à 78 $. Son restaurant fait partie des bonnes tables de la ville.

Matane

A 65 km de Sainte-Flavie, porte d'entrée de la Gaspésie, Matane est un port de pêche important, notamment pour le saumon et les crevettes. Le saumon remonte la rivière Matane, qui traverse la ville. La promenade des Capitaines, qui longe la rivière, permet d'atteindre la passe migratoire du barrage Mathieu d'Amour. Un bâtiment, accessible par la rue Saint-Jérôme, a été aménagé juste en bordure et permet d'observer par un système de surveillance le trajet des saumons. Il est ouvert de 7h à 21h de juin à la mi-octobre.

A proximité, et accessible par un pont, s'étend le **parc des Îles**, avec son théâtre en plein air et ses aires de jeu pour enfants.

L'**usine de crevette** (☎ 562-1273), 1600 Matane-sur-Mer, peut se visiter durant l'été. Les réservations sont obligatoires. Vous pouvez acheter sur place, et à bon prix, du poisson frais ou fumé.

L'avenue du Phare Ouest (route 132) forme le grand axe est-ouest de la ville. Elle permet d'atteindre le traversier reliant Matane à la rive nord du Saint-Laurent (reportez-vous à la rubrique *Comment s'y rendre*). L'avenue Saint-Jérôme est l'axe principal du centre-ville.

Renseignements. Le Bureau d'information (☎ 562-1065), 968 av. du Phare Ouest, est ouvert à l'année, du lundi au vendredi de 8h30 à 17h et, de mi-juin à début septembre, tous les jours de 8h à 20h.

La Caisse Populaire Desjardins est installée rue Saint-Pierre. Dans la rue Saint-Joseph, la Banque de Montréal et la Banque Nationale disposent toutes trois de guichets automatiques.

Où se loger. Les motels se succèdent le long de la route 132. Il sont en général onéreux. Parmi les moins chers, mentionnons ***Les Mouettes*** (☎ *562-3345 ; 298 rue McKinnon*) avec une double à 50 $. Le motel ***Le Beach*** (☎ *562-1350 ; 1441 rue Matane-sur-Mer*) affiche un prix similaire.

L'hôtel-motel ***Belle Plage*** (☎ *562-2323 ou 1 888 244-2323 ; 1310 rue Matane-sur-Mer*) fut un temps le grand hôtel de la ville et demeure un hébergement de qualité. Ouvert de la mi-mai à la mi-octobre, il loue des simples/doubles à partir de 59/69 $ en haute saison (40/45 $ le reste de l'année), le prix maximal étant de 86/91 $ en plein été. Le traversier se situe à une centaine de mètres.

Installé en lisière de la ville, le ***Collège de Matane*** (☎ *562-1240 ; 616 av. Rédempteur*) propose des chambres moyennant 18 $ par personne environ.

Le Relais du Voyageur (☎ *562-3472 ; 75 rue d'Amour*) est un B&B simple pourvu de chambres à 42 $ (le prix du lit simple s'élève à 26 $). Dans un tout autre genre et bordé d'un grand terrain, ***L'Auberge La Seigneurie*** (☎ *562-0021 ou 1 877 783-*

GASPÉSIE

4466 ; 621 av. Saint-Jérôme) est une superbe vieille demeure pourvue de mobilier ancien. La simple/double vaut 50/70 $ du 15 juin au 15 septembre. En basse saison, vous paierez 40/60 $.

A l'ouest de la ville, accessible par la route 132, ***Le Camping Parc Sirois La Baleine*** (*☎ 562-2242 ; 2345 av. du Phare Ouest*) met, de juin à septembre, un emplacement à votre disposition pour 14 $.

Où se restaurer. Le ***Café Aux Délices***, à l'angle des rues Saint-Jerôme et du Bon-Pasteur, est recommandé pour son ambiance et sa cuisine très éclectique, italienne, canadienne et chinoise. Les petits déjeuners sont copieux. Ouvert tous les jours et tard le soir.

En bordure de la route 132, vers l'embarcadère, ***Le Vieux Raphio*** (*1415 av. du Phare Ouest*) est tout aussi agréable. Les repas, à base de poisson ou de crustacés, ne déçoivent pas. Située à proximité du Riôtel, ***La Table du Capitaine Gourmand*** (*260 rue du Barachois*) est un lieu à privilégier pour sa cuisine comme pour son ambiance. La grande salle aux larges baies vitrées donnant directement sur le fleuve et la terrasse est joliment décorée.

Comment s'y rendre. La gare routière (☎ 562-1177), 7750 av. du Phare Ouest, est installée dans les Galeries du Vieux-Port, un centre commercial sur la route 132, non loin du centre-ville. Le bureau est à l'angle du Restaurant des Galeries. Chaque jour, deux bus font route pour Gaspé et quatre autres desservent Québec.

Un traversier (☎ 562-2500 ou 1 877 562-6560, http//www.traversiers.gouv.qc.ca) assure une à deux navettes quotidiennes (sauf de janvier à mars, période durant laquelle aucun trajet n'est assuré le dimanche) avec Baie-Comeau et le village de Godbout, sur la rive nord du Saint-Laurent. Il est conseillé de réserver sa place de véhicule. En été, les fréquences sont au nombre de trois, sauf le lundi et le dimanche. La traversée dure 2 heures 20 et coûte 11,50 $ (8,05 $ pour les 5-11 ans et 10,35 $ pour les seniors). Le passage de la voiture revient à 27,50 $ (gratuit pour les bicyclettes). Le paiement se fait dans le bateau. A l'intérieur, le ferry dispose d'un bar et d'un snack. Le terminal du traversier est à 7 km environ à l'ouest du centre ville.

Réserve faunique de Matane

A 40 km au sud de Matane, la réserve faunique de Matane (☎ 562-3700) est un espace gigantesque où abondent les orignaux. On peut camper, faire du canoë, pêcher et louer des embarcations.

Les îles de la Madeleine

Indicatif ☎ 418

Situées à 105 km de l'île du Prince-Édouard, à 215 km de la péninsule gaspésienne et à 95 km du Cap Breton, les îles de la Madeleine s'étirent sur une soixantaine de kilomètres dans le golfe du Saint-Laurent. Plus proche des Provinces atlantiques du Canada que du Québec, l'archipel comprend une douzaine d'îles reliées pour la moitié par de longs et fins bancs de sable et des lagunes.

Plates ou ventrues, ciselées de falaises rouges ou bordées de fines plages de sable doré et ourlées de dunes, elles représentent un bout du monde chaleureux balayé par les vents frais du large ; un monde en soi ponctué de petits ports de pêche et de maisons très colorées, de vallons et de plaines au vert éclatant. Il fait bon y vivre et s'y promener.

Plus de 95% de ses 15 000 habitants sont francophones, pour la plupart d'origine acadienne. Le reste de la population est composé d'anglophones descendants d'Irlandais et d'Écossais. A chaque communauté, son territoire, les anglophones se concentrant sur l'île d'Entrée et sur Grosse-Île, les francophones se répartissant sur le reste du territoire.

Comme ils l'ont toujours fait, les Madelinots vivent principalement de la pêche (au homard et au crabe notamment), même si ce n'est pas sans mal aujourd'hui. Les revenus sont en baisse. Depuis quelques années, le tourisme vient apporter un peu d'oxygène. Sur l'année, les îles accueillent en moyenne 5 000 visiteurs. Si de la fin juin à la mi-août, les îles connaissent un afflux de visiteurs, elles s'avèrent une destination de rêve et bon marché en dehors de cette période : les îles sont rendues à leurs habitants, la mer est agréable et le prix des hébergements comme des compagnies aériennes, surtout depuis Gaspé, s'avèrent très abordables même pour des budgets serrés.

A ne pas manquer

- Le port de Grande-Entrée, pour son animation à l'entrée des bateaux
- Havre-aux-Maisons, par le chemin des Montants
- Les phoques et les canards de la réserve nationale de la faune de la Pointe-de-L'Est
- La plage de sable de la Grande-Échouerie
- La chapelle de Saint Peter's by the Sea

L'observation des phoques sur la banquise, entre fin février et début mars, constitue l'autre temps fort de l'archipel. Enfin, si l'île du Cap-aux-Meules et l'île du Havre-Aubert constituent les destinations phares, il serait dommage de négliger Grosse-Île, l'île de la Grande-Entrée et l'île d'Entrée. En ces espaces très peu peuplés, la nature et les hommes donnent aux îles toute leur dimension.

HISTOIRE

Les Micmacs les appelaient Menagoesenog ("îles balayées par le ressac"). Jacques Cartier, lors de son retour en France en 1534, les avait nommées les Araynes, du latin *arena*, qui signifie "sable". C'est en 1663 que les îles auraient pris le nom de Madeleine, prénom de l'épouse du premier seigneur des îles, François Doublet de Honfleur. Cette attribution demeure encore aujourd'hui controversée par certains qui rappellent que Samuel de Champlain, lors de son voyage dans le golfe du Saint-Laurent, en 1629, baptisa l'île du Havre-Aubert, La Magdeleine. Quoi qu'il en soit, jusqu'à l'arrivée des Acadiens, dans les années 1755, elles ne connaîtront pas de peuplement à l'année. A partir du milieu du

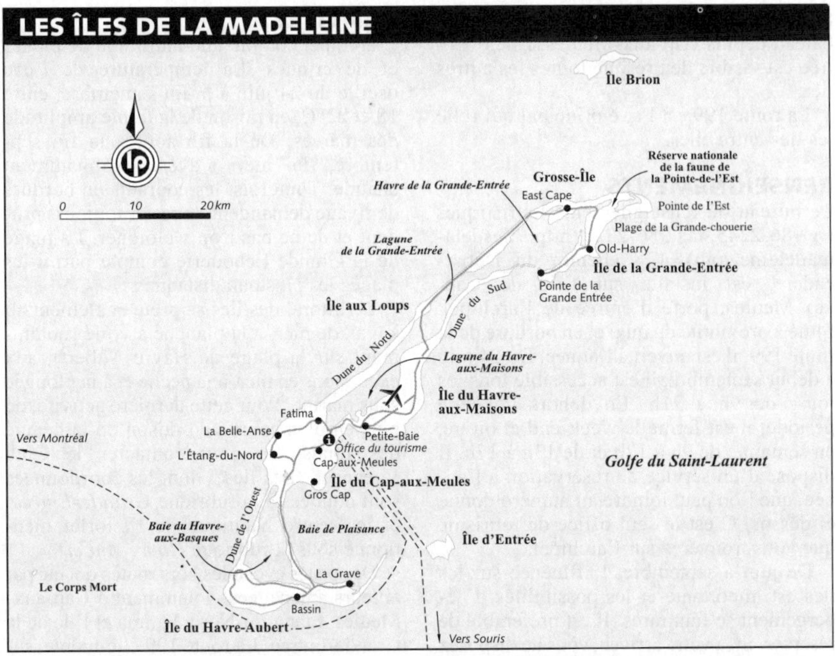

XVIIIe siècle, les Acadiens sont en effet de plus en plus nombreux à s'établir dans les îles. A ceux venus de la Nouvelle-Angleterre et fuyant déportation, viennent s'ajouter quelques temps plus tard, au moment de la Révolution française, les refoulés de Saint-Pierre-et-Miquelon, rejetés à cause de leur attachement au clergé.

En 1760, les îles de la Madeleine passent sous domination anglaise. Plusieurs seigneuries se succèdent jusqu'en 1798, date où Isaac Coffin devient le nouveau maître des lieux. Avec lui commence plus d'un siècle de régime féodal, d'injustice et de misère pour les Madelinots obligés pour occuper leur terre de payer de lourdes rentes. Nombre d'entre eux décident de quitter l'archipel. A la recherche de meilleures conditions de travail et de vie, ils émigrent notamment en Gaspésie et vers la Côte Nord, nouvelles terres d'accueil où ils créeront notamment les villages de Havre-Saint-Pierre et Sept-Îles. En 1895, une loi du Québec leur permet de redevenir propriétaires du sol qu'ils cultivent et maîtres à bord sur leur bateau.

ORIENTATION

Les îles de la Madeleine forment un croissant qui s'étire sur une soixantaine de kilomètres du sud au nord-est. L'île du Cap-aux-Meules est la porte d'entrée de l'archipel. Avec ses six kilomètres de large et ses dix kilomètres de long, elle représente la deuxième plus grande île de l'archipel, derrière sa consœur du sud, l'île du Havre-Aubert.

Au nord de Cap-aux-Meules s'étend l'île du Havre-aux-Maisons où se trouve l'aéroport. Vient ensuite l'île aux Loups, la plus petite de toutes (un kilomètre de large à peine). Le banc de sable qui la relie à Grosse-Île s'étire sur dix kilomètres. L'île de la Grande-Entrée boucle l'archipel.

Située en retrait et accessible seulement en bateau depuis Cap-aux-Meules, l'île d'Entrée est visible de presque toutes les autres îles.

La route 199 est l'axe principal qui relie les îles entre elles.

RENSEIGNEMENTS

Le bureau de renseignements touristiques (☎ 986-2245, fax 986-2327, http://ilesdelamadeleine.com), 128 chemin du Débarcadère, est installé sur l'île de Cap-aux-Meules, porte d'entrée de l'archipel. Situé à proximité du quai et en bordure de la route 199, il est ouvert à l'année. Du 24 juin à début septembre, il est accessible tous les jours de 9h à 21h. En dehors de cette période, il est fermé le week-end et ouvre, en semaine, de 9h à 12h et de 13h à 17h. Il dispose d'un service de réservation à l'année, que l'on peut joindre au numéro donné ci-dessus. C'est le seul office de tourisme que vous trouverez sur l'archipel.

De juin à septembre, l'affluence sur les îles est importante et les possibilités d'hébergement se font rares. Il est préférable de réserver. Si, à votre arrivée, vous ne disposez pas de logement réservé, allez directement à l'office. Il contactera les adresses en sa possession. Vous pourrez en trouver d'autres en demandant simplement autour de vous. Les habitants sont très sympathiques et parlent aussi bien le français que l'anglais.

En dehors de la période allant de mi-juin à mi-septembre, la plupart des hébergements et des restaurants ferment.

Les Madelinots vivent avec une heure de décalage par rapport à Montréal et Québec. Lorsqu'il est 9h à Québec, il est 10h dans les îles.

FÊTES ET MANIFESTATIONS ANNUELLES

Juillet

Festival du homard des îles – A Grande-Entrée.

Août

Festival acadien – A Havre-Aubert.

Concours de châteaux de sable – Le 15 ou le 16, sur la plage du Havre-Aubert.

ACTIVITÉS

L'archipel compte une multitude de plages et de criques. La température de l'eau oscille du 24 juin à la fin septembre, entre 18 et 22°C, en raison de la faible amplitude des marées. De la fin août à la fin septembre, la mer s'avère étonnamment chaude. Toutefois, les courants en bordure de rivage demandent de rester toujours prudent et de ne pas trop s'éloigner. La plage de la Grande Échouerie compte parmi les plages les plus paradisiaques.

Le littoral des îles se prête également au kayak de mer, à la planche à voile (notamment sur la plage de Havre-Aubert), aux excursions en mer, à la pêche et à la plongée sous marine. Pour cette dernière activité, de plus en plus courue en raison de la beauté des fonds, on peut contacter le Club Vacances "Les Îles", dont les coordonnées sont données à la rubrique *Grande-Entrée*, et le Centre Nautique de l'Istorlet mentionné sous la rubrique *Havre-Aubert*.

Des pistes cyclables hors routes ont été par ailleurs aménagées, notamment à Cap-aux-Meules, Étang-du-Nord, Fatima et l'île de la Grande-Entrée. La route 199 elle-même, sur presque toute sa longueur, est bordée de corridors spécialement réservés aux cyclistes.

Le plaisir de la baignade est assujetti néanmoins, comme celui de la randonnée à vélo ou celui du kayak de mer, au facteur vent qui influence énormément toute l'année le climat des îles. Sa force peut rendre toute balade à vélo éprouvante pour les mollets et toute sortie en mer dangereuse.

De décembre à fin mars-début avril, la neige, la glace et la banquise font des îles un paysage lunaire éblouissant à découvrir en ski de randonnée, en traîneau à chien, voire en kayak. En mars, l'observation, sur la banquise environnant l'archipel, des phoques du Groenland et de leurs petits, attire chaque année de plus en plus de visiteurs.

CAP-AUX-MEULES

Cap-aux-Meules, l'île d'entrée de l'archipel, donne son nom à la ville où le traversier en provenance de Souris s'arrime. Vous y trouverez banques, distributeurs d'argent,

Pêcheurs de homards

Le Québec compte deux grandes zones de pêche au homards : les îles de la Madeleine en tête et la Gaspésie, en deuxième position. Réglementée, la pêche se déroule en général de la dernière semaine d'avril à début juillet. Le nombre de cages par pêcheur est contingenté (300 au maximum). Quant aux captures, elles ne doivent pas mesurer moins de 81 cm, sinon elles doivent être relâchées tout comme doit l'être toute femelle portant des œufs. Les cages réunies en chapelets sont généralement groupées par 10, chaque groupe étant repéré à la surface de l'eau par une ou deux bouées identifiant son propriétaire par son numéro.

Les îles de la Madeleine comptent 325 détenteurs de permis de pêche au homard, la majorité d'entre eux se concentrant sur l'île de la Grande-Entrée. Officiellement, un permis ne s'achète pas. Il est cédé par son propriétaire à un autre propriétaire. Néanmoins très convoité au regard des revenus qu'il rapporte (la livre est à 5 $ en moyenne), il ne s'échange pas à moins de 125 000 $.

La pêche au homard constitue aujourd'hui environ 75% des revenus des pêcheurs madelinots.

commerces et grandes surfaces. Vous pourrez y effectuer tous les achats et réservations nécessaires.

La ville de Cap-aux-Meules peut être considérée comme le carrefour de l'archipel, tandis que L'Étang-du-Nord et Fatima, situées au nord-ouest, constituent les deux plus grandes agglomérations de l'île.

Le bureau de renseignements touristiques (☎ 986-2245, fax 986-2327), 128 chemin du Débarcadère, est à une courte distance du quai d'embarquement des ferries, sur la gauche. Il se tient à l'intersection du chemin du Débarcadère et de la route 199.

La ville elle-même ne présente guère d'intérêt. Il est préférable de se diriger vers le nord-ouest de l'île, en direction de la côte escarpée qui borde le village de la Belle-Anse et de se rendre au joli petit port de pêche de L'Étang-du-Nord en empruntant le chemin des Caps puis le chemin de la Belle-Anse. Les falaises rouges sont en effet spectaculaires notamment au cap Hérissé (accessible depuis le chemin des Caps par le chemin du Phare). Sur place, bancs et tables de pique-nique ont été installés. Plusieurs sentiers longent les falaises et offrent une vue grandiose sur la mer, en particulier de Cap-au-Phare.

Où se loger

La demi-douzaine d'hôtels et de motels de la ville de Cap-aux-Meules sont assez onéreux et n'offrent guère d'intérêt. Il est préférable de vous éloigner de la ville.

Un certain nombre de pensions sont rassemblées de l'autre côté de l'île, autour de Fatima ou de L'Étang-du-Nord. Tranquille, ***La Maison du Cap Vert*** (☎ *986 5331 ; 202 chemin L. Aucoin*) est une grande maison verte bordée d'un vaste terrain qui offre des chambres convenables à 45 $. Entre Cap-au-Meules et L'Étang-du-Nord, l'***Auberge chez Sam*** (☎ *986-5780 ; 1767 chemin Étang-du-Nord*) a l'avantage d'être une maison indépendante où l'on peut préparer ses repas. Sans grande âme, les chambres sont toutefois vastes et confortables. La chambre revient à 45 $ taxe incluse.

Le Château Madelinot (☎ *986-2211, madeli@cancom.net ; 323 route Principale*) est un complexe hôtelier sans charme particulier proposant une multitude d'activités, comme le survol de l'archipel en hélicoptère. Le prix de la chambre pour une occupation simple/double est à 99/109 $ en mars, juillet et août, sinon à 79 $. Pour une chambre avec cuisinette, ajoutez 10 $ au tarif. Cet établissement propose également de la fin février à mars plusieurs forfaits pour l'observation des phoques. Comptez environ 1 059 $ pour un forfait séjour observation des phoques de quatre jours.

Dans le même style mais plus chaleureux avec sa décoration intérieure tout en bois,

Le Berceau des Îles (☎ *937-5614 ; 701 chemin principal*) est un complexe hôtelier où la chambre s'affiche à partir de 80 $.

Situé à proximité de l'Anse aux Baleiniers et ouvert de mai à la fin octobre, le ***Camping le Barachois*** (☎ *986-4726 ; 87 chemin du Rivage*) est à l'abri du vent si vous ne vous rapprochez pas trop du rivage. Le tarif de l'emplacement, de 15 à 20 $, varie en fonction des services proposés.

Le ***Camping le Gros Cap*** (☎ *896-4505 ; 774 chemin du Camping*) est certainement le plus beau camping de l'archipel de par sa vue sur les falaises, sa situation isolée, en bordure de mer. L'emplacement varie de 14 à 19 $. Il dispose également d'un dortoir de cinquante places (10 $ par personne).

Où se restaurer

Chez Patrick (☎ *986-4686*), 355 chemin Petitpas, est la bonne table de Cap-aux-Meules. Installé dans une maison en pierre, cet établissement allie une cuisine fine où domine le poisson et une agréable atmosphère midi et soir. Il est fermé le dimanche et sa table d'hôte oscille entre 18 et 22 $. Pour prendre un encas, ***Le Central*** (☎ *986-3212*), rue Principale, est un bar apprécié par les Madelinots qui s'y retrouvent pour boire un verre et écouter de la musique.

A trois kilomètres de Cap-aux-Meules, ***La Factrie*** (☎ *986-2710*), 521 chemin de Gros Cap, est une cafétéria-restaurant d'un excellent rapport qualité/prix à ne pas manquer. A la carte : crabe et homard à 10 $ et 15 $. Les plats sont copieux et l'ambiance dans la grande salle a des allures de cantine. Une baie vitrée surplombe l'usine. Situé au premier étage, le restaurant est en effet directement approvisionné par la poissonnerie ***Pêcheries Gros-Cap,*** installée juste en-dessous, au rez-de-chaussée. A l'intérieur, vente de salades, crabes, pétoncles et crevettes décortiquées, homards cuits… pour composer un délicieux pique-nique. Elle est ouverte tous les jours de mai à fin août, de 11h à 22h.

A L'Étang-du-Nord, le restaurant ***La Côte*** (☎ *986-6412*) jouxte le petit port. C'est une bonne table pour prendre un repas léger et savoureux. Le cadre avec sa vue, sa terrasse et sa décoration intérieure estivale (murs en lambris peints en blanc, cernés de bleu) est par ailleurs agréable. Le choix des plats est étendu – harengs et bagels au saumon méritent le détour – et les prix sont doux. Comptez pour un petit déjeuner de 5 à 9 $ et, pour un repas le midi ou le soir, entre 10 et 20 $. La liste des bières et des vins (au verre ou en bouteille) est affichée sur le tableau. Il est ouvert d'avril à fin septembre. La propriétaire des lieux est également à la tête de l'une des plus grandes tables de l'île, ***La Table des Roy*** (☎ *986-3004*), située sur le chemin Étang-du-Nord, entre Cap-aux-Meules et L'Étang-du-Nord. Ouvert du 15 juin au 15 septembre, fermé le lundi, ce restaurant ne sert que le soir. Comptez au moins 30 $.

HAVRE-AUBERT

Située au sud de l'île du Cap-aux-Meules, à 32 km de l'aéroport et 25 km de l'embarcadère, l'île de Havre-Aubert est reliée à sa voisine par deux longues bandes de sable. Il s'agit de la plus grande île de l'archipel et celle que les visiteurs privilégient.

A la pointe sud-est de l'île, le village de La Grave aux maisons dispersées et au port de pêche animé le matin, constitue le lieu de villégiature où il fait bon flâner malgré le monde en juillet et en août. Sa rue principale, seul et unique axe qui traverse le centre du village, est bordée de boutiques d'artisanat et de souvenirs, de restaurants et de nombreuses vieilles maisons.

Pour apprécier les paysages de cette île, la plus boisée, la plus champêtre et la plus agricole de l'archipel, empruntez depuis le chemin de la Montagne, le chemin de l'Étang-des-Caps qui rejoint le chemin du Bassin.

A voir

A L'**Aquarium** (☎ 937-2277), 146 chemin de La Grave, le couple de phoques du Groenland est la principale attraction. Ouvert tous les jours, de juin à la mi-octobre, de 10 h à 18 h, il présente sur deux étages la faune et la flore marines des îles. Un bassin permet aux enfants comme aux adultes de toucher certains spécimens. L'entrée coûte 4 $ (2 $ pour les étudiants et les enfants de plus de 5 ans).

Le **musée de la Mer** (☎ 937-5711), 1023 route 109, est axé sur l'histoire de la pêche et le transport maritime. Les naufrages font l'objet d'une exposition entière. Ils furent nombreux et ont inspiré de multiples histoires. Le musée est ouvert tous les jours de la dernière semaine de juin à la fin août de 9h à 18h. En dehors de cette période, il ferme à 17h, ainsi qu'entre 13h et 14h et ouvre le week-end de 13h à 17h. L'entrée coûte 3,50 $ (2 $ pour les enfants de 6 à 12 ans).

Le village dispose par ailleurs d'un **théâtre** (☎ 937-2588), chemin d'en Haut, donnant pendant la période estivale, un spectacle intitulé "Mes îles, mon pays" dont la trame est consacrée à l'histoire d'hier et d'aujourd'hui de l'archipel. Toute la troupe est composée de comédiens non professionnels, parmi lesquels des pêcheurs au chômage. Le Centre culturel abrite également une exposition racontant avec des objets et des personnages en cire, l'histoire des îles.

Activités sportives

A proximité de La Grave, installé sur la baie du Bassin, le Centre nautique de l'Istorlet (☎ 937-5266, www.3.sympatico.ca/istorlet/) propose de multiples activités, notamment pour les jeunes à partir de 5 ans (voile, kayak de mer, plongée, randonnée équestre ou à vélo, pêche, excursion à l'île Brion). Sur place, vous pouvez louer le matériel nécessaire. Pour une location de kayak ou d'une planche, comptez 60 $ la journée et 30 $ pour un vélo. Pour une plongée avec les phoques, le tarif par personne va de 60 $ (site de Corps-Mort) à 80 $ (île Brion). Trois heures en kayak de mer coûtent 40 $ par personne en solo, ou 30 $ si vous êtes sur un duo.

A proximité du village de La Grave, la plage accessible depuis le chemin du Sable compte parmi les plus belles plages de l'archipel. La plage du Cap, derrière la dune du Havre aux Basques est, quant à elle, le rendez-vous des planchistes.

Où se loger

Le village de La Grave concentre un certain nombre d'hébergements, la plupart de qualité.

Ouverte à l'année, L'***Auberge Chez Denis et François*** (☎ *937-2371 ; 404 chemin d'en Haut*) vient de refaire à neuf ses chambres. Spacieuse et très confortable avec ses lits queen, la simple/double revient à 72/80 $ du 15 juin au 31 août, sinon à 42/50 $.

Dans le registre gîte ou B&B, centrale et ouverte à l'année, l'auberge ***La Marée Haute*** (☎ *937-2492 ; 25 chemin des Fumoirs*) ne dément pas sa bonne réputation. Installée dans une vieille demeure restaurée avec goût et en bordure d'eau, elle dispose d'un grand terrain où repose un bateau de pêche réservé aux enfants ! La simple/double est à 75/60 $ (petit déjeuner inclus). Réservez en saison, car elle ne compte que trois chambres dont une très grande au sous-sol. L'auberge fait également restaurant (voir *Où se restaurer*, ci-dessous). La pension complète revient à 95 $ pour une personne ou à 75 $ par personne si l'on est deux. Les propriétaires proposent des pique-niques à emporter, des cours de cuisine, des sorties de pêche aux palourdes, et louent des bicyclettes.

Au 66 chemin des Fumoirs, ***L'Aquarelle*** (☎ *937-5908*), est une jolie maison rouge foncé tout aussi chaleureuse. La décoration est soignée. Ouverte à l'année, elle dispose de trois chambres à 60 $.

Dans le village même de La Grave, ***La maison de Camille*** (☎ *937 2516 ; 946 chemin Principal*) allie charme, douceur de vivre et confort. Situé au centre du village, elle ouvre, à l'arrière de la cuisine, sur un jardin en bordure d'eau. Le rapport qualité/prix défie toute concurrence, 35/40 $ hors saison pour une simple/double, 40/50 $ en saison, taxe comprise. Le petit déjeuner n'est pas assuré pendant l'été.

Installé à deux pas, au 930, et ouvert également à l'année, le gîte ***Chez Charles***

Painchaud (☎ *937-2227*) est une demeure jaune plus vaste et plus classique dans son agencement, mais la propriétaire est tout aussi accueillante. Là aussi, vous avez la possibilité d'utiliser la cuisine et de faire votre lessive. La simple/double revient à 50/65 $ en été, 40/55 $ le reste de l'année, taxe incluse.

Dans la catégorie, petit budget, ***Chez Corinne*** (☎ *937-2970 ; 392 chemin d'en Haut*) loue des simples/doubles à l'année à 25/30 $. Au 295, le ***Gîte de la Brise*** (☎ *937-2865*) se tient encore plus à l'écart du village qu'il domine. Ouvert de mi-juin à septembre, il offre, pour 55/65 $, une belle vue sur la mer et propose des chambres convenables et un grand espace vert devant la maison.

Installé à trois kilomètres du village, le ***Centre Nautique de l'Istorlet*** (☎ *937-5266, istorlet@sympatico.ca*) propose, en dehors de ses activités de plein air, des hébergements en simple/double allant du studio (20/25 $) à la chambre individuelle (35/40 $) en passant par la tente en bois (15/20 $) ou la tente classique (10 $ l'emplacement). Construit dans un beau site, face à la mer, il forme un complexe constitué de plusieurs bâtiments dispersés où règne une ambiance décontractée et conviviale. Sur demande, il propose des forfaits séjours.

A 6 km de La Grave, construit en bordure de plage, l'hôtel ***Havre sur Mer*** (☎ *937-5675 ; 1197 chemin du Bassin*) est une maison gris clair jouant dans le registre hôtel de catégorie supérieure. Ouvert de la mi-juin à septembre, il propose des simples/doubles champêtres, très confortables (bain tourbillon). Les plus belles donnent sur la mer. Les prix se situent entre 75 et 129 $.

Bordant une plage de sable fin, le camping ***Plage du Golfe*** (☎ *937-5224 ; 535 chemin du Bassin*) dispose d'emplacements à 16 $ très convenables. Son voisin ***Belle Plage*** (☎ *937-5408 ; 445 chemin du Bassin*) offre moins de services et de confort.

Où se restaurer

Dans La Grave, chemin Principal, le ***Café de la Grave*** est le lieu de rendez-vous privilégié des villageois. Installé dans l'ancien magasin général, il offre une cuisine variée pour tous les goûts à des prix raisonnables. L'accueil est chaleureux et l'ambiance familiale : le piano est à disposition. Comptez pour un repas entre 12 et 20 $, l'été, le prix des petits déjeuners varient de 5 à 8 $. De la mi-juin à septembre, il assure tous les repas de la journée. En dehors de cette période, il n'ouvre qu'à 17h.

Également dans chemin Principal, le ***Four à Pain***, ***Le Petit Moutain*** et le ***Pub chez Brophy*** (pour ses galettes de morue) sont des établissements sans beaucoup de cachet mais décontractés, où le prix des plats varie de 10 à 15 $.

Toujours dans le village, face à la mer, le restaurant ***La Saline*** propose des tables d'hôtes composées de fruits de mer et de poissons dont les prix (entre 14 et 25 $) ne sont pas toujours à la hauteur de la cuisine.

Pour manger du poisson, des crustacés ou les spécialités locales, allez à l'auberge ***Chez Denis et François*** (☎ *937-2371 ; 404 chemin d'en haut*). Ouverte midi et soir, l'auberge est réputée notamment pour son pot-en-pot. Comptez 20/27 $ pour une table d'hôte. On peut apporter son vin.

L'autre bonne table du village, légèrement plus chère se trouve à l'***Auberge La Marée Haute*** (☎ *937-2492 ; 25 chemin des Fumoirs*). La cuisine y est inventive et légère. En saison, la table d'hôte s'affiche à 32 $, sinon à 25 $. Hors saison, le restaurant n'est ouvert que le vendredi soir et le samedi soir. Pensez à réserver.

HAVRE-AUX-MAISONS

Cette île possède de beaux paysages. Empruntez absolument la route de la côte qui s'enfonce dans une magnifique petite vallée verdoyante, avant de longer les falaises rouges de l'île et d'offrir une vue éblouissante. Pour bénéficier du meilleur point de vue, prenez cette route depuis le chemin des Dunes du Sud. Cette route en terre et gravier rejoint ensuite le chemin des Montants qui lui-même permet d'accéder au chemin des Échoueries. Votre trajet sera jalonné de splendides panoramas, de maisons de style traditionnel, d'un phare et de boucaneries servant à fumer le poisson.

Au port de Pointe-Basse, ***Le fumoir d'antan*** (☎ *969-4907*), 27 chemin du Quai, est un lieu à ne pas manquer pour le plaisir des yeux et des papilles. Ses bâtiments en bois (dont un authentique fumoir rénové) constituent le dernier témoignage vivant de cette grande activité de l'archipel, aujourd'hui réduite à quelques adresses. Sur place, on continue à fumer le hareng comme autrefois. Outre une exposition de vieilles photos consacrée à la pêche et au temps des boucaneries, ce lieu (ouvert d'avril à septembre) propose une dégustation et une vente de harengs. Un Centre d'interprétation évoquant l'histoire et le fonctionnement des fumoirs devrait voir le jour. Un restaurant est également en projet.

L'aéroport est installé au nord de l'île. La Caisse Desjardins, située sur la Route 199 en direction de Cap-aux-Meules, dispose d'un guichet automatique.

Où se loger

Le Vieux Couvent (☎ *969-2233 ; 292 route 199*) est une demeure imposante aux chambres lumineuses et blanches, dotées d'un confort minimum. Certaines donnent sur la mer. Seul inconvénient : le bruit du bar, ouvert jusqu'à 3h. Comptez 35/40 $ pour une simple/double. Il est ouvert du 24 juin au 15 septembre. A proximité, ouverte à l'année, ***La P'tite Baie*** (☎ *969-4073 ; 187 route 199*) est une auberge raffinée malgré sa situation en bordure de route. Une simple/double revient à 50/60 $ en dehors de juillet et août, et à 60/70 $ en saison.

Ouvert également à l'année, le gîte ***Au Salange*** (☎ *969-4322, www.ausalange.8m.com ; chemin à Damas*) représente l'hébergement de rêve des îles de la Madeleine au regard, non seulement de sa situation – au bout d'une petite route et en bordure de falaises –, mais aussi de l'aménagement de la maison : ses trois chambres (d'une élégance rare) et sa terrasse donnent en effet directement sur la mer et les falaises. La simple/double revient à 65/85 $.

Plus simple mais tout aussi accueillante, située à deux minutes de la plage de Pointe-Basse, du port et du fumoir, ***La Maison d'Éva*** (☎ *969-4053, eva-anne.maison@sympatico.ca ; 4 chemin du quai*) propose des chambres confortables à 50/65 $ selon la taille, taxes comprises. Ouverte du 15 juin à septembre, elle peut accueillir les visiteurs en dehors de cette période à condition de prévenir.

Situé dans les terres et à cinq minutes en voiture de la côte, ***Le Havre à William*** (☎ *548-4177 ; 46 chemin L'Oiseau*) loue la simple/double à 25/30 $. Simple et chaleureuse, la maison de William résonne de la bonne humeur de son propriétaire. Il est possible de se faire à manger sur place.

Où se restaurer

Plusieurs restaurants sont disséminés le long de la route 199. Seul le restaurant de l'auberge de ***La P'tite Baie*** (☎ *969-4073 ; 187 route 199*) mérite une attention particulière pour sa cuisine savoureuse proposée dans un cadre intimiste. La table d'hôte s'affiche entre 25 $ et 30 $. Il est préférable de réserver, surtout le soir.

Tout aussi réputée est la table du restaurant ***La Moulière*** installé dans l'hôtel le Vieux Couvent (☎ *969-2233 ; 292 route 199*). Ouvert du 24 juin au 15 septembre, il propose une carte où viandes, poissons et crustacés rivalisent en quantité et en qualité. La table d'hôte est en moyenne à 29 $.

ÎLE AUX LOUPS

Cette île départage l'archipel en deux univers : d'un côté, l'univers sauvage, plat, peu fréquenté et envoûtant de Grosse-Île et de l'île de la Grande-Entrée ; de l'autre, l'univers au relief plus marqué des îles de Havre-aux-Maisons, Cap-aux-Meules et Havre-Aubert où se concentre l'essentiel de la population. La route 199, infinie ligne droite, constitue d'ailleurs un no man's land non dépourvu de charme.

Fine bande de terre, l'île aux Loups offre un paysage de plages de sable et de dunes blondes, comptant parmi les plus belles de l'archipel. L'eau est plus chaude du côté de la lagune de la Grande-Entrée, mais il convient de faire attention au courant.

GROSSE-ÎLE

Colonisée par des pionniers écossais, elle est l'île anglophone de l'archipel. Tous les panneaux sont en anglais et nombre d'habitants, pêcheurs essentiellement ou agriculteurs, ne parlent pas français même s'ils le comprennent.

East Cape et Old Harry, seules localités de l'île, constituent ses deux extrémités ouest.

Peu peuplée (à peine 550 habitants), Grosse-Île vit encore sur un mode de vie traditionnel. Comme l'île de Grande-Entrée, sa voisine francophone, sa découverte permet d'appréhender le quotidien des insulaires et de se plonger dans leur univers quotidien. Par ailleurs, son paysage vallonné et verdoyant, bordé de falaises rouges et de plages, lui confère un charme envoûtant.

Grosse-Île possède la plage de sable la plus spectaculaire de l'archipel : la **plage de la Grande-Échouerie**, longue de 10 km. De la pointe de l'Est à la pointe Old-Harry, elle s'étire à l'infini et offre une aire de promenade et de baignade privilégiée. Vous y accéderez par la route 199, en empruntant le chemin du Bassin ouest. Attention, les courants au large sont forts. Aucune surveillance n'est assurée. Pour avoir un beau panorama sur les falaises rouges et la plage de la Grande Échouerie, rendez-vous à la Pointe Old Harry où se love un tout petit port de pêche.

L'île abrite par ailleurs la **réserve nationale de la faune de la Pointe-de-L'Est** dont la gestion est assurée par le ***Club Vacances "Les Îles"***. Le Club y organise un certain nombre d'excursions (voir la rubrique *Grande-Entrée*). Vous pourrez y apercevoir des phoques et de multiples espèces de canards, mais surtout des pluviers siffleurs et des grèbes cornus, deux espèces d'oiseaux de rivage protégées. Deux sentiers permettent d'accéder aux marais salants. Si le temps vous manque, préférez le chemin de l'Échouerie à celui des Marais salés.

A voir et à faire

A l'entrée de l'île, sur la route 199, se dressent les installations des **Mines Seleine** (☎ 985 2931), gigantesque exploitation saline. Ouverte en avril 1983, la mine mesure 255 m de profondeur. Les deux millions de tonnes de sel produits chaque année servent essentiellement au déglaçage des routes sur le continent. La mine se visite le mercredi et le samedi, à 16h et 18h mais il faut réserver. En été, sur la route 199, un bureau d'information fournit tous les renseignements voulus de 9h à 17h.

A Old Harry, le **Council for Anglophones Magdalen Islanders** (☎ 985-2116), 787 route 199, présente tous les jours, en juillet et en août et de 9h à 16h, l'histoire des anglophones dans l'archipel. Ouverture le dimanche à 11h.

A environ 16 km de Grosse-Île se trouve l'**île Brion**, une réserve écologique protégée, désormais déserte et interdite d'accès. Elle abrite 140 espèces d'oiseaux et une très intéressante végétation. Le Centre nautique de l'Istorlet (☎ 937-5266) organise depuis Havre-Aubert des **excursions en pneumatique** et assure des **plongées** autour de l'île. A Cap-aux-Meules, Excursions en Zodiac (☎ 986-4745) propose également un **tour de l'île**.

Où se loger et se restaurer

Quelques habitants de Grosse-Île louent une chambre ou deux, pendant l'été, mais ils ne sont pas répertoriés dans les guides.

A l'entrée de Grosse-Île, ***B&J*** (☎ *985-2926 ; 243 route 199*) est le seul restaurant de l'île ouvert à l'année. Salades, pâtes, hamburger, pizzas, poissons et pâtisseries composent la carte. Les repas sont copieux et les prix légers. Comptez entre 9 et 18 $.

A Old Harry, en bordure de la route 199, à proximité de la plage de la Grande Échouerie, les deux casse-croûte saisonnier ***Chez Annabelle*** et ***Rankin's Restaurant*** proposent, de mai à octobre, une ambiance et une cuisine familiale bonne et bon marché : entre 9 et 18 $. Frites, sandwiches, hamburgers, salades, poulet et crustacés – notamment homards et crabes – figurent à la carte. Il est possible d'emporter sa commande.

GRANDE-ENTRÉE

La pêche est une tradition dans cette île plate, verte, peu peuplée, surnommée la capitale du homard. Située à 60 km de Cap-aux-Meules, Grande-Entrée est un des endroits de l'archipel à ne pas manquer. Il fait bon y flâner.

Dans le très joli port de la pointe de la Grande-Entrée se concentre près de la moitié de la flotte de pêcheurs de homards. Sa visite s'impose, surtout en fin de journée pour voir le soleil se coucher. La lumière sur les bateaux de pêche colorés est somptueuse. Vous pouvez également vous rendre à la petite plage située à proximité en empruntant le chemin des Pearley. Le paysage est émaillé de quelques petites falaises rouges. La promenade est des plus sereines.

A voir

Sur la route 199, au n° 377, ne manquez pas le **Centre d'interprétation du Phoque** (☎ 985-2833), installé dans le bâtiment du Club Vacances "Les Îles". Il permet de découvrir l'univers de ces mammifères marins qui peuplent le golfe Saint-Laurent. L'histoire de la chasse et le conflit, qui oppose, encore aujourd'hui, pêcheurs, madelinots et associations écologiques, sont également abordés. Fort bien conçue, l'exposition présente dans un premier temps, au rez-de-chaussée, la formation de la banquise et la vie sous la glace. Dans un second temps, à l'étage supérieur, c'est la vie sur la glace qui est étudiée. Le centre est ouvert tous les jours de 11h à 18h, de fin juin à fin septembre. En juillet et en août, quatre visites guidées sont par ailleurs organisées. Hors saison, prenez rendez-vous. L'entrée coûte 5,50 $ (2,50 $ pour les visiteurs entre 6 et 17 ans).

Où se loger et se restaurer

Le ***Club Vacances "Les Îles"*** (☎ *985-2833, clubiles@cancom.net*) est une station qui propose de multiples activités (randonnée, kayak de mer, excursions, planche à voile, observation des oiseaux, plongée...) et différents forfaits d'hébergement comprenant notamment nuitée, petit déjeuner, dîner et activités. L'hiver, il peut concevoir des forfaits, mais seulement sur réservation. La chambre seule revient à 50/55 $. Le forfait 4 jours/3 nuits (comprenant les activités du Club, la chambre, le petit déjeuner et le souper) s'élève à 225 $ par personne sur la base d'une occupation double. Avec le billet d'avion depuis Montréal ou Québec, comptez 695 $ pour quatre jours. En dehors de la période allant du 1er juillet au 21 août, un rabais de 100 $ est accordé sur ce type de forfait.

Avec un hébergement en camping, le forfait 4 jours/3 nuits revient à 65% du tarif mentionné ci-dessus. Si vous souhaitez simplement planter votre tente, le tarif de l'emplacement se monte à 12 $ par personne (14 $ avec service). Le restaurant-cafétéria du Club est par ailleurs une très bonne adresse, notamment pour son rapport qualité/prix, mais aussi pour y déguster le pot-en-pot, l'un des meilleurs de l'archipel. La terrasse attenante est par ailleurs un bonheur. L'établissement dispose également d'une halte-garderie, d'un club Internet (2 $ l'heure) et assure pour ses pensionnaires un service gratuit de navette depuis l'aéroport.

A proximité du port, isolé dans un vaste champ, ***L'Émergence*** (☎ *985-2801, andre.stonge@sympatico.ca ; 122 chemin des Pealey*) est, de par sa situation face à la mer, un lieu privilégié. A l'intérieur, la maison du propriétaire, André, offre surtout une atmosphère où il fait bon vivre et trois chambres pleines de charme – dont deux avec vue sur la mer depuis le lit. Le prix de la chambre varie entre 35 et 50 $. En juillet et août, il est préférable de réserver.

A la pointe de la Grande-Entrée, aux abords du port, deux places sont à votre disposition pour vous restaurer. Le restaurant ***Les Délices de la mer*** compte parmi les bonnes adresses de l'archipel surtout pour les fruits de mer, le homard et le poisson – les galettes de morue notamment. L'ambiance est simple et chaleureuse et les prix bon marché au regard de la qualité (entre 9 et 18 $). Il est ouvert de juin à septembre. En juin, il ferme à 19h. A proximité, le casse-croûte ***Halabolina***, propose des sandwiches, des frites, des hamburgers, à manger sur place ou à emporter. Il est ouvert d'avril à octobre, de 10 h à 20h30.

ÎLE D'ENTRÉE

Elle n'est pas liée aux autres îles par des bancs de sable. Une navette la relie au port de Cap-aux-Meules, deux fois par jour, du lundi au samedi (à 8 h et à 15 h). La traversée dure environ une heure et coûte 18 $. La liaison en saison est également assurée par des bateaux d'excursions.

Île anglophone d'environ 200 habitants, elle vit essentiellement de la pêche. D'une longueur avoisinant les 4 kilomètres et d'une largeur inférieure à 1 kilomètre, elle offre un paysage saisissant. Dépourvue d'arbres, elle marie subtilement le vert de ses vallons et de ses plaines au rouge sombre de ses falaises. La partie ouest de l'île, moins aride, est émaillée de quelques fermes avant de s'achever par de gigantesques falaises rouges. La zone orientale est montagneuse, avec le sommet le plus élevé de l'île, Big Hill, à 174 m au-dessus du niveau de la mer.

Il est relativement facile de parcourir l'île à pied. Prévoyez néanmoins la journée. Les sentiers pédestres, peu nombreux, permettent en effet de l'appréhender dans toute sa dimension et de découvrir toutes ses perspectives sur l'archipel et la mer. A cet égard, le chemin Mountain mérite particulièrement d'être emprunté. Pour accéder au sommet de Big Hill, prenez, dans le village de l'île d'Entrée, le chemin, indiqué par un petit panneau en bois, qui part de Post Office Road. Au sommet, la vue est magnifique.

L'île ne compte qu'un seul hébergement, la pension ***Chez MClean*** d'Isabelle Crowell (☎ *986-4541 ou 986 5629*), qui ne possède que trois chambres. La simple/double revient à 40/45 $, petit déjeuner inclus. Vous pouvez utiliser la cuisine. Il est préférable de téléphoner avant de vous présenter et de faire quelques courses avant de vous rendre sur l'île. Sur place, vous trouverez néanmoins un casse-croûte, un restaurant-bar et une épicerie.

COMMENT S'Y RENDRE

L'avion est le moyen de transport le plus rapide (entre 4 heures et 40 minutes selon le lieu d'embarquement). Il n'est pas aussi onéreux qu'on peut l'imaginer, en particulier au départ de Gaspé avec une réservation deux semaines à l'avance.

En voiture, depuis Montréal ou Québec jusqu'aux îles de la Madeleine, comptez au moins deux jours de voyage. Il faut rejoindre l'île du Prince-Édouard au Nouveau-Brunswick, afin de prendre, à Souris, le traversier qui mène à Port-aux-Meules.

Pour ce qui est des liaisons maritimes, Montréal est – en dehors de février-mars –la seule ville portuaire au Québec à desservir désormais l'archipel. Mais encore s'agit-il d'organiser son départ à l'avance (la liaison est hebdomadaire), d'avoir du temps (elle dure deux jours) et de prévoir un budget important. On notera cependant qu'une liaison en bateau à partir de Bonaventure, en Gaspésie, est envisagée.

Avion

Inter Canadien (☎ 1 800 665-1177) relie à l'année les îles de la Madeleine depuis Ottawa, Montréal et Québec. De Montréal, deux vols par jour sont assurés du lundi au vendredi ainsi que le dimanche. Le premier est à 7h30 (arrivée à 12h25, heure maritime), le second à 18h30 (arrivée à 23h25). Le samedi, seul le vol du matin est assuré. La durée du trajet depuis Montréal est de 4 heures. La liaison n'est pas directe. L'avion, après une escale à Québec, relie les aéroports de Mont-Joli et de Gaspé, à l'aller comme au retour. En sens inverse (îles de la Madeleine-Montréal), la liaison est assurée deux fois par jour, du lundi au samedi. Le dimanche, il n'y a qu'un vol l'après-midi. De Montréal, le billet plein tarif aller-retour revient à 940 $; de Québec, à 933 $; de Mont-Joli, à 843 $; et de Gaspé, à 567 $. Si vous prenez votre billet

16 jours à l'avance et si vous passez le dimanche sur l'archipel, vous bénéficiez d'une réduction d'au moins 35 %. Un vol aller-retour Gaspé-îles de la Madeleine peut ainsi se situer entre 300 et 340 $.

Air Alliance (☎ 1 800 361-8620) assure également des vols depuis Montréal et Québec *via* Mont-Joli et Gaspé. Les prix de cette compagnie sont à peu près identiques à 5 ou 10 $ près.

Air Montréal (☎ 1 888 631-2111) relie également deux fois par jour l'archipel depuis Montréal, avec trois escales : Québec, Mont-Joli et Bonaventure. Le vol du matin est assuré par un avion cargo dont les places passagers sont limitées, peu confortables mais bon marché (en moyenne 400 $ depuis Montréal).

Bateau

Pour rejoindre les îles de la Madeleine, deux solutions s'offrent à vous.

La première consiste à prendre le bateau de Montréal. La CTMA (☎ (514) 937-7656 ou 986-6600) assure une liaison directe par semaine, le vendredi après-midi, d'avril à la mi-décembre. Le trajet dure deux jours. Le mardi soir, le bateau repart de Cap-aux-Meules et arrive au port de Montréal le vendredi en fin d'après-midi.

Du 15 juin au 15 septembre, le tarif passager revient à 500 $ l'aller simple (chambre et repas inclus). Le transport de la voiture coûte 215 $ l'aller simple. Les taxes ne sont pas incluses dans le prix.

Hors saison, l'aller simple s'élève à 340 $. Le prix du passage de la voiture reste inchangé. Les 5-12 ans paient demi-tarif (gratuit pour les moins de 5 ans).

En février et en mars, la liaison est assurée depuis Matane, mais dépend des glaces du Saint-Laurent. Le prix du trajet simple se monte alors à 120 $ (140 $ pour la voiture).

Voiture/bateau

L'autre solution consiste à se rendre en voiture jusqu'à au cap Tourmentin (Cape Tourmentine, en anglais) dans le Nouveau-Brunswick. On peut ensuite emprunter le pont de la Confédération qui permet d'atteindre directement Souris dans l'île du Prince-Édouard, sans prendre de traversier. En voiture, le trajet Montréal-Souris dure entre onze et treize heures. Ensuite, de Souris, la liaison avec Cap-aux-Meules se fait par bateau et dure cinq heures.

De Montréal, suivez l'autoroute 20 jusqu'à Rivière-du-Loup. De là, empruntez la Transcanadienne (route 185) vers Edmundston avant d'obliquer pour la route 2 qui vous mène jusqu'à Shediac.

A Shediac, prenez la direction de Cape Tourmentine (route 15 puis route 16) afin de rejoindre le pont de la Confédération. Son accès est payant. Comptez 35,50 $ pour une voiture. Ce pont est interdit aux piétons et aux cyclistes, une navette gratuite est mise à leur disposition.

A Souris, le service de traversier (☎ 986-3278 ou 1 888 986-3278, ctma@cancom.net) est assuré d'avril à la fin janvier. La fréquence des départs varie au long de l'année de la manière suivante : du 1er avril au 30 juin, départ unique à 14h, tous les jours sauf le lundi ; du 1er au 15 juillet, départ unique à 14h, tous les jours ; du 16 juillet au 16 août, départ à 14h tous les jours, départ supplémentaire à 2h, samedi, dimanche et lundi.

L'aller simple coûte 35 $ (28 $ pour les seniors, 17,50 $ pour les 5-12 ans). Le passage de la voiture revient à 67 $ (23,50 $ pour une moto et 8,25 $ pour une bicyclette). Les cartes de crédit sont acceptées.

Le bateau, le *M.V. Lucy Maud Montgomery*, qui peut accueillir 90 véhicules et 300 passagers, est toujours complet en juillet et août. Il est conseillé de réserver. Vous devez vous présenter au moins une heure avant votre départ. L'achat du billet se fait sur le bateau.

Pour les passagers seulement, un nouveau service de navette rapide en aéroglisseur est offert, depuis 1999, entre la Nouvelle-Écosse (Chéticamp) et l'île du Prince-Édouard (East-Point). Mais seulement entre juin et fin septembre, à raison d'un départ par jour. Comptez 89 $ pour un aller-retour (49 $ pour les 3-12 ans). Renseignements et réservations auprès de la compagnie Au pays des Acadiens (☎ 986-2211 ou 1 800 661-4537).

COMMENT CIRCULER

Voiture

Les routes sont nombreuses et bien entretenues. Vous pourrez louer une voiture à l'aéroport de Cap-aux-Meules. Les compagnies se concurrencent. Le prix à la journée s'élève en moyenne, de la mi-juin à la mi-août à 70 $ (avec cent kilomètres gratuits, taxes et assurances en sus). En dehors de cette période, comptez en moyenne 58 $ pour un kilométrage illimité. L'essence n'est pas plus chère que sur le continent.

Bicyclette

Les îles de la Madeleine se prêtent a priori à ce mode de transport, car les distances sont courtes. Mais, attention au vent, qui peut constituer un sérieux handicap, surtout pour ceux qui ne fréquentent pas régulièrement la petite reine. A Cap-aux-Meules, Le Pédalier (☎ 986-2965), 365 chemin Principal, loue des bicyclettes. Le tarif à la journée s'élève à 18 $ (15 $ à partir de 4 jours de location). Pour un VTT, comptez 25 $ la journée (20 $ par jour si la location dépasse les trois jours). Une caution de 10 $ est demandée. La remorque pour enfant coûte 15 $ par jour. A L'Étang-du-Nord, Fred à Vélo (☎ 986-4148), 1890 chemin de L'Étang-du-Nord, propose les mêmes services pour les mêmes prix.

Cyclomoteur

A Cap-aux-Meules, Honda (☎ 986-4085), 1090 rue Principal, loue des cyclomoteurs de 80 cm^3. La journée de location, avec 100 km gratuits, revient à 36 $ (0,15 cent par kilomètre supplémentaire). Une location à la semaine vous donne droit à une journée gratuite.

Bus

Il n'existe pas de transports en commun dans les îles. Cependant, des compagnies proposent des circuits touristiques. Par exemple, Ma Poirier (☎ 986-4467) organise, depuis Cap-aux-Meules, un tour des îles pour 28/35 $ (le tour dure de 2 à 5 heures).

Taxi

De Cap-aux-Meules, des taxis pourront vous déposer où vous voulez. La course entre l'aéroport et Cap-aux-Meules coûte 10 $. De Cap-aux-Meules à Grande-Entrée, à l'extrémité de l'archipel, comptez 30 $.

Bateau

Lagune Inc (☎ 969-4550) organise, depuis Havre-aux-Maisons, de juin à septembre, des sorties en mer avec un bateau à fond de verre. Le prix est de 20 $ (12 $ pour les moins de 12 ans).

Les Excursions en mer (☎ 986-4745) effectuent le tour de l'île d'Entrée ou organisent une partie de pêche pour 18 $ (14 $ pour les moins de 12 ans). Elles proposent également le matin une sortie pour observer les grottes et les falaises.

Explorivage (☎ 986-3255) propose des tours des îles en pneumatique depuis la côte de L'Étang-du-Nord. Le tarif est de 45 $.

Cheval

La Chevauchée des Îles (☎ 937-2368), chemin des Arpenteurs, à Havre-Aubert, demande 30 $ pour 2 heures 30.

OTTAWA ET LES CHUTES DU NIAGARA

Ottawa

Capitale du pays, Ottawa occupe un site superbe sur la rive sud de la rivière des Outaouais et de son confluent, la rivière Rideau. Au nord, on aperçoit les monts Gatineau.

Vous serez peut-être surpris d'entendre couramment parler français. C'est sans doute parce que le Québec se trouve sur l'autre rive. Mais aussi, et surtout, parce que fidèle au rêve canadien, Ottawa se veut une ville bilingue (on exige des fonctionnaires qu'ils le soient) : c'est, en ce sens, un foyer important de la culture francophone.

A ne pas manquer

- La National Gallery, principal musée canadien des Beaux-Arts
- La Colline du Parlement, qui abrite les bâtiments fédéraux
- Une promenade le long du canal Rideau, qui se transforme, l'hiver, en vaste patinoire
- Des randonnées dans le parc de la Gatineau

HISTOIRE

A l'origine simple étape sur la route du commerce des fourrures, le site actuel de la ville d'Ottawa ne fut réellement colonisé qu'avec la construction du canal Rideau, qui devait relier la rivière des Outaouais au lac Ontario. Hull, la voisine québécoise, existait déjà.

En 1826, les troupes britanniques fondèrent Bytown, à la frontière du Haut et du Bas-Canada (en 1791, en effet, le Canada avait été divisé en 2 provinces, le Haut-Canada correspondant au sud de l'Ontario actuel, et le Bas-Canada, au sud du Québec actuel). La ville acquit une importance stratégique tant par sa proximité avec le Québec francophone qu'avec les États-Unis d'Amérique. Sa localisation sur les grandes voies navigables et son économie fondée sur les richesses forestières de la région en faisaient également une terre d'élection.

La ville changea de nom en 1855 pour devenir Ottawa – certains voient dans ce terme la transcription anglaise du nom de la tribu amérindienne des Outaouais. Enfin, deux ans plus tard, elle fut choisie par la reine Victoria pour devenir la capitale des provinces anglaises du Canada.

Parallèlement, le Haut-Canada avait accueilli, par vagues successives, de nombreux immigrés américains, fidèles à la Couronne britannique. Sous l'impulsion de ces nouveaux venus, anglophones, la colonie se développa. Dès 1860, la population de l'Ontario dépassait en nombre celle du Québec. Dès lors, la question de l'équilibre entre anglophones et francophones, dont dépendait (déjà !) la stabilité politique et sociale de la colonie, appelait plus que jamais une réponse. La réunion des deux colonies (Haut et Bas-Canada) à partir de 1841 ayant montré ses limites, un nouveau statut vit le jour en 1867 : la confédération.

Ottawa devint le siège du gouvernement fédéral, et la capitale du pays. C'est à cette époque que le Haut-Canada adopta le nom d'Ontario. Ce terme issu de l'iroquois signifierait, selon les sources, "belles eaux", "beaux lacs" ou encore "rochers dressés au bord de l'eau", en référence aux chutes du Niagara.

Après la Seconde Guerre mondiale, l'urbaniste parisien Jacques Greber fut chargé d'embellir Ottawa. Cette agréable cité de 314 000 habitants jouit aujourd'hui de parcs et de nombreuses aires de loisirs sur les rives des voies navigables.

ORIENTATION

Le cœur de la ville, très compact, englobe la majeure partie des monuments dignes d'intérêt. On peut facilement en faire le tour à pied. Le canal Rideau divise le centre d'Ottawa en deux secteurs, est et ouest.

Côté ouest, Wellington St est la principale artère est-ouest, bordée de nombreux édifices gouvernementaux et par le Parlement. La rivière des Outaouais s'étend au nord. Bank St est une rue commerçante aux nombreux restaurants et théâtres.

A l'ouest du canal, vous apercevrez Elgin St et la vaste Confederation Square au milieu de laquelle se dresse le National War Memorial (monument aux morts). Sont également présents l'office du tourisme, dans le centre national des Arts, et le grand hôtel Château Laurier.

Le canal Rideau traverse le sud de la ville. Il est bordé de voies cyclables et piétonnières. En hiver, le canal gelé se transforme en patinoire. De l'autre côté du canal, à l'est, Rideau St constitue l'artère principale où se déploie l'énorme centre commercial Rideau. Au nord, entre George et York St, se tient, depuis les années 1840, le marché Bytown, animé le samedi.

RENSEIGNEMENTS

L'Alliance française (☎ 613-234-9470 ; fax 233-1559) se trouve 352 MacLaren St, Ottawa, Ontario, K2P 0M6.

Offices du tourisme

L'office du tourisme (☎ 237-5158) est installé dans le centre national des Arts, 65 Elgin St, en face de l'angle de Queen St. Il est ouvert de 9h à 21h, tous les jours, de début mai à début septembre. Le reste de l'année, il ouvre de 9h à 17h du lundi au samedi et de 10h à 16h le dimanche. Parking gratuit (pour 30 mn) en sous-sol.

Plus grand, le Canada's Capital Information Centre (☎ 239-5000 ou 1-800-465-1867) est sis 14 Metcalfe St, face au Parlement. Il est ouvert tous les jours. L'agence principale (☎ 239-5555) est située 40 Elgin St.

Le Visitors & Convention Bureau (☎ 237-5150) se trouve bureau 1800 au 130 Albert St. A noter que nombre de sites touristiques d'Ottawa sont fermés le lundi.

Argent

Vous trouverez plusieurs banques dans Sparks St, dont le bureau de change Accu-Rate, au n°153. Il reste ouvert tard et propose des chèques de voyage.

Poste

Un bureau de poste est implanté 59 Sparks St.

Agences de voyages

Les voyageurs à petit budget trouveront leur bonheur chez Hostel Shop (☎ 569-1400), 75 Nicholas St. Travel CUTS (☎ 238-5493) dispose d'une succursale à la Carleton University, au sud du canal, le long de Bronson Avenue.

Livres et cartes

The World of Maps and Travel Books (☎ 724-6776), 118 Holland Avenue, à l'angle de Wellington St, présente un vaste choix de cartes, plans et guides. Tout comme The Map Store (☎ 233-6277), ouvert tous les jours au 113 O'Connor St. Books Canada, 71 Sparks St, contient un excellent rayon spécialisé sur le pays.

Services médicaux

L'hôpital central d'Ottawa (☎ 737-7777) se trouve 501 Smyth Rd.

Désagréments et dangers

La nuit, drogue et prostitution règnent dans le quartier du marché. Évitez de vous promener dans les rues isolées à une heure tardive.

A VOIR ET A FAIRE

Colline du Parlement

Le bâtiment du Parlement est le plus impressionnant des édifices gouvernementaux. Il domine toute la ville.

Le Sénat et la Chambre des députés se trouvent dans le Parlement, et les séances sont publiques. Des visites gratuites (☎ 239-5000) d'environ 20 mn sont fréquemment proposées et mènent jusqu'au belvédère de la tour de la Paix (fermée récemment pour travaux). Il est indispensable de réserver.

National Gallery

Une visite à la National Gallery (☎ 990-1985), Sussex Drive, à 15 mn du Parlement,

OTTAWA-HULL

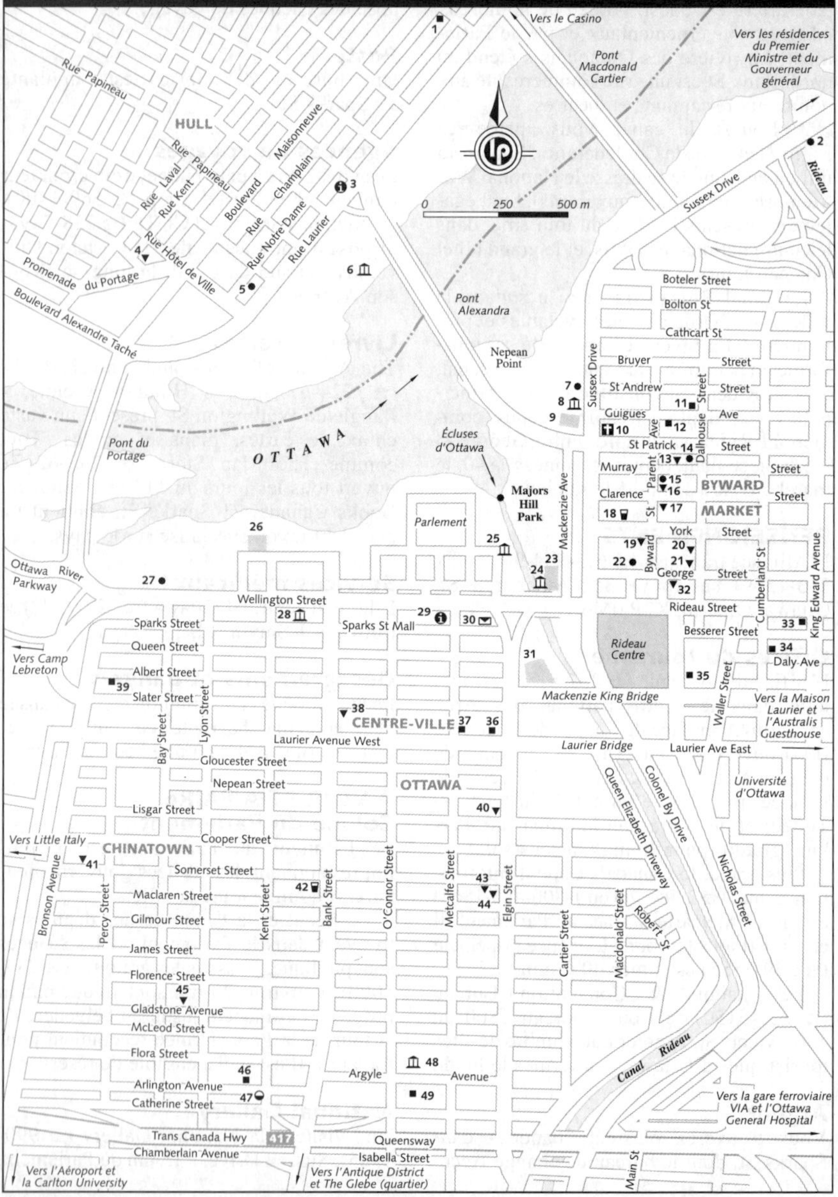
Vers le Casino
Vers les résidences du Premier Ministre et du Gouverneur général
Pont Macdonald Cartier
Rue Papineau
HULL
Maisonneuve
Rue Papineau
Rue Laval
Rue Kent
Boulevard
Rue Champlain
Rue Notre Dame
Rue Laurier
Rue Hôtel de Ville
Promenade du Portage
Boulevard Alexandre Taché
0 250 500 m
Sussex Drive
Rideau
Boteler Street
Bolton St
Cathcart St
Pont Alexandra
Nepean Point
Bruyer Street
St Andrew Street
Guigues Ave
St Patrick Street
Murray Street
Clarence Street
Dalhousie Street
Parent Ave
BYWARD MARKET
York Street
George Street
Byward St
Cumberland St
King Edward Avenue
Écluses d'Ottawa
Majors Hill Park
Mackenzie Ave
Parlement
Pont du Portage
OTTAWA
Ottawa River Parkway
Wellington Street
Sparks Street
Sparks St Mall
Rideau Street
Rideau Centre
Besserer Street
Daly Ave
Queen Street
Albert Street
Slater Street
Vers Camp Lebreton
Mackenzie King Bridge
Waller Street
Vers la Maison Laurier et l'Australis Guesthouse
CENTRE-VILLE
Laurier Avenue West
Laurier Bridge
Laurier Ave East
Université d'Ottawa
Bay Street
Lyon Street
Gloucester Street
Nepean Street
OTTAWA
Lisgar Street
Queen Elizabeth Driveway
Colonel By Drive
Vers Little Italy
CHINATOWN
Cooper Street
Somerset Street
Maclaren Street
Gilmour Street
James Street
Florence Street
Gladstone Avenue
McLeod Street
Flora Street
Arlington Avenue
Catherine Street
Bronson Avenue
Percy Street
Kent Street
Bank Street
O'Connor Street
Metcalfe Street
Elgin Street
Cartier Street
Macdonald Street
Robert St
Nicholas Street
Canal Rideau
Argyle Avenue
Vers la gare ferroviaire VIA et l'Ottawa General Hospital
Trans Canada Hwy
417
Queensway
Chamberlain Avenue
Isabella Street
Main St
Vers l'Aéroport et la Carlton University
Vers l'Antique District et The Glebe (quartier)
1 2 3 4 5 6 7 8 9 10 11 12 13 14 15 16 17 18 19 20 21 22 23 24 25 26 27 28 29 30 31 32 33 34 35 36 37 38 39 40 41 42 43 44 45 46 47 48 49

OTTAWA-HULL

OÙ SE LOGER
5 Foisy House
14 Château Laurier
22 Quality Hotel by Journey's End
23 Gasthaus Switzerland Inn
24 HI Ottawa Hostel
26 Lord Elgin Hotel
34 YMCA-YWCA

OÙ SE RESTAURER
7 Crêpe de France
9 Café Bohemian
10 Bagel Bagel
16 Cyber Perk Café
20 Oregano's
25 Suisha Gardens
27 Mekong Restaurant
28 The Royal Oak
29 Charlie's Party Palace
30 The Ritz

DIVERS
1 Hôtel de ville
2 Monnaie royale canadienne
3 Musée canadien de la Guerre
4 National Gallery
6 Musée canadien du Ski
8 Rainbow Bistro
11 Zaphod Beebleroy
12 Archives nationales
13 Musée Bytown
15 Marché Byward
17 Office du tourisme
18 Poste
19 Confederation Square, Centre national des arts et office du tourisme
21 Take Five Jazz Café
31 Penguin Rock Bar & Club
32 Gare routière
33 Musée c canadien de la Nature

s'impose. C'est le principal musée des Beaux-Arts du Canada.

Ouverte en 1988, cette structure de verre et de granit rose, qui domine l'Ottawa, fut conçue par Moshe Safdie, auteur également de l'Habitat de Montréal (complexe résidentiel unique en son genre), du musée de la Civilisation de Québec et responsable de la rénovation de l'hôtel de ville. Si les artistes canadiens sont largement privilégiés, les grands noms de l'art américain et européen sont bien représentés.

Non seulement l'excellente présentation chronologique de la peinture et de la sculpture canadiennes fournit un bon aperçu de l'histoire de l'art de ce pays, mais elle permet aussi de mieux saisir le développement du pays, de la vie des Indiens à l'arrivée des premiers Européens.

Au niveau 2, la **galerie Inuit** jouxte les salles consacrées aux œuvres contemporaines et internationales.

Le musée est immense. Il est impossible de visiter toutes les galeries en quelques heures. L'entrée est gratuite mais, pour les expositions temporaires, il faut acquitter un droit d'entrée de 5 $ environ.

En été, le musée est ouvert de 10h à 18h tous les jours, excepté le jeudi où il est ouvert jusqu'à 20h. Le reste de l'année, il est ouvert du mercredi au dimanche, de 10h à 17h. Il est fermé pendant les vacances d'hiver.

Musée canadien de la Nature

Le musée de la Nature (☎ 996-3102) occupe un ancien bâtiment victorien, à l'angle de McLeod St et de Metcalf St.

En été, le musée est ouvert tous les jours de 9h30 à 17h ; à partir de 10h, le reste de l'année. Le jeudi, il est ouvert jusqu'à 20h. L'entrée est de 4 $ (tarif réduit pour les enfants, les personnes âgées et les familles).

Le jeudi, l'entrée coûte moitié prix jusqu'à 17h, puis est gratuite de 17h à 20h.

Depuis Confederation Square, empruntez le bus n°5, 6 ou 14 dans Elgin St. Entre le Parlement et le musée, il faut compter 20 mn à pied.

Maison Laurier

Cette maison victorienne, sise 335 Laurier Ave (☎ 992-8142) et construite en 1878, fut la résidence de deux Premiers ministres, Wilfrid Laurier et l'excentrique William Lyon MacKenzie King. Elle est magnifiquement meublée – ne manquez surtout pas le bureau au dernier étage.

Du 1er avril au 30 septembre, elle est ouverte du mardi au samedi, de 9h à 17h (le reste de l'année, elle ouvre à 10h) ainsi que le dimanche de 14h à 17h. L'entrée coûte 2,50 $.

Activités sportives

En été, vous pourrez faire du bateau sur le canal. Pour louer canoës ou barques, adressez-vous à Dows Lake Marina (☎ 232-5278) ou à la marina, dans Hog's Back Rd (☎ 736-9894), deux agences situées au sud du centre-ville. Les locations se font à l'heure ou à la semaine.

Une large bande de parcs reliés entre eux, appelée Greenbelt, encercle la ville à l'est, à l'ouest et au sud. Cette zone de bois, de marais et de champs est sillonnée de sentiers de randonnée, de pistes cyclables et de promenades.

Non loin d'Ottawa, plusieurs agences organisent des descentes de rapides en rafting. Il n'est pas nécessaire d'être un rafter expérimenté. Les emplacements sont situés à moins de deux heures de la ville. Très réputé, Esprit Rafting (☎ 1-800-596-7238) propose des excursions en rafting en petit groupe et dans les règles de l'art. L'organisme vient vous chercher et vous dépose gratuitement à l'auberge de jeunesse internationale d'Ottawa. Esprit s'occupe aussi de descentes en canoë de quatre jours sur la rivière Petawawa, au sein du parc provincial d'Algonquin, ainsi que des cours de kayak. Le club dispose d'un refuge rustique au bord de l'eau, près de Fort Colonge, juste après la frontière québécoise. Prévoyez 85 $ la journée de rafting.

Vous pouvez également vous adresser à deux autres organismes, tous deux implantés dans Foresters Falls : Wilderness Tours (☎ 646-2241 à Québec, ou ☎ 1-800-267-9166) et OWL Rafting (☎ 1-800-461-7238). Les deux rivières empruntées sont la rivière de l'Outaouais et le Magnetawan. Mieux vaut réserver pour le week-end. Les descentes en semaine sont nettement moins chères.

En hiver, on peut faire du ski à 20 km de la ville, aux monts Gatineau. Deux stations offrent des pistes de difficultés diverses, Camp Fortune et Mont Cascades.

En hiver, le canal Rideau est célèbre pour ses 5 km de patinoire. En chemin, on vous servira d'énormes beignets, les *beavertails* (queues de castor), et du chocolat chaud. Renseignez-vous auprès de l'office du tourisme sur les locations de patins.

Pour louer des vélos, consultez la rubrique *Comment circuler*. L'office du tourisme dispose d'une carte détaillée de tous les parcs.

FESTIVALS

Voici quelques-unes des principales manifestations :

Février

Winterlude – le célèbre et populaire Winterlude commence début février. Les trois week-ends consécutifs de festivités se déroulent sur le lac Dows gelé et le canal. Les sculptures de glace méritent vraiment le coup d'œil.

Mai

Festival de la Tulipe – grande manifestation annuelle, le festival de la Tulipe se déroule à la fin mai.

Juin

Le Franco Festival – il a lieu en juin et permet à la culture française du Canada de se manifester (musique, artisanat, etc.).

Juillet-août

Cultures Canada – en juillet et en août, la scène en plein air du parc de Major's Hill, appelée ·l'Astrolabe, est utilisée pour des concerts, des ballets, des spectacles de mime, et d'autres divertissements. C'est gratuit et ouvert la nuit.

Festival international de jazz – cette manifestation dure dix jours, à la fin du mois de juillet, à Ottawa et à Hull.

Central Canada Exhibition – foire annuelle qui se tient tous les ans à la fin du mois d'août et propose dix jours de manifestations, un carnaval et diverses attractions. Elle a lieu au parc Lansdowne.

OÙ SE LOGER

Camping

L'excellent ***Camp Le Breton*** (☎ 943-0467), est implanté à l'angle de Fleet St et de Booth St. Comptez 7,50 $ par nuit et par personne. Le séjour est limité à cinq nuits. Il affiche une capacité de 200 tentes. Conçu d'abord pour les cyclistes et les randonneurs, il n'offre ni électricité, ni eau. Il est ouvert de la mi-mai à la fête du Travail.
Le bus urbain relie le centre-ville au camping, proche de la rivière et des chutes Chaudière.

Le ***Camp Hither Hills*** (☎ 822-0509), à 10 km au sud de la ville, sur la Hwy 31 (Bank St), demande 13 $ pour une tente.

D'autres campings sont regroupés à l'est et à l'ouest de la ville, sur la Hwy 17. L'office du tourisme pourra vous fournir la liste des terrains de la région d'Ottawa. On peut aussi camper dans le parc Gatineau, sur l'autre rive, dans la province de Québec.

Auberges de jeunesse

Le HI ***Ottawa Hostel*** (☎ *235-2595 ; 75 Nicholas St*), à l'est du canal Rideau, est installé dans l'ancienne prison d'Ottawa – on aperçoit la potence à l'arrière du bâtiment. C'est l'une des auberges de jeunesse les plus réputées du pays. Centrale, non loin du Parlement, elle dispose de 130 lits dans le bâtiment restauré, dont la plupart sont installés dans d'anciennes cellules très austères. Comptez 15 $ pour les membres, 19 $ pour les autres. L'auberge est ouverte 24h/24. Les installations incluent une cuisine, une laverie et un café en été. Il vaut mieux réserver en été et en février, au moment de Winterlude.

Le bus n°4 part de la gare routière, à l'angle de Arlington St et de Kent St, et s'arrête à deux pâtés de maisons de l'auberge. Depuis la gare ferroviaire, le bus 95 effectue le même trajet.

La ***YM-YWCA*** (☎ *237-1320 ; 180 Argyle Av.*), à l'angle de O'Connor St, dans le sud du centre-ville, loue des simples plus onéreuses à 42 $ avec s.d.b. commune. Les doubles sont plus intéressantes à 49 $. Des chambres avec s.d.b sont disponibles. Il y a une cafétéria et une piscine.

L'***University of Ottawa*** (☎ *564-5400*) offre l'un des hébergements les moins chers du Canada. Les visiteurs sont acceptés de mai à août. Les simples/doubles coûtent 20/35 $ pour les étudiants, 32/40 $ pour les non-étudiants. A disposition : laverie, piscine, parking et cafétéria. La réception se trouve à la Residence Commons, au 100 University St. Sise au sud-est du Parlement, l'université est facilement accessible à pied.

La ***Carlton University*** (☎ *788-5609 ; 1233 Colonel By Drive*), centrale elle aussi, loue des chambres l'été à 30 $ par personne, petit déjeuner inclus. Contactez le Tour & Conference Centre dans le Commons Building de l'université. Les familles sont acceptées.

Tourist home et B&B

Ottawa B&B (☎ 563-0161) est une organisation qui assure la promotion et la location des hébergements dont elle possède la liste. Comptez à partir de 45/55 $ pour des simples/doubles en ville, en banlieue ou en pleine campagne. Agence similaire, Capital B&B Reservation Service (☎ 737-4129) dispose également d'adresses très diverses. Les prix varient.

La ***Gasthaus Switzerland Inn*** (☎ *237-03335 ; 89 Daly St*) est l'une des meilleures adresses de la ville. Située à deux pâtés de maisons au sud de Rideau St et du marché, elle est tenue par des Suisses polyglottes. Suivez Cumberland St au sud jusqu'à Daly St. La pension est proche de l'angle nord-est. Le bus n°4 emprunte Rideau St depuis le centre. La pension dispose de 22 chambres avec s.d.b. Une simple/double coûte 68/78 $, avec un copieux petit déjeuner. En hiver, les prix baissent légèrement.

La ***Maison McFarlane House*** (☎ *241-0095 ; 201 Daly St*) classée, loue trois doubles à 75 $, avec s.d.b., clim. et parking.

La ***McGee's Inn*** (☎ *237-6089 ; 185 Daly St*) offre 14 chambres dans une maison victorienne restaurée. Les prix commencent à 52/68 $, petit déjeuner (complet) compris. Certaines chambres sont équipées de s.d.b.

Des pensions de famille ne cessent d'ouvrir et de fermer dans Stewart St, à un pâté de maisons, au sud de Daly St. L'***Ottawa House*** (☎ *789-4433 ; 264 Stewart St*), tenue par Connie McElman, jouit d'une bonne réputation et l'atmosphère est sympathique. Trois simples/doubles avec s.d.b. commune sont disponibles pour 50/70 $, petit déjeuner compris.

Autre rue intéressante : Marlborough St, au sud-est de Daly St et de Stewart St, au sud de Laurier Av. et à l'ouest de la rivière Rideau. Elle est centrale, mais un peu éloignée du cœur de la ville. Il faut compter 30 mn à pied jusqu'au Parlement. Les prix sont légèrement moins élevés.

Confortable à souhait, l'***Australis Guesthouse*** (☎ *235-8461 ; 35 Marlborough St*) est réputée pour ses délicieux petits déjeuners et ses hôtes, Carol et Brian Waters, fort serviables. L'établissement compte quatre chambres, dont les prix varient de 48/58 $ la simple/double avec s.d.b. commune à 69 $ avec s.d.b. individuelle. Si vous les prévenez de votre arrivée, les Waters viendront vous chercher gratuitement aux gares routière ou ferroviaire.

Deux autres adresses méritent votre attention dans le quartier du marché de Byward, au nord de Rideau St. ***Henrietta Walker's*** (☎ *789-3286 ; 203 York Street*) très proche du marché, propose six simple/double avec s.d.b. commune et petit déjeuner pour 50/65 $. Accueillante, la ***Foisy House*** (☎ *562-1287 ; 188 St Andrew St*), de style rustique, offre trois simples/doubles à 45 $, petit déjeuner compris. Une piscine est à disposition.

Autre adresse centrale, ***L'Auberge du Marché*** (☎ *241-6610 ; 87 Guigues Av.*). Ce bâtiment ancien rénové offre trois simples/doubles à 45/55 $. Il y a un parking. Plus proche du centre-ville, de l'autre côté du canal, l'***Albert House*** (☎ *236-4479 ; 478 Albert St*) est plus onéreuse, avec 17 simples/doubles à 62/72 $. La maison, classée, possède tout le confort souhaité.

Pour s'offrir le luxe du Château Laurier à l'échelle d'un B&B, rendez-vous au ***Paterson House*** (☎ *565-2030 ; 500 Wilbrod St*), au nord de Laurier Avenue et à l'ouest de King Edward Avenue. Cette demeure récemment restaurée de style Reine Anne, vous accueillera dans trois chambres meublées avec un goût exquis pour 120 $ la nuit.

Hôtels – petits budgets

Le ***Somerset House Hotel*** (☎ *233-7762 ; 352 Somerset St West*) est l'un des quelques vieux hôtels (non étoilés) de la ville. Ses 35 simples/doubles sont disponibles à partir de 45/62 $ avec/sans s.d.b.

Le ***Town House Motor Hotel*** (☎ *789-5555 ; 319 Rideau St*) offre des simples/doubles à 55/60 $. Le ***Butler Motor Hotel*** (☎ *746-4641 ; 112 Montreal Rd*), assez comparable, dispose de 38 simples/doubles, vastes, à 50/58 $. Il est situé à 5 mn en voiture du centre-ville, dans le prolongement de Rideau St.

Hôtels – catégories moyenne et supérieure

Le ***Quality Hotel by Journey's End*** (☎ *789-7511 ; 290 Rideau St*) propose des simples/doubles à partir de 85 $. Le ***Days Inn*** (☎ *237-9300 ; 123 Metcalfe St*) offre un bon rapport qualité/prix avec des chambres à partir de 65 $.

Le très classique ***Château Laurier*** (☎ *241-1414 ; 1 Rideau St*), en bordure du canal, est l'hôtel le plus réputé de la ville. Comptez de 129 à 169 $ pour une chambre. Une grande piscine couverte est à disposition. En été, nombre d'hôtels de cette catégorie proposent des tarifs spéciaux le week-end. L'***Aristocrat Hotel*** (☎ *232-9471 ; 131 Cooper St*) loue des doubles à 80 $. L'ancien ***Lord Elgin*** (☎ *235-3333 ; 100 Elgin St*) pratique des prix haute saison à partir de 79 $; le parking est gratuit.

Studios

Le central ***Doral Inn*** (☎ *230-8055 ; 486 Albert St*) est une adresse intéressante. Il dispose de 40 chambres à 65/75 $ la simple/double, de quelques studios avec kitchenette, d'une cafétéria et d'une piscine.

Le ***Capital Hill Motel & Suites*** (☎ *235-1413 ; 88 Albert St*), rénové, loue 72 $ une chambre avec deux doubles lits.

Motels

Deux rangées de motels bordent, de chaque côté, le centre de la ville. A l'est, vous en trouverez dans Montreal Rd, qui prolonge Rideau St et fait quitter la ville par l'est. Les motels sont à environ 6 km du centre.

Le ***Travellers Inn*** (☎ *745-1531 ; 2098 Montreal Rd*) loue des simples/doubles à 45/55 $. Vous aurez accès à une piscine. Le ***Concorde Motel*** (☎ *745-2112 ; 333 Montreal Rd*), dans Vanier, est plus simple et moins cher, avec des doubles à

40 $. Le ***Parkway Motel*** (☎ *789-3781 ; 475 Rideau St*), assez banal, est d'un bon rapport qualité/prix et proche du centre-ville. Une double coûte 65 $, petit déjeuner compris.

Le ***Stardust*** (☎ *828-2748 ; 2965 Carling Av.*) propose 25 chambres à 45/48 $. Plus proche du centre-ville, le ***Webb's Motel*** (☎ *728-1881 ; 1705 Carling Av.*) loue des chambres à 65 $ et possède son propre restaurant.

OÙ SE RESTAURER

Marché Byward

Pour le petit déjeuner, essayez le ***Zak's Diner*** (*14 Byward St*), un restaurant de style années 50. Il ouvre tôt, ferme tard et est généralement bondé. Les prix sont raisonnables.

Si vous souhaitez un endroit plus tranquille, le ***Domus Café*** (*87 Murray St*) est réputé. Il ouvre tous les jours à partir de 9h (11h le dimanche) pour le petit déjeuner et le déjeuner.

Le ***Café Bohemian*** (*89 Clarence St*), très animé, sert des plats de 6 à 10 $. Le brunch du week-end présente un bon rapport qualité/prix, avec desserts et café.

De l'autre côté de la rue, ***Bagel Bagel*** prépare, chaque jour, des bagels crémeux et des sandwiches, ainsi que des salades et autres plats rapides.

Si vous souhaitez un repas plus conséquent, goûtez les différentes variétés de cafés, les sandwiches, les desserts et la sélection de bières et de vins du ***Cyber Perk Cafe*** (*347 Dalhousie St*). Vous pourrez vous connecter à Internet (4 $ la demi-heure). Le café est ouvert tous les jours de 10h à 22h ; il ferme plus tard le week-end.

Crêpe de France (*76 Murray St*), à l'angle de Parent Av., dispose d'un bar dans un patio et d'une terrasse couverte. Il sert des crêpes à partir de 5 $.

Envie de pâtes ? Jetez votre dévolu sur l'***Oregano's***, à l'angle de William St et de George St, très compétitif, avec des buffets à volonté (5,95 $) ou, pour un dollar de plus, un dîner, servi très tôt (de 16h30 à 20h). Brunch le dimanche.

Las Palmas (*111 Parent Av.*) conviendra aux amateurs de cuisine mexicaine. Goûtez aux fajitas.

Au ***Haveli*** (*87 George St*), le poulet tandoori est succulent. Dans le bâtiment du marché, au bout de York St, cherchez l'étal qui vend des *beavertails*, ces beignets plats, chauds, prisés des patineurs. Quelques bons restaurants sont également situés dans le Centre Rideau.

Centre-ville

Le ***Suisha Gardens***, dans Slater St, est un restaurant japonais très réputé. La nourriture est succulente, le cadre authentique et le service parfait.

Des pubs de style britannique sont rassemblés alentour. Le ***Royal Oak*** (*318 Bank St*) sert des plats et des bières anglaises. On peut jouer aux fléchettes.

Le ***Kamal's*** (*683 Bank St*) propose une cuisine libanaise excellente et peu onéreuse.

Le ***Flippers***, à l'angle de Bank St et de Fourth Ave, est un excellent restaurant de poisson.

Plus au sud, le ***Glebe Café*** (*840 Bank St*) sert des spécialités du Moyen-Orient et quelques plats végétariens. Essayez la soupe de lentilles. Les prix varient de 6 à 12 $. C'est un endroit à l'atmosphère détendue, où l'on peut lire les journaux et recueillir des informations sur les manifestations locales, affichées sur un panneau.

Au 895 Bank St, le ***Mexicali Rosa's*** prépare une savoureuse cuisine mexicaine modérément épicée.

Vous pourrez déguster de la cuisine essentiellement végétarienne, délicieuse et peu excessive, au ***Roses Café*** (*523 Gladstone Av.*), entre Bay St et Lyon St. Fermé le dimanche.

Chinatown et Little Italy

Ottawa possède un petit quartier chinois, à proximité de l'intersection entre Bronson Av. et Somerset St West. Vous y découvrirez plusieurs restaurants asiatiques.

Le ***Ben Ben*** (*697 Somerset St*) propose une cuisine sichouanaise et cantonaise. Le ***Mekong*** (*637 Somerset St*) sert de bons plats chinois et vietnamiens. Vous y mangerez pour 7 à 12 $.

Si vous rêvez d'un festin, ***Chez Jean-Pierre*** (*210 Somerset St West*) prépare une excellente cuisine française. En sortant, continuez jusqu'au 200 Preston St pour déguster dessert et café au ***Paticceria-Gelateria Italiana***. Preston St, artère animée de la ville, est surnommée la "Little Italy" d'Ottawa et de nombreux restaurants italiens y ont pignon sur rue.

Rideau St

Situé de l'autre côté du canal, face à Wellington St, ce quartier comblera les gourmands. Au n°464, ***Sam's Falafel Tabouleh Garden*** propose d'excellents plats libanais, à des prix raisonnables et dans une atmosphère chaleureuse.

Le ***Sitar*** (*417A Rideau St*) est difficile à trouver : il se cache en bas d'un très haut bâtiment, proche du canal, à l'est. Vous y mangerez une délicieuse cuisine indienne (de 22 à 34 $ pour deux).

Au n°316, ***Nate's*** fait figure d'institution locale. Ce restaurant kascher est célèbre pour ses prix modiques. Le petit déjeuner spécial est le moins cher du pays (1,75 $). Commandez le Rideau Rye, un pain grillé succulent. Autres possibilités : blintzes et bagels au fromage blanc. Il est particulièrement animé le dimanche.

Elgin St

Le secteur est également fréquenté pour ses boîtes de nuit. Le ***Ritz*** (*274 Elgin St*) est un restaurant italien très couru. Les prix varient de 6 à 13 $. Le ***Charlie's Party Palace***, ou plus simplement Party Palace, (*252 Elgin St*) est un endroit réputé. Le service est rapide et l'endroit parfait pour le petit déjeuner.

OÙ SORTIR

Musique

Consultez le journal *Ottawa Citizen* qui paraît le vendredi : il répertorie les multiples animations susceptibles de vous intéresser.

Le très apprécié ***Zaphod Beeblebrock*** (*27 York St*) est un endroit éclectique, où vous pourrez écouter du rock new age, de la musique africaine, du rythm and blues, etc. Des groupes jouent les mardi, jeudi, vendredi et samedi soir. Il propose également un large éventail de bières à la pression.

A l'étage du ***Rainbow Bistro*** (*76 Murray St*), on peut écouter du blues chaque soir de la semaine. Le ***Take-Five*** (*412 Dalhousie St*) propose également du jazz en nocturne.

Le ***Barrymores***, dans Bank St, accueille des groupes de rock et de blues. Le ***Penguin Rock and Bar Club*** (*292 Elgin St*) propose jazz, blues et folk. Le couvert est payant. Le très confortable ***Irene's Pub Restaurant*** (*885 Bank St*) présente des groupes de musique celtique et folk et sert une grande variété de bières.

Le ***Patty's Place,*** à l'angle de Bank St et d'Euclid St, est un agréable pub irlandais avec de la musique du jeudi au samedi, et un patio en plein air, en été.

Le ***Yuk Yuk's*** (*Beacon Arms Hotel, 88 Albert St*) présente des numéros comiques du mercredi au samedi. L'entrée est assez onéreuse. L'***Hotel Lafayette***, dans York St à Byward Market sert des bières à la pression jour et nuit.

Manifestations sportives

L'équipe de la capitale de football américain, les Ottawa Rough Riders, affiliée à la Canadian Football League, dispute des matchs en été au stade Frank Clair du parc Lansdowne, au sud d'Isabella St, entre Bank St et Queen Elizabeth Drive. Appelez le ☎ 235-2200 pour connaître les dates et les tarifs.

En hiver, vous applaudirez l'équipe de hockey NHL, les Ottawa Senators, au Corel Centre. Appelez le ☎ 721-4300 pour les dates des matchs.

COMMENT S'Y RENDRE

Avion

L'aéroport, étonnamment petit, est à 20 minutes au sud de la ville. Les principales compagnies qui desservent Ottawa sont Canadian Airlines (☎ 237-1380) et Air Canada (☎ 247-5000). Canadian Airlines assurent également la liaison avec Toronto (239 $). Les tarifs excursion (aller et retour) sont bien plus avantageux que les vols simples.

Bus

La gare routière est située 265 Catherine St, au sud, non loin de Bank St. Les principales compagnies de bus sont Voyageur, qui rejoint Montréal, et Greyhound, qui dessert Toronto (liaison pour rejoindre Niagara Falls). On peut contacter ces deux compagnies au ☎ 238-5900.

L'aller simple pour Montréal vaut 25 $ et 55 $ pour Toronto. Les étudiants bénéficient de 30% de réduction avec l'achat d'un carnet de billets.

Environ sept bus, dont quelques express, assurent chaque jour la liaison avec Montréal et Toronto.

Train

La gare VIA Rail (☎ 244-8289) est installée loin du centre, au sud-est, 200 Tremblay Rd, près de la jonction entre Alta Vista Rd et Hwy 417, à l'est du canal Rideau.

Il existe quatre trains par jour pour Toronto et Montréal. Le billet coûte 83 $ pour Toronto et 39 $ pour Montréal.

Réserver au moins cinq jours à l'avance peut vous faire économiser jusqu'à 40%, si vous évitez les jours de pointe comme le vendredi.

Voiture

Tilden (☎ 232-3536), 199 Slater St, dispose également d'une agence à l'aéroport. Leur tarif pour petite voiture est de 51 $ par jour (200 km gratuits, 12 cents du km ensuite) ou 229 $ pour une semaine (avec 1 550 km gratuits). Les agences Budget et Hertz ne sont pas aussi centrales.

Partager une voiture

Allo Stop (☎ 562-8248), un service réputé à Montréal, à Québec et à Toronto, qui met les automobilistes en relation avec des passagers, est représenté à Ottawa, 238 Dalhousie St.

En stop

Faire de l'auto-stop ne pose aucun problème entre Montréal et Ottawa, mais devient compliqué à destination de Toronto. Pour Montréal, prenez le bus de Montréal-Ogilvy, vers l'est, dans Rideau St qui vous amènera à la Hwy 17 East, où vous pourrez vous installer. Pour Toronto, empruntez la Hwy 31, au sud de la Hwy 401, non loin de la ville de Morrisburg. La Hwy 401 (probablement la route la plus fréquentée du Canada) relie Toronto à Montréal et le stop y est abondamment pratiqué.

Pour un parcours plus rural, empruntez la Hwy 7 jusqu'à Tweed et la Hwy 37 jusqu'à Belleville, puis la Hwy 401.

COMMENT CIRCULER

Desserte de l'aéroport

Le bus urbain est le mode de transport le moins cher pour se rendre à l'aéroport. Prenez le n°5 dans Elgin St, qui se dirige au sud vers Billings Bridge Mall, puis le n°96 jusqu'à l'aéroport. Vous pouvez aussi attraper ce dernier dans Slater St, en centre-ville.

Il existe une navette qui part toutes les 30 mn de l'hôtel Château Laurier, de 6h30 à 24h (moins fréquente le week-end). Elle coûte près de 7 $ et met environ 25 minutes.

Bus

Ottawa et Hull (voir la rubrique *Hull* dans le chapitre *Outaouais*) disposent de réseaux de bus séparés. Pour passer de l'un à l'autre, il faut acquitter un supplément. Le trajet des bus change souvent, de même que leurs tarifs. En règle générale, aux heures de pointe (de 6h30 à 8h30 et de 15h à 17h30, du lundi au vendredi), le billet coûte 2,10 $; le reste du temps, le prix tombe à 1,60 $. Utiliser des billets, vendus dans de nombreux kiosques, revient moins cher que de payer en espèces.

Pour obtenir des renseignements concernant Ottawa, appelez le ☎ 741-4390. Tous les bus de la ville s'arrêtent de circuler vers 24h, voire plus tôt. L'agence de OC Transport (bus urbains) est sise 112 Kent St. Vous pourrez prendre les bus suivants dans le centre-ville :

Gare routière – le n°4, au sud de Bank St, ou plus fréquemment le n°1 ou le n°7 qui s'arrêtent à un pâté de maisons du terminal.

Gare ferroviaire – Transitway n°95 à l'est, dans Slater St, ou le n°99 le long de Chamberlain.
Musée de la Nature – le n°14 dans Elgin St, mais aussi n°99, 1, 4 et 7, dans un rayon d'un pâté de maisons.
Hull – le n°8 à l'ouest, dans Albert St, mais seulement pendant la journée ; le service de bus Outaouais relie Hull à Rideau St, jour et nuit.

Bicyclette

Pour louer un vélo, adressez-vous à Cycle Tour Rent-A-Bike (☎ 241-4140), au Château Laurier. L'agence est ouverte tous les jours, de mai à septembre. La présentation du passeport est exigée. La location d'un vélo coûte 18 $ par jour.

LES ENVIRONS D'OTTAWA

Parc de la Gatineau

Il couvre 36 000 ha de forêts et de lacs sur les monts Gatineau, au Québec (reportez-vous à *Hull* dans le chapitre *Outaouais*). Il s'étend au nord-ouest du centre de Hull, à seulement 20 mn en voiture du Parlement d'Ottawa.

Le week-end, certaines routes sont interdites à la circulation, et le parking, aux lacs Meech ou King Estate, est payant.

Le parc abrite une faune abondante, dont une centaine d'espèces d'oiseaux. Il est également sillonné par quelque 150 km de sentiers de randonnée.

Les **lacs Meech, Phillipe et Lapêche** sont jalonnés de plages et, par conséquent, très fréquentés. Les aires de camping aux abords du lac Lapêche sont seulement accessibles par canoë (en location). Vous pouvez pêcher dans les lacs et les cours d'eau, et les sentiers de randonnée sont propices à la pratique du ski de fond en hiver.

Le petit **lac Pink** est joli mais la baignade n'est malheureusement plus autorisée. Le lac Meech possède une plage nudiste gay.

Niagara Falls

Les chutes ont fait de cette ville l'une des premières destinations touristiques du Canada. C'est un endroit très visité – environ 12 millions de personnes viennent chaque année du monde entier.

Les chutes coupent la rivière Niagara entre l'Ontario et l'État de New York. Elles sont terriblement impressionnantes, en particulier les Horseshoe Falls (chutes en forme de fer à cheval). Même en hiver, lorsqu'une couche de glace masque partiellement le courant et que les bords sont gelés, le spectacle est toujours aussi grandiose.

Outre les chutes, la ville offre toutes sortes d'attractions des plus délirantes (tel le musée Elvis Presley et le nouveau Centre de recherche et d'exposition sur l'assassinat de John Fitzgerald Kennedy) qui, avec les hôtels, les restaurants et une débauche de néons, évoquent une sorte de Las Vegas canadien.

ORIENTATION

Niagara Falls se divise en deux principaux secteurs : le centre-ville des résidents, plus ancien, commerçant, et la zone touristique qui s'étend tout autour des chutes et qui est surtout fréquentée par les touristes. Les deux principales artères du centre-ville sont Queen St et Victoria Ave.

Le secteur de Bridge St, non loin du croisement avec Erie St, regroupe les gares routière et ferroviaire et deux hôtels bon marché. Les auberges de jeunesse se trouvent également dans le centre, pas très loin de la gare ferroviaire.

A environ 3 km au sud, le long de la rivière, les chutes vous attendent, avec tous les aménagements propres au tourisme – restaurants, motels, boutiques et attractions. Aux alentours des chutes, les rues principales sont Clifton Hill, Falls Av., Centre St et Victoria Av. Cette dernière compte de nombreux hôtels et plusieurs restaurants.

Au nord, un parc borde la rivière. Il s'étend sur 20 km, en aval des chutes, à Niagara-on-the-Lake.

A ne pas manquer

- Le spectacle des eaux tumultueuses, par bateau, tunnels ou nacelles panoramiques
- Une nuit dans un hôtel "Honey moon" (lune de miel) pour son côté kitsch
- Une randonnée dans la réserve de Niagara Glen
- Une escapade dans la charmante ville de Niagara-on-the-Lake

Vous trouverez également quantité d'hébergements dans ces deux secteurs.

RENSEIGNEMENTS

Offices du tourisme

Aux Horseshoe Falls, le plus central est installé au Table Rock Centre : la Niagara Parks Commission y dirige un bureau efficace (☎ 356-7944), ouvert tous les jours de 9h à 18h (jusqu'à 22h en été).

Le principal office du tourisme, cependant, reste l'Ontario Travel Information Centre (☎ 358-3221). Excentré à l'ouest, il se trouve sur la Hwy 420, lorsque l'on vient du Rainbow Bridge, en direction de la Queen Elizabeth Way, 5355 Stanley Ave, à mi-chemin entre le pont et la route principale. Il est ouvert jusqu'à 20h en été.

Il existe aussi deux bureaux de renseignement dirigés par le Visitors & Convention Bureau, qui utilisent le même numéro de téléphone central (☎ 356-6061). L'un d'entre eux est implanté 5433 Victoria Ave.

Services médicaux

Le Greater Niagara General Hospital (☎ 358-0171) se situe 5546 Portage Rd.

LES CHUTES

Lorsque l'on voit l'eau vrombissante des Horseshoe Falls et American Falls tomber

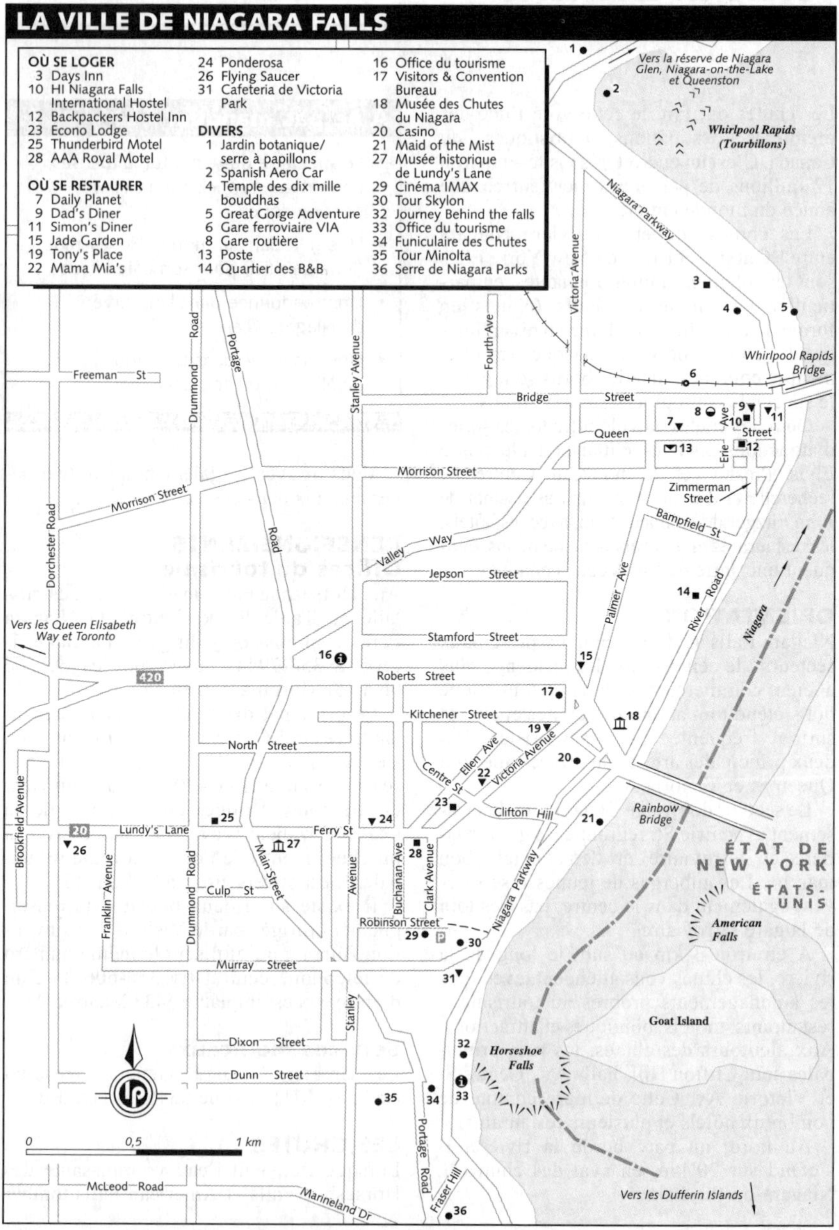
LA VILLE DE NIAGARA FALLS
OÙ SE LOGER
3 Days Inn
10 HI Niagara Falls International Hostel
12 Backpackers Hostel Inn
23 Econo Lodge
25 Thunderbird Motel
28 AAA Royal Motel
OÙ SE RESTAURER
7 Daily Planet
9 Dad's Diner
11 Simon's Diner
15 Jade Garden
19 Tony's Place
22 Mama Mia's
24 Ponderosa
26 Flying Saucer
31 Cafeteria de Victoria Park
DIVERS
1 Jardin botanique/ serre à papillons
2 Spanish Aero Car
4 Temple des dix mille bouddhas
5 Great Gorge Adventure
6 Gare ferroviaire VIA
8 Gare routière
13 Poste
14 Quartier des B&B
16 Office du tourisme
17 Visitors & Convention Bureau
18 Musée des Chutes du Niagara
20 Casino
21 Maid of the Mist
27 Musée historique de Lundy's Lane
29 Cinéma IMAX
30 Tour Skylon
32 Journey Behind the falls
33 Office du tourisme
34 Funiculaire des Chutes
35 Tour Minolta
36 Serre de Niagara Parks
Vers la réserve de Niagara Glen, Niagara-on-the-Lake et Queenston
Whirlpool Rapids (Tourbillons)
Niagara Parkway
Victoria Avenue
Fourth Ave
Whirlpool Rapids Bridge
Bridge Street
Erie Ave
Queen Street
Morrison Street
Zimmerman Street
Bampfield St
Palmer Ave
River Road
Niagara
Freeman St
Drummond Road
Portage Road
Stanley Avenue
Dorchester Road
Valley Way
Jepson Street
Stamford Street
Roberts Street
Kitchener Street
North Street
Ellen Ave
Centre St
Victoria Avenue
Clifton Hill
Rainbow Bridge
Vers les Queen Elisabeth Way et Toronto
420
Brookfield Avenue
20
Lundy's Lane
Ferry St
Main Street
Franklin Avenue
Buchanan Ave
Clark Avenue
Culp St
Robinson Street
Niagara Parkway
ÉTAT DE NEW YORK
ÉTATS-UNIS
American Falls
Murray Street
Stanley
Goat Island
Dixon Street
Dunn Street
Horseshoe Falls
0
0,5
1 km
McLeod Road
Marineland Dr
Fraser Hill
Portage Road
Vers les Dufferin Islands

de 56 m, il est difficile de ne pas trouver le spectacle grandiose. La plate-forme d'observation de la boutique de souvenirs offre un formidable point de vue sur les chutes.

Le bateau *Maid of the Mist* emmène ses passagers jusqu'au pied des chutes – une excursion bruyante et passablement humide qui vous coûtera 9,55 $. Embarquez au pied de Clifton Hill.

Du Table Rock Centre, vous payerez 5,50 $ pour revêtir un poncho imperméable et vous engouffrer dans des tunnels creusés dans la roche jusque derrière les cataractes d'eau, à mi-hauteur de la falaise.

Nous suggérons Journey Behind The Falls, l'escapade par les tunnels panoramiques de Table Rock plutôt que la balade à bord du *Maid of the Mist*. C'est le moyen idéal de prendre un peu le frais par une chaude journée d'été, même si les tunnels sont souvent bondés et qu'il faut faire la queue pour enfin profiter des embruns glacés des chutes. Chaque année, un million de personnes viennent contempler les chutes de cet endroit – le point le plus proche autorisé, à moins de s'embarquer dans un tonneau comme le firent quelques audacieux.

Plus au nord, le long de la rivière, le Great Gorge Adventure est un ascenseur qui descend vers certains rapides et remous. Soyez sans crainte, il est solide.

Un peu plus en aval, à environ 6 ou 7 km des Horseshoe Falls, le Niagara Spanish Aero Car est une sorte de nacelle qui s'étend sur 550 m entre deux affleurements, côté canadien, au-dessus d'un remous créé par les chutes. Il offre une vue pour le moins originale sur les rondins, pneus et autres objets qui tourbillonnent dans les eaux.

On peut acheter des billets séparés pour les trois points de vue à terre, ou encore un Explorer's Passport, forfait donnant accès aux trois et qui revient moins cher. On n'est pas obligé de visiter les trois endroits le même jour. L'Explorer's Passport Plus inclut aussi le People Mover Bus Pass.

PONTS

Deux ponts relient la rive ontarienne à l'État de New York : le Whirlpool Rapids Bridge et, plus proche des chutes, le Rainbow Bridge, dont on célébra le cinquantenaire en 1991. Vous pouvez les traverser à pied ou en voiture pour admirer les chutes, côté américain. N'oubliez pas vos papiers d'identité. Piétons et automobilistes doivent acquitter un péage. Il s'élève à 25 cents dans chaque sens pour les piétons, 2 $ pour les voitures.

JARDIN BOTANIQUE ET ÉCOLE D'HORTICULTURE

On peut se promener gratuitement dans ces 40 ha de jardins minutieusement entretenus. L'école et les jardins, ouverts toute l'année, se trouvent au nord, sur la Parkway, en direction de Queenston, à environ 9 km des Horseshoe Falls.

A 2,5 km au nord, se dresse l'**horloge florale**, de plus de 12 m de diamètre. Ne ratez pas les Centennial Lilac Gardens, qui embaument tout particulièrement fin mai.

ESPACES VERTS

Réserve de Niagara Glen

Seul endroit qui permette de mieux se rendre compte de l'aspect que pouvait avoir la région avant l'arrivée des Européens, elle mérite absolument une visite. Sept sentiers pédestres sillonnent les 4 km du parc à l'endroit où se trouvaient les chutes il y a huit mille ans. La réserve dépend de la Parks Commission (☎ 356-2241), qui propose des promenades gratuites avec guide, quatre fois par jour en été (de juillet à début septembre). Ces sentiers sont toujours ouverts au public (gratuitement). Ils serpentent jusqu'en bas de la gorge, passent devant d'énormes rochers, des grottes glacées, des fleurs sauvages et traversent des zones boisées. On peut pêcher du rivage. Le cours de la rivière remonte au nord vers Pebbly Beach et au sud vers les remous, site de l'attraction principale.

On a une vue impressionnante des remous depuis le Spanish Aero Car, mais on ne peut réellement apprécier la taille de la gorge que depuis le littoral. Tout ce qui est jeté dans le lac Érié passe par les remous et l'on remarquera, entre autres, pneus, rondins et autres déchets, provenant des quais des villas. Officiellement, les sentiers praticables s'arrêtent là. Certains s'aventurent à escalader les rochers en bordure de l'eau, en amont des chutes. L'endroit où la rivière coule (ou plutôt se jette) dans les remous est spectaculaire, mais difficilement accessible : les rochers sont glissants et la rivière, dangereuse.

La réserve de Niagara Glen se trouve à 1 km au nord de l'entrée du Whirlpool Golf Course, sur la Niagara Parkway (en direction de Niagara-on-the-Lake). Le bus People Mover s'arrête à cet endroit, ou au printemps et à l'automne à l'attraction Niagara Spanish Auto Car, d'où la réserve est accessible à pied (environ 3 km).

CIRCUITS ORGANISÉS

Double Deck (☎ 374-7423) organise des circuits dans des bus rouges à impériale. Pour 34,50 $, l'une de ces excursions offre l'accès à trois des principales attractions de la ville, avec halte à d'autres sites gratuits. Vous pouvez quitter le groupe quand vous le désirez, voire étaler la visite sur deux jours. Un second circuit de 50 km permet de découvrir plus de sites. Comptez six heures. Un troisième rejoint Niagara-on-the-Lake et marque une halte dans l'un des établissements vinicoles de la région.

Honeymoon City Scenic Lines (☎ 356-5487) propose une excursion de trois heures et demie pour 21 $ incluant la visite de 75 sites. Une autre excursion (25 $) comprend ces visites auxquelles s'ajoute celle d'un domaine viticole de Niagara. Vous pouvez aussi survoler les chutes en hélicoptère avec Niagara Helicopters (☎ 357-5672), 3731 Victoria Ave.

FESTIVALS

Le Niagara Grape & Wine Festival (festival du Raisin et du Vin) a lieu chaque année fin septembre, incluant parades et visites aux cinq principaux établissements vinicoles. Les festivités s'étendent à toute la région.

OÙ SE LOGER

Camping

Plusieurs terrains sont disséminés dans toute la ville. Trois sont implantés sur Lundy's Lane, à la sortie de Niagara Falls, deux autres dans Montrose Av., au sud-ouest du centre-ville. Ils sont bien aménagés.

Le ***Niagara Glen View Campground*** (☎ *358-8689*), avec emplacements pour tentes et électricité, à l'angle de Victoria Av. et de River Rd, au nord de la ville en direction de Queenston, est le plus proche des chutes. D'autres jalonnent la Niagara Parkway, plus au nord.

Auberges de jeunesse

Le ***HI Niagara Falls International Hostel*** (☎ *357-0770 ; 4529 Cataract St*) vient de s'installer dans un ancien bâtiment commercial, dans la vieille ville, à proximité des gares routière et ferroviaire. L'établissement propose environ 70 places à 16,80 $ la nuit ; il dispose d'une cuisine de bonne taille, d'une laverie, de vestiaires et d'un vaste salon. Vous pourrez y louer des vélos et profiterez de réductions pour les musées et le *Maid of the Mist*.

Tout proche, le ***Niagara Falls Backpackers Hostel*** (☎ *357-4266 ou 1-800-891-7022*) offre une solution de rechange. L'auberge fait partie de l'énorme B&B ***Doc's Inn*** (*4711 Zimmerman St, entrée à l'angle, 4219 Huron St*). Elle comprend des dortoirs à 15 $ et deux chambres pour couples. Le tarif englobe la location des draps et un café matinal accompagné de muffins. Les clients peuvent utiliser la cuisine et dîner sur place à peu de frais. L'auberge est ouverte toute l'année.

B&B

Les B&B et les pensions (sans petit-déjeuner) offrent en général le meilleur rapport qualité/prix. Ils se révèlent souvent (mais pas toujours) moins chers et plus attrayants que les motels ou les hôtels. Ils sont pour la plupart installés dans le centre. Le Visitors & Convention Bureau (☎ 356-6061) vous conseillera au mieux pour trouvez un hébergement. Nul doute qu'en arpentant les rues citées ci-dessous, vous dénicherez un endroit où loger. Les tarifs s'échelonnent de 35 à 75 $, avec une moyenne de 45/60 $ la simple/double. River Rd relie le secteur des chutes à l'ancien centre-ville de Niagara Falls, à 3 km en aval de la rivière. Quelques B&B sont installés dans ce quartier fort pratique, avec de splendides vues sur le cours d'eau.

Butterfly Manor (☎ *358-8988 ; 4917 River Rd*) fonctionne avec toute une série de B&B répartis dans la ville, certains disposant de prestations non négligeables, telles que piscine ou climatisation. Lors de la réservation, assurez-vous qu'un véritable petit déjeuner vous sera servi (compte tenu des tarifs, le client mérite davantage qu'un simple café-beignet). Butterfly Manor dispose de doubles à partir de 55 $, petit déjeuner compris.

Glen Mhor Guesthouse (☎ *354-2600 ; 5381 River Rd*) comprend cinq simples/doubles à partir de 45/65 $, avec petit déjeuner complet. Un chemin permet d'accéder à pied aux chutes ; on peut aussi vous prêter une bicyclette.

Dans la même gamme de prix, citons ***Gretna Green*** (☎ *357-2081 ; 5077 River Rd*), un peu plus au nord, et ***Bedham Hall*** (☎ *374-8515 ; 4835 River Rd*), tout aussi accueillant. Ils abritent tous deux quatre chambres (la plupart avec s.d.b.), avec petit déjeuner complet, et prêtent des vélos. L'***Eastwood Tourist Lodge*** (☎ *354-8686 ; 5359 River Rd*) est une demeure ancienne raffinée, ornée de balcons surplombant la rivière. Chaque chambre, vaste, bénéficie d'une s.d.b. attenante, ce qui justifie les tarifs élevés.

Ce type d'hébergement se trouve généralement dans Robert St ou Victoria Av. Lundy's Lane est l'autre quartier des pensions de famille.

Hôtels

Les deux hôtels les moins chers sont situés près des gares ferroviaire et routière, loin des chutes. Le plus confortable, l'***Europa*** (☎ *374-3231*), à l'angle de Bridge St et d'Erie Av., loue des chambres à moins de 30 $. Tout proche, de l'autre côté de la gare ferroviaire, l'***Empire*** (☎ *357-2550*), dans Erie Av., n'est guère recommandé aux femmes seules.

Motels

Tout près de Clifton Hill et des restaurants, et à moins de 30 mn à pied des chutes, le central ***AAA Royal Motel*** (☎ *354-2632 ; 5284 Ferry St*). Les chambres sont simples et agréables ; le motel possède une petite piscine. On vous fournira des tickets-repas avec lesquels vous pourrez bénéficier de réductions dans plusieurs restaurants alentour. Le prix des chambres varie de 30 à 65 $, avec une double à seulement 35 $ en juin, avant l'arrivée des touristes. Le ***Thunderbird Motel*** (☎ *356-0541 ; 6019 Lundy's Lane*) loue des chambres de 35 à 90 $.

Le petit ***Alpine Motel*** (☎ *356-7016 ; 7742 Lundy's Lane*) loue des chambres de 40 à 75 $. Il dispose d'une piscine. Le ***Melody Motel*** (☎ *227-1023 ; 13065 Lundy's Lane*) prend de 38 à 78 $ (piscine ici aussi). La rue est bordée de dizaines d'autres motels. Citons le ***USA Motel*** (☎ *374-2621 ; 6541 Main St*) non loin de George's Parkway, d'un prix modeste.

OÙ SE RESTAURER

Le ***Mama Mia's*** (*5719 Victoria Av.*) sert depuis des années une cuisine italienne correcte, à un prix modéré. Également bon marché, la ***Victoria Park Cafeteria*** se cache, en face des chutes, dans le bâtiment dressé dans le parc dont elle a tiré son nom. Au deuxième étage, vous trouverez un restaurant plus cher et un patio en plein air où l'on sert de la bière, des sandwiches et des hamburgers pour 6 $ environ. Au ***Ponderosa Steak House*** (*5329 Ferry St*), tous les repas (de 10 à 15 $) sont accompagnés de salade à volonté. On peut aussi avoir du poulet et des pâtes.

Tony's Place (*5467 Victoria Av.*) est un établissement très populaire, spécialisé dans le porc et le poulet. Jusqu'à 18h30, il propose un menu spécial à 10 $. Comptez de 7 à 16 $ pour les plats à la carte. Il y a aussi un menu moins cher pour les enfants. Pour un petit déjeuner digne de ce nom, installez-vous sur l'un des tabourets du ***Simon's Diner***, le plus vieux restaurant de Niagara Falls. Il se situe au cœur de la partie moins animée de la ville, dans Bridge St, à deux pas de River Rd.

Lundy's Lane abonde également en restaurants. Vous en trouverez aussi aux tours Skylon et Minolta.

COMMENT S'Y RENDRE

Bus

La gare routière (☎ 357-2133) est située dans le secteur ancien de la ville, loin des chutes, en face de la rue menant à la gare ferroviaire, à l'angle de Bridge St et d'Erie Av.

Pour relier Niagara Falls depuis Ottawa, vous devrez passer par Toronto. Niagara Falls se trouve approximativement à 2 heures en voiture de la capitale provinciale par la Queen Elizabeth Way (QEW), une fois dépassé Hamilton et St Catharines. Les transports publics entre Toronto et Niagara Falls sont fréquents et rapides.

En semaine et à destination de Toronto, un bus part chaque heure entre 5h30 environ et 23h ; la fréquence diminue le week-end. Trentway Wager et Greyhound circulent sur cet itinéraire. A 23 $ l'aller, le billet de la compagnie Trentway se révèle un peu moins cher et l'aller-retour dans la journée vous sera proposé à un tarif très compétitif. Comptez environ deux heures de route.

Des navettes rejoignent Niagara-on-the-Lake trois fois par jour en été et une fois par jour en hiver.

Train

La gare (☎ 1-800-361-1235 pour les réservations ; 357-1644 pour les horaires) se situe dans le vieux quartier, à Bridge St, non loin du centre. Deux trains desservent Toronto chaque jour ; du lundi au vendredi, ils partent à 6h35 et à 17h15 ; les samedi et dimanche, à 8h30 et à 17h15. Le trajet dure deux heures et coûte 22 $ l'aller. Vous bénéficierez d'une réduction si vous effectuez l'aller-retour dans la même journée, mais vous devrez réserver cinq jours à l'avance. Il existe deux trains quotidiens desservant London et un à destination de New York.

COMMENT CIRCULER

La plupart des curiosités étant regroupées dans un tout petit secteur, la meilleure solution consiste à marcher.

Bus. Pour sillonner les environs, le réseau de bus Niagara Parks People Mover, très efficace, fonctionne du 29 avril à la mi-octobre. Il part en ligne droite du secteur en amont, par-delà les chutes, passe devant la serre et les Horseshoe Falls, longe River Rd, traverse Rainbow Bridge et Whirlpool Bridge, rejoint au nord le Niagara Spanish Aero Car et, selon la période de l'année, aboutit au Queenston Heights Park. De là, il fait demi-tour et suit le même trajet dans l'autre sens sur 9 km. Au départ des chutes, il s'arrête près des gares routière et ferroviaire. Un ticket suffit pour toute la journée et vous pouvez monter et descendre où vous le souhaitez, à n'importe quel arrêt. Pour un petit supplément, vous pouvez obtenir une correspondance sur le réseau régulier urbain qui vous déposera devant la gare routière ou la gare ferroviaire. Le billet People Mover ne coûte que 4 $ et s'achète à la plupart des arrêts. En été, le bus circule tous les jours, de 9h à 23h, mais après 21h ne dépasse pas le Rainbow Bridge. Au printemps et à l'automne, il est moins fréquent et ne fonctionne pas en hiver.

Niagara Transit (☎ 356-1179) assure deux navettes similaires. Le Red Line Shuttle contourne les gares routière et ferroviaire, rejoint le centre-ville et remonte Lundy's Lane. Le Blue Line Shuttle part du dépôt de Rapids View (à l'extrémité sud de l'itinéraire du bus People Mover, près des chutes), longe Portage Rd et dessert le centre-ville. Ils partent toutes les demi-heures de 8h30 à minuit. Des correspondances gratuites sont assurées avec les bus urbains. Des forfaits à la journée sont disponibles et vendus par le conducteur.

LES ENVIRONS DE NIAGARA FALLS

Au sud de Niagara Falls, la Niagara Parkway, qui part de Niagara-on-the-Lake, aboutit à Fort Érie. Le paysage qui borde la route est plus plat et l'on aperçoit très nettement la rivière, car les chutes n'ont pas encore creusé de gorge dans le lit de la rivière.

Fort Érie

Sis au confluent de la rivière Niagara et du lac Érié, en face de la ville de Buffalo, dans l'État de New York, Fort Érie est relié aux États-Unis par le Peace Bridge. C'est une importante ville frontière qu'empruntent les bus reliant Toronto aux nombreuses villes de l'est des États-Unis. Les week-ends d'été, attendez-vous à faire la queue. Certains voyageurs se rendent à Buffalo depuis Toronto ou les environs, pour profiter de tarifs aériens américains plus avantageux. Ainsi, le vol de Buffalo à Seattle (avec, à chaque fois, un court trajet en bus) revient souvent moins cher que celui de Toronto à Vancouver.

Le principal attrait de la ville tient au **fort Érie**, construit en 1764 et dont les troupes américaines s'emparèrent en 1814 avant de faire retraite. Dans le fort, vous pourrez visiter le musée et assister à diverses manœuvres militaires. L'entrée est de 3,5 $.

Niagara-on-the-Lake

Cette charmante petite bourgade de près de 13 000 habitants se trouve à environ 20 km en aval des chutes. Avec ses boutiques de luxe, ses restaurants et son célèbre festival George Bernard Shaw, elle sert de faire-valoir au battage publicitaire fait autour des chutes du Niagara. Les vignobles environnants et les parcs historiques ajoutent encore à son attrait. Site indien à l'origine, elle fut colonisée par les loyalistes venus de l'État de New York, après la guerre d'Indépendance américaine. Devenue dans les années 1790 la première capitale de l'Ontario, elle est considérée comme l'une des villes du XIXe siècle les mieux préservées d'Amérique du Nord.

Renseignements

Le personnel de l'office du tourisme (☎ 468-4263), implanté dans la chambre de commerce, à l'angle de King St et des rues Prideaux/Byron, est efficace et amical. Ils pourront notamment s'occuper de votre réservation de chambre. De mars à décembre, l'office du tourisme est ouvert tous les jours. Le reste de l'année, les heures d'ouverture sont plus limitées et l'agence est fermée le dimanche. A l'est du centre-ville, en direction des chutes, King St traverse Queen St au vaste parc Simcoe, côté est de Queen St.

Queen St

La principale artère de la ville, Queen St, en est aussi l'attraction majeure. Les maisons et les boutiques en bois, restaurées et bien entretenues, abritent aujourd'hui des magasins d'antiquités ou de souvenirs écossais, des boulangeries et des restaurants.

Musées

Le **Musée historique**, 43 Castlereagh St, est le plus vieux musée local de la province. Il a ouvert ses portes en 1907 et expose une vaste collection d'objets du début du siècle, liés à l'histoire de la ville : artisanat indien, mais aussi souvenirs des loyalistes et de la guerre de 1812.

De mars à décembre, il est ouvert tous les jours de 10h à 18h.

En janvier et en février, il est seulement ouvert l'après-midi, les week-ends. L'entrée coûte 2,50 $.

Belle demeure de style géorgien, la **maison McFarland** fut édifiée aux alentours de 1800 par John McFarland, un charpentier écossais. Restaurée en 1959, elle est aujourd'hui meublée d'objets datant d'avant 1840. Durant la guerre de 1812, elle servit d'hôpital. La maison se cache dans le parc McFarland, à 2 km au sud de la ville sur la Niagara Parkway. Elle est ouverte tous les jours, en été, de 11h à 17h.

Circuits organisés

Toutes les heures, entre 11h et 17h, les samedi et dimanche, de courts circuits à pied dans la ville (5 $) démarrent en face de l'office du tourisme.

Niagara Bicycle Tours (☎ 468-1300) organisent deux excursions quotidiennes dans la région (35 $) en vélo et une halte dans trois des plus importants vignobles. L'organisme propose aussi un circuit le long de l'escarpement du Niagara et des forfaits d'un à deux jours à vélo, hébergement compris.

Sentineal Carriages (☎ 468-4943) propose des visites de la ville en voiture à cheval d'une durée de 20 minutes à une demi-heure.

Festivals

Le festival Shaw est une manifestation théâtrale de renommée internationale. Il se déroule tous les ans, d'avril à octobre. Des acteurs de renom y interprètent les pièces de George Bernard Shaw et de ses contemporains. Les trois théâtres sont accessibles à pied du centre-ville. Le prix des billets varie en fonction du théâtre. Les places les moins chères sont en matinée, en semaine.

Les billets coûtent de 21 à 53 $ pour les meilleures places, le samedi soir. Vous trouverez des places moins chères, le jour même de la représentation, dès 9h le matin, excepté le samedi. Vous pourrez voir de courtes pièces, à l'heure du déjeuner, pour 10 $.

Le guichet de location (☎ 468-2172) est ouvert de 9h à 20h, tous les jours, du 12 avril au 16 janvier. Si vous vous trouvez dans une autre ville du Canada, et souhaitez assister à une représentation, contactez le ☎ 1-800-267-4759 du Canada ou des États-Unis, très à l'avance. On vous renseignera sur les programmes, les interprètes, les modalités de réservation et vous obtiendrez d'autres renseignements utiles.

Où se loger

L'hébergement est cher. Beaucoup de visiteurs pourront se contenter de visiter la ville en quelques heures et loger dans les environs. Durant la période du festival Shaw, les hôtels affichent souvent complet, le week-end. Soyez prévoyants.

Central, l'***Endicott's B&B*** (☎ *468-3671 ; 331 William St*) est aussi l'un des B&B les plus économiques. Ses prix varient de 50 à 55 $ et des vélos sont disponibles. Pratiquant des tarifs similaires, le ***Rose Cottage*** (*308 Victoria St*) est également implanté dans le centre-ville. Il dispose d'une seule chambre (avec s.d.b.). Pour réserver, contactez la chambre de commerce (☎ 468-4263).

Également abordable, l'***Amberlea Guest House*** (☎ *468-3749 ; 285 John St*) loue deux chambres avec s.d.b. à 75 $, une troisième avec lits jumeaux et s.d.b. commune à 55 $ et une dernière, simple, à 50 $. Le petit déjeuner est compris.

Autre possibilité, le central ***Saltbox*** (☎ *468-5423 ; 223 Gate St*), installé dans une vieille maison, est ouvert toute l'année et demande 75 $ environ pour une double, avec petit déjeuner. Il est interdit de fumer.

Mrs Lynda Kay Knapp (☎ *468-4398 ; 390 Simcoe St*) offre un logement indépendant (petit appartement, avec coin cuisine et réfrigérateur) pour 80 $ pour deux. Ce n'est pas ouvert en hiver.

Onéreux (les chambres sont à partir de 99 $), le ***Angel Inn*** (☎ *468-3411*) est établi dans une maison datant de 1823, à une rue au sud de Queen St, dans Regent St. Plus ancien, le ***Kiely House Inn*** (☎ *468-4588 ; 209 Queen St*) est un B&B de treize chambres. Le ***Moffat Inn*** (☎ *468-4116 ; 60 Picton St*) une charmante vieille demeure blanche et verte, offre tout le confort à partir de 90 $.

Où se restaurer

La ville compte quelques bonnes adresses. Au 45 Queen St, le ***Stagecoach*** est bon marché et toujours plein. Avant 11h, vous pourrez déguster un excellent petit déjeuner.

Le ***Buttery*** (*19 Queen St*), dans un style de pub anglais, possède un très agréable patio. Vous pourrez déjeuner pour 7 $ et plus. Le samedi soir ont lieu des "festins à la Henry VIII", avec distractions, boisson et nourriture en abondance.

Le ***Fans Court*** (*135 Queen St*) offre un agréable contrepoint à la cuisine anglo-saxonne. Vous pourrez déguster des plats chinois et asiatiques, comme des nouilles de Singapour au curry, attablé dans la confortable salle à manger, ou à l'une des quelques tables installées à l'extérieur, dans la petite cour. Au déjeuner, les prix sont modiques, un peu plus élevés au dîner.

McCray Hall Gifts, au nord de Queen St, possède un petit salon de thé charmant et calme dans son patio, idéal pour une halte dans l'après-midi. Le ***Prince of Wales Hotel*** comprend un restaurant pour les gourmets qui sont prêts à s'offrir une bonne

CHRISTINE COSTE

CHRISTINE COSTE

MARK LIGHTBODY

ZAHIA HAFS

Page d'hiver. **En haut :** ferme typique de l'Abitibi. **Au milieu à gauche :** cabane pour la pêche blanche. **Au milieu à droite :** chutes du Niagara, Ontario. **En bas :** maison de l'île d'Orléans.

NICHOLAS REUSS

CHRISTINE COSTE

En haut : les chutes du Niagara, Ontario. **En bas :** lac gelé en Abitibi.

table. La plupart des auberges et des hôtels disposent de leur propre salle à manger.

A la ***Kiely House Inn*** (*209 Queen St*) prendre un thé complet sous la véranda qui donne sur le terrain de golf est un véritable plaisir. Pour déguster un excellent café, rendez-vous au ***Monika's*** (*126 Queen St*). A quelques pâtés de maisons de Queen St, vous pourrez pique-niquer au bord de l'eau dans le Queen's Royal Park.

Comment s'y rendre

Bus. De mai à septembre, un bus assure trois fois par jour la navette entre Niagara-on-the-Lake et Niagara Falls. Vérifiez les horaires à l'office du tourisme. En hiver, une seule navette circule quotidiennement.

Taxi. Les taxis pour Niagara Falls coûtent 23 $.

Comment circuler

Vélo. C'est un bon moyen d'explorer la région. Au 92A Picton St, après le Moffat Inn (☎ 468-0044), on peut louer des vélos à l'heure, à la demi-journée ou à la journée, ainsi que des rollers skates et des accessoires de protection.

Glossaire

Alena – Accord de libre-échange nord-américain, regroupant le Canada, les États-Unis et le Mexique.
Atlantique (Provinces de l') – Les provinces de l'Atlantique sont le Nouveau-Brunswick, la Nouvelle-Écosse, l'île du Prince-Édouard et Terre-Neuve. Voir plus bas *Provinces Maritimes*.
aurore boréale – Également appelée aurore polaire ou lumières du nord, elle est provoquée par des particules du soleil chargées d'énergie prises au piège dans le champ magnétique terrestre storique. Ce phénomène se manifeste sous forme de faisceaux lumineux de couleurs en mouvement constant.

boîtes à chansons – Typiquement québécoises, les boîtes à chansons sont des petites salles de spectacles aux allures de cafés où se produisent des chanteurs. De nombreux chanteurs québécois comme Félix Leclerc, Gilles Vigneault et Robert Charlevoix y ont fait leurs premiers pas.
Bouclier canadien – Également appelé Bouclier précambrien ou laurentien, c'est un vaste plateau rocheux formé il y a 3 milliards d'années qui couvre la majeure partie du nord du pays.
brew pub – Brasserie qui fabrique et sert sa propre production de bière(s).

clearcut – Cauchemar d'écologiste : ce terme anglais désigne une zone sur laquelle les bûcherons ont abattu tous les arbres.
cuir de fruits (fruit leather) – Mélange de purées de fruits séchés en fines lanières que l'on presse ensuite les unes contre les autres. Produit énergétique, idéal pour le randonneur.

First Nations – Premières Nations. Terme désignant les peuples indiens du Canada.
flowerpots (pots de fleurs) – Étranges formations rocheuses, ces formes géologiques irrégulières sont créées par l'érosion due aux vagues. On en voit des exemples à Tobermory, dans l'Ontario.

gaz – C'est ainsi qu'on désigne l'essence au Québec. Dans le reste du pays, on utilise les mots anglais *gas* ou *gazoline*. Au Canada, toutes les essences sont sans plomb et distribuées en versions classiques ou avec un indice d'octane supérieur. Dans ce dernier cas, elles coûtent plus cher.
giardiase (ou fièvre du castor) – La bactérie qui provoque cette maladie, présente dans de nombreux lacs et cours d'eau, affecte l'appareil digestif. On peut l'éviter en faisant bouillir l'eau avant de la consommer ou de l'utiliser.
Gîte du Passant – Association québécoise de Bed & Breakfast.
Grande Explosion – En 1917, un navire français de munitions transportant une énorme cargaison de TNT entra en collision avec un autre bateau étranger dans le port d'Halifax. Il en résulta la plus forte explosion non naturelle jamais enregistrée avant la bombe atomique lâchée sur le Japon en 1945.
Grande Noirceur – Période désignant les années du gouvernement Duplessis au Québec (1944-1959).
Groupe des Sept (Group of Seven) – Terme collectif désignant de célèbres peintres canadiens entre 1920 et 1930.

Halloween – Fête célébrée le 31 octobre ayant pour origine d'anciennes croyances celtiques. A cette occasion, les enfants se déguisent sur le thème du surnaturel.
Hudson's Bay Company (Compagnie de la Baie d'Hudson) – En 1670 se créa une compagnie anglaise qui entreprit de commercer dans toutes les régions baignées par des cours d'eau débouchant dans la baie d'Hudson. Au XVIIIe siècle, la Compagnie de la Baie d'Hudson et sa grande rivale, la

Northwest Company (Compagnie du Nord-Ouest) établirent des forts et des comptoirs commerciaux dans une vaste zone formée de régions appartenant aux actuelles provinces s'étendant du Québec à l'Alberta. Les deux compagnies finirent par fusionner en 1821 et la Compagnie de la Baie d'Hudson administra ces territoires jusqu'en 1870, date à laquelle ils devinrent parties intégrantes du Dominion britannique du Canada. Le grand magasin Bay, que l'on trouve dans tout le pays, est le dernier vestige de la plus ancienne entreprise du Canada.

igloo – Habitation inuit traditionnelle construite à base de blocs de glace.
Innu – Autre nom donné aux Montagnais et Naskapis.
interior camping – Dénomination des sites individuels, généralement isolés, accessibles à pied ou en canoë. Pour camper dans les parcs provinciaux ou nationaux, il est demandé de s'inscrire auprès des autorités du parc : une façon d'assurer votre sécurité…
inukshuk – Les Inuit préféraient traquer le caribou dans l'eau. Ils pouvaient ainsi le chasser en kayak. Pour cela, ils construisaient des silhouettes de pierres appelées "inukshuks" à proximité des lacs, afin d'inciter les animaux à entrer dans l'eau.

Loyalistes – Résidents d'Amérique qui maintinrent leur allégeance envers la Grande-Bretagne durant la guerre d'Indépendance américaine et qui s'enfuirent au Canada, Dominion britannique.

Mennonites – Groupe d'utopistes religieux venus d'Europe. Ils résident en grand nombre dans la région de Kitchener-Waterloo, dans le sud de l'Ontario.
Mounties – Membres de la Police montée royale du Canada.
mukluks – Mocassins ou bottes en peau de phoque, souvent ornés de fourrure, fabriqués par les Inuits.
muskeg – Tourbières du nord du Canada où des couches de plantes, d'herbes et parfois d'arbres flottent à la surface d'une eau stagnante.

Newfie – A prononcer "Nioufie". Désignation humoristique des habitants de Terre-Neuve.
no-see-um – Nom donné aux minuscules insectes piqueurs que l'on ne voit pas toujours et qui ne se privent pas d'empoisonner la vie des randonneurs, campeurs, amateurs de canoë, etc., dans les forêts ou sur les plages. Mieux vaut se munir de moustiquaires si l'on veut au moins s'assurer de bonnes nuits de sommeil.

permafrost – Couche profonde du sol, gelée en permanence, qui recouvre le Grand Nord canadien.
pétroglyphes – Peintures ou sculptures sur roche datant d'époques reculées.
pourvoirie – Domaine forestier constitué de lacs et de rivières alloué par l'état québécois à un particulier ou à une société en vue d'une exploitation commerciale et touristique. Son accès est payant. Chasse et pêche sont pratiquées traditionnellement. On vient y passer la semaine ou le week-end. Les pourvoiries possèdent toute l'infrastructure pour accueillir chasseurs, pêcheurs mais aussi simples amoureux de la nature. Depuis quelques années, leurs propriétaires ont en effet élargi leurs activités à l'observation de la faune. Les pourvoiries sont propres au Québec qui en compte environ 600.
Provinces Maritimes – Également appelées les Maritimes ou les Provinces de l'Atlantique.
pysankas – Terme ukrainien désignant les œufs de Pâques peints.

qiviut – Laine du bœuf musqué que certains groupes inuits du Grand Nord tissaient pour en faire des vêtements.

Refus Global – Manifeste radical d'un groupe d'intellectuels et d'artistes contestataires québécois durant le gouvernement de Duplessis.
RV – Abréviation de *Recreational Vehi-*

cule, véhicule de loisirs (il s'agit généralement de mobil-homes).

screech – Rhum particulièrement fort que l'on ne trouvait jadis qu'à Terre-Neuve, mais qui est aujourd'hui répandu dans tout le pays, sous une forme plus diluée.
sourdough – Qualificatif donné aux personnes qui ont passé une année entière dans le Nord.
steamies – Hot-dogs québécois qui se distinguent des hot-dogs traditionnels par leur mode de cuisson particulier.

sugar-making moon – "La lune qui donne le sucre." Terme indien ancien pour désigner le premier jour du printemps, où la sève se remet à circuler dans les arbres.

taïga – Forêts subarctiques du Grand Nord, aux arbres toujours verts.
toundra – Vastes plaines sans arbres de l'Arctique au sol gelé en permanence.

649 – Jeu de loterie nationale très populaire et qui offre les gains les plus élevés.

LONELY PLANET

AFRIQUE Africa – the South • Africa on a shoestring • Arabic (Egyptian) phrasebook • Arabic (Moroccan) phrasebook • Cairo • Cape Town • Central Africa • East Africa • Egypt • Egypt travel atlas • Ethiopian(Amharic) phrasebook • The Gambia & Senegal • Kenya • Kenya travel atlas • Malawi, Mozambique & Zambia • Morocco • North Africa • South Africa, Lesotho & Swaziland • South Africa travel atlas • Swahili phrasebook • Trekking in East Africa • Tunisia • West Africa • Zimbabwe, Botswana & Namibia • Zimbabwe, Botswana & Namibia travel atlas
travel literature : The Rainbird : A Central African Journey • Songs to an african Sunset : A Zimbabwean Story • Mali Blues : Travelling to an African Beat

ASIE DU NORD-EST Beijing • Cantonese phrasebook • China • Hong Kong, Macau & Gangzhou • Hong Kong • Japan • Japanese phrasebook • Japanese audio pack • Korea • Korean phrasebook • Kyoto • Mandarin phrasebook • Mongolia • Mongolian phrasebook • North-East Asia on a shoestring • Seoul • South West China • Taiwan • Tibet • Tibetan phrasebook • Tokyo

ASIE CENTRALE ET MOYEN-ORIENT Arab Gulf States • Central Asia • Central Asia pharasebook • Iran • Israel & Palestinian Territories • Israel & Palestinian Territories travel atlas • Istanbul • Jerusalem • Jordan & Syria • Jordan, Syria & Lebanon travel atlas • Lebanon • Middle East on a shoestring • Turkey • Turkish phrasebook • Turkey travel atlas • Yemen
travel literature : The Gates of Damascus • Kingdom of the Film Stars : Journey into Jordan

OCÉAN INDIEN Madagascar & Comoros • Maldives • Mauritius, Réunion & Seychelles

SOUS-CONTINENT INDIEN Bangladesh • Bengali phrasebook • Bhutan • Delhi • Goa • Hindi/Urdu phrasebook • India • India & Bangladesh travel atlas • Indian Himalaya • Karakoram Highway • Nepal • Nepali phrasebook • Pakistan • Rajastan • South India • Sri Lanka • Sri Lanka phrasebook • Trekking in the Indian Himalaya • Trekking in the Karakoram & Hindukush • Trekking in the Nepal Himalaya
travel literature : In Rajasthan • Shopping for Buddhas

ASIE DU SUD-EST Bali & Lombok • Bangkok city guide • Burmese phrasebook • Cambodia • Hill Tribes phrasebook • Ho Chi Minh City (Saigon) • Indonesia • Indonesian phrasebook • Indonesian audio pack • Jakarta • Java • Lao phrasebook • Laos • Laos travel atlas • Malay phrasebook • Malaysia, Singapore & Brunei • Myanmar (Burma) • Philippines • Pilipino phrasebook • Singapore • South-East Asia on a shoestring • South-East Asia phrasebook • Thai phrasebook • Thai audio pack • Thai Hill Tribes phrasebook • Thailand • Thailand's Islands & Beaches • Thailand travel atlas • Vietnam • Vietnamese phrasebook • Vietnam travel atlas

AUSTRALIE ET PACIFIQUE Australia • Australian phrasebook • Bushwalking in Australia • Bushwalking in Papua New Guinea • Fiji • Fijian phrasebook • Islands of Australia's Great Barrier Reef • Melbourne • Micronesia • New Caledonia • New South Wales & the ACT • New Zealand • Northern Territory • Outback Australia • Papua New Guinea • Papua New Guinea (Pidgin) phrasebook • Queensland • Rarotonga & the Cook Islands • Samoa: American & Western • Solomon Islands • South Australia • Sydney • Tahiti & French Polynesia • Tasmania • Tonga • Tramping in New Zealand • Vanuatu • Victoria • Western Australia

ÉGALEMENT DISPONIBLE Antartica • Brief Encounter : Stories of love, Sex & Tracel • Chasing Rickshaws • Not the Only Planet : Travel Stories from Science Fiction • Travel with Children • Traveller's Tales

Le journal de Lonely Planet

Parce que vous nous envoyez quotidiennement des centaines de lettres pour nous faire part de vos impressions, nous publions chaque trimestre le Journal de Lonely Planet afin de vous les faire partager.
Un journal parsemé de conseils en tout genre avec un concentré d'informations de dernière minutes (passage de frontière, visas, santé, sécurité...), des sujets d'actualité et des discussions sur tous les problèmes politiques ou écologiques sur lesquels il faut s'informer avant de partir.
Le Journal de Lonely Planet est gratuit. Pour vous abonner, écrivez-nous :
Lonely Planet France – 1, rue du Dahomey – 75011 Paris – France

lonely planet

le journal de

LONELY PLANET

El Niño : l'enfant terrible

Depuis bientôt un an, on entend régulièrement parler du fameux El Niño : inondations catastrophiques au Pérou ou en Somalie, sécheresse en Asie et gigantesques incendies en Indonésie... Ce garnement climatique fait des siennes et nous avons décidé de nous pencher sur son cas.

Sommaire

Lonely planet en ligne

www.lonelyplanet.com et maintenant www.lonelyplanet.fr

Avec près de 2 millions de visiteurs mensuels, le site de Lonely Planet est l'un des sites de voyage les plus populaires au monde.
La recette de son succès est simple : une équipe de 15 personnes travaille à plein temps à l'enrichir quotidiennement. Près de 200 destinations sont passées au crible (avec carte intéractive et galerie photos) afin de vous permettre de mieux préparer votre voyage. Vous trouverez également des fiches de mises à jour écrites par nos auteurs afin de compléter les informations publiées dans nos guides. Le site de Lonely Planet vous offre l'accès à un des plus grands forums, réunissant des centaines de milliers de voyageurs : idéal pour partager vos expériences, chercher des renseignements spécifiques ou rencontrer des compagnons de voyage. Les liens que nous suggérons vous permettent de découvrir le meilleur du net.

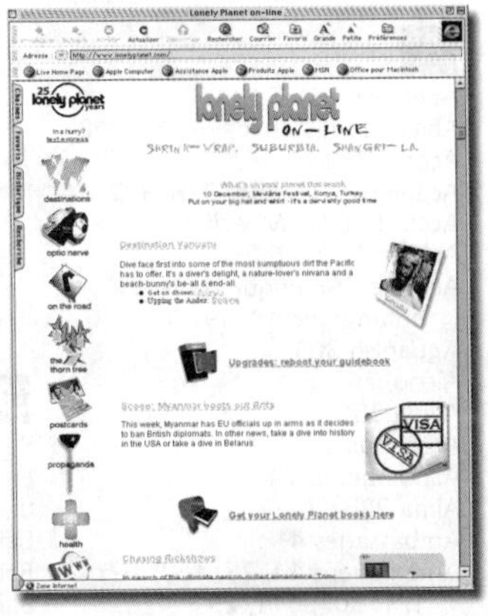

Pour facilier la tâche de nos lecteurs francophones, nous venons d'ouvrir un site en français : www.lonelyplanet.fr. Venez le découvrir et contribuer à sa qualité en participant notamment à son forum.

Élu meilleur site voyage par l'Express Magazine en décembre 98 (@@@@@).

***"Sans doute le plus simple pour préparer un voyage, trouver des idées, s'alanguir sur des destinations de rêve."* Libération**

Index

Texte

Les références des cartes sont en **gras**

Les références des cartes sont en **gras**

Encadrés

LÉGENDE DES CARTES

LIMITES ET FRONTIÈRES

- Internationales
- Régionales

HYDROGRAPHIE

- Bande côtière
- Rivière ou ruisseau
- Lac
- Lac intermittent
- Lac salé
- Canal
- Source, rapides
- Chutes
- Marais

ROUTES ET TRANSPORT

- Autoroute
- Route nationale
- Route principale
- Route non bitumée
- Voie express
- Voie rapide
- Route (ville)
- Rue, allée
- Zone piétonnière
- Tunnel
- Voie de chemin de fer
- Tramway
- Téléphérique
- Sentier pédestre
- Circuit pédestre
- Route de ferry

TOPOGRAPHIE

- Bâtiment
- Parc et jardin
- Cimetière
- Marché
- Plage ou désert
- Zone construite

SYMBOLES

- CAPITALE .... Capitale nationale
- CAPITALE .... Capitale régionale
- VILLE .... Grande ville
- Ville .... Ville
- Village .... Village
- Site touristique
- Où se loger
- Camping
- Caravaning
- Hutte ou châlet
- Où se restaurer
- Café et bar
- Aéroport
- Site archéologique
- Banque
- Plage
- Réserve ornithologique
- Passage de frontière
- Château fort
- Grotte
- Église
- Falaise ou escarpement
- Ambassade
- Hôpital
- Phare
- Monument
- Mosquée
- Montagne ou colline
- Musée
- Parc national
- Rue à sens unique
- Station-service
- Piscine
- Poste
- Centre commercial
- Location de cycles
- Mosquée
- Téléphone
- Ski
- Office du tourisme
- Transport
- Zoo

Note : tous les symboles ne sont pas utilisés dans cet ouvrage

BUREAUX LONELY PLANET

Australie
PO Box 617, Hawthorn,
3122 Victoria
☎ (03) 9 9819 1877 ; Fax (03) 9 9819 6459
e-mail : talk2us@lonelyplanet.com.au

États-Unis
150 Linden Street,
Oakland CA 94607
☎ (510) 893 8555 ; Fax (510) 893 85 72
N° Vert : 800 275-8555
e-mail : info@lonelyplanet.com

Royaume-Uni et Irlande
Spring House, 10 A Spring Place,
London NW5 3BH
☎ (020) 7428 4800 ; Fax (020) 7428 4828
e-mail : go@lonelyplanet.co.uk

France
1, rue du Dahomey,
75011 Paris
☎ 01 55 25 33 00 ; Fax 01 55 25 33 01
e-mail : bip@lonelyplanet.fr

World Wide Web : http://www.lonelyplanet.com et http://www.lonelyplanet.fr